Reinhard Dippelreither

Tansania Sansibar

REISEHANDBUCH

Tansania Sansibar

Der Autor und der Verlag sind für Lesertipps und Verbesserungen (besonders als E-Mail oder auf Diskette) unter Angabe der Auflagen- und Seitennummer dankbar.

Dieses OutdoorHandbuch hat 564 Seiten mit 77 farbigen und 9 schwarzweißen Abbildungen sowie 25 Karten und einer farbigen Übersichtskarte, Es wurde auf chlorfrei gebleichtem Papier gedruckt und der größeren Strapazierfähigkeit wegen mit PUR-Kleber gebunden.

Titelfoto: Hirten mit ihrem Vieh auf dem Weg von Lushoto Irente (eb)

ReiseHandbuch

ISBN 978-3-86686-950-9 6. Auflage 2007

Dieses OutdoorHandbuch wurde konzipiert und redaktionell erstellt vom Conrad Stein Verlag GmbH, Postfach 1233, 59512 Welver, Dorfstr. 3a, 59514 Welver, ☎ 02384/963912, FAX 02384/963913, info@conrad-stein-verlag.de, http://www.conrad-stein-verlag.de.

Unsere Bücher sind überall im wohl sortierten Buchhandel und in cleveren Outdoorshops in Deutschland, Österreich und der Schweiz erhältlich.
Auslieferung für den Buchhandel:

D Prolit, Fernwald und alle Barsortimente
A freytag & berndt, Wien
CH AVA-buch 2000, Affoltern und Schweizer Buchzentrum
I Mappa Mondo, Brendola
NL Willems Adventure, LT Maasdijk

Text: Reinhard Dippelreither
Fotos: Reinhard Dippelreither (rd), Mag. Gerhard Hirn (gh) & Eike Becker (eb)
Karten: Heide Schwinn
Lektorat: Ulla Ackermann & Kerstin Becker
Layout: Manuela Dastig
Gesamtherstellung: AZ Druck und Datentechnik GmbH, Kempten

00249000

Inhalt

Magdalena Heinrich

Elefant im Lake Manyara NP (rd)

Giraffen im Lake Manyara NP (gh)

Symbole/Abkürzungen

- Achtung! Vorsicht!
- Apotheke
- Aussichtspunkt
- Auto, Taxi, Leihwagen
- Bademöglichkeit, Pool
- Bahn
- Bank/Bankomat
- Bar
- Buchtipp
- Bus
- Café
- Campingplatz
- Dusche
- E-Mail-Adresse
- Einkaufen
- Enttäuschung
- Flug
- Fototipp
- geöffnet ...
- Homepage
- Hospital
- Hotel, Lodge, Guesthouse
- Information
- Kirche, Kathedrale
- Klimaanlage
- Markt
- Moschee
- Museum/Institut
- Nichtraucher
- Post
- Restaurant
- Safari
- Segeln, Dau
- Strand
- Surfen
- Tankstelle
- Telefon
- Tauchmöglichkeit
- Tipp
- Verweis
- Wandern

Annex	Nebengebäude
Ave	Avenue
Bldg	Building
CA	Conservation Area
Co	Company
Dr	Drive
DZ	Doppelzimmer
EZ	Einzelzimmer
GR	Game Reserve
NP	Nationalpark
NR	National Reserve
Rd	Road
St	Street
TCCL	Tanzania Telecommunication Corp. ltd.
VP	Vollpension
WR	Wildlife Reserve

Über den Autor

Reinhard Dippelreither befasst sich seit knapp zwanzig Jahren mit dem ostafrikanischen Raum; ausgedehnte Reisen führten ihn immer wieder nach Tansania, Kenia, Uganda und Äthiopien. Er ist unter anderem als freier Journalist und als Verfasser von Koch-Lesebüchern tätig.

Einleitung

Für die Schönheit des Landes können die Tansanier genauso wenig verantwortlich gemacht werden, wie für die Tatsache, dass es ein armes Land ist. Tansania rangiert im internationalen Vergleich am Ende der Wohlstandsskala. Doch diese Statistik weist zwei Fehler auf. Grundlage ist das Bruttoinlandsprodukt. In diesem sind die Erträge der Subsistenzwirtschaft nicht enthalten, und schon gar nicht die Erträge des informellen Sektors. Der Tansania zugewiesene Platz entspricht also nicht unbedingt der Realität.

Tansania bleibt trotzdem noch ein armes Land. Die Zeiten, in denen Reisende tagelang nichts zu essen bekamen und im Freien nächtigen mussten, gehören aber auch im verstecktesten Winkel der Vergangenheit an. Läden und Märkte sind das ganze Jahr über gefüllt. Unterkünfte gibt es überall. Trotz der Armut ist die Bevölkerung guter Dinge und strahlt Fröhlichkeit und Glauben an die Zukunft aus.

Hinweis

Die Inflation hat sich zwar auf moderate ca. 4 bis 5 % eingependelt (1999 noch 30 %), doch wer weiß, wie lange diese so bleibt. Da der Tanzania shilling (tsh) an den US-$ gekoppelt ist, hat eine Angabe von Preisen in US-$ auf alle Fälle längeren Bestand als eine in tsh. Aber abgesehen davon ist am touristischen Sektor der US-$ sowieso die Währung schlechthin. Grundsätzlich können alle Preise in tsh bezahlt werden, auf die wenigen Ausnahmen weise ich im Text hin.

Um der landschaftlichen Wunder Tansanias ansichtig zu werden, muss der Reisende allerdings noch immer manche Strapaze auf sich nehmen. Nur wenige Straßen sind asphaltiert, das Gros der Verkehrswege ist eine staubige, rumplige Piste oder ein Schlammbett.

1992 wurde der erste klimatisierte Bus mit Videogerät auf die Reise Arusha-Mombasa geschickt. Heute sind alle größeren Städte in klimatisierten Bussen erreichbar. Nach der Marktliberalisierung durch Präsident Mwinyi wurde die Modernisierung des Transportwesens von Präsident Mkapa energisch vorangetrieben. Dadurch ist nicht nur dieses effizienter geworden, in größeren Städten kann man getrost von einem Wirtschaftswunder sprechen. Dass unter solchen Bedingungen auch der Konkurrenzkampf härter geworden ist, spürt jeder Tourist.

Zu den größten Überraschungen, denen ein Reisender begegnet, zählt der Zeitbegriff der Tansanier. Da Zeit im Überfluss vorhanden ist, braucht man sich nicht darum zu kümmern (außerdem kommt immer wieder neue nach). Wer allerdings eine Tour in die Nationalparks vor Ort organisieren will, erfährt das krasse Gegenteil - hurry up, my friend, time is money. Touristen, die ein Pauschalarrangement gebucht haben, werden damit allerdings nicht konfrontiert. Die Organisation in den Touristenzentren klappt bestens.

Trotz mancher Unbill zählt ein Besuch Tansanias zu den Erlebnissen, die ein Weltbild umstellen können. Ist es doch ein weit verbreiteter Glaube in Europa, dass Afrika ein geschichtsloser Kontinent sei. Wer jedoch die großartigen historischen Stätten in Kilwa, Sansibar und um Iringa besucht hat, wird anderer Meinung sein. Viele weitere historische und prähistorische Zeugnisse sind über das Land verstreut. Leider interessiert sich die Wissenschaft erst seit kurzem für diese Stätten. Umfassende Auswertungen und Analysen liegen noch in weiter Ferne.

Wesentlich besser erforscht ist hingegen die Urgeschichte der Menschheit. Sowohl die Olduvai-Schlucht als auch Laetoli, jahrmillionenalte Zeugen der Menschwerdung, lassen Schauer der Ehrfurcht über den Rücken rieseln.

Der größte Schatz, den Tansania birgt, ist seine einzigartige und über weite Strecken unberührte Natur. Nirgends auf der Welt streifen größere Tierherden als in der Serengeti, nirgends erreicht die Nashornpopulation eine Dichte wie im Ngorongorokrater. Wo sonst kann man vom Swimmingpool ein Wasserloch mit Hunderten von Wildtieren überblicken? Schimpansen und die scheue Sitatunga bilden die Höhepunkte einer Safari, nicht zu vergessen die stolzen Löwen, Leoparden und Geparden.

Auch die Pflanzenwelt sucht ihresgleichen. Immerfeuchte Bergdschungel, Huflattiche bis zu 10 m Höhe und eiszeitliche Lobelien verblüfften bereits zur vorletzten Jahrhundertwende Scharen von Botanikern. Vor allem besticht die einzigartige und viel beschriebene afrikanische Dornbuschsavanne durch ihre Weite und mit ihren Schirmakazien und urigen Baobabs.

Tansania bietet für jeden etwas: gemütlichen Badeurlaub an der Festlandküste oder auf den Inseln, internationales Großstadtflair in Dar es Salaam oder ländliche Idylle und sportliche Betätigung am Kilimanjaro, Luxus bei einer Flugsafari oder Abenteuer im Fernbus sowie Reisen in die frühe Vergangenheit.

Falls Sie diese Zeilen in einem Buchladen lesen, überlegen Sie nicht lange, kaufen Sie das Handbuch und gehen damit ins nächste Reisebüro und buchen Sie. Sollten Sie das Handbuch bereits erstanden haben, gratuliere ich. Sie hatten einen schönen Gedanken. Ich wünsche Ihnen einen angenehmen und abwechslungsreichen Aufenthalt in Tansania.

Land und Leute

Elefant im Lake Manyara Nationalpark (gh)

Fakten

- **Vereinigte Republik Tansania** (United Republic of Tanzania, Jamhuri ya Mwungano wa Tanzania): Kunstname aus Tanganyika, Zanzibar und Azania (= griechischer Name für die Küste Ostafrikas).
- **Internationales Kennzeichen**: EAT (East Africa Tanganyika), EAZ (East Africa Zanzibar), Tanzania ist der einzige Staat der Welt mit 2 Kennzeichen
- **Wahlspruch**: "Uhuru na Umoja" (Freiheit und Einheit), Nationaltier: Giraffe (twiga)
- **Präsidialrepublik föderativen Charakters**, Verfassungsänderung zur Einführung eines Mehrparteiensystems seit 1.7.1992 in Kraft (aktuell sind 16 Parteien registriert).
- Sansibar ist weitgehend autonom.
- **Staatsoberhaupt**: **Jakaya Kikwete** seit 18.12.2005
- Im Unions-Parlament vertretene **Parteien**: CCM (über 80 % von insge. 323 Sitzen), CUF (32 Sitze, 10 %), CHADEMA (11 Sitze), UDP und TLP (je 1 Sitz)
- **Fläche:** Festland 942.755 km², davon 53.483 km² Binnengewässer (Tanganyika-See, Victoria-See) und 2.332 km² Sansibar
- **Laut Census 2002**: 33,5 Mio. Festland, 985.000 Unguja (Sansibar, Pemba), insgesamt, 34,5 Mio., aktuell geschätzt ca. 38 bis 39 Mio., zusätzlich ca. 0,5 bis 1 Mio. Flüchtlinge aus Burundi, Ruanda und Zaire
- **Bevölkerungsdichte**: ca. 36,5 Ew./km²
- **Einwohner pro Arzt**: ca. 25.000
- **Bevölkerungswachstum**: sehr unterschiedlich gestreut, im Schnitt ca. 3 %
- Etwa 20 % der Bevölkerung leben in absoluter Armut, das Jahreseinkommen liegt unter $ 420, etwa 70 % müssen von weniger als $ 2/Tag leben.
- **Religion**: ca. 35 % Moslems (v.a. Sansibar in und an der Küste), ca. 34 % Katholiken (Anteil ist ziemlich stabil, wenn nicht sogar fallend), ca. 13 % Protestanten (Auf Grund unerbittlicher Missionierung mit sehr fragwürdigen Methoden stark steigend), 18 % Naturreligionen und eine kleine Minderheit Hindus sowie sonstige Religionen.

- **Lebenserwartung**: Männer 51 Jahre, Frauen 55 Jahre
- **Stadtbevölkerung**: 34 % (Tendenz steigend)
- **Analphabetenrate**: Männer ca. 15 %, Frauen ca. 30 %
- **Bruttoinlandsprodukt**: $ 12,1 Milliarden ($ 340/Kopf). Anteile: Landwirtschaft: 44 %, Industrie: 16 %, Dienstleistung: 39 % daran Anteil **Auslandsschulden** $ 7,2 Milliarden
- **Erwerbstätigkeit** Landwirtschaft: 80 %, Industrie/Dienstleistung: 20 %
- **Wirtschaftswachstum** während der Mkapa-Ära um 6 %
- **Arbeitslosigkeit**: 40 % (wahrscheinlich aber höher) Inflation 1990-1997: 28 %, aktuell zwischen 4 und 5 %
- **Importe**: $ 2,2 Milliarden (41 % Investitionsgüter, 26 % Konsumgüter, 22 % Energie, 19 % Halbfertigwaren)
- **Exporte**: $ 1,5 Milliarden (20 % Baumwolle, 20 % Kaffee, 15 % Fertigwaren, 8 % Tee)
- Insgesamt leben in Tansania ca. 120 **Ethnien**. Keine der Gruppen ist besonders groß. Rivalitäten und Nationalismen bleiben daher aus: Sukuma 2,4 Mio., Makonde 960.000, Nyamwezi 800.000, Nyakyusa 640.000, Chagga 480.000, Yao 480.000, Hehe 320.000, Massai 240.000, Asiaten ca. 50.000 (vornehmlich Inder, während der letzten ca. 10 Jahre hat sich deren Anzahl halbiert), Araber 48.000, Europäer 15.000.

Geologie

Markanteste geologische Erscheinung Tansanias ist die große Verwerfungszone des Zentralafrikanischen Grabens, Teil des weltumspannenden "world rift system", dem größten tektonischen Phänomen der Erdkruste.

Die ostafrikanische Verwerfungszone zweigt vom "world rift system" in der Meerenge Bab el Mandeb (am südlichen Ende des Roten Meeres) ab, durchquert das Hochland von Äthiopien und teilt sich nördlich des Turkana-Sees (an der Grenze Kenia-Äthiopien) in einen westlichen (zentralafrikanischen) und östlichen (ostafrikanischen) Ast. Diese beiden Äste umschließen den Ostafrikanischen Schild. Die **Zentralafrikanische Verwerfungszone**, auch Großer Graben oder Grabenbruch genannt, unterteilt sich auf tansan. Staatsgebiet in den Tanganyika-Graben, den Rukwa-Graben und an der Grenze zu Malawi in den Malawi-Graben.

Der **Tanganyika-Graben** ist die eindrucksvollste Grabenbruchstruktur Ostafrikas. Fast in seiner gesamten Länge (650 km) und Breite (50 km) wird er vom Tanganyika-See eingenommen. Die steilen Bruchstufen bilden seine Ufer und überragen ihn an einigen Abschnitten um über 1.000 m.

Zwischen dem **Rukwa- und Malawi-Graben** vereinigt sich die ostafrikanische Verwerfungszone wieder mit dem zentralafrikanischen Bruch und setzt sich zur Grenze Mosambik-Südafrika fort.

Über das Alter des Zentralafrikanischen Grabens und dessen Entstehungsgeschichte gehen die Meinungen der Wissenschaftler auf Grund der außerordentlich kompliziert angelegten und komplexen Systeme weit auseinander. Einige Autoren setzen die Bildung der Verwerfungszonen in der Kreide- oder sogar in der Jurazeit an, andere meinen, den Beginn erst im Tertiär zu sehen.

Die Diskussion der Bildungsursachen dieser Verwerfungszone kreist um zwei zentrale Punkte. Die einen vertreten die Meinung, dass es sich bei der Grabenbildung um die Geburt eines neuen Ozeans handelt, d.h. der Kontinent driftet auseinander (*sea floor spreading*-Theorie). Die diametral angelegte Theorie widerspricht dem und führt untermeerische Rücken in Atlantik und Pazifik an, die einer solchen Drift entgegenwirken müssen. Obendrein hat sich kein neues Krustenmaterial am Boden des Grabens gebildet.

Bei dieser Gruppe herrscht die Meinung vor, aufquellendes Magma habe im Zusammenhang mit Konvektionsströmungen im Erdinnern zu den Aufwölbungen geführt. Auch herrscht Uneinigkeit darüber, ob der Zentralafrikanische Graben bereits vorher existierenden Bruchstufen und Schwächezonen aus dem Präkambrium folgte oder eine Neubildung ist.

Die westlichen und östlichen "Pfeiler" des **Ostafrikanischen Grabens** auf tansanischem Staatsgebiet bilden die Kegel des Olmoti und des Kilimanjaro. Am eindrucksvollsten präsentiert sich diese Bruchstufe in der Gegend des Lake Manyara, der von über 400 m hohen Mauern überragt wird. Weiter südwärts verliert sich der Grabencharakter der Bruchstufe fast gänzlich, da die östliche Grabenschulter praktisch fehlt.

Der Ostafrikanische Graben ist nicht in einer Linie ausgebildet, sondern verläuft fächerförmig, unterbrochen von Bruchschollenbergländern (Pare,

Usambara, Uluguru und Mahenge Mountains). Für Alter und Entstehungsgeschichte gilt das über den Zentralafrikanischen Graben Gesagte.

Zwischen diesen Verwerfungszonen ruhen die **Hochländer des Ostafrikanischen Schildes**. Dies ist der älteste Teil Tansanias. Die Entstehungszeit fällt in das Präkambrium, einzelnen Gesteinsschichten wird ein Alter von ca. drei Milliarden Jahren zugeschrieben.

Mit größter Wahrscheinlichkeit ist dieser starre Block nicht in einer einzigen Entwicklungsstufe (Orogenese) entstanden, sondern in mehreren, zeitlich weit auseinanderliegenden Stufen. Dies lässt sich aus den gestörten Lagerungsverhältnissen der Gesteine ersehen. Bei den Gesteinen handelt es sich um sogenannte Magmatite, die aus Einschmelzung abgetauchter Teile der Erdkruste entstanden sind (Gneise, Granite, Quarzite). Östlich des Ostafrikanischen Grabens und im äußersten Süden (Songea, Mbeya) herrschen phänerozoische terrestrische, seltener marine **Sandsteinsedimente** aus dem Oberen Karbon und der frühen Trias vor.

Diese Ablagerungen folgten einer Periode der Einebnung (Denudation) fast bis auf Meeresniveau. Sie liegen auf dem präkambrischen Sockel und erreichen eine Schichtstärke von bis zu 3.000 m. Meist liegen sie ungestört, höchstens schräg gestellt. Nur im Gebiet des Rufiji sind diese Ablagerungen aufgewölbt.

Geografie

Die Vereinigte Republik Tansania setzt sich aus dem Festland und Inseln im Indischen Ozean (Sansibar, Mafia, Pemba sowie einigen kleineren) zusammen. Der Festlandteil ist, ähnlich einer Insel, von Gewässern umgeben: Im Osten liegt der **Indische Ozean** mit einer Küstenlänge von knapp 750 km, im Westen der **Tanganyika-See**, im Norden der **Victoria-See** und im Süden der **Malawi-See**.

Durch das Landesinnere ziehen sich ebenfalls große Wassermassen. Die Ströme **Rufiji**, **Großer Ruaha** und **Ruvu** zählen zu den größten Afrikas. Der größte von ihnen, der Rufiji, erreicht eine Fließgeschwindigkeit von 1.133 m^3/Sek. und würde sich daher hervorragend zur Energiegewinnung durch Wasserkraftwerke eignen. Pläne liegen bereits vor.

Im Norden und im Süden des Landes ist die Küstenebene mit einer maximalen Breite von ca. 40 km ziemlich schmal. Im Raum Dar es Salaam erreicht sie mit ca. 200 km Breite ihre größte Ausdehnung, hier fließen auch die drei großen Ströme in den Indischen Ozean. Dem Urlauber bieten sich herrliche Sandstrände.

Der Anstieg zum zentralen Hochland (1.200 bis 2.000 m), das mit 30 % den größten Teil des Landes einnimmt, verläuft ruhig und ohne größere Sprünge und führt letztendlich zu den großen Erhebungen im Nordosten - **Usambara- und Pare-Berge**, **Kilimanjaro**, mit 5.893 m der höchste Berg Afrikas, **Mt. Meru** (4.565 m) sowie dem heiligen Berg der Massai und einzigem aktiven Vulkan Ostafrikas, **Ol Doinyo Lengai** - und im Südwesten - **Livingstone-Berge**, die Berge um Mbeya und südlich von Iringa, alle 2.000 bis 2.500 m.

Die westliche Landesgrenze bildet das einzigartige Spektakel des Großen Grabenbruches (*great rift valley*), dessen Grund mit großen Wassermassen bedeckt ist (Lake Tanganyika, Lake Rukwa, Lake Malawi).

Die **Güte und Fruchtbarkeit der Böden** variiert sehr stark und ist von den geologischen Prozessen der Vergangenheit abhängig. Die fruchtbarsten Bodentypen findet man in Gegenden hoher vulkanischer Tätigkeit, also im Nordosten an den Hängen vom Kilimanjaro, Mt. Meru, Ngorongoro und an den Oldeani-Bergen. Das zentrale Hochland weist nur äußerst magere Böden auf. In Verbindung mit sehr geringen Niederschlagsmengen (unter 500 mm jährlich) und enormer Verdunstungsgeschwindigkeit ist diese Region für Landwirtschaft nicht geeignet. Auch die Küstenebenen weisen keine hervorragende Bodenqualität auf. Dieser Mangel wird hier aber durch hohe Luftfeuchtigkeit, größere Niederschlagsmengen und gute Bewässerung wettgemacht.

Die natürliche Vegetation, soweit noch vorhanden, besteht zu gut 30 % aus sommergrünem, lichtem **Waldland** (Miombo) im Westen und Süden des Landes. Das nördliche Drittel besteht aus Kurz- und Langgrassavanne. Innerhalb dieser **Savannenlandschaften** befinden sich die größten geschützten Tierparadiese der Welt (Serengeti National Park (NP), Ngorongoro Conservation Area (CA)).

Nur die Rumpfbergländer und großen Erhebungen im Nordosten weisen Bestände von immergrünen/immerfeuchten Wäldern auf. In erster Linie sind hier der Kilimanjaro und Mt. Meru zu nennen.

Klima

Tansania weist ein ausgesprochen trockenes und regenarmes Klima auf. Auf Grund des sich ändernden Einfallswinkels der Sonnenstrahlung und der daraus resultierenden Luftdruckverschiebung im klimatisch zusammenhängenden Raum Inner- und Ostafrika, verteilen sich diese Niederschläge auf zwei Maxima: die **große Regenzeit** (*long rains, masika*) von Mitte März/Anfang April bis Juni und die **kleine Regenzeit** (*short rains, mvuli*) von ca. Oktober bis Dezember. Es ist damit nicht gesagt, dass es im gesamten Land zu diesen Zeiten ununterbrochen regnet. Die Oberflächengestaltung, Monsune, Höhenlage usw. spielen ebenfalls eine Rolle.

47 % der Fläche Tansanias erhalten in vier von fünf Jahren mehr als 760 mm Niederschlag. In erster Linie sind das die Provinzen Kilimanjaro, Mbeya, die südliche Hälfte von Iringa, Kigoma, Kagera und die Inseln Sansibar und Pemba. Die zentralen Hochflächen sind auch während der Regenzeiten staubige und trockene Regionen, die nur vereinzelt durch Regenfälle befeuchtet werden.

Ebenfalls zur **Trockenzeit** (Januar/Februar und Juli bis September/Oktober) fällt in begünstigten Regionen, hier sind in erster Linie wieder die Provinzen Kilimanjaro und die Insel Sansibar zu nennen, hin und wieder Regen. Im Durchschnitt sind es jedoch maximal 50 mm/Monat. Die Temperaturen erreichen zum Höhepunkt der Trockenzeit (August) ihren jährlichen Tiefstand (ca. 25°C), zwischen Dezember und März können sie bis weit über 30°C steigen.

Allerdings deutet aktuell Vieles auf heftiger werdende Klimaschwankungen (wenn nicht gar Klimaänderung) hin - so war die kleine Trockenzeit 2006/7 von außergewöhnlich starken, vor allem aber täglichen Regenfällen begleitet.

Geschichte

Vor ca. 3,5 Mio. Jahren *Australopithecinen* schritten über die Lavafelder von Laetoli (die Fußspuren sind zu besichtigen).

Vor ca. 1,8 bis 2 Mio. Jahren Zwei Hominidentypen bevölkern das heutige Tansania - *Australopithecus boisei* und *Homo habilis*. Die gefundenen Schädel sind im Nationalmuseum in Tansania zu besichtigen.

Vor ca. 0,75 Mio. J. *Homo erectus* erscheint, bald darauf *Homo sapiens.*

ca. 1.000 v.Chr. Kuschitische Völker wandern von Norden ein und führen neue Agrartechniken ein. Es folgen Bantus mit dem Wissen der Eisenverarbeitung. Zuletzt wandern nilotische Hirtenvölker ein.

13./14. Jh. n.Chr. Persische, arabische, chinesische und indische Händler besuchen die Küste und tauschen Waren aus (Elfenbein, Rhinozeroshorn). Der Islam breitet sich aus. Ptolemäus bezeichnet die Küstenbevölkerung als Zenj. Die ersten Steinhäuser entstehen in Sansibar, Mafia und Kilwa.

1498 Ankunft von **Vasco da Gama**. Kilwa war zu diesem Zeitpunkt die reichste und mächtigste Stadt der ostafrikanischen Küste.

16. Jh. Die Portugiesen haben Anfang des Jahrhunderts die Eroberung der Küste abgeschlossen, residieren in Kilwa und kontrollieren den internationalen Handel. Ergebnis war der wirtschaftliche Niedergang fast der gesamten Region.

17./18. Jh. Die **Omani-Araber** vertreiben die Portugiesen und übernehmen die Macht an der Küste. Ein Zeitalter der Prosperität beginnt. Der Sklavenhandel beginnt sich zu entwickeln. Unter den ersten Einkäufern sind Franzosen, eines ihrer Schiffe trägt ironischerweise den Namen "La Samaritaine".

19. Jh. Der **Sklavenhandel** ist Grundlage des Reichtums geworden. Das Hinterland wird dabei erforscht, die große Route über Tabora nach Ujiji entsteht. Sansibar wird wichtigster Umschlaghafen, Bagamoyo Zentrum der tansan. Küste.

1844 Die ersten Europäer tauchen auf: **Johann Krapf**, Missionar, 1844 in Sansibar, übersetzt das Neue Testament ins Ki-Swahili und schreibt die erste Grammatik und das erste Wörterbuch dieser Sprache.

1848 Sein Kollege **Johann Rebmann** erblickt als erster Europäer den Kilimanjaro, niemand glaubt ihm.

1856-1857 Richard Burton und **John Speke** erreichen den Tanganyika-See.

1858 J. Speke identifiziert den Victoria-See als Quelle des Nil, aber niemand glaubt ihm.

4.4.1866 Dr. Livingstone, Missionar, beginnt seine Reise in das Hinterland Tansanias in der Nähe von Mtwara. Er bestätigt die Entdeckung Spekes und kämpft gegen die Sklaverei.

1872 **Henry M. Stanley**, Journalist, findet Dr. Livingstone in Ujiji.

1887 Stanley kehrt zum zweiten Mal nach Afrika zurück. Offiziell, um Emin Pascha zu retten/evakuieren. Der deutsche Arzt Eduard Schnitzer war von 1878 bis 1890 Gouverneur der ägyptischen Äquatorialprovinz Sudan und wurde von den Truppen des Mahdi stark bedrängt, war somit von Ägypten und Europa abgeschnitten. Stanley rettete Emin Pascha vom Süden her, Ankunft der beiden in Bagamoyo im Dezember 1889.

Ende des 19. Jh. Die ersten Europäer mit politischen Interessen besuchen das Land. Mit einheimischen Sultanen werden **Schutzverträge** geschlossen. Die Berliner Konferenz von 1884 und 1885 teilt Afrika in Einflusssphären auf. Der Sultan von Sansibar regiert weiterhin über Pemba und einen 16 km breiten Küstenstreifen sowie über Sansibar selbst (unter britischem "Schutz" allerdings), Deutschland wird das restliche Tansania (zusammen mit Ruanda und Burundi = Deutsch-Ostafrika) zugesprochen.

20. Jh. Deutschland regiert mit eiserner Hand, der **Maji-Maji-Krieg** 1905 bis 1907 (teilw. 1908) ist das traurigste und blutigste Ergebnis (☞ "Information, Karten, Literatur"). Jedoch wird in dieser Zeit auch der Grundstein für die moderne Entwicklung des heutigen Tansania gelegt: Eisenbahnen und Straßen werden geplant und gebaut, Schulen und Krankenhäuser errichtet. Das Dorf Dar es Salaam wird zur Hauptstadt ausgebaut, das Swahili wird als Verkehrssprache gefördert. Nach dem Ersten Weltkrieg wird das tansanische Festland den Briten zugesprochen und "Tanganyika" genannt. Wegen der Weltwirtschaftskrise und der allgemeinen Unsicherheit stagniert die Entwicklung.

1929 Von einigen ausgebildeten Tansaniern wird die **Tanganyika African Association** (TAA) gegründet.

1953 **Julius Kambarage Nyerere** wird Präsident der TAA.

7.7.1954 Die TAA wird umgeformt in eine mächtige Partei namens "Tanganyika African National Union" (TANU) mit dem radikalen Slogan "Uhuru na Umoja" (Freiheit und Einheit).

1957 Die TANU beeinflusst Sansibar, die **Afro Shirazi Party** (ASP) wird gegründet und stellt sich in Opposition zum britischen Marionettenregime des Sultans.

9.12.1961 Nyerere erreicht, ohne einen Tropfen Blut zu vergießen, die **Unabhängigkeit** des Festlandes.

1964 Der sansibarische Sultan wird in einem unblutigen Handstreich von einer kleinen Gruppe der ASP unter John Okello gestürzt. Der Sultan geht freiwillig ins Exil. Die vielen Opfer dieser Revolte kommen erst danach ums Leben, als der lang aufgestaute Hass der afrikanischen Bevölkerung gegen Araber ausbricht, und in pogromartigen Übergriffen ca. 10.000 Araber umgebracht werden. Abeid Amaan Karume, Führer der ASP, wird erster Präsident Sansibars, Okello wird abgeschoben.

29.10.1964 Sansibar vereinigt sich mit Tanganyika. Tan-zan-ia ist entstanden.

5.2.1967 Verkündung der **Arusha-Deklaration**. Der unabhängige, tansanische Weg zum Sozialismus wird klar aufgezeigt - alle Tansanier sind gleich. Die Bevölkerung wird angehalten, auf eigene Ressourcen (vor allem Arbeitskräfte, Boden, Bodenschätze) zurückzugreifen. Ausländisches Kapital ist nicht mehr Eckpfeiler der Entwicklung. Besonderes Augenmerk wird der Entwicklung der Landwirtschaft entgegengebracht. Industrien, Handel und Banken werden verstaatlicht, um die Gewinne, die ins Ausland fließen, im Lande zu behalten. Ein Ehrenkodex für Führungskräfte wird erlassen (er verbietet z.B. diesen Personen Nebeneinkünfte - ein Vorbild für die ganze Welt). Mit ganz geringen Ausnahmen fügen sich die Führungskräfte diesem Kodex. Mit diesem Konzept wird versucht, einen dem Land und seinen Bewohnern angepassten, von den Machtblöcken unabhängigen Weg zu Einheit, Gleichheit und Freiheit einzuschlagen.

1977 Vereinigung von ASP und TANU zur **Chama Cha Mapinduzi** (CCM), der heute noch regierenden Einheitspartei.

Oktober 1985 Nyerere tritt als Präsident zurück, und **Ali Hassan Mwinyi**, Präsident von Sansibar, tritt seine Nachfolge an. Nyerere bleibt bis 1990 Vorsitzender der CCM. Der Kurs Mwinyis unterscheidet sich, zumindest in der ersten Amtszeit vom Kurs Nyereres, trotz offensichtlicher Öffnung gen Westen/Norden, nicht wesentlich und ist nach wie vor vom Geist der Arusha-Deklaration geprägt. Nach innenpolitischen Querelen unterwirft Mwinyi am Ende seiner ersten

Amtszeit die Arusha Declaration allerdings einer gründlichen Revision und schafft damit die Voraussetzung für die Privatisierung der gesamten Wirtschaft.

1990 Das 1990 ins Leben gerufene **Investment Promotion Centre** (IPC) soll nicht nur tansanische staatliche, sondern auch tansanische und ausländische private Investitionen ankurbeln. Betroffene Sektoren sind die Landwirtschaft (Pflanzen- und Tierproduktion), Bodenschätze, Fertigungsindustrie, Tourismus sowie Transportwesen, Transithandel und Hochtechnologie. Gemeinsam mit dem nach wie vor politisch aktiven Nyerere legt Mwinyi auch die Weichen für die Schaffung eines Mehrparteiensystems, das **1992** eingeführt wird. Auf Grund seiner einschneidenden wirtschaftlichen Reformen und Förderungsprogramme von Privatinitiativen ist Mwinyi ein sehr beliebter Präsident gewesen.

Oktober 1995 Der erste demokratisch gewählte Präsident Tansanias heißt Benjamin William Mkapa; er treibt die Liberalisierung des Marktes noch schneller voran als Mwinyi und privatisiert zahllose Staatsbetriebe (Kilimanjaro National Airport, Nationalbank als prominenteste). Tansania entfernt sich immer weiter vom Sozialismus afrikanischer/nyererescher Prägung - die großen Geldströme erreichten aber nur eine kleine Oberschicht, das Volk sieht davon nichts. Mkapas erster politischer Schritt, der ihm viel Sympathie, aber auch viele Feinde brachte, war nicht nur die Berufung einer Antikorruptionskommission, sondern die Veröffentlichung ihres Berichtes. Als daraufhin der Finanz- und Tourismusminister freiwillig zurück traten, wurde klar, dass der Fisch schon ziemlich weit vorne am Kopf stank.

7.8.1998 Als das einschneidendste politische Ereignis der neueren Zeit muss der Bombenanschlag auf die US-amerikanische Botschaft in Dar es Salaam betrachtet werden. Durch dieses Attentat verloren nicht nur unschuldige Opfer ihr Leben, durch den Anschlag wurde auch das tansanische Selbstverständnis zerstört.

Ein Teil der Politik Nyereres - ein sehr gutes Verhältnis zu allen Machtblöcken in Ost und West bzw. das Lavieren zwischen diesen - führte in Politikerkreisen wie im Volk zur überaus stabilen und auch praktischen Erkenntnis, dass Tansania die Insel der Seligen ist: fern-

ab internationaler Querelen führten die Tansanier ein Leben in Glück und Geborgenheit.
Die Toten des Anschlages rückten dieses Bild schlagartig zurecht - Tansania wurde in die Internationalität gezwungen, wurde Teilnehmer im internationalen Kampf Islam-Fundamentalismus gegen den großen Feind USA. Es folgte eine Phase der politischen Lähmung, deren Überwindung einige Jahre dauerte. Der Schock sitzt noch immer tief, doch mittlerweile hat sich Tansania am neuen Platz zurecht gefunden.

Oktober 2000 Erwartungsgemäß gewann wieder die CCM die Wahl und Mkapa wurde für eine 2. Amtsperiode vereidigt. Diese war geprägt durch einen immensen wirtschaftlichen Aufschwung und mit einem Wirtschaftswachstum von jährlich bis zu 6 % und dem Eindämmen der Inflation auf schlanke 5 bis 6 % schaffte es Mkapa Liebkind der Weltbank (und westl. Investoren) zu werden. Auch die innenpolitische Stabilität wurde während seiner Amtszeit eher noch gestärkt. Als eines weit reichendsten multilateralen Abkommen muss die Schaffung der EAC (East African Costums Union mit Kenyau. Uganda; Burundi und Ruanda werden Mitte 2007 beitreten) genannt werden, die zum 01.01.2005 umgesetzt wurde. Der Kampf gegen die Korruption schlief allerdings ein wenig ein. 2006 rangierte Tanzania im Ranking von "Transparency International" (int. beachtete NGO = non governmental organization) auf Platz 93, von insg. 159 (2005: Platz 88, mit allerdings gleicher Punktezahl). Einziger Wermutstropfen der Politik Mkapas: an der einfachen Bevölkerung am Land flossen die Geldströme unbemerkt vorüber.

30. Oktober 2005 Wahlen in Sansibar, am Festland wurden diese aufgrund des plötzlichen Todes des CHADEMA-Kandidaten auf Dezember verschoben. Wie bereits im Kap. Fakten dargelegt, gewann die CCM die Wahl. Als 4. Präsident Tansanias wurde am 21.12.2005 Jakaya Kikwete (ehem. Außenminister und Vertrauter Mkapas) vereidigt, Vize-Präsident ist Dr. Ali Mohamed Shein, Präsident von Sansibar ist nunmehr Amani Abeid Karume (zweite Amtsperiode). Beide Wahlen wurden von den Wahlbeobachtungskommissionen als regulär und fair bezeichnet. Dennoch kam es vor allem in Sansibar zu gewalttätigen

Zwischenfällen (☞ "Sansibar"). Kikwete kündigte im Wahlkampf an, die Politik Mkapas mit allen Mittel weiter zu führen. Zu den Nachbarstaaten besteht ein entspanntes, teils auch freundschaftliches Verhältnis. Von immer größerer Wichtigkeit wird das Verhältnis zu Südafrika, welches zu den größten Investoren im Land zählt. Gemeinsam mit diesem vermittelt Tansania nach wie vor im Burundi-Konflikt.

Aktuell befinden sich knapp 0,5 bis 1 Mio. Flüchtlinge (aus Burundi und Kongo) im Land (größtenteils in der Region Kigoma).

Auch das Verhältnis zur Gebergemeinschaft - Weltbank, IWF, GB, skandinavische Staaten, USA, Japan, Niederlande, Deutschland (Tansania ist Schwerpunktpartnerland der deutschen Entwicklungszusammenarbeit. Mehr dazu beim Bundesministerium für Wirtschaftliche Zusammenarbeit und Entwicklung 💻 www.bmz.de), in jüngster Zeit auch die EU - ist prächtig gestaltet (versichern beide Seiten). Dass sich, abseits der "traditionellen" Geberländer, in jüngster Zeit auch China massiv in Tansania engagiert, wird mit kritischen Augen verfolgt.

In Arusha - das auch Sitz des Sekretariats der EAC ist - befindet sich der Sitz des Internat. Strafgerichtshofes für Ruanda (Ruanda-Tribunal).

Tansania spielt auch eine aktive Rolle in der UNO und fordert eine stärkere Berücksichtigung der Interessen afrik. Entwicklungsländer, unterstützt die Erweiterung des Sicherheitsrates und lehnt das Vetorecht der ständigen Mitglieder in diesem Gremium ab.

Das Land ist auch Mitglied der SADC (Entwicklungsgemeinschaft des südlichen Afrika) und somit an deren institutionellen Zusammenarbeit mit der EU beteiligt. Die COMESA-Mitgliedschaft wurde September 2000 beendet.

Als fast schon paradox mutet der von der "Kongregation für die Selig- und Heiligsprechungsprozesse" bereits Mai 2005 genehmigte Seligsprechungsprozess Julius Nyereres an, dessen diözesane Phase 2006 begann. Nyerere war bereits Januar 2005 als - wahrscheinlich erster und einziger Linkspolitiker weltweit - von Erzbischof Polycarp Pengo von Dar es Salaam als "Diener Gottes" bezeichnet worden.

Bevölkerung

95 % der Bevölkerung Tansanias zählen zu den bantusprechenden Ethnien, kurz Bantus genannt (☞ "Sprache"). Die restlichen 5 % gehören zu den Niloten (z.B. die Massai), Kuschiten, Khoisan und einigen nichtafrikanischen Völkern (Araber, Inder und Europäer).

Die bantusprechende Bevölkerung wird in zahlreiche Untergruppen unterteilt, die gerne als Stämme bezeichnet werden. Keine dieser Untergruppen zählt in Tansania viel mehr als eine Million Menschen. Somit konnte sich nie eine führende Ethnie herausbilden, und staats- bzw. friedensgefährdende Rivalitäten blieben aus.

Zusammen mit der seit langem landesweit gesprochenen Sprache, dem Ki-Swahili (☞ "Sprache"), waren dies die günstigsten Voraussetzungen für die Schaffung eines Nationalstaates, nachdem die Briten Ostafrika verlassen mussten.

Viele Staaten Schwarzafrikas konnten das Problem des Nationalstaates noch nicht lösen; in Tansania scheint es diese Schwierigkeiten nie gegeben zu haben. Ein Bewohner Tansanias fühlt sich in erster Linie als Tansanier. Die Zugehörigkeit zu einer Ethnie oder einem Stamm ist dem nationalen Bewusstsein untergeordnet.

Vergleicht man die Größe des Landes (gut 945.000 km^2) mit der Einwohnerzahl von ca. 35 Mio., ergibt sich eine durchschnittliche Besiedlungsdichte von 37 Ew./km^2. Diese ist jedoch nicht gleichmäßig über das Land verteilt.

Die trockene Gegend um Tabora ist praktisch menschenleer, höher gelegene Gebiete (ab ca. 1.000 m) erhalten mehr Regen und sind auch dichter besiedelt. Die größte Besiedelungsdichte wird in gebirgigen Regionen - Kilimanjaro, Mt. Meru, Pare- und Usambara-Berge - und in der niederschlagsreichen Region am Victoria-See erreicht. Hier, auf ca. 10 % der Landesfläche, leben 70 % der Bevölkerung. Rund um Moshi leben mehr als 200 Ew./km^2, an den Hängen des Kilimanjaro 264 Ew./km^2.

Die Reserven an fruchtbarem Boden sind ausreichend. Neues fruchtbares Land zu bebauen bedeutet härteste Arbeit sowie den Einsatz von Wissen und Geld. An körperlichem Einsatz würde es nicht scheitern, nur Geld ist fast nie und Experten in zu geringer Zahl vorhanden. Diese Konstellation löst Landflucht aus. 34 % der Bevölkerung leben bereits jetzt in Städten.

Das durchschnittliche **Bevölkerungswachstum** beträgt 3 %, das bedeutet eine Verdoppelung der Bevölkerung in ca. 25 Jahren. Das Wachstum der Städte geht wesentlich schneller voran, Moshi-Stadt wächstz.B. jährlich um fast 9 %, Tendenz steigend. Ob die Entwicklung der städtischen Infrastruktur bei diesem rasanten Wachstum mithalten kann, bleibt dahingestellt. Eines ist aber jetzt schon klar: Die Wasserversorgung ist eine Katastrophe - hier schlummert Konfliktpotential!

Sprache

95 % der Landesbewohner sprechen eine Sprache aus der Familie der **Bantusprachen**. Es gibt in Tansania über 100 davon. Alle weisen im Großen und Ganzen die gleiche Struktur auf. Jede besitzt zusätzlich verschiedene Dialekte.

Daher waren die Voraussetzungen sehr günstig, das **Ki-Swahili**, ebenfalls eine Bantusprache, als **Amtssprache** durchzusetzen. Die Tradition des Ki-Swahili als Verkehrssprache reicht weit zurück. Den Anfang machten die Araber, als sie den Elfenbein- und Sklavenhandel von der Küste ins Hinterland ausdehnten. Aus dieser Zeit stammen auch die vielen arabischen Lehnwörter.

Die deutschen Kolonialherren setzten beim Aufbau des Schulwesens Ki-Swahili als Unterrichtssprache ein. Das Ki-Swahili-Wort für Schule ist auch heute noch *shule*. Die erste Übersetzung der Bibel auf tansanischem Boden erfolgte ebenfalls ins Ki-Swahili. Dies alles trug zur Verbreitung und Akzeptanz der Sprache bei.

Die britischen Kolonialherren setzten die Tradition des Ki-Swahili als Verkehrssprache fort, trieben aber parallel dazu auch die Verbreitung des Englischen voran. Nach der Unabhängigkeit wurde Ki-Swahili alleinige Amtssprache.

In größeren Städten, die touristische Zentren darstellen, ist die Kenntnis der **englischen Sprache** zur Kommunikation mit der Bevölkerung ausreichend. In kleineren Ortschaften sprechen nur Personen, die mit Fremden zu tun haben, Englisch - Kellner, Hotelmanager, Pförtner, Bankangestellte, Chauffeure ...

Ki-Swahili ist in viele **Dialekte** aufgesplittert. Die Standardisierung ist noch nicht abgeschlossen. Basis ist der Dialekt von Sansibar-Stadt. In Sansibar befindet sich deswegen das "Swahili Research Institute", dessen Aufgabe Lehre und Forschung ist. Entwicklungshelfer, Touristen und Interessierte lernen dort Ki-Swahili.

☺ In ländlichen Gegenden ist die Kenntnis elementarer Ki-Swahili-Begriffe von großem Vorteil.

☺ Das letzte Kapitel des Buches ☞ Kleiner Sprachführer orientiert sich an der standardisierten Form, ebenso das ☞ Tierwörterbuch. Selbst für den Besuch von Kleinstädten ist diese Version ausreichend. Nur wer dorthin möchte, wo noch keiner war, könnte unter Umständen Verständigungsprobleme bekommen.

Wirtschaft

Laut UN-Entwicklungsbericht aus dem Jahr 2005 rangiert Tansania auf Platz 164 von insgesamt 177 angeführten Staaten. Tansania zählt somit zu den ärmsten Staaten der Welt. Der Internat. Währungsfond (IWF) erließ daher mit 1.1.2006 nach einem G8-Beschluss Tansania alle Schulden. Weltbank und Afrik. Entwicklungsbank werden höchstwahrscheinlich diesem Beispiel folgen.

Etwa 80 % der Bevölkerung sind in der Landwirtschaft tätig (Tendenz abnehmend) und produzieren einen Anteil von knapp 50 % des Bruttoinlandsproduktes.

Rund 75 % des Exportes besteht aus agrarischen Gütern. In absteigender Reihenfolge seien genannt: Kaffee, Baumwolle, Tabak, Sisal (Tansania ist weltgrößter Exporteur), Tee, Gewürze (stark fallend).

Bis zum Beginn der Kolonialzeit (Wende 19./20. Jh.) kann von selbstgenügsamer Landwirtschaft (Subsistenzwirtschaft) gesprochen werden. Erst durch die Kolonisierung (Deutsche, Briten) wurde die tansanische Landwirtschaft genötigt, auch für den Weltmarkt zu produzieren. Eine Idee, die die Bevölkerung nicht rundweg ablehnte, ließ sich doch etwas verdienen. Die beiden Weltkriege sowie die dazwischen liegende Weltwirtschaftskrise ließen jedoch keine nennenswerten landwirtschaftlichen Erfolge das Tageslicht erblicken. Erst ab 1945 begannen die Wirtschaftskennziffern kontinuierlich zu steigen; 1960 erreichte der Wert der exportierten landwirtschaftlichen Produkte 41 Mio. Pfund Sterling (1945: 6 Mio.)

Nach Erlangung der **Unabhängigkeit** (1961) verfolgte der neue Staat eine Wirtschaftspolitik, die als "*improvement and transformation approach*" in die Geschichte des Landes einging. Durch Produktionsanreize und Beratung sollte die Bauernschaft zu besseren Methoden des Pflanzenbaus und der Viehhaltung angeregt werden, ohne dass in die traditionelle Lebensweise zu radikal eingegriffen wurde. Genossenschaften sollten den Absatz fördern. Kapitalhilfe wurde durch den Staat gestellt. Parallel wurde die Bevölkerung in fruchtbare Gegenden umgesiedelt.

Der Erfolg war zweigeteilt - während die Landwirte in fruchtbaren Gegenden von einer ausgebauten Infrastruktur, Kapital und Beratung profitierten, blieben die auf subsistenzwirtschaftlicher Grundlage lebenden Bauern benachteiligt, verarmten teilweise.

Der frühere Präsident Julius K. Nyerere wollte diese Ungleichheiten aus dem Weg räumen und schuf mit der weltweit berühmt gewordenen **Arusha-Deklaration** von 1967 (☞ "Geschichte") die **Ujamaa-Dörfer**. Die Bauern sollten in Mehrzweckgenossenschaften organisiert werden, die verstaatlichten Plantagen und Großbetriebe sollten als Kollektive weitergeführt werden. Die Vermarktung landwirtschaftlicher Produkte übernahmen staatliche Vertriebsgesellschaften.

Der Erfolg schien dem Projekt anfangs recht zu geben. Der Import an Nahrungsmitteln sank auf 6 % (ca. $ 56 Mio.) der Gesamtimporte, eine Zahl, von der andere afrikanische Staaten nur träumen konnten. Management- und Organisationsfehler, Kürzungen der Staatsausgaben, Weigerung der Bauern, sich umsiedeln zu lassen, schwächten die Entwicklung. In den frühen 80er Jahren war der Tiefpunkt erreicht - die größte Wirtschaftskrise, die das Land je gesehen hatte.

In Zusammenarbeit mit dem IWF, der Weltbank und der internationalen Gebergemeinschaft wurde 1986 unter Präsident Mwinyi mit vorsichtigen Reformen in Richtung marktwirtschaftlicher Verhältnisse begonnen ("Economic Recovery Programme").

Der Staat zog sich zurück und beschränkte sich auf die Verwaltung des Staates. Die Versorgung der Bevölkerung mit Nahrung ist zur Zeit gesichert. Ein großes Problem stellt die Bewässerung dar: aktuell werden ca. 230.000 ha

Nutzfläche bewässert, laut National Irrigation Master Plan (Feldforschung zw. 2001 und 2004) sind knapp 30 Mio. ha (!) wert, bewässert zu werden - ein ungeheures Investitionsgebiet.

Nachdem man aus den desaströsen Zuständen am Mt. Kilimanjaro gelernt hat, soll die Bewässerung in erster Linie small-scale-farming zugute kommen (in erster Linie der Reis-Produktion, um die Importe zu beschränken).

Im Gegensatz zu den Erfolgen in der Landwirtschaft blieb dem Land ein Erfolg in der **Industriepolitik** versagt. Die volkswirtschaftlichen Ziele der nyereschen Politik waren die Verarbeitung landeseigener Rohstoffe, Schaffung einer Konsumgüterindustrie, um die Importe zu drosseln, sowie Errichtung von Kleinbetrieben in landwirtschaftlich schlechter gestellten Regionen, um nichtagrarische Arbeitsplätze zu schaffen. Diese Ziele sollten von staatlichen Betrieben und Genossenschaften sowie in Joint Ventures mit ausländischen Firmen durchgeführt werden.

Eine alles überwuchernde Bürokratie, Fachkräftemangel und ungenügendes Management wussten die in jedem Fünfjahresplan vorgestellten Wachstumsraten von 6 % zu boykottieren.

Man darf aber nicht vergessen, dass einige Faktoren, für die der Staat oder die Bewohner Tansanias nicht verantwortlich gemacht werden können, die Entwicklung beeinflussten. Zuallererst ist der von Idi Amin vom Zaun gebrochene Krieg mit Uganda zu nennen. Das Auseinanderbrechen der ostafrikanischen Wirtschaftsunion sowie Dürrekatastrophen waren der Entwicklung der Industrie ebenfalls nicht zuträglich.

Entgegen der Absicht, Industrien in landwirtschaftlich benachteiligten Regionen anzusiedeln, konzentrieren sich mehr als die Hälfte aller Betriebe in und um Dar es Salaam, der Rest verteilt sich auf Moshi, Arusha, Tanga und Mbeya, entlang der Eisenbahnlinien und in den dicht besiedelten Regionen.

Größte Hindernisse für die gesamtwirtschaftliche Entwicklung sind: ineffizientes Transportsystem (schlechte Straßen, zu wenig Lkw, ein zu 50 % zusammengebrochenes Eisenbahnnetz, daher auch schlechte Anbindung der nationalen Häfen an die umliegenden Binnenstaaten sowie andere Staaten, schlechte Infrastruktur der Häfen), zu wenig und zu teure Energie (diesbezüglich laufen Machbarkeitsstudien über die energetische Nutzung (Wasserkraftwerke) von Rufiji- und Ruvu-River auf Hochtouren); eine mehr als schlechte Wasserversorgung (auch hier soll der Ruvu genutzt werden), schlechter oder gar kein Zugang zu Klein- bzw. Mikrokrediten (zu $ 50 !!!) für Klein- und/oder mittelständische Unternehmer (diesen Mangel will nicht nur die Regierung mit Hilfe der Weltbank, sondern auch die Aga-Khan-Foundation (die Aga Khan Microfinance Agency stellt z.B. auch günstige Versicherungen gegen Naturkatastrophen zur Verfügung) beheben - doch wem nützen Kreditinstitute in Dar es Salaam, wenn das Geld in Tabora benötigt wird?) und natürlich sind die Steuern zu hoch (30 % Einkommensteuer). Ein weiterer wirtschaftshemmender Punkt ist das Fehlen von höherem technischem Personal - es fehlen ca. 30.000 ausgebildete Techniker aller Sparten.

Nächster Punkt zur Anhebung des wirtschaftlichen Wachstums ist die Formalisierung des informellen Sektors: abertausende Kleinstgewerbler (food-stalls, pet-vendors, Buch-, Wasser-, Souvenirverkäufer, praktisch alle Gemüse-Verkäuferinnen auf lokalen Märkten usw.) tätigen Umsätze, die in keine Statistik einfließen (und auch nicht versteuert werden, auch zu einem großen Teil in Zukunft auf Grund der geringen Gewinnspanne nicht versteuert werden müssen). Da kommen zig-Millionen-$ zusammen. Inwieweit diese "Formalisierung" auch auf die großgewerbliche Schattenwirtschaft (Eindämmung der Korruption, Gesetzesänderungen usw.) Einfluss nehmen kann, steht allerdings in den Sternen. Die neue Regierung Kikwete versprach, den von Mwinyi eingeleiteten und von Mkapa energisch vorangetriebenen Kurs der makroökonomischen Stabilisierung weiter zu verfolgen. Es scheint aber noch zu früh, darüber zu entscheiden, ob dies auch mit dem nötigen Elan und Entschlossenheit geschieht. Entscheidend wird dabei nicht nur der Umgang mit der aktuellen Energiekrise und dem maroden Transportsystem sein, sondern auch die Art und Weise der grandios begonnenen, mittlerweile aber stecken gebliebenen Privatisierungen (v.a. der Eisenbahn und der Häfen).

Eines der größten Wachstumspotentiale liegt also in der Zurverfügungstellung von Transportdienstleistungen. Erhebliche Wachstumspotentiale bestehen auch im Bergbau sowie im Tourismus.

Reise-Infos von A bis Z

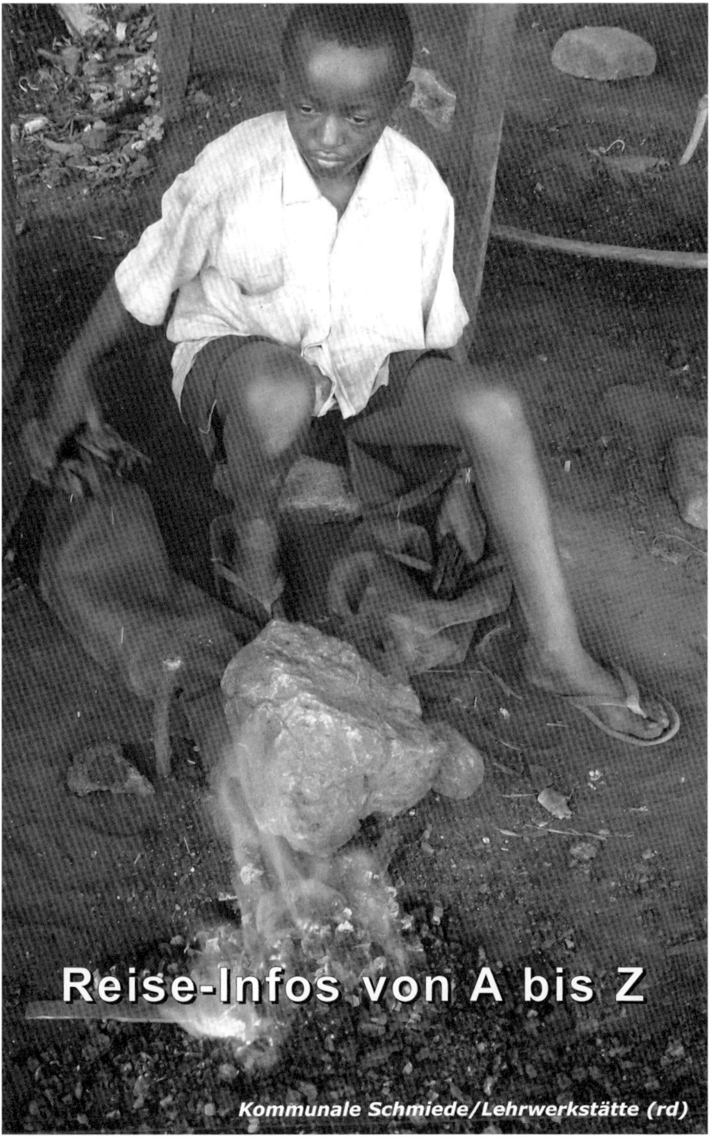

Kommunale Schmiede/Lehrwerkstätte (rd)

Anreise

Flug

Tansania hat drei internationale Flughäfen, welche von Europa angeflogen werden:

Julius Nyerere Int. Airport in Dar es Salaam (JNIA, internat. code DAR) wird von Aeroflot, British Airways, Emirates, Swissair, Ethiopian Airways (ab Frankfurt), Qatar Airways (ab Frankfurt, Berlin, München) sowie South African Airlines/SAA (via Johannesburg!) angeflogen.

Kilimanjaro Int. Airport (KIA, internat. code JRO) liegt ziemlich mittig zwischen Arusha und Moshi und wird von KLM und CONDOR angeflogen.

Seit Januar 2007 fliegt auch die ungar. Gesellschaft Aero Viva nach KIA. Wie lange das so bleiben wird weiß niemand, denn die Lande-/Startgebühren in KIA sind wesentlich höher als die am Kenyatta Airport in Nairobi - Aeroviva Travel Service Ltd., ☏ 0036/1/48686896, 💻 www.aeroviva.hu

Kisaui Int. Airport Zanzibar (int. Code ZNZ) wird von CONDOR angeflogen.

Die **Kosten** für einen Hin- und Rückflug betragen je nach Fluglinie, Saison, Flugklasse und Alter des Fluggastes zwischen € 700 bis 1.000.

Anreise über Kenia

Günstigere Angebote gibt es häufig nach Mombasa/Kenia und Nairobi/Kenia. Eine Anreise nach Arusha (oder Moshi) über Nairobi ist nur sinnvoll, wenn Sie am Vormittag in Nairobi landen. Für die Bus-Reise nach Arusha benötigen Sie ca. 2 bis 3 Std. (von Dar es Salaam ca. 8 Std.). Bei der Kalkulation sollten Sie nicht vergessen, neben den Kosten für den Bus (Nairobi - Arusha ca. $ 15 bis 30) auch Taxikosten (vom Flughafen zum Busbahnhof ca. $ 10) einzurechnen. Bezüglich Flüge Nairobi-Arusha ☞ Kap. Reisen im Land/Flugzeug.

Die Einreise von Mombasa gestaltet sich noch ungünstiger. Mit dem Bus sind Sie ca. 15 Std. unterwegs. Vergewissern Sie sich, dass der Bus über Voi und Taveta fährt; nicht über Tanga (Grenzstation Lunga Lunga), das ist die doppelte Strecke. Direktflüge nach KIA gibt es nicht, der Eisenbahnverkehr wurde eingestellt. Die Banken in den Flughäfen Dar es Salaam und Sansibar sind bei Ankunft der internat. Flüge geöffnet, die einzige Bank am Kilimanjaro Int. Airport hat nur während der landesweit üblichen Öffnungszeiten geöffnet, ☞ Kap. Öffnungszeiten.

Flughafentransport

Vor dem Flughafen in Dar es Salaam warten eine Unzahl von Taxis, um Touristen ins Zentrum zu bringen - rechnen Sie mit ca. $ 10 bis 12 zum Hotel Ihrer Wahl. Zurück kostet es etwa $ 8. Noch im Flughafengebäude wird sich Hima-Tours an Sie wenden, mit $ 15 die teuerste Variante, ins Zentrum zu kommen.

Öffentliche Busse verkehren nicht ins Zentrum. Der Dalladalla-Bahnhof (☞ "Reisen im Land") ist vom Flughafen ca. 2 km entfernt (an der Nyerere Road). Man will fliegende Händler und "unliebsame Elemente" vom Flughafen fern halten.

Zwischen Kilimanjaro International Airport (KIA) und Arusha verkehren nur Taxis (ca. $ 40/Taxi = 3 Personen inkl. Gepäck). Um nach Moshi zu gelangen, müssen Sie zuerst nach Arusha fahren und von dort mit einem Dalladalla weiter (nur zwischen ca. 6:00 und ca. 20:00).

Zwischen Kisaui Airport (Sansibar) und Stone Town (Zentrum von Sansibar Stadt) pendelt der Bus Nr. 7, Taxikosten ins Zentrum ca. $ 10.

Die Flughafengebühr von $ 20 für internationale Flüge ($ 5 für nationale Flüge) ist im Ticketpreis enthalten!

Egal ob vom KIA oder von Dar es Salaam Airport, der Taxifahrer bringt Sie zum gewünschten Hotel und wenn dieses voll sein sollte, zum nächstgelegenen und dann noch zu einem weiteren. Der Preis steigt dabei nicht unbedingt! Sollten Sie den Fahrer aber kreuz und quer durch die Stadt hetzen, kostet das sehr wohl. Für Sansibar gilt dasselbe. Nur wenn Sie in der Altstadt (Stonetown) logieren wollen, wird es für ein Taxi zu eng - Sie müssen zu Fuß gehen.

Auskünfte vor Ort

Die Bewohner Tansanias sind freundliche Menschen und werden alles für Sie tun (vorausgesetzt Sie sind auch freundlich). Sie werden herbeischaffen, was

Sie wollen, sie werden jede Frage beantworten. Sie werden dabei immer darauf bedacht sein, Ihr Gesicht zu wahren. Dieses an sich ehrenwerte Verhalten kann sich mit Unwissenheit des Befragten paaren. Ergebnis? Die Frage "Ist das die Morogoro Street?" wird mit "Ja" beantwortet - auch wenn Sie in einem anderen Stadtviertel in der Kenyatta Street sind. Stellen Sie daher nie Fragen, die mit "Ja" oder "Nein" zu beantworten sind, sondern nur konkrete : "Wie heißt diese Straße?"

Fragen Sie auch so genau wie möglich. Die Frage "Gibt es hier ein Hotel?" wird in Tunduma mit "Nein" beantwortet werden, obwohl dieser Grenzort vor Guesthouses förmlich überquillt. Wenn Sie etwas zu essen suchen, fragen Sie "Wo kann man hier essen?" und nicht nach einem Restaurant, denn in Bars wird auch immer gebrutzelt und eine Bar ist genauso wenig ein Restaurant wie eine Garküche.

Es kann natürlich sein, dass Sie jemand auf Englisch befragen, der dieser Sprache nicht mächtig ist oder der Sie nicht versteht und dieses nicht zugeben will, auch er wird mit "Ja" antworten usw.

☺ Lange Rede, kurzer Sinn, fragen Sie lieber dreimal zu viel als einmal zu wenig. Ein tansanischer Freund fasste das Problem der Auskünfte mit den kurzen Worten: "check, double-check, (evtl. triplecheck), return-check" zusammen!

Ausrüstung

Nutzen Sie ein **Pauschalarrangement**, das meist aus einer Rundreise durch die nördlich gelegenen Nationalparks und einem Badeaufenthalt in Sansibar besteht, ist die Frage nach der Ausrüstung leicht zu beantworten. Mit geringen Abweichungen genügt dasselbe, was Sie mitnehmen würden, wenn Sie zwei Wochen Ihre Verwandten in xyz besuchen. Zur Kleidung ☞ "Kleidung". Vergessen Sie nicht, genügend Filmmaterial mitzunehmen, ☞ "Foto, Film und Video".

Diese Artikel sollten unbedingt im Reisegepäck sein: Toilettenartikel und Sonnenschutz, Tampons bzw. Binden, Sonnenbrille, kleine Reiseapotheke (☞ Medizinische Versorgung), Taschenmesser, Taschenlampe. Diese Dinge können auch im Land selbst gekauft werden, zumindest in Dar es Salaam, Arusha und Sansibar. Die Qualität ist OK, die Preise können höher sein als in der EU. Mechanischer Reisewecker (Batterien vertragen die hohe Feuchtigkeit schlecht) sowie Kopien von allen nötigen Dokumenten sollten ebenfalls mitgenommen werden.

Wenn Sie elektrische Geräte mitnehmen, benötigen Sie einen Adapter (☞ "Elektrizität"). Für Brillen- und Hörgeräteträger empfehle ich die Mitnahme von Ersatzbrille/-Hörgerät. Wer Kontaktlinsen trägt, kann zwischen einem umfangreichen Paket an Reinigungsflüssigkeit usw. oder einem ebenso umfangreichen Paket an Eintageslinsen wählen. Wenn Sie sich für Eintageslinsen entscheiden, prüfen Sie noch vor der Abreise, ob Sie diese auch vertragen. Trotz des höheren Preises ist diese Variante auf Grund der problemlosen Benutzung zu empfehlen. Reinigungsflüssigkeiten sind auch in Dar es Salaam selten erhältlich. Kontaktlinsen-Träger auf Safari haben mit starkem Staub zu kämpfen - lieber eine Brille mitnehmen.

Taucherbrille und **Schnorchel**, da die in Hotels angebotenen Gerätschaften nicht immer dicht sind und die Korallenriffe vor Sansibar und Mafia einen Besuch wert sind. Für Sporttaucher stehen in den Hotels der Kategorie A alle Utensilien bereit. Sie sollten aber im Interesse der eigenen Sicherheit zumindest einen Lungenautomaten, einen Tiefenmesser und eine Uhr mitbringen.

Bedenken Sie, dass eine Safari keine Spazierfahrt ist und mit immenser Staubentwicklung verbunden sein kann. Empfindliche Menschen sollten deshalb an die Mitnahme von **Mund-Nase-Staubmasken** denken. Erhältlich in allen Arbeitsbekleidungsgeschäften. Auf einer Safari kann ein **Fernglas** sehr nützlich sein.

Lärmempfindlichen Menschen sind **Ohrenpfropfen** dringendst ans Herz gelegt - egal ob auf Safari oder in Ortschaften.

Der **Individual- oder Abenteuer-Reisende** braucht mehr. Zuallererst ein **Moskitonetz**. Wenn Sie in abgelegenere Gebiete vordringen möchten, sind **Zelt** und **Schlafsack**, **Landkarten** und **Reiseliteratur** unentbehrlich. **Wasserfilter** bzw. Tabletten zur Wasserreinigung, sind in diesen Gebieten sinnvoll. Es gibt aber mittlerweile in allen Dörfern, auch entlegenen, eine kleine Gemischtwarenhandlung, die Trinkwasser in allen möglichen Flaschengrößen (von 0,2 bis 25 l) anbietet.

Wenn Sie nur vorhaben, einige Campingsafaris zu unternehmen, brauchen Sie Zelt und Schlafsack nicht, denn die meisten Veranstalter bieten diese Gegenstände in ausreichender Qualität an. Sie sollten einige wasserdichte Plastikbeutel in verschiedenen Größen für Dokumente, Geld usw. mitnehmen.

Für den Transport von Bargeld empfehle ich ein flaches Täschchen, das direkt am Körper getragen wird und so Diebstahl vorbeugen kann. Empfehlenswert ist auch die Mitnahme eines Vorhängeschlosses. Nicht alle Kästen in Hotelzimmern sind abschließbar. Die nötigen bügelförmigen Gegenstücke (Anlegearbe genannt) an Tür und Kasten sind (meist) vorhanden.

Verpackt werden muss die Ausrüstung in einem **Rucksack** oder einer **Reisetasche** aus strapazierfähigem Material - Sie werden oft selbst darauf sitzen, andere werden das auch tun bzw. darauf herumsteigen, beim Busfahren kann es passieren, dass das Gepäckstück einfach vom Bus auf den Boden geworfen/ gezerrt/ gestoßen wird oder dass andere Gegenstände darauffallen, Öl kann sich darüber ergießen, das ganze Bündel wird ununterbrochen hin- und hergestoßen.

Das Gepäck soll nicht mehr als 20 kg wiegen da das normalerweise die kostenlosen Gewichtsobergrenze für Flüge ist. Im Inland werden allerdings nur 10 bis 15 kg kostenlos befördert. Jedes Kilo mehr bedeutet Extrakosten.

☺ Die Mitnahme eines Kurzwellenempfängers ist bei längerem Aufenthalt von großem Vorteil. Europa wird in afrikanischen Medien nur am Rande behandelt. Man ist nicht nur geografisch weit von zu Hause entfernt.

Diplomatische Vertretungen

(D) Botschaft der Vereinigten Republik Tansania, Eschenallee 11, 14050 Berlin, ☎ 030/3030800, FAX 30308020, 💻 www.tanzania-gov.de, ✉ tzberlin.habari@gmx.de, ✉ info@tanzania-gov.de

♦ Honorarkonsulat der Vereinigten Republik Tansania (Amtsbezirk Hamburg), Jürgen Gotthardt, 25474 Bönningstedt, Franz-Rabe-Straße 23, ☎ 040/2507936; 25456263, FAX 55601254, ✉ gotthardt-boenningstedt@t-online.de, 🚪 Mo bis Fr 9:00 bis 13:00

Deutsche Bürger benötigen für die Erlangung eines Visums folgende Unterlagen: Antragsformular (auch als download verfügbar), Reisepass, 1 Passfoto, Buchungsbestätigung für den Rückflug oder Kopie des Flugtickets, Visagebühren (€ 50 entweder bar, Verrechnungsscheck oder Postanweisung) sowie - wenn Sie das Visum nicht selbst abholen - ein ausreichend frankiertes Kuvert für die Rücksendung.

Für österr. Staatsbürger gilt selbes, sie müssen auch noch das Porto in bar beilegen oder per Postanweisung zahlen. Für ausländische/nichtdeutsche Schecks werden zusätzlich € 16 Bearbeitungsgebühr berechnet.

Rechnen Sie für die Ausstellung des Visas mit ca. 2 bis 3 Wochen; eine Express-Ausstellung (innerhalb eines Arbeitstages) kostet € 20 zusätzlich. Das Visum berechtigt zu einer einmaligen Einreise. Wenn Sie öfter aus- und einreisen wollen, müssen Sie im Immigration Office in Dar es Salaam (☞ Kap. Diplomatische Vertretungen) ein multiply-entry-visa beantragen.

(A) In Österreich existiert keine Botschaft oder Konsulat, man muss sich an die Botschaft in Berlin wenden. Procedere und Kosten wie oben.

(CH) Botschaft der Vereinigten Republik Tansania in der Schweiz, 47 Ave Blanc, 1201Genf, ☎ 022/7318920, FAX 7328255, ✉ mission.tanzania@itu.ch. Procedere und Kosten wie oben.

Visa können auch direkt bei der Einreise an den Flughäfen sowie an allen anderen Grenzübergängen beantragt werden. Es muss lediglich ein Formular ausgefüllt werden, ein Foto ist nicht notwendig. Die Kosten betragen € oder $ 50 - in bar! (☞ "Geld"), $-Wechselgeld ist meist vorhanden, Lassen Sie sich in jedem Fall eine Zahlungsbestätigung geben und bewahren Sie diese gut auf. Im Falle des Verlustes des Reisepasses gilt diese als Beweis dafür, dass Sie legal im Land sind. In diesem Fall benötigen Sie im neuen Pass noch einmal ein kostenpflichtiges (!) Visum.

Für Deutsche, Schweizer wie Österreicher gilt, dass der Reisepass ab Einreise noch mindestens sechs Monate gültig sein muss.

Im Prinzip gilt seit Inkrafttreten der EAC ein Tansania-Visum auch für Kenia und Uganda (und vice-versa natürlich), man kann also ungehindert zwischen diesen Staaten hin- und herfahren, sooft man will (innerhalb von drei Monaten ab erster Einreise), die Ausstellung eines Kenia- oder Uganda-

Visums entfällt bei Besitz eines Tansania-Visums. Ob das aber bereits alle Zöllner wissen, ist eine ganz andere Frage. Bleiben Sie hartnäckig.

... in Tansania

Ⓓ Deutsche Botschaft, Umoja House, Ecke Garden Av./Mirambo Str., PO Box 9541, Mo bis Fr 8:00 bis 12:00, Tel. während der Öffnungszeiten: ☎ 00255/22/211/7409/15, FAX 211/2944, außerhalb der Öffnungszeiten: aus Deutschland: ☎ 00255/741/455209, innerhalb Tansanias: ☎ 0741/455209, www.daressalam.diplo.de, german.embassy@bol.co.tz

♦ Honorarkonsul der Bundesrepublik Deutschland, Ulf Alexander Kusserow, in Shanty Town (nordwestlich von Moshi-Town, nahe der International School, ca. 5 km vom Zentrum, Taxi ca. $ 5(einfach)), Arusha, ☎ 00255/27/2508022, FAX 2508022, kusserow@habari.co.tz

♦ Hr. Kusserow betreibt auch die besuchenswerten "Msumbi Coffee Stores" (Cafes mit inhouse-roasting, verschiedenste Kaffeesorten) in Arusha (Shoprite-Shopping Komplex), Sansibar (Shangani, gegenüber Serena Hotel) und Dar es Salaam (Seacliff Shopping Center, Msansani).

♦ Honorarkonsulin der Bundesrepublik Deutschland, Angelika Sepetu, Kiembe Samaki Kijijini, Sansibar, ☎ 00255/24/2233691, 2234062 bzw. 0747/410045 (mobil), FAX 24/2233691, 2234062, sepetu_family@yahoo.com

Ⓐ Das Honorarkonsulat (Hr. Helmut Suitner) befindet sich auf Msasani Peninsula, Slipway Rd., Plot 1684/2, PO Box 105526, Dar es Salaam, ☎ 00255/7/222601492, austriaconsulate@bol.co.tz und ist nicht berechtigt, Visa oder Reisepässe auszustellen. In diesem Fall wenden Sie sich an die Botschaft in Nairobi: Ecke Wabera Str./Standard Str. (City House, 2. OG), ☎ ☎ 00254/20/319076 od. 77, nairobi-ob@bmeia.gv.at

(CH) Schweizer Botschaft, PO Box 2454, Kinondoni Rd., Plot 79, Dar es Salaam, ☎ 00255/22/2666008 od. 09 oder 0041/31/3241826, FAX 00255/22/2666736 oder 0041/31/3241829, vertretung@dar.rep.admin.ch, Mo bis Fr 8:00 bis 12:00

Die Botschaften der Nachbarländer Tansanias sind in ☞ "Dar es Salaam" aufgeführt. Das Erlangen von Visa stellt kein Problem dar (Passfotos mitnehmen).

Ein- und Ausreise

Voraussetzung für die Einreise für Deutsche, Schweizer und Österreicher ist ein gültiger **Reisepass** sowie ein **Visum** (☞ "Diplomatische Vertretungen"). Nach Ankunft an einem der internationalen Flughäfen in Tansania ist ein statistisches Formular auszufüllen (wird meist schon im Flugzeug ausgeteilt).

Es kann eine maximale **Aufenthaltsdauer** von drei Monaten bewilligt werden. Mittlerweile wird diese Aufenthaltsdauer automatisch vom Grenzbeamten angenommen und im Visum vermerkt, kontrollieren Sie dennoch zur Sicherheit nach. Die kostenlose Verlängerung in einem der Immigration Offices (am besten in Dar es Salaam, Arusha oder Moshi) bis zu einer Gesamtaufenthaltszeit von drei Monaten ist kein Problem. Die Ämter haben Mo bis Fr von 8:30 bis 12:30 geöffnet, ihre Lage ist in den jeweiligen Stadtplänen verzeichnet.

Sollten Sie Ihre bewilligte Aufenthaltszeit überschritten haben, kann es passieren dass der Grenzbeamte bei der Ausreise für eine nachträgliche Visumsverlängerung viel Geld von Ihnen verlangt. Dies entspricht nicht den Vorschriften! Sie müssen lediglich ein kostenloses Antragsformular ausfüllen (solange Ihr Gesamtaufenthalt nicht länger als drei Monate dauerte!).

Waren Sie ohne Aufenthaltsbewilligung länger als drei Monate im Land, haben Sie gegen die bestehenden Gesetze verstoßen, dieser Verstoß wird bestraft.

Für die Einreiseformalitäten sollten Sie an den Flughäfen ca. 1 Std. einkalkulieren. Auch wenn Sie das Visum erst bei Einreise ausstellen lassen, ist keine längere Wartezeit zu befürchten.

Die Grenzformalitäten an Straßenübergängen sind ziemlich stark von der Laune des Officers abhängig - gehen aber in der Regel zügig voran. Sie sollten bei Einreise per Bus/Dalla/Shuttle bedenken, dass diese gewerblichen Kfz in Tansania nur bis Einbruch der Dunkelheit fahren dürfen. Die Grenzformalitäten in der Eisenbahn (von Sambia) werden meist während der Fahrt durchgeführt.

✋ Die Einfuhr von Waffen, pornografischem Material und Rauschmitteln wird streng bestraft!

Bei der **Ausreise** ist ebenfalls ein statistisches Formular auszufüllen, es wird üblicherweise keine Gepäckkontrolle durchgeführt.

✋ Falls Sie Sansibar besuchen wollen: Hier ist für die Einreise eine Gelbfieber-Impfung zwingend vorgeschrieben.

✋ Falls die Banken an den Flughäfen geschlossen haben (in erster Linie ist hier Kilimanjaro Int. Airport zu nennen): Die Taxifahrer akzeptieren auch US-$ in bar.

✋ Falls Sie Ihren Flug verschieben müssen, ist das (natürlich) kostenpflichtig. Alle Fluglinien akzeptieren nur und ausschließlich US-Dollar! In bar!

✋ Nicht gestattet ist die Ausfuhr von Antiquitäten und durch das Washingtoner Artenschutzabkommen geschützten Tieren bzw. Teilen von diesen (Elfenbein, Felle, Hörner und Geweihe, Schildkrötenpanzer, Muscheln, Korallen usw., ☞ "Souvenirs").

Wenn Sie von anderen angrenzenden Staaten einreisen (Malawi, Mocambiqué, Sambia, Ruanda, Burundi, Kongo), erhalten Sie das Visum bei Grenzübertritt von den Zollbehörden - $/€ 50 - in bar!, der Wechselkurs spielt keine Rolle, Sie sollten den Betrag passend haben.

Für Detailauskünfte wenden Sie sich bitte an Ihre Botschaft bzw. kontaktieren das Immigration Headquarter.

♦ PO Box 222, Ecke Ohio/Ghana Avenue, Dar es Salaam, Tanzania, ☏ 022/2118637, 2112174, ✉ uhamiaji@intafrica.com

Elektrizität

Die **Stromspannung** beträgt 230 Volt Wechselstrom, 50 Hz. Alle üblicherweise mitgeführten Geräte können angeschlossen werden. Die **Steckdosen** sind meist für dreipolige Flachstecker wie in Großbritannien vorgesehen. Sie benötigen einen Adapter, der in Ausrüstungsshops und im -versand erhältlich ist.

In Dar es Salaam, aber auch in Arusha und Sansibar, ist er in jedem Elektrofachgeschäft spottbillig erhältlich. In Hotels und Lodges internationalen Standards sind in jedem Badezimmer Steckdosen für Elektrorasierer (sog. Eurostecker).

☺ Die Mitnahme einer **Taschenlampe** ist unerlässlich, da es immer wieder zu Stromausfällen kommen kann. Nur wenige Hotels der billigeren Kategorien verfügen über dieselbetriebene Notstromaggregate.

Wer ein Notebook mitführt, sollte das Problem der Stromausfälle bereits zu Hause gelöst haben. Darüber hinaus sollten diese heiklen Dinge auch staubdicht verpackt sein. Bedenken Sie auch, dass während der Regenzeit die Luftfeuchtigkeit an der Küste bzw. in Sansibar schon an die 80 % oder mehr erreichen kann. Auch Überhitzung kann ein Problem darstellen.

Entfernungen

Entfernungen zu den wichtigsten touristischen Zielen in Kilometern:

Dar es Salaam nach	**km**	**Dar es Salaam nach**	**km**
Arusha	649	Moshi	570
Bujumbura (Burundi)	1.439	Mpulungu (Sambia)	1.825
Bukoba	1.476	Mtwara	589
Dodoma	483	Musoma	1.193
Dar es Salaam nach	km	Dar es Salaam nach	km
Iringa	504	Mwanza	1.227
Itungi	965	Nairobi (Kenia)	938
Kampala (Uganda)	1.593	Shinyanga	1.048
Kigoma	1.234	Songea	1.033
Kyela	954	Sumbawanga	1.155
Lindi	486	Tabora	1.078
Mbeya	893	Tanga	352
Mikumi	317	Tukuyu	902
Morogoro	193	Uvinza	1.141

Entfernungen zu den wichtigsten touristischen Zielen in Stunden:

Arusha nach	Stunden	Arusha nach	Stunden
Dar es Salaam	8 bis 9	Nairobi	4
Kilimanjaro Airport	0:45	Namanga	1:30
Lake Manyara NP	2:30	Ndutu	5
Lobo Lodge	7:30	Ngorongoro CA	3:30
Marangu	2:15	Seronera Lodge	6
Moshi	1:30	Tarangire NP	2

Dar es Salaam nach	Stunden		
Ruaha NP	8 bis 9	Selous WR (nördl. Gate)	9
Mikumi NP Wildlife Lodge	3		

Essen, Trinken, Restaurants, Rauchen und Toiletten

Zu essen und zu trinken bekommt man überall und in ausreichenden Mengen. Hier ein kurzer Überblick über das Angebot außerhalb der großen, so genannten besseren Hotels/Restaurants/Bars internationalen Zuschnitts. Es handelt sich um Speisen und Getränke, die man als afrikanisch/tansanisch bezeichnen kann.

Speisen

Muhogo (Cassava/maniok): wird meist als steifer ungesalzener Brei - ugali wa muhogo - angeboten und ist das tansanische Grundnahrungsmittel. Muhogo wird auch in Form von Chips bzw. in größeren Stücken geröstet an Straßenständen angeboten und schmeckt ähnlich wie unsere mehligen Kartoffeln.

Reis (*wali*) und **Maisbrei** (*ugali wa mahindi*): sind weitere (ebenfalls meist ungesalzene) Hauptnahrungsmittel der Tansanier. Die Portionen sind riesig und billig, halten aber nicht lange vor. Die Saucen, die dazu gereicht werden, sind undefinierbar. Dazu kann man Fisch, Fleisch oder Huhn bekommen. Reis gibt es nur in geschälter Form.

In der Regel wird zwischen Mais- und Muhogo-Brei nicht unterschieden, es wird einfach Brei/ugali angeboten. Ugali/wali nyama heißt "Brei bzw. Reis mit Fleisch" - Sie erhalten eine mehr oder weniger riesige Portion Ugali/Reis mit einem größeren Löffel Sauce, in welcher sich kleine Fleischstückchen befinden. Je weiter draußen am Land, um so kleiner und weniger die Fleischstückchen.

Chapatis: dünne Fladen aus Mehl und Wasser, sind in frischem, warmem Zustand köstlich. Entwicklungsgeschichtlich betrachtet handelt es sich bei Chapatis um die älteste Form der Brotzubereitung. Soweit man weiß, erfanden die alten Ägypter vor ca. 6.000 Jahren diese Kunst.

Bohnen (*irio*) werden in Form von Eintöpfen mit geringer oder keiner Fleischeinlage im ganzen Land angeboten.

Kochbananen (*ndizi*) schmecken ausgezeichnet (ähnlich wie die fest kochende Kartoffel) und Sie sollten zugreifen, sobald Sie welche sehen.

Kartoffeln (*irish potatoes*) werden immer beliebter und meist als **Pommes frites** (*chipsi*) angeboten. In den Garküchen Dar es Salaams stellen sie ein Standardgericht dar. **Süßkartoffeln** (*potatoes, kiazi*) sind landesweit erhältlich.

Dieses Angebot wird erweitert durch hervorragende Kleinigkeiten (tansan. Snacks genannt) wie ***bajia*** (frittierte Kokosnussbällchen), ***viazi*** (Kartoffelbällchen), ***mandazi*** (eine Art ungefüllte Krapfen), ***sambusa*** (Teigtäschchen gefüllt mit Fleisch, Fisch oder Gemüse), ***kababu*** (kleiner Hackfleischstriezel), ***yai la bizari*** (hart gekochtes, gebackenes Ei) - dieser Imbiss wird auch als *egg chop* bezeichnet, ***kitumbua*** (rice-friters).

Wer empfindlich ist, sollte Folgendes beachten: Normale Restaurants bis hinauf zur Mittelklasse bieten diese Köstlichkeiten zwar an, bereiten sie aber nicht selbst zu. Bei Bestellung werden sie vom nächsten Fast Food-Lokal oder vom Straßenstand geholt - wie alt hier das Öl ist, kontrolliert niemand.

Das Angebot an **Fisch** (*samaki*), Krustentieren und Tintenfischen an der Küste ist enorm. Die Fische werden fangfrisch auf dem Holzkohlengrill zubereitet und meist mit Pommes frites oder Reis serviert.

Im Landesinnern ist Fisch nur an den Seen und größeren Flüssen erhältlich. Meist wird eine Barschart, der Tilapia, frisch oder geräuchert angeboten.

Beefsteak ist die weit verbreitete Form von **Rindfleisch** (*nyama*). Das Fleisch wird noch am Schlachttag verkauft und in den Restaurants auf den Tisch gebracht. Es kann somit nicht abhängen und ist zäh und/oder hart. **Schweinefleisch** ist lediglich im Norden in speziellen Restaurants erhältlich, probieren Sie 'mal "hot chair/viti moto" - köstlich.

Mit **Ziegenfleisch** (*mbuzi*) werden Sie in den kleinen Garküchen und kleinen tansanischen Restaurants im Land sehr oft zu tun haben. Es ist genauso zäh wie Rindfleisch, aber eine geschmackliche Abwechslung. **Huhn** (*kuku*) wird überall auf den Tisch gebracht und ist teurer als anderes Fleisch.

Milch (maziwa) wird in erster Linie aus Milchpulver bereitet. Frischmilch kommt sehr selten auf den Tisch. **Butter** ist daher auch praktisch unbekannt, als Ersatz gibt es **Margarine** ("Blue Band" aus Kenia). In besser sortierten Supermärkten bzw. Restaurants der Luxusklasse werden Sie Butter aus Europa und Neuseeland finden. **Käse** wird importiert und in kleinen Mengen zu Spaghetti, in größeren auf Pizza gereicht. Ansonsten gilt das zu Butter Gesagte.

Curry (kari) wird in praktisch jedem Restaurant angeboten, meist handelt es sich um etwas schärfere Varianten. Am Fleisch sind in der Regel noch Knochen, Gewürze werden im Ganzen verwendet - Vorsicht beim Essen (das gilt in Prinzip für alle ragoutähnlichen Gerichte mit Fleisch). Achtung: Wenn Curry in der Speisekarte angeboten wird, sind nicht unbedingt Reis/Chips im Preis enthalten.

Die natürliche Vitaminzufuhr kann bei ausschließlicher Ernährung in Restaurants zu einem kleinen Problem werden. **Obst**, **Gemüse** und **Salate** sind in den Restaurants von der Mittelklasse an abwärts unbekannt. In den gehobenen ist öfter Gemüse als Beilage auf dem Teller, im Normalfall jedoch aus der Dose. Sie müssen auf Märkte ausweichen, wo es Obst und Gemüse in ausreichender Menge und in großer Vielfalt zu kaufen gibt.

Gewürze jeglicher Form gibt es auf Märkten in großen Mengen. Leider werden sie von den einfacheren Restaurants entweder zu großzügig oder nur wenig verwendet. Das gilt für Salz (Meersalz) ebenso wie für Pfeffer, Muskat oder Zimt. In Hotels und Lodges der Kategorie A werden viele Instant-Saucen in Flaschen und Tiegeln gereicht - manche davon sind höllisch scharf.

Getränke

Kaffee aus landeseigenem Anbau ist selbst in der Provinz Kilimanjaro, dem Hauptanbaugebiet, nur als (sehr guter) Instantkaffee erhältlich. Milch wird auf Anfrage extra gereicht. **Tee** (*chai*) aus landeseigenem Anbau gibt es meist in Verbindung mit Milch. Tee ohne Milch muss als solcher bestellt werden (*chai rangi*). Tee wird überall serviert, Kaffee nicht immer. Wenn Sie in etwas besseren Hotels (Kategorie B) Kaffe/Tee bestellen, wird meist eine ganze Kanne (ca. 0,5 l) serviert. Vorher fragen, nicht nachher wundern. In ländlichen Gebieten werden Teeblätter bzw. Instant-Kaffee in heiße Milch eingerührt, nicht in Wasser!

Leitungswasser sollten Sie meiden. Trinkwasser wird selbst im kleinsten Dorf verkauft (ca. $ 0,30/Liter). Achten Sie darauf, dass der Verschluss der Flasche noch original verschlossen ist (auch bei Soft-Drinks). Recycling wird groß geschrieben! Die Versorgung mit Coca-Cola, Sprite und Fanta sowie anderen nichtalkoholischen Getränken ist im gesamten Land ausgezeichnet.

Der Nachschub landeseigener Softdrinks (Club Soda, Ginger Ale, Tonic Water) funktioniert bei weitem nicht so reibungslos.

An **Alkoholika** ist an erster Stelle der **Konyagi** zu nennen, ein klarer Zuckerrohrschnaps aus landeseigener Produktion. Er kommt vornehmlich, in kleine Kunststoffsäckchen eingeschweißt, in Verbindung mit Schere und Glas auf den Tisch. Diese Säckchen heißen *totapaks* (0,03 l, seit kurzem auch 0,1 l), Kurzform *tots*. Wenn Sie nur "Konyagi !" bestellen, bekommen Sie meist eine ganze Flasche zu 0,3 l, seltener eine zu 0,75 l.

Schottischer Whisky, polnischer Wodka, englischer Gin sowie italienischer Martini und Campari sind überall erhältlich. Wer seinen Drink unbedingt "on the rocks" trinken muss: Aus welchem Wasser die Eiswürfel bereitet werden, ist eine offene Frage (auch in Luxus-Restaurants).

Einen würdigen Abschluss eines Dinners stellt der Afri-Koko dar. Ein süßer, fast schwarzer in Kenia produzierter Kokoslikör - unbedingt probieren.

Nachdem die Republik Südafrika nicht mehr boykottiert wird, kommt auch der **Weinfreund**, in Restaurants und Bars der gehobenen Klasse, auf seine Kosten. Des Weiteren werden Weine aus Europa und den USA importiert. Sie sollten ihn nur flaschenweise (ab ca. $ 17) genießen. Der glasweise Ausschank (ca. $ 1,50 bis 2/Glas, ca. 1/8 l) kann aus Flaschen erfolgen, die wochenlang offen im Regal kümmerten. Wein aus landeseigener Produktion ☞ "Dodoma".

Bier ist immer, überall und in vielen Sorten erhältlich. Alle sind trinkbar. Neben den europäischen Bieren wird "Tusker premium" und "Serengeti Lager" (2006 mit der Bronzemedaille der Deutschen Landwirtschaftsgesellschaft e.V. ausgezeichnet, der wahrscheinlich weltweit wichtigsten Auszeichnung für Bier) deutlich. "Serengeti Breweries" verfügt seit 2005 über die

Lizenz, "Stella Artois" in Tansania zu brauen. Dem "Bia Bingwa", sollten Sie sich mit Vorsicht nähern, es hat einen Alkoholgehalt von 7 %. Einheimische und kenianische Biere kosten ca. $ 1, Importbiere ab ca. $ 1,50.

Die Produktion von **Hirse-, Mais- und Bananenbier** ist vor allem in den nordöstlichen und südwestlichen Provinzen noch verbreitet. Der Geruch des Getränkes ist zwar gewöhnungsbedürftig, der Geschmack aber passabel. Es wird mit unterschiedlichen Alkoholgraden angeboten. Dasselbe gilt für **Palmwein** (nur an der Küste erhältlich). Beide haben mit unseren Vorstellungen von Bier und Wein nichts gemein. Lassen Sie sich trotzdem nicht abschrecken, sondern überraschen.

Restaurants und Food stalls

In größeren Städten bzw. Touristenzentren ist auch die Auswahl an Restaurants am größten. Alle weltweit ethnischen sind genauso wie tansanische Küche vertreten. Die Auswahl reicht vom feinsten Restaurant mit barockem Ambiente bis zum Food stall an der Straße, wo auf offener Flamme gekocht wird.

Wer Innereien verabscheut, sollte Mixed-Speisen (*mseto*) mit Fleisch meiden: es ist zumindest Rindsleber dabei.

Vegetarier werden ein wenig nachteilig behandelt. Lediglich in größeren Städten sowie entlang der ausgetretenen Touristenpfade weisen die Speisekarten ab Mittelklasse-Restaurant eine Sparte "Vegetarian" auf. Salat ist aus hygienischen Gründen nicht unbedingt zu empfehlen.

Alkoholika, auch Bier, sind nur in Restaurants der gehobeneren Klasse erhältlich. In Sansibar sind einige Hotels der Kategorien B und A unter islamischer Leitung, dort gibt es aus religiösen Gründen keinen Alkohol. Während des Ramadan wird in Sansibar Alkohol tagsüber überhaupt nicht ausgeschenkt.

In Flaschen abgefüllte Alkoholika sind in gut sortierten Supermärkten bzw. in lizenzierten Spezialgeschäften erhältlich (☞ Ortsbeschreibungen).

Abseits der Touristenzentren schrumpft das Angebot. Mittelgroße Städte wie Mbeya, Iringa, Shinyanga, Kigoma oder Tabora verfügen über zwei oder drei Restaurants etwa europäischen Zuschnitts, die italienische Küche mit Spaghetti, Lasagne und Pizza ist dabei eindeutig auf dem Vormarsch, gefolgt von tansanischem Fast Food guter Qualität, Hamburger gibt es sehr selten.

Daneben gibt es genügend afrikanisch/tansanische Garküchen und Gasthäuser (Mgahawa).

☺ Wer sich auf tansanisches Essen spezialisieren will, dem seien die Märkte empfohlen. Rund um diese und auf diesen ist meist die größte Ansammlung von Garküchen zu finden.

Der **Hygienestandard** der Restaurants entspricht zwar nicht in allen Belangen mitteleuropäischen Vorstellungen, ist aber in Ordnung. Menschen mit sehr empfindlichem Magen sollten jedoch Garküchen meiden.

Das Besteck ist eine europäische Erfindung und wird in fast allen Restaurants gereicht. In ländlichen Gebieten (und bei privaten Einladungen) muss das nicht unbedingt der Fall sein. Der gesittete Mensch wäscht sich, wenn er mit den Fingern isst, vorher und nachher die Hände. Auf Fragen wird in jedem Restaurant eine Waschschüssel mit Seife zum Tisch gebracht - vor und nach dem Essen. Chinesische Restaurants verfügen nicht über Stäbchen.

Zu den **Preisen**: Eine der teuersten Adressen des Landes ist das Tradewinds-Restaurant im Royal Palm Hotel, Dar es Salaam. Hier müssen Sie für eine Hauptspeise zwischen $ 15 bis 35 rechnen. Vorspeisen kosten um $ 10.

In einem durchschnittlichen Restaurant (der Mittelklasse) müssen Sie mit $ 20 bis max. 30 für ein durchschnittliches a la carte Dinner mit Aperitif, Vor-, Haupt- Nachspeise, 1 bis 2 Bier (oder Gläser Wein), Kaffee rechnen.

Achten Sie auch beim Lesen der Speisekarte darauf, ob die ausgewiesenen Preise alle Steuern (VAT!) und Servicekosten enthalten (steht im Kleingedruckten). Generell ist zu sagen, dass die Preise für Ernährung in Arusha am höchsten sind, Dar es Salaam und Sansibar rangieren an zweiter Stelle). Kostet ein Pfeffersteak mit Pommes frites hier in einem Hotel-Restaurant Kategorie C um $ 4 bis 5, bezahlt man in Mwanza für ein vergleichbares nur ca. $ 2, in Dar es Salaam ca. $ 3. Überprüfen Sie immer genau Ihre Rechnung im Restaurant! Am anderen Ende der Skala (Food stalls) reichen meist $ 0,50/Pers. für ein Hauptgericht aus.

Cafés

Cafés nach europäischem Muster gab es bis vor kurzem nur in den Hotels der Kategorie A/AA in touristischen Zentren wie Dar es Salaam, Arusha,

Moshi und Sansibar. Erst in jüngster Zeit wurden in den touristischen Zentren Cafés als eigenständige Lokalitäten oder als "Anhängsel" von Bäckereien ins Leben gerufen. Sie sind nur tagsüber geöffnet und bieten mittags auch (meist) Speisen an.

Kaffee in Form von Instant-Kaffee und Tee werden hier immer gereicht (im Gegensatz zu Restaurants und Bars), Torten und Kuchen sowie tansan. Snacks sind meist vorrätig. In der Regel verfügen sie über einen Garten.

Kuchen und Torten sind extrem gesüßt (und künstlich gefärbt). Falls Ihnen der Kaffee zu schwach ist - Instant-Pulver wird nachgereicht.

Bars

Den großen Hotels des Landes ist immer eine Bar internationalen Zuschnitts angeschlossen. Das Angebot ist glänzend, allzu ausgefallene Spirituosen darf man allerdings auch hier nicht erwarten, genauso wenig ist die Kunst des Cocktailmixens weit verbreitet. Die Preise entsprechen denen einer Bar in Europa.

Neben diesen Hotelbars gibt es noch "einheimische Bars", die hauptsächlich von Tansaniern besucht werden. Bar ist vielleicht kein richtiger Ausdruck, meist handelt es sich um Restaurants mit Alkoholausschank, die aber in erster Linie aus Gründen des Biertrinkens und des geselligen Beisammenseins besucht werden.

Der Bierkonsum und der Lärmpegel können enorme Ausmaße annehmen. Die Ausstattung mit harten Getränken ist für einen europäischen Durchschnittsgaumen ausreichend (Konyagi, Gordons Dry Gin, Smirnoff Wodka, Whisky der Marken Grant's und Johnnie Walker, Martini).

Am besten holen Sie sich das gewünschte Getränk vom vergitterten Bartresen selbst. Bezahlt wird meist im Voraus.

Verfügen diese Bars über einen Garten, dann wird oft Gegrilltes angeboten: entweder kleine, halbdaumengroße Stückchen Rind- oder Ziegenfleisch am Spieß (*mshakiki* bzw. *mshikaki*) oder große Stücke ohne Spieß (der korrekte Ausdruck wäre *oka nyama*, in der Regel werden diese harten Dinger aber *nyama choma* benannt, heißt wörtlich übersetzt "verbranntes Fleisch", kann auch so schmecken) vom Grill. Ein saftiges, weiches Stück Fleisch (*nyama tefu*) zu erhalten, ist vergleichbar mit dem Hauptgewinn im Lotto. Beide Typen von Bars haben auch Tagesbetrieb.

Märkte

Für Selbstversorger bestehen keinerlei Probleme. Die Märkte quellen über mit Lebensmitteln, die man zum Kochen benötigt. An der Küste und an den Seen gibt es zusätzlich riesige Mengen an frisch gefangenem Fisch. Fisch und Fleisch sollten Sie aus hygienischen und Verfügbarkeitsgründen am besten frühmorgens kaufen und bald zubereiten. Hühner, Ziegen und Schafe können lebend gekauft werden.

Einkaufen auf dem Markt ist ein Erlebnis, nehmen Sie sich Zeit dafür. Handeln ist nicht immer angebracht, vielerorts wurde bereits auf Fixpreise umgestellt, Bei größeren Mengen (10 kg Reis) ist Handeln allerdings angesagt. Auch beim Einkauf von lebenden Hühnern oder Schafen sollte gehandelt werden, achten Sie auf den Ernährungszustand.

Die Märkte werden sieben Tage die Woche abgehalten. Günstigste Zeit ist der Vormittag. Viele Händler kommen von weit her und fahren mittags mit dem Bus wieder in ihr Dorf zurück. In dünn besiedelten Gebieten gibt es nur einen oder zwei Markttage pro Woche. Täglich verkaufen nur Ortsansässige ihre Produkte.

Das viele blank polierte Obst und Gemüse, riesige Gewürzberge, das rege Treiben, die buntgekleideten Menschen - phantastische Fotomotive. Halten Sie sich zurück! Wer ohne zu fragen (d.h. ohne zu zahlen) fotografiert, handelt sich in der Regel große Schwierigkeiten ein. Auch sollte man hier die von Dieben ausgehende Gefahr nicht unterschätzen.

Alles, was der Markt nicht bietet, kann in größeren Städten in **Supermärkten** gekauft werden. Hier kann man nicht handeln. Das Angebot und Ausstattung gleichen einem europäischen Supermarkt - alles zum Leben nötige ist erhältlich und Fleisch wird in Kühlregalen angeboten. In erster Linie ist die in Dar es Salaam, Arusha und Mwanza tätige südafrikanische Shoprite-Kette zu nennen.

- Mo bis Fr ca. 8:00 bis 12:00 und ca. 14:00/15:00 bis 18:00, Sa ca. 8:00 bis 12:00

Abseits der Großstädte übernehmen **Gemischtwarenhandlungen** (*grocery, duka*) die Rolle von Supermärkten. Das Angebot ist geringer und wird nicht in Auslagen präsentiert. Hier hilft nur fragen, fragen und noch einmal fragen. In kleineren Orten auf dem Lande sind die Läden oft über Mittag sowie an Sonn- und Feiertagen geöffnet.

Toiletten

Restaurants und Bars der gehobenen Preisklasse verfügen immer über ein WC, bei denen aber die Spülung und die Reinigung nicht immer funktioniert. Billigere Restaurants haben seltener Toiletten. Wenn doch, sind es oft obskure Lokalitäten (Plumpsklos). Meist sind getrennte Anlagen für Damen (wanawake) und Herren (wanaume) vorhanden.

Speziell in **ländlichen Bars** ist oft aber nur eine für Männer (auch so beschildert) vorhanden. Touristinnen ist der Besuch dieser Stätten gestattet. Dabei gibt es manchmal Problemen, da eine Tür nicht zu versperren ist oder auch gänzlich fehlt. Weite und lange Röcke können im Notfall helfen.

Öffentliche Toiletten sind meines Wissens nur in Sansibar im "Stone Town Cultural Center" sowie auf den Flughäfen vorhanden. Bei längeren Busfahrten wird alle ca. 3 bis 4 Std. eine Pinkelpause gehalten - Männlein auf der einen, Weiblein auf der anderen Seite!

☺ Toilettenpapier sollten Sie immer bei sich tragen, auch wenn Sie nur in gehobenen Restaurants und Hotels der Kategorie A/AA verkehren.

Rauchen und sonstige Laster

"Sportsman"-**Filterzigaretten** (ca. $ 1 bis 1,50) sind selbst im kleinsten Dorf noch erhältlich, "Nyota/Star" (filterlos) sind selten geworden. Beide Sorten werden in Morogoro aus einheimischen Tabaken in kenianischer Lizenz produziert.

Importzigaretten ($ 3 bis 5) meist aus USA werden stückweise oder als ganze Packungen fast überall angeboten.

Geschnittener Tabak und Zigarren sind praktisch nirgends erhältlich.

Streichhölzer (*matches, kibiriti*) und **Feuerzeuge** (*cigarette-lighter, hunrunzi*) gibt's in jeder Gemischtwarenhandlung.

Die Anzahl von Nichtraucher-Lokalen steigt stark an, speziell in Dar es Salaam. In besseren bzw. sehr guten Touristen-Restaurants (v.a. in den Kategorie-A-Hotels) schaffen es auch kleinere US-amerikanische Reisegruppen in kürzester Zeit, jeden Raucher hinaus zu ekeln - egal ob Rauchverbot besteht oder nicht.

In von Massai bevölkerten Gebieten wird häufig in Bananenblätter gehüllter **Kautabak** angeboten. Kautabak wird hin und wieder (speziell an der Küste und auf den Inseln) mit Betel (popoo, tambuu, in Dar es Salaam auch bariki/baraka [die "Segnung"]) vermengt obwohl der Genuss von Rauschgift generell verboten ist, Betelnüsse werden jedoch überall geschnitten und öffentlich angeboten, auch in fast jeder Bar sind die Gemische erhältlich. Sie bilden eine Art Rauschgift-Grauzone. Der Genuss/Besitz von Marihuana (ganja) wird verfolgt.

Feste und Feiertage

Nationale Feiertage:

12.1. Zanzibar Revolution Day (gedenkt der Revolution auf Sansibar und wird fast ausschließlich dort gefeiert)
26.4. Union Day (gedenkt dem Zusammenschluss von Tanganyika und Sansibar)
1.5. Labour Day (Int. Feiertag der Arbeit)
7.7. Saba Saba Day (Tag der (Land-)Arbeiter, dieser Feiertag erfährt z.Z. eine Umdeutung in "Tag der Industrie/Industrie-Arbeiter")
8.8. Nane Nane Day - Tag der Bauern
9.12. Independence Day (gedenkt der Unabhängigkeit)

Christliche Feiertage:

1.1.	New Years Day - Neujahrsfest/Beschneidung Christi
25. u. 26.12	Christmas Day, Boxing Day - Weihnachten
Ostern	gefeiert werden Karfreitag, Karsamstag/Green Friday/Saturday, Ostersonntag und -montag/Easter Sunday/Monday, selbes Datum wie hierzulande

An diesen Feiertagen haben mehr oder weniger im gesamten Staat alle Behörden geschlossen. In größeren Städten bleiben auch die Geschäfte geschlossen, v.a. in Dar es Salaam und Arusha kann es für Budget-Travellers an Feiertagen (auch an Sonntagen) schell eng werden: Im Zentrum ist - zumindest tagsüber - alles, aber wirklich alles geschlossen (auch Restaurants). Bei Hunger kann man nur in die Vorstädte (Kariakoo als Nächste) bzw. die Restaurants der Kat.A/AA-Hotels ausweichen.

Islamische Feiertage:
Da sich das islamische Jahr nach dem Mond richtet, ergibt sich zum christlichen Sonnenjahr eine - astronomisch berechnete! - durchschnittliche Differenz pro Jahr von 10 Tagen 20 Stunden und 53 Minuten. Alle islam. Feiertage sind daher variabel und verschieben sich um die o.e. Zeitspanne pro Jahr nach vorne - ca. wohlgemerkt. Denn religiös betrachtet ist die Definition eines bestimmten Monats bzw. Tages eine hochkomplizierte Angelegenheit, die letztendlich dazu führt, dass das genaue Datum für diesen oder jenen Feiertag im Vorhinein nicht genau berechnet/genannt werden kann. Die hier gemachten Angaben sind also plus/minus 1 Tag zu werten.

Von touristischem Belang ist in erster Linie der Fastenmonat **Ramadan**. In islamisch dominierten Regionen (Sansibar, Pemba, islam. Küstenstädte) werden Sie tagsüber praktisch nur in christl. Restaurants (deutlich in der Minderheit!) etwas zu essen bekommen. Islam. Restaurants öffnen erst nach Sonnenuntergang (und schenken auch dann keinen Alkohol aus). Ramadan 2007: 12.9. bis 11.10, 2008: 1.9. bis 30.9.

Am letzten Tag des Ramadan nach Sonnenuntergang beginnt das Zweitagesfest des "Fastenbrechens" - **Id ul Fitr.**

20.12.2007/9.12.2008 - **Id al Kebir** (auch Adha oder Hadsch) - Opferfest (Abraham opfert seinen Sohn, AT)

Zumindest in den oben erwähnten Regionen haben Behörden, Banken und die meisten Geschäfte/Märkte an diesen staatlichen Feiertagen geschlossen. Auf dem (restl.) Festland fallen sie praktisch nicht auf, schon gar nicht im christlichen Norden.

Foto, Film und Video

Egal welche Ausrüstung Sie mitnehmen, achten Sie darauf, dass alles **staub- und wasserdicht** sowie stoßfest verpackt ist. Auf jeder Safari müssen Sie mit riesigen Mengen Staub und Sand rechnen. An der Küste wie im Hochland kann es auch zu plötzlichen Regenschauern kommen.

Auf Grund der Schönheit und des Reichtums an Motiven ist es ratsam, mindestens die gesamte klassische **Brennweitenpalette** von 28 bis 210 mm mit sich zu führen. Mit einem zweifach-Converter verdoppeln Sie nicht nur die Brennweiten, sondern auch die Anzahl der Tieraufnahmen. Bei digitalen Kameras sollten Sie sich frühzeitig über den Unterschied zwischen digitalem und optischem Zoom informieren. Auch die Speicherkapazität des Chips ist nicht uninteressant.

Qualitativ betrachtet ist die Mitnahme eines eigenen 400-mm-Teleobjektivs einem Converter vorzuziehen, die quantitative Seite sollte man sich natürlich auch überlegen. **Stative** sind zwar etwas sperrig, bieten aber große Vorteile bei Aufnahmen in der Dämmerung bzw. bei großen Brennweiten; das gilt auch für digitale Kameras. Besonders wichtig ist, vor allem für Langzeitreisende, die Mitnahme und tägliche Verwendung eines **Reinigungssets** (Pinsel, Tücher, Alkohol). Vergessen Sie auch nicht, **Reservebatterien -akkus** einzupacken.

Filme mit 64 und 100 ASA (18 bis 21 DIN) sind bis zu einer Brennweite von 210 mm ausreichend. Nehmen Sie aber trotzdem ein paar empfindlichere (400 ASA) Filme für einen Aufenthalt in dschungelähnlichen Regenwaldgebieten mit.

Filmeinkauf ist in größeren Städten kein Problem. Üblicherweise werden aber nur 100-ASA-Fotofilme verkauft. Diafilme und Videokassetten sind schwer erhältlich. Die Preise sind etwas höher als bei uns. Auch können die Filme lange gelagert und dadurch von schlechterer Qualität sein. Achten Sie auf das Ablaufdatum. Chips für Digitalkameras sind nur in Dar es Salaam (selten) erhältlich.

Zur Handgepäckskontrolle werden Geräte benutzt, die "filmsafe" sind.

Amtliche Gebäude (Zoll, Post, Bahnhof, Polizei, Militär, Häfen), die Nationalflagge und der Präsident (auch offizielle Fotos von ihm) sowie Geld dürfen **nicht fotografiert** werden. Ein Auto, gefolgt von einer Polizeieskorte, ist das Auto des Präsidenten oder eines Ministers und darf ebenfalls nicht fotografiert werden. Dasselbe gilt für Gefängnisse und deren Insassen. Auch bei Industrieanlagen, Brücken sollten Sie die Kamera verstecken.

Fahrzeuge der Regierung, Polizei usw. erkennt man am Nummernschild: gelber Grund, schwarze Schrift, (meist) mit tansanischer Flagge. Die Buchstaben-Ziffernkombination beginnt mit den Buchstaben ST (serikale tanzania). Theoretisch dürfen auch Fahrzeuge mit grünen Schildern (Diplomaten) und blau-weißen (Uno) nicht fotografiert werden.

Fotografieren von Menschen ist eine heikle Angelegenheit. Natürlich, die Ablichtung eines stolzen Massai-Kriegers hebt jeden Diavortrag - nur, er will, wie Hunderttausende andere auch, nicht fotografiert werden. Die Gründe dafür sind mannigfaltig, und zu respektieren! Einziger Ausweg: Sie bezahlen - rechnen Sie mit ca. $ 1 aufwärts. Pro Foto!!!!!!

Wie heikel die Situation ist, möge ein Detail aus der Wählerregistrierung 2005 zeigen: Zur einwandfreien Identifizierung der Wähler wurden Polaroid-Fotos gemacht. Massais weigerten sich durchwegs, fotografiert zu werden bzw. verlangten eine Bezahlung dafür. Die Auseinandersetzungen mit dem Registrierungspersonal lagen oft hart an der Grenze zur Gewaltanwendung (von beiden Seiten).

An ausgetretenen Touristenpfaden werden Menschen an Sie herantreten und Sie zum Fotografieren auffordern - allerdings auch nur gegen Entrichtung eines kleinen Geldbetrages. Vorher fragen, nicht nachher wundern.

Manche Museen (täglich 9:30 bis 18:00) und auch Nationalparks verlangen eine extra **Gebühr** fürs Fotografieren bzw. Filmen. Das Filmen (auch Video) ist teurer als das Fotografieren ☞ jeweiligen NP-/ Museumsbeschreibungen.

Fotografieren von Ali Khandriche, Conrad Stein Verlag Basiswissen für draußen, Band 12, ISBN 978-3-89392-312-0, € 7,90

Geld

Die **Währung** Tansanias ist der Tanzania Shilling, abgekürzt tsh. Es sind Noten zu tsh 500, 1.000, 5.000 und 10.000 und Münzen zu tsh 200, 100, 50 und (sehr selten) zu 20, 10 und 5 im Umlauf. Die Unterteilung in 100 Cent ist obsolet geworden; Scheine zu tsh 20.000 und 50.000 sind in Vorbereitung. Nehmen Sie solche jedoch nur in Banken und privaten Wechselstuben an.

Es kann passieren, dass man in entlegeneren Gebieten mit einem tsh-10.000-Schein nichts anfangen kann, da es kein Wechselgeld gibt. So haben Sie zwar eine Tasche voller Geld, verhungern aber trotzdem.

Die **Wechselkurse** der **Banken** (National Bank of Commerce (NBC, Standard & Chartered, Barclays, Investment Bank, Microfinance Bank, CRD-Bank) sind nicht immer gleich, die Höhe der Gebühr variiert ebenfalls. Ein Vergleich lohnt.

♦ Mo bis Fr 8:30 bis 12:30, einige auch 14:00 bis 16:00, fast alle Sa 8:30 bis 11:30

Es existieren auch private Wechselstuben mit Wechsellizenz - **Bureau de Change**. Die Kurse sind auch hier unterschiedlich, aber selbst im schlechtesten Fall immer noch besser als in einer der Banken.

Im ersten Halbjahr des Jahres 2007 brachte ein Dollar in den Banken knapp tsh 1.300, in den privaten Wechselstuben etwas mehr als tsh 1.100. Auch können Wartezeit und Bürokratie in Banken Ihre Geduld arg strapazieren.

Private Wechselstuben existieren nur in größeren und vom Tourismus heimgesuchten Städten wie Dar es Salaam, Arusha, Moshi, Sansibar, Mwanza. In Mtwara oder Shinyanga wird man sie vergeblich suchen (☞ Ortsbeschreibungen).

♦ Mo bis Sa 8:30 bis 16:00, manche auch sonntags

Die Kurse für kleine $-Banknoten (von 10, teilweise auch schon von 20 abwärts) sind schlechter als für große. Die vor Banken wie vor Bureaux de Change aufgestellten Tafeln mit den Kursen weisen in der Regel Nettokurse aus, überprüfen Sie das aber, bevor Sie wechseln.

EURO werden in Banken wie in Bureaux de Change - zumindest in den touristischen Zentren - zu einem korrekten Kurs gewechselt. Bei offiziellen Stellen wird oft kein Unterschied zum US$ gesehen, also der EURO dem US$ 1:1 gleichgesetzt. Wenn Sie vorhaben, NPs zu besuchen oder das Visum bei Einreise zu beantragen, werden Sie nicht umhin kommen einige US$ Bargeld in der Reisekasse mitzuführen. Auch hier sind die Kurse für große Scheine (bis inkl. 50er) besser als für kleine.

Egal ob staatliche Bank oder privates Bureau de Change, die Kurse sind in Dar es Salaam am besten.

Da in den letzten Jahren mit **Traveller-Cheques** (es wurden/werden fast ausnahmslos solche von "American Express" akzeptiert) vermehrt Betrügereien begangen worden sind, stößt das Wechseln dieses Zahlungsmittels auf massive Schwierigkeiten. Von offiziellen Stellen (NP, Immigration (für Visum) usw.) werden Cheques grundsätzlich nicht angenommen. Bei Banken wird hin und wieder eine Bestätigung über die Echtheit der Cheques von der Zentrale in Dar es Salaam gefordert, in jedem Fall aber eine Mindestwechselgebühr von US$ 40 berechnet. Bureaux de Change weisen Cheques vermehrt zurück, Hotels und/oder tour operator ebenfalls. Wenn Sie unbedingt Traveller-Cheques mitnehmen möchten, sollten Sie zumindest eine auf Ihren Namen ausgestellte Kaufbestätigung (Rechnung) der Zentrale Ihres Heimatlandes vorweisen können. Vom letzten Urlaub übrig gebliebene Cheques sollten Sie besser in Ihrem Heimatland wechseln, das kommt billiger.

Ein **Schwarzmarkt** existiert nicht. Es werden Sie aber immer - v.a. in Dar es Salaam (rund ums Askari-Denkmal und vor der Tourist-Info in der Samora Av.) und Arusha (ges. Zentrum) - obskure Gestalten ansprechen, die Ihnen die abenteuerlichsten Kurse anbieten - es handelt sich durchweg um Betrüger!

Den meisten Hotels der Kat. AA, A und B, teils auch C sind Wechselstuben angeschlossen. Die Kurse sind durchweg schlechter als in Banken bzw. Bureaux de Change, teils sogar sehr, sehr viel schlechter (abhängig von der Konkurrenz-Situation). Ist kein offizielles Wechselbüro vorhanden, wechselt meist der Manager - Bestätigung gibt es in diesem Fall nicht immer, dafür ist aber auch die Wartezeit gleich Null.

Rechnungen in Hotels der gehobenen Kategorien sowie Souvenirs können meist auch bar in $ bzw. € bezahlt werden - erfragen Sie immer den Kurs und rechnen Sie genau nach. Manchmal kann man mit der richtigen Währung ein schönes Schnäppchen machen - so lag der Wechselkurs für Dollar-Bargeld (100er) Anfang 2007 bei den Banken bei knapp tsh 1.300, in den Shops wurde jedoch noch oft mit tsh 1.000 gerechnet).

Selbstverständlich kann $/€-Bargeld in Banken und Wechselstuben auch gekauft werden - die Kurse sind aber ziemlich hoch - ein Verlustgeschäft. Das Wechseln von großen $/€-Scheinen in kleine ist bei Banken und Wechselstuben kein Problem (umgekehrt praktisch nicht möglich). Falls Sie jedoch in der Straße oder am Flughafen eine private Person mit diesem Ansinnen anspricht, sollten Sie große Vorsicht walten lassen - oft handelt es sich um gefälschte Banknoten.

Kreditkarten sind nur in einigen Hotels der Kategorie A (in Dar es Salaam, Sansibar und manchen NP-Hotels!) bekannt; manches Mal auch bei den angemieteten luxuriösesten tour operators. VISA wird dabei eindeutig der Vorzug gegeben. Wenn Sie mit Kreditkarte bezahlen, wird in $ gerechnet: überprüfen Sie zuerst den Kurs - vor allem in Sansibar liegt er teilweise um bis zu 10 % unter dem Bankkurs und erfragen Sie die Gebühr (die aufgeschlagen wird). Vor allem in Sansibar kann sie auf bis zu 10 % der Rechnungssumme steigen.

Geldausgabe-Automaten (ATM, automated teller machine) existieren bei vielen Banken in Dar es Salaam, Arusha, Mwanza, Moshi, Sansibar-Stonetown, die Dichte steigt rapide. Akzeptiert wird VISA, pro Tag werden max. tsh 400.000 (ca. $ 32) ausbezahlt, eine Auszahlung in US$ ist nicht möglich. Falls Sie diese Form der rel. sicheren Reisekasse nutzen wollen - die Warteschlangen vor den Kabinen können ziemlich lang sein.

Auf Grund des Gesagten kann ich nur eine Zusammenstellung der Reisekasse in $ empfehlen. Das meiste (mind. 75 %) der allgemeinen Vorsicht wegen in bar! Teilen Sie den Betrag zum größten Teil in 100er und 50er auf, zu einem geringeren Teil in kleine Scheine - hinunter bis zu 1er.

In Souvenirshops, Restaurants der gehobenen Klasse sowie bei tour operators kann mit $-Bargeld bezahlt werden.

Egal was Sie wechseln und wo Sie wechseln, bewahren Sie die Bestätigungen bis zur Ausreise gut auf. Die **Devisendeklaration** wurde zwar abgeschafft, die Zöllner können aber trotzdem kontrollieren, wo und wie Sie gewechselt haben. Die Ausfuhr von tsh ist untersagt!

☺ **Zur Aufbewahrung des Geldes**: Tragen Sie das Geld verteilt auf mehrere Stellen so nah wie möglich am Körper. Stecken Sie für den Tagesbedarf so wenig wie möglich in die Tasche. Größere Beträge können Sie immer noch auf der Toilette aus dem Versteck holen. Zeigen Sie größere Beträge nie öffentlich her.

Bargeld, Reiseschecks,Wertsachen und Dokumente gehören in den Hotelsafe und nicht in das Hotelzimmer. Für Langzeitreisende bietet jede Bank gegen eine geringe Gebühr die Möglichkeit der Hinterlegung im Banksafe an (die Eröffnung eines eigenen Kontos kommt Sie wesentlich teurer zu stehen).

Im Falle, dass Ihr Geld verschwunden ist: Partner von Western Union Money Transfer ist die Tanzania Postal Bank, Büros in allen halbwegs größeren Orten. Sie erhalten Ihr Geld innerhalb von zehn Minuten nach Aufgabe in der EU.

EMS-moneyfax gibt es in allen größeren und mittelgroßen Orten.

Gesundheit

Krankheiten

Der erste Name ist die deutsche, der zweite die englische Bezeichnung, der dritte ist Ki-Swahili (falls vorhanden).

Cholera/cholera/kipindupindu: Übertragen wird diese Krankheit durch ein Vibrio genanntes Kommabakterium, das mit dem Stuhl ausgeschieden wird und auf Grund mangelnder Hygiene in Lebensmittel und Trinkwasser gelangen kann.

Inkubationszeit: Einen bis drei Tage. Die toxischen Ausscheidungen der Vibrionen führen zur Krankheit. Die Symptome sind heftiges Erbrechen und Durchfall, meist ohne Fieber. Dies kann zur totalen Austrocknung führen (bei schweren Verläufen verliert man bis 0,5 l Flüssikgkeit inkl. der darin enthaltenen Mineralsalze pro Std.). Die einzige Möglichkeit, die Sie selbst nach erfolgter Infektion haben, ist ein Ausgleichen des Wasser- und Salzverlustes durch Einnehmen von Salzlösungen. Die Einnahme von Antibiotika vermindert zwar die Tätigkeit des Bakteriums, verhindert aber nicht die Wirkung des Toxins.

Gehen Sie sofort zum nachsten Arzt oder besser, fliegen Sie sofort nach Hause.

Mittlerweile wurde die Stichimpfung durch eine Schluckimpfung (Orochol wird einmal genommen, Dukoral zweimal) ersetzt, die Schutzrate wird bei beiden mit ca. 90 % angegeben, die Schutzdauer liegt bei Orochol bei zwei Jahren, bei Dukoral bei mind. sechs Monaten (Auffrischung nach längstens zwei Jahren möglich).

Bezüglich Cholera sollten Sie nicht nur beim Essen und Trinken vorsichtig sein, sondern auch die tansan. Zeitungen im Auge behalten - selbst über kleinere Ausbrüche wird ziemlich schnell berichtet.

Gelbfieber/yellow fever: Eine durch Mückenstiche hervorgerufene Leber und Nieren schädigende Viruserkrankung, die tödlich verlaufen kann. Die angebotene Impfung ist sehr wirkungsvoll (Schutzrate über 95 %) und schützt zehn Jahre.

☺ Erkundigen Sie sich bei der jeweiligen Botschaft, ob Cholera- und Gelbfieberimpfungen vorgeschrieben sind. Siehe auch unter "Impfungen"

Hepatitis A und B/hepatitis A/B: **Hepatitis A** wird in erster Linie durch verunreinigte Lebensmittel übertragen, **Hepatitis B** hingegen über Blut (Injektionen, Transfusionen, sexueller Kontakt). Die Symptome sind gleich: Müdigkeit, Bauchschmerzen, heller Stuhl, dunkler Urin, Gelbfärbung von Haut und Augen, teilweise begleitet von Fieber. Sollten Sie Hepatitis bekommen, schonen Sie Ihren Körper (kein(e) Anstrengung, Alkohol, Nikotin, schwer verdaulichen Speisen) und fliegen Sie so schnell wie möglich nach Hause. Gegen beide Krankheiten werden an den Tropeninstituten Impfungen angeboten. Seit kurzem gibt ist eine aktive Schutzimpfung (Markenname: Twinrix, Fa. Glaxo-Smith-Kline), die gegen beide schützt.

Malaria/malaria: Diese Krankheit wird durch einen Einzeller hervorgerufen, der durch Mückenstiche übertragen wird. Die Auswirkung besteht in einem in unregelmäßigen Abständen und individuell verschieden heftig wiederkehrenden Fieber. Eine Form der Malaria (*Malaria tropica*) kann tödlich verlaufen. Man ist nicht immun gegen Malaria wenn man eine Infektion mit *Malaria tropica* überlebte!

Die noch immer einzige Möglichkeit gegen diese Geißel Ostafrikas ist eine Prophylaxe in Form von Tablettenpräparaten. Zur Zeit wird für Tansania von den Tropeninstituten zum einen Lariam empfohlen. Dieses Präparat weist v.a. neuropsychiatrische Nebenwirkung auf. Beginnen Sie daher mit der Einnahme nicht, wie üblich empfohlen, eine Woche, sondern zwei bis drei Wochen vor geplantem Abflug (die Nebenwirkungen stellen sich in der Regel schnell ein, man kann nötigenfalls noch wechseln) und verschweigen Sie Ihrem Arzt keine Probleme Ihres Körpers (Leber-/Nierenschäden, Herzschwäche, Depression usw.).

Ein weiteres Prophylaktikum ist Malarone - es wurde in den USA nach dem ersten Golfkrieg entwickelt, da sehr viele GIs massiv unter den Nebenwirkungen des Lariam litten. Nachteil ist der sehr hohem Preis und die täglich Anwendung. Vorteil: es sind (noch) so gut wie keine Nebenwirkungen bekannt. Nehmen Sie Malarone-Tabletten nicht auf nüchternen Magen ein, in diesem Fall wird der Wirkstoff nicht resorbiert. Sie sollten auch irgendetwas Fettes vor Einnahme essen - Spiegeleier z.B. - das unterstützt die Resorbtion.

Ein weiteres Mittel ist Doxycyclin, welches auch nicht gerade billig ist, aber auch keine wilden Nebenwirkungen zeigt.

Keine Malaria-Prophylaxe wirkt 100 %ig, (gehen Sie bei Lariam von ca. 60 % aus, bei Malarone wesentlich höher). Ein weiteres, den Ausbruch der Malaria begünstigendes Moment ist die Vergesslichkeit bzw. Bequemlichkeit vieler Reisenden. Die jährlich 1,5 Malaria-Toten in Österreich haben alle keine Prophylaxe bzw. diese unregelmäßig zu sich genommen.

☞ Beachten Sie daher die Einnahmevorschriften genau und halten Sie sich daran. Speziell die Einnahme nach dem Urlaub ist wichtig, um auch den Zeitraum der Inkubation abzudecken (bei Lariam vier, bei Malarone - da es ein anderes Entwicklungsstadium angreift - eine Woche). Bei Durchfall ist die Einnahme notfalls zu wiederholen. Nur so ist Schutz gewährleistet, wenn auch nicht 100 %ig.

Bis zu einem Ausbruch der Krankheit können acht Tage bis mehrere Monate vergehen; d.h., auch wenn Sie mehrere Monate nach einem Aufenthalt in Tansania hohes Fieber bekommen: gehen Sie innerhalb von 24 Stunden zum Tropenmediziner! Für eine Klärung sind in den Tropeninstituten Schnelltests erhältlich.

☞ Bisher galt als Malaria-Obergrenze die 1.800-m-Höhenlinie, derzeit weisen jedoch viele Anzeichen darauf hin, dass die Grenze auf die 2.000-m-Linie steigt bzw. schon gestiegen ist. D.h., dass Sie auch bei einer Besteigung des Kilimanjaro bzw. Mt. Meru noch am ersten Tag an eine Prophylaxe denken sollten.

☺ Sie können noch zusätzlich durch Eigeninitiative das Risiko erheblich verringern (Expositionsprophylaxe): Suchen Sie während der Dämmerung **Räume mit Klimaanlagen** auf. Zu dieser Zeit sticht die Anophelesmücke (sie überträgt den Einzeller) am allerliebsten; kühle Temperaturen verringern ihre Aktivität drastisch.

☺ Schlafen Sie unbedingt unter einem **Moskitonetz** (sollte im Reisegepäck von Individualtouristen unter keinen Umständen fehlen, Pauschaltouristen werden fast nur in Hotels mit Moskitonetzen untergebracht). **Helle Kleidung** ist dunklen Sachen in jedem Fall vorzuziehen, lange Hosen sind besser als kurze.

In fast jedem Laden sind *moscito coils* - **Räucherstäbchen** in Spiralform - erhältlich, die ca. acht Stunden qualmen und jedes Insekt von Ihnen fernhalten.

In den Apotheken Tansanias wird ein Präparat namens Cotecxin angeboten. Es handelt sich dabei um ein chinesisches Präparat mit einer mehr als

2.000-jährigen Geschichte. Die Basis ist eine bestimmte Beinwell-Art (mittlerweile synthetisiert). Soweit bekannt wird das Mittel erfolgreich und ohne Nebenwirkungen zur Heilung von Malaria angewendet. Die Rezeptur wird noch geheim gehalten. Westliche Mediziner und Pharmazeuten werteten dieses Mittel sowieso als Märchen ab. Erst vor einigen Jahren wurden die wenigen Bruderländer mit diesem Präparat versorgt, danach einige Länder der Dritten Welt. Mittlerweile ist auch der Westen an diesem Präparat interessiert. Zur Zeit ist es in Europa aber noch nicht zugelassen bzw. erhältlich. Bevor Sie dieses Mittel zu sich nehmen, sollten Sie aber trotzdem einen Arzt konsultieren. Noch einmal: Cotecxin ist ein Heilmittel und keine Prophylaxe!

Meningokokken Meningitis/meningococal meningitis: Diese Form der Meningitis hat nichts mit der in Europa beheimateten Meningitis zu tun, die Auswirkungen sind jedoch dieselben. Die Übertragung erfolgt in beiden Fällen durch Tröpfcheninfektion von einem Keimträger. Impfungen werden in jedem Tropeninstitut angeboten und sind empfehlenswert.

Tetanus/tetanus/pepo punda: Gegen Wundstarrkrampf sollte man immer geimpft sein. Es werden zwei Teilimpfungen benötigt, um Schutz zu gewährleisten. Sie müssen mindestens vier Wochen vor Abflug die erste Impfung vornehmen lassen.

Typhus und Paratyphus/typhoid fever/taifod(i): Diese Salmonellenerkrankungen sollten Sie nicht unterschätzen. Die Ansteckung erfolgt ausschließlich durch verunreinigte Lebensmittel. Eine prophylaktische Schluckimpfung drei Tage vor der Abreise stellt kein Problem dar. Diese Medikamente müssen unbedingt im Kühlschrank aufbewahrt werden.

Tollwut (Lyssa)/rabies/kalab: Diese Infektionskrankheit wird durch den Biss (Schleimhautkontakt genügt auch !) eines erkrankten Säugetieres übertragen. Der Erreger ist ein im Speichel befindlicher RNA-Virus. Die Inkubationszeit liegt zwischen drei Wochen und drei Monaten, in Ausnahmefällen bis zu einem Jahr. Die Diagnose ist schwierig, die Symptome ähneln denen der Malaria, begleitet von Erbrechen, Depressionen, Schlaflosigkeit in den ersten zehn Tagen. Danach Sauerstoffmangel, Sprachunfähigkeit, Wasser- und

Lichtscheu, Verwirrungszustände, Halluzinationen, Koma, Tod durch Herz- und Atemstillstand. Nach Ausbruch der Krankheit, haben Sie keine Chance, Sie sterben unweigerlich - es gibt keine Behandlung der Tollwut. Einzige Chance: eine sofortige Impfung nach dem Tierkontakt. Oder eben eine vorbeugende Impfung (drei teure Teilimpfungen, eine vierte nach 12 Monaten), Schutzrate 100 %. Wer viel mit Tieren zu tun hat, sollte diese Impfung in jedem Fall bezahlen. Wer eine Allergie gegen Hühnereiweiß hat, sollte dies dem impfenden Arzt unbedingt mitteilen.

Wenn Sie sich in Tansania impfen lassen müssen: Es ist ein langwieriges (und teures) Prozedere mit mehren Impfungen über mehrere Wochen, Sie werden also zwischendurch nach Hause fliegen. Klären Sie mit dem behandelnden Arzt in Tansania ab, welchen Impfstoff er benutzte und nach welchem Impfschema er vorging. Nur so kann der Arzt zu Hause weiter machen. Sind diese Auskünfte nicht zweifelsfrei gegeben, ignoriert er die bereits erhaltenen Impfungen und beginnt von vorne.

Gegen folgende Krankheiten ist die Möglichkeit einer Vorsorge (noch) nicht gegeben. Einzig und allein das Wissen um die Problematik und Ihr eigenes Verhalten können Sie schützen.

Aids/aids/ukimwi: Ostafrika ist nicht der Aids-Herd schlechthin. Diese Meinung entstand durch unseriöse Berichterstattung der Medien. Sämtliche verwendeten Zahlen sind Schätzungen bzw. freie Erfindungen. Niemand weiß im Moment genau, wie viele Menschen in Ostafrika oder in Tansania HIV-positiv sind. Offiziell sind nach der Tansanischen Aids-Kommission (TACAIDS) 7 % aller Erwachsenen zwischen 15 bis 45 Jahren infiziert. In Städten ist die Rate ca. doppelt so hoch. Die höchsten Raten weisen Mbeya (13,5 %) und Iringa (13,4 %) auf.

Die Übertragung durch mehrmalig verwendete Injektionsnadeln ist auch in Tansania nicht mehr gegeben. Allerdings sollten Sie Blutkonserven meiden. Die gängigste Übertragungsart stellt der Geschlechtsverkehr mit infizierten Personen dar. Prostituierte beiderlei Geschlechts stellen ein großes Risiko dar.

Die Übertragung durch stechende Insekten ist theoretisch möglich. In der Praxis allerdings nicht, da das Virus im Körper eines Insektes nicht lange überleben kann. Ein blutsaugender Moskito müsste zuerst mit dem Blut eines

Infizierten das Virus aufnehmen und dann erneut einen anderen Menschen stechen, um das Virus weiterzugeben - beide Vorgänge müssten in Sekundenbruchteilen ablaufen. Diese Art der Übertragung kann man getrost zu den Akten legen. Für "normale" Touristen ist das Risiko, Aids zu bekommen, nicht größer als zu Hause.

Bilharziose/Schistosomiasis/bilharzia/schistosomia/kichocho: Sie wird durch die im stehenden oder schwach bewegten Süßwasser (Seen, Teiche, überflutete Reisfelder, Bewässerungsgräben, Duschen und Pools, falls diese direkt aus einem See gespeist werden) lebenden Gabelschwanzlarven der Pärchenegel (*Schistosoma haematobium* und *Schistosoma mansoni, Kl. Trematodes*) hervorgerufen.

Diese bohren sich in den Körper des Menschen, gelangen über die Blutbahn in die Leber und wachsen dort zur Geschlechtsreife heran. Die Eier, die über Darm oder Harnblase in die Außenwelt befördert werden, rufen erhebliche Schädigungen am Gewebe hervor: Blutungen, Entzündungen, Wucherungen und unter Umständen bösartige Geschwulste sind die Folge.

In den erwähnten Gegenden sollten Sie nie ohne festes Schuhwerk unterwegs sein. Der Befall durch *Schistosoma* ist nicht leicht zu diagnostizieren. Blutiger Urin oder Stuhl, gleichzeitig auftretende Schmerzen im Bereich Milz und Leber sind Hinweise, die das Schlimmste befürchten lassen. Eine medikamentöse Behandlung ist möglich. Meiden Sie aber trotzdem solche Orte. Auch wenn es noch so heiß ist - ein Bad im Victoria-See kann schwerwiegende Folgen haben.

Auch die Strände des Indischen Ozeans sind nicht immer frei von diesen Larven. Durch besondere, für die Larve günstige Umstände - Brackwasserbildung durch hohen Grundwasserspiegel oder bei Flussmündungen - können diese Tiere u.U. auch hier vorkommen. Im Meerwasser selbst können sie nicht überleben.

Durchfall/diarrhoea/harisho: Zu einem großen Teil ist Durchfall psychisch bedingt. Eine weitere Ursache ist für viele Reisende die neue, ungewohnte Kost. Das gibt sich nach zwei, drei Tagen von selbst. Notfalls bekämpfen Sie ihn mit Kohletabletten. Sollte der Durchfall nach ca. einer Woche kein Ende gefunden haben bzw. an Heftigkeit zugenommen haben, ist die Konsultation eines Arztes angebracht. Es könnte sich um Amöbenruhr handeln. Ab nach Hause.

Anhaltender Durchfall entzieht dem Körper Flüssigkeit und Salz. Die Folge ist allgemeine Schwäche. Dieser können Sie durch Aufnahme größerer Mengen stark gesüßten und gesalzenen Tees entgegenwirken. Geeignete Salzmischungen sind in jeder Apotheke in Europa erhältlich, in Tansania zumindest in den Apotheken größerer Städte. Zur Not genügt auch Kochsalz. Dieses zugegebenermaßen nicht unbedingt schmackhafte Gebräu bekämpft aber nicht den Durchfall, es gleicht nur Salzverlust aus und führt Energie zu.

Höhenkrankheit/AMS (acute mountain sickness): Falls Sie nicht vorhaben, den Kilimanjaro oder Mt. Meru zu erklimmen, werden Sie auch nichts mit dieser Krankheit zu tun haben. Falls ja - nehmen Sie den Gipfelsturm langsam vor. Langsamkeit ist oberstes Gebot und erster Grundsatz ab ca. 2.500 Höhenmeter!

Erste Anzeichen sind Übelkeit, Erbrechen, Kopfschmerzen, Herzrasen, Schwindel, Atemnot, ein Anschwellen von Händen und Füßen, Schlaflosigkeit. Sollten diese Symptome nach einer kurzen Rast nicht verschwunden sein, sollten Sie unter keinen Umständen höher klettern, sondern sofort in tiefere Lagen absteigen, in der Regel reichen 500 bis 1.000 Höhenmeter aus.

Auch wenn Sie dicht vor dem Gipfelsieg stehen, Sie spielen mit Ihrem Leben, wenn Sie weitergehen - Hirn- oder Lungenödeme können die Folgen sein! Auch wenn Sie bereits höhere Berge problemlos erstiegen haben kann Sie die Höhenkrankheit noch erwischen. Das einzige Mittel dagegen ist ein längeres Verweilen in der letzten Hütte, die Sie ohne Probleme erreicht haben bzw. zurück ins Tal. Der Körper braucht Zeit, um sich an den geringeren Sauerstoffpartialdruck anzupassen. Der menschliche Körper akklimatisiert sich aber nur bis zu einer Höhe von ca. 5.000 m, darüber hinaus nicht mehr.

Wenn Sie zu den 12,5 % der Bevölkerung zählen, die für Höhenkrankheit anfällig sind, werden Sie das bald nach dieser Marke merken. Sofort zurück! Nehmen Sie das Gesagte nicht auf die leichte Schulter.

Der letzte Todesfall durch AMS ereignete sich erst im Januar 2005, eine verstorbene Kanadierin war erst 38 Jahre alt; ein weiteres Mitglied dieser Gruppe ist fast gestorben.

📖 Details zu diesem wichtigen Thema entnehmen Sie bitte meinem Outdoor-Handbuch *Tansania: Kilimanjaro* aus der Reihe Der Weg ist das Ziel (Band 44), Conrad Stein Verlag, ISBN 978-3-86686-044-5, 6. Auflage 2006, € 14,90

Rift-Tal-Fieber/Rift Valley Fever/RVF: Eine seit 1913 bekannte akute, fieberhafte (grippeähnliche) Virus-Erkrankung bei Paarhufern und Menschen (Zoonose). Als Erreger gilt das Rift-Valley-Fever-Virus (ein zur Familie der Bunyaviridae zählendes Phlebovirus), als Überträger fungieren Moskitos und das Schlachtvieh selbst (Fleisch, Milch, sonst. Körperflüssigkeiten). Tansania blieb bisher vom RVF verschont, doch seit Beginn 2007 mehren sich menschliche Fälle, v.a. in der nordöstlichen Ecke des Landes.

Symptome: Fieber, Kopfschmerzen, Muskelschmerzen (bis hin zu krampfhaften Verspannungen), Übelkeit. In der Regel klingt die Erkrankung nach 3 bis 5 Tagen ohne Folgen ab.

In 0,5 bis 2 % der Fälle kann es allerdings zu schweren, teils lebensbedrohenden Verläufen kommen. Es werden 3 Formen unterschieden: a) Komplikationen der Augen - v.a. Netzhautentzündung bis hin zur Erblindung, b) Meningoenzephalitits (Entzündung des Gehirns), c) hämorrhagischer Verlauf - Patient blutet aus Schleimhäuten und Haut, zusätzlich Entzündung der Leber, gelegentlich Gelbsucht bzw. Leberversagen.

Die Verlaufsformen b) und c) führen in 20 bis 50 % der (unbehandelten) Fälle zum Tod. Die Inkubationszeit beträgt 3 bis 10 Tage, die Diagnose der Krankheit kann (ab ca. dem 4. Krankheitstag) durch einen Virusnachweis oder den Nachweis von spez. Antikörpern gestellt werden, die Therapie erfolgt symptomatisch, eine Schutzimpfung existiert (noch) nicht.

In der Regel tritt die Krankheit unter Haustieren (Rinder, Schafe, Ziegen, Kamele) explosionsartig, epidemisch nach starken Regenfällen und Überflutungen (wie eben in der verregneten kleinen Trockenzeit 2006/7) durch sog. "flooding mosquitos" von Culex- und Aedes-Arten auf. Als hauptsächlicher Ansteckungsgrund für Menschen kann der direkte Kontakt zu kontaminiertem rohem Fleisch, roher Milch und Blut genannt werden. Die Ansteckung über Moskitos fällt dagegen stark ab.

Obwohl die Chance, als Tourist infiziert zu werden, minimal ist (in erster Linie sind Tiermediziner, Schlachthausarbeiter, Viehhirten, Essen zubereitende Hausfrauen und Köche in Restaurants usw. gefährdet), sollten Sie in solchen Zeiten die Nähe von Haustieren (Schlachthöfe, Viehmärkte, weidende Herden usw.) meiden, kein rohes Fleisch/Milch usw. zu sich nehmen und sich auch in Expositionsprophylaxe wie unter Malaria beschrieben üben.

Diese (hierzulande) noch selten diagnostizierte Krankheit wird - zumindest im Anfangsstadium - oft mit Malaria bzw. Gelbfieber verwechselt.

Schlafkrankheit (Trypanosomiasis)/sleeping sickness/ugonjwa, malale: Diese Krankheit wird durch tagaktive Tsetsefliegen übertragen, Erreger ist ein Einzeller (*Trypanosoma brucei rhodesiense*). Zwei bis drei Tage nach dem Stich entstehen an der Einstichstelle ödemartige Schwellungen. Nach zwei bis drei Wochen treten unregelmäßige, zwei bis drei Tage dauernde Fieberschübe sowie Lymphknotenschwellungen im Halsbereich zusammen mit weniger spezifischen Symptomen wie Kopfweh, Gelenk- und Muskelschmerzen und allgemeinem Unwohlsein auf. In diesem Stadium ist die Schlafkrankheit leicht mit Malaria zu verwechseln.

Im zweiten Stadium der Krankheit, nach einigen Wochen bis Monaten, dringen die Erreger ins zentrale Nervensystem ein und schädigen dieses. Eine Behandlung ist möglich und sollte bereits im ersten Stadium der Krankheit durchgeführt werden. Eine sichere Prophylaxe existiert noch nicht.

Die Tsetsefliege bevorzugt dunkle, schattige Stellen und fühlt sich auch von dunkler Kleidung angezogen. Von schwarz-weiß gestreifter (zebraähnlicher) Kleidung wird sie hingegen derartig irritiert, dass sie das Weite sucht (aus diesem Grund bleiben Zebras auch von der Schlafkrankheit verschont). Allerdings ist dieses Phänomen noch nicht gänzlich erforscht und es kann keine Garantie für eine hundertprozentige Abwehr gegeben werden. In Tansania kam die Tsetsefliege bis vor kurzem in erster Linie in den südlich gelegenen Nationalparks (vor allem im Ruaha NP) vor, mittlerweile ist sie auch in der Serengeti aufgetaucht.

Sonnenbrand und Sonnenstich: Eine Kopfbedeckung sollte obligatorisch sein, eine Schutzlotion mit hohem bis höchstem Sonnenschutzfaktor ebenfalls.

Vogelgrippe: Nach Angaben der FAO (Food and Agriculture Organization of the United Nations) bedeutet die Tatsache, dass wilde Zugvögel das Vogelgrippe-Virus H5N1 nach Rumänien und in die Türkei brachten für Tansania (und Kenya) nichts Gutes. Rumänien wie die Türkei sind lediglich Zwischenstationen, das Ende der Reise liegt eben in Kenya bzw. Tansania. In beiden Ländern existieren keine Überwachungs- und Kontrollsysteme; in beiden Ländern ist die Nachbarschaft von Menschen und Vögeln eine relativ enge - ideale Voraussetzungen für eine ungehemmte Ausbreitung des Virus' (und evtl. Übertragung des Virus auf den Menschen). Das tansanische Gesundheitsministerium hat zwar Alarmstufe rot ausgegeben, doch ohne internationale Hilfe wird es überfordert sein. Meiden Sie daher Kontakt mit allem Geflügel. Wer von Berufs wegen engen Kontakt zu Geflügel hat (Gelügelzüchter, Ornithologen usw.), sollte extreme Vorsicht walten lassen.

Zahnschmerzen: Ersuchen Sie Ihren Zahnarzt um einen gründlichen Check. Die Zahnärzte in Tansania sind selten, teuer und mangelhaft ausgerüstet. Ein sehr gutes schmerzstillendes Mittel stellt ein Tropfen Nelkenöl dar.

Impfungen

☺ Suchen Sie sechs bis acht Wochen vor der geplanten Abreise unbedingt Ihren Hausarzt oder das nächste Tropenmedizinische Institut auf. Nur dort kann man Sie individuell beraten. Ich kann Sie hier nur vorab informieren. Spielen Sie nicht mit Ihrer Gesundheit - es ist Ihr kostbarstes Gut.

Für den Besuch Sansibars ist eine Gelbfieberimpfung Pflicht! Manchmal wird auch der Nachweis einer Cholera-Impfung verlangt - erkundigen Sie sich bitte vor Abreise bei der tansanischen Botschaft. Eine Cholera-Impfung sollten Sie aber auch in Ihrem eigenen Interesse haben.

Grundsätzlich sind, wenn Sie aus Deutschland, Österreich oder der Schweiz direkt oder über London, Amsterdam, oder Dubai einreisen, für das tansanische Festland keine Impfungen vorgeschrieben. Allerdings ist das nicht allen Grenzbeamten bekannt, einige wollen unter allen Umständen den Nachweis einer Cholera- und/oder Gelbfieberschutzimpfung sehen. Um unnötige und zeitraubende Diskussionen zu vermeiden, sollten Sie, da es ja auch in Ihrem eigenen Interesse ist, diese Impfungen in Ihrem Impfpass eingetragen haben. Für den Besuch Sansibars ist die Gelbfieberimpfung vorgeschrieben!

Auch wenn Sie von Tansania aus in die Nachbarstaaten weiterreisen wollen, werden Sie um eine **Gelbfieberimpfung** nicht umhinkommen. Als Nachweis für die getätigten Impfungen wird nur die Eintragung in einen gelben internationalen Impfpass (WHO) anerkannt. Obwohl alle Impfungen auch in Tansania erhältlich sind, sollten sie auf jeden Fall vor der Abreise vorgenommen werden.

📖 Merkblätter für Auslandtätige und Auswanderer - Ratschläge zur Erhaltung der Gesundheit in tropischen und subtropischen Ländern (Merkblatt Nr. 23). Hrsg. vom Bundesverwaltungsamt, 50668 Köln, im Auftrag der Deutschen Tropenmedizinischen Gesellschaft. Broschüre mit Adressen der Impfzentren für die Gelbfieberschutzimpfung und tropenmedizinischer Institutionen sowie div. Infos zur Gesundheitsvorsorge.

- Doc Holiday von Dr. Walter Rose, OutdoorHandbuch, Conrad Stein Verlag, Basiswissen für draußen, Band 108, ISBN 978-3-89392-508-7, € 6,90
- Erste Hilfe von Martin Schepers, OutdoorHandbuch, Conrad Stein Verlag, Basiswissen für draußen, Band 39, ISBN 978-3-89392-139-3, € 7,90

Grenzen zu den Nachbarländern

Tansania grenzt an Burundi, Kenia, Malawi, Mosambik, Ruanda, Uganda, Sambia und die Demokratische Republik Kongo (ehem. Zaire).

Da sich die Situation in **Burundi**, **Ruanda** und **Kongo** leider nicht entschärft und ich weder an Ihrer Entführung, Verstümmelung oder Ermordung schuld sein will, nehme ich von der Beschreibung der Reisewege in diese Staaten Abstand.

Die obligaten Grenzübergänge nach **Kenia** befinden sich in Lunga Lunga, Taveta (K) und Namanga. Lunga Lunga vermittelt zwischen Tanga und Mombasa, Taveta liegt auf der Strecke Kilimanjaro-Gebiet (Marangu, Moshi) nach

Mombasa, Namange wird zwischen Arusha/Dar es Salaam und Nairobi passiert. Zwischen allen Orten verkehren laufend Busse (in Tansania tagsüber, in Kenia auch nachts), Tansanische Minibusse (Dalladallas) verkehren nur bis zur letzten tansanischen Ortschaft. Das bedeutet Fußmarsch bis zur Grenzstation und weiter bis zum ersten kenian. Ort, ab dort wieder Minibusse (hier matatu genannt). Alle genannten Grenzübergänge sind problemlos zu passieren. Ein weiterer problemlos zu bewältigender Grenzübergang ist in Sirali, bei Musuma. Details (Companies, Fahrpläne, Kosten usw.) siehe bei der Beschreibung der genannten Orte.

An allen genannten Grenzstationen sind weder auf tansanischer noch auf kenianischer Seite irgendwelche Kosten zu entrichten!

Ein Grenzübertritt via Fähre am Victoria-See ist derzeit nicht möglich - Auskünfte am Hauptbahnhof (TRC) in Dar es Salaam bzw. im Hafen von Mwanza.

Kenia-Schillinge können bereits in Dar es Salaam, Arusha oder Moshi (Bureau de Change) gekauft werden. Wechseln ist aber auch in den kenianischen Grenzorten möglich (tagsüber!). Es treiben sich an allen Grenzstationen Schwarzgeldwechsler herum - seien Sie mehr als vorsichtig bzw. lehnen Sie die Angebote ab.

Um nach **Malawi** zu gelangen, muss man den Grenzort Kyela (südlich von Mbeya) passieren. Visa für Deutsche, Österreicher und Schweizer werden an der Grenze ausgestellt (nicht unbedingt darauf verlassen, ☞ Botschaft Dar es Salaam). Von Mbeya fahren tagsüber ständig Busse direkt zur Grenze, ab ca. 17:00 halten sie im Zentrum von Kyela. Von hier sind es noch ca. 5 km, die zu Fuß oder per Fahrradtaxi zurückgelegt werden können. Die Grenze schließt um 18:00.

Auf malawischer Seite gibt es ein Guesthouse der Kategorie D, tagsüber fahren wieder regelmäßig Busse Richtung Lilongwe. Von Iringa fahren Busse täglich am Vormittag bis Kyela. Von Dar es Salaam fahren mehrmals wöchentlich Direktbusse nach Lilongwe, von Arusha 1 Bus/Woche.

Mosambik: Der einzige erwähnenswerte Grenzübergang befindet sich südlich von Mtwara in Mwambo/Namiranga. Per aus vielen Gründen unregelmäßig verkehrender Fähre wird der Ruvuma-Fluss überquert. Während einer ausgeprägten Trockenzeit müssen Sie mit Einbäumen vorlieb nehmen. Es existieren

Dalladallas bis zum Ruvuma-River/Grenze. Ein Visum sollten Sie bereits haben, eine Ausstellung an der Grenze ist nicht möglich.

☞ Die im Bau befindliche Brücke über den Ruvuma-River wird voraussichtlich 2008 fertig sein.

Uganda: Täglich verkehren Busse zwischen Arusha/Dar es Salaam und Kampala via Namanga. Direkte Busverbindungen auch von Bukoba und Mwanza nach Kampala.

Visa (für Kenia wie Uganda) werden problemlos an der Grenze ausgestellt.

Nach **Sambia** gelangt man mit der Eisenbahn (TAZARA, 2 x wöchentlich ab Dar es Salaam/Mbeya), per Auto oder über den Fährverkehr auf dem Tanganyika-See (Kigoma-Mpulungu, ☞ Reisen im Land/Schiffsverkehr). Deutsche, österreichische und Schweizer Staatsbürger benötigen ein Visum, das in Dar es Salaam erhältlich ist. Die Ausstellung dauert ein bis zwei Tage, man benötigt einen gültigen Reisepass und zwei Passfotos.

Die Grenze ist in jedem Fall ohne Probleme zu passieren. Die Gepäckkontrolle wird genau durchgeführt, es ist eine Devisendeklaration auszufüllen. Wenn Sie mit einem Dalladalla von Mbeya nach Tunduma fahren, müssen Sie zu Fuß die Grenze überqueren. Anschluss-Dalladallas (Minibus) sind vorhanden.

Es verkehren mehrmals wöchentlich Direktbusse Dar es Salaam-Lusaka und 2 x wöchentlich Mbey-Lusaka.

Die Einfuhr von sambischen Kwacha (= sambische Währung, sprich "Kwatscha") ist verboten, an der Grenze (Tunduma) gibt es aber keine Bank. Die Schwarzwechsler auf der sambischen Seite operieren mit einem passablen Kurs, aber Vorsicht ist in jedem Fall geboten. Falschgeld ist im Umlauf! Der Kurs der Schwarzwechsler in Tansania (vor allem in Mbeya) ist weitaus schlechter.

Wenn man mit der Eisenbahn (Zustieg an der Grenze in Sambia) weiterfahren möchte, ist das Ticket in Kwacha zu bezahlen. Der Ticketverkäufer am Bahnhof akzeptiert Dollar zum offiziellen Kurs, ohne eine Bestätigung dafür auszustellen.

Selbstverständlich kann man auch von Dar es Salaam oder Mbeya nach Sambia (Kasama, New Kapiri Mposhi) durchfahren. Die Passage ist in Dar es

Salaam oder Mbeya in tsh zu bezahlen. Die Kontrollen werden im Zug durchgeführt. Lage und Kontaktmöglichkeiten zur jeweiligen Botschaft ☞ "Dar es Salaam".

Information, Karten, Literatur

Tansania hat kein Fremdenverkehrsbüro in Deutschland, Österreich und der Schweiz. (Mäßige) Informationen erteilen die Botschaften, ☞ "Diplomatische Vertretungen".

- **i** Tanzania Tourist Board: 💻 www.tanzania-web.com, Details zur TTB ☞ Dar es Salaam/Arusha
- ♦ Deutsch-Tansanische Freundschaftsgesellschaft (DETAF) e.V., c/o Hartmut Guddat, Riesweg 22, D-26316 Varel, 💻 www.detaf.de
- ♦ 💻 www.tanzania.go.tz, 💻 www.parliament.go.tz, 💻 www.statehouse.go.tz
- ♦ 💻 www.globalfrontiers.com/zanzibar/ - da kann man sich so richtig hineinfallen lassen
- ♦ 💻 www.tanzaniadirectory.info - für diejenigen, die sich wirtschaftlich in Tanzania betätigen wollen (aber auch der schnellste Weg zu den aktuellen Wechselkursen).
- ♦ 💻 www.tanserve.com - Wellness, life-style, Mode und Co., für diejenigen, die auch in Tansania am Puls der Zeit sein wollen.
- ♦ 💻 www.state.gov/travel - site der US-Regierung - recht informativ was Zahlen, Statistiken u. dgl. anbelangt, sonst aber mit Vorsicht zu genießen (dasselbe gilt für "the world factbook" des CIA) - 💻 www.cia.gov
- **i** **Tropeninstitute** geben Infos zur gesundheitlichen Seite des Aufenthaltes:
- ♦ Zentrum für Reisemedizin (Gruppenpraxis), 1080 Wien, Zimmermanng. 1a, ☎ 01/4038343, 💻 www.reisemed.at, in Deutschland: Deutsche Gesellschaft für Tropenmedizin und Internat. Gesundheit (DTG), Postfach 400466, 80704 München, 💻 www.dtg.mwn.de oder Reisemedizinisches Zentrum des Bernhard Nocht Institutes, B. Nochtstr. 74, 20359 Hamburg, ☎ 040/42818/800, FAX DW 340, Hotline 0900/1234999, 040/, 💻 www. Gesundes-reisen.de, ✉ rmz@gesundes-reisen.de. Robert Koch Institut, 💻 www.rki.de, Weltgesundheitsorganisation/WHO: 💻 www.who.int/ith/countries/en/index.html

- Bezüglich Nationalparks und Game Reserves: Tanzania National Park Authority (TANAPA), PO Box 3134, Arusha, (genaue Lage siehe dort), ☏ 00255/27/2503471, 2548040, FAX 2548216, 💻 www.tanapa. com, ✉ tanapa@habari.co.tz, ✉ info@tanzaniaparks.com
- 💻 www.wildlife-programme-gtz.de, vor allem Detail-Infos zu Selous GR und Saadani NP, aber auch sonst geradezu unheimlich informativ. PO Box 1519 Dar es Salaam, ☏ 022/2866065, ✉ scp@africaonline.co.tz
- WWF Tanzania Programme Office, PO Box 63117, Dar es Salaam, Regent Estate Mikocheni, Plot Nr. 350, ☏ 022/12775535, 💻 www.panda.org
- Tanzania Wildlife Protection Fund, PO Box 1994, Ivory Room, Nyerere Rd., Dar es Salaam, ☏ 022/2866377, 0748/402982, ☏ 2865500, ✉ kakakuon@africaonline.co.tz, diese Organisation gibt auch die Vierteljahreszeitschrift "Kakakuona - Tanzania Wildlife" heraus, sie liegt in den Hotels der Kategorien A und AA meist kostenlos aus. In Bookshops kann sie für $ 3 bis 5 erworben werden.
- Wer Ki-Swahili lernen will bzw. spezielle Vokabeln, dem ist das Kamusi-Projekt der Yale-Universität ans Herz gelegt: Yale Program in African Languages, PO Box 8206 Yale Station, New Haven, CT 06520-8206 USA, ☏ 001/203/436/3517, 💻 www.yale.edu/swahili/, ✉ swahili@yale.edu

Karten

Karten, die problemlos in Buchhandlungen in Europa erhältlich sind und auch für einen längeren Aufenthalt ausreichen:

- ReiseKnowHow (word mapping projekt) Tansania (1:1,2 Mio.)
- freytag & berndt, Tansania (1:2 Mio.)
- Nelles Map, Tansania (1:1,5 Mio.)
- Michelin-Straßenkarte Nr. 955, Südliches Afrika (1:4 Mio.)
- Tanzania Reisekarte, 1:1,4 Mio., Harms-IC-Verlag, inkl. Stadtplan von Arusha, Dar es Salaam. Der Verlag bietet auch Karten zu Sansibar, Ngorongoro CA und Lake Manyara NP an, eine Karte zum Kilimanajaro NP ist in Vorbereitung)
- MacMillan Tanzania Traveller's Map, 1:2 Mio., inkl. Stadtplan Dar es Salaam sowie Übersichtsplänen zu Sansibar, Lake Manyara NP, Serengeti NP, Tarangire NP, Arusha NP, Ngorongoro CA.
- Tanzania Travel Map, 1:1,9 Mio., New Holland Publishers, London, ziemlich groß, auf der Rückseite Pläne der wichtigsten Städte.

Alle Karten sind im Buchhandel erhältlich, abgesehen vom unterschiedlichen Maßstab sind alle OK.

In Tansania kann man Straßenkarten in Buchläden in Dar es Salaam, Arusha, Moshi und Sansibar erstehen, auch diese sind für einen längeren Aufenthalt ausreichend (Kosten etwa wie hier). Die Karten sind zwar nicht auf dem aktuellen Stand der Dinge (das sind die europ. auch nicht) aber soweit OK. Lediglich die Verzeichnung von Hotels sowie angegebene Telefonnummern (Hotels, Botschaften, Buslinien usw.) entsprechen zu 90 % nicht der Wirklichkeit. Die Büros des TTB sind marginal mit Karten ausgerüstet - in der Regel ein kopierter, kostenloser A4-Plan der Innenstadt von Dar es Salaam/Arusha. Sehr viele Hotels in Dar es Salaam stellen ihren Gästen diese ebenfalls kostenlos zur Verfügung, Hotels von Arusha und Moshi werden diesem Service über kurz oder lang folgen (müssen).

- BP Map of Tanzania, BP Tanzania Ltd, Dar es Salaam.
- Dar es Salaam City Map (and Guide), Surveys & Mapping Division der tansan. Regierung, 1:20.000, Zentrum 1:10.000 - brauchbarer Stadtplan mit Straßenindex, etwas großflächig (aufgeklappt knapp 1 m²). Bezüglich der vermerkten Adressen: der Plan stammt aus dem Jahr 1995
- Dar es Salaam Tourist Map, PJ Group Ltd., 1:20.000, city 1:10.000 - ebenfalls sehr brauchbar, etwas kleiner als die eben genannte Karte. Der Vertrieb erfolgt über Buchläden, sie ist dort aber sehr selten zu bekommen, ABER: Die Busgesellschaft "Royal Coach" (Arusha-Moshi-Dar es Salaam, ☞ Dar es Salaam/Weiterfahrt) verehrt jedem Benutzer der Linie eine solche Karte kostenlos (zumindest in Dar es Salaam). Karten für Arusha und Moshi sind in Vorbereitung.
- MACO Editions Lld. (Giovanni Tombazzi in Zusammenarbeit mit Nature Discovery) produziert aktuell in Arusha Karten zu Arusha/Moshi, Sansibar und so gut wie allen NPs im Maßstab von 1:100.000 (im Schnitt). Die Karten umgehen zwar das Bedürfnis nach Genauigkeit durch Flippigkeit, sind aber dennoch gut brauchbar (evtl. ist eine Lesebrille vonnöten).
- Illustrated Dar es Salaam/Sansibar/Tanzania/Pemba Map, herausgegeben von der Zanzibar-Gallery, typische Touristenkarten, bunt, etwas oberflächlich, wenig Info. Nur die für Pemba ist wirklich brauchbar, da es die einzige Karte zu Pemba ist. Am Festland sind diese Karten selten zu erhalten, in Sansibar liegen sie in jedem Sourvenirshop aus.

Literatur

- **Aniceta Kitereza**, *"Die Kinder der Regenmacher"*, Teil 1, 2 und *"Schlangentöter"* - unglaublich berührende Einblick in das Lebens auf der Insel Ukerewe/Lake Victoria-See vor ca. 100 Jahren - Pflichtlektüre
- **F. Becker/J. Beez**, *"Der Maji-Maji-Krieg in Deutsch-Ostafrika"*, Ch. Links Verlag - sehr gute Aufarbeitung einer großen Schuld, Pflichtlektüre
- Im selben Verlag auch *"Eine Kopfjagd - Deutsche in Ostafrika"* (**M. Baer, O. Schröter**) - Deutschland in Tanganyika, ebenfalls Pflichtlektüre
- **Henry M. Stanley**, *"Wie ich Livingstone fand"*, Reprint des Bestsellers, Edition Erdmann - Pflichtlektüre für die, die etwas mehr wissen wollen. Dramatisch-schaurig-schöne Beschreibung des Landes und der damaligen Sitten.
- **Ilija Trojanow**, *"Der Weltensammler"*, Carl Hanser Verlag, ISBN 978-3-446-20652-6, äußerst gelungene Beschreibung des Lebens Richard Burtons in Romanform, annähernd das halbe Buch widmet sich den Erlebnissen in Tansania.
- **Julius Nyerere**, *"Reden und Schriften aus drei Jahrzehnten"*, Dattá Asit (Hrsg.), Horlemann Verlag
- **Rolf Ackermann,** *"Die weiße Jägerin",* Droemer & Knaur, Leben und Wirken der Margarethe Trapp, Farmerin am Fuße des Mt. Meru, in Romanform. Eine gute Einführung in die deutsche und britische Kolonialpolitik.
- **Herrmann Schulz**, *"Zurück nach Kilimatinde"*, Piper Verlag - vom Leben, Scheitern und Sterben eines Missionars in Kilimatinde - Vater-Sohn-Problematik mit Einblicken in tansan. Denkwelten und Alltag. Der Autor (in Tansania geboren) - hat noch weitere Bücher zu diesem Land verfasst.
- **Noah K. Ndosi**, *"Echos der Erinnerung"* Horlemann Verlag, einer der wenigen tansanischen Lyrikbände auf Deutsch (teilweise auf Englisch). Der Autor studierte in Deutschland Medizin und arbeitete als Neurologe in Tansania. Seine Gedichte kreisen um den Erhalt der Tradition, dem Werden Tansanias und die allgemeinen menschlichen Werte.
  Lesenswert!
- Vor Ort - in erster Linie sind hier die Buchläden von "A Novel Idea" in Dar es Salaam (siehe dort) und die "Zanzibar Gallery"/Sansibar zu nennen - findet sich Literatur auf Englisch - Historisches, Romane, einheim. Autoren, Biologisches, Bildbände usw.
- Literatur zur Tier- und Pflanzenwelt ☞ Nationalparks/Tierwelt

Kleidung

Juli bis September, Januar und Februar

Reisende, die nur einen kurzen Badeurlaub in Sansibar oder an der Festlandküste planen, kommen mit leichter, weit geschnittener Sommerbekleidung und -schuhen, Strohhut, Badebekleidung, Badesandalen, Schnorchel und Taucherbrille aus. Ausschließlich **helle Farben** wählen! Weiß absorbiert nicht soviel Wärme und zieht auch weniger Moskitos an als dunkle Sachen. Diese Kleidungsstücke sollten zumindest in zweifacher Ausführung mitgenommen werden.

Kurze Hosen (bei Frauen und Männern) sind in islamischen Gebieten verpönt, obendrein stellen sie auch keinen Schutz gegen Moskitos dar. Speziell in Sansibar sollten Touristen nicht zu freizügig bekleidet sein (Miniröcke, Träger-T-Shirt), ausgenommen an den Stränden der Hotels, da diese mehr oder weniger ein "Touristenghetto" darstellen. Oben-ohne ist aber auch hier nicht gestattet!

In jedem Hotel der Kategorien AA, A, B, C und meist auch D ist ein *laundry service/ufuajy* (Wäscherei) vorhanden. Fragen Sie den Pförtner oder Manager. Die Kosten sind minimal, die Wäsche wird auf Risiko des Besitzers gesäubert. Sehr teure Kleidungsstücke sollten Sie aber lieber selbst waschen bzw. bügeln, denn auch in AA-Hotels wird noch mit Holzkohlenbügeleisen gearbeitet. Richtpreise: T-Shirt: $ 0,20 bis 1,50, Hemd kurzärmelig: $ 0,30 bis 1,50 (inkl. bügeln).

In den höher gelegenen Regionen (Arusha, Mbeya, Victoria-See) ist die Mitnahme eines **wärmeren Kleidungsstückes** (Pullover, Weste) empfehlenswert. Bei einem Campingaufenthalt am Ngorongorokrater brauchen Sie unbedingt warme Kleidung, da die Temperatur in dieser Höhe auf bis zu 5°C in der Nacht absinken kann. Auch ein paar feste Schuhe sind wichtig.

In höheren Lagen können die Temperaturen am Abend und während der Nacht manchmal bis auf 12°C sinken.

☺ Die Qualität der Kleidung ist für einen Kurzurlaub zweitrangig, lediglich Kunststoffmaterialien sollten Sie wegen der hohen Temperaturen meiden.

Dünne Baumwollstoffe, **Seide**, **Viskose** und **Leinen** haben sich bestens bewährt.

Langzeitreisende sollten zusätzlich eine **Garnitur sehr strapazierfähiger Kleidung** mitnehmen, vor allem, wenn sie mit öffentlichen Verkehrsmitteln unterwegs sein wollen. Busreisen stellen ein unentwegtes Scheuern, Stoßen und Zerren dar. Die enorme Staubentwicklung, verbunden mit den Schweiß, bringen jedes leichte Kleidungsstück schnell an den Rand des Zustandes eines alten Fetzens.

Ich unterscheide zwischen "Fahrkleidung" und "Besuchskleidung". Für die Fahrt weite Jeans oder leichte Trekkinghosen aus Baumwollgemisch und T-Shirt, für den Aufenthalt in Ortschaften leichte Sommerkleidung. Die Fahrkleidung kann während der Nichtfahrzeit gereinigt werden. Die Besuchskleidung ist in zweifacher Ausfertigung dabei.

Haben Sie vor, den Kilimanjaro zu besteigen, ist es ratsam, zumindest die eigenen **Bergschuhe** mitzubringen. Alle anderen Bekleidungsgegenstände können auch vom Safariveranstalter in leidlichem Zustand ausgeliehen werden. (Details ☞ "Kilimanjaro NP" und "Safari")

Oktober bis Dezember, März bis Juni

Während der Regenzeit ist die Mitnahme einer **regen- und winddichten Jacke mit Kapuze** überall unerlässlich. Es regnet zwar nicht ohne Unterlass, sondern immer nur ein bis zwei Stunden am Tag, dann aber umso heftiger. Die leichte, kühlende Brise wird zum Sturm, und es kann zu einem Temperatursturz kommen, der in die Glieder fährt. Im Übrigen sind Kleidungsstücke wie unter der obigen Rubrik anzuraten. Für höher gelegene Regionen (Arusha, Mbeya, auch Victoria- und Tanganyika-See) sind zumindest ein **warmer Pullover** und **wärmende Schuhe** unerlässlich.

☺ Frauen sind meiner bescheidenen Meinung nach gut beraten, wenn sie sich zumindest in den heißen Regionen der Landessitte anpassen und bunt bedruckte Kangas bzw. Kitenges tragen - ☞ Souvenirs/Kleidung.

✋ Da zurzeit das Wetter (nicht nur) in Tanasania etwas verrückt spielt, ist die Mitnahme von Regenschutzbekleidung (oder zumind. Regenschirm) das ganze Jahr über angeraten.

Medizinische Versorgung/Reiseapotheke

Vorschlag für die **Zusammenstellung einer Reiseapotheke**: Wundkompressen, Heftpflaster, sterile Verbände, Schere, Pinzette, Desinfektionsmittel, verschiedene Mittel gegen Schmerzen, Malaria, Brandwunden, Moskitos, Durchfall, Erkältung und Fieber, einige steril verpackte Einwegspritzen und Nadeln, Fieberthermometer sowie Sonnenschutzmittel für Lippen und Haut.

Bevor Sie Ihre Reiseapotheke einpacken, sollten Sie sich mit Ihrem Arzt zusammensetzen. Er kennt Ihren Organismus oft besser als Sie selbst und kann die Mittel individuell abstimmen. Falls Sie regelmäßig zu Hause Medikamente einnehmen müssen, werden Sie diese sicher mitnehmen. Denken Sie aber auch an die Möglichkeit eines Verlustes - nehmen Sie Reservepackungen (in einer anderen Tasche) und eine Beschreibung des Medikamentes mit. Die Medikamente gehören beim Flug ins Handgepäck.

☺ Nach Beherzigung der vorangegangenen Ratschläge wird Ihnen nichts zustoßen. Nicht vorhersehbar sind Unfälle aller Art. Solange diese in Dar es Salaam, Arusha, Moshi oder Sansibar passieren, sind Sie in relativ guten Händen.

Unangenehmer wird es, wenn man sich in abgelegeneren Gebieten herumtreibt. Dort kann meist nur Erste Hilfe geleistet werden. Die einzige Möglichkeit besteht in der Inanspruchnahme der Dienste der **Flying Doctors** von AMREF (African Medical & Research Foundation).

♦ Die Zentrale befindet sich in Nairobi, PO Box 27691, ☏ 00254/20/605220, FAX 609518, ✉ info@amrefhq.org, 💻 www.amref.org

Gegen eine Mitgliedsgebühr von $ 25 (monatlich) oder $ 50 (Mitgliedschaft für ein Jahr) holt man Sie von jedem Ort Tansanias (soweit Landemöglichkeit besteht) und bringt Sie sofort nach Arusha, Dar es Salaam oder Nairobi und von dort in die Klinik, wo Sie ein approbierter Arzt erwartet.

☺ Ratsam ist auf alle Fälle der Abschluss einer **Auslandsreisekranken- und Rückholversicherung**. Die meisten europäischen Versicherer stehen mit den "Flying Doctors" (AMREF) in Verbindung, d.h. dass deren Dienste schon eingeschlossen sind. Erkundigen Sie sich vor Abschluss genau über diesen Punkt. Lesen Sie im Kleingedruckten Ihrer Versicherung vor allem die Kapitel "Wer ist nicht versichert?" und "In welchen Fällen besteht kein Versicherungsschutz?". Achten Sie auch darauf, dass die Rückholversicherung eine zweite Person einschließt (es ist sowieso angenehmer, wenn Ihr Partner mitfliegt, es besteht auch die Möglichkeit, dass man Sie liegend transportieren muss, d.h. auf zwei Plätzen). Bei privaten Zusatzkrankenversicherungen ist meist eine Auslands- und Rückholversicherung inbegriffen.

Arztrechnungen sind an Ort und Stelle in bar zu begleichen. Lassen Sie sich auf jeden Fall eine detaillierte Rechnung geben und verrechnen Sie die Kosten mit Ihrer Versicherung im Heimatland.

Apotheken (*duka la dawa*) gibt es in jeder größeren Ortschaft, in Dar es Salaam praktisch an jeder Straßenecke. Das Angebot ist groß, die gängigen Mittel sind immer verfügbar und ohne Rezept erhältlich. Achten Sie jedoch auf das Verfallsdatum!

Rettungsfahrzeuge wie in Europa gibt es in Tansania nicht. In Notfällen bleibt nur das Taxi. Die Taxifahrer kennen die Adressen der Krankenhäuser.

Die Dinge ändern sich rasch in Afrika. Gute Ärzte werden gegen schlechte ausgetauscht und umgekehrt. Tansania ist in dieser Beziehung keine Ausnahme.

Bevor Sie sich in eine Klinik oder zu einem Arzt begeben müssen, kontaktieren Sie unbedingt Ihre Botschaft oder Ihr Konsulat. Die Botschaftsangestellten, die selbst auch hin und wieder ärztliche Hilfe benötigen, wissen über die aktuelle Situation genau Bescheid.

Kliniken in Dar es Salaam:

- Aga Khan Hospital & Medical Service, Ecke Ocean Rd./Ufukoni, ☏ 022/2115153, 2114096, ✉ agakhan@cats-net.com - einzig wirklich empfehlenswertes Krankenhaus im ganzen Land, fast schon europäischer Standard, wird laufend erweitert und ausgebaut, Bluttransfusionen sollten Sie aber auch hier ablehnen.

- Muhimbili Medical Centre, PO Box 2773, Ali Hassan Mwinyi Rd. (Stadtteil Upanga), Dar es Salaam, ☏ 022/2151352, 💻 www.tanzania.amref.org, ✉ info@amreftz.org
- Nordic Clinic, Chole Rd. (nahe Slipway), eine Ansammlung skandinavischer Ärzte, ☏ 022/2601650, 2600274, Notfall-Nummer: 0741/325569, 💻 www.nordic.or.tz, ✉ nordic@intafrica.com.
- Flying Doctors/AMREF, Ali Hasan Mwinyi Rd. (kurz hinter dem Kreisverkehr Biti Titi Mohammed/A. Hasan Mwinyi Rd.(Ohio Str. (neben dem Roten Kreuz), ☏ 022/2116610

in Arusha:

- AICC Hospital, Old Moshi Rd., ☏ 027/2502329, 2544135
- Selian Lutheran Clinic, vis a vis dem AM 1988 Hotel, ☏ 027/2503726, 2509974 und Selian Lutheran Hospital (weit außerhalb, Taxi etwa US$ 10, wenn Sie krank aussehen, kann es mehr kosten), ☏ 027/2508030

in Moshi:

- Kilimanjaro Christian Medical Center (KCMC), ☏ 00255/27/2754377 - 2754383, FAX 2752038, ✉ kcmcadmin@kcmc.ac.tz, 💻 www.kcmc.ac.tz

Post und Telekommunikation

Post

Grundsätzlich müsste der Inhalt eines Postpaketes zuerst dem Zoll vorgelegt werden, der kontrolliert den Inhalt. Befindet er ihn für OK, kann das Paket verschickt werden. In der Regel wird dieses Procedere bei Geschenken/Souveniren in der Praxis aber mittlerweile übergangen und es ist nur ein Formular auszufüllen.

- Mo bis Fr 8:00 bis 18:30, Sa 8:00 bis 13:00

Falls Sie sich die Luftfrachtgebühr sparen wollen und Pakete per Seeweg nach Europa schicken, müssen Sie mit einer Beförderungsdauer von 4 bis 5 Monaten rechnen. Die Expressbeförderung durch EMS, DHL, UPS oder TNT ist wesentlich schneller, aber nur unwesentlich teurer als die normale Luftfracht.

EMS-Offices befinden sich in allen größeren Ortschaften und sind immer der Post angeschlossen. **DHL-Büros** befinden sich in Dar es Salaam, Mwanza, Arusha, Moshi, Tanga, Iringa, Morogoro, Mbeya, Sansibar, die Lage entnehmen Sie bitte der Stadtbeschreibungen. Ein EMS-Paket nach Europa bis zu 500 g: kostet $ 33, bis 1 kg: $ 35, 7 - bis 10 kg: $ 100 , jedes weitere 0,5 kg $ 4, Maximum: 30 kg. Die Preise der anderen Express-Beförderer unterscheiden sich teils wesentlich, so verlangt UPS z.B. eine Minimum-Charge bis 0,5 kg von $ 55, für 10 kg $ 190 (billiger, wenn Sie die Boxen von UPS verwenden: 10 kg $ 140)

Da es keine Briefträger gibt, hat jeder Tansanier, der öfter Post erwartet, ein **Postfach**. Als Tourist hat man nur die Möglichkeit, sich Briefe postlagernd senden zu lassen.

☺ Der Vorname sollte nie ausgeschrieben werden, da die Briefe alphabetisch nach dem Familiennamen abgelegt werden. Vermeiden Sie auch die Bezeichnung Herr/Frau oder akad. Titel. Abholung ist nur unter Vorweis eines Reisepasses möglich und kostenpflichtig ($ 0,30/Brief).

P. Meier
Main Post Office
poste restante
Dar es Salaam
TANZANIA

☺ Wenn Sie Briefe oder Karten nach Österreich (Austria) senden, schreiben Sie "Austria/Europe", sonst landet der Brief zuerst einmal in Australien.

Ansichtspostkarte und **Briefe** bis 20 g nach Europa $ 0,60, bis 50 g $ 1, 1 bis 2 kg $ 10 (Landweg) bzw. 25 (airmail).

✋ Werfen Sie Briefe oder Postkarten nach Möglichkeit in keine (Hotel)-Briefkästen, sondern geben Sie sie direkt beim Postamt ab. Briefkästen werden selten geleert.

In größeren Souvenir-Shops übernimmt auch dieser direkt den Versand - rechnen Sie mit $ 5/kg, Mimimum-Charge $ 100.

Telefon/Fax/Internet/E-Mail

Vorwahl bei Gesprächen nach Tansania 00255 (auch für mobile Anschlüsse).

Vorwahl von Tansania nach **Deutschland** 0049, in die **Schweiz** 0041 und nach **Österreich** 0043 (bei Telefonzellen dreimal die 0 wählen).

Diese Städte sind im Selbstwählverkehr erreichbar:

Dar es Salaam	022
Arusha, Moshi, Tanga, Marangu, Kagera	027
Mwanza, Bukoba, Kigoma, Musoma, Shinyanga, Kagera	028
Dodoma, Iringa, Singida	026
Morogoro, Lindi, Mtwara	023
Sansibar, Pemba	024 (ändert sich möglicherweise in 077)
Mbeya, Ruvuma, Rukwa	025

✆ Am günstigsten telefoniert/faxt man von den TTCL-Offices (Tanzania Telecommunications Corp. Ltd.), Lage siehe bei den Ortsbeschreibungen. Ein Drei-Minuten-Telefonat nach EU kosten $ 7. Hin und wieder muss die Dauer im Voraus beantragt und bezahlt werden, telefoniert man kürzer, erhält man das zu viel bezahlte Geld zurück (vorher aber absprechen). Faxen kostet $ 1,50/angefangener Min. Man kann sich auch Faxe senden lassen: $ 0,30/ A4-Blatt, zum Abholen Reisepass mitnehmen. In kleineren Orten wird sich ein Auslandstelefonat/-fax allerdings oft als undurchführbar erweisen.

Es existieren in allen größeren Orten private Büros, die klar und deutlich ihre Telefon- und Faxdienste anbieten, jedoch zu höheren Gebühren als die TTCL.

Hotels der Kategorien AA und A stellen ihren Telefon- und Faxanschluss jedem Touristen zur Verfügung. Es klappt auch hier ziemlich schnell. Dies ist allerdings die teuerste Möglichkeit (ein Fax kann hier schon mal $ 35/Blatt kosten).

Inlandstelefonate ($ 0,35/Minute) können von jedem Postamt abgewickelt werden. **Münzfernsprecher** gehören der Vergangenheit an. Aber zumindest in Dar es Salaam/Arusha/Moshi/Mwanza finden sich jede Menge Kartentelefone. Es gibt zwei Systeme: TTCL und CEL-PHONE, Karten für beide sind in Postämtern, Gemischtwarenläden, Supermärkten, Hotels, Buchläden und an fast allen Straßenständen zu tsh 500, tsh 1.000 (= ca. 11 Min. Stadtgespräch, ca. 2 Min. ins Mobilnetz), 5.000, 10.000 (= ca. 3 Min. in die EU) zu erwerben.

Die Bedienungsanleitung erscheint auf einem Display und wird auf Englisch oder Ki-Swahili vorgesprochen. Zur Wahl der Sprache: Hörer abheben, Karte einstecken, im Display erscheint die Angabe, ob Englisch oder Ki-Swahili gesprochen wird. Bei Ki-Swahili: "Sprachtaste" (4. von oben) drücken und Englisch erscheint. Der Computer-Operator sagt Ihnen auch wie viel Zeit noch zur Verfügung steht.

☺ Für Telefonate nach Europa müssen Sie bei Wertkartentelefonen dreimal die Null wählen (z.B. 00049 für Deutschland).

Wichtige Telefonnummern:

Notruf allgemein (Polizei, Rettung, Feuerwehr)	112
Crime Stopper	111
Anti Corruption Bureaux (nur Dar es Salaam)	113
Operator (Auskunft, sowie Anmeldung für Inlands- wie Auslandsgespräche, Englisch/Ki-Swahili)	0100/0101
Zeitansage (nur Dar es Salaam und Morogoro)	127

Mobiltelefone (cell(ular)-phone, durchweg private Gesellschaften) sind der letzte Schrei in Tansania. Die 5 Mobil-Telefonnetze (in erster Linie CELTEL, Vodacom, Zantel) funktionieren besser als das Festnetz (landline). Mit einem GMS Mobiltelefon (praktisch alle auf dem europäischen Markt erhältlichen Mobiltelefone), können Sie auch in Tansania - Abschluss eines Roaming-Vertrages vorausgesetzt - telefonieren. Aktuell ist im Norden und Osten der Empfang mehr oder weniger flächendeckend garantiert. In der nächsten, soeben angelaufenen, Ausbaustufe soll das gesamte Land bis ins kleinste Dorf erreichbar sein - geplante Fertigstellung 2010.

Falls Sie mit Ihren Lieben zuhause kommunizieren wollen - die Gebühren können sehr hoch sein, auch wenn sie angerufen werden. Die Versendung von SMS kommt wesentlich günstiger.

Pre-paid-Telefone gibt es zumindest in Dar es Salaam und Arusha (fast) überall zu kaufen. Wertkarten sind in Dar es Salaam, Arusha, Moshi, Mwanza, Sansibar überall erhältlich.

Als Alternative zum Telefonieren hat sich zumindest in größeren Städten das **Internet-Café** fest etabliert. In Dar es Salaam, Arusha, Moshi, Mwanza und Sansibar existieren sie zuhauf, die meisten Hotels der Kategorie A, B und teilweise auch C verfügen ebenfalls über einen Internetanschluss und betreiben Internet-Cafés. Auch in Papierhandlungen (*stationary*) findet man oft welche. Grundsätzlich findet sich auch in jedem TTCL-Office (meist beim Postamt) ein Anschluss.

Die Gebühren sind unterschiedlich und variieren zwischen $ 50 (in teureren Hotels falls man Hausgast ist) bis $ 2 bis 3/Std. - vorher fragen und nicht nachher wundern. Grundsätzlich haben die Internet-Cafés in Dar es Salaam die niedrigsten Preise (im Schnitt $ 0,50 bis 1,50) und - auf Grund der Monopolstellung - die Hotels in kleinen Orten die höchsten (schon mal $ 10 aufwärts).

Preise im Überblick

Die Kosten für den Aufenthalt eines Individualreisenden in Tansania richten sich nach seinem Luxusbedürfnis. Wenn Sie all Ihre geplanten Strecken mit Dalladalla, Bus oder Eisenbahn (1./2. Klasse) zurücklegen, ausschließlich in Hotels der Kat. D/C nächtigen und größtenteils in günstigen Restaurants/Bars speisen kommen Sie mit ca. $ 20/Tag durch. Sparfüchse und Personen, die nicht viel unterwegs sein wollen, kommen auch mit ca. $ 12 bis 15 aus.

Das ist für ein getrennt geschlechtliches Paar gerechnet (zwei Pers. gleichen Geschlechts werden nicht immer im selben Zimmer tolertiert - vor allem in ländlichen Gebieten). Wer EZ bezieht, muss pro Tag ca. $ 1 bis 3 hinzurechnen (das ist äußerst unterschiedlich). Nach oben hin ist dieser Tagessatz natürlich völlig offen - es gibt Lodges, die $ 780/Tag (Vollpension, ohne alkohol Getränke) kosten.

Beispiele:
Eine **Kilimanjaro-Besteigung** schlägt mittlerweile mit mind. $ 900 (bei einer Gruppengröße von 2 Personen, vor Ort arrangiert)

Nationalpark-Besuch: Eine mehrtägige (3 - 4 Tage) all-inclusive-Camping Safari (Transport inkl. Treibstoff und Fahrer, 1 x Eintritt/Tag, Ernährung (Frühstück, Lunch, Dinner), Wasser, Koch, Nächtigung inkl. Zelt, Matten) kostet bei einer Gruppengröße von 2 Personen (vor Ort arrngiert) ca. $ 150/Person/Tag. Lodge-Safaris (ebenfalls all-inclusive) ca. das Doppelte (aufwärts). Die Preise für Lodge-Safaris sind stark von der Jahreszeit abhängig, die für Camping-Safaris weniger.

Wenn Sie anstelle einer all-inclusive-Camping-Safari nur ein (kleines) Auto (mit Fahrer) mieten und alles andere selbst organisieren, sinken die Gesamtkosten um ca. $ 20 bis 30. Details siehe "Reisen im Land/Mietauto" und "Safari").

Nicht inbegriffen sind bei beiden Beispielen Anreise, Impfungen, Visagebühren, Souvenirs, Trinkgelder (fallen nennenswert nur bei Kilimanjaro-Besteigung und gebuchten Safaris an), die Kosten für Ausrüstung, Literatur usw.

☺ Ein Tipp zur Zeitplanung für Individualtouristen. Rechnen Sie, falls Sie mit öffentlichen Verkehrsmitteln unterwegs sein wollen nicht zu exakt, 15 % Spielraum sollte in jedem Fall einkalkuliert werden: es passiert manch Unvorhergesehenes.

Preisbeispiele des Alltags in Dollar

Grundsätzlich kann gesagt werden, dass Arusha, Sansibar und Dar es Salaam zu den teuersten Pflastern des Landes zählen. Je weiter weg, umso günstiger werden die Preise.

- 1,5 l Trinkwasser in Dar es Salaam, Straßenstand: $ 0,40
- 1,5 l Trinkwasser in Moshi, eiskalt, Straßenverkäufer: $ 0,80
- 1 Packung einheimische Zigaretten (Sportsman): $ 0,80 bis 1
- 1 Kanga (Doppellänge): $ 2 bis 4, je nach Qualität, am Straßenstand bzw. Laden, im Souvenirladen das Doppete bis Dreifache
- Ugali mit Beef: $ 1 bis 1,50
- Fried Steak mit Chips im Safari-Hotel, Dar es Salaam: $ 2,50
- Tansanische Snacks (Bajia/Sam(b)usa/Mandazi): $ 0,10 bis 0,30/Stück
- 1 Kanne Tee/Kaffee, ca. 0,5 l: $ 0,50 bis 3 (je nach Kat. des Restaurants)
- 1 Tomate durchschnittlicher Größe auf dem Markt: $ 0,05
- 1 Rolle Toilettenpapier: $ 0,25

- 1 gegrilltes Huhn mit Bananen im tansan. Restaurant: $ 5
- 1 Avocado am Straßenrand: $ 0,20
- Bananen am Stand an der Straße Dar es Salaam-Dodoma: $ 0,06/ Stück
- Konyagi, totopak 0,02 l: Dar es Salaam (in Bar) $ 0,62, Iringa $ 0,25, am Straßenstand/bottle-store/supermarkt $ 0,20 bis 0,30
- 1 Fl. Import-Whisky in Supermarkt: ab $ 10
- Cheese-Pie (take away): $ 0,80
- 1 Flasche Bier (0,5 l) im Mittelklasserestaurant: landesweit $ 0,75 bis 1
- Soft-Drinks (0,3 l) im Mittelklasserestaurant: landesweit $ 0,30, Oberklasse-Restaurant bis zu $ 1
- Fotokopien: landesweit $ 0,05/Stück
- 1 Flasche Wein (Import aus Südafrika): $ 10 (aufwärts)
- Schuheputzen: in Dar es Salaam $ 0,25/Paar.
- Abendessen für 3 Personen im besten Restaurant Kondoas: $ 3,50
- Tasse Tee in Kondoa: 12,5 US-Cent

1998 wurde die Mehrwertsteuer (VAT = value added tax) mit 20 % eingeführt, nicht bei allen Preislisten oder Preisauskünften ist sie eingerechnet.

Reisen im Land

Der Verkehr in Städten ist mörderisch! Es gilt **Linksverkehr,** an den Sie sich erst gewöhnen müssen. Ampeln haben, außer in Dar es Salaam, symbolischen Charakter, verkehrsregelnde Polizisten sind schon effizienter.

Busse, Dalladallas und Taxis sind gewerbliche Unternehmen. Die Kennzeichen dieser Fahrzeuge müssen weißen Grund und schwarze Schrift aufweisen (Firmenfahrzeuge!). Alle anderen Nummernschilder zeigen eine nicht gewerbliche Nutzung an: es ist verboten, Privatfahrzeuge für gewerbliche Transporte bereitzustellen bzw. zu benutzen und außerdem sind sie anders versichert!

☺ Eine Busreise ist einer Fahrt mit einem Dalladalla (Sammeltaxi) aus Sicherheitsgründen in jedem Fall vorzuziehen.

Überlandbus

Es handelt sich hierbei um Großraumbusse (wie in EU), welche Strecken jenseits der ca. 100 km befahren. Abfahrt, Ankunft sowie Zwischenstationen erfolgen in Busbahnhöfen, die sich in kleineren Orten in der Regel ungekennzeichnet neben dem Marktgelände befinden (meist im Zentrum, d.h. an der Durchgangsstraße gelegen). Die Lage von Busbahnhöfen in größeren Orten entnehmen Sie bitte den Stadtplänen bzw. der jew. Ortsbeschreibung. Busse dürfen nur tagsüber (ca. 6:00 bis ca. 18:00) fahren und eine Geschwindigkeit von 80 km/h nicht überschreiten. In der Praxis wird dies aber - zumindest auf asphaltierten Straßen - in der Regel als Durchschnittsgeschwindigkeit betrachtet; auf Schotterstraßen sinkt diese auf 30 - 40 km/h, bei Pannen (in erster Linie Reifenplatzer) auch gegen 0 (☞ Kap. Straßenzustand). Stehplätze sind nicht erlaubt, aber je weiter weg von Dar es Salaam, umso weniger schert man sich um diese Vorschrift.

Man kann (teurere) Luxus-Busse/luxury-/de-luxe-busses und (billigere) gewöhnliche/ordinary/regular/economy busses unterscheiden. Die Ticket-Preise variieren um bis zu 100 % (in Einzelfällen auch mehr). Erstere weisen einen besseren technischen Zustand auf, werden von verantwortungsvolleren Chauffeuren gelenkt, fahren (ziemlich) genau nach Fahrplan, halten an wenigen bis gar keinen Stops, das Personal trägt Uniform und bietet während der Fahrt snacks, sodas u. dgl. an, Video ist obligat (ob das Gerät funktioniert, ist eine andere Frage), oft Klima-Anlage, Bus-interne Toiletten sind oft vorhanden, man kann sich auch den Sitzplatz anhand eines Planes aussuchen (die sichersten Plätze liegen in der Busmitte). Gewichtigster Unterschied ist das größere Platzangebot (pro Sitzreihe 4 Plätze) als in ordinary-busses (pro Sitzreihe 5 Plätze, auch weniger Platz zum Vordersitz vorhanden). An luxury-companies sind namentlich Scandinavian-Express, Royal Coach und Dar Express zu nennen.

In der Regel befahren mehrere Bus-Gesellschaften unterschiedlicher Preisklassen zu unterschiedlichen Zeiten ein und dieselbe Strecke.

Bei gewissen Routen (z.B. Arusha/Moshi - Mwanza) sollten Sie sich genau erkundigen, welche Route der Bus nimmt. Details dazu bei den Info-Blöcken der Ortsbeschreibungen. Erkundigen Sie sich auch (immer!) nach der Fahrzeit - und schlagen Sie v.a. bei billigeren Gesellschaften - 20 % drauf.

Der Fahrstil der Chauffeure kann sehr abenteuerlich sein, Innenausstattung und technischer Zustand der Busse ebenfalls. Faustregel: Je weiter weg von Dar es Salaam und je billiger das Ticket, umso abenteuerlicher.

Ticketkauf: Für Langstrecken (z.B. Dar es Salaam-Arusha, 640 km) sollten Sie entweder am sehr frühen Morgen bereits am Busbahnhof sein (der letzte Bus von Dar es Salaam nach Arusha fährt um 9:00 und die Nachfrage ist groß) oder bereits am Vortag ein Ticket gekauft haben. Für die Bewältigung kürzerer Strecken (200 bis 300 km, z.B. Mbeya-Iringa, Tanga-Lushoto, Dar es Salaam-Morogoro) fahren die Busse zumindest bis Mittag von den Busbahnhöfen ab (Details bei den jew. Ortsbeschreibungen), es genügt daher, wenn Sie am Vormittag am Busbahnhof erscheinen und entweder beim Schaffner/conducteur (auch dieser verfügt über ein Ticketbuch, bei den billigeren Gesellschaften ist er nicht uniformiert) des jew. Busses (an einer Tafel an der Windschutzscheibe erkenntlich) ein Ticket kaufen. Meist werden Ihnen aber schon vorher Angestellte des Busbahnhofes mit einem Ticketbuch entgegeneilen und ein Ticket verkaufen. Kenntlich sind diese Angestellten an einer "Uniform", d.h. sie tragen alle dieselbe (Zivil-)Kleidung - zumindest selbe Hose, selbes Hemd, hin und wieder auch selbe Kappe. Üblicherweise werden von diesen Angestellten an Touristen Tickets für den "besten" Bus verkauft - der nächste abfahrbereite und/oder luxury-bus und/oder direkte Bus (so werden z.B. auf der Strecke Tanga-Lushoto die Passagiere in Mombo von Großraumbussen in Dalla-Dallas "umgeladen"). Am Ticket müssen der Name der Bus-Gesellschaft (meist (unleserlicher) Stempel), Abfahrts- und Ankunfts-Ort, Datum, Preis und Ihr Name vermerkt sein. Sie können auch in den Offices der Busgesellschaften direkt das Ticket kaufen, diese befinden sich meist an der Umfassungsmauer des Busbahnhofes. Die Lage der Offices der luxury-Gesellschaften entnehmen Sie bitte den Stadtplänen bzw. Ortsbeschreibungen.

☹ Betrügereien sind nicht die Norm. Meist beschränken sie sich darauf, dass Ihnen "Vermittler" einen regular-bus als luxury-bus verkaufen wollen. Sobald Sie einen Busbahnhof betreten, fallen unzählige "Vermittler" über Sie her, diese kassieren von den Gesellschaften Provision - übereilen Sie nichts beim Ticket-Kauf und zahlen Sie erst dann, wenn Sie ein Ticket in Händen halten und dieses auch kontrolliert haben.

Gepäck wird bis zu einem Gewicht von ca. 30 kg kostenlos im "Bauch" des Busses befördert - ohne Rücksicht auf etwaige Beschädigung, Verschmutzung usw. Preise für den Transport gewichtigeren Gepäcks sind Verhandlungssache.

☺ Staubempfindlichen Menschen ist die Mitnahme einer **Staubmaske** empfohlen. Bei Gegenverkehr auf nichtasphaltierten Straßen ist die Staubentwicklung enorm, und Fenster und Türen schließen nicht immer dicht, hin und wieder fehlen sie auch ganz.

Die **Kosten für Busfahrten** sind minimal, sie sind in tsh zu bezahlen. Einige Preisbeispiele:

- Dar es Salaam - Moshi/Arusha $ 10 bis 24, Dodoma $ 8 bis 13, Iringa $ 8 bis 10, Kyela $ 15 bis 20, Mbeya $ 15 bis 24, Mwanza $ 44 (über Nairobi), Songea $ 15 bis 20, Tanga $ 6 bis 10, Morogoro $ 4 bis 6, Nairobi $ 30 bis 40, Mombasa ca. $ 20, Kampala $ 50, New Kapiri Mposhi $ 50, Lusaka $ 60
- Arusha - Musoma $ 22, Bukoba $ 35, Tanga $ 7 (alle de-luxe), Tabora $ 22, Shinyanga $ 20, Lushoto $ 6, Iringa $ 20, Mbeya $ 27, Singida $ 10 , Kahama $ 20, Dodoma $ 14 (alle ordinary-bus), Bukoba (via Nairobi) $ 33, Nairobi $ 8 bis 17, Mombasa via Tanga $ 18, via Moshi, Himo $ 8
- Arusha - Mwanza: via Singida, Shinyanga $ 22 (Übernachtung, meist in Shinyanga, nicht inbegriffen), via Ngorongoro CA und Serengeti $ 26 (zusätzl. Eintrittsgebühren, alle de-luxe). Via Nairobi $ 20 bis 30.
- Mwanza - Musoma $ 5

Rechnen Sie damit, dass die Preise (empfindlich) steigen werden!

Jeder Busbahnhof ist ein Eldorado für Taschendiebe!

Dalladalla

Dalladallas sind **Kleinbusse** (in entwickelteren Regionen und im innerstädtischen Bereich) oder **Pritschenwagen** (in abgelegenen Gebieten), meist japanische Fabrikate, die auf Kurzstrecken oder auf Strecken, die von Bussen nicht zu bewältigen sind, eingesetzt werden. Mit Dalladallas wird auch das kleinste Dörflein erreicht - wenn auch nicht täglich. Auf den Pritschenwagen sitzt oder steht man auf der Ladefläche, Sitzbänke sind manchmal vorhanden, Regenschutz auch.

Erblickt man als durchschnittlicher Mitteleuropäer ein solches Gefährt, glaubt man, es sei für den Transport von 15 Pers. geschaffen. 30 (Kinder, Gepäck und Haustiere nicht mitgerechnet) ist aber die Mindestladung.

Die Lust der Chauffeure, große Geschwindigkeiten zu erreichen, egal wie die Straße beschaffen ist, ist bei Dalladalla-Fahrern ausgeprägter als bei Busfahrern.

Dalladallas fahren **nicht nach Fahrplan**. Die Stellplätze befinden sich in einer eigenen Sektion im Busbahnhof; sie fahren ab, wenn sie vollbesetzt sind. Bei Zwischenstationen - Dalladallas halten in jeder Ortschaft - wird nicht lange gewartet. Die durchschnittliche Geschwindigkeit sinkt, speziell bei schlechten Straßen, durch die vielen Stops unter jene der großen Busse.

Für jede von Dalladallas befahrene Strecke sind meist mehrere Fahrzeuge zur Stelle. Der Konkurrenzkampf ist groß, wählen Sie das Auto, das über die meisten Passagiere verfügt, da Sie dadurch die kürzeste Wartezeit haben - ohne Garantie.

Der **Fahrpreis** ist etwas höher als der Preis für die Busbeförderung (gerechnet pro Kilometer). Er ist für jedes Dalladalla auf derselben Strecke gleich und wird bei/nach Abfahrt entrichtet und von einem als Schaffner bezeichneten Mitarbeiter des Unternehmens eingesammelt. Zumindest für den innerstädtischen Verkehr sind die Preise amtlich geregelt - $ 0,20 in Dar es Salaam. Längere Strecken (z.B. Dar es Salaam-Bagamoyo, Moshi-Marangu) kosten ca. $ 1. Die Preiserhöhung 2005 war die erste seit 1996, es damit zu rechnen, dass die Preise demnächst wieder steigen werden.

Vor allem in touristischen Zentren kommen Betrügereien vor. Man sitzt im Dalladalla und wartet auf den Schaffner. Der, der kommt und kassieren will, muss aber nicht unbedingt der Schaffner sein. Zahlen Sie erst bei definitiver Abfahrt bzw. erst dann, wenn Sie ganz genau herausgefunden haben, wer der Schaffner ist. Das kann u. U. Ihre Nerven etwas strapazieren. Auch müssen Sie ein gedrucktes Ticket mit Preisauszeichnung erhalten.

Auch in Dalladallas sind Stehplätze nicht erlaubt, in der Praxis kümmert das aber niemand! Das Nachtfahrverbot wird allerdings strikt eingehalten.

Eisenbahn

Die **central-line** der Tanzania Railway Corp. (TRC) verbindet (theoretisch) Dar es Salaam mit Kigoma (am Tanganyika-See), dieser Strang wurde bereits von den Deutschen errichtet (sog. Mittellandbahn, 1.254 km). Ein Abzweig nach Mwanza (von Tabora, am Victoria-See gelegen, Gesamtstrecke 1.229 km) wurde von den Briten gebaut. Zum großen Teil bestehen beide Anlagen noch im Originalzustand. Dementsprechend schlecht, wenn nicht sogar gefahrvoll, ist der Transport.

Im Prinzip steht die gesamte Linie kurz vor dem Kollaps und da sich in den letzten Jahren Unfälle häuften, wurde der Betrieb auf dem Abschnitt Dar es Salaam-Dodoma (485 km) eingestellt. Grundsätzlich hätte die Linie bereites im August 2006 teilprivatisiert werden sollen (die indische Rites Ltd. will 51 % (anderen Meldungen zufolge 70 %) der Linie für 25 Jahre pachten). Der Vertrag war praktisch schon unter Dach und Fach, doch im letzten Moment bekam die Regierung kalte Füße, wollte die Kontrolle wegen des "nationalen Interesses" nicht abgeben und ziert sich seitdem. Abgesehen vom maroden Unterbau fehlt es auch an mod. Lokomotiven und Waggons. Langer Rede, kurzer Sinn: Eine Fahrt mit der central-line kann nicht unbedingt empfohlen werden.

Wenn Sie die beiden Schimpansen-NPs (Gombe, Mahale) besuchen wollen (eigentlich der einzige Grund, zum Tanganyika-See zu kommen), ist es besser (auch sicherer), wenn Sie eine Flugsafari buchen (Adressen ☞ Kap. Nationalparks/Mahale bzw. Gombe NP). Nach Mwanza sollten Sie eher mit dem Bus über Arusha fahren oder fliegen.

Wenn Sie die **Bahnfahrt** trotzdem wagen wollen/müssen: Plätze nach Kigoma (Kurswagen) sind in der "Sleeper-Class" (1st class sleeping - 2 Personen-Abteil; Waschbecken vorhanden, falls Sie zu zweit unterwegs sind, ist eine getrennt-geschlechtliche Belegung möglich); 2. Klasse (2nd class sleeping, 6 Personen-Abteil, keine getrenntgeschlechtliche Belegung möglich, es sei denn Sie sind in einer 6-köpfigen Gruppe unterwegs oder mieten zu zweit das gesamte Abteil) sowie in der "Seater-Class" (2nd class sitting, 6-Personen-Abteil) ziemlich rar - eine Reservierung 1 bis 2 Wochen vor Abreise ist angeraten (zumindest während der Hauptsaison). Ursache für diese starke Nachfrage ist das Nichtvorhandensein einer adäquaten Straßenverbindung zwischen Dar es Salaam und Kigoma. Plätze nach Mwanza (Kurswagen) sind nicht gar so rar (der Bus via Nairobi ist wesentlich schneller), eine Reservierung 1 Woche vor Abreise ist dennoch angeraten (Hauptsaison). Auch wenn Sie nur bis Tabora fahren, sollten Sie 1 Woche vorher reservieren.

Für die 3. Klasse (Sitzplätze im nicht unterteiltem Waggon) ist keine Reservierung nötig/möglich - wenn Sie im Rangeln um einen Sitzplatz nicht geübt sind, sollten Sie lieber die anderen Klassen wählen.

Theoretisch ist dem Zug ein Speisewagen angeschlossen, speisen Sie aber aus Sicherheitsgründen (Gepäck-Diebstahl) dennoch im Abteil, ein Kellner geht durch den Zug und nimmt die Bestellungen auf. Schließen Sie in jeder Station das Fenster!!!

Fahrplan:

Abfahrt Dodoma:	Mo, Mi, Do, Sa 19:00
Ankunft Tabora:	5:00 (nächster Tag)
Abfahrt Tabora:	nach Kigoma 7:00, nach Mwanza 8:00
Ankunft Kigoma/Mwanza:	jeweils 18:00

Abfahrt Kigoma/Mwanza:	Di, Do, Fr, So 7:30/8:00
Ankunft Tabora:	18:30/18:00
Abfahrt Tabora:	21:00
Ankunft Dodoma:	7:00 (nächster Tag)

Preis (2-Personen-Abteil/6-Personen-Abteil sleeping/-sittting/3. Klasse):

Dodoma - Tabora:	$ 20/17/8/5
Dodoma - Kigoma/Mwanza:	$ 35/30/15/8

Weitere Auskünfte:

- Customer Information Service TRC (am Bahnhof in Dar es Salaam, siehe Stadtplan), PO Box 468, ☏ und FAX 255-22-2117833, ✉ ccm_cserv@trctz.com, 💻 www.trctz.com

Die sich ebenfalls (noch) im Besitz der TRC befindliche **Singida-line** verbindet Dodoma via Manyoni mit Singida. Es gibt nur Plätze 3. Klasse zu $ 5.

Fahrplan:

Abfahrt Dodoma:	Mi, Fr, So 10:00
Ankunft Singida:	18:00
Abfahrt Singida:	Mo, Do, Sa 8:00
Ankunft Dodoma:	17:25

Die **Mpanda-line** (4 Klassen, wie central-line) befindet sich ebenfalls (noch) im Besitz der TRC. Sie verbindet Tabora via Kaliua mit Mpanda (333 km). Der einzige Grund, diese Linie zu benutzen, liegt im Besuch des Katavi NP (Details siehe dort)

Fahrplan:

Abfahrt Tabora:	Mo, Mi, Fr 21:00
Ankunft Mpanda:	jeweils nächster Tag 10:30
Abfahrt Mpanda:	Di, Do, Sa 13:00
Ankunft Tabora:	jeweils nächster Tag 2:45
Preis:	$ 17/13/8/6

☞ Die genannten Fahrpläne und Preise (aller genannten TRC-Linien) können sich bei einer definitiven Übernahme durch die Rites Ltd. - das kann morgen sein, aber auch erst in einigen Jahren oder gar nie, inoffiziell wird Mitte 2007 kolportiert - gewaltig ändern.

Die Tanzania-Zambia-Railway Authority (**TAZARA**) verbindet Dar es Salaam via Mbeya und Tunduma (Grenzort in Tanzania) mit New Kapiri Mposhi (Zambia). Erbaut wurde die Linie zwischen 1970 und 1975 mit Hilfe der Volksrep. China, der technische Zustand ist etwas besser als der der central-line, jedoch auch nicht unbedingt Vertrauen erweckend. Die Durchschnittsgeschwindigkeit liegt auch nicht höher als max. 40 km/h. Reservierungen lange vor Abfahrt sind nicht wirklich erforderlich, da die Konkurrenz durch Autobusse gewaltig ist - diese benötigen bei ca. halbem Preis weniger als die halbe Zeit nach Mbeya (10 Std.).

Es gibt 2 Arten von Zügen - express-train und ordinary-train - mit jeweils 3 Klassen: 1. Kl.: 4-Personen-Abteil zum Sitzen (tagsüber) bzw. Liegen (nächtens), 2. Kl.: 6-Personen-Abteil zum Sitzen/Liegen, 3. Kl.: nicht unterteilter Waggon mit Holzbänken (wie central-line). Zur Lage der Bahnhöfe siehe Stadtpläne Dar es Salaam, Mbeya. Nach Mbeya fahren beide Zugarten, nach New Kapiri Mposhi nur die express-trains. Beide Zugarten verfügen über Speisewagen (essen Sie lieber im Abteil), der expess-train zusätzlich noch über ein lounge-car (Video, snacks, drinks usw.).

Die Strecke schneidet das Salous GR in seiner nordöstlichsten Ecke (ab Station Kitunda) und führt dann exakt an der Grenze Mikumi NP und Selous GR weiter. Auf insgesamt ca. 250 km sind Tierbeobachtungen möglich (zumindest beim ordinary train, in beiden Richtungen) - bei der Station Mang'ula ist alles wieder vorbei.

Fahrplan:

Abfahrt Dar es Salaam:	
express-train:	Di, Fr 15:50
ordinary train:	Mo 12:19
Ankunft Mbeya:	
express-train:	Mi, Sa 12:40
ordinary train:	Di 10:12
Abfahrt Mbeya:	
express-train:	Mi, Sa 12:48
ordinary-train:	Di 12:19
Ankunft Dar es Salaam:	
express-train:	Do, So 8:56
ordinary-train:	Mi 12:54
Preise:	Dar es Salaam - Mbeya $ 30/20/15

Obwohl die wirtschaftliche Lage der TAZARA besser ist als die der TRC, soll sie auch privatisiert werden (China ist massiv interessiert, die Verträge mehr oder weniger unter Dach und Fach) - die gemachten Angaben können sich also schnell ändern.

Weitere Auskünfte:

- TAZARA, The director of marketing and traffic, PO Box 2834, Dar es Salaam, ☏ 00255/22/2865192, 0744/310589, ✉ acistz@afsat.com, 💻 www.tazara.co.tz

Fahrrad

Wenn Sie - zumindest im touristisch erschlossenen Norden - am Bürgersteig mehr als 3 Fahrräder nebeneinander stehen sehen, ist das Fahrradgeschäft mit angeschlossenem Verleih nicht weit. In der Regel handelt es sich bei den zum Verleih anstehenden Rädern um ziemlich schwere chinesische Produkte ohne Gangschaltung. Tagesmiete ca. $ 3 (Details bei den jew. Ortsbeschreibungen). Hüten Sie ein gemietetes Fahrrad wie Ihren Augapfel - Fahrradklau ist ein beliebter "Sport". Prüfen Sie den techn. Zustand genau, Reparaturen gehen auf Ihre Kosten. Rechnen Sie auf alle Fälle mit platten Reifen - Nägel, Schrauben, Glasscherben, Dornen usw. gibt es zuhauf. Bessere, geländetaugliche Fahrräder sind hin und wieder in Hotels der Kat. A zu mieten (Tagesmieten wesentlich höher). Wenn Sie Ihr eigenes Fahrrad mitnehmen, nehmen Sie auch Reserveschläuche und v.a. Unmengen an Flickzeug mit.

Auf den meist asphaltierten Hauptdurchgangsstraßen ist das Fahrradfahren sicherlich kein Vergnügen. Abgesehen von den doch rel. hohen Temperaturen stellen motorisierte Verkehrsteilnehmer ein eklatantes Sicherheitsrisiko dar. Auf den in der Regel nicht asphaltierten Nebenstraßen geht es zwar etwas gemütlicher zu, dafür ist aber auch der Untergrund nicht gerade der beste und während der Regenzeit (☞ Klima) fahren Sie hier im Schlamm. Bezüglich Tagesleistung sollten Sie die von zu Hause bekannte km-Leistung ca. halbieren.

Grundsätzlich können Fahrräder in Bussen transportiert werden, rechnen Sie jedoch mit einem Aufpreis und finden Sie sich frühzeitig am Busbahnhof ein. In NPs und GRs ist Fahrradfahren nicht gestattet.

✋ Der schwächere Verkehrsteilnehmer weicht immer dem stärkeren aus! In der Praxis bedeutet das, dass Radfahrer beim Nahen eines motorisierten Verkehrsteilnehmers schleunigst in den Straßengraben zu verschwinden haben (Fußgänger ebenfalls), egal wie schwer der Drahtesel beladen ist. Ein durchschnittlicher Autofahrer hupt nicht einmal, wenn er einen Radfahrer erblickt.

Flugzeug

▷ **Air Tanzania** Comp. Ltd. (51 % Staat Tanzania, 49 % South African Airways/SAA) fliegt täglich von Dar es Salaam nach Sansibar, Mtwara, Arusha/Moshi (Kilimanjaro Int. Airport) und Mwanza.

▷ **Precision Air Service** arbeitet etwas effinzienter als die Air Tanzania und bietet folg. Service: Dar es Salaam nach Mwanza-Bukoba (täglich), Kilimanjaro Int. Airport (mehrmals täglich), Lindi (2-mal/Woche), Mtwara (2-mal/Woche direkt, 2-mal/Woche via Lindi), Mwanza (täglich via KIA), Musoma (4-mal/Woche direkt), Tabora (täglich), Kigoma (täglich).
Daneben auch Direktflüge von KIA nach Sansibar (Retourflug via Dar es Salaam) und Mwanza (jeweils täglich).

▷ **Zanair**, fliegt von Sansibar nach Dar es Salaam (3-mal täglich), Arusha (täglich), Pemba (täglich) und von Dar es Salaam nach Selous GR (direkt, täglich), Pangani (via Saadani NP, Di, Fr, Sa, So), Pemba (2-mal täglich via Sansibar) sowie täglicher Rundkurs Dar es Salaam-Sansibar-Arusha-Seronera (Serengeti NP)-Lake Manyara NP. Sowie 2-mal täglich Arusha-Sansibar direkt.
PO Box 2113, Sansibar, ☏ 024/2233670, 💻 www.zanair.com,
✉ reservations@zanair.com

▷ **Coastal Aviation** fliegt täglich (!) praktisch alle halbwegs größeren Städte (auf dem Festland wie auf den Inseln) und alle Airstrips in den NPs und GRs an. Diese Fluglinie bietet nicht nur Direktflüge von Dar es Salaam aus an, sondern auch Direktflüge von (fast) allen Städten/NPs zu (fast) allen anderen Städten/NPs Tansanias.

Zu Lage und Erreichbarkeit der offices der genannten Fluglinien in den div. Städten siehe jew. Ortsbeschreibung/Infoblock. Planmäßige Flüge in die NPs werden in der Regel nur während der Trockenzeit absolviert.

Preisbeispiele (einfach): Von Dar es Salaam nach: Arusha $ 120 (Air Tanzania) - $ 200 (Precision Air), Kilwa $ 120, Lobo-Airstrip (Serengeti) $ 190, Mafia $ 100, Selous GR (alle Airstrips) $ 140, Tanga $ 115, Mwanza $ 150 (Air Tanzania) - $ 400 (Coastal Air), Sansibar $ 45 bis 60, Pemba $ 100, Mtwara $ 120.

Von Arusha nach: Kilwa via Dar es Salaam $ 290, Lobo $ 190, Mafia via Dar es Salaam $ 280, Mwanza $ 200, Sansibar $ 200, Pemba $ 280

Falls Sie Hin- und Retourflug buchen, bedeutet dieses einen Aufschlag von 50 %. Alle Flugzeuge der genannten Linien können auch gechartert werden.

Mietauto

Man muss zwar nicht mehr unbedingt einen Fahrer mitmieten, aber auf Grund der etwas ungewöhnlichen Straßenverhältnisse und des gewöhnungsbedürftigen Fahrstiles rate ich dringend dazu. Sollten Sie wirklich selbst fahren, wär es sinnvoll eine Diebstahl- und Unfallversicherung abzuschließen.

☺ Falls Sie selbst fahren wollen oder müssen, prüfen Sie bei der Übernahme des Fahrzeugs genau, ob tatsächlich alles vorhanden ist, was zu einem Auto gehört (Reserverad, Rückspiegel, Wagenheber usw.). Lassen Sie bereits vorhandene Schäden im Mietvertrag registrieren.

Die **Mieten** für Limousinen (nur für den Stadtverkehr geeignet) sind mit denen in Westeuropa üblichen vergleichbar, für allradbetriebene Autos sind sie jedoch relativ hoch. Automietung ist in erster Linie ein Rechenexempel, wobei die zu fahrenden Kilometer sowie die Anzahl der Personen im Mittelpunkt stehen.

Je größer das Fahrzeug, umso höher die Tagesmiete - so kostet ein Toyota Corolla oder Carina am Tag ca. $ 50, ein allradbetriebener Suzuki Vitara ca. $ 65 und ein ebenfalls allradbetriebener Toyota Landcruiser ca. $ 150. In der Regel sind in dieser Miete ca. 100 bis 120 Frei-Kilometer/Tag enthalten, in Ausnahmefällen - z.B. Swala-Safaris, Arusha - sogar 200 km. Jeder Mehr-Kilometer schlägt mit ca. $ 0,25 bis $ 0,75 zu Buche, je nach Fahrzeugtyp und Company. Für Sprit müssen Sie in jedem Fall selbst sorgen. Zu diesen Kosten gesellen sich noch entweder Fahrer oder die oben erwähnten Versicherungen.

Die Preise sind verhandelbar: je länger die Miete, umso billiger kann sie werden oder umso mehr Frei-Kilometer stehen zur Verfügung (oder beides), ab ca. einer Woche kann auch der Fahrer umsonst dabei sein. Nebensaison ist in jedem Fall billiger als Hauptsaison.

Benzinpreise in Dar es Salaam: Diesel $ 0,70/l, Normal $ 0,90 bis 1/l. Der Benzinpreis steigt mit der Entfernung von Dar es Salaam. Die Versorgung mit Tankstellen ist entlang der Hauptverkehrsadern und in größeren Städten gut bis sehr gut. Abseits dieser Straßen und in ländlichen Gebieten sind sie selten zu finden. Einige gefüllte Reseverkanister sind in solchen Fällen dringlichst angeraten.

Für Überlandfahrten empfehle ich in jedem Falle die Einstellung eines **Chauffeurs**. Er ist relativ preisgünstig (rechnen Sie im Schnitt mit $ 10 bis 15, in teuren Extremfällen bis zu $ 20), Arbeitszeit: 10 Std./Tag) und bringt neben der Tatsache, dass er chauffiert, auch noch eine Menge anderer Vorteile: Er kennt das Land, die Gepflogenheiten, die Straßenverhältnisse, die Sprache. Er kann mit einem allradbetriebenen Fahrzeug in jeder Situation umgehen, repariert Kleinigkeiten und kümmert sich ums Tanken, trägt also die Verantwortung für das Fahrzeug und für das Wohlergehen der Passagiere. Übernachtung für den Fahrer sind in den obigen Preisbeispielen inklusive, aber nicht die minimale Eintritts- und Übernachtungsgebühr für Fahrer und Eintrittsgebühr für das Fahrzeug in NPs.

Wenn Sie ein Fahrzeug über einen längern Zeitraum mieten und sehr viel fahren, sollten Sie, auch im Sinne Ihrer eigenen Sicherheit, einen Ruhetag für den Chauffeur einkalkulieren. Das Fahren auf schlechten Pisten ist sehr anstrengend.

Beim Trinkgeld für den Fahrer beachten Sie bitte, dass er ein Grundgehalt von ca. $ 50/Monat erhält (bei einer 6- bzw. 7-Tagewoche). Wenn er fährt, kommen noch täglich ca. $ 10 bis 15 an Pauschale für Übernachtung, Ernährung usw. hinzu. Er kann seine Familie damit nur ernähren, wenn er täglich fährt - das ist nicht der Fall. Er erwartet daher ein Trinkgeld. Wenn Sie mit seinen Diensten zufrieden sind, ist die Höhe desselben in Höhe des Tages-Grundgehaltes angemessen. Wenn sich mehrere Personen ein Fahrzeug teilen, ist diese Höhe pro Person gemeint, max. jedoch ca. $ 10/Tag.

Um ein Fahrzeug selbst zu steuern, benötigen Sie einen internationalen Führerschein (in Sansibar kann ein nationaler Führerschein bei der zuständigen Behörde "gekauft" werden). Vor allem entlang der asphaltierten Straßen (☞ "Straßenzustand") arbeitet die Polizei in Abständen von ca. 20 bis

50 km. Kontrolliert werden Geschwindigkeit (Radarpistole!), Papiere, Zustand des Fahrzeuges. Für jedes Vergehen werden pauschal $ 20 kassiert.

Obwohl nicht immer eine Quittung ausgestellt wird, ist Handeln ziemlich zwecklos. Auch die Befolgung von Verkehrszeichen wird kontrolliert. Der Einzug des modernen Lebens in Tansania ist auch am Vorhandensein von funktionierenden Ampeln an den Ausfallstraßen der größeren Städte zu sehen. Die Lichterfolge wird in der Regel korrekt eingehalten. Manchmal übernimmt zu den Stoßzeiten ein Polizist die Regelung, obwohl die Ampel weiter arbeitet. In diesem Fall ist den Anweisungen des Polizisten Folge zu leisten.

In Tansania herrscht **Linksverkehr** und Recht hat immer der Stärkere, beispielsweise Busse und Lkws.

Auto-Vermieter werden - falls vorhanden - bei der Vorstellung der Städte/Orte angegeben. Grundsätzlich vermietet auch jeder tour operator seine Fahrzeuge (und den Chauffeur) gegen Entgelt ohne dass man eine pauschale Tour bucht.

Auch Mietautos müssen ein weißes Nummernschild tragen! Vielfach naschen mittlerweile Privatpersonen mit privaten Kfz (gelbes Nummernschild) am großen Kuchen der Autovermietung mit - zu relativ niedrigen Preisen ($ 120/Tag inkl. Fahrer, Sprit, NP-Gebühren für Fahrzeug und Chauffeur und ohne km-Begrenzung für ein allradgetriebenes Fahrzeug für 4 Personen). Eine Insassenversicherung existiert in solchen Fällen in der Regel nicht!!!!!

Wichtige Verhaltensregeln für Selbstfahrer

Sobald Sie einen Überholvorgang einleiten, sollten Sie immer hupen, da der zu Überholende plötzlich das Bedürfnis verspüren könnte, in Schlangenlinien zu fahren oder rechts abzubiegen. Besonders prekär ist dies bei Radfahrern, die oft enorme Lasten auf dem Gepäckträger transportieren. Selbst ein kleines Steinchen bringt sie aus der Spur, wird ein Radfahrer angehupt, bleibt er sofort stehen.

Verlassen Sie sich nie auf Zeichen des vor Ihnen Fahrenden, auch wenn es so aussieht, als ob er eine Überholmöglichkeit anzeigt. Das kann vieles bedeuten!

Durchfahren Sie Ortschaften mit äußerster Vorsicht! Menschen und Haustiere nutzen die Straßen und in einigen Orten haben die Bewohner sehr hohe Querschwellen (*bumps*) verlegt. Ein Achsenbruch ist bei einer Schwelle von 40 cm Höhe und einer Geschwindigkeit von 60 km/h noch das geringste Übel.

Havarierte Fahrzeuge werden, da Warn- bzw. Pannendreiecke nicht zur Standardausrüstung zählen, durch große Steine, Gebüsch oder Äste abgesichert. Man beginnt mit der Auslegung dieser Gegenstände ca. 100 bis 150 m vor dem Fahrzeug und beendet diese Tätigkeit auch im selben Abstand hinter dem Fahrzeug. In der Regel werden diese Gegenstände leider nicht wieder entfernt.

Parkplätze in der City von Dar es Salaam sind kostenpflichtig! Man darf das Geld aber nicht selbst in die Automaten werfen, sondern muss einen Wächter (grellorange Uniformweste) damit beauftragen (bzw. bei ihm den Betrag abliefern, da die Parkuhr kaputt ist). Man sagt ihm wie lange man parken will, er wirft das Geld in den Automaten und steckt den ausgeworfenen Zettel hinter die Scheibenwischer Ihres Fahrzeuges. Verfrachten Sie diesen gut sichtbar in das Innere des Autos! Wer nicht bezahlt (oder wem das Ticket durch den Wind davongeweht wird), findet sein Fahrzeug nach kurzer Zeit mit Radkrallen und Ketten versehen. Der "Freikauf" bei der Polizei kostet $ 15, eine Stunde parken aber nur $ 0,50.

Es herrscht Gurtpflicht für Fahrer und Beifahrer auf den Vordersitzen! Wenn hinten Gurte vorhanden sind, müssen auch diese angelegt werden!

Schiffsverkehr ... auf dem Meer

Grundsätzlich verkehren zwischen Dar es Salaam und **Sansibar** täglich mehrere Schiffe verschiedener Unternehmen im Linienverkehr.

Abfahrt Dar es Salaam: 7:30 (Sea Express), 10:30 (Sea Star), 12:30 (Flying Horse), 16:00 (Azam Marine). Jedes Boot benötigt ca. 1,5 bis 2 Std., Die Preise bewegen sich zwischen $ 20 (Flying Horse) und $ 40 (Sea Expess, 1. Kl.). Zusätzlich noch 12:00 (MV Aziza), dieses Boot benötigt jedoch ca. 3 Std., Preis $ 15 bis 20 (je nach Laune bzw. Verhandlung).

Abfahrt Sansibar: 7:00, 13:30, 16:00, Flying Horse fährt noch ein Mal um 22:00 und erreicht um Mitternacht den Hafen von Dar es Salaam, der erst um 6:00 öffnet. Schlafen müssen Sie auf dem Boot! Die MV Aziza fährt um 7:00 und 16:00 von Sansibar ab.

Eine Reservierung ist für beide Richtungen nur dann nötig, wenn Sie unbedingt um eine bestimmte Uhrzeit fahren müssen. Ohne Reservierung müssen Sie vielleicht 2 bis 3 Std. Wartezeit einkalkulieren und irgendein Boot nehmen, es gibt aber keine erwähnenswerten Unterschiede.

Zumindest die touristisch ausgerichteten Hotels in Dar es Salaam übernehmen die Buchung und kassieren von der Linie $ 5 an Provision.

☝ Am Hafen in Dar es Salaam (☞ Stadtplan) bieten Einheimische an, Ihnen (billigere) resident-Tickets zu besorgen - der Preis fällt dabei um fast 50 %. Hin und wieder funktioniert dieses illegale Treiben - aber ab und zu ist auch das Geld weg. Vorsicht! Zahlen Sie auch niemanden irgendwelche taxes, fees und dergleichen - im Ticketpreis ist alles inbegriffen (auch die port-tax für Dar es Salaam, $ 5)!

Bewahren Sie in jedem Fall ihr Ticket Dar es Salaam - Sansibar bis zu dem Zeitpunkt auf, an dem Sie Ihr Ticket Sansibar-Dar es Salaam (in Sansibar) bezahlt haben! Es dient als Beweis dafür, dass Sie auf dem Festland diesen oder jenen Preis bezahlt haben. Die Verkäuferinnen in Sansibar glauben nur, was Sie sehen! Falls Sie ein Hin- und Rückfahrt-Ticket gekauft haben, lassen Sie dieses am Vortag Ihrer geplanten Abreise rückbestätigen und erkundigen Sie sich beim Kauf, ob die port-tax (Hafensteuer) von Sansibar von $ 5 bereits im Preis enthalten ist (meist nicht!).

Auskünfte vor Ort können die Hotels erteilen (ist aber nicht immer 100 %ig sicher), besser Sie fragen direkt am Hafen nach.

- **Africa Shipping Corp.** (Flying Horse), PO Box 775 Dar es Salaam, ☏ 022/212450/7, 0748/606177, ✉ asc@raha.com
- **Fast Ferries Ltd**. (Sea Express), PO Box 19999, ☏ 022/2137049
- **Azam Marine**, ☏ 022/2123324
- **Sea Star Service** (MS Sepideh), ☏ 022/2139996
- **Aziza** (I und II), ☏ 0741/346543

Kfz-Transport ist auf keiner Linie möglich.

Die linienmäßige Verbindung Sansibar-Pemba (Mkoani) hält zurzeit Azam Marine zweimal pro Woche (Mi, Fr) aufrecht. Falls Sie diese Option nützen wollen, sollten Sie unbedingt beim Azam-Office im Hafen von Dar es Salaam Erkundigungen einholen (und auf Sansibar noch einmal). Der Fahrplan passt sich unglaublich schnell den aktuellen Bedingungen an.

Eine See-Verbindung nach **Mtwara** bietet Africa Shipping Corporation (MV Safari, Frachtschiff mit Kabinen, Kontakt wie oben), Abfahrt Dar es Salaam samstags 8:00, Rückfahrt donnerstags, Fahrtdauer: 24 Std., kein Stop in Kilwa, Mafia, Lindi. Preis $ 25, das Office befindet sich am Sokoine Drive, kurz hinter dem Ferry Terminal, genau gegenüber der Einmündung Mission Str.

Aktuell gibt es keine See-Verbindungen nach Mafia, Tanga, Mombasa oder Mosambik (das wird sich auch nicht so schnell ändern), auch keine Direktverbindung Dar es Salaa - Pemba.

Tanganyika-See

Die MV Liemba verlässt Kigoma mittwochs um 16:00 und erreicht Mpulungu (Sambia) freitagmorgens - etwa um 8:00. Rückfahrt am selben Tag 13:00, Ankunft in Kigoma So etwa 10:00.

Preise einfach: 1. Kl. (Kabine 2 Personen) $ 55, 2. Kl. (Kabine 4 Personen) $ 45, 3. Kl. (ein Deckplatz ist besser) $ 35. Der Betrag ist in bar-$ zu bezahlen. Ein Restaurant ist vorhanden.

Ein Visum für Sambia sollten Sie bereits haben. Bei einer Fahrt von Mpulungu nach Kigoma erhalten Sie das Visum für Tansania bei der Einreise. Achten Sie auf Ihr Gepäck.

Das zweite Schiff - MV Mwongozo - am Tanganyika See ist derzeit out of order, soll aber wieder eingesetzt werden (wahrscheinlich fährt es nach Bujumbura/Burundi). Auskünfte unter ☏ 028/2503079.

Während der Hauptsaison sind Plätze für die 1. Kl. unbedingt mehrere Tage vorher zu reservieren. Es gibt keine Verbindung nach DRC (Kalemie), das wird sich auch nicht so schnell ändern.

Victoria-See

Die MV Victoria befährt die Linie Mwanza-Bukoba, Abfahrt Mwanza So, Di, Do 10:00, Abfahrt Bukoba Mo, Mi, Fr 9:30, Fahrzeit ca. 9 bis 10 Std.

Preis (in tsh zu bezahlen): 1. Kl. (Kabine 2 Personen) $ 15, 2. Kl. (sleeping/ sitting, 6 Personen) $ 13/10, 3. Kl. $ 9.

Keine Verbindung nach Kenia.

Nach Uganda/Port Bell fährt eine Cargo-Ferry. Hin und wieder werden Passagiere mitgenommen, eine Lizenz hierfür gibt es nicht!!!!

Bezüglich der Schiffsverbindungen nach Ukerewe-Island und nach Kamanga ☞ Kap. Mwanza/Weiterfahrt

Malawi-See/Lake Nyasa

Derzeit existiert kein Schiffsverkehr. Prinzipiell könnten die Linien Itungi Port - Mbamba Bay (jeweils in Tansania) sowie Itungi Port - Inkatha-Bay (Malawi) jederzeit wieder aufgenommen werden.

Taxi

Dieses Beförderungsmittel existiert in praktisch allen Ortschaften Tansanias. Standplätze sind üblicherweise am Bus- und/oder Dalladalla-Bahnhof, vor den Hotels und am Flughafen (☞ Stadtpläne bzw. Ortsbeschreibungen). Am Bahnhof findet man sie nur bei Ankunft der Züge.

Gewerbliche Taxis verfügen über ein weißes Nummernschild mit schwarzen Ziffern/Buchstaben, im Inneren befindet sich an der Windschutzscheibe irgendwo die Nummer der Lizenz, auch der Ausweis des Fahrers, Versicherungspolice usw. müssen vorhanden sein. Nichtgewerbliche Taxis (also Privatfahrzeuge) haben ein gelbes Nummernschild mit schwarzen Ziffern/Buchstaben. Die Preise sind bei beiden gleich. Der gravierendste Unterschied besteht darin, dass ein gewerbliches Taxi über eine Insassenversicherung verfügt, das private Fahrzeug nicht immer. Eigentlich dürfte das Privattaxi keine Fahrgäste gegen Entgelt befördern.

Preise sind Verhandlungssache. Ausnahme: Kurzstrecken in größeren Städten kosten durchgängig $ 1 bis 2, Mindesttarif. Als Richtpreis: Eine Fahrt vom Airport Dar es Salaam zum Zentrum (ca. 15 km) kostet im Schnitt $ 10 (auch in tsh zu bezahlen). Weitere Preise entnehmen Sie bitte den Ortsbeschreibungen.

Die Preise sind in Dar es Salaam und Arusha am höchsten, in allen anderen Großstädten um ca. 20 % niedriger. Der Fahrpreis ist nicht nur von Ihrem

Verhandlungsgeschick abhängig, sondern auch von der Tageszeit: so kostet beispielsweise die Fahrt frühmorgens (7:00) vom Zentrum Dar es Salaams zum Busbahnhof $ 5, wenn Sie gegen 17:00 von Arusha ankommen und ins Zentrum wollen, kostet das auf Grund des enormen Staus in der Stadt schon $ 6 bis 7.

Taxis können auch für den ganzen Tag (6 bis max. 8 Std.) gemietet werden. Rechnen Sie mit ca. $ 30 bis 40 in Dar es Salaam. Dieser Preis gilt für Fahrten innerhalb des Stadtgebietes auf asphaltierten Straßen. Wenn Sie beabsichtigen in die Umgebung (u.a. auf Schotterpisten) zu fahren, erhöht sich der Preis etwas wegen der größeren Belastung des Fahrzeuges. Checken Sie ab, ob immer genügend Benzin im Tank ist. Üblicherweise wird nur für $ 1 bis 2 getankt, bei längeren Fahrten werden Sie für den Sprit im Voraus bezahlen müssen (der Betrag wird vom ausgehandelten Preis später abgezogen).

Trampen/Mitfahrgelegenheit

Sobald öffentliche Verkehrsmittel zur Verfügung stehen, zahlt sich das Trampen nicht aus. Im Unterschied zu europäischen Ländern ist Trampen nicht kostenlos. Der finanzielle Beitrag an den Chauffeur bewegt sich in derselben Höhe wie eine Reise mit Bussen. Der zeitliche Aufwand einen Lkw zu organisieren, ist ziemlich groß. Pkw nehmen fast nie jemanden mit.

Das in Europa verbreitete Zeichen - mit ausgestreckter Hand und emporgerecktem Daumen am Straßenrand stehen - ist in Tansania völlig unbekannt. Man muss durch Herumfragen herausfinden, wann und von wo ein Lkw in die gewünschte Richtung fährt. Danach vereinbart man mit dem Fahrer Abfahrtszeit, Preis und auch den Sitz- bzw. Stehplatz. Wenn Sie ein fahrendes Fahrzeug aufhalten möchten, müssen Sie mehrmals mit der ausgestreckten Hand flach nach unten schlagen.

Reisezeit

Unter idealer Reisezeit versteht man im Allgemeinen Sonnenschein, nicht zu heiß und vor allem kein Regen. Diese Bedingungen sind ca. ab der 2. Dezemberhälfte bis zumindest Ende Januar (kleine Trockenzeit) sowie im

Juli/August/September (große Trockenzeit) gegeben. Die Tageshöchsttemperaturen während der großen Trockenzeit (Winter) liegen nur unwesentlich unter denen der kleinen Trockenzeit (25 bis 30°C). In höher gelegenen Regionen (z.B. Arusha) können aber auch zu dieser Zeit tagsüber niedrigere Temperaturen (15°C) auftreten. In höher gelegenen Regionen des Südwestens (Mbeya, Iringa, Sumbawanga, Kigoma) kann die kleine Trockenzeit hin und wieder auch ausfallen und Regen von Dezember bis Mai fallen.

Monat	**Arusha** **Temperatur / Regen**	**Dar es Salaam** **Temperatur / Regen**
Januar	28°C / 69 mm	31°C / 60 mm
Februar	28°C / 79 mm	31°C / 81 mm
März	27°C / 135 mm	31°C / 114 mm
April	26°C / 340 mm	30°C / 285 mm
Mai	25°C / 135 mm	30°C / 183 mm
Juni	24°C / 18 mm	30°C / 30 mm
Juli	23°C / 12 mm	29°C / 28 mm
August	23°C / 12 mm	30°C / 25 mm
September	26°C / 12 mm	30°C / 30 mm
Oktober	27°C / 22 mm	30°C / 60 mm
November	25°C / 114 mm	31°C / 104 mm
Dezember	25°C / 114 mm	31°C / 94 mm

Zumindest während der großen Regenzeit (März, April, Mai) ist ein Aufenthalt abseits der (Touristen)-Zentren ohne gut ausgebauter Infrastruktur nicht anzuraten. Gegen Regen kann man sich zwar mit adäquater Kleidung schützen, aber selbst kurze Regengüsse können nicht befestigte Straßen in Sümpfe verwandeln. In der Praxis kann dies Wartezeiten aufgrund nicht passierbarer Straßen von einigen Tagen mit sich bringen.

Safaris

Das Wort *safari* bedeutet in Ki-Swahili schlicht "Reise". Im engeren, touristischen Sinn versteht man darunter eine Reise in/durch Nationalparks (NP).

Diese dürfen nur mit dem Auto besucht werden (Ausnahmen: Von bewaffneten Rangern begleitete walking-safaris in den meisten NPs).

Falls man nicht über ein eigenes Fahrzeug (für Autos mit nichttansanischen Kennzeichen zahlt man wesentlich mehr Eintritt!) verfügt, wendet man sich an ein Safariunternehmen (tour operator), das solche Touren organisiert oder leiht sich ein Fahrzeug (empfehlenswert mit Chauffeur) und organisiert die Tour selbst. Dies ist die günstigste Variante, falls das Fahrzeug voll besetzt ist.

Tour operator in **Dar es Salaam** organisieren im Prinzip den Besuch jedes Nationalparks in Tansania. Sinnvoll ist aber nur der Besuch von Ruaha, Mikumi, Udzungwa, Saadani NP und des Selous GR. Für die nördlich gelegenen NPs müssten Sie relativ viel Geld für den Transport hinblättern (etwa $ 100 bis 150/Fahrzeug/Strecke) oder diesen selbst organisieren (dann können Sie aber auch gleich in Arusha/Moshi buchen).

Von **Arusha** und **Moshi** aus werden Besuche des Serengeti NP, Arusha NP, Tarangire NP, Ngorongorokrater CA, Lake Manyara NP und natürlich Kilimanjaro sowie Mt. Meru organisiert.

Eine Hand voll Unternehmen gibt es auch noch in **Mwanza** (für Serengeti, Rubondo NP) und Iringa (Ruaha NP). Die Besteigung des Kilimanjaro kann auch von **Marangu** aus in Angriff genommen werden. Der Besuch des neuen Kitulo Plateau NP wird am besten von **Meya** aus organisiert.

Die meisten tour operator in **Sansibar** beschränken ihre Dienste auf Insel-Touren (Jozani-Forest, Besuch der angrenzenden Inseln, Tauchtrips usw.). Allerdings könnte der neu gegründete, relativ nahe gelegene Saadani NP bald ins Programm aufgenommen werden.

Alle anderen NPs - Katavi, Mahale, Gombe - organisiert man am besten als Flugsafari von Dar es Salaam oder Arusha. Gombe und Mahale können auch von **Kigoma** aus besucht werden, das verschlingt aber sehr viel Zeit und ist nur unwesentlich günstiger.

Reisende, die am Flughafen ankommen (KIA, Dar es Salaam), werden genauso in Sekundenschnelle von flycatchern (Vermittlern von Touren) umringt wie solche, die in Arusha bzw. Moshi (hier etwas weniger) dem Bus entsteigen. Obwohl die Burschen in der Regel seriös arbeiten, ist das sehr, sehr lästig. Lehnen Sie alle Angebote strikt ab, bleiben Sie dennoch höflich! Wenn Sie eine Tour vor Ort buchen wollen - egal welche, egal wo - dann benötigen Sie in erster Linie Zeit für Vergleiche. Am besten, Sie beginnen bereits einige Wochen vor Abreise mit der Kontaktaufnahme und einer Vorauswahl - zumindest nach Dar es Salaam, Arusha, Moshi funktionieren die Telefonleitungen prächtig.

Tour perator bieten vorgefertigte Safaris an, führen aber auch maßgeschneiderte Touren nach Ihren Wünschen durch. Es ist auch möglich, nur ein allradbetriebenes Fahrzeug (mit Fahrer) zu mieten.

☹ Große Nachfrage ruft auch schwarze Schafe auf den Plan: eine Häufung von Zufällen (ja, zufällig führen wir übermorgen genau diese Safari durch und zufällig fehlen genau noch zwei Personen, damit das Auto voll wird, und zufällig sind die anderen Mitreisenden auch Deutsche und zufällig haben wir zur Zeit ein verbilligtes Sonderangebot und zufällig spricht der Fahrer auch ein bisschen Deutsch und zufällig ...) sollte Sie sehr misstrauisch machen. Natürlich kann dies auch alles wirklich zutreffen. Lassen Sie sich die Hotels der (angeblichen) Mitreisenden (schade, zufällig wohnen diese weit außerhalb der Stadt und werden dort auf dem Weg zum Nationalpark abgeholt) nennen und suchen Sie diese auf, überprüfen Sie alle Angaben, sprechen Sie mit mehreren Angestellten (widersprüchliche Angaben!). Wenn Sie zu zweit unterwegs sind, gehen Sie getrennt vor und vergleichen Sie die Informationen.

Im Büro der TTB in Arusha werden Sie bezüglich Qualität der tour operator gut beraten, im Büro in Dar es Salaam weiß man hingegen gar nichts in dieser Hinsicht.

ℹ Auskünfte erteilt auch die Tanzania Association of Tour Operators (TATO), PO Box 6162 Arusha (im AICC, Ngorongoro Wing), ☏ 00255/27/2504188, FAX 2506430, 💻 www.tatotz.org (hier ist auch die gesamte Liste der Mitglieder inkl. Links abrufbar), ✉ info@tatotz

Die umfangreichen Listen von tour operators bei den Info-Blöcken der Ortsbeschreibungen enthalten nur tour operator, über welche nichts Nachteiliges bekannt ist. Es handelt sich dabei allerdings nicht gerade um die billigsten. Sie sollten jedoch berücksichtigen: Je niedriger der Preis, umso niedriger auch die Qualität!

Als **Transportmittel** werden je nach Straßenverhältnissen allradbetriebene Toyota Landcruiser, aber auch gewöhnliche Kleinbusse mit Fahrer bereitgestellt. Vier Passagiere und Gepäck (meist bis ca. 10 kg) finden in den Landcruisern bequem Platz (es werden aber auch bis 6 hineingestopft). In den Kleinbussen haben je nach Typ um die 10 Personen Platz. Lassen Sie sich das jeweilige Fahrzeug zeigen, bevor Sie die Safari bezahlen (Ist dies nicht möglich, Vorsicht!).

Es sollte über ein hebbares Dach verfügen, kontrollieren Sie auch die Größe des Innenraumes. Viele tour operator genieren sich nicht und pferchen auch ins kleinste Auto sechs Menschen und das ist dann kein Vergnügen mehr.

Die Fahrer kennen die Nationalparks wie ihre Westentasche und sind über Fauna und Flora informiert. Legen Sie auch größtes Augenmerk auf eine frühe Abfahrtszeit. Stellen Sie die Abholung von Ihrem Hotel sicher.

Nachdem das Frühstück beendet ist, startet die erste Tierbesichtigungsfahrt (*game drive*) mit einer Dauer von zwei bis drei Stunden. Der nachmittägliche Game drive beginnt um ca. 15:00 und endet gegen 18:00. Jetzt herrscht das schönste Licht für Erinnerungsfotos. In der Mittagshitze sind Tiere kaum zu sehen, da auch sie schattige Plätze aufsuchen und ruhen.

Diese Zeit verbringt auch der Tourist im Camp mit Essen und Ruhen bzw. nützt sie zur Weiterfahrt in einen anderen Park.

Wenn Sie Nationalparks mit einem Mietauto besuchen, sollten Sie solche mit roter Farbe strikt zurückweisen (es gibt sie zum Glück aber kaum). Elefanten reagieren auf rot aggressiv.

Preise

Grundsätzlich wird im Voraus kassiert! Zahlen Sie aber nie mehrere Tage im Voraus. Am besten erst bei Abfahrt, wenn Sie sich vergewissert haben, dass das Fahrzeug nicht überbelegt ist. Die Preise sind abhängig von der Personenanzahl im Fahrzeug. Je mehr Personen, umso günstiger für den Einzelnen. Die tour operator sind natürlich selbst auch bestrebt, die Fahrzeuge komplett besetzt auf die Reise zu schicken, und versuchen, über Agenten Touristen zur Teilnahme zu animieren. Durch Herumfragen können Sie selbst diese Tätigkeit unterstützen und so Zeit gewinnen. Unbedingt notwendig ist dieses bei individuell zusammengestellten Routen. Die Preise können variieren, es ist daher sinnvoll, einen Preisvergleich zwischen den verschiedenen Veranstaltern anzustellen.

☺ In der Nebensaison (März/April - Mai/Oktober/November) sinken die Preise, speziell bei Lodgesafaris, um bis zu 50 %.

Die günstigste Möglichkeit, egal ob von Arusha oder Dar es Salaam, ist eine **Campingsafari**. Die billigsten Angebote belaufen sich auf ca. $ 120 (Southern Circuit) bis $ 140 (Northern Circuit exkl. Serengeti und Ngorongoro CA, diese kommen auf ca. $ 150 bis 160) pro Person und Tag. Alles wesentlich darunter liegende sollte zur Vorsicht gemahnen, falls das Fahrzeug voll besetzt ist. Dieser Preis muss die Kosten für den Transport, Fahrer, Treibstoff, Eintritts- und Übernachtungsgebühren (für Sie selbst, Fahrer und Fahrzeug, Nächtigung auf ordinary-campsite innerhalb des NPs. Camp-sites außerhalb des NPs kommen günstiger, bieten aber dafür anstelle von Tiergeräuschen meist Kfz-Lärm), drei Mahlzeiten/Tag (auch deren Zubereitung) sowie Zelte und Matten enthalten; Schlafsäcke sind nicht immer dabei, können aber gemietet werden (ca. $ 10 für die gesamte Safari, handeln!).

Durchschnittliche Kosten in $/Person (Campingsafari, Hauptsaison)

Dauer	Anzahl der Personen			
	2	3	4	5
2 Tage/1 Nacht	300	250	220	200
3 Tage/2 Nächte	450	380	335	300
4 Tage/3 Nächte	600	500	450	400
5 Tage/4 Nächte	750	625	550	500
6 Tage/5 Nächte	800	720	660	600

Diese Kosten gelten auch für individuell zusammengestellte Routen. **Lodgesafaris** steigen im Preis um die Kosten der Zimmer (durchweg Kategorie AA, VP). **Flugsafaris** sind immer mit Übernachtung in Lodges der Kategorie AA kombiniert, müssen aber nicht unbedingt die teuerste Variante darstellen, um den Tierreichtum Tansanias zu bewundern. So ist z.B. eine Anreise zum Selous Wildlife Reserve mit dem Flugzeug günstiger als mit dem Auto.

Eine **Ballonsafari** zählt sicherlich zu den aufregendsten und schönsten Abenteuern, um die Tiere aus der Vogelperspektive zu beobachten. Zu diesem Thema ☞ Serengeti/Unterkünfte.

Des Weiteren werden Wander-, Kamel- und Fahrradsafaris angeboten. Ich werde im jeweiligen Kapitel darauf hinweisen.

Bekleidung

Leichte, helle Sachen, nicht unbedingt Designerware, ist angeraten. Sie werden spätestens zwei Stunden nach Abfahrt total verstaubt und verschwitzt sein. In die höher gelegenen Parks - vor allem bei Campingsafaris (Ngorongoro CA) - ein wärmeres Kleidungsstück mitnehmen. Das Thema Ersatz-, Zweit- oder Reservekleidung bei Mehrtages-Safaris ist, speziell bei Campingsafaris, ein endloses: kaum angezogen, schon verdreckt und verklebt, man könnte einen Lkw voll Hosen und Hemden mitnehmen - es wäre zu wenig.

☺ Die meisten Traveller (auch ich) lösen das Problem, indem sie sich an diesen Umstand gewöhnen und jeden Tag dasselbe Kleidungsstück anziehen. Lediglich Unterwäsche sollte in mehreren Ausführungen dabei sein. Frauen empfehle ich auf Grund der Straßenverhältnisse innerhalb der Parks, die ein fortdauerndes Schütteln und Rütteln des Körpers hervorrufen, die Mitnahme und Verwendung eines Sport-BHs - egal ob Camping- oder Lodgesafari.

Wenn Sie ein Gruppenmensch sind, sollten Sie bei Lodgesafaris nicht die saloppe Abendgarderobe (sauber und gebügelt) vergessen.

Kontaktlinsenträger sollten auf Brillen umsteigen, gar zu leicht verirren sich Staubkörner zwischen Linse und Lid.

Sicherheit

Im Prinzip gilt für jede tansanische Ortschaft: Ab Einbruch der Dunkelheit sollten Sie ein Taxi benutzen, auch wenn Sie nur um die Ecke wollen! Meiden Sie tagsüber einsame, abgelegene, menschenleere Gegenden (v.a. Strände). In NPs, speziell in nördlichen, sollten Sie die Hauptverkehrswege nur im Konvoi verlassen, es kam bereits zu Überfällen auf einsame Fahrzeuge.

Strände, vor allem in Sansibar und Bagamoyo, sind kein Aufenthaltsort für schmuckbehängte Damen oder rolextragende Herren! Nachrichten von Überfällen (auch an bewachten "Hotelstränden") mehren sich.

Die Möglichkeit, tagsüber überfallen zu werden, ist zwar nicht groß, aber gegeben (v.a. von Arusha, Dar es Salaam liegen Berichte vor). Taschen- und Trickdiebstahl sind weit verbreitet (Bahnhöfe, Märkte usw.). Informationen über tagsüber vom Leib gerissene Rucksäcke, Handtaschen usw. mehren sich ebenfalls.

Nach Polizeimeldungen mehren sich die Diebstähle von Bargeld aus Hotelzimmern (vor allem der Kategorie D/C). Die Diebe sind zu zweit und absolute Profis mit folgender Vorgehensweise: sie quartieren sich in von Touristen frequentierten Hotels ein, nachdem die Lage gecheckt und ein Opfer ausgesucht wurde, wird dieses im Restaurant oder Garten angesprochen. Dieser Typ ist in der Regel ein äußerst höflicher, gut gekleideter Mensch, der sich meist als Nicht-Tansanier vorstellt, er ist auf der Durchreise nach Nairobi oder Kampala, will irgendwelche Kurse auf Universitäten o. Ä. besuchen (Fort- und Weiterbildung kommt bei Touristen gut an), er unterhält sich eine halbe bis ganze Stunde mit seinem Opfer - Zeit genug, dass sein Kompagnon (der u.U. auch der Rezeptionist sein kann) das Zimmer ausräumt.

Führen Sie keine Wertsachen mit sich. Grundsätzlich sind auch auffällige Gepäckstücke ein Super-Magnet für Diebe. Ich benutze normalerweise eine am nächsten Straßenstand gekaufte Plastik-Tragetasche (wie im Supermarkt). Das sieht zwar nicht elegant aus, weckt aber auch weniger Begehrlichkeit.

Physische Gewalt gegen Touristen ist selten. Die paar Tätlichkeiten im Jahr gehen darauf zurück, dass sich die Opfer wehren. Tun Sie das niemals! Der Räuber steht auch unter enormen Stress und gerät schnell in Panik. Schreien Sie so laut wie möglich um Hilfe, verfolgen Sie den Dieb - in gebührendem Abstand - und weisen Sie die Bevölkerung auf den vorgefallenen Umstand hin ("stop thief"). Manches Mal hat diese Methode Erfolg.

Sollten Sie größere, in heller Aufregung befindliche Menschenmassen sehen - nichts wie weg. Und unter keinen Umständen fotografieren! Fälle von Lynchjustiz mehren sich, es kann sich um eine Auseinandersetzung zwischen Nomaden und sesshaften Bauern handeln (v.a. im Norden und Nordwesten), es kann sich auch um eine polit. Demonstrationen handeln - diese werden oft von der Polizei mit Brachialgewalt aufgelöst (Pemba, Sansibar, Dar es Salaam).

Die Region zwischen Kigoma und der Grenze zu Ruanda/Burundi beherbergt aktuell ca. 0,5 Mio. Flüchtlinge, daran wird sich auch in den nächsten Jahren nicht viel ändern. Das Gewaltpotential ist hoch, viele haben kriegstaugliche Waffen.

Die Asphaltstraße zwischen Arusha und den NPs (Tarangire, Serengeti, Lake Manyara) sowie die Straße Richtung Moshi sollten Sie nur tagsüber benutzen - es gab bereits mehrere Überfälle durch Straßenräuber.

Nehmen Sie bei Busfahrten keine Snacks oder sonstiges Essen von unbekannten auch noch so freundlichen Personen an. Die Vorfälle, bei denen es sich um mit Schlafmittel präparierte Lebensmittel handelt, häufen sich. Während man sanft schlummert, wird man vom freundlichen Erdnuss-Spender bestohlen.

Lehnen Sie auch angebotene Mitfahrgelegenheiten von Fremden ab. Das ist die neueste/aktuellste Methode, Touristen auszurauben.

Es muss nicht nur Bargeld oder Schmuck sein, alles ist wertvoll. Einer Bekannten wurden Sonnenbrille, Papiertaschentücher, Münzen, Kopftuch und das für sie wichtige Insulin vom Nachtschränkchen gestohlen. Das Zimmer lag im Erdgeschoss, und sie hatte versäumt, das Fenster zu schließen. Alles, was Sie irgendwo liegen lassen, ist zu 99,9 % unwiederbringlich weg -"taken by the chance".

☺ Lassen Sie Schmuck zu Hause und den größten Teil Ihrer Barschaft im Hotelsafe (genaue Bestätigung).

☺ Führen Sie nur den Tagesbedarf an Bargeld lose mit sich, auch wenn Sie sich zum Souvenireinkauf aufmachen: Fast jedes Geschäft verfügt über eine Toilette, in der Sie unbemerkt an Ihre versteckten Reserven herankommen.

✋ Campieren Sie unter keinen Umständen "wild", das käme einer Aufforderung zum Überfall gleich. Wenn es keine andere Möglichkeit gibt, klären Sie mit dem Dorfchef die Sicherheitslage (kostenpflichtiges Bewachungspersonal).

Das öffentliche wie versteckte Tragen von Waffen in Ortschaften ist auch für Touristen und andere Ausländer verboten. Einig ist man sich darüber, dass

Revolver, Pistolen und Gewehre Waffen sind, auch die von manchen Touristen getragenen Überlebensmesser und *Bowie Knives*. Die Debatte kreist um sog. "small arms", das sind Taschenmesser mit feststellbarer Klinge! Es ist bereits abzusehen, dass diese "small arms" in die Liste der verbotenen Waffen aufgenommen werden.

Falls Sie mit Tränengasspray oder Elektroschock-Geräten unterwegs sind, würde ich mir den Einsatz gut überlegen - bei einer Anzeige verschwinden Sie für Jahre hinter Gittern!

Abschließend möchte ich betonen, dass Tansania trotzdem (auch die Inseln) verglichen mit den Nachbarländern nach wie vor ein Hort der Sicherheit ist. Das einzige was wirklich gefährlich ist, ist der mörderische Verkehr! In der Stadt wie auf dem Land!

Was tun im Ernstfall?

- **Diebstahl?** Feststellung der abhanden gekommenen Gegenstände und sofort zur Polizei und Anzeige erstatten. Bis man endlich eine gestempelte und unterschriebene Anzeigenbestätigung in Händen hält, können allerdings Tage vergehen. Sie benötigen diese Bestätigung aber für Ihre Versicherung. Bei Überfall mit Verletzung: Eigentlich dürfte man Sie im Krankenhaus erst nach Vorlage einer Anzeigenbestätigung behandeln, in der Regel sieht der behandelnde Arzt über diese bürokratische Schikane jedoch hinweg.
- **Reisepass weg?** Botschaft aufsuchen. Schweizer und Deutsche wenden sich an ihre Botschaft in Dar es Salaam (☞ "Diplomatische Vertretungen"). Eine Kopie des Passes erleichtert dem Botschaftspersonal die Identitätsfeststellung enorm, wenn Sie jetzt noch zwei Passbilder mitführen, geht die Ausstellung eines neuen Passes doppelt so schnell. Österreicher müssen sich an den Konsul wenden (☞ "Diplomatische Vertretungen"), dieser ist zwar nicht berechtigt, Pässe auszustellen, aber er beherrscht das bürokratische Prozedere. Eine Pass-Neuausstellung gibt es für Österreicher nur in der Botschaft in Nairobi.
- Mit neuem Reisepass (oder Ersatzdokument) zum Immigration Office, da Sie ein neues Visum benötigen (es ist von großem Vorteil, wenn Sie auch eine Kopie des Visums und/oder eine Zahlungsbetätigung vorlegen können).

- **Flugticket weg?** Die meisten Fluggesellschaften stellen ein Ersatzticket bei Vorliegen einer Diebstahlsmeldung ohne Probleme aus.
- **Geld weg?** Über EMS-Moneyfax und Western Union kommen Sie am schnellsten zu Bargeld (5 % Gebühr). Zumindest in größeren Städten verfügt (fast) jede Bank mittlerweile über Geldautomaten - ☞ Kap. Geld. Die Zeiten, in denen man bei der Botschaft ein paar hundert Dollar abholen konnte, sind lange vorbei, obwohl das viele Touristen immer noch nicht wahrhaben wollen.

Bei ernsthaften Verletzungen sofortige Kontaktaufnahme mit Ihrer Versicherungsgesellschaft; entweder Rückflug ins Heimatland oder Transport nach Dar es Salaam bzw. Nairobi. Auch die innerafrikanischen Transporte sind in der Regel durch eine Rückholversicherung abgedeckt - besprechen Sie dieses mit Ihrer Versicherung vor der Abreise.

Souvenirs

Das größte Angebot herrscht in Dar es Salaam, Arusha und Sansibar. Souvenirläden gibt es zuhauf und ausreichend. In erster Linie in den internationalen Hotels und Lodges. Viele Souvenirs werden auch an Straßenständen verkauft, vor allem in Dar es Salaam und an den Zufahrtsstraßen zu den nördlich gelegenen Nationalparks. Herausragende Geschäfte werden bei den Orten genannt.

Meistens Mo bis Fr ca. 8:00 bis 12:00 und ca. 14:00/15:00 bis 18:00, Sa ca. 8:00 bis 12:00, sehr oft auch am Sonntag

Eine sich im Norden des Landes verbreitende Form des Souvenir-Einkaufs ist der "Dorfbesuch". Fahrer von Safari-Fahrzeugen haben mit den Dorf- oder Clan-chiefs Abkommen getroffen, die gegen Bezahlung Touristen den Besuch des Dorfes all-inclusive garantieren. Man kann im Dorf herumstreunen, in die Häuser/ Hütten gucken, fotografieren, die Menschen ausfragen usw. (das kann sehr lehrreich sein). Natürlich werden auch Souvenirs angeboten - beim Handeln sollten Sie bedenken, dass der Fahrer ca. 50 % Provision kassiert; auch von der o.g. "Eintrittsgebühr" kassiert er ca. die Hälfte.

Schnitzkunst

In erster Linie betätigen sich Vertreter des im Grenzgebiet Mosambik-Tansania Volkes der Makonde mit der Schnitzerei. Ihre Kunst - die vornehmlich in Dar es Salaam erhältlich ist (☞ Dar es Salaam/Umgebung) - lässt sich in vier Motiv-Gruppen unterteilen: Shetani-Figuren (Busch-/Waldgeister) stellen surreale Fabelwesen dar, die gerne als tierähnliche Dämonen beschrieben werden. Ujamaa-Skulpturen (Familienbäume) - aus einem bis zu zwei Meter hohen Stamm sind hunderte zusammenhängende kleine, sich gegenseitig stützende Figuren gearbeitet, die von einer großen, meist weiblichen Figur (Ahn) schützend dominiert werden. Diese Skulptur stellt das Ujamaa-Dorf dar. Bei den Wa-Habeshi-Figuren (Äthiopiern) - es sind dies die unendlich dünnen, manches Mal auch unendlich langen menschlichen Figuren, die gerne mit dem Attribut schlank, elegant, zierlich usw. versehen werden - handelt es sich um ein bewusst geschaffenes Abbild der Opfer der äthiop. Hungerkatastrophe 1984/85.

Die am wenigsten verbreite Stilrichtung kann als Figuren des Alltags bezeichnet werden (Lastenträger, Feldarbeiter usw.). Als evtl. fünfte Gruppe kann noch Touri-Junk angeführt werden: Coca-Cola-Flaschen, Tiere, Schälchen, Löffel usw. Der tansan. Schnitzer zählt zu den Ärmsten des Landes und nur sehr wenige können sich von dieser Betätigung ernähren. Die Regierung kümmert sich keinen Deut um die künstlerische Förderung.

✋ Was schwarz wie Ebenholz aussieht, muss nicht Ebenholz sein! Vielfach wird irgendein Holz (meist dunkler Palisander) gefärbt (Wimperntusche, Haarfärbemittel, Schuhpasta) - riechen Sie am Holz.

Malerei

Im Gegensatz zu den Schnitzern genießen die Tingatinga-Maler (auch Quadrat-/Lack-Maler) das Wohlwollen der Regierung. Der Name Tingatinga geht auf den Begründer des Stiles - Eduardo Tingatinga, 1937 bis 72 - zurück. Die Exponate zeigen in erster Linie schwungvolle, perspektivlose Tierdarstellungen, aber auch sehr lebhafte Dorfszenen. In erster Linie sind diese - von manchen als Kitsch und/oder "naive Kunst" abgetan, von anderen als tansan. Nationalstil künstlerisch hoch bewertet - "Souvenirs" in Dar es Salaam (Morogoro Stores, Slipway) und in Sansibar zu finden. In Arusha existiert nur ein Atelier im Le Jacaranda Hotel. Preise hängen in erster Linie von der Größe der Werke ab: ab ca. \$ 2 (20 x 20 cm) bis \$ 500 (2 x 2 m). Weiter werden noch in allen touristischen Zentren schöne, bunte Batiken angeboten - sie stammen meist aus Uganda.

📖 "Tingatinga", Yves Goscinny, zumindest in den Morogoro Stores und im Nationalmuseum zu erhalten (beide ☞ "Dar es Salaam")

Schmuck

In erster Linie ist der blaue, nur in Tansania vorkommende Tansanit zu nennen. Je dunkler das Blau, umso höher der Preis: rechnen Sie pro Karat (geschliffen) ab ca. \$ 150 (Grad C) bis \$ 400 bis 500 (Grad AAA), für grünlich schimmernde Steine müssen Sie ca. \$ 800 rechnen. Bei diesen Preisen dürfen die Steine keinerlei Einschlüsse aufweisen. Tansanite werden vornehmlich in Arusha als Einzelsteine angeboten (die Mine liegt auch dort), fertige Schmuckstücke mit Tansaniten sind sehr rar. Der Stein ist vergleichsweise weich und geht nicht über 10 Karat hinaus. Einzige Ausnahme ist "The Mawenzi": 16,84 Karat.

Goldschmuck wird in Dar es Salaam und Sansibar angeboten. Die Designs orientieren sich an klassischen indischen Vorbildern.

Erwähnenswert ist noch Schmuck der Massai - kunstvolle Kreationen aus Kupfer- oder Eisendraht, Perlen (aus Gewichts- wie Finanzgründen meist Kunststoff, aber auch Glasperlen aus Tschechien (sehr selten) und Keramikperlen aus Italien), Kerne und Samen von Früchten, Stachelschwein-Stacheln, Schneckenhäuser, Leder, Gräser usw. Die Preise sind relativ hoch (eine respektable Halskrause kostet ca. \$ 100) und erschrecken viele. Man sollte dabei aber bedenken, dass alleine eine einzige (importierte) Glasperle ca. tsh 0,50 kostet. Es wird fast ausschließlich Frauen-Schmuck angeboten. Männer - die ihren Schmuck auch selbst herstellen - halten es unter ihrer Würde für den touristischen Markt zu arbeiten. Massai-Schmuck ist fast nur in Arusha zu erhalten, hier aber in rauen Mengen.

Stoffe und Kleidung

Gebatikte Stoffbahnen als Meterware sind auf jedem auf jedem Markt erhältlich. Der Preis richtet sich nach der Stoffqualität - rechnen Sie ab ca. \$ 3 bis 4. Ebenfalls auf jedem Markt erhältlich ist die typ. ostafrikanische Frauenbekleidung: der Kanga. Eine dünne, meist sehr bunt bedruckte, rechteckige Stoffbahn (in der Regel Baumwolle). Die Länge variiert von 1,5 bis 1,8 m, die Breite bewegt sich um 1 m - angeboten wird immer (!) eine Größe von 2x1 Yard. In der Regel werden Doppellängen (*doti*) verkauft. Der Preis richtet sich nach der Stoffqualität: rechnen Sie ca. $ 2 bis 4/doti. Bessere Qualitäten nennen sich Kitenge ($ 6/doti), Batiki (ab $ 8). Kangas für Männer werden Kikoi genannt - ab $ 8/doti. Die besseren Qualitäten werden auch in Souvenirläden angeboten - zum doppelten Preis (aufwärts).

📖 "Kangas: 101 uses", J. Hanby/D.Bygott, in fast allen Buchläden Dar es Salaams erhältlich (sehr unterschiedliche Preise: $ 5 bis 20).

"Ethnisches"

Volks-(Stamm-)spezifische Gerätschaften - Hocker, Waffen, Hausrat, Kleidung, Kultgegenstände, Headrests usw. - werden in allen Souvenirläden der touristischen Zentren angeboten. Auch wenn die Dinge aussehen als seien sie 200 Jahre alt, sind sie im allerhöchsten Fall vielleicht 50 Jahre alt (meist jedoch nur wenige Monate). Als Antiquitäten im internat. Handel gelten Gegenstände, die älter als 100 Jahre sind. Solche sind ausnahmslos schon vor langer Zeit in Privatsammlungen und Museen verschwunden. Damit erübrigt sich eigentlich auch der Hinweis darauf, dass die Ausfuhr von Antiquitäten verboten ist.

Tiere, Pflanzen, Teile derselben, lebend oder tot

Tansania, Deutschland, Österreich und die Schweiz sind Unterzeichner des "Übereinkommen über den internat. Handel mit gefährdeten Arten frei lebender Tiere oder Pflanzen" (CITES, in deutsch kurz "Washingtoner Artenschutzabkommen/WA"). Geschützte Tiere/Pflanzen sowie Teile derselben (z.B. in trad. Arzneien) des Anhanges I (z.B. fast alle Katzenarten, Nashorn) dürfen grundsätzlich weder aus Tansania ausgeführt noch in (D)/(A)/(CH) eingeführt werden. Geschützte Tiere/Pflanzen der Anhänge II und III benötigen sowohl eine Ausfuhr- wie auch eine Einfuhrgenehmigung.

Über den aktuellen Stand informiert 💻 www. cites.org bzw. jedes nat. Außenministerium/Auswärtige Amt. Abschließend sei noch gesagt, dass - abseits des WA - die Ausfuhr von Korallen generell verboten ist.

Trinkgeld

Bevor Touristen ins Land kamen, war Trinkgeld etwas Unbekanntes. Bei Tansaniern, die mit Reisenden zu tun haben, ist es mittlerweile obligat geworden. Der Verdienst von Fahrern, Führern, Trägern, Kellnern usw. ist minimal und ohne das Trinkgeld von Touristen ihr Auskommen nicht gesichert.

Die Höhe wird manchmal vor Erbringung der Leistung ausgehandelt (z.B. bei einer Kilimanjaro-Besteigung). In anderen Fällen muss man sich auf sein Gefühl verlassen.

Hier ein paar Anhaltspunkte:

- Personen, die tageweise bezahlt werden, sollten ca. $ 2 bis 3 pro Tag erhalten, wobei die Hierarchie zu beachten ist. Ein Fahrer auf einer Safari erwartet mehr als ein Koch, ebenso verhält es sich bei Trägern und Führern. Arbeiten diese Personen länger für Sie (ab ca. 10 Tage), sinkt dieser Tagesbetrag auf ca. $ 1 bis 1,50.
- Wenn Sie eine Gruppe sind, sind diese Beträge pro Gruppenmitglied zu verstehen. Insgesamt sollte das Trinkgeld aber $ 10/Tag nicht übersteigen. Ausgenommen der Trinkgeldempfänger hat sehr hervorragende Dienste geleistet.
- Kellner in erstklassigen Restaurants, erwarten nach dem Dinner ein Trinkgeld in Höhe von ca. 10 % des Rechnungsbetrages, Kellner in nicht so noblen Stätten werden hin und wieder den Trinkgeldgeber verwundert anblicken und nicht wissen, warum sie auf einmal Geld bekommen, dieses dann auch oft zurückgeben.
- Beamten gibt man kein Trinkgeld, auch nicht Taxifahrern, Buschauffeuren, Personal in Supermärkten und sonstigen Läden

Unterhaltung und Nachtleben

Abgesehen von den Touristenzentren ist das Nachtleben in Tansania noch schwach entwickelt. In **kleineren Orten** (z.B. Mbeya) existieren ein, zwei vielleicht auch drei Bars (oft Hotels der Kategorie D/C angeschlossen, aber auch eigenständig), meist mit Gartenbetrieb bzw. der Garten ist die Bar. Öffnungszeiten sind recht unterschiedlich: manche Bars haben den ganzen Tag über geöffnet, manche öffnen erst um 15:00, 16:00 oder gar 18:00. Sperrstunde ist ebenfalls sehr variabel - alles ist möglich. Serviert werden Soft-Drinks, Bier, einheimische Spirituosen (Konyagi) und schottischer Whisky sowie Wodka. Wein ist noch eine Ausnahmeerscheinung, Lärm ist die Regel.

Sollte in kleineren Orten ein Hotel der Kategorie B vorhanden sein, gibt es noch eine Bar quasi-europäischen Zuschnitts - etwas gepflegter als vorgenannte, das Getränkeangebot ist etwas internationaler gehalten, kein Gartenbetrieb. In diesen Hotels kann auch der Speisesaal ab ca. 21/22:00 kurzerhand in eine Disko bzw. Bühne für live-Auftritte umgestaltet werden. In diesem Fall: open end.

In den Hotels der Kategorie A (und darüber) der **touristischen Zentren** Dar es Salaam, Arusha, Sansibar, Moshi, mit Einschränkungen auch Mwanza, Bagamoyo und Pangani finden Sie alles, was das Herz begehrt: Diskos, Nachtclubs, Bars echten internationalen Zuschnitts, Casinos usw. Natürlich existieren auch jeweilige unabhängige Etablissements. Das Publikum besteht aus Touristen, Geschäftsleuten und Vertretern der tansanischen High-Society. Das Angebot steht vergleichbaren europäischen Lokalitäten in nichts nach. Vielfach werden zumindest die Wochenenden für live-Auftritte tansanischer Gruppen und Solisten genutzt. Über das Programm informieren die Tageszeitungen bzw. der Dar es Salaam-Guide. Bezüglich der Öffnungs-/Sperrzeiten wie zuvor.

Kinos sind bei der tansanischen Bevölkerung sehr beliebt. Die Eintrittspreise sind niedrig, die Leinwände riesengroß, der Zuschauersaal ebenfalls. Gezeigt werden in erster Linie Filme aus indischen Studios - singende und tanzende Darstellerinnen, wie besessen kämpfende, meist betrogene oder betrügende Männer - im Originalton ohne Untertitel, trotzdem ist die Handlung verständlich. Die Kopien sind jedoch schlecht. Die Atmosphäre im Zuschauerraum ist in jedem Fall einen Besuch wert. Seit jüngster Zeit werden aber auch vermehrt Hollywood-Produktionen gespielt, v.a. in den neueren (teureren) Kinos.

Egal in welcher Stadt Sie welche Form des Nachtlebens genießen - verlassen Sie das gewählte Etablissement nach Einbruch der Dunkelheit nur, um in ein Taxi zu steigen, achten Sie auf Ihre Wertsachen.

Bars, Restaurants mit Live-Auftritten, Diskos und dergleichen sind Hort der Prostitution (männlich wie weiblich). Auch wenn Sie einen über den Durst getrunken haben sollten oder sonst irgendwie schwach zu werden drohen - bedenken Sie die Konsequenzen! (☞ Land und Leute, Gesundheit, Aids).

Unterkunft

Hotels und Guesthouses

Es gibt beinahe in jeder Ortschaft eine Möglichkeit, unter einem Dach zu übernachten! Sollten Sie nach längerer Suche noch immer kein Hotel oder Guesthouse gefunden haben, fragen Sie einen der Dorfbewohner nach *accomodation* oder *lodging* oder eben *guesthouse*. Man wird Ihnen mit Sicherheit helfen.

☹ Nicht jedes Haus, das die Aufschrift *hoteli* trägt,ist ein Hotel. Das Wort *hoteli* bedeutet auf Ki-Swahili Restaurant bzw. Gaststätte, aber auch Hotel und hat daher oft mit einem Hotel, das Sie verzweifelt suchen, nichts gemein.

Der einfacheren Übersicht wegen sind die Hotels in fünf **Kategorien** (D, C, B, A, AA) aufgeteilt. Die erwähnten Preise beziehen sich auf Zweibettzimmer, Einzelzimmer sind nicht immer vorhanden und kosten in der Regel ca. 20 % weniger. Mehrbettzimmer sind selten. Alle Hotelzimmer sind mehr oder weniger sauber. Wanzen und sonstige Insekten (ausgenommen Moskitos) sind mir nie untergekommen. Vor- bzw. Nachteile sind bei dem jeweiligen Hotel angeführt.

Die Zeiten, in den manche Hotels in Dollar bezahlt werden mussten, sind vorbei. Allerdings werden in Hotels der Kategorie A/AA Dollar lieber gesehen. Wenn Sie in tsh bezahlen, überprüfen Sie den verrechneten Kurs vor Buchung.

In den Preisen ist meist ein Frühstück enthalten (auf Ausnahmen weise ich im Text hin). Üblicherweise wird kontinentales Frühstück serviert - Toast, Butter (Margarine), Marmelade oder Honig, Kaffee oder Tee. Das Personal wird aber immer fragen, wie Sie Eier zubereitet haben wollen. Diese sind extra zu bezahlen. Die Preise dafür sind höchst unterschiedlich, übersteigen aber nur in Ausnahmefällen $ 1,50, die Regel sind ca. $ 0,50. Ob Sie dafür ein mickriges Spiegelei oder ein Omelett aus zwei Eiern mit einer halben gebratenen Tomate, etwas Bohnen und einigen Stückchen gebratenem Fleisch bekommen, ist eine andere Frage. Wenn Sie Fett zum Frühstück nicht vertragen, sollten Sie keine gebratenen Eier bestellen, egal ob Spiegelei oder Omelett, sie werden schwimmend gebraten. Bestellte weich gekochte Eier sind meist hart gekocht.

In Hotels der Kategorie AA/A, oft auch schon in B oder C, wird das Früh stück in Form eines Frühstücksbuffets (hier sind die Eier nicht extra zu bezahlen) angeboten. Lassen Sie sich in Kategorie C von einem bunten Plakat an der Rezeption nicht täuschen. Sehr oft steht hinter dem Buffet ein Kellner, dieser gibt Ihnen abgezählt zwei Stück Toast, jedes weitere muss bezahlt werden (auch die Eier).

Alle Hotels sind seit der Privatisierung der TTCL sowie der Einführung der Mobil-Telefonie gut erreichbar. In Dar es Salaam, Arusha, Moshi, Sansibar sowie in den NPs des Nordens sind praktisch alle entweder per Telefon und/oder E-Mail (AA, A, B und meist auch C, hin und wieder D) 24 Std. am Tag erreichbar (allerdings kann es zu Stromausfällen kommen).

Bei Hotels der Kategorie D kann es bei telefonischer Reservierung zu Sprachproblemen kommen - es sei denn, Sie sprechen Ki-Swahili. Hotels auf dem "flachen Lande" sind aus verschiedenen Gründen meist immer noch nicht erreichbar.

Die nun unten angeführten Richtpreise verstehen sich pro Person im Doppelzimmer, gebucht direkt vor Ort (als Pauschal-Arrangements von der EU aus gebucht wesentlich billiger, in der Regel Kategorie A/AA). Dazu ist jedoch Folgendes zu sagen: Bei Erfragung des Preises sollten Sie sich sehr genau davon überzeugen, ob der genannte Preis pro Person oder pro Zimmer gemeint ist. Speziell in der Kategorie D, aber auch noch in C ist beides möglich.

Wenn Sie Ihre Auswahl immer erst vor Ort treffen: selbst in Hotel der Kategorie AA kann über den Preis verhandelt werden - zumindest in der Nebensaison. Bei der Beschreibung der Orte habe ich soweit möglich die Preise angeführt.

Kategorie D

Eine äußerst heterogene Kategorie! In Dar es Salaam beispielsweise fällt das "Safari-Inn" in diese Kategorie - zwei Betten, Tisch, Sessel, großer Spiegel, großer Kasten (falls Sie Ihr eigenes Vorhängeschloss mitführen auch abschließbar), Gepäckablage, keine Moskitonetze über den Betten, dafür aber intakte Moskitonetze vor den Fenstern, funktionierender Ventilator, Dusche und Toilette angeschlossen (self contained/selfconteni), Heißwasser 24 Std. am Tag, Preis ($ 8/Person im DZ, im EZ $ 10) inkl. kontinentalem Frühstück, gesamte Anlage peinlichst sauber, täglicher Reinigungsservice, laundry-service, Restaurant, Internet-Café vorhanden, telefonische Reservierungen oder Reservierungen per E-Mail funktionieren tadellos. Und das nicht irgendwo am Stadtrand, sondern in der Band Str., drei Min. vom innersten Zentrum entfernt. Am anderen Ende der Skala liegt beispielsweise das Sunrise Hotel in Arusha - zwei Zimmer (eines davon Durchgangszimmer) mit je einem Französischen Bett, ohne Frühstück, nicht self contained, nur Kaltwasser, keine Moskitonetze, kein Ventilator, kein room-service, obendrein die größte Schmutzansammlung, die ich je in Tansania zu Gesicht bekommen habe zu $ 10/Person. Zwischendrin liegen - außerhalb der touristischen Zentren - die unendlich vielen, meist in Form eines Vierkanthofes angelegten D-Hotels des "flachen Landes": zwei sich gegenüberliegende Zimmerfluchten, an der Stirnseite die Rezeption (hin und wieder auch Restaurant), an der Rückseite die Gemeinschaftstoiletten/-duschen. Heißwasser meist nur in den Morgenstunden, hin und wieder auch in den Abendstunden. Der Innenhof wird zum Trocknen der Wäsche und als Kommunikationsplatz genutzt - oft auch als Parkplatz.

Speziell in ländlichen Gegenden kommt es in Hotels dieser Kat. oft bis sehr oft zu Ausfällen in Wasser- wie E-Leitungen (man bringt Ihnen aber auf Bestellung einen Kübel/bucket mit Wasser, wenn's sein muss auch erwärmt).

In touristischen Gegenden am Nachmittag ein Zimmer ohne Reservierung zu erhalten, ist während der Hauptsaison fast unmöglich, in ländlichen Gebieten sind die Chancen besser. Aber auch hier ist in der Regel am Abend alles voll.

In diese Kategorie fallen auch viele Unterkünfte kirchlicher Organisationen. Egal, zu welcher es Sie zieht, man muss bei keiner Mitglied sein, um das jeweilige weltliche Angebot zu nutzen.

Zur Kategorie D zählen in diesem Buch nur die billigsten Hotels, Besonderheiten sind angeführt. Rechnen Sie mit $ 1 bis 20/Person im DZ (Einzelzimmer nicht immer vorhanden, wenn ja, Preisreduzierung auf DZ von 20 bis 50 %).

Es besteht die Möglichkeit, dass Sie in privaten Haushalten unterkommen. In diesem Fall besteht zusätzlich die Option, dass Sie zu Verwandten/Bekannten quasi weiter gereicht werden. Üblicherweise sind solche Unterkünfte (meist inkl. Verpflegung) kostenlos. Ein Geschenk ist aber obligat, als Tourist sollte Bargeld in Höhe des durchschnittlichen Satzes für Kat.-D-Hotels geben.

Kategorie C

Hierzu zählen Zimmer etwas gehobeneren Standards - in der Regel auch auf dem "flachen Land" - mit angeschlossener Dusche und Toilette (self contained/selfconteni), Heißwasser (fast) immer vorhanden (außer bei Zusammenbruch der Strom- wie Wasserleitungen), zumindest ein Ventilator ist immer vorhanden, oft auch Airconditioning (in größeren Städten fast immer), Moskitonetze über dem Bett meist vorhanden, tägl. Zimmerservice obligat, ebenfalls ein Restaurant, daher auch (kontinent.) Frühstück so gut wie immer im Zimmerpreis inbegriffen. Sehr oft ist auch eine separate Bar vorhanden, die Lärmbelästigung hält sich deutlich in Grenzen. Zumindest in größeren Städten ist ein Internet-Café angeschlossen, Preis: ca. $ 20 bis ca. 40/Person im DZ (Einzelzimmer sind oft vorhanden, nur minimale Preisreduzierung gegenüber einem DZ).

Kategorie B

Es handelt sich hierbei um Hotels, die Europäer als (gehobene) Mittelklasse bezeichnen würden. Die Zimmer sind immer mit WC und Dusche (Warmwasser in jedem Fall 24 Std. täglich), TV und oft Mini-Kühlschrank ausgestattet, hin und wieder auch mit Safe im Zimmer. Täglicher Zimmerservice ist obligat. Restaurant und Bar europäischen Zuschnitts sind angeschlossen, manchmal auch Diskos und Bühnen für live-Auftritte afrikanischer Gruppen und Solisten an Wochenenden (im Zimmerpreis ist der Eintritt enthalten). Internetzugang ist praktisch immer vorhanden, teils auch im Zimmer (meist kostenpflichtig), ein bewachter Parkplatz ist obligat. Alle Zimmer verfügen über Klimaanlage. Im Glauben, dass Moskitos diese relativ niedrigen Temperaturen nicht vertragen, spannt man keine Moskitonetze mehr. In ländlichen Gegenden kann dies ein fataler Irrtum sein! Praktisch immer befinden sich in diesen Hotels Souvenir-Shops, Büros von tour operators, Wechselmöglichkeiten usw. Die Service-Leistungen dieser Hotels sind mehr oder weniger umfassend (das kann bei Preisverhandlungen für Safari-Buchungen interessant sein). Die Zimmer können - v.a. in neueren Anlagen - klein und auch ungünstig gelegen sein - prüfen Sie dies vor Buchung. Preis: $ ca. 40 bis 60/pro Person im DZ (EZ fast immer vorhanden, jedoch relativ teuer).

Kategorie A

In älteren Hotels dieser Kategorie eher kleine, in neueren eher große Zimmer. Im Gegensatz zu Hotels der Kategorie B funktioniert hier alles noch besser, ist alles größer, besser ausgestattet, nobler. In der Regel echtes europäisches Frühstückbuffet. Meist Disko, Restaurants und Bars zur Auswahl, in diesen ist europäischer Einfluss spürbar, das Personal ist geschult. Oft ist ein Swimming-Pool angeschlossen (in der Regel kostenpflichtig auch für Nicht-Gäste zugänglich). Meistens gibt es auch eine Wechselstube (teuer). Eine Ladenstraße und tour-operator-office(s) sind vorhanden (dazu siehe Kategorie B). Internetzugang ist obligat, laufend live-Auftritte, Ausstellungen usw. Grundsätzlich wird hier Service groß geschrieben und funktioniert bestens. Preis: ca. $ 60 bis 100/Person im DZ.

Kategorie AA

Im Prinzip wie Kategorie A, alles ist vorhanden wovon der Mensch nur träumen kann, nur noch teurer als in Kategorie A. Kategorie-AA Hotels finden Sie in erster Linie in NPs und an den Stränden von Sansibar und Dar es Salaam. Im Gegensatz zur Kategorie A wird hier auch der Faktor Fun groß geschrieben. Strand hin, Strand her, in der Regel gibt es einen Pool, eine größere Ladenstraße (Souvenire, Wechselstuben, Friseure, Wellness, Optiker, Buchhandlungen usw.). Wohlfühlen rund um die Uhr hat seinen Preis: rechnen Sie mit ca. $ 150 aufwärts/Pers. im DZ.

In der Regel werden diese Unterkünfte Lodges oder Camps genannt (☞ "Nationalparks") und sind im Besitz eines der größeren tour operator. Bei Buchung von Tour und Unterkunft können die Preise weit sinken.

Von besonderer Bedeutung sind die **Cafés** der A- und AA-Hotels. Es sind beliebte Treffpunkte von Globetrottern und Touristen und avancieren so zu einer Nachrichten- und Informationsbörse ersten Ranges - hier erfahren Sie (fast) alles.

☺ Egal welches Hotel/Zimmer Sie wählen: prüfen Sie es (Reinlichkeitsgrad, Lage), bevor Sie zahlen. Wenn das Zimmer nicht Ihren Erwartungen entspricht, fordern Sie einen Preisnachlass bzw. die Abstellung des Missstandes. Zahlen Sie daher auch nie mehrere Tage im Voraus, nur Tag für Tag. Lassen Sie sich unbedingt eine Bestätigung geben (überprüfen Sie das Datum). Bei einem längeren Aufenthalt in einem Hotel kommt es allzu oft zu Fehlern in der Buchführung.

✋ Lassen Sie in **keinem** Hotelzimmer Wertsachen unbeaufsichtigt zurück!

Schäden an Wasserleitungen sind Standard! Überprüfen Sie bei Besichtigung des Zimmers alle wasserspendenden Systeme (Spülkasten, Handwaschbecken, Dusche) auf Wassergehalt. Oft passiert es, dass einem als Beweis des Vorhandensein von Wasser, die Toilettenspülung aktiviert wird - diese funktioniert. In der Hektik bemerkt man aber nicht, dass kein Wasser nachläuft (es wurde einfach vorher hineingeschüttet). Zumindest kurzzeitige Stromausfälle treten in Hotels aller Kategorien auf. Daran ist nicht unbedingt das Management Schuld, sondern das desolate Stromnetz. Zumindest Hotels der Kategorien AA/A/B, großteils auch der Kategorie C, verfügen über Notstromaggregate, doch auch diese funktionieren nicht immer. Alle Hotels der Kategorien D/C/B, teilweise auch A, wollen am großen Touristen-Kuchen mitnaschen, heben daher sukzessive Ihren Standard. In der Regel bedeutet dies, dass in vielen Hotels zumindest schon einige Zimmer der nächst höheren Kategorie vorhanden sind bzw. - umgekehrt - dass es in ebenso vielen Hotels noch immer Zimmer der darunter liegenden Kategorie gibt. Das tariffsheet in der Rezpetion weist in der Regel immer nur die höhere Kategorie aus. Falls diese für Sie nicht in Frage kommt, fragen Sie einfach nach, ob es nicht doch ein günstigeres Zimmer gibt (maybe without air conditioning), bzw. Sie gehen umgekehrt vor (maybe with airconditioning).

Camping

Diese Form der Übernachtung wird in einem Staat, der einerseits größte Anstrengungen unternimmt, Nomaden (z.B. Massai) zur Sesshaftigkeit zu überreden, andererseits alles unternimmt, um Touristen einen angenehmen und luxuriösen Aufenthalt zu bescheren, als ziemlich exotisch, wenn nicht sogar als ein klein wenig verrückt betrachtet. Entsprechend gering ist das Angebot an Campingplätzen (außerhalb von Nationalparks), vor "wild" zelten sei eindringlichst gewarnt ☞ "Sicherheit".

Auf Sansibar ist Wildcampen generell verboten. Wer dieses Verbot missachtet, kann das Gefängnis von Sansibar von innen sehen!

In Dörfern, die über kein Guesthouse verfügen, fragt man zuerst den Dorfchef um Erlaubnis und bittet um die Bereitstellung von Bewachungspersonal. Im Normalfall werden die Preisverhandlungen im Nachhinein geführt - viel Vergnügen (Richtpreis: $ 3 bis 5/Pers./Tag, verlangter Preis: unterschiedlich, kann schon mal $ 50/Pers./Tag betragen). Die wenigen öffentlichen oder privaten Campingmöglichkeiten in oder bei den beschriebenen Orten sind im jeweiligen Kapitel angeführt.

Anders sieht die Situation in Nationalparks aus: hier gibt es nur die Auswahl zwischen Hotels/Lodges/Camps der Kategorie AA oder normalem Camping (für beide ☞ Details "Nationalparks").

Verhalten

Wenn zwei Kulturen aufeinanderprallen, kommt es zwangsläufig zu Missverständnissen. Reihen Sie sich nicht in die Kette der arroganten Besucher, die alle Einheimischen pauschal als dumm, primitiv und rückständig oder gar als fremdenfeindlich beurteilen. Um eine andere Kultur verstehen zu können, braucht man länger als ein Leben. Ich kann daher nur einige grundlegende Verhaltensregeln angeben.

Bei **Gesprächen**, auch bei geschäftlichen, geht man nicht schnurstracks aufs Ziel los. Man erkundigt sich zuerst über das Wohlbefinden des Gesprächspartners, über den Gang der Geschäfte, man spricht kurz übers Wetter und kommt so schön langsam zum Kern der Sache. Nach dem Befinden der Gattin erkundigt man sich als Mann nicht! Als die modernen Zeiten in Tansania noch nicht angebrochen waren, dauerte die Einleitung noch viel länger. Nehmen Sie sich Zeit und genießen Sie es.

Der **Besuch von Moscheen** ist für Ungläubige **nicht gestattet**, außer man wird eingeladen. Frauen dürfen überhaupt nur sehr wenige bestimmte, für Frauen vorbehaltene Moscheen besuchen. Beachten Sie auch die Bekleidungsvorschriften: Schultern bedeckt, keine kurzen Hosen und vor allem - Schuhe ausziehen. Frauen müssen unbedingt eine Kopfbedeckung, die die gesamte Haarpracht verdeckt, tragen. Dasselbe gilt auch für die wenigen indischen Tempel (hier herrscht im Prinzip ebenfalls Besuchsverbot für Ungläubige, es wird aber nicht gar so rigoros gehandhabt).

☺ Wenn man jemand herbeiwinken möchte, schlägt man mit der flachen Hand nach unten. Das sieht für uns nicht höflich aus, ist aber üblich.

- Zeigen Sie nicht mit ausgestrecktem Finger auf Personen.
- Da die linke Hand als unrein gilt, sollte man so weit wie möglich alle Tätigkeiten mit der rechten ausführen. Bei Begrüßungen reicht man die rechte Hand und umfasst mit der linken sein eigenes (rechtes) Handgelenk.
- Zwei Männer, Hand in Hand gehend, sind nicht homosexuell. Dies ist ein Zeichen der Verbundenheit und Freundschaft.
- Öffentliches Austauschen von **Zärtlichkeiten** zwischen Mann und Frau, z.B. küssen, stößt hingegen auf strikte Ablehnung.
- Unter tansanischen Beamten ist das **Trinkgeld-/Schmiergeldunwesen** vergleichsweise selten, aber doch verbreitet. Lassen Sie sich auf keine Debatte ein. Zahlen Sie nicht, es setzt eine Kettenreaktion ein! Bleiben Sie so lange stehen, bis ein Vorgesetzter auf Sie aufmerksam wird, oder wenden Sie sich sofort an diesen. Auf der anderen Seite - verleiten Sie keinen Beamten zur Annahme von Geld. Falls Sie Erfolg hätten, tragen Sie nur zur Unterhöhlung des Systems bei und regen sich später fürchterlich auf, wenn Sie in der Zeitung einen Artikel über die Korruption in Afrika lesen.

▷ Länger- und Individualreisende sollten bereits zu Hause europäische Zeitvorstellungen über Bord werfen.

▷ Fragen Sie Einheimische so viel und sooft wie nur irgendwie möglich. Jeder Mensch ist erfreut, wenn der Fremde Interesse am Land, seinen Bewohnern, Sitten und Gebräuchen zeigt. Lesen Sie daher auch Zeitungen, interessieren Sie sich für die Artikel, die Sie auch zu Hause lesen. So bekommen Sie über das Tagesgeschehen eine Gesprächsbasis.

✋ Trinken von **Alkohol** in der Öffentlichkeit ist auch in nichtislamischen Gegenden verpönt. Man isst auch nicht in der Öffentlichkeit!

▷ Kleiden Sie sich in islamischen Gegenden nicht zu freizügig (für beide Geschlechter keine kurzen Hosen, keine nackten Oberkörper bei Männern). Ein Moslem fühlt sich von Frauen im Träger-Shirt provoziert (der Psychologe würde verunsichert sagen). Bei Frauen sollten Hosen oder Röcke bis unter die Knie reichen.

▷ Das Tragen islamischer Kleidung durch Nichtgläubige stellt einen Affront erster Kategorie dar (v.a. Bui-Bui bei Frauen, Kofia bei Männern).

✋ Männliche Touristen dürfen unter keinen Umständen islamische Frauen ansprechen. Frauen dürfen das sehr wohl.

▷ Besucht man auf Einladung eine tansanische Familie in ihrem Haus, bringt man ein **Geschenk** mit - Tee, Kaffee, Reis, Kangastoff, Gebrauchsgegenstände, kleine Mitbringsel von zu Hause (Armbanduhren sind sehr beliebt). Großer Beliebtheit erfreuen sich Kugelschreiber. Vor Übergabe ausprobieren, ob sie noch schreiben! Ist es ein längerer Aufenthalt, wird gerne zum Abschied ein kleines Fest veranstaltet, zu dem der Besucher ein Huhn (vielleicht sogar eine Ziege) beisteuert. Man sollte aber darauf achten, dass das Gastgeschenk den Gastgeber nicht beschämt, also nicht zu aufwendig ist. Man muss nicht immer mit Gewalt zeigen, dass man (verhältnismäßig) reich ist. Praktischen Dingen (Lebensmittel), in Tansania erhältlich, ist der Vorzug zu geben. Falls Sie keine Möglichkeit finden, etwas zu kaufen, geben Sie Geld - ungefähr so viel, wie Sie in einem Restaurant (Hotel) in dieser Gegend für dieses Essen (Übernachtung) bezahlen würden.

☺ Gleichgültig ob Sie Naturalien oder Geld geben, die Übergabe erfolgt immer mit beiden Händen.

▷ Bevor Sie den Gastgeber fotografieren, sollten Sie ihn unbedingt fragen und ihm einige Abzüge versprechen und auch senden, ☞ "Foto, Film und Video".

☺ Nehmen Sie einige Ansichtskarten von Ihrer Heimatstadt mit. Jeder Gastgeber freut sich, wenn er von Ihrer Heimat eine Vorstellung bekommt. Sie eignen sich, mit einer Widmung versehen, auch vorzüglich als kleine Gastgeschenke.

▷ Betritt man ein Restaurant der günstigeren Preisklasse, so grüßt man freundlich "Jambo", "Good morning, afternoon, evening", dabei wendet man den Kopf in Richtung der anwesenden Gäste oder des Personals (Blickrichtung). Ist niemand zugegen, grüßt man trotzdem - laut und vernehmlich. Man erforscht auch nicht anschließend das gesamte Gebäude nach Kellnern oder Köchen - man wartet auf sie. Einfach "Hallo, ist da jemand" zu rufen ist legitim. Etwas höflicher ruft man "hodi" - Ki-Swahili (sinngemäß) für "darf ich eintreten?".

▷ Restaurants der gehobenen Preisklasse betritt man ohne die Gäste zu begrüßen, wartet kurz bis Personal (*Maitre*) kommt (dieser wird begrüßt), der einen zu einem der Tische führt. Ist nicht innerhalb sehr kurzer Zeit jemand bei Ihnen, lässt das auf mangelnde Ausbildung (wohl des gesamten Personals) schließen.

▷ Geschäftsreisende sollten nur in tadelloser Kleidung und gepflegtem Äußeren auftreten - blitzblank polierte Lederschuhe (äußerst wichtig), Bügelfalten an Hosen, frisch gebügeltes Hemd, rasiert, gekämmt, geduscht. Ein unrasiertes und nach Schweiß riechendes Auftreten in Sportschuhen, zerbeulten Jeans und T-Shirt lässt auf mangelnden Respekt, wenn nicht sogar Armut schließen (das schlimmste, was einem Geschäftstreibenden in Tansania widerfahren kann).

Zeit

Tansanische Zeit ist der MEZ zwei Stunden voraus. Im Sommer wegen der europäische Sommerzeit nur eine Stunde.

Den natürlichen Lichtverhältnissen entsprechend wird der Tag in 2 x 12 Stunden - Tag und Nacht - eingeteilt. Von 6:00 morgens bis 18:00 und von 18:00 bis 6:00 morgens unserer Zeitrechnung.

Europäische Zeit	**Ki-Swahili-Zeit**	
7:00	1:00	(*saa moja*)
8:00	2:00	(*saa mbili*)
9:00	3:00	(*saa tatu*)
10:00	4:00	(*saa nne*)
11:00	5:00	(*saa tano*)
12:00	6:00	(*saa sita*)
13:00	7:00	(*saa saba*)
14:00	8:00	(*saa nane*)
15:00	9:00	(*saa tisa*)
16:00	10:00	(*saa kumi*)
17:00	11:00	(*saa kumi na moja*)
18:00	12:00	(*saa kumi na mbili*)
19:00	1:00	(*saa moja*)
20:00	2:00	(*saa mbili*)
21:00	3:00	(*saa tatu*)
22:00	4:00	(*saa nne*)
23:00	5:00	(*saa tano*)
24:00	6:00	(*saa sita*)
1:00	7:00	(*saa saba*)
6:00	12:00	(*saa kumi na mbili*)

Üblicherweise wird bei einer englischen Konversation die europäische Zeitrechnung, bei einer Ki-Swahili-Konversation die Ki-Swahili-Zeitrechnung angewendet.

Bei Terminvereinbarungen sollten Sie aber trotzdem genau überprüfen, welche Zeit gemeint ist.

Orte und Regionen: Dar es Salaam

Marktbeschicker in Dar es Salaam (eb)

Im Info-Büro der TTB können Sie einen kostenlosen, kopierten A4-Stadtplan und hin und wieder einige Broschüren zu den einzelnen Nationalparks erhalten. Erwarten Sie aber sonst keine weitreichenden Auskünfte. Selbst wenn Sie Auskünfte erhalten: Diese müssen nicht unbedingt der Realität entsprechen.

♦ Tanzania Tourist Board (TTB), PO Box 2485, Samora Avenue, ☏ 022/2111244/5, FAX 2116420, safari@ud.co.tz, md@ttb.ud.or.tz, www.tanzaniatouristboard.com, www.tanzania-web.com, Mo bis Fr 8:00 bis 16:00, Sa 8:30 bis 12:30

Während der Hauptreisezeit ist es schwierig, ein Zimmer in einem einfachen Hotel bzw. Mittelklassehotel zu finden. Die Chancen sind am Morgen am größten, am Abend sind die meisten billigen Hotels bereits ausgebucht. Es ist am besten, wenn man ein freies Hotelzimmer gefunden hat, es sofort, zumindest für die erste Nacht, zu beziehen. Wenn man nicht zufrieden ist, sollte man sich in Ruhe nach einem besseren Hotel umsehen. Alle Hotels und Guesthouses akzeptieren Buchungen für den nächsten Tag. Am sinnvollsten ist eine telefonische Reservierung, ein bis zwei Tage vorher. Mittlerweile gehören überhöhte Forderungen in der Regel der Vergangenheit an. In fast allen Rezeptionen befindet sich ein Schild mit den aktuellen Preisen. Wenn Sie mit dem Taxi vom Flughafen zum Hotel Ihrer Wahl fahren und dieses besetzt sein sollte, wird Sie der Fahrer zum nächstgelegenen (!) bringen; ist auch dieses fully booked zum nächsten usw. Wenn Sie beim dritten oder vierten Hotel fündig geworden sind, wird der Fahrer in der Regel keinen Aufpreis verlangen, denn er kassiert von jedem Hotel ca. 15 % des DZ-Preises an Provision. Diese wird nicht dem Zimmerpreis aufgeschlagen. Wenn die Suche allerdings länger dauert, müssen Sie mit Mehrkosten rechnen.

Die Preise verstehen sich inkl. Frühstück. Moskitonetze sind nirgends vorhanden (meist aber die Fenster gut vergittert), die Plage hält sich aber in Grenzen.

Kategorie D - Zimmer immer self contained (falls nicht anders vermerkt)

♦ **Safari Inn**, Band Str. (wenn Sie von der Lybia Str. kommen, die erste Einfahrt links, das Hotel befindet sich im Hinterhof), ☏ 022/2138101/2, FAX 2116550, 0744/268038, safari-inn@lycos.com, EZ $ 10, DZ $ 16,50

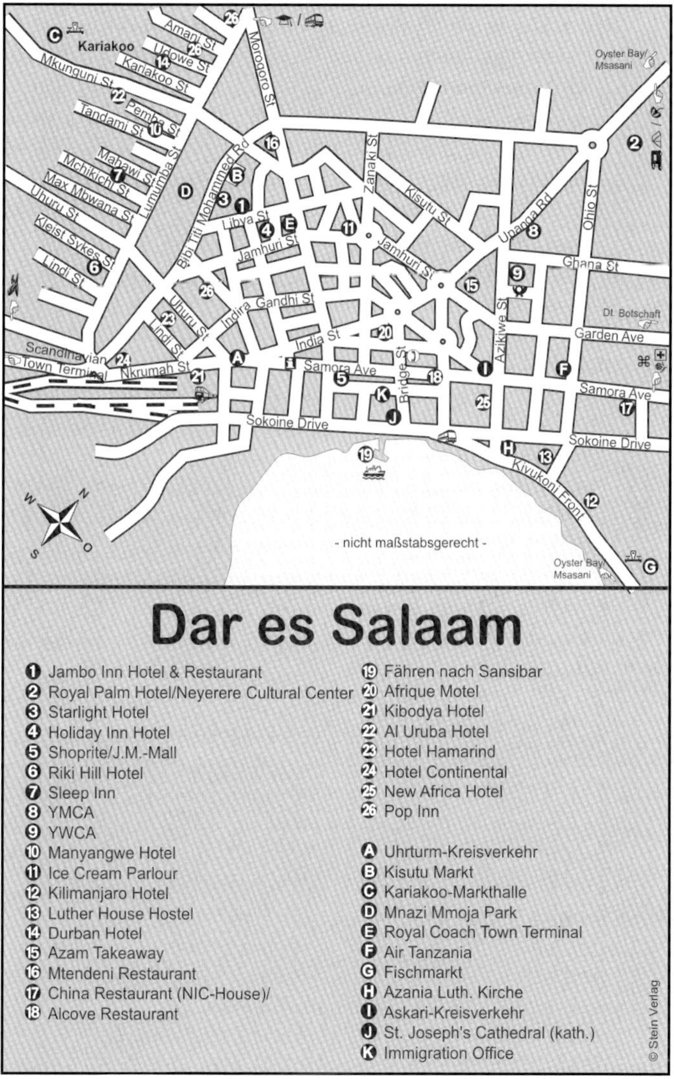

Dar es Salaam

1 Jambo Inn Hotel & Restaurant
2 Royal Palm Hotel/Neyerere Cultural Center
3 Starlight Hotel
4 Holiday Inn Hotel
5 Shoprite/J.M.-Mall
6 Riki Hill Hotel
7 Sleep Inn
8 YMCA
9 YWCA
10 Manyangwe Hotel
11 Ice Cream Parlour
12 Kilimanjaro Hotel
13 Luther House Hostel
14 Durban Hotel
15 Azam Takeaway
16 Mtendeni Restaurant
17 China Restaurant (NIC-House)/
18 Alcove Restaurant
19 Fähren nach Sansibar
20 Afrique Motel
21 Kibodya Hotel
22 Al Uruba Hotel
23 Hotel Hamarind
24 Hotel Continental
25 New Africa Hotel
26 Pop Inn

A Uhrturm-Kreisverkehr
B Kisutu Markt
C Kariakoo-Markthalle
D Mnazi Mmoja Park
E Royal Coach Town Terminal
F Air Tanzania
G Fischmarkt
H Azania Luth. Kirche
I Askari-Kreisverkehr
J St. Joseph's Cathedral (kath.)
K Immigration Office

(self contained, mit Klimaanlage $ 24), Restaurant mit kleiner Speisekarte ($ 2 bis 3), kein Alkoholausschank, Personal hilfsbereit, Internet-Café, die beste Wahl in dieser Kategorie

- **Jambo Inn**, Libya Street, PO Box 5588, ☏ 022/2110711, FAX 2110686, 0745/800790, ✉ razarattansi2002@yahoo.com, EZ $ 10, DZ $ 15, self contained mit Ventilator, auch Zimmer mit Klimaanlage vorhanden, Restaurant mit umfangreicher Speisekarte und Terrasse ($ 2 bis 5), Internet-Café. Gemeinsam mit dem vorgenannten - zwei Gehminuten entfernt - zählt dieses Hotel zur Zeit zu den Favorit unter den Individual-Touristen.
- **Kibodya Hotel**, Nkrumah Str. (Verlängerung der Samora Av., nach dem Uhrturm drei Min. stadtauswärts, linke Straßenseite), ☏ 022/2117856, sehr häufig voll, kein Restaurant, kein Frühstück (schräg gegenüber liegt das Continental), $ 9 (DZ, keine Einzelzimmer)
- **Annex of Kibodya Hotel**, Uhuru Str. (Kariakoo), ☏ 022/2182858, DZ $ 20 (Ventilator)
- **YMCA**, Upanga Rd. (Ecke Maktaba Str. bzw. Azikiwe Str., in neueren Plänen wird die Maktaba Str. - oberer/nördlicher Teil der Azikiwe Str. - nicht mehr angeführt), PO Box 767, ☏ und FAX 022/2135457, ✉ tzymca@africaonline.co.tz, auch für Frauen, eine gemischtgeschlechtliche Belegung ist gestattet, eine ethnisch gemischte jedoch nicht. DZ $ 13 (Gemeinschaftsduschen), $ 25 (DZ self contained), keine EZ, die angeschlossene Self-Service-Canteen bietet billiges und gutes tansan. Essen.
- **YWCA**, hinter/neben dem Hauptpostamt (Maktaba respektive oberer Teil der Azikiwe Str.), der Eingang liegt jedoch in der Ghana Av., ☏ 022/2122439, 0741/622707, ✉ ywca.tanzania@africaonline.co.tz, EZ $ 7, DZ $ 10, Triple $ 15 (alle nur Gemeinschaftsduschen). Eigentlich nur für Frauen, in Notfällen werden aber zumindest Pärchen auch eingelassen. Relativ kleine, renovierte Zimmer mit Waschbecken (Gemeinschaftsdusche), Moskitonetze. Die gesamte Anlage ist unheimlich sauber.
- **Lutheran House Hostel**, Ecke Sokoine Drive/Pamba Rd. (neben der Kirche), ☏ 022/2120734, 2126247, ✉ luther@simbanet.com, EZ $ 13, DZ $ 15 (ohne Frühstück, manche Zimmer mit Blick auf den Hafen), das angeschlossene Dar Shanghai Restaurant ist sehr gut.
- **Holiday Inn**, Jamhury Str., ☏ 022/2112246, ✉ holidayhotel@usa.net, EZ $ 5, DZ 10, ohne Frühstück, sehr sauer, sehr einfach - Rezeption im

2. OG, falls Türe/Gitter verschlossen kräftig klopfen. Achtung: Die Tür geht Richtung Stiege auf! Es gibt auch ein Holiday Inn der Kategorie A in der Garden Av. (dem Taxifahrer sehr genau mitteilen, welches Sie meinen).

- **Pop Inn Motel Ltd., insgesamt existieren 4 Hotels mit diesem Namen**, alle very basic, Kawawa Street (☏ 022/2131620, eher unfreundlich und auch das schlechteste, DZ $ 7, EZ $ 4 self contained, nicht self contained jeweils $ 1 weniger), Amani Str. (☏ 022/2181607, OK), Kipande Str. (☏ 022/2180676, noch das netteste) und Lindi Str. (☏ 022/2126401), allen ist ein Restaurant angeschlossen, die letzten drei mit jeweils $ 10 für ein EZ etwas überhöht.
- **Tamarind Guesthouse**, Lindi Str., PO Box 15076, ☏ 022/2120233, $ 6,50 (self contained), $ 4 (Gemeinschafts-Nassräume) ✕ Self-Service-Restaurant
- **Al Uruba Hotel**, Mkunguni Str. (Kariakoo, gegenüber der Microfinance Bank, ca. 15 Min. zu Fuß ins Zentrum, Taxi $ 1,50), ☏ 022/2180133/4, FAX 2180135, 💻 almaanac@hotmail.com, Alkoholverbot, zumindest einheimische Paare benötigen ein Zertifikat, dass sie verheiratet sind. EZ $ 7 (Ventilator), $ 9 (Klimaanlage), etwas mattes Frühstück, ✕
- **Sleep Inn Hotel**, Mahiwa Str. (Seitenstr. der Lumumba Str., 10 bis 15 Min. zur Samora Av.), ☏ 022/2183101, 0744/362866, FAX 2183102, ✉ sleepinn@cats-net.com, 💻 www.sleepinnhoteltz.com, sehr neue Anlage, alle Zimmer mit TV, Klimaanlage, freier Zugang zum Internet-Café, DZ $ 25 (Ventilator), $ 35 (Klimaanlage).
- **Uplands Center Hostel**, PO Box 72708, ☏ 022/2410103, 0744/338754, FAX 2410117, ✉ uplands@africamail.com, in der Nähe der der Universität am Observation Hill gelegen, ca. 13 km vom Zentrum entfernt, jedoch sehr schöne Hügel-Lage (Taxi ins Zentrum ca. $ 7), laufend Dalladallas von Upongo Busstation (fahren Sie Richtung Changanyikeni Village und steigen Sie beim EASTC (Eastern Africa Statistical Training Centre/Takwimu) aus, dann fragen, sehr schönes Restaurant/Bar (traditionelle Makuti-Banda), es gibt auch eine Küche für Selbstversorger, schöner Ausblick. $ 20, abgesehen von der großen Entfernung zum Zentrum, empfehlenswert.
- **Salvation Army Hostel**, Kilwa Rd. (Stadtteil Kurasini, ebenfalls weit außerhalb, Taxi ca. $ 5, laufend Dalladallas), ☏ 022/2850468, ✉ david_burrows@tnz.salvationarmy.org, riesige Anlage, $ 6 single, $ 11 double, $ 14 triple - falls im Zentrum alles voll ist, hier ist immer ein Platz.

- **Econo-Lodge** (Band Str., gut beschildert), ☏ 022/2116048, FAX 2116053, ✉ econolodge@raha.com, 💻 www.econolodgetz.com, EZ $ 12 (Ventilator), $ 16 (Klimaanlage), DZ $ 25 (Klimaanlage), etwas steril, Nichtraucherhotel, Alkoholverbot, dafür aber große Zimmer. Kein Restaurant, keine Bar.

Kategorie C

- **Palace Hotel**, Sikukuu Str. (Kariakoo, Nebenstr. der Morogoro Rd., Taxi ins Zentrum ca. $ 2 bis 3), ☏ 022/2181454, FAX 2184183, ✉ palacehotel@raha.com (Ableger des Riki Hill Hotels, daher auch über dessen E-Mail erreichbar), ab $ 36, Klimaanlage, Safe, TV im Zimmer, der schöne Blick über Dar es Salaam entschädigt etwas für die ungünstige Lage, ✕ 🍷 (3x wöchentlich Disko-Betrieb), Pool-Billard.
- **Durban Hotel**, Udowe Str. (Kariakoo), PO Box 67625, ☏ 022/2180555, FAX 2180557, soweit OK, schöner Blick über die Stadt, pro Pers. im DZ $ 25 (Ventilator) bis 33 (Klimaanlage), Suite $ 55, Nichtraucherhotel!
- **Terminal Hotel** (am Busbahnhof in Ubongo), ☏ 022/2450228, FAX 2181705, ✉ rikihotel@raha.com, nicht gerade idyllisch, aber wenn man nur durchfährt OK, $ 10 EZ (Gemeinschaftsduschen), $ 12 EZ (self contained), $ 15 DZ, ✕, Wechselstube
- **Annex of Hotel A.M.** (1988), Mafia Str. (Kariakoo), ☏ 0744/468225, $ 25/Zimmer (egal ob EZ oder DZ), immer mit Klimaanlage, kein Restaurant
- **AM Hotel**, Swahili Str. (Kariakoo), wie zuvor
- **Manyangwe Hotel**, Lumumba/Pemba Str. (Kariakoo, zu Fuß ins Zentrum 5 bis 10 Min.), ☏ 022/2181187, 0741/318732, ✉ patrikkb2000@yahoo.com, ✕, 🍷, EZ $ 10, DZ $ 20, einwandfrei in jeder Hinsicht.
- **Hotel Continental**, Nkrumah Street, PO Box 2040, ☏ 022/2114894, FAX 2131470, es liegt etwa 300 m hinter dem Clocktower stadtauswärts (gegenüber der TOTAL-Tankstelle). Die Zimmer links im straßenseitigen Flügel sind ruhiger. $ 35 (DZ mit Klimaanlage, TV, Kühlschrank), $ 30 (Klimaanlage, Kühlschrank), $ 20 (DZ mit Ventilator), keine EZ, ✕ 🍷
- **Valley View Hotel**, Ecke Congo/Matumbi Str. (fast an der Morogoro Str., jedoch in Kariakoo, Taxi ins Zentrum $ 2, aber auch laufend Dalladallas), ☏ 022/2184532, 0744/383709, ✉ valley-viewhotel@yahoo.com, 💻 www.valleyview.co.tz, $ 50 (Zimmer mit Balkon), Frühstücksbüfett, das Kipepo-Restaurant hat 24 Std./Tag geöffnet.

- **Swiss Hostel**, Mindu Str. (Upanga, Taxi ins Zentrum ca. $ 2 bis 3), und FAX 022/2153219, swissgarden@blueinn.ch, $ 55 (DZ), alle Zimmer mit Klimaanlage, relativ ruhig gelegen,
- **Q-Bar & Guesthouse**, Haile Selassie Rd. (hinter den Morogoro Stores), 022/2602150, 0744/282474, qbar@hotmail.com, q-bar@cats-net.com, $ 35/45 (EZ/DZ, Gemeinschaftsdusche), $ 45/55 (DZ, self contained), alle Zimmer mit Klimaanlage, TV, Kühlschrank,
- **Motel Afrique**, Bridge Str. (neben/hinter Extelcom-House) - auf Grund seiner guten Lage (ein Steinwurf von der Samora Av. entfernt) war dieses Hotel bei Reisenden beliebt. Leider wurde es ein Opfer der City-Commission. Der Besitzer zog die Konsequenzen und Mitte 2005 stand bereits ein neuer Rohbau. Eröffnung voraussichtlich Mitte 2007, möglicherweise auch Kategorie B.

Kategorie B

- **Sophia House - Hotel & App.**, Bibi Titi Mohammed Str. (knapp neben dem Kisutu Market), 022/2112521, FAX 2863059, info@sophiahouse.com, www.sophiahouse.com, Restaurant nur für den schnellen Business-Lunch geeignet, Internet-Café, $ 40 (single), $ 50 aufwärts (double).
- **Starlight Hotel**, Bibi Titi Mohammed Str., 022/2119387/8, FAX 2119389, starlight@acexnet.com, www.hotelguide.com, EZ $ 40, DZ $ 46, kleine Gartenbar mit Grill ab 15:00 geöffnet
- **Peacock Hotel**, Bibi Titi Mohammed Str. (150 m neben dem Starlight), 022/2114071, FAX 2117962, 0748/969848, info@peacock-hotel@.co.tz, www.peacock-hotel.co.tz, EZ ab $ 70, DZ ab $ 90, Internet-Café, An der Rückseite des nahe gelegenen Safari-Inn-Hotels wird ein Annex in derselben Größe wie das Mutterhaus errichtet, wahrscheinlich 2007 fertig.
- **Palm Beach Hotel**, Ali Hassan Mwinyi Rd., PO Box 704, 022/2130985, FAX 2119272, info@pbhtz.cctz.com, www.pbhtz.com, außerhalb des Zentrums (Taxi ca. $ 2,50). Sehr beliebtes Mittelklassehotel mit . Beliebter Garten mit Grill, ab $ 55 (single) bis 80 (double).
- **Riki Hill Hotel**, Kleist Sykes Street (in Kariakoo, fast Ecke Lumumba St), 022/2181702/4, FAX 2181705, rikihoel@raha.com, $ 36 (Ventilator), $ 48 (Klimaanlage), teils französische Betten, etwas teuer für das Gebotene, allerdings sehr schöner Blick über Dar es Salaam,

- **Smokies Tavern**, Msasani, in einer Seitenstr. der Chole Rd. (Taxi $ 5), ☏ 022/2600130, verfügt erst seit kurzem über Zimmer, $ 50 (DZ), aufwärts, erstklassiges Restaurant (Büfett), schöne Terrasse im 1. OG.

Kategorie A

- **New Africa Hotel**, Azikiwe Str., ☏ 022/2117050, FAX 2112495, nah@newafricahotel.com, www.newafrica.hotel.com. Sawadse-Restaurant bietet Thai-Küche, Bandari Grill Restaurant europäische und indische Gerichte, die Bar (1. OG, auch Tagesbetrieb) bietet zwar einige TV-Geräte (meist Sport), ist aber etwas steril. $ 125 bis 200.
- **Harbour View Suites**, Somora Av., ☏ 022/2124040, FAX 2120333, gm@harbourview-suites.com, www.harbourview-suites.com, Zentrumslage, in ein Einkaufszentrum integriert (J.M. Mall), Le Grande Restaurant mit internationaler Küche im KG, nicht gemütlich, eher für Business-Reisende, ab $ 90 (EZ-Studio-Room) bis $ 140 (DZ-Suite), ohne Frühstück!
- **Holiday Inn**, Garden Av., PO Box 80022, ☏ 022/2137575, FAX 2139070, hidar@hidar.co.tz, www.holiday-inn/daressalaam, von $ 140 bis 170, tja, was soll ich sagen - Standard, aber noch in City-Nähe.
- **Courtyard Hotel**, Ocean Rd., ☏ 022/2130130, 2130560 FAX 2130100, info@the courtyard-dar.com, courtyard@raha.com, das Hotel vermittelt ein barockes Flair, ✕, Open House Coffee Shop sind OK.
- **Hotel Karibu**, Haile Selassie Road (neben Morogoro Stores), ca. 10 km vom Zentrum entfernt (laufend Dalladallas, Taxi ca. $ 3 bis 5), PO Box 20200, ☏ 022/2601767/9, FAX 2601426, karibu@afsat.com, www.hotelkaribu.com, 🍷 ✕ 🏊 auch für Nichtgäste ($ 1 Eintritt), von $ 80 (EZ) bis 120 (DZ), Frühstücksbüfett, Malaika Restaurant bietet indische, chinesische und kontinentale Küche.
- **Mövenpick Royal Palm Hotel (ehem. Sheraton)**, Ohio Street, ☏ 022/2112416 , FAX 2113981, hotel.daressalaam@moevenpick.com, www.moevenpick-daressalaam.com - bietet alles, was das Herz begehrt, von $ 145 (einfaches Single) bis 1.500 (Royal Suite Double). Gutes und freundliches Tradewinds-Restaurant (nur Abendbetrieb, Hauptspeisen ab $ 15 (Tuna-Steak) bis $ 35 (Jumbo Prawns)), es ist auch Schweinefleisch und einheimisches Wild erhältlich. Serengeti-Restaurant in derselben Preisklasse, gut bestückte Kibo-Bar.

- **Golf Course App.**, Haile Selassie Rd., ☏ 022/2668912, 0748/435558, FAX 2667379, ✉ golf@raha.com, 💻 www.golfcourseapartments.com, alle Appartements mit Küche, Klimanalage, TV. Freier Zugang zum "health-club". Monatsmiete $1.850 (single) bis 2.400 (double).
- **Protea Hotel & Appartements**, Oyster Bay (Ecke Haile Selassie Str./Ali Hasan Mwinyi Rd.), ☏ 022/2666665, FAX 2667760, 💻 www.proteahotels.com, ✉ proteadar@africaonline.co.tz, Tagesmieten: von $ 120 (single) bis 190 (double suite), Monatsmieten: von $ 2.800 bis 4.380, Frühstück ist nicht inbegriffen ($ 8 bis 12), Restaurant bietet italienisch-tansanische Fusionsküche.
- **Kempinski Kilimanjaro Hotel**, Kivukono Str., das ehemalige staatseigene Kilimanjaro Hotel - eigentliches Wahrzeichen der Stadt - wurde nach aufwendiger Restaurierung endlich wieder eröffnet. Es verfügt über 180 Zimmer aller Klassen, zwei Restaurants (international, chinesisch) und drei Bars. Namentlich ist die Roof-Bar zu erwähnen - scheuen Sie keine Kosten, um dort einen Drink zu nehmen. Die Aussicht ist umwerfend, ☏ 022/2131111, FAX 2120777, ✉ sales.kilimanjaro@kempinski.com, 💻 www.kempinski.com

🛏 Zu den Strandhotels ☞ "Strände nördlich/südlich von Dar es Salaam".

Kipepeo Beach Camp am Southbeach von Dar es Salaam (eb)

Im Garten des Silver Sands Hotel (☞ Strände nördlich von Dar es Salaam/Kunduchi Beach) ist campen möglich. Auch im Sunrise Beach Resort u. Kipepeo Beach Village (☞ Strände südlich von Dar es Salaam).

Die meisten **billigen Restaurants** finden Sie im asiatischen Viertel (Jamhuri Street, India Street, Zanaki Street, Indira Gandhi Street, Lybia Str.). Sie bieten durchwegs tansanische Küche (Wali/Ugali nyama) und Gegrilltes um etwa $ 1 bis 2 an, teils auch als take-away, Alkoholausschank ist eher die Ausnahme. Falls nicht anders beschrieben ca. 10:00 bis ca. 20:00, Restaurants mit Barcharakter länger geöffnet.

Namentlich seien erwähnt:

- **Zaitoni-Restaurant**, Clocktower-Kreisverkehr
- **Al Mussawi Restaurant**, Sophia Kawawa Str. (nahe Kibodya und Continental-Hotel)
- **Mtendeni Restaurant**, Morogoro Rd. (fast schon Ecke Bibi Titi Mohammed), nett, Garten
- Ein namenloses Restaurant in einem Hinterhof Ecke Jamhuri/Mali Str. (lediglich ein Pepsi-Schild weist darauf hin) serviert tansanische Gerichte zu unschlagbaren Preisen: $ 0,50
- Das Restaurant am Kigamboni Ferry Terminal (nahe Fischmarkt) bietet Grillhuhn um $ 2 mit Blick auf Hafen. Am Fischmarkt selbst bieten unzählige Garküchen geräucherten und frisch gebratenen Fisch an.
- **New Zahir Restaurant** (Mosque Str., beim Holiday Hotel um die Ecke) serviert auf der Terrasse Bangladesch-Küche, ausgezeichnete Chapatis (wenn sie frisch sind).
- **Florida Pub**, im Erdgeschoss des UN-Gebäudes am Sokoine Drive, Traditionelles und Mexikanisches guter Qualität.
- **Food-stalls** finden sich vornehmlich im asiatischen Viertel zuhauf: Morgens für das Frühstück, ab ca. 16/17:00 bis ca. 20:00 für das Dinner.

Fastfood-Restaurants - In erster Linie wird tansanisches Fastfood/Snacks angeboten - Sambusas usw. (☞ "Essen, Trinken ..."), teils sehr lecker, in der Regel auch als take-away (in diesem Fall unbedingt nach Limette fragen, die wird oft vergessen einzupacken).

- **Victoria Fastfood**, am Kreisverkehr Mkwepu Str./Makanganya Str.
- **Hadees Fastfood**, Azikiwe Str. (in der Nähe der Samora Av.), Burger ab $ 1
- **Maharane Indien Cuisine Restaurant & Snacks**, Kisutu Str.

- **Hussein Cold Drink House**, Ecke Zanaki/India Str., gutes Self-Service-Restaurant.
- **Best Bite Fastfood Centre**, Hamburgers und Ice Cream, Ali Hassan Mwinyi Road und Pugu (Nyerere Road) sowie an der Einmündung der Sewa Street in die India Street
- **Chick King** Selbstbedienungsrestaurant, Jamhuri Str./Ecke Mwisho Str., berühmt für Pommes frites, Cola und natürlich Hühnchen.
- Kurz nach dem Jamaa bietet **Foster's Cake Shop** Kuchen und Torten an.
- **Tasty Bite** neben Foster's.
- 2 Bäckereien (Kuchen, Kleingebäck, Brot, Eiscreme) in der Kisutu Str. sowie eine in der Upanga Str. (gegenüber vom Royal Palm)

✕ **Gehobene Preisklasse -** rechnen Sie ab ca. $ 8 für eine Hauptspeise. Nach oben hin open end, je nachdem, was Sie wählen. Es gibt unzählige Restaurants in dieser Preisklasse, ich nenne hier nur die schönsten. Weitere Möglichkeiten sind unter den Hotels (Kategorie A, AA, teilw. auch B) angeführt. Infos zu den Aktivitäten bzw. Veranstaltungen dieser Restaurants bieten die Tageszeitungen. Der "Dar es Salaam Guide" hält eine gute Auflistung bereit.

- **Alcove Restaurant**, Samora Machel Avenue, ☏ 022/2137444, sehr gute chinesisch-indische Küche, auch Wein und Eiscreme, sehr freundliches Personal. Nur 🚪 12:00 bis 15:00 und 19:00 bis 22:00/23:00. Sonntags eines der wenigen Restaurants, das im Zentrum Abendbetrieb bietet. In dieser Preisklasse sicher das günstigste und garantiert das älteste/traditionsreichste Restaurant Dar es Salaams.
- **Chinese Restaurant**, NIC Investment House, Sokoine Drive, hervorragende Suppen.
- Das in Msasani (Kimweni Av.) gelegene **Simona Restaurant,** ☏ 2666935, protzt mit westlich orientierter Live-Musik zu jeder Gelegenheit (riesige Anzeigen im *Guardian*) und bietet kroatisch-mediterrane Gerichte.
- Ein erstklassiges japanisches Restaurant (Azuma) sowie ein Grillrestaurant am Strand befindet sich im Slipway (☞ Abschnitt "Umgebung").
- **Addis in Dar**, äthiopisches Restaurant in der Ursino St. ca. 4 km außerhalb des Zentrums (Taxi ca. $ 6 vom Zentrum, Gegenrichtung während der Dunkelheit ca. $ 8), erstklassiges Restaurant mit äthiopischer Küche (kann scharf werden). Platzreservierung nötig: ☏ 0741/266299, 0744/461167, So geschl.

- **Barbeque Village**, Msasani (nahe Kiimweri Av, Taxi $ 5) indische, chinesische Küche, mir Abendbetrieb, Reservierung nötig: ☏ 022/2667929 oder 0741/320736, ✉ bbqv@yahoo.com
- **Pizza & Spice**, Bagamoya Rd. (Taxi ca. $ 4), Indisches und Chinesisches wird im Speisesaal über offenem Feuer zubereitet, Pizzen gibt's auch.
- **Steers** - Ecke Samora Av./Ohio Str., Ableger eines internationalen Konzerns, Fastfood, Café, angeschlossene die Debonair-Pizzeria und das Chop-Chop-Chinese Restaurant, eines der wenigen (besseren) Lokale im Zentrum mit Garten. Wenn Sie hier bestellen wollen, müssen Sie über gute Nerven verfügen, Sie können aber Mitgebrachtes verzehren.
- **The Grill** - Multicuisine-Restaurant (bietet u.a. auch Koreanisches, also wenn Sie Gusto auf scharfes Chimchi haben ...), Mkwepu St., ❄, Gartenbetrieb
- **Mediterraneo-Restaurant**, im Gebäude der Alliance Francaise, Ali Hasan Mwinyi Rd. (hinter dem Las Vegas Casino), nur Mittagsbetrieb! Sehr gute Pasta um $ 6, gute Steaks $ 7

✕ **Mittlere Preisklasse -** rechnen Sie für Hauptspeisen ca. $ 2 bis 3, Alkoholausschank nicht immer gegeben

- **Silverspoon-Retaurant**, Ecke Jamhuri Str./Simu Str., bietet alles kreuzquer durch die Welt
- **Karamara Tea Shop**, India Str. (Mini-Restaurant/Cafe in einem Hinterhof gegenüber Plot Nr. 282/Habib Bank), sehr klein, sehr fein, äthiopische Küche, best coffee in town!
- **Jolly Club**, Ecke Ali Hasan Mwinyi Rd./Ufukoni Str. (neben dem Las Vegas Casino), herrliche Bar/Restaurant in großem Garten, sehr freundlich und hilfsbereit (Gulasch-Suppe $ 0,70).
- **Mealz-Restaurant**, Ecke Sokoine Dr./Pampa Rd., verschiedenste Gerichte, kleine Terrasse auf die Pampa Rd., gut, serviert auch Frühstück
- **Chef's Pride Restaurant**, Chagga Str., tansanisches Essen und Nudelgerichte guter Qualität, ungemein beliebt bei Einheimischen wie Touristen.
- **Simmas Restaurant**, Jamhury Str. (zw. Chagga und Morogoro Str.), tansanisch-europäischer Mix (Coconut-Chicken, Peppersteak usw.), klein, sehr nett, gut, Nichtraucher-Lokal, Klimaanlage
- **Rendezvous Restaurant**, Samora Avenue, vor dem Uhrturm (Clocktower) rechts, Steaks und Meeresfrüchte, auch So 🚪 19:00 bis 22:00, OK
- **JJ-Restaurant**, Samaro Av. (gegenüber vom Rendezvous)

✕ Weitere Restaurants dieser Preisklasse in (fast) allen Hotels der Kategorie C und D.

♦ **Cedar's Restaurant**, Ecke Bibi Titi Mohammed Str./Zanaki Str., orientalische Küche guter Qualität.

♦ Daneben bietet das **Hongkong/Thai Yong Sun Restaurant** sehr gute chinesische und thailändische Küche auf kleiner Terrasse an (verwenden Sie die Saucen äußerst vorsichtig!). Nur Abendbetrieb ab 19:00.

♦ **Tai huo san zhuang Restaurant**, Jamhuri Str., nett, chinesische Küche

♦ **Sichuan-Restaurant**, Bibi Titi Moh. Str. (an der Kariakoo-Seite, nahe dem Eck zur Maktaba Str. (= oberer Teil der Azikiwe Str.), Richtung Zanaki Str. gehen, von der Straße aus nicht zu sehen, da etwas zurückversetzt in einem großen Garten/Park (neben dem Institute for Adult Education). Gute chinesische Küche, 11:00 bis 14:30, 18:30 bis 22:00

Das **Café** im Royal Palm Hotel bietet zwar fünf Fernsehgeräte, ist aber geschmacklos eingerichtet, auf der Terrasse kann man den Anblick von grüner Wiese auch in der Trockenzeit und Wassermangel genießen.

♦ Der Pastry Shop im selben Hotel bietet originalen italienischen Espresso (Stehcafé) und feine Torten an.

♦ Planet Bollywood (Das B kommt von Bombay, die indische Entsprechung von Hollywood) bietet in der Morogoro Str. (2. Haus von der Somara Av. kommend) sehr gute tansanische Snacks und eine kalte Klimaanlage.

♦ Cossy Café (Mtaa wa Mkwepu,), Veranda, günstiges lokales Essen (Kochbananen, *ugali*) und Trinken, nur tagsüber geöffnet.

♦ Foster's Coffee Shop, gegenüber vom "Rendezvous", etwas unpersönlich

♦ Al Muntazeer Tea Room am Kreisverkehr Jamhuri/Zanaki Str. - Snacks, Tee, Kaffee, gut fürs Frühstück.

♦ Snoopy - the Icecream Palace, Kisutu Str. - Eis und Kuchen.

♦ Ca. 100 m nach dem Snoopy "The Kisutu Shop - Temeke Bakery", sehr großes Angebot an Kuchen und irren Torten.

♦ Epi d'Or-French Bakery, in der Nähe der TTB, sehr nette Frühstücksbar

Bars internationalen Zuschnitts in den Hotels der Kategorie A und B sowie in den Strandhotels. Erwähnenswert ist die Bar im Oyster Bay Hotel - eine der beliebtesten Dar es Salaams (hier auch Disko)

♦ Tansanische Bars siehe unter Hotels Kategorie C und D sowie Restaurants mittlerer Preisklasse (Mtendeni Restaurant und Jolly Club).

FUN Club Bilicanas, Simu Str., Kabarett, Disko, Nachtclub, Cocktailbar, Live-Musik, Show. Eintritt ca. $ 10. Nur Abendbetrieb (ab 21:30)

- Casino Las Vegas, Ali Hassan Mwinyi Rd./Ufukoni Str., Slot-Machines
- Le Grand Casino in der JM Mall, Samora Av.
- Weitere Casinos im New Africa-Hotel und Sea Cliff Hotel
- In der ganze Stadt immer wieder kleiner Lokale mit der Aufschrift "777" - ebenfalls Slot-Machines (Eingang meist mit einer Stoffbahn verhängt).
- Disko California, Ali Hassan Mwinyi Rd., Nähe Palm Beach Hotel.
- Jeden Samstag und an Feiertagen spielt die Magomamoto Band im Club Oasis, Africana Rd.

Kino DTV-Cinema, Zaramo Str. (vorwiegend indische Filme)

- Cinema New World, New Bagamoyo Rd. (fast Ecke Shekilango Rd.), vornehmlich Hollywood Filme

BANK Wechselmöglichkeiten (Banken wie priv. Wechselstuben/Bureau de Change) in der Samora Av., Mogororo Rd. und angrenzende Straßen.
Mo bis Fr 8:00/9:00 bis 16:00, Mittagspause von 12:30 bis 13:00.

In Dar es Salaam werden (fast) keine Reise-Schecks angenommen ☞ "Geld"

CD Deutschland/Schweiz und Österreich ☞ "Diplomatische Vertretungen":

- Botschaft Kenia: Ursino Str., Plot 14, PO Box 5231, ☎ 022/2701747/9, khc@raha.com
- Malawi High Commission, Ali Hasan Mwinyi Rd., Plot 38, ☎ 022/2113240, FAX 2113360:
- Botschaft Mosambik, Garden Av. (Plot 25), PO Box 9370, ☎ 022/2116502 UND PO Box 1442 Sansibar, ☎ 024/2230047
- Botschaft Uganda: Msasani Rd., Oysterbay, PO Box 6237,☎ 022/2667391, ugadar@intafrica.com
- Botschaft Sambia: Ohio Str./Sokoine Drive (Zambia House), ☎ 022/2118481, zhcd@raha.com
- Europäische Union, PO Box 9514, Garden Av. (Umoja House), ☎ 022/2117473/76, mailto@deltza.cec.eu.int

Einkaufen: Geschäftszeiten (nicht immer fest): Mo bis Fr 8:30 bis 12:00 und 14:30 bis 17:00, Sa 8:30 bis 12:00

Markthalle in Kariakoo - siehe Stadtbeschreibung

- Kisutu Market - Bibi Titi Mohammed Str., fast nur Lebensmittel, trotzdem nett.

- Markt in Tegeta siehe Umgebung
- Der Markt im Stadtteil Ilala (Uhruru Str.) hat dasselbe Angebot wie der Markt in Kariakoo.
- International bestückte Supermärkte (Shoprite-Kette, SA): Ecke Somora Av./Morogoro Str. (JM Mall, EG), Lumumba Str. (Kariakoo), Mayfair Plaza (Old Bagamoyo Rd./Mikocheni Str.) sowie Pugu Rd. und im Slipway. Ein weiterer gut sortierter Supermarkt (Shrijee's) in der Mtendeni Str.
- Großes Shop-Angebot auch in der Haidery-Plaza, Upanga Rd.
- **Souvenirs:** Karibu Arts and Crafts Gallery, Samora Avenue, in der Nähe des Askari-Denkmals (wenn Sie sich von diesem in Richtung Clocktower entfernen rechte Straßenseite, leicht zu übersehen): Holzschnitzereien, Malereien, Skulpturen, Batiken, Matten. (☞ Umgebung, Karibu Arts and Crafts Gallery).
- Nyerere Cultural Center (ehem. Nyumba ya Sanaa), Ecke Ohio Street/Upanga Road. Die meisten Künstler dieses Workshops sind Behinderte und ehemalige Arbeitslose. Ursprünglich wurde er 1972 von einer Missionarin, Schwester Mary Pruitt, gegründet. Sie wollte den jungen, städtischen Bewohnern, vor allem den Behinderten, eine Arbeitsmöglichkeit schaffen. Angeboten werden Kleidung, Kinderkleidung aus Batikstoffen, Matten, Körbe, Tonwaren, handgemalte Ansichtskarten, Batiken, Lackmalereien, Holzschnitzereien und Skulpturen. Die Preise sind etwas überhöht. In einen offenen Innenhof mit Springbrunnen befinden sich ein Restaurant und Café, die nach dem Shopping zur Erholung einladen. Mo bis Sa 9:00 bis 17:00. Gelegentlich werden kulturelle Veranstaltungen abgehalten. Dem Komplex ist auch ein Schuhgeschäft mit äußerst exotischem Angebot angeschlossen (ca. $ 60/Paar, machen Sie sich vor dem Einkauf aber mit den CITES-Regeln vertraut).
- Mwenge Handicraft Centre und Africa Sana, ☞ "Umgebung".
- Souvenirläden gibt es auch entlang der Samora Avenue sowie in allen Hotels der Kategorie A und darüber
- Morogoro Stores, ☞ "Umgebung"
- Ein mäßig sortierter Souvenirshop (Twiga-Gallery) im IPS Building am Askari-Kreisverkehr.
- **Stoffe:** traditionelle Stoffe, Batiken, Kangas, Kitenges; vor allem im asiatischen Viertel zu finden (Jamhuri Street, Uhuru Street und Umgebung).

Marktbeschicker auf der Kigamboni-Dar es Salaam-Fähre (eb)

- Hier finden sich auch Schneider, die aus den Stoffen Hemden, Röcke, Anzüge u.Ä. nähen.
- **Juweliere** finden sich entlang der Morogoro Str. und in den angrenzenden Straßen sowie in den Strandhotels in Msasani und Oysterbay.
- 🕮 Secondhandbücher findet man vor allem entlang der Samora Avenue, rund um das Askari Monument und in der Maktaba Street an den Kiosken am Straßenrand, das Angebot ist jedoch mäßig.
- Tanzania Publishing House: Samora Avenue nahe Mkwepu Street, interessantes Angebot an Fachliteratur zu Tansania.
- Dar es Salaam Bookshop/Christian Book Centre (Books & Bibles), Mkwepu Str., hier kommt der gläubige protestantische Mensch auf seine Kosten. Allerdings auch gute Auswahl an tansanischen und kenianischen Literaten (auf Ki-Swahili, Englisch).
- Dar es Salaam Printers, Jamhuri Str. (in der Nähe der Kreuzung Zanaki Str.), schönes Angebot, relativ große Kochbuchabteilung (Indien).
- School-Text Book (Scholastic General Stores), Samora Av., (fast schon beim Askari-Denkmal), sehr gutes Angebot, auch Ki-Swahili-Lehrbücher.

- ♦ Sehr gutes Bücher-Angebot auch in den duty-free-shops am Flughafen (umfasst gesamt Ostafrika).
- ♦ "A Novel Idea" - drei sehr gut sortierte Buchläden im Slipway (☞ "Umgebung") und Seacliff-Village/Hotel und in der Ohio Str. (fast Ecke Somora Av.) - viel zum Thema Ostafrika, aber auch Belletristik und Unterhaltung. Wenn nicht die besten, dann zumindest die europäischsten Buchläden der Stadt.
- ♦ Gutes Angebot auch im Nationalmuseum sowie in den Ladenpassagen der Kategorie-A-Hotels (die teuerste Möglichkeit).

Apotheken finden sich in der Samora Av. und den angrenzenden Straßen.

British Airways, Royal Palm Hotel, Ohio Str., ☏ 022/2113820/2, custrels.1.eastafrica@britishairways.com

- ♦ KLM, Peugeot House, Bibi Titi Mohammed Str., ☏ 022/2139790/1 oder 2113336, www.klm.com
- ♦ Emirates, Hayderi Plaza (EG), Upanga Rd., ☏ 022/2116100, www.emirates.com
- ♦ Ethiopian Airlines, TDFL-Bldg., Ohio Str., ☏ 022/2117063, FAX 2115857, daram@ethiopianairlines.com
- ♦ Swissair, Luther House, Sokoine Drive, ☏ 022/2118870/3, www.swiss.com
- ♦ Air Tanzania, Ohio Street (ATC House, 2 OG), PO Box 543, ☏ 022/2118411, FAX 2113114, bookings@airtanzania.com, www.airtanzania.com, ein weiteres office am Flughafen, ☏ 022/2844239
- ♦ Precision Air, Zentrale Nyerere Rd./Pugu Rd., Dar es Salaam, PO Box 70770, ☏ 2860701, 0748/834800, FAX 022/2860725, info@precisionairtz.com, www.precisionairtz.com, Buchungsoffice Samora Av./Pamba Rd., NIC-HDQ-Bldg., Dar es Salaam, PO Box 70770, ☏ 022/2130800 od. 2121718, FAX 2113036, pwdar@precisionairtz.com
- ♦ Kenya Airways, Peugeot House, Upanga Rd., ☏ 022/2113338
- ♦ Coastal Aviation ☞ "Tour Operator"

Der **Flughafen** liegt 14 km vom Stadtzentrum entfernt. Taxis kosten ca. $ 6 bis 8 (Gegenrichtung ca. $ 10 bis 12), kein Busverkehr, Dalladallas halten ca. 2 km vom Flughafen entfernt.

Immigration: Visa werden bei der Einreise erteilt. Falls nicht drei Monate Aufenthaltsdauer eingetragen wurden, benötigen Sie eine Verlängerung (falls Sie so lange bleiben wollen), diese erhält man problemlos in der City

Hall am Sokoine Drive (sehr kleines Haus vor dem United Nations Building); Pass mitnehmen und Formular ausfüllen, die Verlängerung wird sofort erteilt.

- Immigration Headquarter befindet sich im Ministry of Home Affairs (Ecke Ghana/Ohio Str., Eingang Ghana Avenue); erteilt keine Visa sondern Aufenthaltsbewilligungen, PO Box 222, ☏ 022/2118637, 2112174, ✉ uhamiaji@intafrica.com
- ☞ "Medizinische Versorgung"
- Hertz befindet sich im Royal Palm Hotel (bei Savannah Tours), 💻 www.hertz.com, ☏ 0811/332550, FAX 022/2112954 und am Flughafen ☏ 022/2112967, FAX 022/5125237
- AVIS verfügt über ein Büro Ecke Morogoro Rd./Bibi Titi Mohammed Rd. und eines im New Africa Hotel, 💻 www.avis.com, ✉ avis@rahacom, ☏ 022/865962
- Green Car Rental (ehem. Evergreen), Nkrumah Str., ☏ 022/2183345, 0741/227788, ✉ evergreen@raha.com, 💻 www.greencars.co.tz
- Drive Car Tanzania, ☏ 0744/322632, 💻 www.azeafrica.com/drivetz, ✉ drivetanzania@azeafrica.com
- Planetsafaris Ltd., ☏ 022/2137456, 0755/872726, ✉ info@planetsafaris.com, 💻 www.planetsafaris.com, Ohio St. (im Nyerere Cultural Center, neben Royal Palm Hotel),
- Takims Holidays siehe Tour Operator
- Hauptpost (General Post Office oder auch New Post Office) in der Azikiwe Street/Ghana Av., Mo bis Fr 8:00 bis 16:30, Sa 8:00 bis 12:00.
- Weitere Postämter in der Lybia Str., Sokoine Dr./Mkwepu Str.
- DHL-Expressservice in der Upanga Road (Tanganyika Motors Building Nähe Royal Palm Hotel beim Roten Kreuz.
- UPS in der Haidery-Plaza, Upanga Rd.
- 💻 Internet-Cafés existieren überall im Zentrum, sie eröffnen und schließen schneller als die Fliegen sterben (2005 waren in Dar es Salaam mehr Internet-Cafes registriert als in Johannesburg oder Nairobi). Es wird auch in Zukunft kein Mangel herrschen, abgesehen davon bieten viele Hotels diese Dienste an; Kosten: von ca. $ 0,50 bis 2,50/Std.
- Von Dar es Salaam sind folgende **Nationalparks** günstig zu erreichen: Mikumi NP, Selous Wildlife Reserve, Ruaha, Udzungwa NP und Saadani NP.

- Zahlreiche **tour operator** befinden sich entlang der Samora Avenue und in den Hotels der Kategorie B/A/AA. Im Folgenden eine kleine Auswahl an Veranstaltern (✋ Preisvergleiche können sich lohnen).
- A Tent with a View Safaris, PO Box 40525, ☎ 022/2110507, ✍ tentview@intafrica.com, ✍ safariscene@intafrica.com, ✍ www.saadani.com - betreibt Camps im Saadani NP und Selous WR
- African Amazing Adventures, PO Box 105733, ☎ 022/2666928, ✍ info@africaaa.com, 💻 www.africaaa.com
- Bon Voyage Travel Center, PO Box 539, ☎ 022/2118198, ✍ admin@bonvoyagetz.com
- Coastal Travel/Aviation, Head Office (für Flüge wie Safaris zuständig), Dar es Salaam, Upanga Rd., Plot 107 (knapp neben der City-Bank), PO Box 3052, ☎ 022/2117959-60, 0744/324044 (mobil), ✍ safari@coastal.cc, 💻 www.coastal.cc, Office am Flughafen (nur für Flüge zuständig): ☎ 22/2842877 od. 2843293 od. 0741/325673. Dieses Unternehmen zählt zu den größten in diesem Metier, betreibt auch Fluglinie (☞ Reisen im Land) sowie div. Luxus-Camps im Selous GR und Ruaha NP.
- Flugo Tours & Safaris, PO Box 13747, ☎ 0744/566011 oder ☎ 022/2842030, ✍ flugosafaris@hotmail.com
- Fun Safaris, PO Box 13747, ☎ 0741/654538, ✍ funsafaris@tz200.com
- Hima Travel & Safaris, PO Box 10879, ☎ 022/2116987, ✍ hima@raha.com, 💻 www.himatiurs.com
- Kearsley Tanzania, PO Box 801, ☎ 022/2115026/9, ✍ kearsley@raha.com, 💻 www.kearsley.net (hier Filialbetrieb, die Zentrale befindet sich in Arusha)
- Msafiri Travel, PO Box 105739, ☎ 022/2618277, ✍ msafiri@cats-net.com, 💻 www.msafiritravels.com
- Savanna Tours, ☎ 022/2139277, ✍ savtour@intafrica.com, 💻 www.savannahsafaris.com
- Takims Holidays, Tours & Safari, PO Box 20350, Sokoine Rd., ☎ 022/2110346/8, ✍ info@takimsholidays.com, 💻 www.takimsholidays.com, (betreibt fahrplanmäßige Safaris in den Mikumi NP, siehe dort)
- Waljis Travel, PO Box 434, ☎ 022/2110321, 💻 www.waljistravel.com, ✍ tanzaniatours@waljis.co.tz

♦ Wild Things, PO Box 34514, ☏ 0748/888188, ✉ info@wildthings.co.tz

☺ Preise und Tipps für Safaris von Dar es Salaam ☞ Reise-Infos von A bis Z, Safaris.

☽ Internationale **Telefongespräche/Faxe** können vom Extelcoms Building (Samora Av., Eingang Bridge Str., 24-Std.-Service), Erdgeschoss, geführt/gesendet werden. Mehr oder weniger bieten alle Hotels aller Kategorien die Möglichkeit für Ferngespräche - fragen Sie jedoch vorher nach dem Preis. Vielfach gibt es aber auch in Hotels Wertkarten-Telefone (☞ Post, Telekommunikation).

Weiterfahrt

✈ Bezüglich der Lage von Air Tanzania, Precision Air, Coastal Aviation siehe weiter oben. Bezüglich der Ziele, Preise siehe Kap. ☞ Reise-Infos von A bis Z, Reisen im Land, ✈

🚂 Bahnhof Central Line (Tanzania Railway Corp./TRC) siehe Stadtplan, es fahren allerdings z.Z. keine Züge von hier ab; erst ab Dodoma (nach Tabora, Kigoma, Mwanza). Das "Customer Information Center" hat geöffnet. Details dazu ☞ Kap. "Reisen im Land/Eisenbahn"

♦ Die Züge der TAZARA (Tanzania-Zambia-Railway) fahren nach Mbeya und weiter nach Sambia (New Kapiri Mposhi). Der Bahnhof befindet sich in der Nyerere Rd. (ehemals Pugu Rd.), etwa 7 km außerhalb (Richtung Flughafen). Bezüglich Preise, Fahrplan usw. wie zuvor.

🚌 In der Stadt verkehren ca. 5.000 Dalladallas, die nicht mit Nummern gekennzeichnet sind. Am besten ist es, wenn Sie den Fahrer bzw. den "Schaffner" fragen, außerdem ruft dieser die Endstation sowieso laut und ununterbrochen aus. Die beiden wichtigsten Dalladalla-Stationen (Endbahnhöfe) befinden sich vor dem Hauptpostamt/New Post/Posta mpiya Richtung Norden (Ubongo-Busbahnhof, Mwenge, von hier weiter nach Tegeta und Bagamoyo) sowie an der Kivukoni Front (bei Einmündung Azikiwe Str.) Richtung TAZARA, Flughafen.

Der Fahrpreis betrug 2005 einheitlich tsh 200 ($ 0,20) für Stadtfahrten (inkl. Vorstädte). Auf Grund des permanent steigenden Sprit-Preises ist mit einer Erhöhung um ca. 20 % nach den Wahlen zu rechnen. Im Zuge der Umgestaltung der Innenstadt sollen die Dalladallas durch Großraumbusse ersetzt werden. Ob und wann das sein wird, liegt derzeit noch in den Sternen.

- ♦ Der Bahnhof für Überlandbusse liegt im Stadtteil Ubungo (Ecke Morogoro Rd./Sam Njoma Rd., mehrere Kilometer vom Zentrum entfernt (Taxi ca. $ 5). Alle Busgesellschaften fahren ihn an und haben hier auch ihre Büros. Direkt-Busse nach: Arusha, Moshi, Marangu, Iringa, Mbeya, Mwanza, Bukoba, Tanga, Morogoro, Dodoma, Bagamoyo, Kilwa, Lindi, Mtwara, Songea, sowie Nairobi, Kampala, Lusaka, Lilongwe.
- ♦ Zusätzlich verfügen noch die beiden Luxus-Gesellschaften Royal Coach (nur nach Arusha/Moshi) und Scandinavian-Express (ganzes Land sowie angrenzendes Ausland) über Stadt-Terminals: Royal Coach Ecke Lybia Str./Mwisho Str. (gegenüber dem Postamt); Scandinavian-Express Kreuzung Nyerere Str./Msimbazi Str. (genau genommen 2. Haus in der Msimbazi Str.), die Taxifahrer kennen die Terminals.
- ♦ Die Busgesellschaft Dar-Express (nur Arusha/Moshi) hat einen Stadtterminal schräg vis a vis von Royal Coach, fährt diesen aber nur bei Einreise in Dar es Salaam an (man spart die Taxikosten, alle Abfahrten in Ubungo.
- ♦ Preise ☞ Reise-Infos von A bis Z, Reisen im Land, 🚌

⛴ Mehrmals täglich Verbindungen nach Sansibar, von dort weiter nach Pemba, einmal wöchentlich nach Mtwara, keine Fährverbindung nach Mafia, Tanga, Mombasa ☞ Reise-Infos von A bis Z, Reisen im Land, ⛴

Kigambonifähre in Dar es Salaam (eb)

- Sämtliche Schifffahrtsagenturen befinden sich unübersehbar am Ferry Terminal am Sokoine Drive zwischen Lutheran Church und St Joseph's Cathedral (auf der anderen Straßenseite).
- Fahrpläne und -preise, ☞ Reise-Infos von A bis Z, Reisen im Land,

Richtpreise für Taxifahrten, die verhandelbar sind:

- ... vom Zentrum zur TAZARA $ 2,50 bis 4
- ... vom Zentrum zum Flughafen ca. $ 6 bis 8, Gegenrichtung ca. $ 10 bis 12
- ... vom Zentrum nach Mwenge (Handicraft Center, Afrika Sana Makumbosho Village Museum) ca. $ 6 (einfach). Für eine Taxi-Rundfahrt Zentrum-Village Museum (ca. 1 Std. Aufenthalt) - Handicraft Center (Aufenthalt 1 bis 2 Std.) -Zentrum müssen Sie mit ca. $ 10 bis 15 rechnen.
- Derselbe Preis gilt auch für eine Rundfahrt durch Oyster Bay (Slipway, Morogoro-Stores, Strandhotels).
- Tagesmiete ca. $ 30 bis 40 (☞ "Transport/Taxi")
- Innerhalb des Zentrums $ 2

Taxistände befinden sich zumindest im Zentrum an fast jedem Eck' u. End'.

Die Region im Überblick

Dar es Salaam - in der Übersetzung bedeutet es "Hafen (Haus) des Friedens" - war vor hundert Jahren noch ein kleines Fischerdorf. Heute zählt es 2,5 Mio. Einwohner und ist eine quirlige, äußerst lebendige Stadt. Sie ist zwar nicht mehr die politische Hauptstadt Tansanias, aber sie ist das wichtigste wirtschaftliche Zentrum des Landes, das Verwaltungszentrum und hat den größten Hafen.

Die Stadt erstreckt sich entlang des Indischen Ozeans und liegt in einer geschützten Bucht. Das Zentrum (das Gebiet zwischen Bibi Titi Mohammed Rd. und Ocean Rd., Ohio Str. und TRC-Bahnhof) schmiegt sind am Anfang dieser Bucht an das westliche Ufer ebendieser. Genau genommen handelt es sich dabei um den Stadtteil Mchafukoge.

Es ist ein- äußerst **kosmopolitisches Zentrum**, Heimat von Afrikanern, Indern, Europäern, US-Amerikanern und Chinesen. Auch die **Architektur** spiegelt diese Vielfalt wider. Neben Gebäuden aus der arabischen, deutschen und britischen Vergangenheit, wie Verwaltungs- und Regierungsgebäude, finden sich indische Tempel, islamische Moscheen, mit Palmwedel gedeckte traditionelle Häuser stehen im Schatten von 20-stöckigen Hochhäusern mit glitzernder Glasfassade.

Die durchgehend sehr gut asphaltierten Straßen und Bürgersteige sind nicht nur mit Fußgängern, Fahrradfahrern und Autos überfüllt, dazwischen machen sich auch unzählige Garküchen breit, fliegende Händler bieten alles mögliche für den Alltag an, an ebenso vielen Straßenständen kann man Souvenirs, Bücher, Zeitungen und Sonstiges erstehen, manche Straßenzüge fungieren als offene Kfz-Werkstatt, andere als Freiluft-Wellness-Center oder temporärer Markt.

In den Läden und Geschäften des Zentrums wird von traditioneller tansanischer oder chinesischer Medizin bis zum PC-Großanlage oder den neuesten japanischen Automobilen alles Erdenkliche angeboten. Manche Kreuzungen verschwinden ganz einfach über Nacht. Jemand hat eine etwas größere Hütte aus Holz dorthin gebaut und bietet Chips, Cola und Ugali an. Ein Schild weist diese Konstruktion als "Paradise-Restaurant" aus. Es kann Wochen dauern, bis es wieder abgerissen ist. Durchforscht man das Zentrum weiß man nie so genau, ob man sich im beginnenden 2. oder 3. Jahrtausend befindet, ob man eine afrikanische Metropole oder ein afrikanisches Dorf durchwandert - diese Begriffe haben in Dar es Salaam keine Gültigkeit.

Erstankömmlinge vermeinen daher gelegentlich Hektik, Stress, sogar Chaos auszumachen - ich versichere Ihnen, das gibt sich schnell.

Und damit Dar es Salaam weiterhin eine gemütlich Stadt bleibt, hat die Stadtregierung (mit Unterstützung der Weltbank) beschlossen, das Zentrum gänzlich umzugestalten - weitgehend Fußgängerzone, Fahrradwege, Grünstreifen, Autoverkehr soweit wie möglich zu verbannen. Der Startschuss fiel Mitte 2005, wann die Realisierung abgeschlossen sein wird, steht noch in den Sternen. Eine Maßnahme wurde aber bereits durchgesetzt: Die Stadtverwaltung hat begonnen, Garküchen- und Straßenstände-Betreiber sowie fliegende Händler mit Hilfe der Polizei zu vertreiben - mit der Buntheit des Zentrums könnte es also bald vorbei sein.

Stromausfälle sind zwar nicht die Norm, kommen während der Regenzeit aber ziemlich häufig vor.

Im Westen schließt an das Zentrum das auf dem Reißbrett entstandene Kariakoo-Viertel an. Ursprünglich der afrikanischen Bevölkerung vorbehalten, wird es nun mehr und mehr vom Zentrum aufgesogen und zum Bestandteil desselben.

Im Norden des Zentrums erstrecken sich weiße Sandstrände entlang einer fast unendlich erscheinenden Menge an Palmen bis nach Kenia. Es sind dies (westlich der Sandstrände) die Stadtteile Oyster Bay und (nördlich davon) Msasani Peninsula. Ehemals reichen Tansaniern, Botschaften, betuchten Ausländern und einigen 5-Stern-Hotels vorbehaltene Refugien, werden auch diese Stadtteile mittlerweile vom "normalen Volk" bewohnt. Dar es Salaam wächst in rasendem Tempo (jährlich 4,3 %), mit derselben Geschwindigkeit nimmt auch dessen Bedeutung für die gesamte Region zu. Für die Wirtschaft von Uganda, dem östlichen Kongo, Sambia, Ruanda und Burundi ist der Hafen Dar es Salaams das Tor zur großen weiten Welt. Daher ist es auch nicht verwunderlich, dass hier heute schon die Preise für Class-A-Büros die höchsten von Afrika sind (egal ob Miete oder Kauf). Dar es Salaam ist auf dem besten Weg, dass zu werden, was Nairobi einmal war - eine Metropole mit internationaler Bedeutung im südlichen Afrika.

Die Innenstadt von Dar es Salaam nach einem heftigen Regenguss (eb)

Geschichte

Das kleine und unbedeutende **Fischerdorf Mzizima** entwickelte sich innerhalb von nur hundert Jahren zur größten Stadt des Landes. Sansibar, Bagamoyo, Pangani und zahlreiche weitere Küstenstädte waren zur damaligen Zeit von weitaus größerer Bedeutung.

Sultan Majid bin Said von Sansibar besuchte 1866 das Festland und war von dem friedlichen, sicheren Hafen beeindruckt. Er beabsichtigte, die Hauptstadt von Sansibar nach Dar es Salaam zu verlegen. Aus diesem Grunde erwarb er Land von der ansässigen Bevölkerung und begann, einen Palast zu bauen. Aber bevor der Bau beendet werden konnte, starb der Sultan. Sein Nachfolger, **Sultan Seyyid Bargash**, verwarf den Plan und Dar es Salaams Entwicklung wurde unterbrochen.

Den nächsten Versuch unternahmen zwei Engländer, **Sir William Mackinon** und **Sir Thomas Fowell Burton**. Sie wollten eine Straßenverbindung von Dar es Salaam bis zum Nyasa-See (heute Malawi-See) herstellen, um die Wirtschaft der Küste mit dem Hinterland zu verbinden. 1877 begannen sie mit ihrem ehrgeizigen Projekt, aber vier Jahre später waren erst 112 km - die so genannte **Mackinon's Road** - fertig gestellt.

Erst durch die Deutschen wurde Dar es Salaam wirklich bedeutend. Ursprünglich war ihre Hauptstadt **Bagamoyo**, nicht weit nördlich von Dar es Salaam. Aber der Hafen von Bagamoyo war nicht tief genug für Dampfschiffe, so dass Überlegungen angestellt wurden, die Hauptstadt nach Tanga zu verlegen.

1891 allerdings wurde, nach Prüfung durch Hermann von Wissmann (Kommandeur der Dt. Schutztruppe, 1895/96 Gouverneur von Deutsch-Ostafrika), die Hauptstadt Deutsch-Ostafrikas nach Dar es Salaam verlegt.

1898 wurde der Grundstein für die römisch-katholische Kathedrale St Joseph gelegt, die 1903 ihre Pforten öffnete. Auch die lutherische Kirche entstand zu dieser Zeit.

1905 begann der Bau der **Eisenbahn**. Das heutige New Africa Hotel steht an jenem Ort, wo bereits die Deutschen 1906 das Hotel "Kaiserhof" errichteten. Zu Beginn des Ersten Weltkrieges war aus dem ehemals bedeutungslosen Fischerdorf die Stadt Dar es Salaam entstanden. Nach dem Weltkrieg forcierten die Briten den Aufbau der Stadt. Zahlreiche kommerzielle und administrative Gebäude wurden errichtet, unaufhaltsame Aufstieg Dar es Salaams - kurz Dar genannt - begann.

Die Stadt wurde in verschiedene Bereiche aufgeteilt, die einer jeweiligen Bevölkerungsgruppe zugeordnet wurden. Heute ist diese Einteilung nur noch rudimentär zu erkennen, zu sehr überlagern wirtschaftliche Interessen ethnisches Denken.

Der ursprüngliche Stadtkern rund um das New Africa Hotel ist noch heute den Verwaltungs- und Regierungsgebäuden vorbehalten. Das asiatische Händlerviertel entstand rund um den Uhrturm (Clocktower).

Der Mnazi Mmoja Park trennt die Innenstadt vom ältesten afrikanischen Viertel Kariakoo. Es wurde bereits von den Briten schachbrettartig angelegt und ist von der Vogelperspektive aus deutlich zu erkennen. An ihren Rändern breitet sich die Stadt immer weiter aus, und der ursprünglich geplante rechteckige Charakter verliert sich in immer dörflicheren Strukturen.

Stadtbesichtigung

☺ Es ist am besten, die Stadt zu Fuß zu erkunden. Als wichtigster Orientierungspunkt bei einem Stadtrundgang dient das **Askari-Denkmal**, das sich an der Kreuzung Samora Avenue/Azikiwe Street (der obere/nördliche Teil heißt Maktaba Str., ist aber nicht in allen Plänen so benannt) befindet. Es wurde zur Erinnerung an gefallene afrikanische Soldaten während des Ersten Weltkrieges errichtet.

Die **Samora Avenue**, in älteren Plänen noch als Independence Avenue bezeichnet, ist - gemeinsam mit der Morogoro Road - die bedeutendste Geschäftsstraße. Unzählige verschiedenartige Geschäfte, Souvenirläden, Cafés, Restaurants, Banken, Fluglinienbüros und Safariunternehmen liegen vor allem an dem Stück von der Ecke Samora Av./Ohio Str. bis zur Kreuzung Samora Av./India Street/Nkrumah Street. An dieser Kreuzung befindet sich der mit Solarzellen ausgestattete **Clocktower** (Uhrturm). In die andere Richtung, von der Ecke Samora Av./Ohio Str. zur Ocean Rd. wird es etwas ruhiger.

❀ Hier befindet sich der **Botanische Garten**, der zwar eine Menge schöner und interessanter Pflanzen beherbergt, aber mit Informationen zu diesen (Beschriftung, Erklärung, Broschüren usw.) sehr sparsam umgeht.

⌘ In diesem Garten liegt das **National Museum**, ein niedriges Gebäude, das 1940 im arabischen Stil errichtet wurde. Das neue, dahinter liegende Gebäude wurde 1963 dazugebaut. Es enthält bedeutende archäologische Funde (*Zinjanthropus boisci* von der Olduvai-Schlucht, 1,7 Millionen Jahre), Ethnographisches (traditionelle Stühle, Werkzeuge, Brauchtum), Historisches (Geschichte der Küste) und viele Fotografien. Immer wieder finden traditionelle Veranstaltungen statt, man muss sich vorher erkundigen, da sie nicht regelmäßig abgehalten werden. Dasselbe gilt für Sonderausstellungen. Der Andrang ist merkwürdigerweise minimal. Ein Souvenirshop mit spärlichem Angebot, jedoch gut mit (teuren) Büchern bestückt, ist vorhanden. Ein Restaurant/Café soll errichtet werden.

Die Grünfläche zwischen den beiden Gebäuden wird von einem Monument - Titel: "Hope and Sorrow" ("Hoffnung und Trauer") - der schwedischen, in Bagamoyo lebenden Künstlerin, Clara Sornas dominiert.

Es wurde am 7.8.1999 im Beisein des US-Botschafters und der Künstlerin sowie weiterer hochkarätiger internationaler Präsenz im Rahmen eines feierlichen Festaktes enthüllt. Der aus Trümmern des am 7.8.1998 zerstörten US-amerikanischen Botschaftsgebäudes bestehende Teil erinnert an die unschuldigen Opfer dieses Attentates. Die roten, aus dem Boden emporstrebenden Terrakotta-Figuren (übersehen Sie nicht die tief im Boden liegenden Gesichter) symbolisieren die ewig keimende Hoffnung auf friedliche Zeiten. Dieses Memorial befindet sich nur vorübergehend an diesem Platz. Es soll einmal in die US-Botschaft übersiedeln. Aus der Werkstatt derselben Künstlerin stammt auch das Denkmal am ehemaligen Sklavenmarkt in ☞ Sansibar.

♦ täglich 9:30 bis 18:00, Eintritt: $ 3

Ebenfalls innerhalb des Botanischen Gartens, nicht weit vom National Museum, befindet sich die **Karimjee Hall**. Sie dient als House of Parliament, wenn die Nationalversammlung in Dar es Salaam (statt in Dodoma) abgehalten wird.

Am Ende der Samora Avenue (bei der Einmündung in die Ocean Road) befindet sich das älteste Krankenhaus der Stadt, das **Ocean Road Hospital**. Es wurde 1904 von den Deutschen erbaut. Der Nobelpreisträger Dr. Robert Koch hielt sich in den Jahren 1896 bis 1898 und 1903 bis 1905 in Tansania auf und forschte auf dem Gebiet der Malaria und Schlafkrankheit. Seine Arbeits- und Forschungsstätte lag aber nicht im Ocean Road Hospital, sondern in der Leichenhalle (Pathologie) des Krankenhauses (Sokoine Drive, gegenüber der Luthuli Road; es ist das weiße, kapellenähnliche Gebäude mit dem Kreuz auf der Kuppel).

Wichtige Geschäftsstraße ist auch die **Maktaba Street**, die am Hafen bei der Kivukoni Front beginnt und sich schnurgerade bis zur Bibi Titi Mohammed Road (nach einer berühmten Politikerin und Sängerin, in älteren Plänen wird diese Straße auch als UWT - "Umoja wa Wanawake Tanzania") in nördliche Richtung zieht.

An der Ecke Kivukoni Front/Maktaba Street befindet sich die **Azania Lutherische Kirche**.

Vom ehemaligen Kaiserhof-Hotel ist nichts mehr übrig geblieben; an seiner Stelle wurde 1968 das **New Africa Hotel** errichtet. 1993 wurde es teilweise abgerissen. Anfang 1999 wurde es wieder eröffnet. Das ehemalige Thorn Tree Cafe war eines der gemütlichsten der Stadt, es war obendrein die touristische Informationsbörse Tansanias schlechthin. Davon ist leider nichts mehr geblieben, heute ist das Hotel ein teurer und unpersönlicher Klotz.

Die **Kivukoni Front**, die sich vom Stadtzentrum entlang des Hafens bis zur Ocean Road zieht, bietet schöne Ausblicke auf den geschäftigen Hafen.

Hier befindet sich auch das **Kempinski Kilimanjaro Hotel**, dessen Roof-Bar hervorragende Ausblicke auf den Hafen und die gesamte Stadt bietet. Ein hervorragender Ort, nicht nur, um schöne Fotos aus der Vogelperspektive zu machen.

Vor dem Ersten Weltkrieg befand sich an der Stelle des heutigen Hotels die Berliner Mission.

Geschäftiges Treiben am Hafen von Dar es Salaam (eb)

Die Kivukoni Front mündet an der Ecke zur Maktaba Street in den **Sokoine Drive** (vormals City Drive). Dieser zieht sich in westlicher Richtung entlang des Hafens bis zum Bahnhof und in östlicher Richtung bis zur Ocean Road.

✞ Gleich nach der lutherischen Kirche Richtung Bahnhof ist auf der rechten Seite die römisch-katholische **Kathedrale St Joseph**, die 1898 bis 1903 erbaut wurde.

Auf der linken Seite befindet sich der Zanzibar-Ferry-Terminal mit den Büros der Schiffsagenturen. Hinter der St Joseph Kathedrale bis zum Bahnhof (Central Railway) stehen einige Gebäude aus der deutschen und britischen Kolonialzeit, die aber kaum zu erkennen bzw. in schlechtem Zustand sind. Hinter der St Joseph Kathedrale rechts ist das ehem. deutsche Gefängnis, und kurz darauf sehen Sie ebenfalls zur rechten Hand die **Central Railway Station**, die 1906 erbaut wurde.

Das **asiatische Viertel** der Stadt erstreckt sich zwischen India Street, Libya Street bis zur Bibi Titi Mohammed Road und Kisutu Street. Es ist ein äußerst lebhaftes Viertel mit unzähligen Läden, Gewürzständen, Imbisslokalen, Obst- und Gemüsemärkten. Es ist angenehm, einfach herumzustreunen, zu schauen und vielleicht das eine oder andere Souvenir zu erwerben. Auch wenn man die Orientierung in den engen Gassen verliert, gelangt man doch irgendwann zum Clocktower, zur Maktaba Street oder Bibi Titi Mohammed Road und weiß wieder, wo man sich befindet. Hier gibt es auch zahlreiche billige Hotels und Restaurants.

Zwischen der Bibi Titi Mohammed Road und Lumumba Street liegt der **Mnazi Mmoja Park**. Darin befindet sich das **Uhuru Torch Monument**. Es symbolisiert die Flamme der Freiheit, welche am Gipfel des Mt. Kilimanjaro am Unabhängigkeitstag (9. Dezember 1961) entzündet wurde. Auf der anderen Seite befindet sich der **Republic Fountain** als Erinnerung an die Republikwerdung.

Hinter dem Mnazi Mmoja Park beginnt das ehemals der afrikanischen Bevölkerung zugedachte **Viertel Kaiakoo.** Vor ca. 15 Jahren standen hier Wellblech- und Lehmhütten, heute hat sich das moderne Dar es Salaam mit mehrstöckigen Betonblöcken, asphaltierten Straßen und einem Höllenlärm breit gemacht. Die Zeit der Bettler, der unzähligen Garküchen am Sandstraßenrand, der "shillingi, shillingi" oder "wazungu, wazungu" rufenden Kinder ist vorbei. Hier wohnen zwar die nicht so Begüterten, aber beileibe noch keine Armen. Die kommen erst 10 km später, dort, wo heute die Lehmbauten mit Wellblechdeckung stehen.

In erster Linie regiert hier das Kleinhandwerk der Händler - die tansanische Privatinitiative. Die international agierenden Konzerne und Investoren errichten ihre Tower und Center aus Beton, Glas und Stahl hier (noch) nicht. Kariakoo ist daher nicht so steril wie die City, vielleicht sogar ein bisschen schmutziger, verfallener, vor allem aber chaotischer und trotz der im Raster angelegten Straßenzüge auch etwas unübersichtlicher. Dafür aber lebendiger und ein gutes Stück afrikanischer als die immer uniformer, werdende City.

☞ Kariakoo ist nicht gefährlicher als die City, d.h. aber auch ab Einbruch der Dunkelheit sollten Sie unbedingt ein Taxi benutzen. Sehr vorsichtig sollten Sie mit Ihrer Kamera umgehen - man liebt es hier gar nicht, auf dieselbe Stufe wie Löwen, Giraffen oder Affen gestellt zu werden und reagiert dementsprechend emotional (vor allem am motivreichen Markt). Am Markt und am umliegen Busbahnhof treiben sich natürlich auch tagsüber viele Taschendiebe herum.

Kariakoo ist auch wesentlich bunter als die City - jeder Laden, jedes Restaurant usw. weist durch Fassadenmalerei auf seine Produkte hin. Diese traditionelle Form der Werbung, die in Dörfern im Aussterben begriffen ist, feiert hier in der Großstadt ein auch künstlerisch beachtliches Comeback.

Es gibt auch noch keine klimatisierten Hamburgerläden, keine Steaks, keine Spaghetti zwischen Chrom und Glas; hier kann man noch in kleinen Restaurants bei Umgebungstemperatur und auf wackeligen Tischen und Sesseln Kochbananen mit Ziege, Ugali oder einfach Reis mit Sauce essen. Ein für viele Touristen wichtiger Unterschied zur City: hier wird auch am Sonntag gearbeitet.

Ein Gang durch Kariakoo bereitet Sie bestens auf andere Städte des Landes vor und bleibt im Gedächtnis haften. Sollten Sie aus irgendwelchen Gründen Dar es Salaam nicht verlassen können, empfehle ich einen Besuch von Kariakoo wärmstens - in der City von Dar es Salaam haben Sie nur einen winzigen, unbedeutenden Ausschnitt von Afrika gesehen.

Mittelpunkt ist der **Markt** von Kariakoo, der größte und sicher lebhafteste der Stadt. Die zentrale Markthalle ist ein modernes, einstöckiges Betongebäude. Es werden Lebensmittel und Artikel des täglichen Bedarfs angeboten, kaum die üblichen Souvenirs, jedoch eine große Auswahl an Flechtarbeiten und Küchenutensilien sowie Kleidung (Kangas usw.). Rund um das Marktgebäude werden Sie im Gedränge auch auf unzählige Straßenhändler und -stände stoßen. Achten Sie hier auf Ihre Wertsachen (die Sie am besten gar nicht mitnehmen).

Die **Ocean Road** beginnt am Ende der Kivukoni Front am Hafeneingang und zieht sich am Meer entlang in nordwestlicher Richtung zum Villenvorort **Oyster Bay**. Erst gelangt man zum Fischmarkt, State House, Gymkhana Sports Ground und Aga Khan Hospital, bis man die Selander-Brücke erreicht.

Der riesige **Fischmarkt** wurde 2002 mit japanischer Unterstützung neu angelegt und ist nun zweigeteilt. Vom Zentrum kommend befindet sich rechts der gewerbliche Teil, links gegenüber liegt der Tourism-Market (der zu etwa 40 % aus Garküchen besteht, angeboten wird fast durchwegs Fisch). Das Angebot des Tourism-Market ist äußerst vielfältig, besteht in erster Linie aus Schnecken-Häusern und Muschel-Schalen, aber auch präparierten Fische (Papageien-, Igel- und Kugelfische) - beachten Sie bei Einkauf das Washingtoner Artenschutzabkommen CITES (☞ "Souvenirs"). Die Ausfuhr von Korallen ist verboten.

Die Kivukoni Front gilt bis zum Fischmarkt als sicher, ab hier nimmt die Besiedlungsdichte rapide ab - es passierten bereits Überfälle auf Touristen.

Kurz nach dem Fischmarkt gibt es aber sowieso nur noch das in einem weitläufigen Park gelegene **State House** zu sehen. Es wurde von den Briten in afrikanisch-arabischem Stil auf den Grundmauern des deutschen "Palastes" 1922 errichtet. Besuch nicht gestattet, striktes Fotografierverbot!!!

Umgebung von Dar es Salaam

Die **Universität** befindet sich ca. 13 km vom Stadtzentrum entfernt am Observation Hill. Sie sieht wie ein modernes Dorf aus und liegt inmitten von Gärten. Von hier hat man wunderschöne Ausblicke auf die Stadt und den Ozean.

⌘ Das **Village Museum** (Kijiji cha Makumbusho) liegt ca. 10 km nördlich des Stadtzentrums entlang der Bagamoyo Road (Ecke Makaburi Str.), etwa 3 km vor dem Mwenge Handicraft Centre. Traditionelle Häuser verschiedenster Ethnien Tansanias wurden in Originalgröße errichtet und so authentisch wie möglich nachgebaut. Jedes einzelne Haus wurde von Leuten errichtet, die tatsächlich in ihrer Heimatregion in solchen Häusern leben. Ausführliche Informationstafeln erklären soziale Struktur sowie Art und Weise des Bauens. Empfehlenswert! Sonn- und feiertags, meist am Nachmittag von 16:00 bis 18:00, werden traditionelle Tanzvorführungen abgehalten. Erkundigen Sie sich beim National Museum in der Stadt über die geplanten Aktivitäten. Ein kleiner Souvenirshop sowie ein Restaurant (Gartenbetrieb) sind dem Museum angeschlossen.

Diese "Häusersammlung" wird laufend erweitert.

♦ täglich 9:30 bis 19:00, Eintritt $ 2, Fotografiergebühr $ 5, Videoaufnahmen sind verboten. Extra-Eintrittsgeld für die Tanzveranstaltungen $ 2. Anfahrt ☞ Mwenge Handicraft Centre. Sie müssen dem Busfahrer sagen, dass Sie beim Village Museum aussteigen wollen.

Auf der anderen Seite der Bagamoyo Rd. befindet sich der **War Cemetery** (Soldatenfriedhof, ehem. Deutscher Friedhof). Wer sich mit der Kriegsgeschichte Tansanias auseinandergesetzt hat, wird hier viele bekannte Namen finden.

Das **Mwenge Handicraft Centre** befindet sich einige Kilometer nördlich des Stadtzentrums an der Mpakani Road. Es ist sicherlich einer der besten Orte, um Souvenirs preisgünstig zu erstehen. Entlang der Straße ziehen sich unzählige kleine Läden, die alle Arten anbieten. Vor allem Holzschnitzarbeiten in allen Preisklassen. Die Skulpturen werden an Ort und Stelle hergestellt und zum Verkauf angeboten. Traditionelle Stühle, Stöcke, Brettspiele, Schmuck, Matten und Korbwaren bereichern das Angebot.

Hier betreibt auch Frau Tecla Damas Nembandiyoko einen Stand. Sie ist mit Sicherheit die erste und einzige schnitzende Frau Tansanias (und wird hier auch von ihren Kollegen anerkannt) und wahrscheinlich die einzige ganz Afrikas. Sie entstammt einer Schnitzerfamilie, ihr Vater war Gründungsmitglied der TCA (Tanzania Carver Association).

☺ Handeln ist in Mwenge oberstes Gebot. Schlendern Sie herum, erkundigen Sie sich über die Preisvorstellungen (sie variieren sehr stark) der einzelnen Händler und überlegen Sie, wie viel zu zahlen Sie bereit sind. Dann erst sollten Sie zu handeln beginnen. Reduktionen um bis zu 50 % sind keine Ausnahme. Viele Schnitzer sind nur Angestellte eines Shopbetreibers, der den Profit einsteckt. Wenn Sie den Schnitzer direkt fördern wollen, achten Sie auf die Hände ihres Verhandlungspartners - Verkäuferhände sehen anders aus als Schnitzerhände. Noch ein Tipp: Wenn sich im Hintergrund des Ladens eine Schnitzerwerkstatt befindet, fällt der Preisnachlass meist größer aus, als wenn es sich nur um einen reinen Verkaufsladen handelt. Bedenken Sie bezüglich der Preise: nicht alles, was alt aussieht ist antiquarisch! (☞ "Souvenirs")

🚌 Um nach Mwenge zu gelangen, nimmt man einen Minibus (Station bei der Hauptpost, Posta mbiya) zur Mwenge Bus Station. Die Busse verkehren ständig während des Tages. Die Mwenge Bus Station befindet sich Ecke Bagamoyo Road/Mpakani Road, von dort sind es nur 100 m die Mpakani Road entlang, bis man zum Mwenge Handicraft Centre gelangt.

☕ Entlang der Straße gibt es Cafés, die Erfrischungen anbieten. Im Handicraft Centre bieten unzählige Garküchen tansanische Speisen an, very basic.

🚗 Taxikosten vom Zentrum nach Mwenge $ 4 bis 5 (retour, inkl. Wartezeit).

Ebenfalls in der Bagamoyo Road, 15 km vom Stadtzentrum entfernt, befindet sich die **Karibu Arts and Crafts Gallery**. Die Galerie bietet vor allem Holzschnitzereien, Batiken, Körbe, Skulpturen, Tonwaren, Musikinstrumente und Malerei.

Africa Sana - nahe der Kreuzung Bagamoyo Rd./Shekilango Rd. gelegen, Taxi ca. $ 5 - hervorragende Textilien, afrikanische Designer-Ware und Accessoires.

Morogoro Stores - hier haben die Tingatinga-Maler (☞ Reise-Infos von A bis Z, Souvenirs) ihr Domizil gefunden. Neben der 17-köpfigen Kooperative um Mr. Saidi Chilambo bieten auch andere Maler ihre Werke direkt vor dem Atelier an - die günstigste Möglichkeit für den an Kunst interessierten Reisenden.

🚗🚌 Vom Dalladalla-Bahnhof in der Kivukoni Front in Dar es Salaam fahren die Dalladallas Richtung Masaki hier vorbei, die Fahrer kennen die Stores. Ein Taxi vom Zentrum kostet ca. $ 6 bis 7 (retour, inkl. Wartezeit)

Msasani - das kleine Fischerdorf (umgeben von den Luxusvillen der Europäer) liegt in der Msasani-Bucht (nach der Oyster Bay). Ruinen arabischer Gräber aus dem 17. Jahrhundert sind hier zu besichtigen (Shiraz Ruins).

The Slipway - sehr großes, gepflegtes Einkaufszentrum und Vergnügungsparadies für Wohlhabende an den Gestaden des Indischen Ozeans (Msasani-Halbinsel, an der Chole Road gelegen) mehrere Restaurants und Bars, Gebrauchtwagenhandel am schwarzen Brett, hervorragendes Souvenirgeschäft, erstklassiger Buchladen (A Novel Idea), Friseur, Kindergarten, Bootsvermietung, Tauchbasis, bewachter Parkplatz, am Abend jede Menge Taxis. Wenn Sie Fun haben wollen, müssen Sie ab etwa 19:00 kommen. Tagsüber kann man aber in Ruhe einkaufen. Auch Tingatinga-Maler haben hier ein Atelier. Im Gegensatz zu den klassischen/traditionellen der Morogoro-Stores, werden hier innovativere, avantgardistischere Gemälde (auch teurere) gefertigt.

Taxikosten ca. $ 10 (retour)

Der riesige Markt in **Tegeta** - am nördlichen Stadtrand entlang der New Bagamoyo Rd. - bietet Afrika pur aus dem Bilderbuch.

Dalladallas Richtung Bagamoyo halten hier oder Sie nehmen einen Dalladalla von Mwenge. Taxi ca. $ 10

Strände nördlich von Dar es Salaam

Falls nicht anders vermerkt, handelt es sich bei den vorgestellten Hotels um solche der Kategorie A bzw. darüber - AA

Aus Sicherheitsgründen sollten Sie die leeren Strandabschnitte zwischen den Hotels und deren Stränden meiden.

Oyster Bay

Fährt man an der Ocean Road entlang, so gelangt man zur Oyster Bay. Der palmenbestückte Sandstrand ist sehr schön, allerdings zum Schwimmen nicht optimal, da er sich zu nahe an der Stadt befindet und nicht sehr sauber ist.

Oyster Bay Hotel, PO Box 2261, ☎ 022/2600352/4, FAX 2600347, obhotel@acaxnet.com22/, war mal ein AA-Hotel, heute etwas renovierungsbedürftig, athmosphären- und traditionsreich sowie günstigste Möglichkeit unter den A-Hotels, ab $ 100 (single) bis 200 (double suite).

Jangwani Beach

Kategorie A: White Sands Hotel, 20 km von Dar es Salaam Richtung Bagamoyo, PO Box 3030, ☎ 022/2647620, FAX 2647875,

✉ whitesands@hotelwhitesands.com, 💻 www.hotelwhitesands.com, ✕ großes Wassersportangebot, Live-Musik, Gymnastik, usw.
Das Wellness-Hotel im europäischen Sinne will erstes Hotel Tansanias werden. Ab $ 105 (EZ) bis 120 (DZ), Diskothek, Water & Fun-Park usw.

- **Belinda Ocean Resort**, kurz nach dem White Sands, ☎ 022/2647549, FAX 2647552, ✉ belinde@africaonline.co.tz, EZ $ 70, DZ $ 100
- Jangwani **Sea Breeze Lodge** (kurz vor dem White Sands), ☎ 022/2647215 oder ☎ 0741/320875, 💻 www.jangwani.com, ✉ info@jangwani.com, $ 100 DZ, während der Nebensaison Sonderangebote an Wochenenden.
- **Kategorie C**: **Mitimirefu Backpackers & Homestay Services**, ca. 15 Gehminuten vom White Sands entfernt (man holt Sie vom Busbahnhof oder Flughafen ab), nicht direkt am Strand, ca. 5 Min. entfernt, ✕

Msasani

🛏 **Kategorie A**: **Sea Cliff Hotel**, Toure Drive, ☎ 022/2600444, FAX 2600476, 💻 www.hotelseacliff.com, ✉ gm@hotelseacliff.com, riesengroße Hotelanlage, Fitness-Center, 🏊 ✕ 🍷 Garten, Läden usw., jede erdenkliche Art von Wassersport, Safari, Tagesausflüge, von $ 160 bis 240

- **Golden Tulip Hotel**, Toure Drive, ☎ 022/2600288, FAX 2601443, ✉ enquiries@goldentuliptanzania.com, 💻 www.goldentulip.com
- **Coral Beach Hotel**, ☎ 022/2601928, FAX 2601547, ✉ info@coralbeach-tz.com, 💻 www.coralbeach.tz.com, bietet auch alles, was das Herz begehrt. EZ $ 120, DZ $ 145

Kamelreiter am Strand von Dar es Salaam (eb)

🛏 **Kategorie B: Akana Lodge**, Old Bagamoyo Rd. (ca. 15 km vom Zentrum, Taxi ca. $ 5, laufend Dalladallas), ☏ 022/2775261, 2700122, 💻 www.akanalodge.com, ✉ interline@africaonline.co.tz, $ 50 (EZ), $ 70 (DZ), nicht am Strand gelegen!

Kunduchi Beach und Bahari Beach

Der bekannteste Strand von Dar es Salaam ist der Strand von Kunduchi, ca. 24 km nördlich der Stadt. An Wochentagen ist es hier sehr ruhig, am Wochenende nutzen die Stadtbewohner die Gelegenheit, Strand und Meer in unmittelbarer Nähe zu genießen.

Beim Dorf Kunduchi kann man Fischer bei ihrer Arbeit beobachten und wunderschöne Palmenstrände laden zum Baden ein. Bei Ebbe zieht sich das Meer weit zurück, und man genießt den Swimmingpool. Sämtliche Strandhotels verlangen dafür eine Eintrittsgebühr von $ 0,80 bis $ 1/Tag. Die Hotels bieten Bootsafaris zu den Inseln Mbudya, Sinda, Mbuji, Bongoyo und Fungu Yasini. Ferner werden alle Arten von Wassersport angeboten.

🛏 **Silversands Hotel**, (Kategorie C) ☏ 022/2650231, FAX 2650428, ✉ relax@silversands.co.tz, sehr einfache, dafür aber günstigste Anlage an den nördlichen Stränden, $ 20 (EZ) bis $ 45 (double deluxe), ✕ ⛺, auch Schlafsaal/dormitory

♦ **Bahari Beach Hotel**, PO Box 9312, ☏ 022/2650351/2, FAX 2650351, ✉ bbhbuz@intafrica.com, EZ $ 90, DZ $ 110, auch schön, auch alle Wassersportmöglichkeiten, 🏊 ✕ 🍷, Läden usw.

Fischer (eb)

- **Kunduchi Wet 'n'Wild Water Park** (Hotel), ☏ 022/2650326/8, FAX 2650332, ✉ wetnwild@raha.com. Das Kunduchi Beach Hotel wurde 1971 im arabischen Stil erbaut und zählte auf Anhieb zu den weltweit 100 besten Beach-Hotels. Planungsfehler und Missmanagement ließen das Hotel schnell zur Ruine verkommen. Dramatisch war v.a. dass die Meereswellen den Strand wegfraßen. Nach einigen gescheiterten Privatisierungsversuchen ist das Hotel seit 5 Jahren in privater Hand und wurde aufwendig renoviert. Es entstand ein Fun-Paradies mit 7 Swimmingpools, 22 Wasserrutschen, Golfplatz (auf Mbudya-Island), Restaurants und Bars, Läden, Gokart-Bahn, Live-Musik, usw. Kurz gesagt, der größte Funpark im östlichen und zentralen Afrika. Ach ja, Zimmer haben sie auch: ab $ 100
- Maua Beach (Swiss Rest House), wie der Name vermuten lässt unter schweizer Leitung, nahe dem Kunduchi Wet 'n Wild Water Park Hotel, ☏ 00255/22/2650229, ✉ maua-beach@maua-beach.ch, 💻 www.maua-beach.ch, DZ $ 50, EZ $ 35, Appartement $ 70 (2 Personen), $ 60 (Einzelbelegung)

Die **Kunduchi-Ruinen** befinden sich etwa 1 km neben dem Kunduchi Beach Hotel. Die Moschee aus Korallenkalkstein stammt aus dem 15. Jh., aus dem 18. Jh. zahlreiche Säulengräber. In einem Grab sieht man noch eine Porzellanschüssel, die früher alle Gräber verzierte. Der muslimische Friedhof in Kunduchi wird noch genutzt und sollte deshalb mit Respekt betreten werden. Aus Sicherheitsgründen sollte man die Ruinen nicht allein besichtigen!

☺ **Anfahrt zu den nördlich gelegenen Strandhotels**: Dalladallas von der Kivukoni-Front bzw. von Mwenge (sagen Sie dem Chauffeur oder Schaffner, bei welchem Hotel Sie aussteigen wollen). Ein Taxi kostet ca. $ 15 ab Zentrum (einfach).

Strände südlich von Dar es Salaam

Bezüglich Sicherheit wie zuvor.

- **Sunrise Beach Resort** (das nächste zur Stadt, fast noch in der Stadt, im Stadtteil Kigamboni), PO Box 21210, ☏ 022/2820862, 0744/265607,

FAX 2182314, info@sunrisebeachresort.co.tz, www.sunrisebeachresort, 14 Makuti-gedeckte Bungalows, Garten, $ 30 bis 95 (je nach Ausstattung), Campingmöglichkeit ($ 4/Person, ohne Frühstück)

♦ **Ras Kutani Beach Resort** (ca. 28 km von Dar es Salaam entfernt), Bungalow-Dorf (ethnic-style) in traumhafter Bestlage, alle Wassersport-Möglichkeiten usw., Airstrip vorhanden. Der Luxus hat seinen Preis: ab $ 200 aufwärts/Pers. im DZ in der Nebensaison. Betrieben wird das Resort von der südafrikanische "Conservation Corporation Africa", afrikaweit die größte Öko-Tourismus-Kette, Private Bag X27, Benmore 2010, South Africa, 0027/11/8094300, www.ccafrica.com (Info), Lodge Reservations FAX 0027/11/8094400, reservations@ccafrica.com oder The Selous Safari Company, PO Box 1192, Dar es Salaam, 022/2134802, 2113220, FAX 2112794, info@selous.com, www.selous.com. CC Africa betreibt auch Unterkünfte in der Serengeti, Ruaha NP, Lake Manyara NP, Ngorongoro CA und Selous WR, siehe dort)

♦ Etwas weiter südlich das **Protea Amani Beach Hotel**, 022/2667760 oder 0744/410033, proteamani@amanibeach.com, www.amanibeach.com, Makuti-gedecktes Bungalowdorf in großem Garten/Wäldchen, achten Sie auf Paviane, sie stehlen alles, jede Art von Wassersport, ab $ 140 (single) bis 240 (double), Vollpension, nicht gar so idyllisch wie vorgenanntes.

Kategorie B/C: Kipepeo Beach Village, ca. 6 k m südlich Dar es Salaams, 022/2820877, 0744/276178, 0748/777773 info@kipepeovillage.com, www.kipepeovillage.com, ethnic-style Bungalows (Bandas) $ 50 (single), $ 65 (double), 95 (triple) jew. inkl. Frühstück, budget-Zimmer für $ 13 (single), 20 (double) und 28 (triple) ohne Frühstück ($ 5/Pers.). Bar vorhanden, Campingmöglichkeit ($ 4/Pers.).

Um dorthin zu gelangen, müssen Sie in Kivukoni die Fähre nach Kigamboni nehmen (nahe Fischmarkt, $ 0,10), von dort entweder ein Taxi oder ein Dalladalla bis Mji Mwema (sagen Sie dem Schaffner, dass Sie zum Kipepeo Village wollen), von dort wo er Sie raus lässt sind es noch ca. 500 m zu Fuß. Kipepeo bedeutet im Ki-Swahili übrigens Schmetterling.

Region Mt. Kilimanjaro

Kibo vom Weg Mawenzi Tarn Camp zu Kibo Hut mit Assistant Guide Gabriel Moshi (rd)

Die Region im Überblick

Die Region rund um den Mt. Kilimanjaro ist nicht nur das touristisch erschlossenste Gebiet Tansanias, sondern auch das faszinierendste und vielfältigste. Hier befindet sich der höchste Berg Afrikas, der ewig schneebedeckte Mt. Kilimanjaro mit seinen 5.895 m. Seine Besteigung zählt zu den spektakulärsten Erlebnissen eines Tansania-Aufenthaltes. Man durchquert mehrere Vegetationszonen, vom Bergdschungel über Heidelandschaft, bis Eis und Schnee erreicht werden.

Keinesfalls übersehen dürfen wir die Menschen und deren Kultur dieser Region. In erster Linie sind hier die nomadisierenden Massai zu nennen. Standen sie vor einigen Jahren dem Tourismus noch gänzlich ablehnend gegenüber, sind sie heute stolz, einem stressgeplagten Europäer oder US-Amerikaner eine Kultur vorzustellen, von deren Vielschichtigkeit dieser nicht einmal etwas ahnte. Reisen bildet, wandern mit einem Massai kann Ihre Lebenseinstellung über den Haufen werfen.

Nach einem erfolgreichen Gipfelsturm kann man sich in die unendlichen Weiten der **Serengeti** begeben, dem wohl bekanntesten Tierpark der Welt. Er ist nicht nur durch den Film "Die Serengeti darf nicht sterben" berühmt, sondern mittlerweile auch bei uns als Region der aufsehenerregendsten Wanderungen von Tausenden und Abertausenden von Wildtieren auf der Suche nach Wasser bekannt.

Aber auch andere Nationalparks sind hier zu finden. Jeder hat seine ihm eigene Vegetation, seinen eigenen Charakter und einzigartigen Charme. Der **Ngorongoro-Krater**, ein erloschener Vulkan mit einem Durchmesser von 20 km, bietet das ganze Jahr über Wildtieren Nahrung und Wasser. Vom Kraterrand, auf 2.800 m Höhe, geht es durch Dschungel steil zum Kraterboden, und Sie sind sofort von Elefanten, Gazellen und nicht selten Nashörnern umgeben.

Für archäologisch Interessierte ist der Besuch der **Olduvai-Schlucht** ein unbedingtes Muss. Hominiden mit einem Alter von 1,75 Mio. Jahren und Fußabdrücke aufrecht gehender Lebewesen, die ein Alter von 3,5 Mio. Jahren aufweisen, sind es, die Besucher aus aller Welt anziehen.

Auch ein Besuch des **Tarangire NP** bietet sich an. Der Park ist durchzogen vom ganzjährig wasserführenden Tarangire-Fluss, der auch in der Trockenzeit Wildtiere jeder Art anlockt. Charakteristika dieses Parks sind seine riesigen Baobabs und die enormen Elefanten-Herden.

Im **Lake Manyara NP** wiederum ist es der See mit Tausenden von Flamingos, der dem Nationalpark seine besondere Note verleiht. Der **Arusha NP** ist ein Paradies für Vögel und ein immergrüner Park mit Kratern, Seen und dem zweithöchsten Berg Tansanias, dem **Mt. Meru**. ☞ "Nationalparks".

Last, but not least, ist noch das Wander-Paradies der **Usambara-Berge** vorzustellen. Bis vor kurzem noch in einem Dornröschen-Schlaf befindlich, wird diese enorm fruchtbare und landschaftlich wie biologisch unglaublich reizvolle Gebirgs-Region mit den vielen kleinen bis winzigen Dörfern aktuell vom Tourismus entdeckt. Der großteils christlich dominierte Hauptort **Lushoto** bietet pralles, ursprüngliches tansanisches Lebens gepaart mit kolonialgeschichtlichem Ambiente. Wer gerne wandert und etwas mehr über die tansan. Kultur wissen will, ist hier genau richtig.

Lushoto

- **i** CTP (**Cultural Tourism Programme**), Plan Nr. 1 ☏ 027/2507515, ✉ usambaras2000@hotmail.com, ursprünglich niederländisch-tansanische (☞ Arusha), aktuell rein tansanische NGO (ein Zweig der "Friends of Usambara"), täglich 9:00 bis ca. 17:00, aktueller chief: Jerome Mwamboneke, ☏ 0784/449311, ✉ jeromemwamboneke@yahoo.com
- ♦ TAYODEA (**Tanga Youth Development Association Tour Care Eco & Cultural Tourism Programme**), Plan Nr. 2, ☏ 0784/861969, 0713/771087, ✉ youthall2000/yahoo.com, NGO aus Tanga, täglich ca. (!) 9:00 "till the evening" (ca. 17/18:00 je nach Andrang)

Beide genannte Organisationen arbeiten - nach eigenen Angaben - gemeinnützig (zumindest theoretisch kann man das so stehen lassen) in der Entwicklung der Region, Unterstützung der Bewohner im Allgemeinen (Errichtung von Schulen, Krankenhäusern/Erste-Hilfe-Stationen, Schaffung von Arbeitsplätzen, Unterstützung div. meist landwirtschaftlicher Entwicklungs-Projekte) und der Betreuung unterschiedlicher Projekte (Schule für Blinde, Waisenheim, Integration Körperbehinderter, Betreuung von Straßenkindern usw.).

Das CTP agiert seit über 10 Jahren, TAYODEA ist erst in jüngster Zeit auf den Zug aufgesprungen. Beide Organisationen sind eher als tour operator denn als Tourist-Info anzusprechen (geizen aber trotzdem nicht mit kostenlosen touristischen Auskünften).

Die angebotenen Touren (siehe nächsten Seiten) sind organisatorisch, qualitativ wie monetär gleichwertig, die kulturelle Seite (Vorstellung/Erklärung kulturspezifischer Phänomene der Region: Landwirtschaft, Bewässerungsanlagen, Regenwald-Konservierung usw. - Herzstück des CTP in seiner

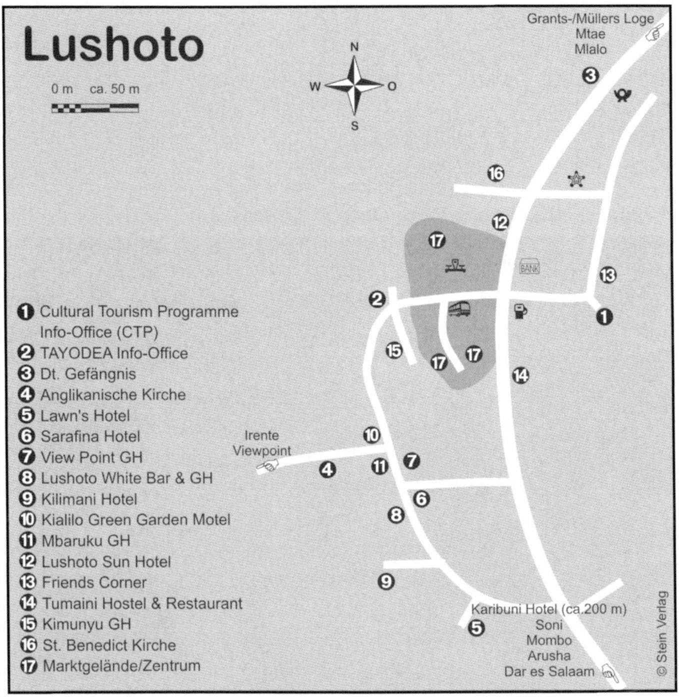

ursprünglichen Form) wird von beiden jedoch mehr und mehr in den Hintergrund gedrängt (Sie müssen selbst eisern nachfragen). Gesellschaftspolitische Auskünfte sollten Sie mit Vorsicht genießen (so ist es z.B. schon lange nicht mehr üblich, für eine Ehefrau 80 Kühe zu "bezahlen"). Beide Organisationen stellen englischsprachige guides aus der Region und kassieren im Voraus. Zahlen Sie nur gegen Beleg/Rechnung. Die guides von CTP verfügen über einen Ausweis.

Es gibt auch **unabhängige guides** - teils "Abtrünnige" des CTP -, die auf eigene Faust arbeiten. Einige dieser guides stehen kurz davor, eine dritte "Info"-Organisation zu bilden. Im Gegensatz zu den beiden oben genannten Organisationen sind bei diesen unabhängigen guides Preisverhandlungen möglich (da die Gemeinnützigkeit entfällt). Diese Gruppe - und teils auch die beiden zuvor genannten - lernen ihre Kundschaft durch Ansprechen in den Straßen und Hotels von Lushoto kennen. Von einem (lästigen) guide-Unwesen (wie in Arusha beispielsweise) kann aber (noch) nicht gesprochen werden. Zahlen Sie bei unabhängigen guides jedoch nicht unbedingt im Vorhinein (physische Rechnung gibt es keine). Angeboten werden dieselben Touren wie oben.

Am Rande des Marktes/Zentrums von Lushoto (gh)

Schließlich gibt es noch "Usambara Active Safaris" (im Zentrum des Marktes), ein **privater tour operator**, er bietet dieselben Touren wie die o.g. Organisationen an, etwas teurer allerdings.

Ganz zuletzt noch die "besseren" **Hotels** - in erster Linie sind hier das Grant's, Mueller's Lodge, Lawn's und das Kialilo Green Garden Motel zu nennen. Es ist dies die teuerste Möglichkeit, Kultur und Natur der Usambara-Berge zu erforschen. Es ist damit zu rechnen, dass in naher Zukunft auch die billigeren Hotels Wandertouren anbieten bzw. vermitteln.

Eingang vom Kialilo Green Garden Motel (rd)

Unterkünfte: Alle angeführten Preise verstehen sich als Zimmerpreise, wenn nichts anderes vermerkt ist. Moskitonetze vorhanden. Aufgrund des sich mehrenden Touristenstromes ist damit zu rechnen, dass a) die Anzahl der Hotels steigen wird (vornehmlich in den höheren Kategorien) und b) die Preise generell steigen werden.

Kategorie D

- **Kilimani Hotel** (Plan Nr. 9), ☏ 0757/012484, DZ self contained $ 7 bis 9 (je nach Ausstattung), $ 3 (gemeinschaftl. Nassräume), grandiose Bar/Beer Garden, wenn Sie hier nächtigen wollen, benötigen Sie Gehörschutz.
- **New Milimani Lodging**, DZ $ 4 (self contained), DZ nicht self contained (franz. Bett) $ 2,50, gegenüber dem Sarafina, sehr kleines Restaurant vorhanden
- **Sarafina Hotel & Lodge** (Plan Nr. 6), nur DZ nicht self contained $ 2, kein Restaurant, Bar vorhanden
- **Lushoto White Bar & Guesthouse** (Plan Nr. 8), DZ $ 6,50, EZ $ 5,50, suite $ 5, alle self contained, DZ nicht self contained $ 5, klein aber fein, Bar/Restaurant vorhanden, schöne vorgelagerte Terrasse mit Blick über die Stadt.

- **Classic Grocery & Guest House** (neben dem Lushoto White), Notlösung
- **View Point Guesthouse** (Plan Nr. 7), schräg gegenüber dem Lushoto White, DZ nicht self contained $ 4, DZ self contained $ 6, EZ self contained $ 5, ☏ 0753/093346, kein Restaurant, Bar vorhanden
- Das **Mbaruku Guesthouse** (Plan Nr. 11, nur EZ self contained $ 5,50) liegt gegenüber dem View Point und ist auch im Besitz desselben, hier wurde Februar 2007 begonnen, ein Restaurant zu errichten, vom Parkplatz (demnächst zur Hälfte Restaurant) schöner Blick über die Stadt.
- **Kialilo Green Garden Motel** (Plan Nr. 10), ☏ 027/2643466, ✉ kialilo@yahoo.co.uk, neben dem Mbaruku, erst 2006 fertiggestellte schöne Anlage, DZ $ 15, EZ $ 12, beide self contained, Restaurant/Bar vorhanden (außer Bier keine alkoholischen Getränke), Autoverleih (nach Mombo $ 30, Moshi $ 350, Tanga $ 200, Bagamoyo $ 400), Tour-Angebot (guide $ 20/Tag), Tagestour (half driving, half walking) $ 120
- **Florida Hotel & Bar**, im Gebäude der TAYODEA - nur Bar vorhanden, Notlösung
- **Kimunyu Guesthouse** (Plan Nr. 15), EZ $ 2,50, DZ $ 3, beide nicht self contained, sehr einfach, sehr sauber, sehr nett
- **New Friends Corner Hotel, Bar & Guesthouse & Lodge-Cabins**, Plan Nr. 13, ☏ 0786/569095, DZ self contained $ 5 (franz. Betten, keine Moskitonetze), EZ nicht self contained $ 3, Restaurant/Bar vorhanden
- **St. Benedict's Hostel** (neben der kath. Kirche), Eingang an der Rückseite, DZ $ 15, EZ $ 11 beide self contained (riesige Nassräume), sehr sauber, sehr freundlich, sehr kirchlich, vielleicht etwas überpreist, Restaurant
- **Lushoto Sun Hotel** (Plan Nr. 12), ☏ 027/2640082, 0786/421790, DZ $ 12, EZ $ 10, beide self contained, Restaurant/Bar vorhanden
- Neben Lushoto Sun die **Super Lodge** - Notlösung
- **Tumaini** (= Hoffnung in Swahili) Hostel & Restaurant (Plan Nr. 14), ☏ 027/2640094, ✉ tumaini@elct-ned.org, EZ nicht self contained $ 7, EZ self contained $ 8, DZ self contained $ 14, Restaurant mit Garten vorhanden (kein Alkohol-Ausschank), kirchliches Hotel/Restaurant (Evangelist Lutheran Church in Tanzania), klinisch sauber, freundlich, Internet-Cafe, alle Zimmer mit Balkon (in großen Innenhof blickend), bezüglich Preis-Leistungs-Verhältnis die beste Adresse in Lushoto (wenn auch eine etwas sakrale Atmosphäre)

- **Karibuni Lodge** (kurz vor Lawn's Hotel, etwas zurückversetzt an der Hauptstraße nach Mombo gelegen, ca. 30 Min. ins Zentrum), ☏ 0784/474026, $ 6,50 im Schlafsaal (6 Betten), EZ 12, DZ 16 (beide self contained), Restaurant vorhanden, nette Anlage
  Für Karibuni Lodge und das in Kat. C angeführte Lawn's Hotel gilt gleichermaßen: Wenn Sie hier nächtigen wollen, sagen Sie dem Bus-Chauffeur/Schaffner, er soll Sie hier aussteigen lassen (sonst müssen Sie vom Zentrum wieder ca. 15 Min. retour latschen).
- Louis Camping Center, ☏ 0787/471618 (Manager Peter), ziemlich skurrile, nichtsdestotrotz ungeheuer liebreizende Anlage direkt am Irente View Point (neben der Irente View Cliff Lodge); in ihrer entwaffnend-arglosen Gemütlichkeit vor allem aber ein nicht zu überbietender Beweis tansanischen Pioniergeistes. 3 Bandas (nicht self contained) für je 2 Personen, Restaurant vorhanden (auf Vorbestellung kocht Peter auf drei Steinen und offenem Feuer überraschend gut), von der Terrasse herrlicher Ausblick auf die Massai-Steppe und umliegende Bergwelt, mehrere ⛺ camp-sites vorhanden (kein Zeltverleih), Parkplatz vorhanden usw. - grandios! Zumindest einen Besuch wert. $ 4/Person (egal ob in Bandas oder Zelt).
- **Juu Lodge der Irente Farm** (am Weg zum Irente View Point), DZ $ 13 bis 19 (je nach Größe), ⛺ Camping möglich ($ 2,50/Person, kein Zeltverleih), ☏ 027/2640000
- **Swiss Farm Cottages**, zwischen Lushoto und Mueller's Mountain Lodge, ☏ 027/2640155, 0748 700813, $ 15/Person im DZ, Restaurant vorhanden. Man bemüht sich, aber wenn Sie dieses Angebot nicht nützen, haben Sie auch nichts versäumt ...
- In Soni Falls (am Weg nach Mombo, ca. 30 Min. mit Dalladalla entfernt) noch das **Old Soni Falls Hotel** (5 Gehminuten von den Fällen entfernt, leider kein direkter Blick, etwas außerhalb der Ortschaft Richtung Lushoto), ☏ 0784/992817 (Manager Peter J. Kika), DZ $ 12 (self contained, mit den größten Nassräumen, die ich je in Tansania gesehen habe), Restaurant/Bar vorhanden, sehr nett

Kategorie C

- **Lawn's Hotel** (Plan Nr. 5), ☏ 027/2640005m 2640066, ✉ lawnstony@yahoo.com, 💻 www.lawnshotel.com, DZ $ 35 (self contained), $ 14 (nicht self contained), EZ $ 30 bzw. $ 11, zählt zu den ältesten

Hotels Tansanias und steht heute unter austral. Leitung. Das ehrwürdige Gemäuer wurde zwar erst kürzlich renoviert, allzu viel darf man sich aber trotzdem (noch) nicht erwarten - bei Regen sitzen Sie auf der schönen Terrasse nach wie vor in demselben. Wer allerdings kolonialen Charme und Ambiente wünscht, ist hier richtig und gemütlich ist es jedenfalls (auch ein bisschen chaotisch). Großer, schöner Garten, gutes Restaurant und Bar, 10-Loch-Golfanlage (in Miniatur-Format), rel. große Zimmer mit ziemlich großen Duschen/WCs. Ca. 10 Min. ins Zentrum (egal auf welcher Straße).

Kategorie B

- Ziemlich weit außerhalb Lushotos (nahe Mkuzu-Village) **Mueller's Mountain Lodge**, ☏ 027/2640204, 0748/315661, ✉ mullersmountainlodge@yahoo.com, 💻 www.mullersmountainlodge.co.tz und **Grant's Lodge**, ☏ 027/2642491, ✉ tanga4@tanga.net, 💻 www.grantslodge.com, bei beiden Restaurant, Bar vorhanden, ebenfalls Autoverleih (man holt Sie von Lushoto natürlich ab), geführte Wanderungen usw. Beides sind ehemalige Farmhäuser aus den 30er- resp. 40er-Jahren und liegen in parkähnlichen Gärten am Rande des Magambo-Forests. DZ ab $ 40, EZ ab $ 30 je nach Ausstattung, Lage usw.
- Weiter noch die **Irente View Cliff Lodge** (direkt am Irente View Point), EZ $ 50, DZ 65 (aufwärts), ☏ 027/2640026, ✉ info@irenteview.com, 💻 www.irenteview.com und die **Lushoto Executive Lodge** (ca. 1,5 km außerhalb der Stadt) - Preise wie zuvor, ☏ 0784/494664 (director), 0784/360624, ✉ lushoto@lushotoexecutivelodge.co.tz, 💻 www.lushotoexecutivelodge.co.tz

☺ Bei allen genannten Restaurant, Bar, Autoverleih (man holt Sie von Lushoto-Bushaltestelle kostenlos ab, vom Flughafen gegen Aufpreis), geführte Wanderungen.

✕ Das Restaurant des Tumaini-Hostel ist sicherlich das beste der Stadt, auch das im Lawn's ist O.K., hinter der Tankstelle noch das Fadhil-Restaurant mit köstlichen Snacks, im Marktgelände mehrere sehr einfache Restaurants und Garküchen.

BANK Bank/Post - siehe Plan

☏ Telefon - TTCL neben dem ELCT-bookshop

@ Internet-Café im Tumaini-Hostel

⌘ **Sehenswürdigkeiten**: Kath. Kirche St. Benedict (Plan Nr. 16) - falls Sie die riesige Kirche innen besichtigen wollen: Fragen Sie im nebenan gelegenen Hostel.

♦ Postamt und Gefängnis aus deutscher Zeit (siehe Plan), beide werden noch als solches genutzt - strengstes Fotografierverbot!

♦ Im Zuge einer "town-tour" werden auch mehrere private Gebäude aus deutscher Zeit besucht.

Einkauf: Der große Markt bietet so gut wie alles.

Bücher: ELCT-bookshop, neben Tumaini Hostel, bietet auch mäßiges Souvenir-Angebot.

Weiterfahrt

Die 35 km lange Straße nach Mombo ist asphaltiert, auch die 259 km nach Moshi und die 339 km nach Arusha.

Täglich 3 Direktbusse nach Moshi bzw. 1 nach Arusha zwischen 7:00 und 7:30, wenn Sie das nicht schaffen, fahren den ganzen Tag über Dalladallas nach Mombo (Kreuzung), hier halten zumindest den ganzen Vormittag über die billigeren Buslinien Richtung Moshi/Arusha; die besseren/teureren Busse halten am Liverpool-Hotel ca. 3 km von der Kreuzung Richtung Norden (von Lushoto an der Kreuzung rechts) ODER: Taxi von Lushoto zum Liverpool-Hotel ca. $ 20 (unterwegs können Sie dabei noch die Soni-Wasserfälle besuchen).

♦ Vormittags bis ca. 11:00 mehrere Direktbusse nach Dar es Salaam.

♦ Um nach Tanga zu gelangen, müssen Sie zuerst nach Mombo - Kreuzung oder Liverpool-Hotel.

Die auf ca. 1.700 m Höhe liegende freundliche Kleinstadt Lushoto blickt auf eine sehr lange Geschichte zurück; archäologische Beweise datieren zurück bis ins 2. Jahrtausend v.Chr. Ins Rampenlicht der internationalen Öffentlichkeit rückte es aber erst, als es die deutschen Kolonialherren in Wilhelmstal umbenannten und zur Hauptstadt von Deutsch-Ostafrika machen wollten.

Bedingt durch das ausgesprochen freundliche Klima (tagsüber warm, nachts kühl bis sehr kühl, nehmen Sie warme Kleidung mit) erlangte es einen Art Kurort-Status bei den malariageplagten deutschen Verwaltungsbeamten und Missionaren. Letztendlich wurde aber doch dem Hafen von Dar es Salaam der Vorzug gegeben. Der "Kurort" Lushoto blieb aber bestehen, noch heute erinnern eine Vielzahl von Gebäuden aus dieser Zeit daran.

Auch die nachfolgenden britischen Kolonialherren lernten die klimatischen Vorteile Lushotos zu schätzen. Zu ihrer Zeit waren bereits sehr viele Europäer in den Usambara-Bergen, teils als Kurgäste, teils als ansässige Farmer. Es musste daher eine Trennung nach Schichten erfolgen - die "besseren" Briten hielten sich ab diesem Zeitpunkt in Mkuzi auf (etwa 20 km nordöstlich von Lushoto), das britische Administrationsvolk in Lushoto. Es müssen wirklich sehr viele gewesen sein, denn anders ist die Tatsache, dass ausgerechnet Lushoto 1930 die erste Ortschaft Tansanias (eigentl. Tanganyikas) war, die über elektrischen Strom verfügen konnte, nicht zu erklären (Stromausfälle sind heutzutage dennoch an der Tagesordnung).

Doch der touristische Stern Lushotos und der Usambara-Berge versank langsam aber sicher. Es blieb lediglich die ungeheure Fruchtbarkeit des Bodens. Auch heute kommt praktisch alles Obst und Gemüse für die besseren Hotels und Restaurants in Dar es Salaam, Arusha und Moshi aus den Usumbara-Bergen. An Industrie ist lediglich die Wattle Lion Comp. zu nennen, sie verarbeitet den hier geernteten Tee zu Teebeuteln. Als 1961 der letzte britische Verwaltungsbeamte das Land verließ, wurde Lushoto zu einem unbedeutenden Dorf. Das könnte sich aufgrund der nun angeführten Tätigkeiten bald ändern.

Noch eins: Wenn Nebel in Lushoto und Umgebung aufzieht, sollten Sie schleunigst einen Unterstand suchen - 5 Min. später schüttet es wie aus Kübeln.

Ausflüge in die Umgebung

Das touristische Potenzial Lushotos als Wanderparadies wurde vor etwas mehr als 10 Jahren entdeckt und in Form des Cultural Tourism Programme (☞ Arusha/Umgebung) erfolgreich vermarktet. Aktuell befindet sich Lushoto an der Kippe vom "Geheimtipp" zur großen, touristischen Zentrale. Dieses nicht umsonst, denn Lushoto liegt mehr oder weniger inmitten eines der übrigen Welt verborgenen (bzw. vergessenen) Paradieses. Die **Usambara-Berge** sind - obwohl nicht so hoch - doch mindestens genauso majestätisch und wertvoll wie der Kilimanjaro; die Erforschung dieser Region ist - 'mal rein touristisch betrachtet - oberstes Gebot. Grundsätzlich betrachtet kann man die Usambara-Berge natürlich auch wochenlang bewandern/entdecken/erforschen usw. Da die Beschreibung solcher Unternehmungen ein eigenes Buch erfordern würde, kann ich hier nur die prominentesten Wanderrouten vorstellen, und dieses auch nur kurz - schön sind alle. Wie bereits unter "Info" erwähnt, bieten alle Anbieter dieselben Touren an (die sich nach dem vorhandenen Straßen- bzw. Wegesystem richten). Alle Anbieter verfügen über mehr oder weniger exakte Karten, anhand derer die Möglichkeiten erklärt werden.

Die Preise zwischen TAYODEA und CTP variieren nur leicht, die unabhängigen Anbieter sind etwas billiger, die von den Hotels durchgeführten Touren sind die teuersten (auch die luxuriösesten).

Zurzeit starten alle Touren in Lushoto (da hier die Organisatoren beheimatet sind, ausgenommen sind die unter Kat. B angeführten Hotels), es ist allerdings nur eine Frage der Zeit, bis auch in anderen Orten Organisations-Strukturen erwachsen; das Old Soni Falls Hotel beispielsweise.

Da der eher als lieblich zu charakterisierende östliche Teil der Usambara-Berge extensiv landwirtschaftlich genutzt wird, finden alle Wanderungen im westlichen - "wilderen" - Teil statt (mit seinen extravaganten Bergformen könnte man ihn sogar als bizarr beschreiben). Dennoch ist auch hier ein großer Teil des Berglandes Kulturland und nur der Grad der Steilheit (sowie einige gesetzgebende Körperschaften) bieten den landwirtschaftlichen Ambitionen Einhalt. Von der ursprünglichen Flora (immerfeuchter Regenwald) ist aber noch genügend vorhanden, um ins Staunen zu verfallen (manche Forest Reserves wurden bereits 1908 ins Leben gerufen).

Man darf allerdings nicht eine mehrtägige Wanderung durch die Wildnis (wie am Kilimanjaro) erwarten, der Gang durch den Magamba Regenwald z.B. ist am Hauptweg nach 2 bis 3 Stunden vorüber (reine Gehzeit ohne Fotostops), danach beginnt wieder Landwirtschaft (es existieren aber genügend Pfade, um hier tagelang abseits des Hauptweges herumzustreifen). In der Praxis sind die Wanderungen daher eine Abwechslung von Wildnis und Kulturland. An Tieren werden Ihnen außer einer großen Menge an Vögeln und Schmetterlingen lediglich einige Affenarten (Colobus, Paviane, Meerkatzen) vor die Linse kommen, vielleicht ab und zu ein Ducker. Alle größeren Tiere (darunter auch Leoparden) haben sich weit in das Dunkel des Waldes zurückgezogen.

Preis-Orientierung:

- ▷ Halbtagestouren (z.B. Irente View Point): ca. $ 15, inkl. guide-fee, village-fee ($ 2), lunch ($ 3 bis 5)
- ▷ Tagestouren (ca. 8 Std., z.B. Magambo-Tour) inkl. lunch, Eintritt Forest-Reserve ($ 5), guide- und village-fee: $ 25
- ▷ Mehrtagestour (z.B. Western Usambara): 3 Mahlzeiten/Tag, Nächtigung (in basic guesthouses bzw. privaten Unterkünften, auch die des guide), guide - und village-fee, Eintritt Forest Reserves: ca. $ 30 bis 35/Tag

Die angeführten Preise und Zeiten gelten für geführte Wanderungen. Evtl. Transporte (Bus, Dalladalla, Taxi) werden extra berechnet: Die Kosten für öffentliche Verkehrsmittel sind allerdings zu vernachlässigen, ein Taxi (auch private Kfz) kostet ca. $ 20 für Kurzstrecken (ca. 30 km, hin/retour, inkl. evtl. Wartezeit). Auch Nächtigungen in besser gestellten Betrieben werden extra in Rechnung gestellt.

Es besteht auch die Möglichkeit, div. Touren mit Fahrrädern zu absolvieren - CTP verleiht solche ($ 12/Tag für ein anständiges Mountainbike).

Halbtagestouren:

- ▷ **Town-Tour** (ca. 3 Std.) ein (historischer) Streifzug durch Lushoto
- ▷ **Irente View Point Tour** (Lushoto-View Point - Lushoto, ca. 4 bis 6 Std.)

Brotbäckerin auf der Irente Farm (eb)

Atemberaubender Ausblick auf die Massai-Steppe und die umliegenden Usambara-Berge, am Weg liegen eine Ziegelbrennerei, Schnapsbrennerei (Zuckerrohr), die Irente Farm (hier lunch mit Käse, Butter, Fruchtsäften und Brot aus eigener Erzeugung), das Dorf

Blick vom Irente View Point in die Massai-Steppe (gh)

Zentrum von Soni (gh)

Irente juu (Einführung in die Landwirtschaft). Bestehen Sie darauf, dass der Rückweg durch das Dorf Kwembago führt. Auch wenn Sie nur sehr wenig Zeit zur Verfügung haben, diese Tour sollten Sie unbedingt unternehmen.

Eine Erweiterung dieser Tour zu einer **Tagestour** (ca. 8 Std.) besteht in einem **Rundkurs**: Lushoto - Irente View Point - Magambo Village und Forest (mit Wasserfall) - Lushoto.

▷ **Ubiri Village/Mission** (ca. 3 bis 4 Std.)
Besuch der Missionsstation der Montessori Sisters, Käse- und Weinherstellung

▷ **Usambara Farm & Flora Tour** (4 bis 5 Std.)
Wanderung durch tiefen Wald zum Dorf Vuli (Maßnahmen gegen Bodenerosion, Bewässerungsanlagen, Einführung in die Landwirtschaft), unterwegs Besuch einer Baumschule für Obstbäume

▷ **Soni Waterfalls** (mit Dalladalla ca. 3 Std.)
Sehenswerte Wasserfälle, selbst am Höhepunkt der Trockenzeit noch ziemlich beeindruckend. Auch Soni-Village (📷 S. 185) selbst ist nett.

Tagestouren

▷ **Growing Rock Tour** (ca. 7 Std.)
Besuch der Dörfer Soni, Shashui und Kwemula, Besteigung des Kwa Mongo Berges (berühmt für seine Schmetterlinge, Ausblick auf Lushoto, die Handeni-Ebene und die südl. Usambara-Berge). Rückweg über das Dorf Magila (Bewässerungssysteme, Baumschule, Primary School, Erklärung, warum der Fels (etwas unterhalb von Soni) wächst).

▷ **Bangala River Tour** (ca. 7 Std.)
Bangala Village wird über Wanderungen entlang und durch Flüsse und Bäche erreicht - landwirtschaftliche Tour wie zuvor. Diese Tour kann noch ausgeweitet werden durch die Besteigung bzw. Überschreitung des Mt. Bangala.

▷ **Magambo Rainforest Tour** (ca. 7 Std.)
Schöne Wanderung zum (historisch bedeutungsvollen, da königlichen) Kwembago-Village, Ausblick auf Lushoto-Town sowie Massai-Steppe, dann weiter durch den dichten Urwald des Magambo-Forest-Reserve, Retourweg über Magambo-Village (alte deutsche Schule).

▷ **Mkuzu-Waterfalls Tour** (7 bis 8 Std.) (📷 S. 188)
Entlang der von riesigen Eukalyptus-Bäumen gesäumten Ausfallstraße Richtung Norden vorbei an div. Gebäuden aus dt. Zeit (u.a. einer für Wilhelm II. erbauten Residenz, heute als State House genutzt, Fotografierverbot) auf geschotterter Straße bis zum Mkuzu-River - teils durch Wald, teils durch Landwirtschaft. Dann weiter durch den Magamba-Regenwald zum Wasserfall (ca. 30 Min.). Aufenthalt mit lunch, auch baden ist möglich, selbe Strecke retour, ausgedehnter Stop (Kaffee, Bier) bei Muellers Mountain Lodge.
Wenn Sie z.B. diese Tour mit Taxi (bis zum Mkuzu-River) absolvieren, kostet es dasselbe, verschlingt aber nur die Hälfte Ihrer Zeit. Allerdings ist es dann auch nicht so interessant.

Mehrtagestouren

An Ausrüstung sollten Sie zumindest halbwegs vernünftige Wanderschuhe, Tagesrucksack und regendichte Kleidung (bzw. großen Regenschirm) mitbringen (außer im Lawn's - ein Regenschirm pro DZ - gibt es (noch) nichts zu leihen in Lushoto).

▷ **Western Usambara Tour** (3 bis 5 Tage):
Wanderung durch phantastische Bergwelt nach Mtae - dem nördlichsten Dorf der Usambara-Berge, knapp 80 km von Lushoto - Schauplatz von Kämpfen zwischen Massai und dem ansässigen Volk der Wa-Sambara. Mtae bildet praktisch die Grenze zwischen diesen beiden Völkern. Hier wurde auch die erste Missionsstation in den Usambara-Bergen errichtet. Mtae bedeutet in der Sprache der Wa-Sambara so viel wie "die, die zählen". Dies ist eine Anspielung auf die Lage Mtaes. Man überblickt von hier die "gesamte Welt" - Mkomazi Game Reserve, Massai Steppe, Pare-Berge, an klaren Tagen reicht der Blick bis zum ca. 250 km entfernten Kilimanjaro und weit nach Kenia hinein. In der Praxis bedeutete dies früher, dass man die Anzahl der heranrückenden Feinde (Massai) "zählen" konnte, bzw. zumindest abschätzen. Die am Weg liegenden Dörfer bieten manche Überraschung (Töpfereien, trad. Heiler, Landwirtschaft usw.). Im Zuge dieser Tour kann auch der höchste Berg der Usambra-Mts. bestiegen werden: Mt. Shagayu, ca. 2.500 m (nahe Mtae-Village).

Wenn Sie diese Tour mit (allradgetriebenen) Kfz unternehmen, kann dies - inkl. der Besteigung des Mt. Shagayu - auch als (sehr enge) Tagestour durchgehen - rechnen Sie mit ca. $ 50 bis 70/Person (bei einer Gruppengröße von mind. 2 bis 3 Personen).

▷ **Mazumbai-Forest-Tour** (4 Tage)
Von Soni-Village über Kwamongo- und Magila-Village nach Bumbuli-Village (histor. dt. Siedlung) zum Mazumbai Forest Reserve. Retourweg über Mgwashi- und Kwesine-Village.

▷ CTP bietet auch **Kombi-Touren** (Wanderung, 4x4-drive) zum Mkomazi GR an - 5 Tage $ 400 (all-inclusive, nach üblichem tour-operator-Muster).

Am Mkuzu Wasserfall im Urwald der Usambara-Berge (rd)

Moshi

ℹ Die Tourist-Information in der Rengua Road hat nichts mit der offiziellen TTB (Tanzania Tourist Board) zu tun. Es sind drei private Unternehmen, die Kilimanjaro-Besteigungen und sonstige Trips anbieten. Trotz dieses "Tricks" arbeiten sie seriös und zuverlässig. Ein TTB-Büro existiert in Moshi nicht.

🛏 Die angegebenen Preise verstehen sich als Zimmerpreise, wenn nicht anders angegeben ohne Frühstück. Die Buchung eines Zimmers ist auch in der Hauptsaison kein allzu großes Problem.

🛏 **Kategorie D**

- ♦ **New Coffee Tree Hotel**, KNCU-Bldg. (Plan Nr. 5), am Clocktower Kreisverkehr, Eingang ist in der Old Moshi Rd., ☏ 0741/683381, 0744/665636, große Anlage (58 Zimmer), EZ $ 5, DZ $ 10, self contained, Standard allerdings etwas unterschiedlich, inkl. Frühstück, nettes Restaurant im 4. OG - leichter Hauch von Ostblock - mit herrlichem Kilimanjaro-Blick (tansan./internat. Küche $ 1,50 bis 2)
- ♦ **Climbers Guesthouse**, Ecke Market Str./Kilima Str., DZ $ 4, self contained (trotzdem eher Notlösung)
- ♦ **AA Hill Street Accommodation**, Hill Str. (2. Haus von der Mawenzi Rd. kommend), nur DZ, self contained, $ 10 (bei Einzelbelegung $ 7, handeln), gute Wahl, Hill Str. Restaurant (tansan. Küche, $ 1 bis 2)
- ♦ **Newcastle Hotel**, Mawenzi Rd., ☏ 027/2750853, EZ/DZ $ 10, inkl. Frühstück, self contained, Restaurant ($ 2, gute internat. Küche)

Markt in Moshi (gh)

- **Camel Hotel**, Nyerere Rd. (neben dem New Castle), ☏ 027/2752029, das neueste Hotel Moshis, 6 DZ á $ 25 (Zimmer 205 verfügt über Balkon), Restaurant/Bar, nett
- **Haria Palace**, Mawenzi Rd. (vis a vis vom Kindoroko, Eingang in Nebenstraße, Plan Nr. 13), ☏ 027/2751128, Mobil wie unter Kindoroko Hotel (Kategorie C), ✉ hariapalace@yahoo.com, DZ $ 10, inkl. Frühstück, self contained (Rezeption im 2. OG)
- **Hotel Da Costa**, Mawenzi Rd. (vom Clocktower-Kreisverkehr kommend kurz nach dem Kindoroko, Plan Nr. 12), ☏ 027/2755159, mobil wie unter Kindoroko, ✉ hoteldacosta@yahoo.com, EZ $ 3,30, DZ $ 6,60, alle Zimmer nicht self contained (bezüglich des hier untergebrachten "Porters Assistant Project" ☞ "Nationalparks/Mt. Kilimanjaro"
- **Home Guesthouse,** Somali Str. (Verbindungsstr. Zwischen Mawenzi und Market Str. Höhe Masjid Riadha Moschee), DZ $ 3,50, nicht self contained, sauber, nett
- **Lutheran** (KKKC, Plan Nr. 9) **Umoja Hostel**, Market Str. (bei der Kirche, Eingang in Nebenstraße), ☏ 027/2750902, nur DZ $ 12 (bei Einzelbelegung 10), self contained, inkl. Frühstück, Restaurant in schönem, ruhigem Garten
- **New Tamamo Bar & Guesthouse**, Ecke Market Str./Riadha Str., DZ $ 4, nicht self contained (könnte etwas laut werden)
- **New Liberty Hotel** (Plan Nr. 6) und schräg vis a vis **Kilimanjaro Hotel & Bar**, für beide: EZ/DZ $ 3,50, nicht self contained, Notlösung
- **Buffalo Hotel**, New Str. (hinter dem New Castle, Plan Nr. 7), ☏ 027/2750270, 0744/299439, EZ self contained $ 10, DZ nicht self contained $ 8, self contained $ 15, Restaurant (tansan./ind. $ 2,50)
- **YMCA**, Askari-Kreisverkehr (Plan Nr. 3), ☏ 027/2751754, EZ $ 10, DZ $ 13, nicht self contained, inkl. Frühstück, gemütliches Restaurant mit kleiner Karte, die günstigste Möglichkeit in Moshi ($ 1 für tansan. Küche). Großer Swimmingpool, (für Nichtgäste Eintritt $ 3), tour operator (Trans-Kibo Travels Ltd., PO Box 558, Moshi, ☏ 027/2751754, 0744/287618, 💻 www.transkibo.com, ✉ transkibo@habari.co.tz)
- Ecke Boma Rd./Rindi Lane befindet sich das **YWCA**. Aktuell noch keine Zimmer, sind aber in Planung (strikt nur für Frauen).

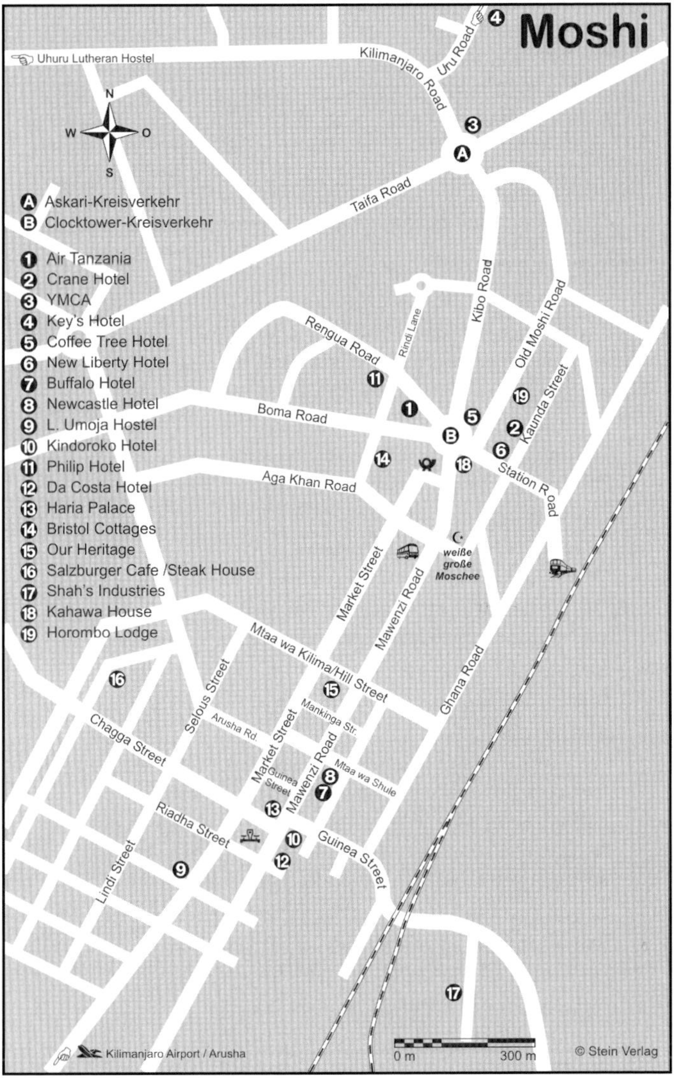
Moshi
Uhuru Lutheran Hostel
Kilimanjaro Road
Uru Road
N
W
O
S
A Askari-Kreisverkehr
B Clocktower-Kreisverkehr
1 Air Tanzania
2 Crane Hotel
3 YMCA
4 Key's Hotel
5 Coffee Tree Hotel
6 New Liberty Hotel
7 Buffalo Hotel
8 Newcastle Hotel
9 L. Umoja Hostel
10 Kindoroko Hotel
11 Philip Hotel
12 Da Costa Hotel
13 Haria Palace
14 Bristol Cottages
15 Our Heritage
16 Salzburger Cafe /Steak House
17 Shah's Industries
18 Kahawa House
19 Horombo Lodge
Taifa Road
Kibo Road
Old Moshi Road
Rindi Lane
Rengua Road
Kaunda Street
Boma Road
Aga Khan Road
Station Road
weiße große Moschee
Market Street
Mawenzi Road
Mtaa wa Kilima/Hill Street
Ghana Road
Selous Street
Mankinga Str.
Arusha Rd.
Chagga Street
Mtaa wa Shule
Guinea Street
Riadha Street
Lindi Street
Kilimanjaro Airport / Arusha
0 m
300 m
© Stein Verlag

- **Horombo Lodge**, Old Moshi Rd. (schräg vis a vis vom Eingang zum Coffee Tree Hotel, Plan Nr. 19), ☏ und FAX 027/2750134, ✉ horombolodge@kilionline.com, EZ $ 15, DZ $ 25, Suite $ 45, gute Wahl, kleines Restaurant
- **Zebra Hotel**, neben dem Buffalo-Hotel, 2006 eröffnet, ☏ 027/2750611, ✉ zebrahoteltz@yahoo.com, nur (sehr kleine) DZ mit Ventilator und TV, $ 35 (bei Einzelbelegung $ 30), Restaurant, Bar

Kategorie C

- **Kindoroko Hotel**, Mawenzi Rd. (Plan Nr. 10), ☏ 027/2754054, 0744/377795, ✉ kindoroko@kilionline.com, ✉ kindoroko@yahoo.com, 💻 www.kindoroko.com, EZ $ 15, DZ $ 30, inkl. Frühstück, self contained, Restaurant (ind./chin./kontinent. $ 4 bis 6, herrlicher Ausblick über Moshi auf Kilimanjaro), tour operator, Souvenir-Shop, Internet-Café.
- **Philip Hotel**, Ecke Rengua Rd./Rindi Lane (Plan Nr. 11), ☏ 027/27547468, ✉ philipht@africaonline.co.tz, 💻 www.africaonline.co.tz/philip, EZ $ 30, DZ $ 40, Restaurant (internat. Küche $ 4)
- **Uhuru Tourism & Conference Centre** (Uhuru Lutheran Hostel), Sekou Toure Rd. (ziemlich am Stadtrand gelegen, Taxi $ 3), ☏ 027/2754084, FAX 2753518, ✉ uhuru@elct.org, 💻 www.uhuruhostel.org, EZ $ 15 bis 45, DZ $ 20 bis 55, große Anlage, schöner Garten, ruhig (!), Restaurant (tansan. Küche, Grill $ 2 bis 3), tour operator - gut.

Kategorie B

- **Bristol Cottages** (Plan Nr. 14), Rindi Lane, ☏ 027/2755083, ✉ briscot@kilionline.com, EZ $ 40 (Zimmer) bis 55 (Bungalow), DZ $ 54 bis 68, inkl. Frühstück, Zimmer teilw. mit/ohne Klimaanlage, zur Zeit kein Zimmerservice! Schöner Garten, nettes Restaurant ($ 4)
- **Leopard Hotel,** Market Str. (zwischen Chagga und Guinea Str.), ☏ 027/2750884, ✉ leopardhotel@eoltz.com, 💻 www.leopardhotel.com, EZ $ 35, DZ $ 45, inkl. Frühstück, Klimaanlage, Restaurant mit sehr kleiner Speisekarte ($ 4), Kibo-Bar
- **Kilimanjaro Crane Hotel**, Kaunda Rd., ☏ 027/2751114, 0744/276431, ✉ kilicrane@eoltz.com, 💻 www.kilimanjarocranehotels.com, EZ $ 40 (mit Klimaanlage 50), DZ $ 45, ✕, Souvenirshop usw.
- **Key's Hotel**, Uru Rd. (Plan Nr. 4), ☏ 027/2752250, FAX 2753440, ✉ keys-hotel@africaonline.co.tz, 💻 www.keys-hotel.com, EZ $ 30, DZ

$ 40 ($ 50 mit Klimaanlage), Bungalows im Garten zum selben Preis, kleiner Pool, (für Nichtgäste $ 3), gutes Restaurant ($ 4), 🍷, tour operator

Kategorie A

- **Impala Hotel** (Schwester des Impala in Arusha), Lema Rd., (ca. 4 km außerhalb), ☏ 027/2752250, ✉ impala@kilinet.co.tz, DZ $ 85, ✕, ≈, tour operator

Im Garten des **Golden Shower Restaurant**, an der Straße nach Dar es Salaam/Marangu gelegen, ca. 2 km außerhalb, $ 4/Pers., Disko am Wochenende, tour operator, ☏ 027/2751990, FAX 2751715

- **Außerhalb:** Honey Badger Cultural Centre Campsite & Lodge, Taifa Rd. (ca. 6 km außerhalb Richtung Himo), ☏ 027/2754608, 0744/309980, ✉ honeybadger@africamail.com, ✕, tour operator

✕ Das Angebot an Restaurants und Bars ist bei weitem nicht so groß wie in Arusha, die Highlights:

- **Central Garden** am Clocktower-Kreisverkehr, schöner Garten, gemütliche Atmosphäre, durchschnittliches Restaurant mit einheimischen Gerichten.
- **Salzburger Cafe & Steak-House**, Kenyatta Street (Plan Nr. 16). Der Besitzer, Mr. Urio, besuchte eine Hotelfachschule bei Salzburg und versucht nun, österreichische Gemütlichkeit nach Moshi zu bringen. Schönes Restaurant, gute Qualität, dennoch günstig ($ 2 bis 4) - besuchenswert.
- **New Bamboo** Bar, Old Moshi Rd., gegenüber vom KNCU-Building, neben der Agip-Tankstelle, original tansanische Bar, besuchenswert.

The Coffee Shop, Hill Str. (neben Our Heritage, ☞ "Einkauf"), ein Muss für Kaffeeliebhaber, **der wahrscheinlich beste Kaffee Tansanias**, Nichtraucherlokal, jedoch schöner Garten, Treffpunkt aller Touristen und NGO-Mitarbeiter Moshis, idealer Frühstücksplatz, Snacks um $ 1,50 (eilig dürfen Sie es hier allerdings nicht haben). Gleich daneben das stylishe **Deli Chez Restaurant** - Eiskreme, Hauptspeisen um $ 4

- **Pub Alberto**, Kibo Rd. - Kleines Restaurant mit köstlichen Snacks (auch take-away), der angeschlossene Nachtclub öffnet gegen 22:00 seine Pforten.
- Zahlreiche Restaurants **mit einheimischem Speisenangebot** in der Market Str. und am Busbahnhof. Weitere Restaurants in den Hotels.

Disko Im Golden Shower am Wochenende, im Pub Alberto täglich (Di bis Fr Live-Musik), hier auch Slot-Machines

- **Banken** am Clocktower-Kreisverkehr und Market St. (Ecke Arusha Rd.)
- **Wechselstuben**: Executive Bureau de Change (Boma Rd.), Trast Bureau de Change (gegenüber dem Da Costa) und im Kindoroko Hotel
- **Immigration Office**, Coffee Bar Bldg., Ecke Clocktower-Kreisverkehr/Kibo Road, ☏ 027/2752284
- **Postamt/TTCL** am Clocktower-Kreisverkehr
- **Internet-Cafés** am Clocktower-Kreisverkehr, Old Moshi Rd., Rengua Rd., Hill Str. sowie in den Hotels der Kategorie A, B, teilw. C (rechnen Sie mit Kosten von ca. $ 2/Std.)
- DHL im Kahawa House (Clocktower-Kreisverkehr)
- Der bunte Central-Market (schräg vis a vis vom New Kindoroko) bietet Lebensmittel in Hülle und Fülle, Gebrauchsgegenstände und Alltägliches.
- Kiboriloni-Market (an der Straße nach Dar es Salaam, ca. 5 km außerhalb) bietet Textilien in Hülle und Fülle, geöffnet nur Di, Mi, Fr, Sa, in einer separaten Abteilung wird frühmorgens Fleisch verkauft (auch Schwein!)
- Hole in the Wall-Supermarkt, New Str. (gegenüber vom Buffalo-Hotel), sehr umfassendes Angebot an Importware (auch So geöffnet)
- Carina-Supermarkt, Kibo Rd. gutes (Import-) Angebot. Außerdem noch KF- und Alleem's Supermarkt in der Boma Rd.
- Masuki General Store - Mawenzi Rd. (gegenüber vom Central Market, vor der Riadha-Moschee), großer bottlestore, internationales Angebot
- Gutes Souvenir-Angebot im Sanaa Zetu (Passage des KNCU-Houses) sowie im Laden gegenüber Eingang Coffee-Tree-Hotel, Old Moshi Rd.
- Weitere Shops in allen Straßen, die den Clocktower-Kreisverkehr verlassen, und in den Hotels der Kategorie A, B, teilw. C.
- Shah Industries bietet von Körperbehinderten hergestellte Lederwaren (Gürtel, Taschen, Kleinkram), gepresste Blumen und Holzwaren (Schnitzereien, Möbel, Uhren) an. Stadtgeschäft (Our Heritage) in der Hill Street (neben The Coffee Shop), Produktionsbetrieb mit Verkaufshalle ☞ Plan.
- Bücher gibt es in allen Souvenirshops sowie Lutheran Bookshop (Market Str.) und Moshi (Catholic) Bookshop (Rindi Lane)
- ☞ "Medizinische Versorgung"
- Moshi ist Ausgangspunkt zur Besteigung des Mt. Kilimanjaro. Zahlreiche tour operator bieten ihre Dienste an. Das Preisniveau in Arusha ist gleich. Preisbeispiele ☞ Reise-Infos von A bis Z, Safaris. Safaris in andere Na-

tionalparks würde ich von Arusha aus organisieren, da die Anfahrten von dort kürzer und etwas günstiger sind.

- **Tour Operator:**
- Tanganyika Trekkers and Safaris, PO Box 1561, Moshi, ☎ 00255/748/398555, ✉ gkamm@tanganyikatrekkers.com, 💻 www.tanganyikatrekkers.com
- Snow Cap Ltd, PO Box 8358, Moshi (CCM Reg. Bldg., Taifa Rd.), ☎ und FAX 00255/27/2752428, ✉ snowcap@eoltz.com, 💻 www.snowcap.co.tz
- Ahsante Tours & Safaris Co. Ltd., PO Box 855, ☎ und FAX 00255/27/2750298, ✉ ahsante_tours@hotmail.com
- Kilimanjaro Crown Bird Tours & Safaris, PO Box 9519, Moshi, ☎ 00255/27/2751162, FAX 2752038, ✉ kili.crown@kilionline.com, 💻 www.kilicrown.com
- MK Safaris, PO Box 922, Moshi, ☎ 00255/27/2754240 oder ☎ 00255/744/288733, ✉ info@mksafaris.com, 💻 www.mksafaris.com
- Mount Kilimanjaro Safari Club PO Box 2231, Arusha, ☎ 00255/27/2502460, FAX 2548869, ✉ tawisa@habari.co.tz, ✉ mkscl@habari.co.tz, 💻 www.tanganyika.com
- Emslies Travel, PO Box 29, Moshi, ☎ 00255/27/2751742, FAX 2750236, ✉ skanji@eoltz.com, ✉ emslies.sales@eoltz.com
- Shah Tours & Travels Ltd., PO Box 1821, ☎ 00255/27/2752370, FAX 2751449,💻 www.kilimanjaro-shah, ✉ kilimanjaro@eoltz.com
- Mauly Tours & Safaris Ltd., PO Box 1315, Moshi (Mawenzi Rd.), ☎ 00255/27/2750730, FAX 2743330, 💻 mauly-tours.com, ✉ auly@kilionline.com
- Zara Tanzania Adventure, PO Box 1990, Moshi (Rindi Lane), ☎ 00255/27/ 2750011, FAX 2753105, ✉ info@zaratravel.com, 💻 www.zaratravel.com
- Samjoe Tours & Sfari Ltd., KNCU-Bldg., Moshi, ☎ 00255/27/2751484, FAX 2751306, ✉ samjoetours@yahoo.com
- Moshi Expedition an Mountaineering Ltd., PO Box 146 Moshi (Kaunda Str.), ☎ 00255/27/2754574, FAX 2754788, 💻 www.memtours.com, ✉ info@memtours.com
- Kilimanjaro Serengeti Tours, ✉ kilimanjaroserengeti@yahoo.com, 💻 www.kilimanjaroserengeti.com

- ♦ Kilimanjaro Travel Services Ltd., Moshi (Boma Rd., THB Bldg.), ☏ 00255/27/2752124 oder 00255/744/305318, ✉ kilittravel@kilionline.com, 💻 www.kilimanjarotravels-tz.com
- ♦ Laka Tours & Car Hire, tansaniaweit einer der wenigen, in Moshi der einzige tour operator in einheimischer weiblicher Hand, am Gelände des KCMC, angesiedelt, ✉ laka@africaonline.co.tz
- 🚲 Wer Radfahren möchte: Bike-Riding-Group, Moshi, ☏ 0748/263003, ✉ bikeridinggroup@yahoo.com, bieten Touren in die Umgebung an: 3 Std. $ 15, Halbtag $ 25, Ganztag $ 35, inkl. Fahrrad

Weiterfahrt

- ✈ Air Tanzania, ☏ 027/2755205, Rengua Rd. (kurz nach dem Kreisverkehr)
- ♦ Precision Air (Huduma Exim Ltd.), ☏ 027/2753498, FAX 2753495, neben dem Coffee Tree Hotel
- 🚌 **Busbahnhof:** vis a vis der Großen (weißen) Moschee, Mawenzi Rd., ☞ Plan
- ♦ Scandinavia-Terminal: Mawenzi Str. (bei BP-Tankstelle, vom Clocktower kommend kurz nach dem zentralen Busbahnhof),
- ♦ Terminal Royal Coach: Kaunda Str., günstig gelegen auch der Terminal von Dar Express - schräg gegenüber vom Eingang des Coffee Tree Hotels (neben Tankstelle), die beiden zuletzt genannten fahren in Dar es Salaam bis zum (ehem.) Kisutu-Terminal.
- 🚌 Busverbindungen mehrmals täglich nach Dar es Salaam (vormittags) sowie zu allen größeren Städten des Staates, nach Nairobi und Mombasa.
- ♦ Laufend Dalladallas nach Arusha und Marangu
- ♦ **Nach Nairobi:**
  Davanu Shuttle - Office/Terminal Moshi, Kahawa House, Clocktower-Kreisverkehr, ☏ 00255/744/361653 oder 00255/744/287604
  Riverside Shuttle - Office/Terminal, THB-House, Boma Rd.

Die kleine und geruhsame Stadt liegt auf 813 m Höhe am Fuß des höchsten Berges von Afrika, dem **Mt. Kilimanjaro**. Das ist auch der eigentliche Grund, um nach Moshi zu kommen. Man kann von hier aus Trips zur Besteigung dieses gewaltigen Berges unternehmen oder nach erfolgreichem Gipfelsturm den Kilimanjaro bei einem Konyagi oder kühlem Bier aus der Ferne betrachten. Die zwei höchsten Gipfel, **Kibo** und **Mawenzi**, beeindrucken auch von fern betrachtet, gewaltig.

Es gibt nicht viel zu bestaunen in Moshi - an der **Hauptstraße** (Mawenzi Rd., auch als Double Rd. bzw. Mawenzi Double Rd. bezeichnet, offiziell Nyerere Rd.) reiht sich Geschäft an Geschäft, Laden an Laden und unter den Arkaden gehen Schneider ihrer Beschäftigung nach. In der parallel verlaufenden Market St. und den korrespondieren Gassen geht es schon wesentlich geruhsamer zu. Der große und bunte Markt lädt zum Schlendern ein, zum Riechen und zum Einkaufen. Mehrere Moscheen (v.a. die Weiße an der Hauptstraße) und Kirchen (fast durchweg protestantisch), der Hindu-Tempel (Hauptstraße) sowie ein Sikh-Tempel (Mankinga Str./Market St.) verraten, dass die Bevölkerung (ca. 200.000 Ew.) religiös ziemlich gemischt ist. Industrie ist in sehr bescheidenem Umfang vorhanden (Lederverarbeitung); in erster Linie ist Moshi als Umschlagplatz für landwirtschaftliche Güter von Bedeutung, vor allem für Kaffee - die erste Kaffee-Auktion fand 1925 statt.

Große Moschee (gh)

Touristisch befindet sich Moshi im Aufwind, in den letzten paar Jahren stieg die Zahl der Hotels, tour operator usw. drastisch an. Und die Zahl der Souvenir-Shops! Und die Anzahl der fly-catcher!!!

Nach spätestens 5 Min. auf der Straße werden Sie begleitet - von einem "Künstler", der nicht versteht, warum es ihm so dreckig geht. Zuerst will er "seine" Werke verkaufen, dann bringt er Sie zum Shop seiner Schwester/Cousine/Mutter usw., dann zum nächsten usw. Die Preise schnellen sofort um einige 100 % hinauf - man hat noch nicht das richtige Gespür dafür entwickelt, was Touristen zumutbar ist und was nicht. Seien Sie achtsam beim Einkaufen!

Umgebung

Marangu

✋ Sobald Sie dem Bus/Dalladalla entstiegen sind, werden mehrere Guides ihre Dienste anbieten und Sie zum Hotel führen wollen. Das ist an und für sich gut, doch wird hier gerne beispielsweise der Weg zum Kibo-Hotel (ca. 15 Min.) mit einer "Village-Tour" verwechselt und Sie marschieren gepäckbeladen völlig umsonst durch die Felder und bekommen 20 Chamäleons zu sehen. Abgesehen von der körperlichen Belastung zehrt diese Vorgehensweise auch an Ihrem Geldbeutel - verrechnet wird nämlich eine Village-Tour (siehe weiter unten).

Die meisten Unterkünfte befinden sich irgendwo in der "Wildnis" (die eigentlich gepflegte "Felder/Gärten" darstellt, (☞ "Kilimanjaro-Lesebuch", Kap. "Kihamba und Mfongo") und weit und breit steht kein Restaurant - außer im Hotel, und das kann teuer werden - zur Verfügung (Ausnahmen bzw. Auswege sind angeführt).

🛏 **Kategorie D**

- ♦ **Salomon Hotel**, ca. 200 m vor dem Gate, ☏ 0744/383918, DZ je $ 40 (full board, Verhandlungsgrundlage!), nicht self contained, obwohl Mr. Solomon Minja ein sehr umgänglicher Mensch ist: Notlösung!
- ♦ **Bismarck Hut**, kurz vor dem Capricorn (von unten kommend), EZ wie DZ self contained, $ 10/Pers., Camping $ 5/Zelt, ✕, 🍸, eine gute Wahl!
- ♦ **Kilimanjaro Guest Wing**, neben der Babylon Lodge, EZ/DZ $ 15, nicht self contained, sehr einfach, sonst aber OK, kein Restaurant

🛏 **Kategorie C**

♦ **Babylon Lodge**, ☏ 027/2756355, FAX 2756597, 💻 www.babylonlodge.com, ✉ info@babylonlodge.com, EZ $ 25, DZ $ 40, schöne, relativ neue Anlage, ✕, 🍷, tour operator, auf ca. halbem Wege vom Busbahnhof zweigt rechts ein Feldweg zum (angeblich) größten Baum Tansanias ab (beschildert).

🛏 **Kategorie B**

♦ **Kibo Hotel**, ☏ 027/2751208, ✉ info@kibohotel.com, ✉ kibohotel@yahoo.com, 💻 www.kibohotel.com, EZ $ 34, DZ $ 55, Dreibettzimmer $ 70, inkl. Frühstück, self contained, Restaurant/Bar vorhanden (Mix aus internat./ind./tansan. $ 5, 3 gängiges Dinner $ 14, ohne Getränke), gefüllter Swimmingpool, wunderschöner Garten (mit Campingmöglichkeit $ 5/Pers., Zeltverleih ist möglich), tour operator.

Das Kibo (📷 Seite 200) ist eines der ältesten Hotels Tansanias - um 1900 als Campsite gegründet, in den 30er Jahren entstand das heutige Hauptgebäude, die renovierte Inneneinrichtung stammt aus den 50er Jahren. Ab den 60er Jahren begann ein rapider Abstieg und das Hotel verfiel zusehends (1976 besuchte (Gouverneur) Jimmy Carter das Hotel und pflanzte ein Bäumchen, es verdorrte). Seit 1998 leitet ein neues Management das Hotel - die dringendsten Maßnahmen wurden sofort durchgeführt, der Rest nach und nach. Der Charakter des Hotels wurde dabei nicht angetastet und so ist das Kibo das einzige Hotel mit Charme in Marangu. Die angebotenen Touren sind zwar nicht billig, dafür aber einwandfrei in Ordnung.

🛏 **Kategorie A**

♦ **Marangu Hotel**, ☏ 027/2756594, FAX 2756591, ✉ marangu@africaonline.co.tz, 💻 www.maranguhotel.com, EZ $ 50 (inkl. Frühstück und Dinner), DZ $ 100 (inkl. Frühstück, Dinner), Bungalowanlage, riesiger Garten mit Blick auf den Kibo, Restaurant/Bar (vis a vis vom Hoteleingang eine tansan. Bar/Restaurant), tour operator (ebenfalls teuer aber gut), Campingmöglichkeit $ 4/Pers. (kein Zeltverleih)

♦ **Nakara Hotel**, ca. 2 km vom Gate entfernt, beschildert, ☏ 027/2756571, 0744/277300, FAX 2756599, ✉ nakara-hotels@iwayafrica.com, 💻 www.nakara-hotels.com, $ 50/Pers. inkl. Frühstück ($ 70 full board), Restaurant (mäßige Speisekarte, komplettes Dinner $ 15, ohne Getränke), 🍷, tour operator

Kibo Hotel Garten vorn und Terrasse im EG (gh)

- ♦ **Capricorn Hotel**, 3 km vom Gate entfernt, ☏ 027/2751309, 2752442, ✉ capricorn@africaonline.co.tz, 💻 www.capricornhotel.com, $ 50/Pers. inkl. Frühstück, $ 70 full board, Restaurant (an der anderen Straßenseite eine schöne Bar/Restaurant mit tansan. Gerichten), tour operator
- ♦ **Kilimanjaro Mountain Resort**, im westlichsten Teil Marangus (Kyala, ca. 7 km vom Gate, ca. 5 km vom Busbahnhof entfernt), ☏ 027/2758950, FAX 2758949, 0744/999755, ✉ kiliresort@africaonline.co.tz, 💻 www.kilimanjaromtresort.com, EZ $ 50, DZ $ 70. 🍴, tour operator. Ziemlich neue Anlage im Stile des victorianischen Zeitalters, schöner Garten mit schönem Restaurant ($ 5), tour operator. Das dem Hotel angeschlossene "Chagga-Live-Museum" (Kultur der Chagga, vom geschnitzten Löffel bis zum Grashaus ist alles vorhanden, der Kustos ist ein wandelndes Chagga-Lexikon) ist unbedingt einen Besuch wert (Eintritt $ 3)

- **Ashanti Lodge** (an der Tarakea Str., ca. 2 km nach der Abzweigung zur Babylon Lodge), ☏ 027/2756443, 0744/304405, ✕, tour operator, ✉ ashantilodge@habari.co.tz, 💻 www.habari.co.tz/ashantilodge
- Coffee Tree Village Campsite (ca. 200 m neben dem Nakara), ☏ 027/2756513, 0744/691433, 💻 www.alpinesafari.com, ✉ kilimanjaro@iwayafrica.com, campfee $ 8/Pers., Bungalow (nicht self contained) $ 12/Pers. Alles Zusätzliche ist kostenpflichtig, Frühstück $ 4, Dinner $ 10, schöner Garten, tour operator - das Hauptoffice befindet sich beim Marangu Gate, gegenüber vom cashier-desk im Souvenir-Shop.
- Gilman's Camp, ca. 1 km nach dem Kibo Hotel (gut ausgeschildert), ☏ 027/2756490, 0744/299486, ✉ gilmanscamp@yahoo.co.uk, Duschen (Warmwasser), Toiletten, Küche mit Kühlschrank, campfee $ 10/Pers., DZ $ 40 (full board), kein Restaurant, Einkaufsmöglichkeit ca. 1 km entfernt.
- Weitere Camping-Möglichkeiten im Kibo, Marangu Hotel sowie in der Bismarck-Hut (siehe jeweils dort).

Hinweis: Im Folgenden wird als "Marangu-Town" der engere Bereich (Radius ca. 120 m) um die Kreuzung Moshi Rd./Tarakea Rd./Kinapa Rd. (die Straßen können anhand der Wegweiser identifiziert werden) bezeichnet - hier finden sich das Postamt, ein "Bookshop", ein kurioser Curio Shop, drei Bars/Restaurants, Copy-shop, der "Busbahnhof" (direkt an der Kreuzung) und der Markt. Alles, was darüber hinausgeht gehört zum "Marangu-Village".

Da die Straße von Marangu zur Grenze nach Kenia ausgebaut wird (Verbreiterung, Asphaltierung), wird dieses "Zentrum" in den nächsten 2 bis 3 Jahren eine gänzliche Neugestaltung erfahren. Lediglich das Postamt bleibt am angestammten Platz, alles weitere rückt (von Himo kommend gesehen) ca. 200 m nach links. Dort wo jetzt das "Zentrum" liegt, wird sich ein großer Kreisverkehr ausbreiten.

BANK **Banken** oder Wechselstuben gibt es in Marangu nicht. Wechseln ist in den Hotels der Kategorie A zu katastrophalen Kursen möglich.

Die Souvenirshops der genannten Kategorie-A-Hotels haben ein kärgliches und teures Angebot (T-Shirts "I have done it"). Auch das Angebot des kuriosen "Afrikando Curio Shop" in "Marangu-Town" ist mäßig (kräftig handeln).

Der Hauptmarkt (Hauptmarkttage Mo, Do) befindet sich in "Marangu-Town", hinter/oberhalb des Postamtes, ein weiterer (kleinerer) Markt (Di, Fr) kurz nach dem Kibo-Hotel.

♦ Entlang der Straße zum NP Gate sowie in "Marangu-Town" einige Shops für den alltägl. Bedarf - hin und wieder finden sich nette Kleinigkeiten (beispielsweise kunstvoll in Bananenblätter eingenähter Kautabak).

⌘ Das **Privatmuseum "Kibo Art Gallery"**, hinter dem Kibo Hotel gelegen, ist unbedingt einen Besuch wert. Besitzer ist Elimo Njau, geb. 1932 in Tansania, Studium der Malerei in Kampala, London und Nairobi, Dozent an der Makerere-Universität in Kampala sowie der Nairobi University, lebt zur Zeit in Nairobi und besitzt und führt dort die Paa ya Paa Art Gallery. Früh begann er mit privaten Mitteln **ostafrikanische Gegenwartskunst** zu sammeln, seine Sammlung zählt zu den bedeutendsten der Welt. Ein Teil davon ist in der Kibo Art Gallery zu sehen ($ 1,50), kein Verkauf.

Weiterfahrt

Dalladallas von/nach Moshi fahren den ganzen Tag über ($ 1). Am Marangu Hotel bleiben alle von Moshi kommenden Dalladallas stehen, wenn Sie dieses vorher mitteilen. Zu Fuß sind vom "Busbahnhof" in jedem Fall das Kibo Hotel und (gerade noch) die Babylon Lodge und Kilimanjaro Guest-Wing (ca. 1 km) gepäckbeladen zu erreichen. Alle anderen genannten Unterkünfte sind relativ weit vom "Busbahnhof" entfernt (die Bismarck Hut beispielsweise 3 km). Bei vorangegangener Buchung holt man Sie selbstverständlich ab. Taxis stehen am "Busbahnhof" zur Verfügung, mindestens $ 3.

♦ Für die Rückfahrt genügt es, beim Eingang/Ausgang des Marangu Hotels auf das nächste Dalladalla zu warten, beim Kibo Hotel fahren zumindest die via Sandstraße von Himo kommenden Dalladallas vorbei und nehmen Sie mit - das bedeutet (kurze) Wartezeit am "Busbahnhof".

♦ Direktbusse nach Dar es Salaam befahren die Strecke Rombo-Dar es Salaam und halten frühmorgens (zwischen 6:00 und 7:00) in Marangu am "Busbahnhof" - ein Platz ist nur zu ca. 98 % sicher.

♦ Sie können aber auch mittels Dalladalla zur Kreuzung ("Njiya Panda") nach Himo fahren. Von hier problemlos weiter nach Arusha, Dar es Salaam (den ganzen Vormittag über) und Tanga (ebenfalls den ganzen Vormittag über.

Dieses sehr weitläufige Dorf erstreckt sich auf den Hängen des Mt. Kilimanjaro auf Höhen von 1.600 bis 1.800 m und ist für Großstadtverächter und Naturliebhaber das Nonplusultra als Ausgangsstation für die Besteigung des Berges.

Zum Aufwärmtraining für eine Besteigung können Sie durch endlos erscheinende Bananen-Kaffee-Mischkulturen zu spazieren, und hin und wieder ein Chamäleon oder - abends - ein Buschbaby zu entdecken. Nach getanem Werk empfichlt es sich, eine der zahllosen Bars am Straßenrand zu besuchen.

Doch Achtung, Sie befinden sich hier inmitten afrikanischer Kargheit und Armut, und neben Übermut und Ausgelassenheit werden Sie hier nicht mehr finden als Bier, Softdrinks, Konyagi und gegrilltes Fleisch.

Wenn Sie Wert auf westliche Umgangsformen und Whisky on the Rocks legen, sollten Sie in Ihr Hotel zurückgehen.

Marangu ist die Heimat fast aller Träger und Führer am Kilimanjaro und manche werden Ihnen, sobald Sie Ihr Hotel verlassen, ihre Dienste als "Dorfführer"/village-guide anbieten: Einführung in **Landwirtschaft** (v.a. div. Bananensorten) und **Geschichte** (Grubenverstecke) Marangus, Wasserfallbesuch (es gibt mehrere - Monjo, Ndore, Marangu, Kilasiya, Kinukamari - alle unweit des Kibo-Hotels bzw. "Zentrums" gelegen, der Besuch jedes Wasserfalles ist kostenpflichtig: $ 3 (Tendenz steigend), das Geld kommt der Kommune zugute), Besuch einer **Pombe-Bar** (trad. vergorenes Gebräu aus Hirse und Bananen) inkl. Verkostung, Besuch des **Marktes**, der **Kibo-Art-Gallery**, einer (weit im Nordosten gelegenen) Schmiede-Kooperative (meist per Dalladalla), einer oder mehrerer Kirchen, Mühle, Chagga-Gehöft, des **"Chagga-Live-Museums"** (höchst interessant, Eintritt $ 3) usw. usf. - sehr lehrreich. Eine "village-tour" dauert ca. 3 bis 6 Std. (je nachdem, wie viel Sie fragen), die Kosten belaufen sich auf ca. $ 10 bis 15 (je länger die Tour dauert, umso mehr sollten Sie geben). Wenn Sie versuchen, allein durch die Gegend zu streifen, wird das mühsam werden. Zumindest einige Kinder werden Sie immer "begleiten" und am Ende zumindest einen "softdrink" erwarten - in bar!

Auch alle Hotels bieten "village-touren" an - $ 20 bis 25/Person (inkl. sämtl. Eintrittsgebühren usw.). Die "Gebühren" für's Fotografieren sind im Prinzip inbegriffen, lediglich bei Besuch privater Gehöfte werden Sie etwas in die Tasche greifen müssen (ca. $ 0,50 bis 1, je nachdem, wie viele Fotos Sie schießen).

Das Klima Marangus ist phantastisch, tagsüber sehr warm bis heiß, mit erfrischender Abkühlung in der Nacht, fast keine Moskitos.

☺ Wer den Kilimanjaro besteigen will, ist hier bestens aufgehoben. Aber auch wenn Sie dieses nicht vorhaben, lohnt sich ein Besuch des Dorfes in jedem Fall. Tagestouren bietet das "Tanzanian Cultural Tourism Coordination Office" in Arusha an.

Darüber hinaus bietet sich die Möglichkeit einer Tagestour auf den Kilimanjaro an - ☞ "Nationalparks/Kilimanjaro".

Arusha

ℹ Tanzania Tourist Board (TTB, Plan Nr. 2), Boma Road, neben dem New Safari Hotel, ☎ 00255/27/2503842, FAX 2548628, ✉ ttb.info@habari.co.tz, eine **sehr gute Anlaufstelle** für Auskünfte und Beschwerden, kostenloser Stadtplan erhältlich (A4-Kopie). Bevor Sie eine Tour buchen, erkundigen Sie sich hier, ob gegen den gewählten tour operator Bedenken vorliegen.

♦ Auch das "**Tanzania Cultural Tourism Coordination Office**" - wahrscheinlich die beste Anlaufstelle für geführte Wanderungen im ganzen Land - hat hier seinen Sitz - Details ☞ "Umgebung".

♦ **TANAPA**, Dodoma Rd. (schräg vis a vis der Cultural Heritage), PO Box 3134, Arusha, 💻 www.tanapa.com, ✉ tanapa@habari.co.tz oder ✉ info@tanzaniaparks.com, ☎ 027/2503471 oder 2548040, FAX 2548216

🛏 **Hotels Kategorie D:** Alle genannten Preise in dieser Kategorie verstehen sich - falls nicht anders vermerkt - excl. Frühstück! Falls Restaurants/Bar vorhanden, ist es angeführt. Die Preise für Frühstück können sehr hoch sein (2 Scheiben Toast $ 0,80 (mehr als der ganze Laib), dasselbe gilt für den laundry-service - ein T-Shirt bis zu $ 0,50). Aber es gibt überall Restaurants/Bars mit üblichen Preisen. Viele Häuser in dieser Kategorie verfügen über komb. EZ/DZ - d.h. es ist nur ein Französisches Bett vorhanden. Gleichgültig ob Einzel- oder (nur getrennt geschlechtliche!) Zweifachbelegung - der Zimmerpreis bleibt gleich. Echte EZ bzw. DZ sind als solche ausgewiesen. Falls nicht anders vermerkt, nur Gemeinschaftsduschen und -toiletten vorhanden (nicht self contained). Während der Hauptsaison sind Hotels dieser (aber auch der folgenden) Kategorie häufig und schnell ausgebucht. V.a. an jenen Tagen, an denen die Flugzeuge aus der EU landen, aus den USA landet noch kein Flugzeug, jedoch prüfen bereits mehrere Linien diese Option - dann wird's eng. Nehmen Sie vorerst, was Sie kriegen bzw. reservieren Sie einige Tage vorher. Die Telefonleitungen, auch das Mobilnetz, funktionieren mittlerweile prächtig. In den meisten der angeführten Häuser herrscht ein reges Kommen und Gehen - lassen Sie Ihre Wertsachen nie unbeaufsichtigt!

- **Emayan-Motel-Inn**, Sokoine Rd. (10 Min. nach dem Meru-House-Inn (Plan Nr. 8), stadtauswärts), renoviert, very basic, EZ US$ 3,50, DZ $ 5
- **Tarakea-Resort**, kurz nach dem Emayan, very basic, Preise wie Emayan, jedoch Restaurant/Bar vorhanden.
- **Nairobi Road Bar & Villa Guest House** (Plan Nr. 3), Nairobi Rd. (kurz nach dem Kreisverkehr mit der Sokoine und Dodoma Rd. = Verlängerung der Sokoine Rd.), EZ/DZ U$ 3, Bar vorhanden, very basic. Vis a vis die Personality-Bar und das
- **Cleopatra Guesthouse**, ☏ 027/2501389 bzw. ☏ 0744/852290, EZ/DZ $ 7, self contained (Warmwasser vorhanden), sehr nette Bar/Restaurant vorhanden ($ 2, ganzes Grillhuhn mit Bananen $ 5), absolut OK.
- Daneben **Stereo Bar & Guesthouse**, EZ $ 3, DZ 3,50, (Warmwasser nur morgens), Bar/Restaurant, schräg gegenüber die
- **Top-London-Bar & Guesthouse**, EZ $ 2,50 DZ $ 3, self contained (Warmwasser!), eines der günstigsten Hotels und absolut OK, ☏ 0741/708151. Die Bar ist wegen des herrlichen Makuti-Daches einen Besuch wert ($ 2).
- **Lake Manyara Luxury Guesthouse**, Nairobi Rd. (nach der Polizei Station), EZ/DZ $ 4, ☏ 0744/442423
- **C.M. Guesthouse** (Plan Nr. 5), Makao Mapya Rd. (von der Sokoine Rd. kommend 100 m nach der knallroten römisch-katholischen Kirche), zum Zeitpunkt der Recherche in Renovierung begriffen - DZ self contained, kein Restaurant geplant, Preis wahrscheinlich um $ 5
- **Ngiwaranecha Guesthouse** (kurz nach dem C.M. GH), nur 1 (echtes) DZ sonst EZ, jeweils $ 6, Restaurant vorhanden (herrliche, enorm hohe Dachkonstruktion, Betrieb auch im OG)

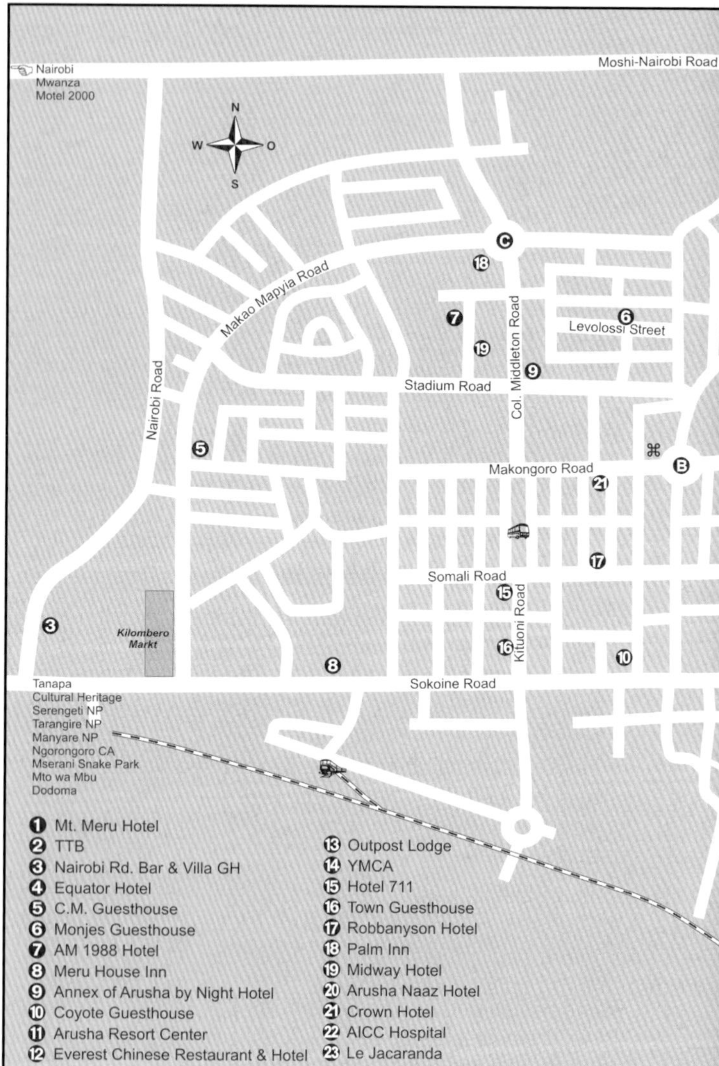
Nairobi
Mwanza
Motel 2000
Moshi-Nairobi Road
N
W
O
S
Makao Mapyia Road
Nairobi Road
Col. Middleton Road
Levolossi Street
Stadium Road
Makongoro Road
Somali Road
Kituoni Road
Kilombero Markt
Sokoine Road
Tanapa
Cultural Heritage
Serengeti NP
Tarangire NP
Manyare NP
Ngorongoro CA
Mserani Snake Park
Mto wa Mbu
Dodoma
1 Mt. Meru Hotel
2 TTB
3 Nairobi Rd. Bar & Villa GH
4 Equator Hotel
5 C.M. Guesthouse
6 Monjes Guesthouse
7 AM 1988 Hotel
8 Meru House Inn
9 Annex of Arusha by Night Hotel
10 Coyote Guesthouse
11 Arusha Resort Center
12 Everest Chinese Restaurant & Hotel
13 Outpost Lodge
14 YMCA
15 Hotel 711
16 Town Guesthouse
17 Robbanyson Hotel
18 Palm Inn
19 Midway Hotel
20 Arusha Naaz Hotel
21 Crown Hotel
22 AICC Hospital
23 Le Jacaranda

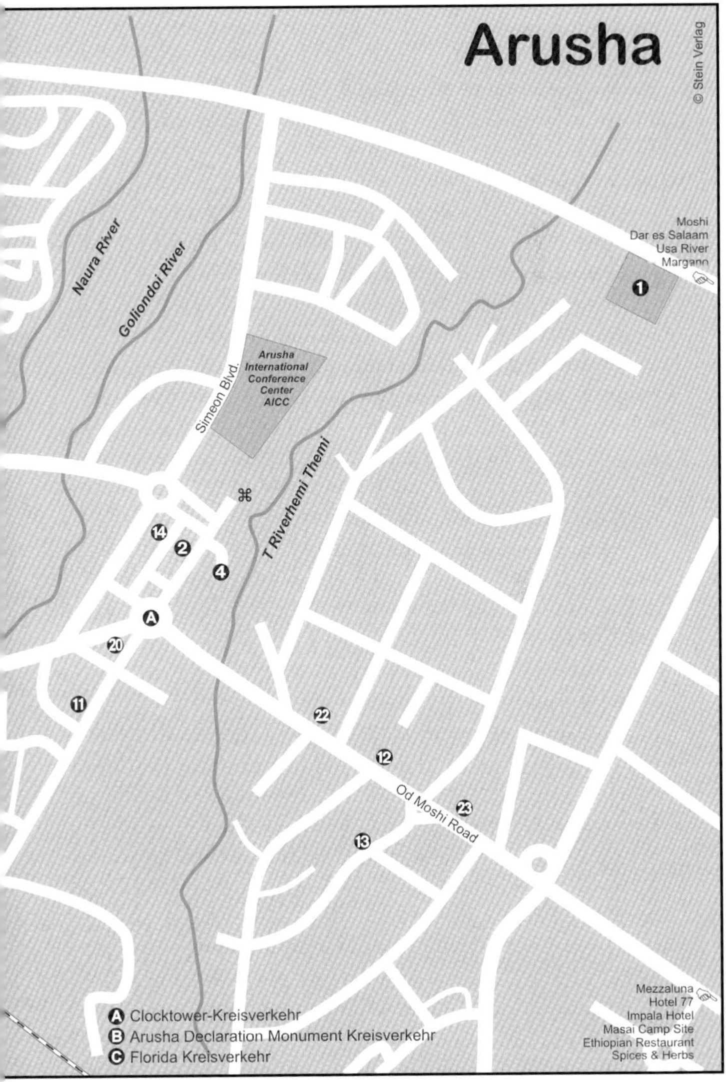
Arusha
© Stein Verlag
Moshi
Dar es Salaam
Usa River
Margano
Naura River
Goliondoi River
Simeon Blvd.
Arusha International Conference Center AICC
T Riverhemi Themi
Od Moshi Road
Mezzaluna
Hotel 77
Impala Hotel
Masai Camp Site
Ethiopian Restaurant
Spices & Herbs
A Clocktower-Kreisverkehr
B Arusha Declaration Monument Kreisverkehr
C Florida Kreisverkehr

- **Segera Guesthouse**, kurz vor dem C.M. Guesthouse, EZ $ 5, DZ (2 Betten) um $ 8
- **Sunrise Restaurant (& Guesthouse)**, geführt von "Mama Top", lediglich 2 DZ (nicht self contained) um je $ 10 vorhanden - so viel Schmutz hab' ich noch nie gesehen, ☏ 0748/593369
- **Monjes Guesthouse** (Plan Nr. 6) - Komplex von 3 Guesthouses in der Levolossi Str. (2. nördl. Parallelstr. zur Stadium Rd.), EZ/DZ $ 4, self contained Zimmer $ 6, ☏ 0745/880836, arbeitet mit Jackpot-Tours & Safaris (💻 www.jackpotsafaris.com) zusammen, nichts Nachteiliges bekannt, ✉ kili-holiday@yahoo.com, wundern Sie sich nicht, dass der "Manager" Siegfried heißt, sein Vater arbeitete in Deutschland.
- **Serengeti View Guesthouse**, Levolossi Str., nur EZ self contained $ 5
- **Nasabeda Bar & Guesthouse**, Levolossi Str., nur EZ $ 5, daneben der
- **New Meru De Luxe Inn** (bzw. Arusha Tourist Inn), neues Schwesternhotel des Meru House Inn), ☏ 027/2507754, EZ/DZ self contained $ 8, kein Restaurant.
- Ferner noch das **Mashele Guesthouse** 2 Straßen hinter der Levolossi Str. (vom Stadium kommend), DZ $ 5, ✕, 🍷
- **Palm Inn** (Plan Nr. 18), EZ $ 3, DZ $ 10, kein Restaurant
- **Robbanyson** (eigentl. Robinson, Plan Nr. 17) Hotel, Somali Str., ☏ 027/2507407
- **Williamson Inn**, neben dem Midway Hotel, ☏ 027/2503570 nur DZ $ 8 self contained, Alkoholverbot (tour operator im 4. OG)
- **Rhobin Guesthouse**, vis am vis AM 1988 Hotel (Kategorie B), DZ $ 3
- **Midway Hotel** (Plan Nr. 19), nur DZ mit Französischem Bett oder 2 Einzelbetten, jew. $ 15, ☏ 027/2502790, ✕ 🍷 nebenan das **Kiria Guesthouse**
- **Meru House Inn** (Plan Nr. 8, ehem. Arusha Tourist Inn), Sokoine Rd., ☏ 027/2507803, ✉ meruhouseinn@hotmail.com, EZ nicht self contained, $ 5,50, self contained $ 8,50, DZ $ 10 bzw. 17, New-Meru-Coffee-Restaurant im 1. OG ($ 3 bis 4/Frühstück).

  Das "Noble Restaurant" bietet indische, chinesische und internationale Küche ($ 3,50 bis 8, auch Joghurt und frisch gepresste Fruchtsäfte). Aktuell ist das Meru House die erste Adresse bei Individualtouristen - während der Hauptsaison ist eine Reservierung mehrere Tage vorher erforderlich, über den angeschlossenen tour operator, Victoria Tours, ☏ 027/2500444 oder 0744/288740, ist nichts Nachteiliges bekannt, ✉ info@victoriatz.com, 💻 www.victoriatz.com.

- **Annex of Arusha by Night Hotel** (Plan Nr. 9), Stadium Rd., ☎ 0748/605235, ✉ fortylekule@yahoo.com EZ $ 7, DZ $ 10 inkl. Frühstück, sehr einfach, Restaurant für Hotelgäste vorhanden.
- **New Shimbi Garden & Guesthouse**, Ethiopia Rd. (vom Stadium kommend hinter dem Annex), ☎ 0741/834875, EZ $ 2, DZ $ 3,50, very basic
- **Town Guesthouse**, Ecke Kituoni Str. (Plan Nr. 16, neben dem Scandinavian Booking Office), EZ $ 4, DZ $ 7
- **New Florida 2000 Guesthouse**, am Florida-Kreisverkehr, EZ/DZ self contained inkl. Frühstück US$ 10
- Am selben Kreisverkehr auch das etwas billigere **Marangu Connection Bar & Guesthouse** und das **Roundabout Guesthouse**
- **New California Guesthouse**, Makao Mapyia Rd., eines der wenigen von Massai geführten Guesthouses, ☎ 0744/269652
- **Coyote Guesthouse** (Plan Nr. 10), Azimio Str. (kurz nach der Kreuzung mit der Sokoine Rd., US$ 8 (egal ob self contained oder nicht!), ☎ 027/2544261, FAX 2504943
- **YMCA Youth Hostel** (Plan Nr. 14), India Street, ☎ 027/2544032, EZ $ 12, DZ $ 15, ✕, tour operator

Kategorie C: Preise inkl. Frühstück; es sei denn, es ist anders vermerkt, Zimmer durchwegs self contained. Nicht immer Moskitonetze vorhanden - in diesem Fall wird mit der chemischen Keule gearbeitet! Komb. EZ/DZ nach wie vor vorhanden. Das unter Kategorie D über die Verfügbarkeit Gesagte gilt auch.

- **Golden Rose Hotel,** Col. Middleton Rd., ☎ 027/2507959, 2508861, FAX 2508862, 💻 www.goldenrosehotel.com, ✉ goldenrose@habari.co.tz, EZ $ 36, DZ $ 48, nicht gerade umwerfendes Restaurant ($ 4 bis 5), tour operator. Für das gebotene eigentlich zu teuer.
- **Hotel 711** (Plan Nr. 15), Zaramo Str. (dem Busbahnhof am nächsten gelegen), EZ/DZ $ 20, DZ mit 2 Betten $ 25, ☎ 027/2501261 oder 0744/578459 bzw. 749584
- **Pallsons Hotel,** Market Str., ☎ 027/2544253, 0744/749262, EZ $ 25, DZ $ 30, Restaurant (indische Küche $ 3), nette Bar

- **Arusha Naaz Hotel**, Sokoine Rd. (fast schon am Clocktower-Kreisverkehr, Plan Nr. 20), ☏ 027/2502087, FAX 2508893, 💻 www.arushanaaz.com, EZ $ 25, DZ $ 40, gute Lage, nettes Hotel, frisch renoviert, Restaurant ($ 3, Mittagsbuffet $ 4), tour operator
- **Arusha Resort Centre** (Plan Nr. 11), School Rd. (ehem. Fire Rd.), ☏ 027/2508333, FAX 2508233, 0748/404146, 💻 www.arusharesortcenter.com, ✉ arusharesort@habari.co.tz, DZ bzw. Single-Appartement $ 40, Restaurant (internat. Küche $ 4), tour operator
- **Outpost Lodge** (Plan Nr. 13), Serengeti Str. (Seitenstr. der Old Moshi Rd., beschildert), ☏ 027/2548405, 0748/430358, ✉ info@outposttanzania.com, 💻 www.outposttanzania.com, EZ $ 35, DZ $ 45, Zimmer nicht self contained, Bungalows ja. Schlafsaal im Haupthaus, nett, freundlich, ✕ (tansan., Grill), tour operator, schöner Garten
- **Everest Chinese Restaurant & Hotel**, Old Moshi Rd. (nach dem AICC-Hospital, Plan Nr. 12), ☏ 027/2508419 oder ☏ 0744/817255, ✉ everesttzus@yahoo.com, die EZ/DZ-Zimmer sind mit jeweils $ 40 overpriced, das Restaurant (mit Garten) hinsichtlich Speisen-Qualität und Ambiente jedoch hervorragend ($ 5 bis 8).
- **Motel 2000**, Nairobi-Moshi-Rd. (links/westlich der Kreuzung mit der Nairobi Rd.), ☏ 027/2507780 oder ☏ 0744/381025, ✉ chriskorosso@yahoo.com, DZ $ 45
- **Mezzaluna Hotel & Restaurant**, Moshi Rd., (an der Hotel-Impala-Kreuzung vom Zentrum kommend links ab) ☏ und FAX 027/2544381, DZ $ 45, Hotel OK, das italienische Restaurant einwandfrei
- **Spices & Herbs Restaurant & Lodge**, Moshi Rd. (kurz nach der Kreuzung mit der Old Moshi Rd. beim Impala-Hotel), ☏ 027/2502279 oder 0744/281320, ✉ axumspices@hotmail.com, DZ $ 45 (EZ $ 35), gutes Restaurant (afrikanische Küche, $ 7), tour operator
- **Hotel Fort Des Moines**, ☏ 027/2548523 oder 0744/284682, ✉ bimel@cybernet.co.tz, 💻 www.bimel.co.tz, EZ $ 20, DZ $ 30, self contained, Restaurant (ind./mediterran $ 5), tour operator, gut, in der Nähe des Declaration-Monument-Kreisverkehrs
- **Hotel 77**, Moshi Rd. (kurz nach dem Mezzaluna), Staatsbetrieb, Bungalowdorf, ☏ 027/2503800/2 oder 0744/261847 bzw. 381047, ✉ hotel77@tz2000.com, $ 25 bis 60, ✕, Diskothek

🛏 **Kategorie B:** Preise inkl. Frühstück, Zimmer alle self contained, in der Regel klimatisiert, Restaurant/Bar vorhanden, ebenfalls tour operator.

- **Hotel AM 1988** (Plan Nr. 7), knapp beim Arusha by Night Annex (in der ersten, namenlosen, westl. Parallelstr. zur Col. Middleton Rd.), ☎ 027/2507873 oder 0744/468225, EZ $ 40, DZ $ 60, triple $ 80 und Suite $ 100, ✕ 🍷 ($ 6)
- **Arusha Crown Hotel**, Ecke Makongoro Rd./Mosque Str. (Plan Nr. 21), ☎ 027/2544161, FAX 2544162, ✉ info@arushacrownhotel.com, 💻 www.arushacrownhotel.com, neuestes Hotel der Stadt, sehr gute Lage, EZ/DZ $ 60 bzw. 65, DZ mit 2 Betten $ 70 (die meisten Zimmer nur für Nichtraucher), Restaurant mit internationaler Küche ($ 7)
- **Equator Hotel** (Plan Nr. 4), am oberen Ende der Boma Rd., kurz vor dem Museum, ☎ 027/2508409, FAX 2504379, ✉ reservations@newarusha.com, EZ $ 60, DZ $ 70, es gibt schönere Hotels, die auch günstiger sind.
- **Le Jacaranda**, Old Moshi Rd. (nach der Kreuzung mit der Haile Selassie Rd., etwas zurückversetzt, ausgeschildert), ☎ 027/2544945 oder 2544624, ✉ jacaranda@tz2000.com, 💻 www.chez.com/jacaranda, DZ $ 50 (etwas overpriced), Minigolfanlage
- **L'Oasis Lodge**, nördl. der Nairobi-Moshi-Rd. (Taxi vom Busbahnhof ca. $ 5), ☎ 027/2507089 oder 0744/286731, ✉ loasislodge@.com, $ 70 bis 80/Pers., Restaurant mit fernöstlicher Küche ($ 7)
- **Manor Hotel**, am Stadtrand an der Straße nach Nairobi (Taxi vom Busbahnhof ca. $ 5), ☎ 027/2500613, ✉ manorhotel2000@yahoo.com, $ 40 bis 70, ✕
- **Klub Afriko Hotel & Tours**, an der Straße nach Moshi (Taxi ca. $ 5), ☎ 027/2509205 oder 0744/369475, ✉ watu@twiga.com, ✉ info@klubafriko.com, 💻 www.klubafrico.com, EZ $ 40, DZ $ 60
- **Bamakambi Lodge**, ☎ 027/2548749 (außerhalb/westlich der Stadt), ✉ bamakambi@lycos.com, 💻 www.geocities.com/bamakambi, $ 50/Pers.

🛏 **Kategorie A:** Restaurant, tour operator, Klimaanlage immer vorhanden.

- **Mt. Meru Hotel** (Plan Nr. 1), Nairobi-Moshi-Rd. (rechts/östlich der Kreuzung mit dem Sim(e)on Blvd.), ☎ 027/2502711, FAX 2508503, ✉ novotel-reservation@cybernet.co.tz, 🏊 ($ 5 für Nichtgäste)

- **New Safari Hotel**, Boma Rd. (neben TTB), ☎ 027/2503261, ✉ newsafarihotel@habari.co.tz, 💻 www.newsafarihotel.co.tz, traditionsreiches Hotel, komplett renoviert, EZ $ 70, DZ $ 95, Suite $ 160, gutes und relativ preiswertes Malaika-Restaurant ($ 5) mit Terrasse
- **Arusha Hotel**, Ecke Clocktower-Kreisverkehr/Old Moshi Rd., ☎ 027/2507777 oder 2508870-73, FAX 2508889, ✉ marketing@newarusha.com oder reservation@newarusha.com, 💻 www.arushahotel.com, von EZ für $ 140 bis Präsidentensuite $ 450 alles möglich, das angeschlossene Parachisi-Restaurant serviert indische Küche um $ 5, kontinentale Gerichte um $ 7 bis 10
- **Impala Hotel**, Ecke Old Moshi Rd./Moshi Rd. (gegenüber vom AICC Sports Club), ☎ 027/2508448 oder 0744/264376, FAX 2508680, ✉ impala@cybernet.co.tz, 💻 www.impalahotel.com, tja, alles was das Herz begehrt, DZ ab $ 200, sehr gutes Restaurant, 🍷
- **Ilboru Safari Lodge**, nördl. der Nairobi-Moshi-Rd. (Taxi ca. $ 5), ☎ 027/2509658 oder 0744/270357, ✉ ilboru-lodge@habari.co.tz, 💻 www.ilborusafarilodge.co , EZ $ 65, DZ $ 180, 🍴

Clocktower (Kreisverkehr) Arusha – touristischer Mittelpunkt Tansanias (eb)

- Gegenüber dem AICC steht das **Nahuru Springs Hotel** in Bau - das wahrscheinlich größte und modernste Hotel im Norden Tansanias.
- **New Vision Campsite** - neben dem Equator Hotel, $ 2,50/Pers., Toiletten, (nur kalt), 3 tour operator, , die Lage ist zwar günstig, ob sich dort allerdings jeder sicher fühlt, ist eine ganz andere Frage.
- **Massai Camp Site**, Old Moshi Rd. (ca. 3 km außerhalb), großzügige Anlage fast europäischen Standards, $ 4/Pers., einige DZ vorhanden ($ 8/Pers.), ($ 3), tour operator, dem Gefühl nach sicherer als vorgenannte Anlage
- **Mserani Snake Park** - ca. 20 km außerhalb an der Straße nach Dodoma

Hotels in Usa-River - zwischen KIA und Arusha gelegen (35 km vom Flughafen, knapp 20 km von Arusha) - Anfahrt: entweder Dalladalla von Arusha (Taxi ca. $ 10) oder Sie werden - bei vorangegangener Buchung - am Flughafen abgeholt (meist im Preis inbegriffen). Durchwegs Häuser der Kategorie A mit Restaurant, tour operator und sonstige Annehmlichkeiten. Wenn Sie hier eine Tour buchen, ist meist der Aufenthalt (VP!) vorher und nachher (je eine Nacht) inbegriffen - lesen Sie die Angebote genau durch. Der Service ist einwandfrei.

- **DikDik Hotel,** Restaurant & Safaris, 027/2553499, dikdik@atge.automail.com, www.dikdik.ch
- **Ngare Sero Mountain Lodge**, PO Box 425, Arusha, 027/2553638, reservations@ngare-sero-lodge.com, die Lodge liegt zwischen KIA und Arusha NP in einem sehr großen Garten/Park und bietet alles, was das Herz begehrt (selbst Yoga).
- **Rivertree Country Inn,** 027/2553894, 0741/339873, rivertrees@africaonline.co.tz oder info@rivertrees.co.tz
- **Meru View Lodge**, 027/2553876, meru.view.lodge@habari.co.tz
- **Arumeru River Lodge**, PO Box 46 Usa-River, 0748/459639, info@arumerulodge.com

Das Angebot ist unüberschaubar, die Preise etwas höher als in Dar es Salaam oder Moshi. Die genannten Preise sind der Durchschnitt für eine Hauptspeise. Hervorzuheben sind:

- Das wahrscheinlich beste China-Restaurant der Stadt ist das **Shanghai** ($ 7), Sokoine Rd. (neben der Post, im Hinterhof), kurz danach (stadtauswärts) das **Tandoor** mit indischer Küche.

- **The Ethiopian Restaurant**, neben dem Impala Hotel, meines Erachtens das beste und schönste Restaurant der Stadt, nicht billig.
- Ein weiteres äthiop. Restaurant in der Old Moshi Rd. (kurz nach Old Moshi Clinic) - **The Laangaanoo** (mit Garten), sehr äthiopisch, sehr gut ($ 3).
- **The Patisserie & Hot Bread Shop**, Sokoine Rd. (schräg vis a vis vom Arusha Naaz Hotel) - Bäckerei und Frühstücks-Eldorado
- **Simba Grill** - Prototyp einer tansan. Bar/Restaurant (nyama choma) - Nairobi-Moshi-Rd. (rechts/östlich der Kreuzung Nairobi Rd./Sim(e)on Blvd.
- **Matongee-Arusha-Club**, Old Moshi Rd., sehr fesches tansan. Gartenrestaurant, einfach toll.
- **Johnnys Ravali Restaurant**, Sokoine Rd./Azimio Str., bietet auch vegetarische Gerichte, billig.

☺ Weitere billige (ca. $ 2 bis 3 für Hauptgerichte) bis sehr billige ($ 1) Restaurants befinden sich rund um die Märkte und am Busbahnhof sowie in der Sokoine Rd. und Nairobi Rd. (von der Sokoine kommend), siehe aber auch Hotels der Kategorie C/D. Restaurants der Hotels Kategorie A und B zählen zur Oberklasse, sind aber erschwinglich (ca. $ 15 bis 20 für ein dreigängiges Dinner inkl. Aperitif, Bier und Kaffee) ☞ "Unterkünfte".

- **McMoody's -** Hamburger, Pizza, Eis, gestylt, Ecke Sokoine Rd./Makua Str.
- Steer's - Fastfood südafrikanischer Provenienz, sehr stylisch, teuer, aber ungeheuer cool, neben Lookmanjis Curio Shop

🍷 Bars internationalen Standards in den Hotels der Kategorie A/B .

- Tansan. Bars entlang der Nairobi Rd., Dodoma Rd. sowie
- Mambo the Cafe, eines der wenigen "Kaffeehäuser", bietet **sehr guten Kaffee und Kuchen** an, Boma Rd.
- Bamboo Cafe, Boma Rd.
- Jambo Makuti Garden Bar & Restaurant, Boma Rd., neben TTB, nett ($ 3) vis a vis das Jambo Coffee House.

FUN Diskotheken finden Sie im Hotel 77 (Moshi Rd.) und im Mt. Meru Hotel (hier auch Massai-Dance-Pervormances jeden Freitagabend).

- Twin Peaks Casino, Jacaranda Str. (Seitenstr. der Sokoine, gegenüber der Swahili Rd.)
- Metropol-Cinema in der Sokoine Rd.

BANK Mehrere **Banken** und **Wechselstuben** in der Sokoine Rd., Boma Rd. und am Clocktower-Kreisverkehr sowie im AICC (☞ Plan).

- Farbenprächtiger, großer Markt (Soko la kubwa/kurz Sokokuu/Great Market) (☞ Plan) mit großem Obst- und Gemüseangebot sowie Gebrauchsgegenständen (gute Aussicht vom - nicht so guten - Restaurant im 1. OG).
- ♦ New Kilombero Market mit demselben Angebot in der Sokoine Rd./Ecke Makao Mapya Rd. (kurz nach dem Ithna Asheri Hospital).
- ♦ Shoprite-Supermarkt in der Sokoine Rd. (vis a vis vom Kilombero-Markt, Angebot wie von zuhause gewohnt), RTC-Supermarkt mit ebenfalls gutem Angebot am Clocktower-Kreisvorkehr
- ♦ Souvenirshops in großer Auswahl rund um den Clocktower-Kreisverkehr, Boma Rd., Goliondoi und India Street sowie in den Hotels der Kategorie A, B, teilw. auch C. Hervorzuheben sind:
- ♦ The Cultural Heritage, ca. 5 km außerhalb der Stadt Richtung Dodoma, ist ein bestens organisierter, riesiger Shop mit überhöhten Preisen (handeln!), geboten wird alles aus ganz (!) Afrika. Afrikanisches Restaurant (indische, malaysische, italienische Küche, Preise überhöht, jedoch größte Auswahl Arushas, ca. $ 10), ☕ 🍷, DHL-Büro, Telefon-, Fax- und Internetservice vorhanden. Wer das Außergewöhnliche sucht (und genug Geld dabei hat), ist hier richtig. Auch wenn Sie nichts kaufen möchten einen Besuch wert, Taxi ca. $ 5, es schadet nicht, wenn Sie eine Stecke laufen - Sokoine Rd. stadtauswärts, immer geradeaus. Genießen Sie Einblicke in den tansan. Alltag - Tischlereien, Mechaniker-Werkstätten, Tapezierer, Schneider, Kleinhandel) sowie tansan. Klein-Gastronomie - Unmengen an Bars/Restaurants und Food-stalls am Weg. Neben der Heritage entsteht ein 3-geschossiger Komplex, in dem ab 2006 Textilien mit Souvenir-Charakter angeboten werden (T-Shirts, Kangas usw.). Collector Gallery, ca. 0,5 km vor Cultural Heritage (vis a vis vom Tarakea-Resort-Inn), nicht gar so umfangreiches Angebot, Preise ähnlich überhöht. Erwarten Sie in beiden Shops keine Fachkenntnisse und schenken Sie den Beteuerungen, dass etwas "old" sei, keinen Glauben, ☞ "Souvenirs". Mt. Meru Curio & Crafts Market ("Massai-Market" genannt), School Rd. (ehem. Fire Rd., kurz nach dem Resort Center), eine Ansammlung von ca. 70 bis 100 kleinen Kiosken - Sie finden hier alles, was Sie brauchen und auch noch einiges dazu - allerdings nur Tansanisches, Importware aus West- oder Zentralafrika gibt es hier nicht. Auch hier gut handeln!
- ♦ Lookmanji Curio Shop, J. Maenda Str., überschaubares Angebot, sehr seriös (trotzdem handeln), teilw. Fachkenntnisse vorhanden.

- Tanzania Wildlife Corporation (TaWiCo), Boma Rd. ("The Explorer - Outdoor, Gear & Accessoires"), verkauft Tierfelle, präparierte Tiere, bemalte und geschnitzte Straußeneier, Gehörn u.Ä. mit Ausfuhrzertifikat sowie Ausrüstung (für Jäger und Trekker). Für Fragen zum Tierschutz: Office in der kleinen Parallelstraße zwischen India Str. und Goliondoi Rd., PO Box 1144
- Erwähnenswert ist auch das Porini neben Mambo the Cafe, das u.a. auch von Körperbehinderten hergestellte Produkte anbietet.
- Darüber hinaus gibt es an der Straße Richtung Dodoma bzw. zu den NPs (ca. 25 km von Arusha, beim Meserani Snake Park) noch die große Oldonyo Orok Art Gallery (gemischtes Angebot aus ganz Afrika), daneben die ebenfalls große TingaTinga Art Gallery (zeitgen. tansan. Malerei im National-Stil) und die Masai Art Gallery (v.a. Masai-Objekte).

📖 **Bücher** im Kase Bookshop, Boma Rd. und Porini-Souvenirshop bei Mambo the Cafe. Zusätzlich der Kihamama-Bookshop gegenüber vom Golden-Rose-Arcade-Conference-Center.

✈ Air Tanzania, Boma Rd., ☎ 027/ 2503793

- KLM, ebenfalls Boma Rd. (im Safari Hotel), ☎ 027/ 2508062/3, 💻 www.klm.com
- Precision Air: Boma Rd. (Safari Hotel), ☎ 027/2506903, FAX 2508204, ✉ information@precisionairtz.com
- Kilimanjaro International Airport (KIA) befindet sich 50 km von Arusha entfernt. Ein Airport-Shuttle fährt vor dem Air-Tanzania-Büro ab.
- CONDOR hat kein office in Tanzania. Der Repräsentant Mr. Douglas Ebberstern ist unter ☎ 027/2553207 bzw. mobil 0744/288932, ✉ phantom@habari.co.tz zu erreichen.

ℹ **Immigration Office** (falls Sie Probleme mit Ihrem Visum haben) befindet sich vis a vis vom AICC, erkennbar an dem großen Schild "Immigration Canteen", ☎ 027/2506565 oder ☎ 2503569.

➕ ☞ "Medizinische Versorgung"

🚗 Hertz, im Mount Meru Hotel, ☎ 027/2509150

- Takim's Holidays, Tunakopesha Building, ☎ 027/2508026/2504630, ✉ info@takimsholidays.com
- Wonderfultours, Kimahama Bldg. (gegenüber Golden Rose Hotel), ☎ 0732/972054, ✉ info@wonderfultours.com, 💻 www.wonderfultours.com

- ♦ Fortes Car hire, ☏ 027/2506094, ✉ wendy@fortes-safaris.com, 💻 fortescarhire.com
- ♦ Arusha Naaz siehe Hotels/Kat. C
- ♦ Avocet Safaris, AICC Complex, Ngorongoro Wing, 1st Floor, Suite 118 (Tel Nr. usw. siehe tour operator)
- ♦ Riverside siehe Weiterfahrt
- ⌘ (National) Natural History Museum (am Ende der Boma Rd., $ 2), das Gebäude ist im ehem. Deutschen Verwaltungsgebäude (Boma) untergebracht). Die kleine naturgeschichtliche und paläontologische Sammlung ist nicht unbedingt der Rede wert, allerdings ist die (ebenfalls kleine) Ausstellung zur Geschichte der Stadt recht informativ. Das vom Museum und einigen NGOs initiierte AHEAD-Project veranstaltet unter dem Titel **VIA-VIA** interessante Performances (Tanz, Theater, Musik, Open-Air-Kino usw., meist mit tribalistischem Hintergrund) - die Anschlagtafeln in der Stadt sind unübersehbar, ein Programm liegt in (fast) allen Hotels aus. (✉ arusha.tanzania@viaviacafe.com).
- ♦ Arusha Declaration Museum, Makongoro Rd. (zwischen Kreisverkehr und Azimo Rd. - Sammlung zur postkolonialen Geschichte)
- **Postamt** am Clocktower-Kreisverkehr (vis a vis die TTCL) und Sokoine Rd.
- ♦ DHL im AICC und in der Sokoine Rd.
- 💻 Internet-Cafés: dutzende am Clocktower-Kreisverkehr sowie in Boma, Goliondoi und Sokoine Rd. (je näher dem Clocktower, umso mehr).
- Arusha ist Ausgangspunkt für Safaris in die Nationalparks: Serengeti NP, Ngorongoro CA, Lake Manyara NP, Tarangire NP, Mt. Kilimanjaro NP, Arusha NP sowie Rubondo NP. Für die Besteigung des Kilimanjaro kann man auch Buchungen in Moshi vornehmen bzw. die Hotels in Marangu kontaktieren, Rubondo NP und Serengeti wird auch in Mwanza angeboten. Preise und Safaritips ☞ Reise-Infos von A bis Z, Safaris.
- ♦ **Tour Operator:** Naipenda Safaris, PO Box 6060 Arusha, ☏ 00255/27/2508758, ✉ israel@habari.co.tz, 💻 www.naipendasafaris.com
- ♦ Kearsley Travel & Tours, PO Box 142, Arusha (col. Middleton Rd., im Golden Rose Conference Center), ☏ 00255/27/2508043, FAX 2508044, ✉ kearsleyarusha@tz2000.com, 💻 www.kearsley.com
- ♦ Fun Safaris Ltd., PO Box 13794, Aursha, ☏ 00255/27/2508376, ✉ funsafaris@tz2000.com, 💻 www.funsfarisltd.com

- Nature Discovery, PO Box 10574, Arusha, ☎ 00255/27/2544063, FAX 2548406, ✉ info@naturediscovery.com, 🖳 www.naturediscovery.com
- Bobby Camping Safaris, PO Box 15152, Arusha, ☎ 00255/27/2544057, ✉ bobbycamping@habari.co.tz, 🖳 www.habari.co.tz/bobbycamping
- Africa Travel Bureau, PO Box 1440, Arusha, ☎ 00255/27/2503849, FAX 2544198, ✉ afritravel@cybernet.co.tz, 🖳 www.africatravelbureau.com
- Comfort Holidays Ltd., PO Box 1379 Arusha, ☎ 00255/27/2509283, FAX 2504969, ✉ info@comfortsafaris.com, 🖳 www.comfortsafaris.com
- African Environments Ltd., PO Box 2125, Arusha, ☎ und FAX 00255/27/2508625, ✉ beatty@africanenvironments.co.tz, 🖳 www.africanenvironments.co.tz
- African Outdoor Expeditions, PO Box 14643, Arusha, ☎ 00255/744/263170, ✉ outdoor@kiliman.com, 🖳 www.aoe-ltd.com
- African Trails Ltd., PO Box 2130 Arusha (Boma Rd., Safari Hotel Investm. Bldg.), ☎ und FAX 00255/2504406, ✉ africantrails@habari.co.tz, 🖳 www.africantrails.com
- Abercrombie & Kent, PO Box 427, Arusha (AICC, Serengeti Wing), ☎ 00255/27/2508347, FAX 2508273, ✉ info@abercrombiekent.co.tz, 🖳 www.akdmc.com
- Shidolya Tours & Safari Ltd., PO Box 1436 Arusha (AICC, Ngorongoro Wing), ☎ 00255/27/2502813, FAX 2544160, ✉ shidolya@yako.habari.co.tz, 🖳 www.shidolya-safaris.com
- Takims Holidays Tours & Safaris (AICC, Ngorongoro Block), ☎ 00255/27/2504630, FAX 2508211, 🖳 www.takimsholidays.com, ✉ info@takimsholidays.com
- Serengeti Select Safaris Ltd., PO Box 2703 Arusha, ☎ und FAX 00255/27/2544752, ✉ sss@habari.co.tz, 🖳 www.serengetisafaris.com
- Bushbock Safaris Ltd., PO Box 1700, Arusha, ☎ 00255/27/2507779, FAX 2548293, ✉ bushbuck@bushbuckltd.com, 🖳 www.bushbuckltd.com
- Bobby Tours & Safaris, PO Box 2169, Arusha, ☎ 00255/27/2503490, FAX 2508176, ✉ safaris@bobbytours.com, 🖳 www.bobbytours.com
- Ranger Safaris, PO Box 9, Arusha, ☎ 00255/27/2503023, FAX 2508205, ✉ ranger@rangersafaris.co.tz, 🖳 www.rangersafaris.com

- Simba Safaris Ltd., PO Box 1207, Arusha, ☎ 00255/27/2503600, FAX 2501509 🖳 www.simbasafaris.com, ✉ simba@simbasafaris.co.tz
- Tanzania Serengeti Adventure, PO Box 1742 Arusha, ☎ 00255/27/2544609, FAX 2508475, 🖳 www.abouttanzania.com, ✉ tsa@habari.co.tz
- Avocet Tanzania Safaris Ltd., PO Box 11702, Arusha, ☎ 00255/27/2500646, FAX 2505600, ✉ info@avocetsafaris.com, 🖳 www.avocetsafaris.com
- Roy Safaris Ltd, PO Box 50 Arusha (Serengeti Rd.), ☎ 00255/27/2508010, FAX 2548892, 🖳 www.roysfaris.com, ✉ roysafaris@intafrica.com
- Classic Tours Safaris, PO Box 7302, Arusha, ☎ 00255/27/2508448/51, FAX 2508220, ✉ impala@cybernet.co.tz, 🖳 www.theclassictours.com
- WS Safaris Ltd., PO Box 2288, Arusha, ☎ und FAX 00255/27/2544004, 🖳 www.wssafari.com, ✉ info@wssafari.com
- Easy Travel & Tours Ltd., PO Box 1912 Arusha (Joel Maeda Rd.), ☎ und FAX 00255/27/2503929, FAX 2544110, ✉ easytravel@habari.co.tz, 🖳 www.easytravel.co.tz
- AfricanTrails, PO Box 2130, Arusha (AICC, Ngorongoro Wing), ☎ 0025/27/2504406, 🖳 www.africantrails.com, ✉ africantrails@habari.co.tz
- Hoopoe Safaris, PO Box 2047, Arusha, ☎ 00255/27/2507011, ✉ information@hoopoe.com, 🖳 www.hoopoe.com
- Kibo Guides Ltd., PO Box 8281, Arusha, ☎ 00255/748/507605, ✉ kibosaf@habari.co.tz, 🖳 www.kibo-safaris.com
- Leopoard Tours Ltd., PO Box 1638 Arusha, ☎ 00255/27/2548441/3, FAX 2508219, ✉ leopard@yako.habari.co.tz, 🖳 www.leopard-tours.com
- M. Tours & Safaris Ltd., PO Box 392 Arusha, ☎ und FAX 00255/27/2501034, ✉ jmtours@habari.co.tz, 🖳 www.jmtours.co.tz
- Karibu Africa Safaris Ltd., PO Box 1840, Arusha, ☎ 00255/27/2504023, ✉ info@kafafsa.com
- Wildersun Safaris Ltd., PO Box 2587, ☎ 00255/27/2503880, FAX 2548223, ✉ wildersun@cybernet.co.tz, ✉ www.wildersun.com
- Sunny Safaris, PO Box 7267, Arusha, ☎ 00255/27/2508184, FAX 2548037, ✉ info@sunnysfaris.com, 🖳 www.sunnysafaris.com

- Tropical Trails - Wilderness Trails Ltd., PO Box 223, Arusha, ☏ 00255/27/2500358, FAX 2548299, ✍ info@tropicaltrails.com, 🖳 www.tropicaltrails.com
- Multichoice Safaris, PO Box 14288, Arusha, ☏ 00255/27/2548559, FAX 2544229, ✍ multicho@habari.co.tz, 🖳 multichoicesafaris.com
- Tanzania Photographic Tours & Safaris (betreibt das Kikoti Safari Camp im Tarangire NP), ☏ 027/2508790, FAX 2508896, Mobil 0744/574112, ✍ tzphotosafaris@habari.co.tz, 🖳 www.tzphotosafaris.com
- Green Footprint Adventures, PO Box 2551Arusha, ☏ 027/2539267, FAX 2539164, ✍ mary@greenfootprint.co.tz, 🖳 http://www.greenfootprint.co.tz. einziger tour operator, der Kanu-Safaris auf den Momela-Seen anbietet/anbieten darf.
- Kirurumu Tented Camps & Lodges, PO Box 2047, Arusha (India Street), ☏ 027/2507011, FAX 2548226, ✍ info@kirurumu.com (betreibt in allen NPs des Northern Circuits Unterkünfte)
- Swala Safaris, PO Box 207, Arusha, ☏ 027/2508424, Luxus-Abteilung: ✍ swala@habari.co.tz, 🖳 www.swalasafaris.com, Budget-Abteilung: ✍ sengo@habari.co.tz, 🖳 www.safaris-tz.com

Mt. Meru - zweithöchster Berg Tansanias, nur wenige Kilometer von Arusha entfernt (eb)

- Nomad Tanzania, PO Box 681 Arusha (Usa-River), ☏ 027/2553819, FAX 2553830, ✉ info@nomad-co.tz, 💻 www.nomad-tanzania-com, betreibt Zelt-Camps in Selaus, Mahla, Katavi, Serengeti
- Flycatcher Safari, PO Box 591, Aarusha, ☏ 027/2544109, ✉ flycat@habari.co.tz, 💻 www.flycat.com - betreibt Zelt-Camps im Rubondo, Mahale und Katavi NP
- Takims Holidays Tours & Safaris Ltd., Sokoine Rd. (Tunakopesha Bldg.), ☏ 027/2508026 oder ☏ 2504630, FAX 2508211
- Zahlreiche weitere Safariveranstalter befinden sich im Arusha International Conference Centre (AICC)

Weiterfahrt

- Air Tanzania, Boma Rd. (Lutheran House), ☏ 027/2503201, ✉ airtanzania-ark@cybernet.co.tz
- Precision Air, im New Safari Hotel (Boma Rd.), ☏ 027/2506903, 2502836, FAX 2508204
- Coastal Air Service, Boma Rd. und office am Arusha Airport, ☏ 0741/530730, 0744/317808

  Flugpläne usw. siehe Kap. Reisen im Land/Flugzeug
- Tägliche Verbindungen in alle größeren Städten des Staates sowie nach Nairobi und Mombasa (via Tanga bzw. Moshi/Himo) sowie Kampala.

  Zur Lage des Busbahnhofes (hier auch Dalladalla-Station Richtung Moshi) siehe Plan. Das Terminal/Office von Royal Coach befindet sich beim Golden Rose Hotel, ebenso das von Dar Express. Scandinavian-Terminal in der Kituoni Str., Pl. 21 B & C (etwas unterhalb/südlich des Busbahnhofes).
- Dalladalla-Station Richtung Süden/Dodoma beim Kilombero-Market.
- Arusha-Mwanza/Musoma: Eine Route (aber verschiedene Busse) führt quer durch das Ngorongoro CA und die Serengeti - in diesem Fall müssen Sie Eintritt zahlen. Nach Mwanza fahren die Busgesellschaften Mtei, City Mist, Kimotco, nach Musoma Mtei,Kimotco, Coast Line
- Eine Route führt über Nairobi - wer schlechte Nerven hat: in Kenia darf auch nachts gefahren werden. Musoma liegt in diesem Fall am Weg nach Mwanza. Gesellschaften: Takrim, Scandinavia, Tawfiq, Akamba, Spider
- Die dritte Route führt über Singida und Shinyanga nach Mwanza - Dauer zwei bis drei Tage. Schöne Fahrt durch Steppe, Akazien-Busch und Dörfer

(zur Regenzeit nicht zu empfehlen). Gesellschaften: Mtei (zwei Busse/Tag), Tawfiq (nur Fr), Takrim (Di, Do, So), Air Born City (dito) ordinary bus $ 8. Luxury-busses verlangen $ 20, NBS (nur Mi), West Sata-Bedui (nur Sa), SS Gewewal (nur Fr). Nach Musoma in Mwanza Dalladalla/Bus nehmen.

- Um nach Kigoma zu gelangen, müssen Sie zuerst nach Kahama fahren, hier Übernachtung, dann weiter über Nyakanazi ODER mit dem Bus nach Tabora und von hier weiter mit der Eisenbahn.
- Direktbusse nach Dodoma, Iringa fahren über Babati, Kondoa - die Straße ist zwar nicht die schlechteste, doch während der Regenzeit kann das eine lange Reise werden. Die Fahrt über Dar es Salaam ist in jedem Fall vorzuziehen.
- Richtung Nairobi sollten Sie sicher gehen, dass der Bus via Namanga (Grenze) fährt und nicht über Musoma (Grenze in Serali).
- Nach Nairobi fahren auch die Shuttles von Devanu (täglich 8:00, 14:00, $ 30, Office/Terminal Nairobi: Windsor House, University Way (Ecke Muindi Mbingu Str., fahrplanmäßig werden auch das Norfolk und New Stanley Hotel gestreift)), ☏ 00254/20/222002 oder 00254/720/513805, ✉ davanu@nbnet.co.ke, Office Arusha: Standard Chartered Bldg. (2. OG), Goliondoi Rd., ☏ 00255/744/400318 oder 00255/748/400318 (Terminal beim Mt. Meru Hotel) und Riverside ($ 25, Abfahrt ebenfalls: 8:00 und 14:00, Office/Terminal Nairobi: Pan Africa House, Kenyatta Av., ☏ 00254/20/229618, Office/Terminal Arusha: Sokoine Rd. (schon ziemlich knapp am Clocktower-Kreisverkehr, unübersehbar gegenüber der Public Library), ☏ 00255/27/2502639.

  Beide Unternehmen bringen Sie in Nairobi wie in Arusha/Moshi zum Hotel Ihrer Wahl bzw. holen Sie auch von dort ab. Fahrzeit 4 bis 5 Std.
- Tagsüber fahren laufend Dalladallas nach Moshi, Mto wa Mbu usw. Fahrzeit 1,5 bis 2 Std.

🚗 Taxis sind vor allem vor den internationalen Hotels, am Clocktower und Umgebung sowie in der Sokoine Rd. zu finden. Minimum für Fahrten innerhalb der Stadt: $ 1,50.

Etwa auf halbem Wege zwischen Kap und Kairo gelegen ist die Stadt heute das wichtigste touristische und wirtschaftliche Zentrum im nördlichen Tansania und Ausgangspunkt für Safaris in die schönsten und berühmtesten

Nationalparks Tansanias. Mehr als 300 Safariveranstalter haben ihren Sitz in Arusha und bieten Camping- und Lodgesafaris sowie individuelle Touren an. Der Konkurrenzkampf ist mörderisch - Sie werden es erleben.

Aus einer kleinen deutschen Garnison um 1900 - vorher wichtigster Waren-Umschlagplatz der Wa-Arusha- und Wa-Meru-Leute - entwickelte sich eine Stadt mit ca. 400.000 Einwohnern (2002). 1967 wurde hier die Arusha-Deklaration verkündet, die die Entwicklung des Landes bis in die jüngste Zeit prägte. Damit wurde ein afrikanischer Sozialismus geboren, der sich an einem nichtkapitalistischen Entwicklungsweg orientierte. Arusha war Sitz der Ostafrikanischen Gemeinschaft bis zu ihrem Auseinanderbrechen 1977. Die Stadt ist ein wichtiges Verwaltungszentrum und auch von industrieeller Bedeutung.

Die Region rund um Arusha ist sehr fruchtbar. Hauptsächlich wird Kaffee angebaut, aber auch Mais, Weizen und Bananen. Die Einwohner dieser Region sind die Wa-Arusha, Wa-Meru und Wa-Massai.

Die Stadt liegt am Fuße des **Mt. Meru** auf 1.390 m Höhe. Garantiert ist ein angenehmes Klima - im Juli und August ist es manchmal sogar am Tage kühl. Auch während der heißen Jahreszeit wird es erst nachmittags richtig heiß. Große Hibiskussträucher und Flammenbäume prägen das Bild der Stadt.

Der **Naura-Fluss** durchzieht die Stadt von Norden nach Süden und teilt sie in zwei Hälften. Der östliche Teil - das Viertel rund um den Clocktower - beherbergt sämtliche Regierungs- und Verwaltungsgebäude, internationale Hotels, internationale Fluglinien, das Internationale Konferenzzentrum, Safariveranstalter und die meisten Souvenirläden.

Im Osten wird dieser Stadtteil vom ebenfalls von Nord nach Süd fließenden Themi-River begrenzt. Danach Wohngegend mit kleinen Shambas; aber auch die neueren Hotels müssen in diese Gegend ausweichen.

Der westlich des Naura-Flusses gelegene Teil der Stadt (Downtown) wird vom Markt und vom Busbahnhof geprägt. Hier befinden sich die kleinen Hotels und Guesthouses (v.a. im Viertel um die Levolossi Str.), Bars, kleine Läden, Schneiderwerkstätten und vieles mehr. Es ist der lebhaftere und buntere Teil der Stadt.

Zu den Sehenswürdigkeiten zählt der farbenprächtige Große **Markt (Sokokuu)**, der sich zwischen Nyamweni Street und Somali Road befindet.

Das **Uhuru Torch Monument** am Kreisverkehr Makongoro Road/Swahili Str. erinnert an die Entstehung der "Arusha Declaration" 1967. Der **Uhrturm** (Clocktower) am Kreisverkehr Sokoine Road dient nur zur Orientierung. Erbaut wurde er bereits in den 40er Jahren vom Architekten Robert Goode, der auch für mehrere Kirchen und sonstige Gebäude in Arusha verantwortlich zeichnet.

Das **Arusha International Conference Centre** (AICC) befindet sich rechts der Simeon (Simon) Road und ist das größte Gebäude der Stadt. Ursprünglich diente es als Sitz der Ostafrikanischen Gemeinschaft und wurde nach ihrer Auflösung 1977 in ein Konferenzzentrum mit zahlreichen Büros umgewandelt. U.a. tagt und verhandelt hier seit 1996 auch das "International Criminal Tribunal for Ruanda (ICTR)", welches über die Angeklagten im ruandischen Bürgerkrieg richtet. Die Verhandlungen sind teilweise öffentlich zugänglich.

027/2508008, md@aicc.co.tz, www.aicc.co.tz

Mit - kurzen - Stromausfällen ist während jeder Jahreszeit zu rechnen, vermehrt jedoch während der Regenzeit.

Achten Sie auch tagsüber vor allem am Markt, am Busbahnhof und beim AICC auf Diebe. Vorsicht auch beim Einkauf von Tansaniten bei Straßenhändlern, die Preise sind niedrig, die Fälschungen genial. Die Sicherheitslage während der Dunkelheit ist sehr schlecht. Selbst im Zentrum wurden schon Touristen überfallen, unbedingt ein Taxi benutzen.

Nirgends trifft das unter "Safaris" Gesagte mehr zu als hier. Sie sind noch gar nicht dem Bus entstiegen, schon bedrängen Sie die ersten Taxi-Fahrer und bieten eine Gratisfahrt zum Hotel Ihrer Wahl an. Das läuft auch korrekt ab - die Fahrer haben sogar eine Hotel-Liste mit halbwegs aktuellen Preisen dabei - Sie können wählen. Doch das ununterbrochene Gelaber - best tour, cheapest price - tötet jeden Nerv. Bleiben Sie gelassen, höflich und übereilen Sie nichts.

Umgebung

Nationalparks

Serengeti, Lake Manyara, Tarangire, Arusha, Rubondo, Mt. Kilimanjaro und das Ngorongoro Conservation Area (☞ "Nationalparks").

Der Besuch der anderen Sehenswürdigkeiten in der Umgebung Arushas wird vom "**Tanzanian Cultural Tourism Coordination Office**" abgedeckt. Es handelt sich dabei um ein 1995 ins Leben gerufenes, seit 1997 aktives Joint Venture einer niederländischen Entwicklungsorganisation - SNV - und der TTB.

Sitz ist im Office der TTB (Boma Rd.) ☏ wie TTB, 💻 www.earthfoot.org, ✉ info@toruismtanzania.org.

Kernanliegen des Non-profit-Programms ist es, Touristen die natürlichen wie kulturellen Reichtümer des Landes - zu sehr guten Konditionen - in Zusammenarbeit mit der lokalen Bevölkerung näher zu bringen. Jedes Dorf kann Mitglied im "Cultural Programm" werden und seine kulturellen wie landschaftlichen Vorzüge unterbreiten. Sind diese geeignet, touristisch umgesetzt zu werden, beginnt die Ausbildung der Dorfbewohner und der Guides. Letztlich besuchen Sie als Tourist das Office der TTB, wählen aus den angegebenen Touren eine aus und starten mit einem beigestellten Guide spätestens am nächsten Tag die besprochene Tour. Es handelt sich dabei um Wandertouren bzw. kombinierte Touren aus Wanderungen und Transporten mit öffentl. Verkehrsmitteln. Die Kosten liegen bei $ 10 bis 20/Tag). Notwendige Transporte werden mit öffentlichen Verkehrsmitteln durchgeführt, gegessen wird in ortsüblichen Restaurants bzw. bei Privatpersonen, Übernachtungen in preiswerten Guesthouses, Campsites oder privat. In der Regel sind die Kosten enthalten - zumindest das Essen. Sie können natürlich auf Ihre Kosten auch auf First-Class-Hotels/Restaurants ausweichen und die Transporte mit Taxis bzw. Mietwagen durchführen.

Bei den nun angeführten Touren handelt es sich um Vorschläge, die Sie natürlich auch kombinieren können. Auch wie lange Sie unterwegs sein wollen, hängt einzig und allein von Ihnen ab - wenn es Ihnen im Dorf A oder der Gegend B gefällt und Sie wollen noch ein, zwei Tage bleiben: OK, no problem/hakuna matata, Ihr Guide übernimmt die gesamte Organisation. Auf

Grund des Erfolges der "Cultural Tours" haben sich natürlich sofort Trittbrettfahrer eingestellt, die sich in den Straßen Arusha als Guide der "Cultural Tours" ausgeben. Echte "Cultural Tour Guides" verfügen über einen Ausweis, ausgestellt vom "Tanzanian Cultural Tourism Coordination Office".

Führen Sie auch Verhandlungen und Buchungen nur im Office in Arusha bzw. den erwähnten Außenstellen durch. Tour operators sind natürlich auch schon auf den Zug aufgesprungen. In der Regel werden die "Cultural Tours" von ihnen in Zusammenarbeit mit dem "Office" angeboten, es verläuft alles in geordneten Bahnen. Nur berechnen sie natürlich einen Aufschlag zu Ihren Lasten.

Abgesehen von den geringen Kosten und einer ziemlich privaten Atmosphäre liegt der Vorteil dieses Programms für den Touristen auch darin, dass er nicht nur simpel eine Naturschönheit bewundernd bestaunt und dann wieder verschwindet, sondern dass ihm auch die umliegende Kultur der Bevölkerung nahe gebracht wird. Wie funktioniert das Bewässerungssystem, warum sind Kaffeeplantagen immer mit Bananen kombiniert, wie geht die Arbeit in einer Frauengruppe vor sich - kurz: man erhält einen profunden Einblick in den tansanischen Alltag auf dem Land. Voraussetzung ist natürlich Interesse an der Kultur des Landes - wenn Sie nicht fragen, kommt (selbstverständlich) nur ein kurzes Statement.

Für die beteiligten Tansanier bringt das Programm zusätzliche Einkünfte, die in dringend benötigte kommunal-soziale Projekte einfließen - Kindergärten, Schulen, Krankenhäuser bzw. Erste-Hilfe-Stationen usw.

Arusha ist die Zentrale des "Tanzania Cultural Tourism Coordination Office", selbständige Außenstellen existieren in Lushoto, Mbeya, Kisangara, Babati (Lage und Kontakt siehe weiter unten).

Mkuru-Camel-Camp

Mkuru ist ein nördlich des Mt. Meru gelegenes Massai-Dorf (nahe Ngare Nanyuki und Momela-Gate des Arusha NP). Geboten wird eine Einführung in die Kunst der Haltung und Zucht von Kamelen mit Kamelmilch-Verkostung, Camel-Safaris und Walking-Safaris durch die Ebene zwischen Mt. Meru, Lake Natron und Kilimanjaro, Besteigung des Ol Doinyo Landari, Besuch der Bewässerungsanlagen von Ngare Nanyuki und das Kennenlernen des Alltags der (sesshaften) Massai.

Longido Mountain

Ebenfalls eine Massai-Tour mit Einblick in die Landwirtschaft sowie Sammlertätigkeit (medizin. Pflanzen), Walking-Safaris durch die Ebene rund um den Mt. Longido sowie Besteigung desselben durch ziemlich dichten Wald.

Ilkurot

Ebenfalls ein Massai-Dorf, 20 km westlich von Arusha - Angebot wie oben,

Mamba und Marangu

Einblick in die Welt der Chagga am Fuße des Kilimanajaro mit Wanderungen durch die Dörfer, Besuch beim Schmied, Wasserfälle, Ausblickspunkte, historische Stätten (Chagga-Massai-Krieg), sehr gute Einführung in die Chagga-Landwirtschaft und deren jahrhundertealtes Bewässerungssystem.

Mt. Meru

Besuch des Dorfes Ng'ireshi (wa-Arusha-people, nahe Arusha) - eine landwirtschaftliche Tour, aber auch Diskurs mit einem traditonellen Heiler, Besteigung des Kivesi-Hill (Vulkan) und köstliches Essen von der Juhudi Women's Group.

Mulala

Ein Dorf der Wa-Meru-Leute. Herzstück der Tour ist ein Besuch der "Mama Anna Farm" mit Käse- und Butterproduktion (ziemlich einzigartig in Tansania), die auch Sitz der Usangi Women's Group ist. Ebenfalls eine Einführung in die Kaffee-Bananen-Produktion am Lemeka Hill (auch Besteigung desselben), Besuch der Primary School, Walking-Safaris entlang des Marisha Rivers (Vögel, Affen).

Engaruka

Das vergleichsweise unbedeutende Dorf liegt am (äußeren) Fuß des Empakaai-Kraters knapp außerhalb der Parkgrenzen des Ngorongoro-CA (südwestlich von Arusha). In seiner Nähe befinden sich die mysteriösesten Ruinen Ostafrikas. Es handelt sich dabei um eine ungemein große (ca. 10 km^2) und, höchst außergewöhnlich für die gesamte Region Ostafrika (außer Küste), aus Stein erbaute Stadt.

Noch weit außergewöhnlicher ist aber die Existenz einer äußerst komplizierten und höchst effizienten Bewässerungsanlage. Niemand kann sagen, wann und von wem Old Engaruka erbaut wurde (es wird ein Alter von mindestens 500 Jahren angenommen). Die Diskussion kreist um die Völker der Iraqw (Kuschiten) und der Sonjo (Bantu). Sie leben heute zwischen Ngorongoro Krater und Lake Manyara, besiedelten früher aber nachweislich das Gebiet um das heutige Engaruka.

Die Iraqw reklamieren in ihrer oralen Geschichte die Errichtung von Old Engaruka für sich. Dagegen spricht aber die Tatsache, dass sie heute weder mit Stein bauen noch Bewässerungsanlagen errichten.

Die Sonjo, am Lake Natron lebend, kennen zwar die Kunst der Bewässerung, bauen aber ebenfalls keine Häuser aus Stein. Allerdings ist auch die Herkunft der Sonjo völlig ungeklärt. Die meisten Wissenschaftler sind der Meinung, dass weder die einen noch die anderen für die Errichtung in Frage kommen, es muss ein absolut unbekanntes Volk gewesen sein.

Old Engaruka ist nur noch in Ruinen erhalten, die dem Laien nicht viel mehr als "Haufen aus Steinen" sagen. Der Guide kann vieles erklären.

Man bekommt eine Einführung in die Landwirtschaft (extreme Mischkultur) der Massai(!), Besuch historischer Stätten aus der deutschen Kolonialzeit, Besteigung des Ol Donyo Lengai (heiliger Berg der Massai) sowie des Kerimasi-Vulkan, Besuch des Marktes, Ersteigung der Bruchkante des Rift-Valley, Walking-Safaris durch die Steppe und und und - man könnte hier mehrere Wochen bleiben.

Grundsätzlich können Sie die Guides auch in den Park führen (Lolmalasin, Empakaai und Olmoti Krater bieten sich an). In diesem Fall müssen Sie aber zuerst zum Parkeingang, um die Eintrittsgebühr und Übernachtungsgebühr (die des Führers geht zu Ihren Lasten) zu bezahlen! (☞ "Ngorongoro CA").

Nördliche Pare-Berge

Südöstlich von Arusha gelegen. Hier bieten sich Wanderungen im Kindoroko Forest Reserve, ein Besuch des Fischerdorfes am Lake Nyumba ya Mungu sowie die Besteigung diverser Gipfel der nördlichen Pare-Berge an - atemberaubend. Grundsätzlich jedoch ein tiefer Einblick in das Leben der Wa-Pare.

Südliche Pare-Berge

Chome Forest Reserve, Besteigung des Shengena Peak (höchster Gipfel der Pare- wie der Usambara-Berge), Tona Mts., Mbaga Hills (Basis der Tour), Überbleibsel der dt. Kolonialgeschichte, Ranzi-Damm, zahlreiche landwirtschaftliche Entwicklungsprojekte. Ein Besuch des Mkomazi GR ist möglich.

Kisangara Chini

Basisstation aller Touren ist Kisangara Chini Village, 12 km südlich von Mwanga am Arusha Highway gelegen, ca. 2,5 Std. ab Arusha (jeder Bus nach Tanga, Same, Dar es Salaam passiert das Dorf). Vom "Busbahnhof"=Zentrum des Dorfes müssen Sie noch ca. 30 Min. zum HASHA-Project zu Fuß gehen (jeder zeigt Ihnen den Weg). Hier auch Unterkünfte (Bandas bzw. Campsite). Angeboten werden der Besuch einer Ziegelei, Töpferei (Herstellung der im ganzen Land verbreiteten Holzkohleöfchen), Tischlerei/Zimmerei, Bierbrauerei, Sisal-Produktion (das Gebiet ist Zentrum der Sisal-Produktion), des Lembeli Herbal Hospital (traditionelle Medizin), des Wochenmarktes (So, Do), Spicetour mit abschließendem (gut gewürztem) Dinner, Besteigung des Mt. Kindoroko und einiger weiterer Gipfel in Pare- wie den Kindoroko-Bergen (hier verstecken sich mehrere Kultplätze der Wa-Pare) sowie ein Besuch des Nyumba ya Mungu-Dammes (Stausee am Pangani-River). In erster Linie siedeln hier Fischer vom Lake Victoria. Walking-Safaris durch die Ebene, um den Stausee, in die Bergwelt zu Aussichtspunkten usw. usf. Allein das Zentrum des Projekts - Habari ya Shamba - HASHA PROJECT - ist einen Aufenthalt von mehreren Tagen wert (Einführung in Farmtechniken).

Ilkiding'a

Dorf der Wa-Arusha-People nördlich von Arusha am Fuße des Mt. Meru gelegen. Einblick in den Alltag der Wa-Arusha - Handwerk (Messerherstellung, Schnitzerei, Kleidung, traditionelle Schmuckherstellung), Medizin, Landwirtschaft, Architektur, Besuch von Aussichtspunkten (Blick auf Arusha), Walking in der Steppe, im Ngarenaro-Tal sowie in den Leleto-Hügeln und dem Njecke-Canyon.

Die Wandertouren können direkt vom Hotel in Arusha gestartet werden. Der fließende Übergang von der hektischen Großstadt des 3. Jahrtausends ins archaische Dorfleben Ilkding'as ist ein Erlebnis der besonderen Art.

Pangani Coast

Diese Außenstelle ist nicht immer besetzt, holen Sie zuerst Infos im Büro TTB/ Arusha. Angeboten wird ein historischer/kultureller Streifzug durch die Stadt: Boma, Sklavendepots, Sklavenmarkt, Friedhöfe, Schnitzereien, Korbflechterei, Maler. Führung durch die Kokosnuss-Plantagen des Hinterlandes (ca. 50 % aller Kokosnüsse Tansanias stammen von hier) mit anschließendem Markt-Besuch und Gespräch mit Fischern am Pangani-River (inkl. Hippos und Krokos). Einführung in die Sisal-Produktion und -Verarbeitung, Besuch der Korallen-Gärten von Mkomo Mwanaunguja (nicht unter Wasser, sondern an Land - ca. 250 Mio. Jahre alt, auch sonst. Fossilien). Auch werden Schnorcheltrips vermittelt, Fishing-Trips, ein Besuch der Maziwe Insel (hier kommen oft Delfine vorbei), sowie von Madete (Suppenschildkröten-Brutplatz, ☞ "Saadani NP").

Mto wa Mbu

Dieser Ort liegt auf halber Wegstrecke zum Serengeti NP, ca. 156 km von Arusha entfernt (jeder Tourist passiert es auf seinem Weg zum Lake Manyara NP, Ngorongorokrater bzw. Serengeti NP).

Vor 50 Jahren war Mto wa Mbu eine staubtrockene, menschenleere Wüste. Zu Beginn der 50er Jahre wurde in dieser Gegend ein Bewässerungs-Projekt ins Leben gerufen, dessen Erfolg sich nur sehr zögernd einstellte. Zum einen waren die nomadisieren Massai, die die Gegend durchstreiften, nicht zur Sesshaftigkeit zu bewegen gewesen, zum anderen waren Ackerbauern aus der näheren wie ferneren Umgebung nicht erfreut über die Aussicht, in einer Gegend, die seit Jahrhunderten als Wüste bekannt ist etwa anzupflanzen.

Da das Land aber praktisch kostenlos zur Verfügung gestellt wurde, kamen doch einige und siehe da, aus der Wüste sprossen zarte Pflänzlein, die sich zu einer veritablen Einkommensquelle entwickelten. Das sprach sich natürlich herum und plötzlich siedelten sich Menschen aus ganz Tansania in Mto wa Mbu ("Fluss der Moskitos") an. Es ist heute ein großes Dorf bzw. eine kleine Stadt, bevölkert von Vertretern fast aller Ethniens Tansania. Mto wa Mbu entwickelte sich jedoch nicht zum kulturellen Schmelztiegel nach New Yorker Vorbild, alle behielten mehr oder weniger ihre angestammte Kultur bei. Man kann dies an den Hausformen erkennen, seltener an der

Kleidung, aber immer an Sprache, Religion und Produkten, die im Feld produziert werden - Ihr Guide kann das genau erklären.

Im "Red Banana Cafe" (an der Durchgangsstraße im Zentrum von Mto wa Mbu gelegen) ist eine Außenstelle des "Cultural Office" untergebracht, Sie können die Touren aber auch in Arusha buchen: Walking- und Bicycle-Safaris in und rund um die Ortschaft inkl. Einführung in die tribalistischen Eigenheiten sowie die Landwirtschaft (wo kann man innerhalb von wenigen Stunden mehr als 30 Bananensorten und deren Verwendungszwecke kennen lernen?), Besteigung des Balaa-Hills (trotz des Namens - "Unglückshügel" - toller Ausblick auf die Ortschaft) mit Besichtigung von Bewässerungsprojekten, Farmbesuch, Wasserfall, Njoro-Quellen, Trip zum mit Papyrusstauden gesäumten Lake Miwaleni (hier wachsen die wahrscheinlich ältesten Baobabs der Welt).

Man kann hier alles kaufen, was Ostafrika an Souvenirs zu bieten hat (aber auch fein gewebte Stoffe aus Westafrika, Silberkreuze aus Äthiopien, Masken aus dem Kongo, Glasperlenschmuck aus dem Sudan usw.). Wer also gerne einkauft (und sich leicht überreden lässt), sollte diesen Ort entweder meiden, viel Geld mitnehmen oder handeln, handeln, handeln! Die Preise sind ähnlich wie in Arusha (das Angebot ist größer), aber weil hier wirklich jeder durchkommt (und einen Stop macht), sind die Anfangspreise (☞ "Handeln") ziemlich hoch.

(District) Hanang & (District) Babati

Zentrum dieses umfassenden Tour-Angebotes ist die Ortschaft Babati, ziemlich mittig an der (schlechten) Straße Arusha-Dodoma gelegen (ca. 170 km von Arusha, laufend öffentlicher Verkehr mit Bussen und Dalladallas von Arusha wie Dodoma). Die Außenstelle ist im Kahembe Guesthouse untergebracht, Ansprechpartner ist Mr. Joas Kahembe ☏ 027/2531088.

Bei diesen Touren dreht sich alles um die Kooperation von industrieell geführten Groß-Plantagen, traditionellem Ackerbau und nomadisierender Viehhaltung. Im Mittelpunkt stehen dabei die Kulturen der Barbaig und der Gorowa; aus deren Reihen größtenteils auch die Guides stammen.

Besuch des Lake Babati - Hippos, Vögel. Nilbarsch und Tilapia zum Abendessen. Sie können auch die Fischer in ihren Booten begleiten. "Special barbaig culture insight hike" - Sie können Tage oder Wochen mit den

Barbaigs verbringen. Sie erhalten Einblick in die Ziegelherstellung sowie Töpferei, auch das Bierbrauen können Sie erlernen usw. usf. Besuch von Managhat Village (Wa-Gorowa-people) - Milchproduktion, Pflugtechniken, Killerbienen-Haltung, Biogas-Anlage, Besteigung des 2.415 m hohen Mt. Kwaraa.

Besteigung des Bambaay Hill - Ausblick auf das Rift-Valley, Lake Babati und Lake Manyara sowie Massai-Steppe. Anschließend Aussprache mit Mzee Kwaraa über lokale Sitten und Gebräuche.

Erklimmen der Kante des Rift-Valley mit Besuch einer lokalen Fischzucht-Anstalt sowie der "Gottesbrücke".

Besteigung des Mt. Hanang, mit 3.418 m immerhin der viert- oder fünfthöchste Berg Tansanias (je nach Zählweise).

Alle Touren sind kombinierbar - hier eröffnen sich Möglichkeiten, die einen durchschnittlichen Urlaub sprengen können - höchst empfehlenswert! Für die Touren sollten Sie zumindest gute Wanderschuhe mit sich führen - es dauert.

Duluti-Kratersee

Dieser vulkanische Kratersee befindet sich 12 km von Arusha beim Tengeru Village, südlich der Straße Richtung Moshi. Er ist von Hügeln und Kaffeeplantagen umgeben - ein kleines Vogelparadies. Den See müssen Sie auf eigene Faust erkunden, er zählt (noch) nicht zum "Tanzania Cultural Tourism Coordination Office".

🛏 Die **Serena Mountain Village Lodge** (Kategorie A, adaptiertes Farmhaus) liegt über dem See und bietet schöne Ausblicke auf diesen. Bootsfahrten und Fischen werden von der Lodge organisiert. $ 200/DZ (Bed & Breakfast), ☎ 027/3313, ✉ mtvillage@serena.co.tz, Reservation Office: PO Box 2551 Arusha, AICC, Ngorongoro Wing, 6. Stock, ☎ 027/2504158, ✉ reservations@serena.co.tz, 💻 www.serenahotels.com

⛺ Camping ist direkt am See möglich.

Meserani Snake Park

Etwa 25 km außerhalb der Stadt, Straße Richtung Dodoma, Schlangen, Krokodile und andere Eidechsen können besichtigt werden, Restaurant mit Garten - typisches Sonntagsausflugsziel, daneben mehrere Souvenirshops größerer Dimension (☞ Einkauf).

Durch Zentral-Tansania zum Tanganyika-See

Chamäleon (gh)

Usambara-Two-Horn-Chamäleon (gh

Giraffen und Flamingos (gh)

Impala-Bock (gh)

Kronenkranich (gh)

Die Region im Überblick

Diese Route führt entweder entlang der 1.254 km langen Central Railway von Dar es Salaam bis Kigoma am Tanganyika-See oder entlang des bis Morogoro parallel verlaufenden Dodoma-Highways bis Manyoni respektive Itigi (kurz nach Dodoma) und folgt im Großen und Ganzen der alten Karawanen-Route bis Ujiji (Tanganyika-See), die auch schon von Burton und Speke, Livingstone und Stanley benutzt wurden.

Die ersten knapp 500 km bis Dodoma sind mit Einzelgehöften und kleinen Dörfern relativ dicht besiedelt und auch noch relativ fruchtbar - große Sisal-Plantagen um Morogoro, Weinanbau in Dodoma. Nach Dodoma beginnt bald das aride Niemandsland des Hochplateaus, regiert von Hitze und Staub. Nicht einmal die Straße führt hier durch - sie zweigt in Manyoni Richtung Norden zum Victoria-See ab. Nur die Eisenbahn tuckelt einsam durch die von der Tsetsefliege verseuchte Region. In den wenigen Dörfern entlang der Linie stellt der Zug die einzige Sensation der Woche und für viele auch die einzige Einkommensquelle durch Snackverkauf dar. Glauben Sie nicht, man könne hier einen tsh-10.000-Schein wechseln. Bis zur Endstation Kigoma unterbricht als einzige etwas größere Ortschaft nur der alte Karawanen-Stützpunkt Tabora das Nichts. Und kurz vor Kigoma passiert man noch Uvinza, welches seine Existenz nur dem Salzabbau und der Kreuzung von Bahn und Straße (Mbeya, Sumbawanga, Uvinza, Kigoma) verdankt.

In Kigoma und in Ujiji stellt sich auf 773 m Höhe auf Grund der unendlichen Wasserfläche des Tanganyika-Sees und den großen Kokosnusspalmen-Beständen sowie der Swahili-Kultur in Ujiji fast ein Gefühl von Küste ein.

Zahlenmäßig größte Ethnie zwischen Dar es Salaam und Morogoro waren bis vor kurzem die Zaramo, die auch zu den größten Ethnien des ganzen Landes zähl(t)en. Seit altersher betreiben sie Landwirtschaft und versorgen auch heute noch Dar es Salaam mit den Früchten des Feldes. Statistisch betrachtet verringert sich ihre Anzahl von Jahr zu Jahr in einem Ausmaß, welches an ein Massensterben erinnert, aber es gibt keine Hinweise auf ein solches. Der Grund ist schnell erklärt - Dar es Salaam breitet sich mit enormer Geschwindigkeit aus und das, was gestern noch Zaramo-Land war ist heute städtisches Dar es Salaam-Gebiet. Die Zaramo sterben nicht aus, sie benennen sich nur um: in Dar es Salaamites! Abgesehen davon zählen die Zaramo

- wie die besser bekannten Makonde oder Swahili - zu den wenigen Völkern Tansanias, die das Schnitzer-Handwerk betreiben. Immer wieder werden Sie Verkaufsstände mit geschnitzten Alltags-Dingen (Hocker, Mörser, Schöpflöffel usw.) erblicken.

Die Tierwelt ist entlang der gesamten Strecke - egal ob Central Railway oder Highway - spärlich vertreten. Bis Dodoma wurden Tiere von der Landwirtschaft vertrieben, ab Dodoma gibt es einfach zu wenig zu fressen. Die beiden nur von Kigoma erreichbaren Schimpansen-NPs am Tanganyika-See (Gombe, Mahale) stellen jedoch faunistische Höhepunkte eines Tansania-Besuches dar.

Und wer Kultur sucht, ist bei der großen Ansammlung von Felszeichnungen in und um Kolo bestens aufgehoben. Ausgangspunkt dafür ist Dodoma, welches auch aus stadtplanerischer (negativer) Hinsicht einen Besuch wert ist.

Geschichte der Central Railway

Diese wichtige Eisenbahnverbindung wurde von der deutschen Kolonialverwaltung 1905 bis 1914 erbaut. Diese Strecke zählt wohl zu den wichtigsten Hinterlassenschaften der deutschen Kolonialherrschaft in diesem Teil Afrikas. Sie stellt noch heute die bedeutendste Verbindung der Küste mit dem westlichen Hinterland dar und ist auch für die beiden Staaten Ruanda und Burundi ein wichtiger Lebensnerv. Die Bahn führt entlang einer alten Karawanenroute, die vom Journalisten Stanley benutzt wurde, als er ins Innere Afrikas vordrang, um Dr. Livingstone zu finden. Die Deutschen waren vor allem an einer Erschließung des Hinterlandes interessiert; ihr Motiv war der Handel, der nur durch eine gute Transportmöglichkeit ausgebaut werden konnte.

Die Idee dieser Eisenbahnstrecke liegt aber noch weiter zurück. Cecil Rhodes' (nach dem später Rhodesien benannt wurde) Traum war die durchgehende Kap-Kairo-Verbindung. Dies schien durch die Inbesitznahme Tanganyikas durch die Deutschen verloren zu sein, da das Deutsch-Ostafrika-Protektorat die britischen Einflussgebiete voneinander trennte.

Rhodes sprach 1899 bei Kaiser Wilhelm II. vor; dieser stand seinem Plan der Kap-Kairo-Linie durch das Hinterland von Deutsch-Ostafrika positiv gegenüber, jedoch unter der Bedingung, dass eine Stichbahn nach Tabora mit einbezogen werden sollte - der Reichstag lehnte diesen Plan jedoch ab. Die deutsche Kolonialgesellschaft hatte bereits Jahre vorher Vorschläge für

Bahnen in diesem Gebiet entwickelt, so die Verbindung von Dar es Salaam nach Mwanza und Kigoma. 1905 begann die Ostafrikanische Eisenbahngesellschaft mit dem Bau der so genannten Mittellandbahn.

1914 erreichte die Bahn Kigoma am Tanganyika-See . Kurz darauf wurde der Schiffsverkehr über den gesamten Tanganyika-See mit dem Dampfer "Graf von Götzen" eingerichtet, der noch heute unter dem neuen Namen "Liemba" diese Route bewältigt.

Durch den Ersten Weltkrieg veränderte sich die politische Landschaft. Die Briten eroberten 1916 die Mittellandbahn, übernahmen 1918 die Verwaltung Deutsch-Ostafrikas und benannten es in Tanganyika um. Für die Briten wurde der Traum einer britischen Kap-Kairo-Route wieder aktuell.

Die in Central Railway umbenannte Bahn kam unter die Verwaltung der Tanganyika Railways. Die britische Verwaltung erweiterte die Linie von Tabora nach Mwanza am Victoria-See. Diese 529 km lange Strecke wurde 1928 fertig und gab der Region um den See bedeutende wirtschaftliche Impulse. Der Traum der Kap-Kairo-Linie konnte von den Briten aber nie ganz verwirklicht werden.

Morogoro

Kategorie D

- **New Star Guesthouse**, ca. 200 m vom Busbahnhof-Kreisverkehr (Richtung Masuka Village)
- **Masuka Village**, $ 10, Bungalow-Anlage in prachtvoller Gartenanlage, schöne, große Zimmer, für Sicherheitsfanatiker: Fenster nicht vergittert!
- **Mama Pierina,** neben dem Oasis gelegen, $ 10 self contained, Zimmer an der ruhigen Rückseite des Gebäudes, gutes Restaurant (griechisch, italienisch), Bar vorhanden, Hotel wie Restaurant eine sehr gute Wahl.
- **Makwetu Friends** Corner Bar und Guesthouse (Notunterkunft)
- **New Tegotero Hotel**, tadelloses Hotel mit Ventilatoren und Moskitonetzen, $ 8, gutes Restaurant, Balkone im 1. Stock (Straßenfront).
- **Roof Garden Hotel**, $ 10, einwandfreie Unterkunft, Dachbar mit phantastischer Aussicht auf Stadt und Mt. Bonga, an dessen Fuß Morogoro liegt, schönes und gutes Restaurant.

- ♦ **Sofia Hotel**, self contained $ 12, nicht self contained $ 10, recht nett, zentrale Lage.
- ♦ **Maraha Guesthouse** und Bar, kurz nach dem großen Morogoro Kreisverkehr, etwas weit vom Zentrum entfernt.
- ♦ **Highway Motel**, sehr großes Hotel am großen Morogoro Kreisverkehr, ca. 3 km vom Zentrum, in erster Linie von Truckern frequentiert, das kann morgens laut werden (sie fahren spätestens ca. 5:00 weg!).

Kategorie C

- ♦ **New Savoy Hotel**, gegenüber vom Bahnhof, hinter dem traurigen Äußeren verbergen sich riesige Schlafzimmer mit Klimaanlage und Vorzimmer (sitting room) sowie private Terrassen, in den Nassräumen fließt Heißwasser

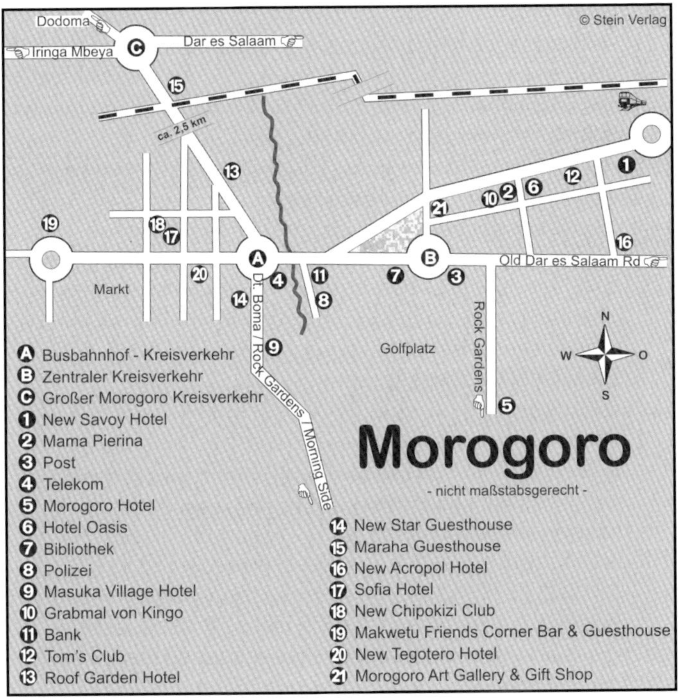

in eine dichte Badewanne (Dusche auch vorhanden) - der ganze Luxus kostet $ 12! Ewas laut, wenn der Zug mitten in der Nacht hält.

Kategorie B

- **New Acropol Hotel**, ✗, 🍷, große Zimmer mit Klimaanlage, man merkt, dass neue Besitzer am Werke sind, $ 40, ☏ 023/3403.
- **Hotel Oasis**, EZ $ 35, DZ $ 40, ☏ 023/2930, Peninsula Bar, das Oasis-Restaurant ist das größte der Stadt und bietet indische und chinesische Küche in guter Qualität.
- **Kola Hill Hotel**, etwas außerhalb (ca. 5 km) an der Old Dar es Salaam Rd. gelegen, alle Zimmer self contained, $ 30 bis 50 (Klimaanlage, TV), sehr gutes Restaurant (Mix aus tansanischen und internationalen Gerichten) mit schöner Gartenanlage.

Kategorie A

- **Morogoro Hotel**, ☏ 2632702, ✉ morogorohotel@qmorogoro.net, $ 70, ✗, 🍷, Souvenirshop, ca. 1 km vom Zentrum entfernt in absoluter Grünlage (gegenüber ist ein Golfplatz). Vom architektonischen Standpunkt betrachtet einen Besuch wert, jedoch verfällt die Anlage zusehends.

✗ Am Busbahnhof-Kreisverkehr kann man sich im **"No. 1 Restaurant"** an Huhn und Pizza in guter Qualität erfreuen.

- Wer es gern sehr tansanisch möchte - **New Chipokizi Club**
- **Toms Club** ("The King Tom Commerce Service Training Center"), zwischen Savoy Hotel und Hotel Oasis gelegen, eigentlich eine (gute) Bar, hin und wieder wird gegrillt, der Hinweis auf lodging entspricht nicht den Tatsachen, zu den Besucherinnen zählen auch Prostituierte! Wer es gerne sehr afrikanisch hat, ist hier richtig.
- Einsame Spitze: **Green Restaurant** (indisch, an der Straße zum Bahnhof)
- Weitere Restaurants unter Hotels

🍷 In erster Linie ist die gut bestückte und viel besuchte Bar im Oasis Hotel

- Eine sehr gute, typisch tansanische Bar befindet sich noch am großen Morogoro-Kreisverkehr neben der Total-Tankstelle.

BANK Nur die CRDB-Bank wechselt, kein Forex-Büro.

Morogoro ist ein einziges Einkaufsparadies. Tausende kleine Shops bieten praktisch alles: von Pfeil und Bogen für die Massai bis zum Handy.

Der riesige nicht zu überschauende Markt bietet dem Hobby-Botaniker einen guten Einblick in die Landwirtschaft. Und falls Sie sich in Kigoma wunderten, wohin die Unmengen an Dagga-Fischleins wandern (in Kigoma am Markt praktisch nicht erhältlich), finden Sie in Morogoro die Antwort.

♦ Auf halber Strecke zwischen Busbahnhof-Kreisverkehr und Roof Garden Hotel bietet der Mutaleet Supermarket Importware.

♦ Souvenirs werden im Morogoro Hotel und von einigen einige fliegenden Händlern im Stadtgebiet verkauf.

♦ Morogoro Art Gallery & Gift Shop bietet typische Souvenirs an (hat mit Kunst nichts zu tun). In der Stadt finden Sie viele andere, originellere Souvenirs.

Gegenüber der Post befindet sich die große öffentliche Bibliothek (Maktaba): Mo bis Fr 9.30 bis 18:00, Sa 9:30 bis 14:00, sonn- und feiertags geschlossen. Umfangreiche Sammlung zum Thema Afrika, vor allem Botanisches. Wer nur schmökern will, bezahlt $ 0,50/Tag.

Post am zentralen Kreisverkehr

TTCL am Busbahnhof-Kreisverkehr

Hotel Oasis vermietet normale Pkw ($ 100/Tag, inkl. Fahrer, Benzin), mit diesen kann man nur den Mikumi NP und auch nur auf den Hauptstraßen während der Trockenzeit besuchen.

Für den Udzungwa NP scheint sich (noch) niemand zu interessieren.

Weiterfahrt

Bus- und Dalladalla-Bahnhof am Busbahnhof-Kreisverkehr, hier befinden sich auch die Buchungsbüros.

♦ Direktverbindungen in alle größeren Städte des Landes frühmorgens, nach Dar es Salaam und Dodoma den ganzen Tag über von 6:00 bis ca. 16:00.

Fahren Sie lieber nicht mit der Bahn nach Dar es Salaam sie ist langsamer, unbequemer und teurer als der Bus; abgesehen davon ist der Abfahrtstermin etwas unchristlich: 2:15!

250.000 Einwohner, günstige klimatische Bedingungen und eine verkehrstechnisch gute Lage ließen Morogoro zum bedeutendsten **wirtschaftlichen Zentrum** im Hinterland Dar es Salaams werden. Die Stadt ist umgeben von Sisalplantagen und fruchtbarem Ackerland. Sie hat einen sehr großen **Markt**, wo alle Arten von landwirtschaftlichen Produkten angeboten werden. Immer wieder sieht man Busse, die voll beladen mit diesen Waren nach Dar es Salaam fahren.

Es hat sich auch eine **Industrie** entwickelt, die Tabak, Sonnenblumen und andere landwirtschaftliche Produkte weiterverarbeitet. Weitere Betriebe stellen Schuhe, Textilien und Verpackungsmaterial her.

Die wirtschaftliche Bedeutung Morogoros soll noch weiter ausgebaut werden. Deshalb werden In- wie Ausländer eingeladen, in der Morogoro-Region ("The Switzerland of Africa") zu investieren: Zuckerverarbeitung, Landwirtschaft, Bildung, Baumwollverarbeitung, Reis- und Maismühlen und Tourismus. Interessierte wenden sich an:

- Investment Promotion Office , PO Box 2339, Dar es Salaam.

Morogoro hat auch zahlreiche **Bildungseinrichtungen** wie beispielsweise eine Universität für Landwirtschaft und Institute zur Lehrerausbildung. Auch ist es Zentrum der missionarischen Tätigkeit in der Region. Es ist eine nette und wirtschaftlich aktive Stadt. Touristisch betrachtet zur Zeit aber noch etwas verschlafen. Wenn es nach dem Willen der Politiker geht, soll sich das in Zukunft ändern. Der nahe Udzungwa Mountains NP, der jüngsten Nationalpark Tansanias, sollen mehr Touristen und somit mehr tour operator und Hoteliers anlocken.

Grüne Station Rd. in Morogoro (eb)

Mama Pierina Guesthouse (eb)

Morogoro ist - für afrikanische Verhältnisse - eine schöne, sehr grüne (viele Palmen) und, trotz des enormen wirtschaftlichen Treibens, ausgesprochen nette Stadt. Nur ca. drei Busstunden von Dar es Salaam entfernt sieht es trotzdem fast keine Touristen (und Investoren).

Sehenswertes

Am zentralen Kreisverkehr ist ein kleiner "Park" angelegt worden. Hier steht ein Clocktower zur Erinnerung an die Gräuel des Zweiten Weltkriegs mit der Inschrift "Lest we forget" ("Damit wir nicht vergessen").

Hinter dem Mama Pierina Hotel befindet sich das Grabmal von Kingo, dem legendenhaften "Gründer" von Morogoro. Ca. 2 km nach dem Masuka Village Hotel befindet sich das eindrucksvolle Gebäude der ehem. deutschen Verwaltung (Boma). Der Bahnhof ist ebenfalls ein Gebäude aus deutscher Kolonialzeit. Für beide Gebäude gilt strengstes Fotografierverbot.

Hält man sich kurz hinter der Boma links, erreicht man Rock Gardens - eine gepflegte Gartenanlage mit kleinen Wasserfällen und Teichen. Diese Straße weitergehend gelangt man zum Morogoro Hotel und in weiterer Folge wieder zurück zur Hauptstraße der Stadt (ein lohnender Rundgang).

Umgebung

Uluguru-Berge

Die Uluguru-Berge sind Teil der Eastern Arc Mountains (☞ "Udzungwa NP"), erstrecken sich südlich der Stadt und erreichen mit dem höchsten Gipfel **Kimhandu** 2.646 m. Der **Lupanga-Gipfel** liegt der Stadt am nächsten und erreicht 2.138 m. Der sie bedeckende Wald zählt zu den ältesten Afrikas, man gesteht ihm ein Alter von ca. 25 Mio. Jahren zu. Er ist ein enormes Wasserpotential und stellt nicht nur für Morogoro das Überleben sicher - selbst die Bewohner Dar es Salaam erfreuen sich noch am Gemüse, welches durch dieses Wasser reift. Wenn Sie hier wandern möchten - sehr zu empfehlen - nehmen Sie frühzeitig Kontakt mit dem unten angeführten Uluguru Biodiversity Conservation Project auf.

Wer nicht wandern will, kann die Uluguru-Berge - zumindest während der Trockenzeit - auch per Taxi erkunden. Eine schlechte Straße führt von Mgeta (südlich von Morogoro) in die Berge nach Bunduki und Togetro bis auf die andere Seite der Bergkette nach Mkuyuni. Die matrilineare Bevölkerung dieser Bergregion - die Wa-Uluguru - wurde schon sehr früh missioniert; man sieht heute noch die Missionsstationen der unterschiedlichen Konfessionen. Die Hänge der Berge sind bis in hohe Lagen landwirtschaftlich genutzt, und es sind zwei Ernten pro Jahr möglich.

Morningside und Nugutu Village

Morningside ist ein Gebäude aus deutscher Zeit, knapp 1.000 m über der Stadt mit phantastischem Blick über diese (das letzte Teilstück ist ziemlich steil). Die Meinungen gehen auseinander, ob es sich um eine luxuriöse Berghütte oder eine einfache Residenz eines reichen Kolonialisten handelt. Jedenfalls ist das Gebäude verlassen und verfällt langsam. Auch diese Wanderung (ca. 10 km vom Zentrum) sollten Sie mit Führer unternehmen. Vergessen Sie nicht, Wasser mitzunehmen, dort gibt es nichts zu kaufen. Wer ein allradbetriebenes Fahrzeug fährt, kann auf relativ guter Schotterpiste bis auf 200 m zur Morningside fahren.

Nugutu Village ist ein nah gelegenes, kleines Korb- und Mattenflechter-Dorf (ca. 500 Einwohner) welches im Zuge einer "Cultural Tour" besucht werden kann - Einführung in die Kunst des Korbflechtens (aus den Fasern von Palmen), Besuch beim Schmied, traditionelles Essen usw. - besuchenswert.

- ♦ Beide Tagestouren werden - in Zusammenarbeit mit Wildlife Conservation Society Tanzania - von “Uluguru Biodiversity Conservation Project”, Pamba House, Old Dar es Salaam Road, ✉ wcstmoro@meail.suanet.ac.tz, ☏ 023/23766, (gegenüber vom Postamt) organisiert, Führer $ 6/Tag

Mikumi NP und **Udzungwa Mountains NP**: ☞ “Nationalparks”.

Dodoma

🛏 Alle Hotels in Dodoma leiden unter Wassermangel, man bringt aber sofort einen Eimer mit kaltem Wasser, Warmwasser dauert etwas länger.

🛏 **Kategorie D**

- ♦ **Kilimanjaro Villa**, gemütliche Anlage mit sehr schönem Garten und top-aktueller amerik./europ. Musik, $ 6, self contained Zimmer, Moskitonetze, Restaurant (Speisen am besten am Vortag bestellen) und Bar vorhanden.
- ♦ **DCT Furaha Hostel** (Hotel Freude, ehem. New Jambo Ree Hotel) der Diözese Zentral Tanganyika, Askari Rd., außergewöhnlich nette Anlage mit freundlichem Personal, $ 5,50, Moskitonetze, self contained, das relativ teure Restaurant bietet tansanische Küche (kein Alkoholausschank).
- ♦ **New Kingstone Guesthouse**, im Marktgelände, nur große französische Betten, $ 5 (self contained), $ 3 (gemeinschaftl. Toilettenanlagen), sehr sauber, sehr nett. Einzige empfehlenswerte Unterkunft im Marktgelände, allerdings Lärm ab ca. 6:00.
- ♦ Weiterhin noch **Saxxon Guesthouse** (schräg gegenüber vom Umbwe), **Pahi Guesthouse, Schongo Guesthouse, New Pendo Hotel** (sehr weit vom Zentrum entfernt), **Subira** und **Shuwana Guesthouse**. Alle $ 2 bis 3, alle am Markt (Lärm!) alle eher als Notunterkunft zu bezeichnen.
- ♦ Dasselbe gilt auch für die rechts der Hauptstraße gelegenen Guesthouses: **Masua Guesthouse** (in der Nähe des Central), **Central Guesthouse**, New **Sweet Corner Victoria Hotel, New Style Guesthouse** (nebenan), **Ujiji** und **Mjili Guesthouse**.

🛏 **Kategorie C**

- ♦ **CCT Hostel** (Christian Council of Tanzania), kein Hinweisschild, neben der anglikanischen Kirche durch das blaue Tor, $ 6,50/Person. Eine etwas außergewöhnliche Anlage - es gibt nur winzige Einzelzimmer, je drei EZ bilden eine Einheit und teilen sich einen winzigen, fensterlosen Aufenthaltsraum, Toilette und Dusche. Restaurant ohne Alkoholausschank. Obwohl es eine gemütliche Anlage mit Garten ist - absolut überteuert.

♦ **Naam Hotel**, an der Ausfallstraße in Richtung Arusha/Kondoa, ca. 3 km vom zentralen Kreisverkehr entfernt. Mit $ 15, self contained, für das Gebotene (kein Unterschied zur Kilimanjaro Villa) etwas zu teuer. Aber sehr gutes und schönes Restaurant und Roofgarden Bar, netter Garten, TV mit Satellitenempfang.

Nachteil: das Hotel steht praktisch im Nichts (dafür aber in unmittelbarer Nähe zum Maili Mbili Market, ☞ nächste Seite).

♦ **Dodoma Hotel**, gegenüber vom Bahnhof, $ 30, große Zimmer (französische Betten) mit Klimaanlage und ein sehr gutes Restaurant ($ 3 bis 4). Manches Mal wird am Samstag Live-Musik geboten - Lärm!

Classic Police Canteen, an der Straße nach Iringa, am Ortsrand. Sehr schöner Garten und phantastische Atmosphäre. In erster Linie wird hier Bier genossen, es werden aber auch tansanische Speisen zubereitet.

♦ Das **Dodoma Wimpy** am zentralen Kreisverkehr serviert Snacks und Softdrinks und hat nichts mit der internationalen Kette gemein.

♦ **Hillside Kiosk** und **Three Ways Cafe** servieren ebenfalls Kleinigkeiten und Softdrinks, Sitzgelegenheiten vorhanden.

♦ **Ladakh** und **K.J. Kiosk** sowie **Athina Restaurant:** die drei kleinen Restaurants bieten typisch tansanische Speisen an. Dasselbe gilt für die **Chick Villa** - aber Huhn gibt es nur selten.

♦ **Nureen Hotel** hat keine Zimmer dafür aber auch original tansanische Spezialitäten (Reis mit Sauce).

♦ Weitere Restaurants siehe Hotels

BANK Bank in der Hauptstraße (keine Bureau de Change)

Post und TTCL neben dem Dodoma Hotel

Das riesige Marktgelände links der Hauptstraße (fast die halbe Stadt) ist unbedingt einen längeren Besuch wert (man kann hier auch mehrere Tage verbringen). Es gibt nichts, was hier nicht angeboten würde - vom rostigen Schuhnagel bis zur trendigen Oberbekleidung aus Italien ist alles vorhanden. Viele Dinge werden direkt vor Ort in kleinen Werkstätten produziert - von Schneidern, Schlossern, Schustern, Klempnern usw. Sieht man von der Gegend um Kariakoo (Dar es Salaam) ab, ist dies der größte und aufregendste Markt in Tansania.

- Ein weiterer außergewöhnlicher Markt befindet sich ca. 3 km außerhalb der Stadt in Richtung Arusha. Es handelt sich um einen Rinder-Viehmarkt, aber es werden auch gebrauchte Kleidung (*mitumba*), Schuhe und Haushaltsartikel angeboten, einige fliegende Händler bieten typische Souvenirs (Schnitzarbeiten, Mirimbas, Pfeil und Bogen, Keulen) feil. Der Markt wird **Maili Mbili Market** genannt. Diese Bezeichnung wird auch von den Dalladalla-Schaffnern ausgerufen. Der Name kommt von "two miles" (auf Ki-Swahili maili mbili), das ist die Entfernung vom Zentrum. Der Markt wird nur sonntags von 6:00 bis 20:00 abgehalten. Bis zum Einbruch der Dunkelheit verkehren laufend Dalladallas zwischen Zentrum und Markt ($ 0,20 einfach).

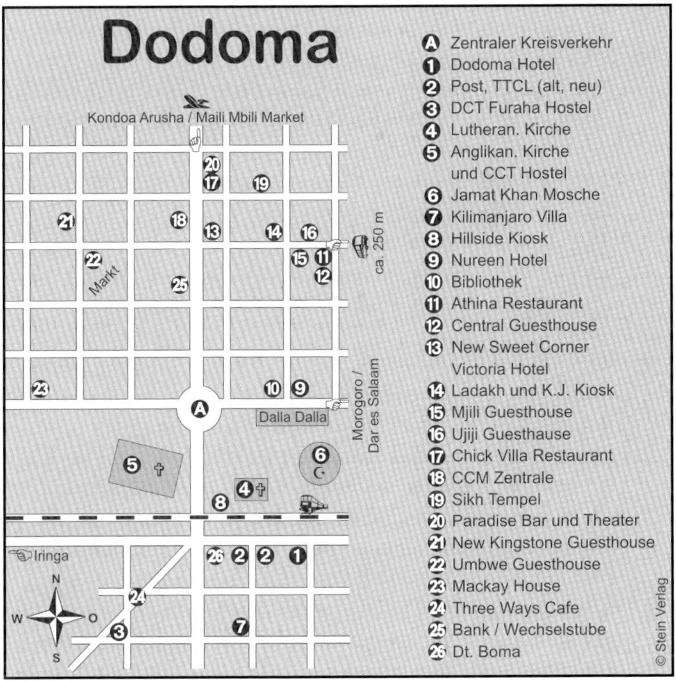

Der Markt ist ein Spektakel ersten Ranges (für Vegetarier jedoch weniger interessant), welches Vertreter aller Gesellschaftsschichten anzieht - vom einfachen Viehhirten bis zum Außenminister. Freitag und Samstag werden aus dem Umland unzählige Rinderherden hierher getrieben. Am Sonntag werden hunderte Rinder in einer viel zu kleinen Grube am Rande des Marktgeländes geschlachtet - 50 % des Fleisches werden in annähernd 100 Garküchen sofort gegrillt, dazu fließt Bier und Schnaps in Strömen. Der Rest wird per Kilo bzw. stückweise verkauft. Zwischen den Besuchermassen eilen blutüberströmte Gesellen mit Rindervierteln, Körben mit dampfenden Innereien, Schädeln, Häuten usw. hin und her. Bereits am frühen Nachmittag ist das Gelände trotz seiner Größe ein durchgehender Blutsumpf. Markt ist vielleicht nicht der richtige Ausdruck für diese Veranstaltung - es ist ein Schwelgen und Brausen, ein Fressen und Saufen - phantastisch und gespenstisch zugleich. Es gibt aber Überlegungen, den Maili Mbili Market in nächster Zukunft zu verlegen.

Öffentliche Bibliothek, Mo bis Fr 9:00 bis 18:00, Sa 9:00 bis 14:00, sonn- und feiertags geschlossen. Neben einem großen Angebot an Belletristik auch eine sehr umfangreiche Sammlung zum Thema Afrika.

Paradise Theater (Kino), tägl. Vorstellung (meist ind. Filme über die Themen Liebe, Gesang, Mord und Totschlag).

⌘ Die Errichtung eines “Nationalen Militärmuseums” ist geplant. Schwerpunkte werden der Kampf gegen die Truppen Idi Amins sowie die Rolle Tansanias im Kampf gegen Rassismus und Apartheid im südlichen Afrika sein.

Weiterfahrt

Precision Air, bei Kimaria Travel, Serikali Kuu St. (nördl. des zentralen Kreisverkehres), ☏ 026/2324426, genkimario@twiga.com

Aktuell ist Dodoma der Kopfbahnhof der TRC (☞ Reisen im Land/Eisenbahn). Tickets nach Kigoma/Mwanza sollten (zumindest während der Hauptsaison - Juli, August, Dezember) 1 bis 2 Wochen vor geplanter Abreise reserviert werden. Auch wenn die Teilstrecke nach Dar es Salaam wieder O.K. ist, sollten Sie lieber mit dem Bus dorthinfahren.

Busse fahren täglich den ganzen Vormittag über in Richtung Dar es Salaam (über Morogoro) und frühmorgens nach Iringa und Singida (von dort weiter nach Tabora oder Mwanza). Busse nach Iringa nehmen entweder die direkt nach Süden führende Straße über die Fufu-Abbruchkante (wenige) oder die Asphaltstraße über Morogoro und Mikumi. Die erste Variante ist äußerst strapaziös und langwierig, die Chancen hier stecken zu bleiben (Reifenplatzer, Achsbruch), sind groß.

Vorteil: großartige Landschaft, Fahrzeit mindestens 8 Stunden Auf der Asphaltstraße benötigt man trotz der doppelten Streckenlänge höchstens 8 Stunden. Weiterer Vorteil: man quert den Mikumi NP (Tierbeobachtungen im Vorbeifahren sind garantiert).

♦ Die meisten Busse nach Arusha (täglich frühmorgens 6:00) nehmen die Asphaltstraße über Chalinze. Nur wenige Busse (Tendenz fallend) fahren auf Grund der schlechten Straßenverhältnisse über Kondoa und Babati (während der Regenzeit kann diese Strecke praktisch gar nicht befahren werden). Zeitlich gesehen, benötigt man für jede Strecke trotz der unterschiedlichen Länge jeweils ca. 10 Std. - d.h. sehr frühe Abfahrt (6:00).

Sollten Sie keinen Bus finden, der über Kondoa und Babati fährt, können Sie mit Dalladallas "hüpfen": Dodoma-Kondoa, Kondoa-Babati, Babati-Arusha.

♦ Den ganzen Tag fahren auch laufend Dalladallas nach Morogoro.

♦ Busbahnhof und Dalladalla-Bahnhof, ☞ Plan.

🚗 Taxistandplätze vor dem Dodoma-Hotel, am zentralen Kreisverkehr und am Marktgelände (tagsüber).

Die **Hauptstadt Tansanias** liegt auf 1.115 m Höhe und hat etwas mehr als 300.000 Einwohner. Auf Grund der Höhenlage ist es nicht mehr so heiß, die Nächte sind kühl. Speziell im Juli und August kann es in der Nacht auch empfindlich kalt werden.

Sehenswertes

✋ In Dodoma ist zumindest jedes zweite Gebäude ein öffentliches Verwaltungsgebäude, das nicht fotografiert werden darf. Da es praktisch nicht möglich ist, ein Foto zu schießen, ohne ein derartiges Gebäude abzulichten, herrscht in Dodoma de facto Fotografierverbot!

In der anglikanischen Kirche (Cathedral of The Holy Spirit) wird eine große Scheibe vom Mangobaum aufbewahrt, unter dem Mr. Stanley Mr.

Livingstone fand. Weiterhin gibt es noch die Kathedrale (an der Straße nach Iringa) und den Backsteinbau der Lutheraner zu sehen.

Die Khan Moschee, Suni Moschee, die Sikh- und Hindu-Tempel dürfen nur von außen besichtigt werden.

Die deutsche Boma (Verwaltungsgebäude) und das Bahnhofsgebäude sind die letzten Überbleibsel der deutschen Kolonialisten.

Das neue, mit Geldern der Weltbank erbaute Parlamentsgebäude befindet sich an der Straße Richtung Morogoro knapp 1 km vom zentralen Kreisverkehr. Das alte ursprüngliche Parlamentsgebäude befindet sich ca. 7 km außerhalb der Stadt.

Es ist nicht leicht, diese am Reißbrett entstandene Stadt mit ihren schachbrettartig angelegten Straßenzügen zu charakterisieren. Einige meinen, sie sei fad, trostlos und nichts weiter als ein größeres, uninteressantes Dorf, die anderen sehen in Dodoma den einzig möglichen Ort der Entspannung nach anstrengender Tour. Ich bin der Meinung, dass Dodoma eine Mischung von alldem ist.

Sicherlich ist Dodoma kein Ort, an dem man sich wochenlang aufhalten möchte, aber einen Kurzbesuch ist es in jedem Fall wert. Der ältere, südlich der Eisenbahnlinie gelegene Teil mit seinem kolonialen Ambiente ist sicherlich ein Ort der Ruhe und Entspannung. Nördlich der Eisenbahnlinie liegt das geschäftige und ruhelose Marktgelände westlich der Hauptstraße. Östlich der Hauptstraße liegt der uninteressanteste Teil der Stadt mit bewusst geplanter dörflicher Struktur - Dodoma lag einst im Zentrum der Ujamaa-Bewegung, diese sollte auch im Grundriss der Stadt widergespiegelt werden. In allen Teilen der Stadt stehen, Beulen gleich, überdimensionierte offizielle Gebäude - CCM-Hauptquartier, Büro des Premierministers, Ministerien, Verwaltungen, Rathaus usw.

Auffällig sind auch große unbebaute Flächen innerhalb des Stadtgebietes - Geldmangel ist dafür verantwortlich zu machen. Generell ist die Stadt sehr großzügig und weitläufig angelegt. Trotz alledem sind alle touristisch relevanten Punkte leicht zu Fuß zu erreichen.

Die eigenartige und daher auch einzigartige Atmosphäre der Stadt setzt sich zusammen aus stadtplanerischen Fehlern (vernachlässigte Infrastruktur, innerstädtische Verkehrsprobleme, Teilung in drei ungleiche, sozial abgestufte Drittel), Geldmangel (die am Reißbrett gesteckten Ziele sind bei weitem nicht erreicht worden) und Unwillen (Regierung wie Beamte haben Dodoma nie als neuen Arbeitsplatz anerkannt und wehren sich bis heute Dar es Salaam zu verlassen). Im Grunde genommen ist Dodoma, das der Glanz Ostafrikas hätte werden sollen, nichts anderes als eine nicht fertig gestellte gigantomanische Idee. Es gibt aber Hoffnung - der saudi-arabische Prinz Ali Walid bin Talal (einer der 10 reichsten Männer der Welt) hat Präsident Kikwete zugesichert, in Dodoma eine Universität zu finanzieren. Vielleicht ist Dodoma doch im Aufwind.

Legende zur Gründung der Stadt Dodoma

Mündlichen Überlieferungen zufolge wurde früher (niemand weiß zu sagen, wann das genau war) das als sumpfig beschriebene Gelände der heutigen Hauptstadt von den ansässigen Wetega und Wanyanzaga Cikuyu genannt. Eine Gruppe der weit südlich lebenden Hehe wanderte aus nicht näher bezeichneten Ursachen mit ihren Herden aus ihrer Heimat um Iringa Richtung Norden und siedelte sich an den Hügeln in unmittelbarer Nachbarschaft an. Als eines Tages die Regenzeit ausblieb und die Rinder dürsteten, entbrannte ein fürchterlicher Kampf um das Wasser im Sumpfgelände.

Die Einwanderer blieben am Schlachtfeld als Sieger zurück und nannten sich fortan Wampanga, ihr neues Siedlungsgebiet wurde Idodoma genannt.

Idodoma bedeutet soviel wie "dort, wo man stecken bleibt". Damit ist gemeint, dass jeder Feind, der ins Land eindringt, auf Grund der Stärke der Wampanga darin stecken bleibt (die Möglichkeit der Flucht war zwar theoretisch gegeben, praktisch aber nicht vorgesehen).

Dieser Name geht auf eine weitere ältere Legende zurück: Eines Tages schickte sich ein Elefant an, aus dem Sumpf seinen Durst zu löschen, er versank dabei im Schlamm und blieb stecken. Für zufällig Vorbeikommende im wahrsten Sinn des Wortes "ein gefundenes Essen", erfreut riefen sie "Yadodomela!" (Er versinkt). In weiterer Folge wurde dieser Platz "didomya" (Platz, wo er (der Elefant) versank) genannt.

Geschichte Ugogos und Dodomas

Vor ca. 600 bis 1.000 Jahren siedelten in der heutigen Region Dodoma die kuschitischen Völker der Wangomvia, Wamankala und Wyanzi sowie ein als

Wankulimba (Ki-Swahili für Pygmäen) bezeichnetes Volk. Alle betätigten sich als Jäger und Sammler und lebten in den Wäldern. Während des erwähnten Zeitraumes wanderten aus allen Richtungen Bantu sprechende Völker ein.

Im Allgemeinen wird Bevölkerungsdruck in ihren Heimatländern als Ursache der Wanderungsbewegung angesehen. Die Sprache (das sog. Cigogo) des heute als WaGogo bezeichneten Volkes spiegelt dies wider, sie ist durchsetzt mit einer sehr großen Anzahl an Lehnwörtern der rundum ansässigen Völker. Die Landnahme erfolgte teils kriegerisch durch Unterwerfung, teils wurden menschenleere Gegenden besiedelt, teils wurden die Einwanderer auch freundlich aufgenommen.

Diese Bantu sprechenden Völker brachten die Kunst der Viehzucht und des Ackerbaus mit sich. Der Wald wurde gerodet, Felder bestellt, Zäune errichtet. In weiterer Folge mischten sich die Einwanderer untereinander und mit den ansässigen Völkern, nur die Wankulimba verließen das Land. Bräuche und Riten wurden ausgetauscht, umgewandelt, verschmolzen und/oder neu kreiert. Es manifestierte sich aber nicht eine umfassende Einheit (Volk), sondern lose zusammenhängende aber auch rivalisierende Verbände auf verwandtschaftlicher Basis. Jeder von ihnen weist eine eigene Abstammungslegende auf. Auch die Dialekte variieren teilweise enorm.

Selbst heute identifizieren sich die meisten WaGogo in erster Linie mit ihrer Clanzugehörigkeit und erst in zweiter Linie sehen sie sich als WaGogo (Peter Rigby, 1967, 1985). Bedingt durch die rauen Umweltbedingungen (Trockenheit) kristallisierte sich allerdings im Lauf der Jahrhunderte ein politisches System, das zwar nicht unbedingt ein friedliches Miteinander gewährleistete, zumindest aber in Zeiten ohne Not funktionierte. Jeder Clan nominierte ein Oberhaupt (mtemi, er musste zumindest fähig sein, Regen zu beschaffen), das durch eine Versammlung von Familienoberhäuptern bzw. Haushaltsvorständen kontrolliert wurde.

Der mtemi konnte jederzeit abgewählt werden und durfte das Territorium des Verbandes nie verlassen. Er konnte selbständig Verträge (z.B. mit Nachbarclans) schließen. Ein gemeinsames, über den watemi stehendes Oberhaupt ("König der WaGogo") war nie vorgesehen. Die wirtschaftliche Basis war eine Mischform aus Nomadismus und Anbau trockenresistenter Gemüse- und Getreidepflanzen, Vorratshaltung wurde in großem Stil betrieben. Dieses fragile System funktionierte, solange Regen fiel. Waren jedoch die Speicher leer und die Wasserlöcher endgültig ausgetrocknet, begab man sich auf Wanderschaft. Dies bedeutete Krieg, Eroberung, Unterwerfung oder Hungertod.

Im 19. Jh. eröffnete sich eine weitere Einkommensquelle, die das System mehr stabilisierte als alle Nachjustierungen zuvor - der internationale Handel erreichte auch diese Region. Die Nachfrage nach Elfenbein, Nashorn-Horn, Straußenfedern usw. war fast nicht zu befriedigen.

Außerdem nahm auf Grund der Anti-Sklaverei-Blockade der afrikanischen Westküste zu Beginn des 19. Jh.s die Nachfrage nach Sklaven enorm zu. Eine Karawanenroute führte vom Victoria-See, eine zweite vom Tanganyika-See zur Küste. Beide führten durch das Land der gefürchteten WaGogo, denn nördlich davon lebten die noch mehr gefürchteten Massai und eine Route südlich von Ugogo hätte einen riesigen Umweg bedeutet.

Beide Routen wurden auch von anderen Reisenden benutzt. Eine Reise durch dieses Land war nur während der Trockenzeit möglich und es war mehr ein Stolpern von Wasserloch zu Wasserloch (während der Regenzeit wäre es ein Steckenbleiben im Sumpf gewesen).

Da jedes Wasserloch im Besitz eines Gogo-Clans war, waren die Karawanenführer gezwungen, Tribut (hongo) für die Wasserentnahme in Form von Bargeld, Kleidung, Eisen, Sklaven oder Lebensmitteln (bzw. auch Tand) zu bezahlen.

Weiterer Tribut wurde für die Benutzung der Wege verlangt, zusätzlich gab es noch eine Unmenge weiterer tributpflichtiger Notwendigkeiten. Nichtbezahlung wurde mit rigoroser Auslöschung der Karawane quittiert. Zu dieser Zeit wurde auch die Sammelbezeichnung für alle in diesem Gebiet lebenden Menschen von Wa-Swahili-Händlern eingeführt. Gogo bedeutet im KiSwahili (umgefallener, gefällter) Baumstamm. Die WaGogo blockierten die Wege zu den Wasserlöchern mit quer über den Weg gelegten Baumstämmen. Ugogo bezeichnete somit die "Gegend, in der sie Bäume (über die Wege) legen".

Selbst Mr. Stanley, einer der brutalsten Reisenden des vorigen Jahrhunderts, war äußerst erbost über die Vorgehensweise der WaGogo und vermutete sogar eine Ausbildungsstätte in Ugogo, wo "Listigkeit und Bosheit" gelehrt würden.

Hingegen fand ein anderer Reisender, Comm. Cameron, dieses Verhalten fair. Er meinte, man müsse den WaGogo dankbar sein für die Instandhaltung der Wasserlöcher und des Wegenetzes. Man darf nicht übersehen, dass es sich dabei um annähernd 300 km handelte (zumindest von Mpwapwa bis Manyoni).

Entlang dieser Wegstrecke lebten 38 Gruppen und jede kassierte! Es waren Unsummen, die die WaGogo kassierten und sie stellten ihre Schlauheit unter Beweis: Mit den Einnahmen wurden Felder und Rinderherden vergrößert, die überschüssig erzeugten Nahrungsmitteln wurden wiederum an die Karawanen verkauft. Als Arbeitskräfte wurden anfangs Tribut-Sklaven eingesetzt, in weiterer Folge mussten "Fremdarbeiter" - teils sogar von der Küste - angestellt werden. Dem Reichtum war kein Ende.

Knapp vor der vorvergangenen Jahrhundertwende wurde aber der wirtschaftliche Untergang eingeleitet. Die ersten Europäer ließen sich in Form der Church Missionary Society (Bischof Mackay) in Mpwapwa nieder und gründeten die erste Missionsstation in Ugogo (1870), kurz darauf eine weitere in Dodoma. Um diese Zeit erschütterten Invasionen vom Norden (Massai) und vom Süden (Hehe) das Land. Da die rivalisierenden WaGogo-Gruppen nach wie vor keine politische Einheit bildeten, war den feindlichen Einfällen nicht viel entgegenzusetzen. Im Gegenteil, mehrere Gruppen kooperierten sogar mit den Invasoren. Ob diese jahrzehntelangen Kriege durch die Ankunft der Deutschen beendet wurden oder ob die Deutschen mit ihrer Ankunft solange warteten, bis die Kämpfe im Sand verlaufen waren - darüber gehen die Meinungen auseinander. Tatsache ist jedenfalls, dass am 9.2.1905 mit dem Verlegen des Schienenstranges für die Mittellandbahn in Dar es Salaam begonnen wurde. 1908 wurde Morogoro erreicht; bald danach, 1910, Dodoma. Bis zu diesem Zeitpunkt war die heutige, offizielle Hauptstadt Tansanias auf keiner Landkarte der Welt zu finden. Die deutschen Besatzer lösten das traditionelle mtemi-System auf, indem sie für jeden Clan einen Vorsteher bestimmten. Dieser wurde mtemi wa serikali (mtemi der Regierung) genannt, stand über dem traditionellen mtemi (der nun mtemi wa mvula, mtemi des Regens, genannt wurde), war mit umfassenden Rechten ausgestattet und nur der Verwaltung in Dodoma unterstellt. Seine Hauptaufgaben waren das Eintreiben von Steuern und die Aufrechterhaltung von "Zucht und Ordnung". Daraus resultierten neue Feindschaften zwischen den einzelnen Clans, aber auch innerhalb der Clans. Es war keine schöne Zeit und es sollte noch schlimmer kommen.

Als der Erste Weltkrieg Ugogo erreichte, gerieten die WaGogo zwischen die Fronten. Zuerst requirierten die deutschen Militärs alle Lebensmittel, danach die britische Armee. Gemeinsam mit dem Ausbleiben von Regen und dem Ausbruch der Rinderpest führte dieses brutale Vorgehen zu zwei Hungersnöten (Mutanya und Kaputula) - es starben fast ein Viertel der WaGogo den Hungertod.

Als Großbritannien Deutschland als Kolonialmacht ablöste, wurde das bestehende politische System zuerst weitergeführt. Erst 1925 erkannte man die Nachteile und führte die sog. "Indirect rule" ein, d.h. man griff zurück auf die traditionellen Strukturen. Der mtemi wa serikali wurde abgeschafft und der von allen Clan-Mitgliedern gewählte (und abwählbare) mtemi wa mvula übernahm nun alle Aufgaben - vom Regenmachen bis zum Eintreiben der Steuern. Durch diese weitaus größere Machtfülle und Geschenke und sonstige Nettigkeiten wurde der mtemi wa mvula an die Kolonialregierung gebunden. Erst zu diesem Zeitpunkt wurde er zu dem, was heute allgemein als "chief" bezeichnet wird. Trotz alledem blieb er (noch) unter Kontrolle der Familienväter und Haushaltsvorstände.

Unter der britischen Besatzung begann die Bedeutung Dodomas, das bereits von den Deutschen als Hauptstadt ins Auge gefasst wurde, weiter zu wachsen. Der alte britische Traum einer Kap-Kairo-(Eisenbahn)-Verbindung ließ Dodoma schnell zu einem Verkehrsknotenpunkt und Kommunikationszentrum aufblühen.

Da in den 30er Jahren alle Flugzeuge in gerader Linie von Südafrika nach Kairo flogen, war die Errichtung eines Flughafens nahe liegend. Hier wurden internationale Postsendungen aus- und eingeflogen und per Eisenbahn nach bzw. von Dar es Salaam, dem wichtigsten Punkt der britischen Verwaltung, nach Dodoma transportiert. Die Errichtung von Dämmen, Wasserlöchern usw. verbesserte die Wasserversorgung, dies zog Missionen an (Dodoma ist Hauptsitz aller in Tansania agierenden Missionen).

Nicht nur die wirtschaftliche Lage der heutigen Hauptstadt Tansanias verbesserte sich rapide, auch die Politik im südlichen Afrika fand hier eine neue Heimstatt (bis in die 80er Jahre befanden sich in der heutigen Region Dodoma die Ausbildungslager der Widerstandskämpfer der Frelimo und des ANC).

Durch eine unglückliche Verkettung ausbleibender Regenfälle, einer extrem hohen Steuerlast sowie einer "Verbrüderung" einiger WaGogo-Clans mit der britischen Regierung (diese bekamen die Auswirkungen des ausbleibenden Regens am wenigsten zu spüren) kam es bald zu sozialen Konflikten, deren Mittelpunkt der "gemeinsame Feind", die Kolonialherren, waren.

Diese Entwicklung führte in den frühen 40er Jahren zur Gründung einer lokalen Zelle nationalistischer Bewegung in der anglikanischen Kikuyu Secondary School in Dodoma. Ihr Ziel war der Zugang zu mehr nicht zensierter Bildung.

Als Nyerere 1954 die mehr tot als lebendige Opposition "Tanganyika African Association" in die mächtige TANU umzuwandeln begann, war diese Zelle bereits eine nicht zu übersehende politische Macht. Anfänglich bestand Opposition zur TANU, dies änderte sich jedoch bald. Die neu gegründete, bzw. umbenannte, "Ugogo Union" übernahm, trotz Differenzen in der Geschwindigkeit der Durchführung, die Ziele der TANU und ordnete sich deren Programm unter.

Die "Ugogo Union" wollte erstmals in der Geschichte der WaGogo einen gesamten Landstrich, d.h. alle WaGogo, vertreten und tat das de facto auch. Natürlich rief das den Widerstand der mtemi wa mvulas hervor, die ihre traditionelle und konservative Machtposition zu Recht gefährdet sahen. Als der Mgogo Job Lusinde 1959 zum ersten frei und demokratisch gewählten "District Executive Officer" Afrikas gewählt wurde, hatte das alte mtemi-System ausgedient.

Erst seit 1959 kann man also von einem Volk der WaGogo sprechen, obwohl sie sich heute in erster Linie als Tansanier - ohne ihre Eigenheiten bzw. Gogo-typischen Kultur zu verneinen - fühlen.

Umgebung

Bezüglich des "Tanzanian Cultural Tourism Coordination Office" in Babati und Hanang ☞ "Arusha/Umgebung"

Weinbau in Bihawana

Erste Versuche mit dem Pflanzen von Weinreben wurden bereits um 1900 von den Holy Ghost Fathers in Kondoa gestartet. Wegen der Höhenlage von Kondoa ist das Klima für den Weinbau jedoch nicht unbedingt geeignet, und der deutsche Plan, die Mittellandbahn (Central Railway) durch Kondoa zu führen, wurde zugunsten von Dodoma fallen gelassen - Kondoa versank in die Bedeutungslosigkeit und alle Missionen zogen wieder ab, nach Dodoma. Noch während der deutschen Besatzungszeit griff ein Mitglied der Bihawana Mission nahe Dodoma die Idee wieder auf. Der Missionar pflanzte vorerst einige Reben sozusagen aus Spaß. Als diese wider Erwarten prächtig gediehen, vergrößerte man die Anbauflächen und veredelte schließlich die Trauben: der "Bihawana Red Wine" war geboren. Allerdings ging die produzierte Menge nie weit über die Eigenversorgung der Missionsstation hinaus, von einer landesweiten Vermarktung bzw. gar Export war keine Rede.

Die Bihawana Mission existiert heute noch und bis vor kurzem wurde auch noch Wein erzeugt. 1997 verstarb allerdings der letzte Kellermeister nach 25 Jahren Tätigkeit und es wurde bis heute kein Ersatz gefunden.

Die verbliebenen Missionare beherrschen diese Kunst nicht und erzeugten bis 1998 nur ein weinähnliches Etwas. Seitdem wurde die Produktion eingestellt. Es gibt aber noch Lagerbestände. Wer sie verkosten will (nicht empfehlenswert), nimmt die Straße Richtung Iringa und biegt ca. 15 km nach dem Stadtzentrum (am zentralem Kreisverkehr) rechts ab (diese Kreuzung ist unübersehbar gut beschildert). Vom Dalladalla-Bahnhof fahren laufend bis ca. 15:00 Kleinbusse für $ 1,50, man lässt Sie an der Kreuzung aussteigen (oft fährt der Fahrer aber auch unaufgefordert bis zur Missionsstation), ab Kreuzung ca. 2 km den Hügel hinauf.

Kurz nach der Unabhängigkeit (1963/64) witterte auch die neue Regierung einen kleinen Profit und gründete ebenfalls eine Weinkellerei ("Dodoma Wine", rot, weiß). Erst jetzt begann der Anbau von Weinreben auch für die kleinen Bauern interessant zu werden. Man klotzte von Anfang an - die vier riesigen weißen Hallen im Nordwesten der Stadt am Fuß des Hügels sieht man auch noch heute von weitem - und benötigte Unmengen an Trauben. Viele Bauern stiegen daher von Bohnen, Mais usw. auf diese neue Frucht um bzw. dehnten ihre Produktionsfläche durch Kauf oder Pacht aus.

Die Region erlebte anfänglich einen gewaltigen Aufschwung. Doch bereits in den 80er Jahren wurde deutlich, dass man einige wirtschaftliche Faktoren außer Acht gelassen hatte. Um nur die beiden grundlegendsten zu nennen: Wein ist kein traditionelles Getränk in Tansania (nicht einmal in Dodoma wird von der Bevölkerung Wein getrunken), für den Export in die USA oder EU war die Qualität bei weitem nicht gegeben (von Missmanagement wird ebenfalls gemunkelt).

Fazit: die Anlage wurde 1995 geschlossen. Die Kleinbauern hatten das Nachsehen, sie blieben auf ihren Trauben, Pachtverträgen und zu großen Anbauflächen sitzen.

Der dritte Anlauf, in Tansania Wein zu produzieren, wurde 1995 gestartet. Bei der Tanganyika Vineyards Company handelt es sich um ein Joint Venture zwischen einem tansanisches Konsortium und einer deutschen Kellermeisterin. Es ist kein leichtes Unterfangen! Die Maschinen kommen aus der EU, die Etiketten aus Kenia, die Flaschen aus Südafrika, von der Regierung kommen Schwierigkeiten.

Derzeit werden ca. 100.000 l pro Jahr erzeugt (rot, weiß, rosé). Der Absatz ist schwierig und als mögliche Kunden stehen eigentlich nur die Restaurants der Kategorie A und AA- Hotels zur Verfügung.

Das Lager der Tanganyika Vineyards Co. Ltd. liegt neben dem neuen Parlamentsgebäude und kann besichtigt werden.

Felsmalereien von Kolo

Die größte Konzentration von Felsmalereien in Tansania befindet sich in der Bergwelt zwischen Kolo und Singida und ist seit 2006 unter dem Titel "Felsmalereien von Kondoa" als (7. tansanisches) UNESCO-Weltkulturerbe registriert. Insgesamt sind 186 Stätten bekannt. Es werden aber noch viele andere vermutet. Für die Besichtigung sind lediglich 14 Stätten in der Nähe von Kolo freigegeben. Relativ einfach zu erreichen - d.h. mit einem allradbetriebenen Fahrzeug innerhalb eines Tages - sind davon nur drei.

Wer diese Tour zu Fuß machen möchte, kann entweder nur die erste oder die beiden anderen an einem anstrengenden Tag besuchen (bezüglich Anreise mit öffentlichen Verkehrsmitteln siehe weiter unten). Wanderer sollten beträchtliche Mengen an Wasser mit sich führen. Wer mehr als die drei beschriebenen Stätten besichtigen will, sollte - auch wenn er über ein allradbetriebenes Fahrzeug verfügt - knapp eine Woche Zeit und viele Kilometer zu Fuß einplanen.

Über Alter und Urheber der Malereien gehen die Meinungen weit auseinander, ebenso über die Stile. Grob eingeteilt kann man schematisierte Tier- und Menschendarstellungen und abstrakte Darstellungen unterscheiden. Die Tierdarstellungen sind größtenteils in den Farben dunkelrot und orange (bzw. hellrot) gehalten und werden einheitlich als die älteren angesehen.

Das vermutete Alter variiert allerdings stark zwischen mind. ca. 3.500 bis ca. "nur" 600 Jahre alt (einheitlich wird den dunkelroten ein älteres Entstehungsdatum zugestanden). Diese Darstellungen finden sich in der Regel unter Überhängen oder vorspringenden Felsen. Die Blickrichtung ist bei fast allen Überhängen gen Osten. Den abstrakten, meist weißen Darstellungen, deren Symbolgehalt mehr als rätselhaft ist, schreibt man ein Alter von ca. 600 bzw. 250 Jahren zu. Sie befinden sich meist im Inneren von Höhlen. Diese rätselhaften Zeichen wurden von einem Forscher als "Formlinge", von einem anderen als "Kryptomorphen" und von einem weiteren als "Strukturelle Formen (tectiforms)" bezeichnet.

Als Urheber werden für die älteren, rot/orangen Malereien Khoisaniden vermutet, die nachweislich diese Region besiedelten (☞ Dodoma/Geschichte Ugogos und Dodoma). Heute lebt das Volk der Sandawi in der Region. Es handelt sich um kleinwüchsige Menschen, die in erster Linie einer jagenden und sammelnden Wirtschaftsform nachgehen (Honig). Sie leben im Busch als Nomaden und verfügen über keine stationären Behausungen.

Ob die Sandawi mit den vermuteten Urhebern der älteren Felsmalereien verwandt sind oder ob es sich um Zuwanderer aus jüngerer Zeit handelt, ist nicht restlos geklärt. Die Sandawi beanspruchen jedenfalls als einziges ansässige Volk die Urheberschaft. Man ist allgemein der Meinung, die "Väter" hätten diese Malereien angefertigt und jeder könne das heute auch noch tun. Alle anderen ansässigen Völker (WaGogo, Warangi, Wanyiramba, Waasi, Wambulu, Wanyisanzu) schreiben die Malereien entweder den Portugiesen zu, oder, wie im Falle einiger WaGogo-Clans, einem Volk, das bei der gewaltsamen Landnahme vertrieben wurde.

Die jüngeren weißen Darstellungen werden bereits Vertretern eines Bantuvolkes zugeschrieben. Allgemein geht man davon aus, dass es sich um Arbeitsstätten von "Medizinmännern" handelte. Praktisch alle Stätten mit abstrakten weißen und einige mit roten Darstellungen finden heute noch gute Verwendung. Hier werden (auch von Christen und Islamisten!) Opfer für eine Regenzeit erbracht.

Weit gehen auch die Meinungen bezüglich des Sinns der Darstellungen auseinander - religiöse Magie, Erinnerungen an bestimmte Vorfälle, Kunst um der Kunst willen, Zeitvertreib während der Jagd oder beschmierten ganz simpel Kinderhände die Wände? Wahrscheinlich treffen alle Interpretationen zu.

Der Zustand der Zeichnungen ist unterschiedlich. Die meisten sind durch Witterungseinflüsse sehr ramponiert. Das obligate Ein-Tages-Besichtigungsprogramm umfasst zwei ältere und eine jüngere Stätte, alle drei sind in sehr gutem Zustand und geben einen guten Einblick in eine längst vergangene Zeit.

Bei der ersten, sehr großen und sehr beeindruckenden Stätte am Fenga Hill (B 1 (Mungumi) bis B 3 (Majilili I u. II) handelt es sich um Überhänge. Die Straße hierher (ca. 9 km von Kolo) ist extrem schlecht, die letzten ca. 500 m müssen zu Fuß zurückgelegt werden - lassen Sie Ihr Fahrzeug nicht unbeaufsichtigt zurück! Wer diese Stätte zu Fuß besuchen will, braucht über Abkürzungen nur ca. 6 km zu marschieren (sehr oft steil bergan) - wegen der phantastischen Landschaft aber eine sehr lohnenswerte Wanderung.

Die Stätte zeigt eine Unmenge Darstellungen von jagdbaren Tieren (Elefanten, Giraffen, Kudu, Büffel, Gazellen, keine Haustiere). Ebenfalls zu sehen sind Menschendarstellung mit ultracoolen Frisuren (es wird allerdings auch die Meinung vertreten, es handle sich um Masken). Die Tätigkeit der Menschen wird als Fallenstellen interpretiert.

Die zweite Stätte (B 4 bis B 13), die besichtigt wird, liegt beim Dorf **Lusangi** (von Kolo ca. 12 km entfernt) und wird **Pahi** genannt. Es handelt sich um eine große Höhle mit weißen, außerordentlich mystischen Malereien, über deren Bedeutung nicht einmal der kleinste Anhaltspunkt bekannt ist.

Die dritte Stätte, die besichtigt wird, liegt auch in Lusangi (und wird zum Pahi-Komplex gezählt) ca. 500 m hinter der Höhle mit den weißen Malereien. Es ist ein kleiner Überhang, der exzellente Giraffendarstellungen in dunkelrot zeigt.

Auch bei diesen beiden Höhlen müssen die letzten 500 m zu Fuß zurückgelegt werden. Der Weg führt durch landwirtschaftlich genutztes Gebiet und der Guide gibt gerne Auskunft über die einzelnen Gemüse- bzw. Obstsorten. Sie werden auch immer wieder senkrecht nach unten führende Löcher im Erdboden erblicken - sie sind Eingänge zu Erdferkel-Höhlen.

Das gesamte Gebiet ist stark von giftigen Schlangen (Grüne Mamba) besiedelt, verlassen Sie nicht die Wege und marschieren Sie vorausschauend.

Anreise mit dem Pkw über **Kondoa** (ca. 156 km, ca. 4 bis 5 Std.): Man verlässt Dodoma Richtung Arusha und biegt direkt vor dem Flughafen (ca.

1,5 km vom zentralen Kreisverkehr entfernt) links ab. Hier endet praktisch die Stadt, beim noch einmal ca. 1,5 km entfernten Naam Hotel endet auch die Asphaltstraße.

Ungefähr 2 km nach dem Naam Hotel liegen hinter der linken Straßenseite zwei riesige, rot gefärbte Wohnblöcke - strengstes Fotografierverbot! Es sind die Unterkünfte der Bodyguards der Politiker, für den seltenen Fall, dass in Dodoma getagt wird.

Ca. 50 km nach Dodoma ist der Verkehrsknotenpunkt Meiameia erreicht: hier nicht links nach Singida abbiegen! 7 km danach beginnt die Querung der Chechene-Berge, die Straße bleibt aber halbwegs OK. Nach Querung des Kidoka-Rivers (ca. 100 km ab Dodoma) wird die Distriktgrenze Dodoma/ Kondoa passiert - check point nicht übersehen! Beim Dorf Kalema (Mkombose Hotel, Kat. D mit Restaurant) wird der Kalema-River (auch Bubu-River) auf imposanter Brücke überquert. Er trocknet erst gegen Ende der großen Trockenzeit gänzlich aus. Sein Grundwasserspiegel liegt allerdings nur 1 bis 2 m unter der Oberfläche und die Frauen des Dorfes graben sich durch den Sand zum Wasser durch. Bis hierher gelangt man mit allradgetriebenen Fahrzeugen auch während der Regenzeit. Doch bald nach dem Dorf müssen die wilden, schönen und steilen Kisengo-Berge überquert werden - der Straßenzustand ist bereits während der Trockenzeit eine Katastrophe! Nach dem beschwerlichen Anstieg wird die auf fruchtbarem Hochplateau Ticha-Village (erkenntlich an den vier riesigen Lagerhallen) am gleichnamigen See erreicht - geradeaus nach Kolo, Babati und Arusha, links nach Kondoa.

Das große, aber noch keineswegs als Stadt zu bezeichnende, Dorf **Kondoa** liegt am Kondoa-River (Brücke für Kfz und sehenswerte Fußgängerbrücke vorhanden) und ist Sammelpunkt für Rinder, Schafe und Ziegen der Region. Die ganze Woche über werden Auktionen abgehalten und freitags beginnt der große Viehtrieb nach Dodoma (☞ Dodoma/Einkauf/Maili Mbili Market).

Bis Freitag hat man das Gefühl es existieren hier mehr Haustiere als Menschen. Sonst bietet Kondoa nicht mehr als einen sehr tiefen Einblick in den afrikanischen Alltag. Erwähnenswert ist auch die Tatsache, dass Kondoa eine extrem saubere Ortschaft ist, selbst Zigarettenstummel wirft man hier nicht weg. Obwohl es nicht den Anschein erweckt, blickt Kondoa auf eine große

Vergangenheit zurück, denn es ist eine alte islamisch-arabische Wa-Swahili-Stadt. Die Karawanenroute Sansibar - Tanganyika-See führte ursprünglich hier vorbei und Kondoa war ein Umschlagplatz (vor allem für Sklaven und Elfenbein). Erst mit dem Bau der "Mittellandbahn" änderte sich das, da man aus finanziellen wie technischen Gründen die wilde Bergwelt umgehen musste. Im selben Maß wie nun die Bedeutung Dodomas zunahm, verfiel Kondoa und ist heute ein unbedeutendes Dorf. Wer die Felszeichnungen besuchen will, dem ist aber zumindest ein kurzer Stop in dieser arabisch geprägten Ortschaft angeraten (die Unterkunftssituation in Kolo ist nicht gut).

Es gibt lediglich Hotels der **Kategorie D**. Kondoa kämpft mit kaputten Wasserleitungen, Wasser wird daher in jedem Hotel in jeder gewünschten Menge nur im Kübel (*bucket*) bereitgestellt. Alle Preise ohne Frühstück. Empfehlenswert sind nur zwei Hotels.

- **Splendid Hotel**, am Ende der Durchgangstraße, $ 3,50, kommunale Duschen und Toiletten (auch Heißwasser). In der Bar können auch Speisen geordert werden, Wartezeit dafür ca. 2 bis 3 Std.
- **Savanna Inn**; vom Tor des Busbahnhofs wendet man sich rechts (wenn man das Tor im Rücken hat) und in 150 m steht rechts wie links der Straße jeweils ein Savanna Inn. Rechts der Straße: $ 4, self contained (Heißwasser wird ca. 5 Min. nach dem Einchecken zur Verfügung gestellt), sehr sauber, sehr nettes Personal, Bar vorhanden, für Speisen ebenfalls eine Wartezeit wie im Splendid Hotel. Nachteil: die Zimmer werden von der Bar aus betreten - am Wochenende bis Mitternacht extreme Lärmbelästigung. Dann beendet die Barkeeperin das Treiben mit schrillem Pfeifsignal. Links der Straße (schräg gegenüber) werden nur Zimmer mit gemeinschaftlichen. Duschen und Toiletten zur Verfügung gestellt, $ 3,50.

Mehrere Restaurants befinden sich um den Busbahnhof. Das beste der Stadt ist das **Florida Inn** (links vom Busbahnhof), keine Wartezeit. Sehr zu empfehlen sind "Ziege mit Kochbananen" (*Mbuzi na ndizi*).

BANK Keine Bank, keine Wechselstube!

Ganz Kondoa ist praktisch ein durchgehender Markt, der die wichtigsten Dinge des Alltags bietet. Sein "Zentrum" befindet sich hinter dem Busbahnhof. Klassische Souvenirs wird man hier allerdings vergeblich suchen.

Die Post befindet sich an der Hauptstraße am Richtung Dodoma gelegenen Ortsende.

Weiterfahrt nach Kolo

Fährt man an der zuvor beschriebenen Kreuzung bei Ticha geradeaus (von Kondoa kommend links abbiegen), gelangt man nach ca. 22 km (ca. 30 Min.) auf einwandfreier und knallroter Schotterpiste nach Kolo. Die Straße führt durch eine phantastische Buschlandschaft, die lediglich durch die Brücke über den Kondoa-River (kurz hinter der Kreuzung) unterbrochen wird.

Anreise nach Kolo von Arusha

Man verlässt Arusha auf der Sokoine Rd. und fährt vorerst Richtung Westen, passiert dabei den Meserani Snake Park, die Oldonyo Orok Arts & Gallery sowie Cultural Heritage, und erreicht nach ca. 80 km den Eingang zum Tarangire NP. Bis hierher (Dorf **Michingu**) führt eine sehr gute Asphaltstraße. Ab hier bis **Babati** (knapp 100 km) handelt es sich um eine tadellose und regelmäßig gewartete Piste. Bis Babati führte die Straße am Rand der Massai-Steppe durch eine flache, mit lichtem Busch bestandene Gegend.

Es werden Ihnen viele Massai begegnen - Vorsicht beim Fotografieren: zuerst Preis aushandeln!

Obwohl ab Babati die Straße zu steigen beginnt, ist sie gut in Schuss und auch während der Regenzeit befahrbar und ehe man sich versieht, befindet man sich inmitten von Bergen. Das Dorf Kolo ist ca. 80 km nach Babati erreicht.

Zahlreiche tour operator in Arusha bieten ebenfalls eine Safari nach Kolo an - rechnen Sie mit ca. $ 150 aufwärts/Person, falls das Fahrzeug voll besetzt ist.

Anreise nach Kolo mit öffentlichen Verkehrsmitteln

Täglich fährt zumindest ein Bus die Strecke Dodoma - Arusha/Arusha - Dodoma (in der Trockenzeit, obligater Stop in Kondoa, in Kolo kann man auch aussteigen) Abfahrt ca. 6:00 in Dodoma wie in Arusha, während der Regenzeit ist die Strecke oft unpassierbar und die Busse weichen über Chalinze aus. Vor der Abfahrt sollten Sie durch mehrmaliges Fragen sicher gehen, dass Sie wirklich in einem Bus sitzen, der über Kondoa fährt (und nicht über Chalinze). Täglich fahren zwei Busse die Strecke Kondoa - Arusha (Abfahrt 6:00). Dalladallas verkehren laufend (bis in den späten Nachmittag hinein) zwischen Kondoa und Babati.

Für die Rückfahrt muss man in Kolo auf einen der Busse warten und auf einen freien Sitzplatz hoffen, im Dalladalla sind meist Plätze frei. Wer Richtung Dodoma fahren will: täglich zwei Busse (Abfahrt ca. 6.00) ab Kondoa.

Kolo

In dem unbedeutenden, winzigen Dorf befindet sich eine Außenstelle des National Department of Antiquities. Es liegt am Ortseingang, ca. 300 m nach der Überquerung des Kolo-Rivers, von Süden/Kondoa kommend an der rechten Straßenseite und ist ein gemauertes, zeltähnliches Gebäude mit vier Säulen. Hier muss die Eintrittsgebühr entrichtet werden ($ 3/Pers./Tag inkl. Fotografiererlaubnis für private Zwecke, Eintritt inkl. Videokamera $ 20!).

Der Beamte Mr. Maulidi wird sofort informiert und ist 10 Minuten später zur Stelle. Nachdem man sich noch in das Gästebuch eingetragen hat, beginnt die Tour. Sie darf ausschließlich in Begleitung eines Führers unternommen werden. An und für sich sind seine Dienste in der Eintrittsgebühr enthalten, er erwartet aber dennoch ein kleines Trinkgeld - und zwar $ 1 bis 1,50 falls Sie mit einem Fahrzeug unterwegs sind. Falls er mit Ihnen zu Fuß unterwegs sein muss: verdoppeln oder verdreifachen Sie diesen Betrag.

Der Andrang zu den Felszeichnungen ist noch nicht sehr groß, die Tendenz ist aber steigend. Das kann dazu führen dass weder Mr. Maulidi noch ein Gehilfe anwesend sind wenn Sie kommen. Dann fahren Sie entweder zurück nach Kondoa (auch mit öffentlichen Verkehrsmitteln kein Problem) oder Sie übernachten in Kolo und genießen das Dorfleben, denn zwei Touren pro Tag unternimmt weder Mr. Maulidi noch sein Gehilfe.

Keine Hotels!

- Mr. Maulidi stellt sein Haus (1 Zimmer ohne Dusche) für Übernachtungen zur Verfügung (rechnen Sie mit ca. $ 2).

Ungefähr 3,5 km außerhalb von Kolo (in Richtung der ersten zu besichtigenden Felszeichnungs-Stätte) befindet sich ein "Campingplatz" ohne irgendwelche sanitären oder sonstigen Einrichtungen für Selbstversorger. Brennholz kann aus der Umgebung geholt werden, kostenlose Benutzung.

Die überwiegende Zahl der Häuser von Kolo sind Teehäuser, man bekommt auch einfache Mahlzeiten (Reis mit Bohnen) sowie Snacks (mandazi, chapati, sambusas).

Tabora

Als Zentrum wird das Areal um den Markt bzw. Busbahnhof benannt (vom Eisenbahn-Bahnhof ca. 10 bis 15 Min. (knapp 1 km) zu Fuß entfernt).

Kategorie C

♦ **Orion Tabora Hotel**, ehemals Railway Hotel, Station Road, am Kreisverkehr. Es ist das schönste und luxuriöseste (und mit $ 20/Pers. im DZ auch teuerste) Hotel der Stadt, das ca. 5 Min. zu Fuß vom Bahnhof entfernt liegt. Zimmer mit Dusche, WC, Warmwasser, Moskitonetz, alles sehr sauber, bestes Restaurant und Bar. Äußerst angenehm ist die große Veranda.

Kategorie D: In jedem Fall empfehlenswert sind:

♦ **Aposele Inn**, gutes und sauberes Hotel, 2 Min. vom Bahnhof entfernt, self contained $ 7, Gartenrestaurant und Bar vorhanden

♦ **Wilca Hotel** (unweit vom Tabora Hotel), self contained Zimmer, Restaurant/Bar mit schöner, großer Terrasse

♦ **Golden Eagle Hotel**, neben dem Markt im Zentrum, Zimmer mit Dusche Kaltwasser, nett und sauber, Restaurant

♦ **Matwiga Guesthouse** (in der Nähe des Marktes), **Babati Guesthouse** (hinter der Post), **Mwika Guesthouse** (neben dem Babati), **Kibo Guesthouse** u. **Kanyenye Guesthouse**. Alle nicht self contained und very basic.

☞ Hotels

♦ Zahlreiche Essensstände und Tee- und Kaffeebuden am Markt.

Bar im Tabora Hotel, zahlreiche kleine Bars im Zentrum

Bank im Zentrum

Täglich stattfindender sehr großer und lebhafter Markt im Zentrum.

Zwei christliche Buchgeschäfte befinden sich ebenfalls im Zentrum, die einige wenige Souvenirartikel anbieten.

♦ Im Tabora Hotel befindet sich ein Souvenirladen mit geringem Angebot.

Im Zentrum.

Weiterfahrt

Tabora liegt isoliert inmitten eines glühend heißen, meist blattlosen Miombo-Waldlandes von einigen hundert Kilometern Durchmesser. Industrie ist kaum vorhanden, die Landwirtschaft beschränkt sich fast nur auf die Eigenversorgung, was Auswirkungen auf das Transportsystem und die -wege hat.

✈ Tabora wird (unregelmäßig) von Precision Air angeflogen. Das office befindet sich bei S. & D. Genesis (an der Straße zwischen Markt und Kreisverkehr, ☏ 026/2604818.

Wenn Sie in Tabora die Eisenbahn verlassen, müssen Sie damit rechnen, dass für die Weiterfahrt (Mwanza, Kigoma oder Dar es Salaam) nur Plätze für die 3. Kl. zur Verfügung stehen (es sei denn, Sie reservieren 2 Wochen im Voraus). Taxikosten Bahnhof-Zentrum: ca. $ 1.

♦ Bezüglich der Stichbahn nach Mpanda (☞ "Katavi NP") ☞ Reisen im Land/Eisenbahn.

Der Anschluss an das tansanische Straßennetz besteht über die ca. 120 km nördlich gelegene Ortschaft Nzega. Von hier täglich weiter nach Singida, Dodoma, Mwanza. Guesthouses der Kategorie D sind vorhanden.

♦ Zumindest während der Trockenzeit verkehren auch Direktbusse nach Arusha und Mwanza.

♦ Der Busbahnhof befindet sich beim Markt.

♦ Keine Busverbindung nach Kigoma, keine nach Mbeya. Während der Regenzeiten bricht das Transportsystem oft gänzlich zusammen, da nicht einmal Nzega erreicht werden kann.

Taxistandplätze finden sich am Busbahnhof und bei Ankunft von Zügen am Eisenbahn-Bahnhof (auch um Mitternacht).

Tabora ist keine Stadt, die man unbedingt sehen muss. Sie liegt an der alten Karawanenroute; zahlreiche bedeutende Reisende passierten diese Stadt (Burton, Speke, Livingstone und Stanley).

Gegründet wurde sie als Karawanendepot zu Beginn des 19. Jahrhunderts. Heute ist sie vor allem als **Eisenbahnknotenpunkt** von Bedeutung. Vorwiegend landwirtschaftliche Produkte wie Baumwolle und Tabak werden an die Küste bzw. Morogoro geliefert.

Tabora zählt zu den wichtigen **Schulstädten** des Landes.

✞ Auch die Mission war überaus aktiv - Sie finden zahlreiche **Kirchen** und **Kathedralen** der verschiedenen Konfessionen.

Tabora ist weitläufig mit staubigen Straßen, großen Mangobäumen, die Schatten spenden, und in Grünflächen gelegenen Schulen. Das Zentrum ist relativ klein, und Sie werden vor allem über die vielen Radfahrer staunen. Wenn Sie eine Klingel hinter sich hören, weichen Sie sofort auf den Straßenrand aus: es wird äußerst schnell gefahren.

Das Zentrum bildet der große und lebhafte **Markt**, der Obst, Gemüse, Lebensmittel, Stoffe und Medizin anzubieten hat. Auf dem Marktgelände finden Sie auch eine Abteilung mit Restaurants und Bars, wo Sie günstig lokales Essen probieren können.

Einige **Gebäude aus der deutschen Kolonialzeit** sind vorhanden: ein Verwaltungsgebäude (*boma*) in der Nähe des Bahnhofs und das überaus angenehme Tabora Hotel mit offener Veranda.

Die Ethnie der Wa-Nyamwezi

Im 18. und 19. Jahrhundert waren die Nyamwezi vor allem als Händler von Eisenwaren, Salz, Elfenbein und Sklaven bekannt, stellten sich aber auch als Träger für den Karawanenhandel zur Verfügung. Daneben waren sie ebenfalls als Kämpfer weithin gefürchtet. Die Nyamwezi waren lange Zeit in zahlreiche kleine autonome Gruppen ohne zentrale Autorität gegliedert.

Zu den wohl bedeutendsten Persönlichkeiten der Nyamwezi zählte Mirambo, dem es gelang, weite Teile des Landes unter seine Kontrolle zu bringen. In seiner Jugend war er Gefangener der Ngoni und lernte dabei ihre Taktiken der Kriegsführung kennen.

Gut organisierte Armeen, die in einzelne Kampfeinheiten unterteilt waren, und militärische Taktiken, wie beispielsweise Angriff durch zwei umzingelnde Reihen, halfen Mirambo in seinem weiteren Leben, erfolgreich eine eigene Armee zu führen. Mit seiner Armee war es ihm möglich, nicht nur seinen eigenen Einflussbereich auszudehnen, sondern auch die immer weiter vordringenden arabischen Händler zu kontrollieren. Zwischen 1871 und 1875 kam dadurch der Karawanenhandel fast vollkommen zum Stillstand. Von Stanley erhielt er den Beinamen "der afrikanische Napoleon".

Zudem hatte er großes diplomatisches Geschick, und seine Beziehung zu Europäern war immer freundlich. Er lud die London Missionary Society ein, in seinem Land eine Missionsstation zu errichten, da er erkannte, dass Missionare in seinem Land Händler nach sich ziehen würden. Als Mirambo 1884 starb, gab es keinen Nachfolger, der seinen Herrschaftsbereich erfolgreich hätte zusammenhalten können.

Ebenso bedeutend wie Mirambo war Isike, der den vordringenden Deutschen heftige Kämpfe lieferte. Nach einer verheerenden Schlacht 1893 musste sich Isike allerdings geschlagen geben. Er konnte von den Deutschen nicht gefangen genommen werden, da er sich mit seiner Familie in einem Pulvermagazin in die Luft jagte.

Der Widerstand der Nyamwezi war noch nicht völlig gebrochen, erst 1898 war es den Deutschen möglich, ungehindert bis nach Ujiji am Tanganyika-See zu gelangen.

Wenn man genügend Zeit hat, kann man dieses kleine Museum besuchen, allerdings ist es in keiner Weise eindrucksvoll. Am besten mietet man sich am Markt ein Fahrrad.

Umgebung

⌘ **Kwihare Museum**: Dieses kleine Museum, das dem Missionar und Forschungsreisenden Dr. Livingstone gewidmet ist, befindet sich ca. 9 km außerhalb der Stadt. In diesem Haus/tembe (Replika) lebte Dr. Livingstone mit Unterbrechungen von 1870 bis 1872 bevor er seine Reise fortsetzte. Zu sehen sind Briefe, Landkarten, Bilder, alte Dokumente und Gegenstände, die mit Dr. Livingstone und anderen Entdeckern und Missionaren in Verbindung stehen.

Kigoma

Kategorie D

- **Lake View Hotel**, an der Hauptstraße, vom Bahnhof 5 Min. entfernt, linke Seite, einfach, sehr sauber, $ 8/DZ, kein Seeblick, ✕ und schöne Terrasse mit Blick auf die Hauptstraße.
- **Kigoma Hotel**, an der Hauptstraße, vom Bahnhof 5 Min. entfernt, rechte Seite, große saubere und einfache Zimmer, $ 10/DZ, 🍷.
- Zahlreiche **Guesthouses**, einfach, nett und sauber, befinden sich entlang der Hauptstraße Richtung Ujiji (hinter dem Markt), ca. 30 Min. zu Fuß vom Bahnhof entfernt.

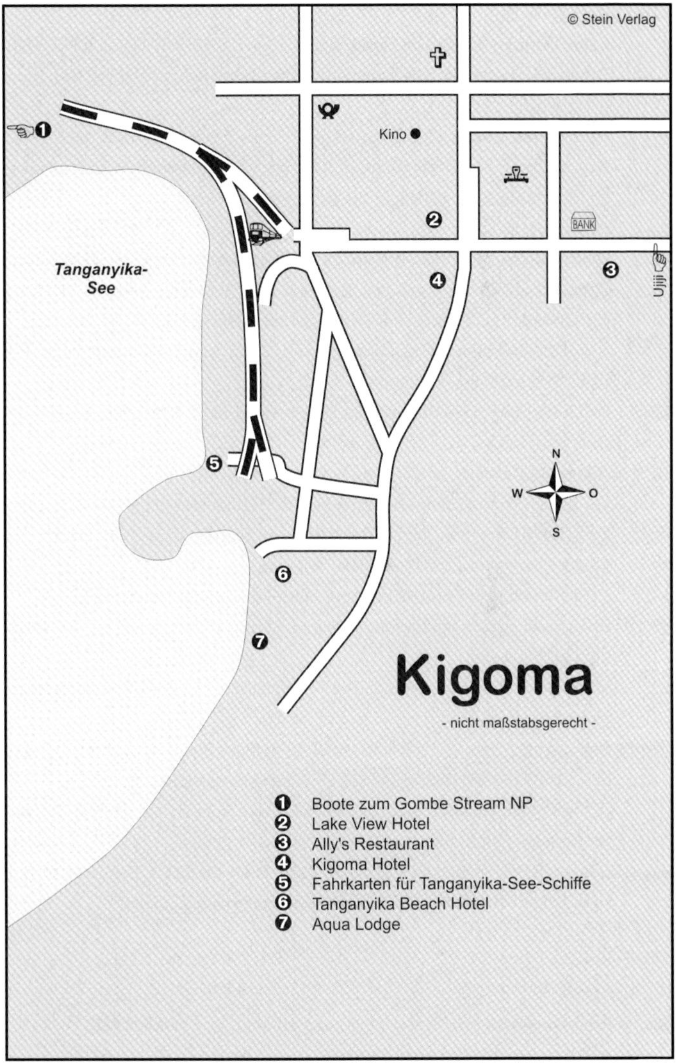
© Stein Verlag
Kino
BANK
Tanganyika-See
Ujiji
N
W
O
S
Kigoma
- nicht maßstabsgerecht -
❶ Boote zum Gombe Stream NP
❷ Lake View Hotel
❸ Ally's Restaurant
❹ Kigoma Hotel
❺ Fahrkarten für Tanganyika-See-Schiffe
❻ Tanganyika Beach Hotel
❼ Aqua Lodge

Kategorie C

♦ **Lake Tanganyika Beach Hotel**, ehem. Kigoma Railway Hotel, mit $ 30 für DZ etwas überteuert weil renovierungsbedürftig, jedoch schöne Gartenbar mit Seeblick.

♦ **Hotel Aqua Lodge**, am See gelegen, relativ modernes Hotel mit , WC, Warmwasser, nur für Gäste des Hotels, gutes Restaurant. Der ansässige tour operator ist günstiger als der im Hilltop Hotel.

Kategorie B

♦ **Hilltop Hotel**, teuerstes, größtes und sicher bestes Hotel der Stadt, riesige Bungalowanlage oberhalb der Stadt auf einer Halbinsel gelegen, ca. 5 km von Zentrum, phantastischer Blick über die gesamte Bucht, ab $ 50/EZ, $ 65/DZ, , bestes Restaurant/Bar der Stadt, schöne Gartenanlage. Privater Strandbereich vorhanden.

Im Garten des Lake Tanganyika Beach Hotel für $ 3 möglich. Station der Overland-Trucks.

Alleys Restaurant, an der Hauptstraße oberhalb des Marktes auf der rechten Seite, ausgezeichnetes einheimisches Restaurant mit afrikanischer und indischer Küche, sehr günstig. mit schönen Wandmalereien im Innern.

♦ Weitere Restaurants siehe Hotels.

BANK Es gibt noch kein Forex-Büro, aber eine Bank an der Hauptstraße.

Beim Kreisverkehr am Bahnhof die linke Straße entlang, nach ca. 200 m auf der rechten Seite.

Markt (vom Bahnhof kommend die Hauptstraße ca. 5 Min. entlang, dann gleich links).

Chimpanzee-Safaris im Hilltop Hotel (in dessen Besitz es sich auch befindet), Box 1160, ☏ 028/2804435, info@chimpanzeesafaris.com, www.chimpanzeesafaris.com. Falls Sie den Besuch des Gombe-Stream-NP pauschal arrangieren wollen, sind Sie hier richtig.

♦ Sunset Tours (in der Aqua Lodge) organisiert ebenfalls Besuche zu o.g. NPs, jedoch zu geringeren Preisen (und geringerem Luxus).

Weiterfahrt

Precision Air ist im Hilltop Hotel untergebracht, ☏ 028/2804720, kigomahilltop@hotmail.com

🚂 Mehrmals wöchentlich nach Dar es Salaam bzw. Mwanza. Fahrpläne und Preise ☞ Reise-Infos von A bis Z, Reisen in Land, 🚂. Der Bahnhof liegt direkt am Ende der Hauptstraße in unmittelbarer Nähe des Seeufers.

🚌 Laufend fahren während des Tages Busse und Minibusse nach Ujiji. Abfahrt vor dem Bahnhof bzw. vor dem Markt.

♦ Überlandbusse nach Mwanza fahren zumindest während der Trockenzeit, umsteigen in Nyakanazi (einige Guesthouses Kategorie D), dann weiter über Kahama und Shinyanga

⛴ Wöchentlich nach Mpulungu (Sambia) und Mugambo (☞ "Mahale Mountains NP"). Kein Linienverkehr nach Kalemie (Kongo, ehem. Zaire) - Erkundigungen am Hafen. Fahrpläne und Preise ☞ Reise-Infos von A bis Z, Reisen im Land, ⛴. Der Hafen befindet sich zwischen Bahnhof und Tanganyika Beach Hotel.

♦ Lake Taxis (kleine bis mittelgroße, meist überladene Außenbord-Boote) zum Gombe Stream NP (und weiter bis Burundi-Grenze): Vom Bahnhof muss man die Schienen entlanggehen, beim Tanklager links, nach fünf Minuten sieht man schon die Boote in der Bucht. Gehzeit vom Bahnhof etwa ½ Stunde, Fahrzeit bis Gombe ca. 3 bis 4 Std. ($ 1). Die letzten Jahre fuhren die Boote erst gegen Mittag ab, das bedeutete entweder einen 2-tägigen Aufenthalt im Gombe NP (falls Sie die Schimpansen in Ruhe betrachten wollen) oder eine hurry-up-Aktion: Ankunft gegen 15:00, schnell zu den Schimpansen, übernachten. Das Boot für die Rückfahrt passiert den Park am Morgen und Sie sollten schon am Strand stehen, sonst hält es nicht. Sie können hier natürlich auch ein Boot privat mieten - rechnen Sie mit ca. $ 50 bis 100/Boot (die angeführten tour operator sind teurer, aber auch zuverlässiger, zahlen Sie nicht den ausgehandelten Preis im Voraus!).

🚗 Taxis sind vor dem Bahnhof bzw. am Markt stationiert.

✋ **Achtung:** Die Sicherheitslage in Kigoma ist auf Grund mehrerer Flüchtlingslager in nächster und fernerer Umgebung nicht unbedingt gut. Insgesamt befinden sich im Umland von Kigoma ein paar Hunderttausend Flüchtlinge, vornehmlich aus Ruanda, Burundi, Kongo - dass sich darunter einige schwarze Schafe und viele Waffen befinden, ist nicht verwunderlich. Bevor Sie hierher fahren, sollten Sie bei der Botschaft genauere Erkundigungen über den aktuellen Stand einholen.

Kigoma hat den wichtigsten tansanischen **Hafen am Tanganyika-See**. Die Stadt liegt auf 773 m Höhe. Das Klima ist heiß und feucht und erlaubt Palmen prächtig zu gedeihen. Sie ist von kahlen Hügeln umgeben, die allerdings nicht bestiegen werden dürfen, da sich dort militärische Einrichtungen befinden (nicht fotografieren!). Es ist eine kleine und ruhige Stadt, weit entfernt von den wichtigsten Zentren des Landes. Es ist aber auch eine internationale Stadt - Sie werden "Reisende" aus Zaire, Burundi, Ruanda (Flüchtlinge), Sambia (Geschäftsleute), Europa, Australien und Amerika (NGO-Personal zur Betreuung der Flüchtlinge) antreffen. Riesige Mangobäume prägen das Stadtbild und spenden hervorragend Schatten.

Sehenswürdigkeiten gibt es kaum. Das office des Commissioners war als **Jagdschloss** für den deutschen Kaiser geplant, der **Bahnhof** aus der deutschen Kolonialzeit bietet sich zum Besuch an sowie einige verstreut liegende kleinere Gebäude aus jener Zeit. Eine große **Kathedrale** und einige **Moscheen** sind noch zu sehen; der **Markt** im Zentrum ist klein, aber nett. Lebensmittel, Obst und Gemüse sind das bescheidene Angebot.

Das schönste an Kigoma ist die Lage am See. Den besten Seeblick bietet das Lake Tanganyika Beach Hotel, das direkt am See liegt. Eine Terrasse und eine großzügig angelegte Bar mit direktem Seezugang sind hervorragend geeignet, den Sonnenuntergang oder in dunklen Nächten den Fischern zuzusehen.

Kigoma ist vor allem als Ausgangspunkt für eine Fahrt auf dem Tanganyika-See oder den Besuch der beiden Schimpansen-Nationalparks Mahale Mountains NP und Gombe Stream NP interessant.

Umgebung

Ujiji liegt ca. 10 km von Kigoma entfernt am Seeufer und ist in die Geschichte eingegangen, weil der Journalist Stanley den Missionar und Forschungsreisenden Livingstone hier am 10.11.1871 fand und die affigen Worte "Dr. Livingstone - I presume?" fielen. (Übrigens: Dr. Livingstone antwortete schlicht mit: "Yes".) Es war auch Endstation der alten Karawanenroute (von Sansibar bzw. Bagamoyo).

Heute erinnert ein Denkmal, das **Livingstone Memorial**, an dieses bedeutende Treffen. Der Mangobaum, der sich direkt beim Denkmal befindet, soll angeblich ein Ableger jenes Baumes sein, an dem das Treffen stattfand.

Das Seeufer reichte damals bis zu den Stufen des Denkmals, das sich in der Livingstone-Straße, von der Hauptstraße kommend Richtung See, befindet.

⌘ Ein kleines und etwas merkwürdiges **Museum** befindet sich unmittelbar neben dem Denkmal, in dem einige Bilder ausgestellt sind, die das Treffen zum Thema haben. Zwei große Figuren aus Pappmaché stellen Stanley und Livingstone dar. Eintritt wird nicht verlangt, allerdings erwartet der Wärter eine Spende.

Eine weitere Sehenswürdigkeit ist das alte **Gefängnis** der Deutschen, etwas unterhalb des Marktplatzes in einem Maisfeld verborgen.

Ujiji ist eine muslimisch geprägte Stadt mit Häusern, wie sie sonst nur an der Küste anzutreffen sind. Bei manchen können Sie auch geschnitzte Eingangstore, die typisch für die Wa-Swahili-Architektur der Küste sind, sehen. Die Stadt ist großzügig angelegt mit sandigen Straßen, Schatten spendenden Mangobäumen, Palmen und kleinen Moscheen. Sie strahlt ein beschauliches Leben aus.

Neben dem Livingstone Memorial ist noch der kleine **Fischerhafen** zu besichtigen. Schon von ferne hört man ein beständiges Klopfen und Hämmern. Es sind die Bootsbauer, die direkt am langen und einladenden Sandstrand Fischerboote in traditioneller Weise herstellen. Geruhsam kann man am Strand entlangspazieren, sie und die Fischer bei ihrer Arbeit beobachten und in den kleinen Caféhaus-ähnlichen Läden heißen Tee oder frisch gebratenen Fisch zu sich nehmen.

Anfahrt:

🚌 Tagsüber fahren laufend Dalladallas vom Kigoma-Busbahnhof. Der Bus nach Kigoma fährt an der Hauptstraße beim Bin Tumai Restaurant ab.

🛏 Als Unterkunft bieten sich das **Ujiji** und das **Kigoma Guesthouse** an (beide Kategorie D). Eine Übernachtung ist aber nicht unbedingt notwendig; es fahren ständig Dalladallas zwischen Kigoma und Ujiji. Memorial, Strand und Hafen sind innerhalb von 2 bis 3 Std. besichtigt.

Gombe Stream NP (☞ Kigoma, Weiterfahrt) und **Mahale Mountains NP**: ☞ "Nationalparks" (beide).

Tanganyika-See

Der Tanganyika-See ist der zweittiefste See der Erde und liegt im westlichen Grabenbruch. Er erreicht eine Tiefe von mehr als 1.400 m und eine durchschnittliche Breite von 60 km, seine Länge beträgt fast 1.000 km.

Er weist ein ausgesprochen großes Fischvorkommen auf, das noch kaum industriell verwertet wird. Der **Dagaa-Fisch**, eine sardinengroße Fischart, ist reichlich vorhanden; Sie werden immer wieder auf diesen schmalen, silbrig-glänzenden Fisch stoßen. Überall am Seeufer oder auch an Deck der Schiffe werden diese Fischlein getrocknet und in große Säcke gefüllt.

Die **Dagaa-Fischerei** stellt eine Besonderheit des Tanganyika-Sees dar. In Nächten ohne Vollmond fahren unzählige kleine Fischerboote auf den See hinaus, alle führen eine Lampe mit sich, um die Fische anzuziehen. Vom Ufer sieht der gesamte Horizont wie eine hell erleuchtete Perlenschnur aus - ein wunderbarer Anblick. Besonders eindrucksvoll ist dieses Schauspiel im Gombe Stream NP, da in seiner Umgebung zahlreiche Fischerdörfer liegen.

Der See bietet auch hervorragende **Erholungsmöglichkeiten**, vor allem im Gombe Stream NP und im Mahale Mountains NP. Er ist nur an dicht bewachsenen Ufern bilharzioseverseucht, und so kann man in diesem herrlich klaren Wasser nach Herzenslust schwimmen. Erkundigen Sie sich aber immer vorher bei Einheimischen betreffend Bilharziose.

Günstig ist eine Tauchermaske, um die Unmengen an faszinierend kleinen bunten Fischen beobachten zu können. Der Tanganyika-See zählt zu den bedeutendsten Lieferanten für Aquarienfische. Krokodile sind sehr selten und nur an der Mündung des Malagarasi-Flusses zu sehen.

Herrliche unberührte **Sandstrände** ziehen sich den gesamten See entlang. Obwohl er auf 773 m Seehöhe liegt, ist hier das Klima feucht und heiß; deshalb gedeihen auch Palmen prächtig.

Damit dieses Paradies auch weiterhin erhalten wird, haben sich die Anrainerstaaten zusammengeschlossen, um mit internationaler Unterstützung ein Programm (Lake Tanganyika Convention) für die Sicherung der Ressourcen des Sees auszuarbeiten. Es sollte zwar schon 1999 unterzeichnet werden, kam aber noch nicht dazu. Eine Einigung ist aber nicht auszuschließen.

Schiffsfahrt auf dem Tanganyika-See

Eine Fahrt mit der "MV Liemba" von Kigoma nach Mpulungu zählt sicherlich zu einer der schönsten und gemütlichsten Touren.

Es gibt nur wenige Kabinen 1. Klasse (für je zwei Pers.), und wenn Sie sich diesen Luxus gönnen wollen, sollten Sie unbedingt einige Tage vorher buchen. Die 2. Klasse (Kabinen für vier Pers.) ist im Schiffsrumpf, sehr heiß und unangenehm.

Da ist es schon besser, die 3. Klasse zu wählen. Allerdings sollte man auch nicht die Holzbänke im stickigen Schiffsrumpf nehmen, sondern sich einen Platz an Deck reservieren. Sie müssen nur einen Schlafsack mithaben, da es in der Nacht empfindlich kühl wird. Egal in welcher Klasse Sie fahren, lassen Sie Ihr Eigentum nie aus den Augen!

Fahrpläne und Preise ☞ Reise-Infos von A bis Z, Reisen im Land, ⛴

☺ Sollten Sie die Schiffsfahrt genießen aber nicht nach Sambia reisen wollen, empfiehlt sich die Reise bis Kasanga, von hier fährt ein Anschlussbus nach Sumbawanga. Fahrzeit Kasanga - Sumbawanga ca. 6 Std. ($ 5), auf Grund der Überfüllung des "Busses" (Pick up) und des katastrophalen Straßenzustandes ist diese Fahrt eine Qual. Nach Mbeya noch einmal ca. 7 Std. katastrophaler Busfahrt.

🛏 Übernachtungsmöglichkeit in Sumbawanga: **Upendo View Inn** (Kategorie D), self contained Zimmer, TV, Video, 🍴 🍷 sehr aufmerksame Leitung, $ 10/DZ.

Fährt man von Kigoma ab, wird man sich anfangs wundern, dass das Schiff ziemlich überfüllt ist. Aber das dauert nicht sehr lange, bei jedem Stop steigen Passagiere aus, und am Ende der Reise, in Mpulungu, ist es erträglich. Vor jeder Station hört man lautes Pfeifen, das den Menschen in den Dörfern die Ankunft des Schiffes ankündigt. Die Seeufer sind teilweise sehr seicht, und so muss das Schiff weit draußen im See stoppen, um nicht auf Grund zu laufen.

Geschichte der "MV Liemba"

Als die Eisenbahn 1914 Kigoma erreichte, wurden sofort Teile für ein 1.300 t schweres Schiff transportiert, das in Kigoma zusammengesetzt wurde und den Namen "Graf von Götzen" (erster deutscher Gouverneur Deutsch-Ostafrikas) erhielt - es wurde ein Opfer des Ersten Weltkrieges.

Noch bevor es das erste Mal auslaufen konnte, wurde es von einem belgischen Flugzeug bombardiert.

Die Deutschen versenkten ihr eigenes Schiff, als sie sich vor den feindlichen Truppen zurückziehen mussten. Sie hofften, es nach dem Krieg wieder heben zu können. 1922 hoben die Briten das Schiff, machten es funktionstüchtig und benannten es in "Liemba" um.

Erstaunlicherweise versieht es noch heute seinen Dienst am Tanganyika-See. Es ist zwar kein Dampfschiff mehr, da 1979 ein Dieselmotor die alte Technik ersetzte, aber es ist noch immer ein ehrwürdiges Schiff.

Dafür allerdings kommen in rasender Geschwindigkeit kleine Boote auf das Schiff zu, jedes einzelne Boot möchte das erste sein. Waren werden ver- und entladen, Passagiere steigen ein und aus, gebratener Fisch oder Früchte werden unter lautem Geschrei angeboten. Sehr schnell entschwindet die Flotte dann wieder zum Ufer. Gemächlich geht die Fahrt weiter.

Die Landschaft des Seeufers ist mal hügelig und mal gebirgig. Rund um die Dörfer fällt vor allem die große Zahl an Mangobäumen auf, sonst sieht man nur die kleinen Häuser, dazwischen wieder endlose Natur.

Am Abend wird es kühl; die Öffnungszeit der Schiffsbar ist auch nach zwei Tagen noch ein Geheimnis. Cola gibt es nur anfänglich, das kalte Bier allerdings geht nie aus.

Man beobachtet den Mond oder in dunklen Nächten die Dagaa-Fischer, bis es Zeit wird, sich schlafen zu legen. An Deck wird es früh heiß, die Sonne lässt niemanden lange schlafen.

Das Frühstück wird durch ein angenehmes Glockengebimmel angekündigt, und der Tag vergeht wie der vorhergehende: Schiffsstationen, unberührte Landschaft, sonnen, plaudern und genießen. Allerdings ist das Erlebnis bei starkem Wind abenteuerlicher. Man braucht einen guten Magen, denn der See kann sehr rau sein. Wie auch immer - es ist eine wunderschöne Fahrt.

Rund um den Victoria-See

Massai-Krieger sind wegen ihrer Furchtlosigkeit beliebte Wachleute (Segera) (eb)

Die Region im Überblick

1858 erreichte der britische Soldat und Entdeckungsreisende Speke den Victoria-See, als er auf der Suche nach den Nilquellen war. Als er die unendliche Weite des Sees erblickte, gab er ihm den Namen Victoria-See zu Ehren der damaligen britischen Königin.

Der größte Wirtschaftszweig der Region ist die Fischerei. In erster Linie ist hier der in den 50er-Jahren ausgesetzte **Nilbarsch** (*Lates niloticus, mbuta*) zu nennen, der hierzulande als "Victoria-Barsch" vermarktet wird. Da dieser Fisch im Victoria-See keine natürlichen Feinde vorfand (Krodkodile in Ufernähe 'mal ausgenommen), vermehrte er sich rasend schnell und rottete den ursprünglichen Fischbestand praktisch aus. Der Fisch entwickelte sich rasch zum Exportschlager (v.a. EU, Japan), zog tausende Kleinbauern aus den umliegenden Regionen ab (z.Z. sind ca. 50.000 Fischer registriert, über die Anzahl der illegalen Fischer liegen keine Zahlen vor) und ließ eine vergleichsweise gewaltige fischverarbeitende Industrie entstehen (v.a. Filetierung).

Das tansanische Wirtschaftswunder vom Victoria-See ist aber möglicherweise ein Auslaufmodell. Denn abgesehen davon, dass der Weltmarkt mit Victoria-Barsch-Filet gesättigt ist und zusätzlich chinesische und vietnamesische Konkurrenz auf den Markt drängt, bahnt sich vor den Toren Mwanzas ein ökologisches Desaster an. Der große und ziemlich gefräßige Fisch machte den pflanzenfressenden Fischen des Victoria-Sees den Garaus. Das führte im Verein mit der Einspülung landwirtschaftlicher "Abfälle" (Dünger) zu einer rapiden Zunahme von **Wasserhyazinthen**, 2006 hatte sich der Bestand gegenüber dem Vorjahr auf ca. 700 ha verdoppelt - durchweg in Ufernähe und dadurch die Fischerei ziemlich behindernd. Und damit nicht genug breitet sich seit 2001 auch die dornenbesetzte Wasserkastanie aus. Als mögliche Gegenstrategie würde sich eine aus China stammende Fischart anbieten, doch ziert sich die Weltbank mit der Finanzierung des Projekts. Aktuell beschäftigt das Problem nicht nur die tansan. Regierung, sondern auch die von Uganda, Kenia und Ruanda (welches zwar nicht an den Victoria-See grenzt aber im Kagera-River - mächtigster Zufluss des Sees - dasselbe Problem hat). Die Zusammenarbeit beschränkt sich derweil aber noch auf die Suche nach Sponsoren, um das Problem wissenschaftlich zu klären. Die Nilbarsch-Bestände sind auch total überfischt - 150 bis 200 kg schwere Brocken wurden schon seit Langem nicht mehr gesehen, geschweige denn gefischt. Wer heute einen 1 m langen Nilbarsch fischt, kann sich glücklich schätzen. Zu guter Letzt muss noch angemerkt werden, dass die Fische durchweg vergiftet sind (GB hat aus diesem Grund den Import kurzfristig untersagt). Die Ursachen sind mannigfaltig: Landwirtschaft (Fungizide, Pestizide usw.), illegale Gift-Fischerei, Öleintrag durch Waschen von Kfz am Ufer usw.

Diese See-Unbillen stellen aber nur einen Teil der gesamten Tragödie rund um den Victoria-See dar.

Bedingt durch die große Fruchtbarkeit an den Gestaden des Sees ist der Zuzug von Landbevölkerung sehr groß. Verstärkt wurde dieser noch durch die Intensivierung der Tätigkeit in den Lake Victoria Goldfields in den letzten fünf Jahren.

Mwanza, vor 10 Jahren noch eine sehr ruhige etwas größere Stadt, platzt heute aus allen Nähten - der Distrikt zählt 3 Mio. Einwohner, Wachstumsrate weit über 3 %. Alle diese Menschen benötigen Energie, vor allem zum Kochen und als Wärmespender in den kalten Nächten der Regenzeit. 95 % dieser Energie wird dem Busch bzw. Wald (ca. 10 % der Fläche der Region Mwanza in den frühen 90er Jahren!) entnommen (Holzkohle, Brennholz).

Heute muss Brennholz oder Holzkohle über Hunderte von Kilometern herangeschafft werden (sogar vom fast 400 km entfernten Tabora), die Preise steigen enorm: in Mwanza kostet die Holzkohle aus Tabora bereits das vier- bis fünffache.

Ärmere Schichten können sich das nicht mehr leisten und verwenden Gras bzw. Kuhdung (ehem. als Dünger verwendet). Beide Brennstoffe stinken und qualmen entsetzlich, vielfach wird die Nahrung daher nicht richtig gar gekocht. Krankheiten (bakterieller Durchfall, Cholera.) brechen immer wieder aus.

Abgesehen davon stellt diese gewaltige Holzentnahme - der Waldbestand der Region Mwanza sinkt jährlich um gut 1.300 km² - ein ökologisches Desaster dar. Da die Region windreich ist, wird die lockere Krume schnell weggeweht, zurück bleibt Wüste. Auch der Regierung ist völlig klar, dass die Region Mwanza bald abgeholzt sein wird und dieses Problem auf die Nachbarregionen übergreift - allein es fehlt am Geld für Gegenmaßnahmen. Diskutiert werden vor allem Alternativen: Solar- und Windenergie, Biogasanlagen, aber auch die Verwendung von Petroleumkochern. Aktuell beschränken sich die Gegenmaßnahmen auf Aufklärung der Menschen und Aufforstung. Am erfolgversprechendsten ist die Einführung eines neuartigen Holzkohlenkochers, mit dem etwa die Hälfte der Energie gespart werden kann - er wird sogar von der Bevölkerung angenommen.

☹ Ein weiteres Problem stellt die Verwendung von Quecksilber beim Abbau von Gold in den großen "Lake Victoria Gold Fields" dar. Das zerkleinerte, goldhaltige Gestein wird in Quecksilber aufgelöst (Amalgamierung), anschließend wird das reine Gold abgeschieden. Was mit dem quecksilberhaltigen Restmaterial geschieht, bleibt der Minengesellschaften überlassen. Gelangen Teile davon in die Flüsse oder ins Grundwasser, landen sie irgendwann einmal im Victoria-See und vergiften damit alles Leben. Bei 400 Minen kann da schon einiges zusammen kommen. Es existieren keine Untersuchungen.

Mwanza

✋ Mwanza leidet, speziell während der Trockenzeit, unter Wassermangel. Probieren Sie daher die Dusche aus, ob auch wirklich Wasser kommt. Ab dem 3. Stock kann es zu Problemen kommen.

🛏 **Kategorie D**

- **Kishamapanda Guesthouse**, Bantu Str., einfach, sauber und preisgünstig
- **Hotel Yohanes**, Bondeni Str., ☎ 028/2562337, mit $ 2 (EZ) und $ 3 (DZ) das günstigste Hotel der Stadt, nicht self contained
- **Pamba Hostel**, Station Road, einfache Zimmer, ✕ 🍸 Dachbar, ☎ 028/2502697, Preis wie zuvor, immer wieder Live-Auftritte lokaler Bands.
- **Hotel Christmas Tree**, Kaluta Str., sehr nette Anlage mit Gartenrestaurant, am Markt gelegen (etwas laut am Morgen), $ 15, ☎ 028/2502001
- **Hotel Ramada**, Rwgasore Str., Zimmer self contained, ☎ 028/240237
- Zahlreiche billige und sehr einfache Guesthouses (**Shinyanga Guesthouse, Sayi Mlekwa Guesthouse, Geita Guesthouse, Aspen Hotel, Tema Hotel** ...) in der Lumumba Street, Karuta Street, rund um den Markt.

♦ **New Park Hotel**, Uhuru St. das neueste Hotel der Stadt, nur EZ $ 10 (nicht self contained) bis $ 12, Restaurant (kein Alkohol-Ausschank)

Kategorie C

♦ **Lake Hotel**, ☏ 028/2500658, Station Road, gleich neben dem Bahnhof, Zimmer mit Dusche WC, angenehmes Hotel mit Restaurant Bar, EZ $ 8, DZ $ 12, self contained, das Restaurant bietet indische Küche

♦ **La Kairo**, etwas außerhalb gelegen (Taxi $ 2), Restaurant, Bar, Pool, Internet-Café, ☏ 028/2500343, la-kairo@mwanza-guide.com

Kategorie B

♦ **New Mwanza Hotel**, Kenyatta Rd./Post Str., ☏ 028/2501070, gm@newmwanzahotel.com, www.newmwanzahotel.com, beliebtes

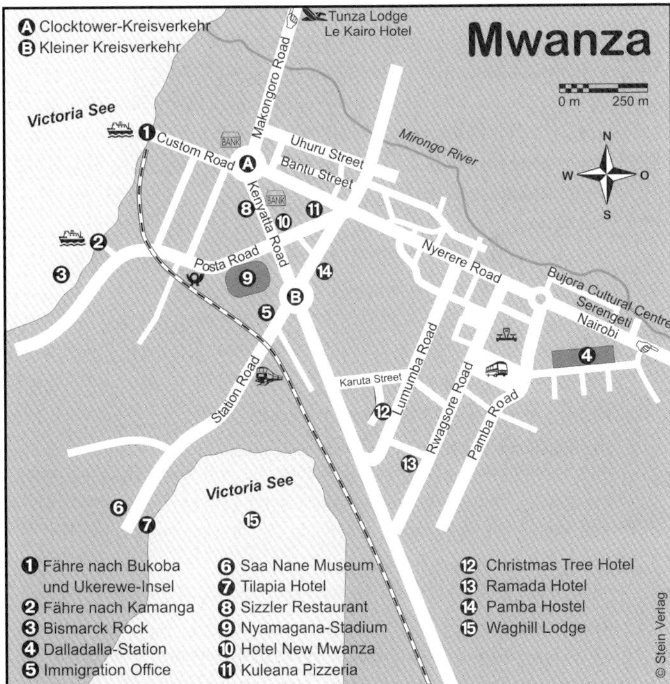

Terrassencafé und gutes Restaurant im 1. OG, Live-Musik am Sa, Internet-Café (kostenlos für Hotelgäste), eigener Strandabschnitt, DZ von $ 45 (standard, self contained) bis $ 75 (Suite, EZ von $ 55 bis 85)

♦ **Iko Hotel**, am Capri Point, ca. 1 km vom Zentrum, 150 m nach dem Tilapia, direkt am See, schöner Garten, ✗ 🍸, ☏ 028/240900, EZ $ 60, DZ $ 80

♦ **Tunza Lodge**, ca. 8 km außerhalb (Taxi ca. $ 5 vom Busbahnhof wie vom Flughafen), ☏ 028/2562215, 0744/487396, ✉ renair@africaonline.co.tz, direkt am See gelegen, weißer Sandstrand (Ilemela Beach), $ 50/Pers., ✗

♦ **Hotel Tilapia**, am Seeufer am Capri Point gelegen, sehr schöne Bungalows mit Seeblick, ebenfalls Zimmer auf dem Hausboot ("African Queen"), 🏊, 6 Restaurants, ab $ 40/Pers. im DZ. PO Box 82, Capri, Mwanza, ☏ 028/2500517, Pool auch für nicht Hausgäste zugänglich ($ 3 Eintritt)

🛏 **Kategorie A**

♦ **Waghill Lodge**, das Nonplusultra in Mwanza, nur mit Boot erreichbar (d.h. vorherige Buchung), ☏ 028/2502445 oder 0744/777086, ✉ info@waghill.com, Bungalow-Anlage, Internet-Cafe, 🏊, Strand. Der Luxus kostet $ 250/Tag/Pers. im DZ, all inclusive: Transfer von/nach Mwanza, Vollpension, alle Getränke, Fishing-Trips inkl. Ausrüstung (und Einführung), geführte Wanderungen, alle Steuern.

♦ **Rock Beach Hotel,** Custom Rd. (in der Nähe des Fährhafens), ☏ 028/2500312 oder 0744/500190, ✉ mjoseph@africaonline.com

⛺ Auf dem Gelände des Sukuma-Museums (☞ "Umgebung").

✗ **Kuleana Pizzeria**, Posta St. (fast Ecke Nyerere Rd.), Kuleana bedeutet in Ki-Swahili "aufeinander achten", die Pizzeria ist Teil eines Projektes zur Wiedereingliederung von Straßenkindern und man ist sehr um den Gast bemüht, $ 2 bis 4. Das Gebäude stammt übrigens - angeblich - von 1892 und wurde von Emin Pasche errichtet.

♦ **Sitar Restaurant**, etwas zurückversetzt von der Nyerere Road, ausgezeichnetes Restaurant mit europäischer/indischer/chinesischer Küche, viele Biersorten, geöffnet für Lunch und Dinner, Hauptspeisen ab $ 3

♦ **The Sizzler,** Kenyatta Rd., wie zuvor

♦ Weitere tansan. afrikanische Restaurants entlang der Lumumba Street und um den Markt.

♦ Zahlreiche Essensstände (billige einheimische Gerichte) entlang des Sees von der Schiffsstation bis zur Fähre nach Kamanga.

♦ Restaurants der gehobenen Klasse in den Hotels der Kategorie B/A

Kino Kings Casino im New Mwanza Hotel (Slot-Machines)

Diskothek Just Rumours, Post Str., ☏ 0748/322875

4 Banken am Clocktower-Kreisverkehr und Kenyatta Rd., kein Bureau de Change

Markt (im Zentrum).

Imalaseko Supermarkt am Clocktower-Kreisverkehr

♦ Souvenirladen im New Mwanza Hotel.

Fortes Car Hire, Lumumba Rd., ☏ 028/2500582, wendy@fortes-safaris.com, www.fortescarhire.co.tz

♦ Weiter noch Dolphin Tours - siehe weiter unten (tour operator)

In der Post Street (im Zentrum), Hauptpostamt in der Pamba Rd. (beim Busbahnhof). Empfang für Mobiltelefone nur in der Stadt und näheren Umgebung. Internet-Cafés an jeder Straßenecke (ca. $ 1/Std.)

Dolphin Tours & Safari Ltd., (am Kreisverkehr beim New. Mwanza Hotel), bietet in Kooperation mit Auric Air Service Ltd. Flug- und Kfz-Safaris v.a. in die umliegenden Parks an, PO Box 336 Mwanza, ☏ 028/2500096, auric@auricair.com, www.auricair.com, bei Buchung einer Mehrtages-Safari erhalten Sie einen Gutschein in Höhe von $ 20 für Chips und Freigetränke im Casino.

♦ Fourways Travel Service Ltd., PO Box 990, Ecke Station/Kenyatta Rd. (NCU-Bildg.), ☏ 028/2502620 oder 0741/230620, fourways.mza@mwanza-online.com oder fourways.mza@raha.com, www.fourwaystravel.net

♦ Masumin Tours & Safaris Ltd., (im Igogo Area beheimatet), ☏ 028/2500192 oder 0748/505786, masumins@thenet.co.tz, www.masumintours.com oder www.masuminsafaris.com

♦ Serengeti Services & Tours, Post Street, ☏ 028/250 0061, reservation@serengetiservices.com, www.serengetiservices.com

♦ Angeboten werden Bootsfahrten auf dem See, Fischen, Fahrten zur Ukerewe-Insel und zum Rubondo Island NP sowie Serengeti.

Weiterfahrt

Air Tanzania, Kenyatta Rd. (neben Sizzler's), ☏ 028/2500368, atclmwanza@mwanza-online.com

- Precision Air, Kenyatta Rd. (nebenAir Tanzania), ☏ 028/2500819, pwmwz@precisionairtz.com
  Flugpläne usw. siehe Kap. "Reisen im Land/Flugzeug", Taxi zum Flughafen ca. $ 10

Fahrpläne und Preise (nach Dar es Salaa, Kigoma) ☞ Reise-Infos von A bis Z, Reisen im Land, Der Bahnhof befindet sich im Zentrum in der Station Road.

Nach Arusha/Moshi - zur Problematik dieser Strecke siehe Arusha/Weiterfahrt, sinngemäß gilt das natürlich auch für die Strecke nach Dar es Salaam.

- Täglich nach Musoma
- Mehrmals wöchentlich nach Kigoma (via Biharamulo), Tabora (via Shinyanga) und Bukoba (ebenfalls via Biharamulo, es ist aber besser und schneller, wenn Sie die Fähre nehmen).
- Der Busbahnhof befindet sich beim Markt (siehe Plan), der Bahnhof von Scandinavian Express liegt neben dem Ramada Hotel (siehe Plan).

Die MV Victoria verlässt Mwanza Di, Do, So jeweils 10:00 nach Bukoba, Fahrzeit ca. 9 Std., Preis $ 25 (1. Kl.), $ 20 (2. Kl. sleeping), das zweite Schiff nach Bukoba (MV Nyamageni) ist vor Kurzem gesunken.

- Die täglich verkehrenden Fähren nach Kamanga (MV Orion, MV Nansio, Fahrzeit ca. 30 Min.) überqueren den "Golf von Mwanza" und sind nur für diejenigen von Interesse, die mit eigenem Kfz via Biharamulo weiter nach Kigoma/Bukoba/Ruanda wollen - aus Sicherheitsgründen ist dies allerdings nicht unbedingt zu empfehlen - bzw. für Fahrer die den Rubondo NP besuchen wollen.
- Zu den Fähren nach Saa Nane Island und Ukerewe Island siehe Umgebung. Hafen siehe Plan.

Taxi: am Bahnhof, Busbahnhof, und vor dem New Mwanza Hotel.

Mwanza ist das wirtschaftliche Zentrum der äußerst fruchtbaren Region rund um den **Victoria-See**. Mit mehr als 400.000 Ew. ist es auch die zweitgrößte Stadt Tansanias. Es liegt auf 1.134 m^2 auf einer Halbinsel und ist umgeben von Hügeln mit riesigen Granitblöcken. Es ist eine der schönsten Städte des Landes, und wegen ihrer Lage am See für einen Aufenthalt hervorragend geeignet.

Es ist auch eine sehr lebendige Stadt. Durch den Hafen und die Eisenbahn herrscht ständige Betriebsamkeit; Baumwolle, Kaffee und Tee, die wichtigsten landwirtschaftlichen Produkte der Umgebung, werden laufend verladen. Mwanza bietet keine markanten Sehenswürdigkeiten, es ist mehr das Leben und das Treiben in der Stadt, die reizvoll auf das fremde Auge wirken.

Der große **Markt** im Zentrum bietet alles Erdenkliche, von Obst, Gemüse, Lebensmitteln bis zu Stoffen und Arzneien.

Zahlreiche **Moscheen** und **Hindutempel** lassen die ethnische Vielfalt dieser Stadt erkennen.

In der Nähe des Hafens liegt der berühmte **Bismarck-Felsen** in Ufernähe, der über und über von Vögeln wie Bussarden und Kormoranen bewohnt ist.

Man kann die großen Transport- und Passagierschiffe und die Vielzahl an einheimischen Segelbooten, die auf Fischfang gehen, beobachten. Ein Spaziergang zum **Dauhafen** ist ebenfalls sehr lohnenswert. Man geht die Makongoro Road nach Norden, zweigt am Ende der Bucht links ab und geht immer den See entlang, ca. 20 Minuten Gehzeit.

Hervorragende Ausblicke auf die Stadt und den Golf kann man von den zahlreichen Hügeln der Stadt aus genießen. Auch die Umgebung von Mwanza ist äußerst reizvoll, und eine Bootsfahrt am See unbedingt zu empfehlen. Charakteristisch für den Victoria-See sind seine zahlreichen Buchten und Inseln, die die Küstenlinie äußerst abwechslungsreich gestalten.

Übrigens ist Mwanza seit dem 28.6.1966 Partnerstadt von Würzburg.

Umgebung

⌘ Bujora Cultural Centre/Sukuma Museum

Das Museum befindet sich ca. 28 km außerhalb der Stadt Richtung Musoma im Dorf Bujora (Übernachtung möglich, eine Kantine hat manchmal geöffnet, sonst gibt es in Kisessa ein Restaurant) und ist auf alle Fälle einen Besuch wert. Es stellt die traditionelle **Lebensweise der Wa-Sukuma** vor.

Die Wa-Sukuma sind die größte Ethnie Tansanias. Sie sind Ackerbauern und betreiben auch Viehzucht. Die verschiedenen Gruppen der Wa-Sukuma hatten jeweils ihre eigenen Herrscher und ihre eigenen Territorien.

Das Museum gibt einen hervorragenden Überblick über die Geschichte sowie die Traditionen dieses Volkes. Es ist als **Freilichtmuseum** angelegt, und traditionelle Häuser sind in Originalform zu besichtigen. Besonders sehenswert sind die heiligen Trommeln, das Haus des Medizinmannes und eine neue katholische Kirche, die traditionelle Elemente aufweist. Daneben gibt es noch verschiedenste Gebrauchsgegenstände, Musikinstrumente und altes Handwerk zu sehen. Ein englischsprachiger Führer erklärt anschaulich die Lebensweise dieses Volkes.

Jeden Sonntag um 11:00 findet eine **Messe** auf Ki-Swahili unter Verwendung von traditionellen Musikinstrumenten statt. **Traditionelle Tänze** der Bangika-Tanzgruppe (Schlangentanz) werden nach Vereinbarung am Abend abgehalten.

Zum Museum gehört ein Hospital, in dem man sich sowohl nach traditionellen als auch nach europäischen Methoden behandeln lassen kann.

Das Museum ist täglich tagsüber geöffnet, Eintritt $ 0,50, Fotoapparat $ 1, Video $ 5. Ein kleiner Verkaufsladen bietet Souvenirartikel.

Das Museum ist von Mwanza aus mit einem Minibus erreichbar. Vom Markt fahren Dalladallas nach Igome, dort umsteigen nach Kisessa. Im Dorf Kisessa aussteigen und die Hauptstraße entlang Richtung Rotes Kreuz gehen und dort links abzweigen. Auf der sehr schlechten Erdstraße sind es noch etwa 2 km, bis man am Hügel auf das Museum trifft.

Taxi von Mwanza ca. $ 10

Saa Nane Island

Die Insel liegt im Mwanza-Golf und beherbergt einen **Zoo** mit zahlreichen Wildtieren, Reptilien und Vögel. Der Zustand ist nicht mehr schön und der Besuch der Insel lohnt nicht. Allerdings herrscht von Mo bis Fr ziemliche Ruhe, am Wochenende ist der Zoo ein beliebtes Ausflugsziel der Bewohner von Mwanza. Abfahrt vom Capri Point, gegenüber dem Saa Nane Museum (siehe Plan, auch das Museum muss man nicht unbedingt gesehen haben). Nur am Wochenende regelmäßiger Transport (stündlich) garantiert. Eintritt inkl. Fähre $ 1,50 (zu bezahlen im Museum).

Ukerewe Island

Die Insel zählt zu den am dichtesten besiedelten Regionen Tansanias und ist äußerst fruchtbar. Wunderschöne Sandstrände laden zum Baden ein (es soll hier keine Bilharzioseüberträger geben). Wenn Sie Kiterezas "Kinder des Regenmacher" gelesen haben, werden Sie sehen, dass sich nicht viel verändert hat.

Übernachtung ist im **ehemaligen Gallu Beach Hotel** möglich (ca. 10 Min. vom Hafen entfernt, am See und in einem wunderschönen Garten gelegen, außerhalb von Nansio), eine neue Firma - möglicherweise der Besitzer, CCM, selbst - wird das Hotel unter anderem Namen weiter betreiben. Ein neuer Name steht noch nicht fest.

- **Das neue Gallu Beach Hotel** mit Restaurant befindet sich nun in der Hauptstraße der Haupt"stadt" Nansio und liegt näher beim Hafen, $ 10/Pers., ☏ 028/2515094, ✉ gallubeachhotel@yahoo.com, 💻 www.gallu.net

Zwischen Mwanza und Nansio verkehren die "MV Serengeti" (transportiert Passagiere, Güter, alle Arten Kfz) und die MV Butiama.

- Abfahrt "MV Serengeti" Mwanza: Di 14:00, Mi, Fr, So 9:00, Abfahrt Nansio: Mo 9:00, Di, Mi, Fr 14:00
- Abfahrt "MV Butiama" Mwanza: Mo, Sa 8:00, 16:00, Do 9:00, So 8:00, Abfahrt Nansio: Mo, Sa 12:00, Di 8:00, Do 14:00
  Fahrzeit jeweils ca. 3 Std., Kosten $ 3

Rubondo Island NP und **Serengeti NP**: ☞ "Nationalparks".

Musoma

Kategorie D

- Einige billige **Guesthouses** befinden sich im Zentrum in der Nähe des Busbahnhofes bzw. des Marktes.
- Empfehlenswert sind das **Orange Tree Hotel** und das **Stigma Hotel**, beide mit ✕

Kategorie C

- **Silversand Inn**, am See gelegen, Garten.

- Etwas außerhalb des Zentrums das **Pensuwar** (neben dem geschlossenem Musoma Hotel), das dem See nächstgelegene Hotel.

Bestes Restaurant der Stadt im Pensuwar.

- Einfache Restaurants im Zentrum.

Kein Forex-Büro, aber eine **Bank** im Zentrum.

Markt mit dem üblichen Angebot von Obst, Gemüse und Lebensmitteln befindet sich im Zentrum in der Nähe des Busbahnhofes.

Im Zentrum.

Keine Safariveranstalter. Für Safaris in die Serengeti ist der beste Ausgangsort Mwanza bzw. Arusha.

Weiterfahrt

Busbahnhof im Zentrum neben dem Markt

- Täglich auf guter Asphaltstraße Busse nach Mwanza und über Sirari zur Grenze nach Kenia (Serali)
- Mehrmals wöchentlich nach Arusha (Details unter Arusha) und Nairobi

Derzeit gibt es keine Schiffsverbindung nach Mwanza bzw. nach Kisumu (Kenia). Erkundigungen am Hafen einholen.

Die Stadt liegt am östlichen Ufer des Sees, und der **Fischfang** zählt zu den wichtigsten Einnahmequellen. Der farbenprächtige Hafen ist sehenswert - ein Getümmel der ersten Kategorie. Außer Spaziergängen am Seeufer kann man hier nicht viel unternehmen. Für Touristen ist es vor allem ein netter Durchgangsort von und nach Kenia. Der frühere Präsident Tansanias, Julius Nyerere, wurde im Dorf Butiama geboren, das sich unweit von Musoma befindet (Dalladalla $ 1,50).

Bukoba

Kategorie D (Preise inkl. Frühstück)

- **ELCT** (Evangelical Church of Tanzania, nahe dem Lake Hotel), ✕, kein Alkoholausschank, ☏ 028/2220027, elct-nwd@africaonline.com, $ 5 (nicht self contained) - 10/Pers. im DZ inkl. Frühstück, schön, sauber, ruhig, kleines Internet-Cafe

- **Coffee Tree Hotel**, an der Straße vom Zentrum zum Hafen
- **Kolping Guesthouse**, in der Nähe des NBC-Clubs
- **Ashidu-Guesthouse** (nicht self contained), Arusha Rd. (am Markt)
- **CPC-Guesthouse** der Katholischen Pfarrkirche, neben dieser
- **New Banana Hotel**, Zamzam Street, am nördl. Ende des Zentrums
- **Spice Beach Hotel**, direkt am Strand gelegen, in der Nähe des Fährhafens, ☎ 028/2220142, $ 8/Pers. im DZ, ❂
- **Yaasili Top Hotel**, neben dem vorgenannten, $ 10/Pers. (nicht self contained), $ 15 self contained, Balkon zum See, TV, Minibar
- **New Upendo Lodge**, Rwaijumba Str. (zwischen Busbahnhof und Strand, in der Nähe der Polizeistation), ☎ 028/2220620, $ 12/DZ self contained, ✕ 🍷, Kabel-TV
- Ebenfalls noch **Hotel West End** (Busbahnhofnähe) und dessen Annex

🛏 **Kategorie C**

- **Annex of Walkgard Hotel**, Government Rd. (etwa halber Weg (0,5 km) zwischen Busbahnhof und Hafen), ☎ 028/2220626 (oder siehe unten), DZ $ 25, beste Möglichkeit in Zentrumsnähe, Disko am Freitag
- **Kolping Hotel**, ca. 3 km außerhalb am Balamaga Hill (neben dem Walkgard), $ 20 EZ, 30 DZ, ✕, schöner Blick über Stadt und See.
- **Lake Hotel**, in der Nähe des Strandes, koloniales Ambiente, sollte aber mal renoviert werden, $ 15 bis 20/Pers., Restaurant mit internationaler Küche

🛏 **Kategorie B**

- **Walkgard Hotel**, ca. 3 km außerhalb am See gelegen (nach vorangegangener Anmeldung holt man Sie vom Busbahnhof bzw. Flughafen ab), EZ $ 35 (mit Frühstück) bis $ 40 (Vollpension), DZ $ 45/50, Rumanyika-Restaurant bietet internationale und einheimische Küche, Swimmingpool auch für Nichtgäste zugänglich ($ 2,50), sehr nett. PO Box 457, ☎ 028/2220935, oder ☎ 0741/482423, ✉ walkgard@bukobaonline.com, 💻 www.walkgard.com

✕ 🍷 NBC-Club (unweit der NBC-Bank), am Wochenende oft Live-Musik, die Besitzer sind Angestellten der NBC

- Bona Bona Cafe, in der Nähe vom Roten Kreuz
- ELCT tea room (neben dem ELCT-Bookstore)
- Immigration Canteen im Immgration Office (an der Straße Richtung Hafen)
- Maendeleo Cafe, neben Kiroyera Tours
- Über Restaurants/Bars verfügen auch alle genannten Hotels

- Die "Pizzeria" am Markt serviert Pizzen (auch vegetarische) und Würstchen nur am Morgen bis ca. 10:00
- Vorsicht bei Barbesuchen! Prostitution ist hier ein sehr beliebter Nebenerwerb und Bukoba weist (mit Mbeya) die höchste Aidsrate Tansanias auf!
- Der große Markt bietet alles Notwendige - Lebensmittel, Kleidung, Küchenutensilien usw. Hier befinden sich auch Supermärkte mit europäischem Angebot (Käse, Butter usw.)
- Mayawa (Maendeleo ya Wakulima), gegenüber der lutherischen Kathedrale (Kashozi Rd., vom Moschee-Kreisverkehr Richtung Norden), eine Art Hilfswerk, um die Bauern der Umgebung zu unterstützen, Sie werden nirgends günstiger Vanille einkaufen können.
- ELCT-Bookstore, neben der Ismail Moschee.
- Roman Catholic Bookstore, neben der Kathedrale
- Es gibt keine Wechselstube, aber eine Bank in der Sokoine Rd.
- Beide in der Nähe der Bank
- Internet-Café im Postamt sowie zwei weitere (Bukoba Cyber Center, Zam-ZamYouth Friendly Centre) im Zentrum
- Das Walkgard Hotel wie sein Annex fungieren auch als tour operator und bieten geführte Spaziergänge entlang des Seeufers wie Ausflüge zum Rubondo NP und Biharamulo GR an.
- **Kiroyeratours**, (Mary C. Kalikawe), Box 485, Sokone Rd. (östl. des Marktes), ☏ 028/2220203 (Office) oder 028/2221494 (privat), 0741/526649, info@kiroyeratours.com oder mary@kiroyeratours.com, www.kiroveratours.com. Besuch aller NPs des nördl. Circuits, sowie die Besuche der Gorilla Parks in Uganda und Ruanda und Rafting-Touren am Nil. Außerdem auch noch Exkursionen im Stile der "Cultural Tours". Im Mittelpunkt steht dabei der Alltag der hier ansässigen Wa-Haya. Besonders interessant ist ein Besuch des ca. 5 km außerhalb von Bukoba gelegenen "Lake Victoria Botanical Garden of Medicinal Plants" (LAVIBOGAM), einer Institution zur Erhaltung des Wissens und auch der Heilpflanzen der Haya. Zusätzlich werden Touren mit biologischem Inhalt angeboten - Strandbesuch, Wasserfälle, Höhlen, Wälder usw. Auch Fahrzeuge und Fahrräder können hier gemietet werden. Abgesehen vom Tour-Angebot fungiert das Unternehmen als sehr hilfreiches (zahllose Unterlagen, Auskünfte usw.) inoffizielles "Tourist Office". Ebenfalls wird ein Souvenir-Shop betrieben.

Weiterfahrt

Überlandbus:

- Täglich nach Kampala (Uganda)
- Dreimal wöchentlich nach Nairobi
- Zweimal wöchentlich nach Kigoma
- Dreimal nach Dar es Salaam (via Singida), rechnen Sie zwei Tage
- Täglich Busse nach Mwanza
- Der Busbahnhof befindet sich am Kreisverkehr Uganda Rd./Kawawa Str.

Der Hafen liegt ca. 2,5 km außerhalb der Stadt. Die "MV Victoria" verlässt Bukoba am Mo, Mi, Fr 9:30, Preis $ 25 (1. Kl.), $ 20 (2. Kl. sleeping), Fahrzeit ca. 9 Std.

Täglich mit Precision Air nach Mwanza, Arusha, Dar es Salaam, Preise usw. ☞ Reisen im Land/Flugzeug. Das Agent-Büro (Ms. Rose Kajilita) liegt schräg gegenüber vom Busbahnhof, ☏ 028/2220545, bkmachinery@twiga.com

Zentrum sind die Jamhuri Rd. (beginnt am Markt und endet am Lake Hotel), Government Rd. (beginnt am Busbahnhof und endet am Hafen) und Sokoine Str.

Die Kleinstadt liegt sehr hübsch und eben am See und ist von niedrigen Hügeln umgeben. Das Zentrum (der Markt) liegt ca. 1 km vom Ufer entfernt. Die Szenerie ist beeindruckend und das Umland ist enorm fruchtbar. In Bukoba ist auch eine Fabrik zur Erzeugung von Instant-Kaffee ansässig.

Touristisch führte Bukoba bisher ein Dornröschen-Dasein, die zuvor erwähnte Kiroyeratours - in Zusammenarbeit mit dem City-Council - ist auf dem besten Weg, dies zu ändern. Die Stadt selbst weist - außer dem großen Markt und seinem Ambiente - keine außergewöhnlichen Sehenswürdigkeiten auf.

Jedoch birgt die Umgebung noch manchen Schatz. Im europ. Winter werden Sie vermutlich auch über die vielen Vögel staunen, die es in diesem Gebiet gibt. Durch diese Region führt eine **Zugvogelroute**. Erwähnenswert ist noch, dass Bukoba auch politisch ein Dornröschen-Dasein führte. Der District Commissioner fühlte sich (und die Region) von seiner Partei (CCM) derart vernachlässigt, dass er 2005 kurzerhand die Fronten wechselte und der oppositionellen CUF beitrat.

☝ Das sandige Ufer des Victoria-Sees lädt zu Spaziergängen ein. Unterlassen Sie diese auch tagsüber, die gesamte Region gilt als extrem unsicher.

⌘ Das "Kagera Museum" befindet sich ca. 2 km außerhalb und zeigt eine große Kollektion Fotos des dänischen Tierfotografen Dick Persson (Wildlife - the Gold of Kagera), darüber hinaus Objekte des Haya-Alltages, erwähnenswert eine Sammlung von Werkzeug. Eintritt $ 2

Umgebung

Biharamulo GR ☞ "Rubondo Island NP".

Südliches Tansania

"Fig Tree Arch" am Weg zum Mt. Meru-Krater (rd)

Die Region im Überblick

Der Süden fasziniert vor allem durch seine Abwechslung: weite Ebenen, Hügellandschaften um Iringa und das im Südwesten gelegene Hochland (Livingstone und Poroto Mts, Mt. Rungwe), welches in den Lake Nyasa (Malawi-See) ausläuft. All das ist noch weitgehend unentdeckt. Die relativ isolierte Lage der Nationalparks (Mikumi und Ruaha NP, Selous WR sowie der neue Kitulo Plateau NP und der einsame Katavi NP), großer Wildreichtum und die noch geringe touristische Infrastruktur sind all jenen wärmsten empfohlen, die neue Gebiete entdecken möchten und auf gewohnten europäischen Komfort verzichten können.

Wirtschaftlich (Kupfertransport) und touristisch erschlossen ist das Gebiet lediglich durch die Eisenbahn (TAZARA) sowie durch den gut ausgebauten Tansania-Sambia-Highway. Abseits dieser Verkehrsstränge beginnt die Zeitreise. Wer die Betriebsamkeit von Arusha und Dar es Salaam nicht mehr aushält, ist hier genau richtig. Alles läuft etwas geruhsamer, gelassener ab, die Menschen sind freundlich und noch nicht so sehr vom Tourismus korrumpiert, die Unterkünfte einfacher als im Norden. Es ist einfach nett hier.

Iringa

Kategorie D

- **Hotel Ya Kati**, wahrscheinlich das netteste Hotel der Stadt - große Zimmer, einige mit Kamin, gepflegter Garten, ✕ 🍷 sehr freundliche Besitzerinnen.
- **Unique Guesthouse**, Pawata Road, ca. 500 m von der Main Street entfernt
- **Sizi kwa Sizi Guesthouse**, hinter dem Samora-Stadion (rechts ums Eck, davor die New Good Home Bar). Dieses Guesthouse bietet auch drei self contained Zimmer um $ 10.
- **Taifa Guesthouse**, gleich daneben **Continental Bar and Guesthouse**
- Gegenüber das **Highland Motel**
- **Holiday by Night Hotel** and Restaurant, 500 m von der Main Street
- **Cross Roads Hotel** und Restaurant am Busbahnhof, Seite Main Street
- **Jamal Guesthouse** (100 m weiter Richtung großer Kreisverkehr), gegenüber die **Taj Lodge**, Ecke Main Street/Kongo Street (nur single rooms), eines der besten Restaurants der Stadt.

- **Baptist Conference Hotel & Tourist Camp** (ca. 1 km nördlich vom Zentrum, Dalladallas $ 0,20, Taxi ca. $ 1,50), ☏ 026/270 0184, 🖳 www.baptist-conference-hotel.com, ziemlich einfach, aber ruhig, ✕
- **New Jamal Guesthouse**, Myomboni Str., im Bekleidungsmarkt

Kategorie C

- **Hotel Ashiana**, Jamat Str., ca. 100 m nach der Kreuzung Uhuru (Main) Str./Jamat Str., neben dem ARFA Cinema: Das neueste Hotel der Stadt, nicht unbedingt geeignet für Langschläfer, ✕ 🍷
- **Ruaha Int. Lodge,** ✕, das Schild ist etwas verwirrend. Das Hotel ist das linke der beiden großen Häuser (obwohl es nicht so aussieht).
- **Iringa Hotel** (ehem. Iringa Railway Hotel), Benbella Str., properes Hotel, ✕ 🍷, relativ ruhig trotzdem zentral, $ 12,50.
- **Isimila Hotel**, architektonisch interessantes 48-Zimmer-Hotel in der Main Street, ca. 30 Min. Fußmarsch vom Busbahnhof, eine gute Wahl. Zwei Bars, angenehmes, luftiges (d.h. kühles) Restaurant im 2. Stock mit Tagesbetrieb, bietet leider nur ein Menü.
- **Living Light Hotel,** etwas abseits der Main Street, ca. 3/4 Std. Fußweg vom Busbahnhof. Preislich liegt dieses Hotel sehr gut, geografisch weniger: in der Nachbarschaft befindet sich eine große Moschee und um 5:00 schaltet der stimmkräftige Muezzin den Lautsprecher ein: “Allah hu Akbar ....”, lärmempfindlichen Menschen sollten dieses Hotel meiden, ✕ 🍷

Kategorie B

- **M.R. Hotel**, Mkwawa Rd., ☏ 026/2702779, ✉ mrhotels@hotmail.com, 🖳 www.mrhotel.co.tz, bestes Hotel der Stadt, Restaurant mit einheimischer Küche, sehr sauber, leider liegen die Zimmer mit Balkon über dem Busbahnhof, daher etwas laut frühmorgens, Souvenirshop, öffentlich zugänglicher Fernsehraum mit Satellitenempfang.

✕ ☕ Neben den Restaurants in den Hotels eine Unmenge kleinerer, meist einheimischer Restaurants an jeder Ecke der Stadt. Hier eine Auswahl:

- **Corner Restaurant**, Ecke Haile Selassie Street/Benbella Street, einheimische Speisen.
- **Emmys Café und Bar**, Haile Selassie Street, falls die Besitzerin (Fr. Gulu Sohal) nicht zugegen ist, hat man große Chancen, mit dem Herrn Gemahl und seinen Kameraden groß angelegte Gelage zu feiern, sonst heimeliges Restaurant mit indischen Gerichten und Garten. Abendessen vorbestellen!

- ♦ **Lulu's Café**, schräg vis a vis der Ruaha Int. Lodge, von einer griechischen Familie geführtes Nichtraucher-Café. Snacks, indische Gerichte, Garten vorhanden. Sonntag geschlossen.
- ♦ **Eben Ezer Restaurant**, schräg vis a vis vom Stadion, tansan. Gerichte.
- ♦ Mehrere Restaurants am Busbahnhof, erwähnenswert das **Stuff in Restaurant** mit einer knapp 100 verschiedene Speisen umfassenden Speisekarte (... at the moment we only have number 64 and 89. Sorry.).
- ♦ **Uhuru Avenue Restaurant and Cold Parlour**, schräg gegenüber vom Iringa Hotel, bietet u.a. Speiseeis.
- 🍸 New Luxury Bar & Restaurant, in der Nähe des M.R. Hotels gelegen, typisch tansanische Bar mächtigen Zuschnitts und mörderischer Musik.
- ♦ Iringa Stadium Social Club an der Außenfront des Stadions, große, original tansanische Bar (überdurchschnittlich großes Bier- und Whiskyangebot).
- BANK Bis jetzt gibt es noch kein Forex-Büro, aber zwei Banken im Zentrum (Nähe Clocktower und Nähe katholischer Kirche).
- Das Dreieck zwischen Hospital, Clocktower und katholischer Kirche ist ein riesiges Marktgebiet.
- ♦ Eine große Markthalle (in erster Linie Gemüse, Obst, Fleisch) an der Hauptstraße Richtung Kalenge (☞ Plan).
- In der Nähe des Iringa Hotels drei Papier- und Büroartikelgeschäfte (Stationary) mit bescheidenem Bücherangebot.
- ♦ Sehr teurer Souvenirladen gegenüber vom Haupteingang der Post.
- Im Zentrum
- ✆ FAX Links neben dem Postamt (von der Main Street aus gesehen dahinter)
- Das MR Hotel fungiert auch als tour operator und bietet Safaris in den Mikumi und Ruaha NP an.

Weiterfahrt

- Täglich mehrere Busse nach Dar es Salaam, Dodoma (entweder über Morogoro (Regenzeit) oder über Fufu-Bruchstufe (nur Trockenzeit), Arusha (üblicherweise über Morogoro und Chalinze, während der Trockenzeit auch über Dodoma, Babati), Moshi, Mbeya
- ♦ Freitag 9:00 ein Direktbus nach Nairobi (Übernachtung in Arusha nicht im Preis inbegriffen).

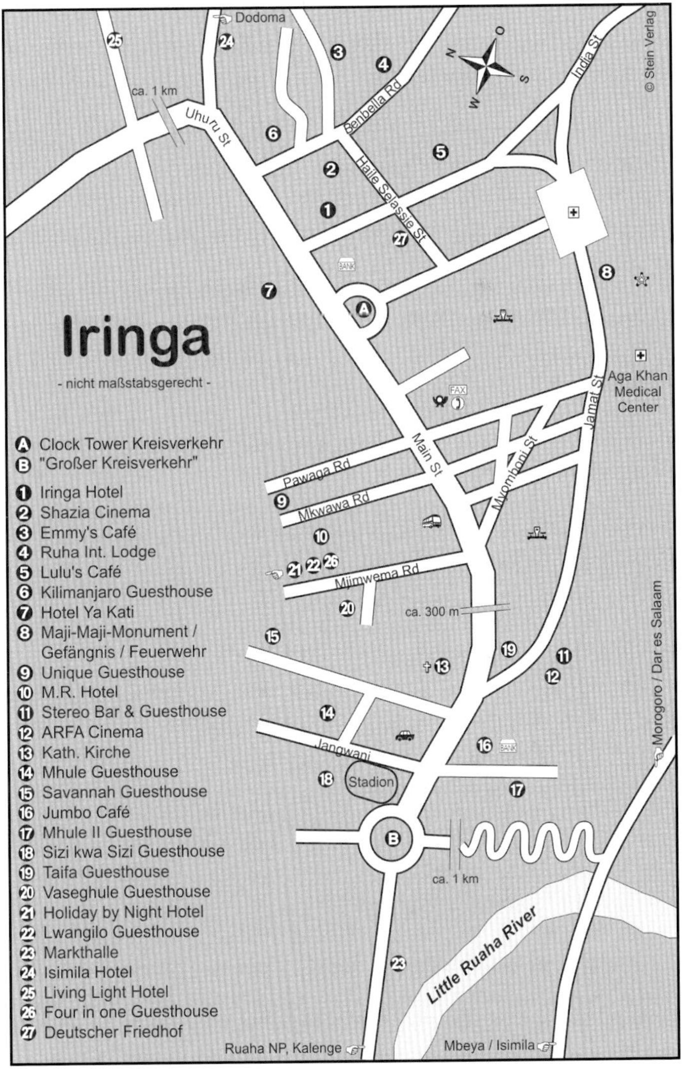
Iringa
- nicht maßstabsgerecht -
Ⓐ Clock Tower Kreisverkehr
Ⓑ "Großer Kreisverkehr"
1 Iringa Hotel
2 Shazia Cinema
3 Emmy's Café
4 Ruha Int. Lodge
5 Lulu's Café
6 Kilimanjaro Guesthouse
7 Hotel Ya Kati
8 Maji-Maji-Monument / Gefängnis / Feuerwehr
9 Unique Guesthouse
10 M.R. Hotel
11 Stereo Bar & Guesthouse
12 ARFA Cinema
13 Kath. Kirche
14 Mhule Guesthouse
15 Savannah Guesthouse
16 Jumbo Café
17 Mhule II Guesthouse
18 Sizi kwa Sizi Guesthouse
19 Taifa Guesthouse
20 Vaseghule Guesthouse
21 Holiday by Night Hotel
22 Lwangilo Guesthouse
23 Markthalle
24 Isimila Hotel
25 Living Light Hotel
26 Four in one Guesthouse
27 Deutscher Friedhof
Dodoma
ca. 1 km
Uhuru St
Benbella Rd
Haile Selassie St
India St
© Stein Verlag
BANK
FAX
Aga Khan Medical Center
Jamat St
Main St
Myomboni St
Pawaga Rd
Mkwawa Rd
Mijimwema Rd
ca. 300 m
Jangwani
Stadion
Morogoro / Dar es Salaam
ca. 1 km
Little Ruaha River
Ruaha NP, Kalenge
Mbeya / Isimila

☺ Wenn Sie mit dem Bus nach Mbeya fahren, versuchen Sie, Ihren Sitzplatz in Fahrtrichtung gesehen auf der rechten Seite reservieren zu lassen. Die Ausblicke sind hier wesentlich schöner.

Das auf einem Plateau in ca. 1.600 m liegende Iringa bietet ein äußerst angenehmes Klima - warme Tage, kühle Nächte - und eine phantastische Lage. Im nordwestlichen Teil der Stadt fällt eine Bruchstufe fast senkrecht ab und bietet schöne Ausblicke auf den Little Ruaha River und die vom Highway durchfurchte Ebene.

Gegründet wurde die Stadt von deutschen Kolonialisten, die ein Fort (hinter dem Polizeigebäude) als Verteidigungsposten gegen die "aufständischen" Hehe errichteten (☞ Umgebung, Kalenga). Aus dieser Zeit sind im Zentrum auch noch einige Häuser mit schönen Arkaden sowie der "Deutsche Friedhof" mit seinen martialischen Grabbauten und -inschriften (schräg gegenüber dem Iringa-Hotel, der Eingang befindet sich in der Parallelstraße, die zwischen Kreisverkehr A und Hospital - ☞ Plan - verläuft) erhalten geblieben. Vor dem o.e. Polizeigebäude finden Sie ein Denkmal, welches an die afrik. Gefallenen des Maji-Maji-Krieges erinnert - Fotografierverbot bzw. Erlaubnis bei der Polizei einholen (es befindet sich hier auch das Gefängnis).

Zu wachsen begann Iringa erst Mitte des 20. Jh.s als man die Fruchtbarkeit der Böden erkannte und im großen Stil Mais pflanzte. Heute ist Iringa eine nette, überschaubare Kleinstadt.

Größte Sehenswürdigkeit der Stadt ist der unbeschreibliche Markt, man könnte hier Tage nur mit Schauen und Einkaufen verbringen. Obst, Gemüse, Gebrauchsgegenstände, Tonwaren, Flechtwaren, Stoffe, Bekleidung - das Angebot und die Atmosphäre ist unbeschreiblich. Fast ausschließlich Fixpreise, nur bei Großmengen ist Handeln sinnvoll. Die überdachte Markthalle für Lebensmittel ist einen Besuch wert, und falls Sie gerne getrocknete Insekten zum Frühstück verzehren ein Muss

Am 4.9.2005 besuchten ca. 40.000 Personen eine Wahlkampfveranstaltung des CCM-Präsidentschaftskandidaten Kikwete im Samora-Stadion (zugelassen für lediglich 25.000 Besucher). Es war dies die größte Wahlkampfveranstaltung in der Geschichte Iringas (wahrscheinlich des ganzen Landes).

Umgebung

Kalenga

Kalenga ist die ehemalige Hauptstadt des Volkes der Hehe. Chief Mkwawa baute Ende des 19. Jh.s ein großes Fort in Kalenga. Es bestand aus einem 13 km langen Schutzwall mit vier Meter hohen Wänden. Allerdings nützte es Chief Mkwawa nicht viel; Kalenga wurde 1894 von den Deutschen eingenommen. Chief Mkwawa konnte mit einigen Anhängern flüchten und führte noch vier Jahre lang einen Guerillakampf gegen die Deutschen. Auf seinen Kopf waren 5.000 Rupien Prämie ausgesetzt, aber auch damit konnte man seiner nicht habhaft werden.

Erst 1898 wurde Chief Mkwawa beinahe gefasst, allerdings beging er kurz vorher Selbstmord. Bis hierher ist die Geschichte historisch belegt. Nun beginnt die Legende (ich zitiere den *keyholder* des "Chief Mkwawa Memorial Museum").

Der Kopf Mkwawas wurde abgetrennt und als Beweis deutscher Überlegenheit über die Wilden Afrikas nach Deutschland gebracht. Hier verschwand er vorübergehend und wurde erst wieder zu Beginn der 50er Jahre im Ethnologischen Museum Bremens entdeckt und anschließend den Briten (Kolonialmacht in Tansania) ausgehändigt. Edward Twining überreichte ihn persönlich 1954 dem Volk der Hehe (Eintragung im Gästebuch vorhanden).

⌘ In Erwartung des großen Augenblickes wurde bereits 1953 das **Chief Mkwawa Memorial Museum** errichtet. Ein annähernd lebensgroßes Ölgemälde des Chiefs wurde im selben Jahr nach einem lebenden Modell, das Augenzeugen zufolge Chief Mkwawa sehr ähnlich sah, von einer britischen Künstlerin angefertigt. Für das Volk der Hehe ist dieses Mausoleum ein Wallfahrtsort ersten Ranges, für Tansania eine enorm wichtige Gedenkstätte.

Der Schädel, der im Memorial als Prunkstück gezeigt wird, ist mit Sicherheit nicht der des Chief Mkwawa - neben einigen gewichtigen historischen sprechen auch anatomische und pathologische Fakten dagegen. Chief Mkwawa ist nicht nur der größte Held der Hehe, sondern auch ein gesamt-tansanischer Nationalheld, gefallen im Kampf für eine gerechte Sache.

Neben dem unter einem Glassturz aufbewahrten Schädel können noch eine ziemlich wirre Ansammlung von Alltagsgegenständen (Keramik, Hocker),

Waffen (Speere, Messer, Gewehre vom Souvenirmarkt) und Votivgaben (getrocknete echte Blumen und Kränze, Plastikblumen und -kränze, usw.) sowie das Gästebuch im Museum bewundert werden. Außerhalb des Memorials befinden sind links davon zwei Grabbauten. Im kleineren ruht der erste Sohn Chief Mkwawas, im größeren sein Enkel, der 30 Jahre lang Parlamentsabgeordneter war.

Das Museum ist immer versperrt, der *keyholder* wird aber auf schnellstem Wege über die Ankunft von Touristen informiert und ist spätestens eine Minute nach Ihnen am Tor. Es wird keine Eintrittsgebühr eingehoben, um eine "Spende" werden Sie aber nicht umhin kommen - rechnen Sie mit ca. $ 1,50 bis 2 (je mehr Fragen Sie dem *keyholder* stellen, desto größer sollte die "Spende" sein).

♦ Von Iringa kommend zweigen Sie am Ortsanfang von Kalenge an der Hauptstraße beim riesigen Schild "Shule ya Msingi Kalenga" rechts ab und erreichen nach ca. 1 km die Schule, überqueren den Schulhof und erreichen nach weiteren ca. 20 m das Museum.

Von Iringa fahren tagsüber laufend Dalladallas nach Kalenge (ca. 15 km). Da die gesamte Strecke dicht besiedelt ist, spricht aus Sicherheitsgründen nichts gegen eine Fußwanderung, es gibt auch genügend Imbissstände und kleine Läden, in denen man seinen Durst oder Hunger stillen kann.

Die Hin- und Rückfahrt mit Taxi (inkl. Aufenthalt) kostet ca. $ 15 bis 20 (je nach Verhandlungsgeschick); der Taxi-Stand befindet sich in Iringa Ecke Main Street/Jangwani Street, kurz hinter der großen katholischen Kirche.

Wer in Kalenge übernachten will, dem sei das **Pulu Guesthouse** (Kategorie D, $ 4, ebenfalls am Ortsanfang an der Hauptstraße) empfohlen.

Isimila-Steinzeitfundstätte und Isimila Gorge - die Akropolis von Iringa

Die Steinzeitfundstätte zählt zu den wichtigsten Stätten dieser Art in Afrika, wenn nicht der ganzen Welt. Ein Besuch ist nur in Verbindung mit dem Besuch der Isimila-Schlucht möglich, die man staunend durchstreift.

Die Stätte liegt ca. 17 km südlich von Iringa. Auf der asphaltierten Hauptstraße Dar es Salaam - Mbeya (Richtung Mbeya) zeigt ca. 14 km nach Iringa ein nicht zu übersehendes Schild an, dass Sie links abbiegen müssen. Die Straße führt nun durch ein kleines Dorf und wird zur üblichen Katastrophe (äußerste Vorsicht nach Regen!). Biegen Sie an der ebenfalls gut beschilderten Kreuzung rechts ab, gelangen Sie direkt zum Eingang der steinzeitlichen Fundstätte.

Hier steht ein kleines, meist unbesetztes Wächterhäuschen. Warten Sie einige Minuten, der Official des Kulturministeriums wird bald erscheinen, Eintritt kassieren und einen Guide (Aufpasser) mitbringen, der nicht der englischen Sprache mächtig ist. Ein Besuch der Stätten ohne Guide ist nicht gestattet.

Lassen Sie Ihr Fahrzeug nicht unbeaufsichtigt zurück!

Leider gibt es keinen direkten öffentlichen Transport zur Fundstätte bzw. zur Schlucht. Sie können nur am Busbahnhof ein Dalladalla Richtung Süden (Makumbako, Ifunda) nehmen, der Fahrer lässt Sie bei dem oben beschriebenen Dorf aussteigen. Von dort sind es noch ca. 30 Min. Fußmarsch.

Ein Taxi vom Zentrum Iringas bis hierher kostet ca. $ 20 hin und zurück (inkl. Wartezeit, 2 bis 3 Std.).

Sie werden vor allem auf Steinzeitwerkzeuge (Schaber, Messer, Lanzenspitzen usw.) stoßen, die ein Alter von 60.000 bis 100.000 Jahren aufweisen. Zur damaligen Zeit war diese Stätte ein seichter See. Die Menschen jagten Wild, das durch den See angezogen wurde. Sie hinterließen Werkzeuge, die durch Sand und Lehm lange Zeit konserviert und durch Erosion wieder freigelegt wurden. Auch fand man bei Grabungsarbeiten neben den Werkzeugen Fossilien von Säugetieren.

Ausgestellt werden diese Dinge in zwei kleinen, unscheinbaren Hütten. Dem archäologisch nicht geschulten Auge erzählen diese Artefakte eigentlich nichts und an den Knochen des ausgestellten uralten Flusspferdes haben wohl auch nur spezialisierte Paläontologen ihre Freude.

Etwas weiter befindet sich die **Isimila-Schlucht** - ein Besuchs-Muss für jeden Menschen im Umkreis von einigen hundert Kilometern. Der Tourist bewegt sich - langsam gehend und fotografierend - durch eine Mondlandschaft in den Farben rosa, braun und weiß. Wäre da nicht der Fotoapparat, würde man ohne weiteres in die Rolle des griechischen Philosophen schlüpfen und über die Vollkommenheit der Natur nachdenken können.

Ein namenloser, stark gewundener, heute nicht mehr existierender Fluss hat gemeinsam mit Wind und Wetter im Laufe der Jahrtausende weiches Gestein und Erdreich ausgewaschen und weggespült und auf einer Wegstrecke von ca. 1,5 km nur hartsteinige "Säulen" übrig gelassen. Teile der Ränder dieser Schlucht sind ebenfalls den Fluten zum Opfer gefallen, Rücken reiht sich an Rücken, scharfe Grate und Kanten, Treppen - es ist unvorstellbar, welche Kunstwerke ein natürlicher Vorgang zustande bringt, wenn man nicht mit Bagger und Schaufel ein Ende setzt.

Während der Regenzeit füllt sich die Schlucht mit Wasser (an manchen Stellen bis zu 50 cm). Man kann trotzdem durchwandern. Doch man sollte dies nicht barfuß tun, da immer wieder Glasscherben herumliegen.

Ruaha NP und **Selous WR sowie Udzungwa NP**: ☞ "Nationalparks".

Mbeya

🛏 **Kategorie D**

- **Tanzam Guesthouse**, schräg gegenüber noch ein namenloses Guesthouse
- **Continental** Bar, Restaurant und Lodging in der North Street
- **Moravian Youth Hostel**, außergewöhnlich, sauber und ruhig, sicherlich die beste Wahl in dieser Kategorie. Liegt aber leider etwas außerhalb. Vorsicht bei Dunkelheit! Kein Restaurant, Frühstück wird jedoch bereitet (nur zwischen 7:00 und 8:00). Schönster Ausblick auf den Lozela, $ 6/DZ (self contained)
- **Holiday Lodge**, neben dem Rift Valley Hotel, etwas von der Hauptstraße zurückversetzt, nettes, einfaches Hotel mit ✕ 🍷 Veranda. DZ $ 7
- **Nkwenzulu Hotel**, neben dem Busbahnhof. Einfach und sauber, jedoch etwas abseits gelegen und relativ laut, ✕ 🍷

🛏 **Kategorie C**

- **Mbeya Peak Hotel**, Acacia Street, DZ mit Bad, WC, Warmwasser, mäßiges Restaurant, 🍷, sehr schöner Garten, fast noch Kategorie D - $ 25
- **Rift Valley Hotel**, etwas außerhalb des Zentrums (Vorsicht bei Dunkelheit!) an der Straße zum Flughafen bzw. zur Bahn gelegen. Großes und gepflegtes Hotel, DZ mit Bad, WC, Balkon, ✕ 🍷

🛏 **Kategorie A**

♦ **Mount Livingstone Hotel**, etwas außerhalb des Zentrums (Vorsicht bei Dunkelheit!), großes Hinweisschild auf dem Markt. Sehr schönes Hotel in einer Gartenanlage mit unzähligen Blumen, ✕ 🍸, DZ $ 30

✕ Zahlreiche einheimische günstige Restaurants befinden sich rund um den Markt. Hervorzuheben ist das **Mezza Luna** (Marktkoje 19b, Lupa Way), es bietet neben den üblichen tansanisch/indischen Gerichten auch vorzügliche Spaghetti und passable Pizzen an. Gemeinsam mit **Edy's Coffee Shop** (tansanische Küche, Veranda), Sisimba Road, die beste Wahl im Zentrum.

♦ **Warsame Restaurant**, Sisimba Street gegenüber von "Edy's Coffee Shop", kleines und nettes einheimisches Restaurant.

♦ Das Restaurant der Holiday Lodge bietet günstiges gutes Essen, Veranda.

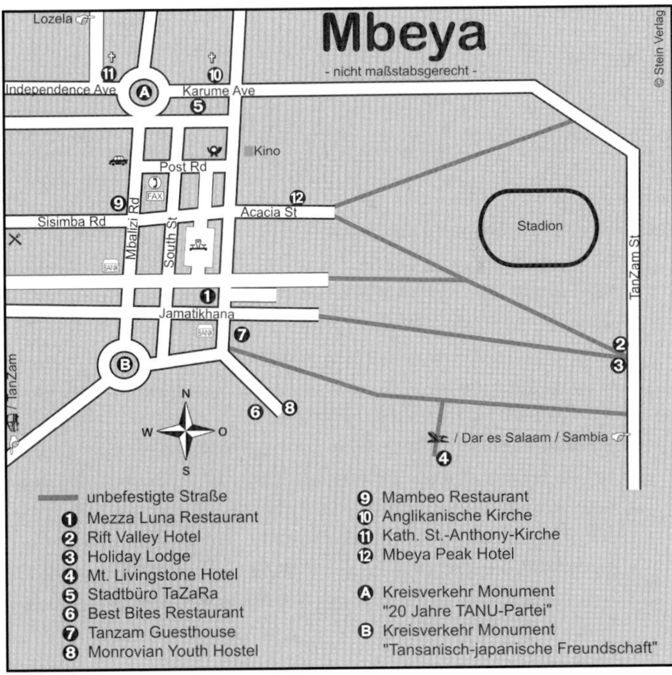

- Die Restaurants des Rift Valley Hotels und des Mt. Livingstone Hotels (dieses Tag und Nacht geöffnet) bieten indisches, chinesisches und internationales Essen, wobei das sehr umfangreiche auch japanische Speisenangebot des Livingstone Hotels wirklich zur Verfügung steht.
- **Best Bites Restaurant**, kurz vor dem Moravian Hostel (vom Zentrum kommend), bietet als tansanische Außergewöhnlichkeit auch Salatteller, sehr gute Küche, mit Garten.

Lediglich die Bars oder Lounges im Mbeya Peak Hotel, im Livingstone und Rift Valley Hotel bieten Gelegenheit für einen Nachmittagskaffee.

BANK In Mbeya gibt es noch kein Forex-Büro. Sie sollten daher möglichst in Dar es Salaam wechseln. Eine Bank (National Bank of Commerce) mit schlechtem Kurs befindet sich im Zentrum in der Nähe der Post, eine in der Karume Av. (relativ weit vom Zentrum entfernt) und eine in der Mbalizi Road.

Markt im Zentrum: Obst, Gemüse, Korbwaren, Töpfereiwaren, Kleidung. Das Souvenirangebot im eigentlichen Sinne hält sich ziemlich in Grenzen.

Der anglikanischen Kirche ist ein Bookshop mit sehr bescheidenem Angebot angeschlossen.

Die Post befindet sich vom Markt kommend Richtung Lozela links.

Weiterfahrt

Wochenlange Buchung für Plätze in der ersten oder zweiten Klasse im Voraus ist im Moment nicht nötig, Sie können sogar am Tag der geplanten Abreise u.U. noch ein Ticket erhalten. Bedenken Sie, dass Sie im Speisewagen ab Sambia in sambischer Währung bezahlen müssen. An der Grenze bzw. im Zug gibt es keine Wechselmöglichkeit (☞ BANK).

- Fahrpläne und Preise ☞ Reise-Infos von A bis Z, Reisen im Land.
- Der Bahnhof der TAZARA (Iyunga Station) liegt ca. 8 km außerhalb des Zentrums von Mbeya. Ein Taxi kostet etwa $ 3, gelegentlich fahren Minibusse. Sie können sich auch bei den Fahreren der herumstehenden Autos nach einer Mitfahrgelegenheit erkundigen, der Preis ist Verhandlungssache. Mo bis Fr 7:30 bis 12:30 und 14:00 bis 16:00, Sa 8:00 bis 12:30 und 14:00 bis 16:00, So und Feiertage 7:00 bis 9:00 und 14:00 bis 16:00. Es gibt einen Extrawarteraum für Besitzer eines 1.-Klasse-Tickets mit (sauberen) Toilettenanlagen. Restaurant leider noch immer geschlossen.

☺ Wenn Sie Mbeya mit dem Zug verlassen wollen, müssen Sie nicht zum Bahnhof fahren, um Tickets zu besorgen - es gibt ein Stadtbüro (☞ Plan), das aber Sa, So geschlossen ist.

Mehrmals täglich nach Dar es Salaam, täglich Busse nach Dodoma, Songea. Täglich auch Direktbusse nach Arusha - während der Trockenzeit auch via Dodoma, Babati, auf Grund der schlechten Straßenverhältnisse kann es dabei zu Übernachtung kommen (entweder im Bus oder Hotel. Besser ist es via Morogoro und Chalinze zu fahren, dauert aber trotzdem ca. 15 Std.).

- Minibusse fahren täglich nach Tukuyu, Tunduma (Grenze Sambia) und Itungi Port (Malawi-See)
- Die Mögichkeit mit öffentlichen Verkehrsmitteln nach Kigoma zu gelangen, sind begrenzt. Nach Sumbawanga zu gelangen stellt kein Problem dar, von hier nach Mpanda verkehren auch Dalladallas. Aber von Mpanda bis Uvinza und von hier nach Kigoma wird's beschwerlich: während der Regenzeit besteht keine Chance, während der Trockenzeit lediglich eine ca. 50 %ige. Einzige Möglichkeit ist eine Schifffahrt über den Tanganyika-See - dazu müssen Sie von Sumbawanga einen Transport nach Kasanga (Guesthouses vorhanden) organisieren (Dalladallas oder privat) und dort auf das Schiff warten, einen Platz dritter Klasse gibt es immer. Oder Sie fahren nach Mpulungu/Sambia und warten dort auf das Schiff (☞ Reisen im Land/Schiff).
- Die Straße Mbeya-Sumbawanga ist noch in erträglichem Zustand, von dort allerdings nach Kigoma nur während der Trockenzeit mit allradbetriebenen Fahrzeugen zu bewältigen. Rechnen Sie für die gesamte Strecke ca. drei Tage ein und vergessen Sie nicht, einen Benzinvorrat mitzunehmen.
- Nach Sambia und Malawi ☞ Reise-Infos von A bis Z, Grenzen zu den Nachbarländern.
- Zum südlichen Ende des Tanganyika-Sees ☞ "Tanganyika-See".
- Der Busbahnhof ist relativ weit vom Zentrum entfernt. Ankommende Reisende sollten ein Taxi zum Hotel ihrer Wahl nehmen, da es ziemlich steil bergan geht, ca. $ 3 bis 5. Abgesehen davon ist die Sicherheitslage nicht unbedingt als gut einzustufen!

Kein Schiffsverkehr am Malawi-See, ☞ Reise-Infos von A bis Z, Reisen im Land,

Mbeya erstreckt sich über fruchtbare Hügel und wird im Norden durch die **Mbeya Range** geschützt. Die weitläufige Stadt mit ihrem äußerst angenehmen Klima und den umgebenden Bergen lädt zu einem Aufenthalt und zu Wanderungen ein. Mbeya liegt auf einer Höhe von über 1.700 m, und die Nächte können empfindlich kühl sein. Das Geschäftsviertel mit Banken, Markt, Geschäften, Hotels und Restaurants liegt am Fuße des Lozela-Gipfels, eines Nebengipfels des Mbeya-Berges. Mbeya selbst hat, außer zahlreichen Kirchen, keine besonderen Sehenswürdigkeiten zu bieten. Erwähnenswert ist lediglich das Denkmal der tansanisch-japanischen Freundschaft (Nashorn), das daran erinnert, dass eine japanische Firma zwischen Kyela und Tukuyu ein Kohlebergwerk betreibt.

Allerdings ist Mbeya mit 220.000 Einwohnern das wichtigste **Handelszentrum des südlichen Hochlandes**. Die Stadt liegt sowohl an der TAZARA-Eisenbahnstrecke als auch am Sambia-Highway. Ihre Gründung reicht ins Jahr 1927 zurück, als sie als Stützpunkt für die Goldminen von Lupa diente.

Mbeya liegt inmitten eines äußerst fruchtbaren Gebietes - die Landwirtschaft ist von größter Bedeutung. Durch ihre verkehrsmäßige Erschließung wurden in weiterer Folge auch Fabriken und Industrien errichtet. Von wirtschaftlicher Bedeutung sind auch die **Eukalyptuswälder**, die Sie überall in der Mbeya-Bergkette sehen werden.

Mbeya ist eine unsichere Stadt; es wird immer wieder von Überfällen während der Dunkelheit (keine Straßenbeleuchtung) berichtet. Tagsüber ist bis jetzt nichts passiert, doch ab Einbruch der Dunkelheit sollten Sie Ihr Hotel nicht mehr verlassen (außer mit Taxi).

Die Umgebung Mbeyas ist auch tagsüber kein Hort der Sicherheit. Ich empfehle, alle weiter unten beschriebenen Ziele nur in Begleitung eines Guides aufzusuchen. Nachtschwärmer sollten auch auf die vielen Hunde achten. Sie sind an sich nicht bissig, begeben sich jedoch mitten auf der Straße oder dem Gehweg zur Ruhe. Man übersieht sie sehr leicht und tritt auf sie.

Umgebung

Die wunder- und wanderbare Umgebung Mbeyas ist der eigentliche Grund, hierher zu kommen. Es gibt nur einen einzigen tour operator in Mbeya - Sisi kwa Sisi (sinngemäß "Einer für Alle"). Diese seriöse Agentur stellt nur Guides zur Verfügung und hat keine eigenen Fahrzeuge. Alle Touren werden soweit wie möglich mit öffentlichen Verkehrsmitteln unternommen, Übernachtungen und Essen soweit wie möglich in privaten Unterkünften bzw. Guesthouses. Die Kosten sind relativ gering - ca. $ 15 bis 20/Tag/Person inkl. Guide. Sollten keine Dalladallas zur Verfügung stehen, wird auf Taxis ausgewichen - diese Kosten müssen hinzugerechnet werden. Es ist die einzige Möglichkeit zum Kitulo NP vorzudringen.

Sisi kwa Sisi ist Mitglied des "Tanzanian Cultural Tourism Coordination Office" (☞ Arusha/ Umgebung) und ist beim "Tansanisch-Japanisch-Freundschafts-Kreisverkehr" angesiedelt.

♦ Sisi kwa Sisi, PO Box 1562, ✉ sisikwasisi@hotmail.com, ☎ 0744/463471

Besteigung des Lozela-Gipfels

Der Weg ist einfach, und man kann direkt vom Zentrum in etwa zwei bis drei Stunden den Gipfel erreichen. Während der Regenzeit kann der Weg allerdings sehr schlammig sein. Schon während des Aufstieges durch Eukalyptuswälder bieten sich immer wieder herrliche Ausblicke auf die zu Ihren Füßen liegende Stadt.

Bei schönem Wetter hat man vom Gipfel eine wunderschöne Aussicht auf die **Poroto-Berge** im Süden, die **Usungu-Ebene** und mit etwas Glück bis auf den **Rukwa-See**.

Mbeya Peak (2.834 m)

Dieser Gipfel ist der höchste der Mbeya Range und ist nicht ganz so einfach zu erwandern wie der Lozela-Gipfel. Für eine Besteigung müssen Sie einen sehr langen Tag kalkulieren. Alleine für die Anfahrt Richtung Chunya werden Sie ca. 1,5 Std. benötigen. Vom Gipfel bieten sich herrliche Ausblicke auf die Umgebung, den Rukwa-See, Grabenbruch und die Usangu-Ebene.

Aussichtspunkt "World's End" und Rukwa-See

"World's End" ist ein Ausblickspunkt an der Bruchkante des Ostafrikanischen Grabens mit Blick auf den Graben und die Usangu-Ebene (Quellgebiet des Ruaha-Rivers, ca. 20 km von Mbeya entfernt). Ca. 50 km weiter befindet sich das Dorf Chunya, nach weiteren ca. 85 km Richtung Westen (in Mokongolosi geradeaus fahren nicht rechts abbiegen) ist der Rukwa-See erreicht, bekannt für seine großen Krokodil-Vorkommen. Bedenken Sie bei dieser Tour, dass der Rukwa-See wesentlich tiefer als Mbeya liegt und es dadurch wieder heiß ist. Auch die Landschaft ändert sich. Die Wälder, die Mbeya umgeben, weichen einer trockenen Landschaft.

Mbozi-Meteorit

Etwa 23 km auf der TanZam-Straße Richtung Sambia erreicht man den Mbozi-Meteoriten, der links der Straße zu finden ist. Er zählt zu den größten der Welt und ist auch in allen Landkarten vermerkt.

Ngozi-Kratersee - Tukuyu - Masoko-Kratersee - Malawi-See

Diese Route führt Sie von Mbeya durch die Poroto-Berge bis zum Malawi-See (Itungi-Port) und ist ca. 130 km lang. Man kann die äußerst kurvenreiche Straße mit eigenem (allradbetriebenen) Pkw, mit Dalladalla oder auch zu Fuß (mit Sisi kwa Sisi finden sie immer eine Unterkunft) zurücklegen - jede Möglichkeit ist ein Erlebnis für sich.

Die Fahrt/Wanderung bietet vorerst schöne Blicke auf den Rungwe-Vulkan (2.961 m) im Süden. In der Nähe des Dorfes Isongole (nicht zu übersehen, es ist hier das erste, über einige hundert Meter gerade verlaufende Straßenstück) zeigt ein Wegweiser zum **Ngozi-Kratersee** (ca. 7 km). Es geht durch dichten Wald - mit etwas Glück können Sie Colobus-Affen sehen. Nach etwa zwei Stunden Gehzeit gelangen Sie zum Kraterrand, und der faszinierende See liegt Ihnen zu Füßen. Allerdings befindet er sich 200 m tiefer, und der Abstieg ist nicht zu empfehlen. Der See ist etwa 2.500 m lang und 1.500 m breit und von steilen Klippen umgeben.

Auf halbem Wege zwischen Mbeya und Tukuyu liegt das Marktgelände von Kirawira, ca. 8 km danach zweigt eine Schotterpiste ab. Nach ca. 10 km auf dieser gelangen Sie zu einer **natürlich entstandenen "Brücke"** über den Kirawira-Fluss. Etwas oberhalb sind gewaltige Stromschnellen des Flusses zu sehen.

Tukuyu liegt auf 1.500 m Seehöhe inmitten eines landwirtschaftlich sehr fruchtbaren Gebietes. Es ist der regenreichste Ort Tansanias mit einer durchschnittlichen Niederschlagsmenge von jährlich 2.400 mm. In der Umgebung werden Tee, Kaffee, Mais, Bananen, Orangen und Ähnliches angebaut. Es kann auch eine ca. 30 Min. entfernt liegende **Teefarm** besucht werden.

Ca. 15 km von Tukuyu entfernt liegt der angeblich 3.000 m tiefe **Masoko-Kratersee.** Während der deutschen Kolonialzeit wurden von den deutschen Truppen Geld und Gewehre im See versenkt. Angeblich!

Entlang der Hauptstraße Richtung Kyela hat man herrliche Ausblicke auf den Malawi-See und die Livingstone-Berge, die den See im Osten begrenzen. Sie kommen nun vom kühlen Hochland in die heißen Niederungen. Hier leben die **Wa-Nyakyusa**. Sie sehen immer wieder die traditionellen Häuser aus einem Bambusgerüst, das mit Lehm überzogen wird, die Wände sind haufig bemalt.

Der Malawi-See ist der drittgrößte See Tansanias und liegt im Ostafrikanischen Grabenbruch. Er erstreckt sich etwa über eine Länge von 500 km, und durch die koloniale Grenzziehung gehört ein Teil zu Tansania, ein Teil zu Malawi und einer zu Mosambik. Das Besondere an dem See ist, dass der Wasserspiegel ständig ansteigt und fruchtbares Ackerland im See verschwindet.

Kalambo-Wasserfälle am Tanganyika-See

Die über 210 m hohen Wasserfälle zählen zu den höchsten Afrikas; sie liegen an der Grenze zu Sambia unweit des Tanganyika-Sees. Man kann auf sehr beschwerlicher Fahrt mit eigenem Wagen von Tunduma (Grenzort zu Sambia) nach Mbala (in Sambia), dort wiederum über die Grenze nach Tansania, anreisen. Einfacher ist es, in Mpulungu (Hafenort in Sambia) ein Boot zu mieten. Nach zweistündiger Bootsfahrt erreicht man einen Pfad, der in einem einstündigen, beschwerlichen Marsch zu den Wasserfällen führt. Nehmen Sie ausreichend Wasser und Verpflegung mit, da dieses Unternehmen einen Tag in Anspruch nimmt.

Sie können auch bei den Wasserfällen zelten (nur Selbstversorger) und so eine romantische Nacht in der afrikanischen Wildnis verbringen. Vor allem Vögel und Insekten werden Sie begleiten (Fahrt Mpulungu-Mbeya ☞ "Tanganyika-See").

Katavi NP und Ugalla River GR

Katavi NP ☞ "Nationalparks"

Das Ugalla River GR besteht zum größten Teil aus Waldland und sommertrockenem Laubwald (Miombo). Ein Besuch zahlt sich nicht wirklich aus.

Wesentlich interessanter ist das westlich des GR zwischen Ugalla River, Malagarasi River, Rugufu/Lugufu River und Tanganyika-See gelegene und nur teilweise als Forest Reserve ausgewiesene Gebiet (knapp 3.000 km^2 in Höhenlagen von 1.100 bis 1.800 m, ein stark von Canyons zerfurchtes Hochplateau). Hier treiben sich Schimpansen herum (Pan troglodytes schweinfurthii, ca. 0,1 Stück/km^2). Es handelt sich mehr oder weniger unerschlossenes Waldgebiet (lediglich die Schotterpiste Mpanda-Uvinza führt hindurch). Erste Studien wurden 1985 aufgenommen, weitere 1988, 1992, 1993. Bis dahin war die Population nicht geschrumpft.

Da die genannten Flüsse und der See natürliche Grenzen bilden (keine Galerie-Wälder), scheint es sich um eine isolierte Population zu handeln, die weder mit der des Gombe NP noch des Mahale NP in Zusammenhang steht.

Für Detail-Infos: Jim Moore, Department of Anthropology, University of California San Diego, La Jolla, CA 92093, USA, jjmoore@ucsd.edu, Hideshi Ogawa, Primate Research Institute, Kyoto University, Inuyama, Aichi 484, Japan, hogawa@lets.chukyo-u.ac.jp sowie

www.primate.wisc.edu

Fliegender Händler, Passanten und Läden am Busbahnhof Tanga (gh)

Die Küste

Am Hafen von Pangani (gh)

Die Region im Überblick

Das Juwel des ca. 300 km langen Küstenstreifens nördlich von Dar es Salaam birgt mehrere kulturelle wie biologische Highlights - **Bagamoyo** und **Pangani**, die alten Karawanen-Brückenköpfe des Festlandes (beide als Teil eines angedachten UNESCO-Weltkulturerbes - "Ostafrikanische Sklavenroute" - im Gespräch), stehen schon lange über den Dingen und laden mit abgeklärter Ruhe und anmutigem Charme zu einem Besuch ein; die weitläufige Hafenstadt **Tanga** prunkt mit Grandezza und Buntheit einer Weltstadt, ist aber trotzdem so liebreizend wie ein zufällig entdecktes Dorf weit abseits des Touristenstromes. Die am Stadtrand liegenden einmaligen **Amboni-Höhlen** und die heilenden **Schwefelquellen** in den unendlich erscheinenden Kokos-Hainen sehen daher nur selten Besucher. Der neue **Saadani-Nationalpark** lockt mit dem kulturhistorisch bedeutsamen Saadani-Village und im Meer badenden Elefantenherden - wo gibt es das noch? Und last but not least die ganze **Pracht der Strände** - von Dar es Salaam bis zur kenianischen Grenze mit Salzwasser, weißem Sand und Kokosnusspalmen. Die retuschierte Pracht der Hochglanz-Kataloge ist hier Wirklichkeit geworden.

Dieser unglaublich große touristische Schatz musste lange darauf warten, gehoben zu werden, jetzt ist es soweit. Da der wirtschafts-politische Wille gegeben war und ist, wurde auch das nötige Geld bereit gestellt und die ersten 80 Kilometer - Dar es Salaam-Bagamoyo - einer durchgehenden Küstenschnellstraße von Dar es Salaam nach Malindi/Kenia sind schon asphaltiert, die Strände mit Hotels bevölkert. Eine direkte Anbindung an Arusha - Tourismuszentrale des Nordens - ist bereits in Bau. Zur Renovierung der kulturellen Stätten fand sich ebenfalls Geld. Auch eine Anbindung an Sansibar wird realisiert werden und Investoren sind herzlichst eingeladen, an diesem Wunder teilzunehmen.

Die Küste südlich Dar es Salaam glänzt mit dem UNESCO-Weltkulturerbe von **Kilwa Kisiwani** und **Songo Mnara**. Der Asphaltbelag wird auch diese Stätten bald erreicht haben (zumindest den Hafen von Kilwa Masoko). Dass sich über den Rufiji-River eine Brücke spannt, hat nicht nur die Reisezeit erheblich verkürzt, sondern auch zur Verbesserung der touristischen Infrastruktur in Kilwa geführt. Das **Delta des Rufiji-River** - mit seiner unglaublichen Tiervielfalt, den vorgelagerten Mangroven-Wäldern und dem ökologischen Zusammenspiel mit den Korallengärten von Mafia ein biologischer Schatz erster Klasse - wartet noch auf seine Hebung. Lediglich von den Hotels von Mafia-Island werden Bootsfahrten angeboten (Siehe Kap. Die Inseln des Indischen Ozeans).

Die weit im Süden gelegenen Hafenstädte **Lindi** und **Mtwara** sind touristisch nicht erschlossen - außer einigen alten deutschen Gebäuden findet sich auch nichts, was die langwierige Anfahrt rechtfertigen würde. Und bis die unter Mtwara beschriebene Vision Mkapas realisiert ist, werden sicher noch 10 Jahre vergehen.

Das Klima des gesamten Küstenstreifen ist tropisch - die Temperaturen können bis weit über 30°C erreichen, eine Luftfeuchtigkeit von 80 % ist keine Seltenheit. Die Vegetation zeichnet sich durch Palmen, große Mangobäume, Sisalplantagen (im Norden), Cashewnussbäume aus, hin und wieder ein Bananenhain. Und dort, wo keine Landwirtschaft möglich ist, breitet sich dichtes afrikanisches Akazien-Buschland vom Feinsten aus.

Bagamoyo

ℹ Freundeskreis Bagamoyo e.V./Bagamoyo Friendship Society, c/o Rudolf Blauth, Bussardstraße 1, D-59269 Beckum, 💻 www.bagamoyo.com, ✉ info@bagamoyo.com

🛏 **Kategorie D:** Preise ohne Frühstück, da durchwegs kein Restaurant, alle max. 5 Min. vom Busbahnhof entfernt

- **Old Post Office Hostel** (einziges Hotel dieser Kategorie in der "Sandstraße", siehe weiter unten), ☎ 0748/366627, ✉ mbeneka18@hotmail.com, getrenntgeschlechtlich zu belegende Schlafsäle, $ 2/Pers., 1 DZ wird in Ausnahmefällen auch an Paare vergeben, kein Restaurant.
- **Kiromo Gueshouse**, EZ $ 3, DZ $ 4, nicht self contained, ohne Frühstück
- **Vatican Guesthouse**, wie zuvor, allerdings etwas schmuddeliger
- **Kisutu Gueshouse**, wie zuvor
- **Pop Juice Guesthouse**, $ 6/Pers., self contained
- Gegenüber das **Jang'mbge Guesthouse**, wie zuvor

- ♦ **Alpha Guesthouse**, EZ $ 5, self contained, DZ nicht self contained $ 3,50
- ♦ **KSSS-Guesthouse**, fast so schlimm wie das Vatican GH, $ 2,50/Zimmer
- ♦ Daneben das **Unguja Ukuu Guesthouse**, $ 4/Zimmer (französische Betten), nicht self contained, besser als das vorgenannte
- ♦ **Monies Guesthouse**, $ 5/Zimmer, eine gute Wahl
- ♦ Gegenüber das **Azania Guesthouse**, $ 3/Zimmer, teilw. nicht self contained
- ♦ **Double E.M. Hotel**, $ 5 self contained, gute Wahl
- ♦ **Mary Nice Place**, Zimmer teilweise self contained, DZ $ 5 bis 20 (je nach Ausstattung), nahe dem College of Arts, kein Strand, ✉ maryniceplace@yahoo.com, nett, Betreiberin ist Dozentin am College

Kategorie C/B: Preise immer mit Frühstück, alle am Strand, ✕ 🍷

- ♦ **Badeco Beach Hotel**, ☎ 023/2440018, ✉ info@badecobeachhotel.de, 💻 www.badecobeachhotel.com, einfache Zimmer mit Moskitonetz, self contained, $ 28 EZ wie DZ, inkl. Frühstück
- ♦ **Bagamoyo Beach Resort**, ☎ 023/2440083 oder 0744/588969, ✉ bbr@baganet.com, EZ $ 26 (Ventilator), $ 34 ❄, DZ $ 32/42, am Strand gelegen, aber etwas außerhalb (hinter der Travellers Lodge).
- ♦ **Travellers Lodge**, PO Box 275, ☎ 023/2440077 oder 0744/855485, ✉ travellers@baganet.com, 💻 www.travellers-lodge.com, einziges besseres Hotel in Zentrumsnähe, Bungalowanlage im Übergangsbereich zu Kategorie B: Beach Cottages $ 40 (single, $ 45 (double), Garden Cottages $ 35/40 (mit Ventilator), $ 25/30, Klimaanlage, nicht self contained Cottages $ 15/20. Die Bungalows sind für 4 Pers. ausgerichtet - jede weitere Pers. $ 5. Sehr nett, Restaurant (internat. Karte ab $ 5), 🍷.
- ♦ **Livingstone Club Hotel & Italian Restaurant,** ☎ 023/2440059, ✉ info@livingstoneclub.com, 💻 www.livingstoneclub.com, am Strand außerhalb der Stadt (Nähe Mission), EZ $ 50, DZ $ 70, Klimaanlage, 🏊. Einst erstes Haus am Platz, heute renovierungsbedürftig, aber empfehlenswert.

Kategorie A: Preise inkl. Frühstück, alle am Strand gelegen und außerhalb der Stadt, ✕ 🏊 🍷, alle Wassersportarten. Für das Gebotene sind die Hotels in keiner Weise als zu teuer anzusehen.

- ♦ **Millenium Seabreeze Hotel**, ✉ reservation@millenium.co.tz, einziges südlich der Stadt gelegene Hotel (in der Nähe vom College of Arts, die folgenden Hotels liegen nördlich der Stadt) EZ $ 60 bis 65, DZ $ 80 bis 85

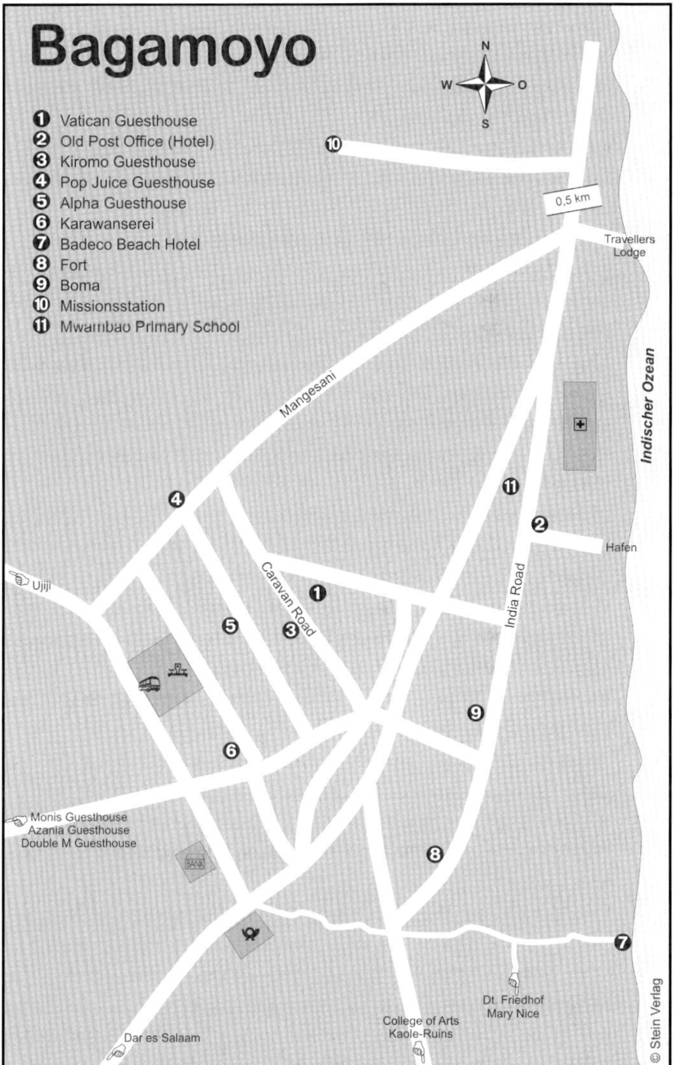
Bagamoyo
N
W
O
S
1 Vatican Guesthouse
2 Old Post Office (Hotel)
3 Kiromo Guesthouse
4 Pop Juice Guesthouse
5 Alpha Guesthouse
6 Karawanserei
7 Badeco Beach Hotel
8 Fort
9 Boma
10 Missionsstation
11 Mwambao Primary School
0,5 km
Travellers Lodge
Indischer Ozean
Mangesani
Hafen
Ujiji
Caravan Road
India Road
Monis Guesthouse
Azania Guesthouse
Double M Guesthouse
BANK
Dt. Friedhof
Mary Nice
College of Arts
Kaole-Ruins
Dar es Salaam
© Stein Verlag

- **Paradise Holiday Hotel**, ☏ 023/2440136 oder 2440080, info@paradiseresort.net oder paradise@raha.com, www.paradiseresort.net, Bungalowanlage, EZ $ 50 bis 70 (Vollpension), DZ $ 80 bis 120 (Vollpension).
- **Ocanic Bay Hotel**, ☏ 023/2440181, info@aceanicbay.com, www.oceanicbay.com, EZ $ 60 (Frühstück) bis 80 (Vollpension), DZ $ 80 bis 120, im Garten steht ein ca. 300 Jahre alter Baobab
- **Palm Tree Beach Village Resort**, ☏ 023/2440245/6, palmtreebeach@cats-net.com, das am nördlichsten von der Stadt gelegene Hotel, fast immer leer, übt sich auch in der Kunst der Mangroven-Abholzung, EZ $ 40, DZ $ 60
- **Lazy Lagoon Island Lodge**, Bungalowanlage, ruaha@bushlink.co.tz, das einzige wirklich teure Hotel der Stadt, EZ $ 160 (Vollpension), DZ $ 240

Camping ist im Garten der Travellers Lodge möglich, $ 3/Pers.

New Life Bar & Restaurant, typ. tansanisch, nett. Neben dem Kiromo Guesthouse

- **Caravan Cafe** neben der Alten Karawanserei
- **Moazb Restaurant**, Cold Drinks & Snacks, neben dem Markt (hier noch einige weitere Restaurants in derselben Preisklasse)
- **Weekend Bar und Restaurant**, neben der Alten Karawanserei, sehr nett
- Die Restaurants der beschriebenen Kategorie A/B-Hotels bieten europ./internat. Küche mit Seafood-Schwerpunkt ab $5

Ein kleiner Markt im Zentrum hat ein bescheidenes Angebot an Obst, Gemüse und Alltagsgegenständen.

Souvenirs: Sea View Cultural Art Centre, schräg gegenüber vom Old Post Office, sehr unregelmäßige Öffnungszeiten, äußerst skurriles Angebot

- Ein weiterer Shop gegenüber der Alten Karawanserei (old caravan serail)
- Ndungur Sculpture Art Gallery - na ja, gegenüber vom Moazb Restaurant bzw. Markt
- Eine kleine Ansammlung von Hütten mit Souvenirverkauf am Weg von "Sandstraße" zum Badeco Beach Hotel (hier noch die beste Auswahl).

Sicherheit: Der Weg zum Museum, das 2 Kilometer außerhalb der Stadt liegt, sollte nur in einer Gruppe unternommen werden. Es gibt immer wieder Überfälle auf Touristen. Aus diesem Grund sollte man auch zu den

Kaole-Ruinen nur in einem Fahrzeug fahren und nächtliche Strandspaziergänge unterlassen.

Weiterfahrt

Mehrmals täglich Dalladallas nur nach Dar es Salaam (Station Mwenge), Fahrtzeit ca. zwei Stunden, $ 1. Taxi nach Dar es Salaam ca. $ 40 (hin und zurück). Der Busbahnhof (☞ Plan) befindet sich auf der Rückseite des Marktes (vom Meer aus gesehen).

Die Möglichkeit, mit einer Dau nach Sansibar zu segeln, ist sehr selten geworden. Sollten Sie es dennoch versuchen wollen, erkundigen Sie sich am besten am Hafen. Ungefährlich ist das nicht!

Wer Zeit und Muße hat, sollte dieses kleine Städtchen mit dem unvergleichlichen Charme eines idyllischen Fischerdorfes unbedingt besuchen. Hitze und hohe Luftfeuchtigkeit (während der Regenzeit) können der Romantik des Ortes und der Ruhe und Gelassenheit seiner Bewohner nichts anhaben. Und der Geschichte des Ortes - aktuell als UNESCO-Weltkulturerbe im Gespräch - schon gar nicht.

Bis Mitte des 18. Jh.s war Bagamoyo ein winziges, unbedeutendes (mehr oder weniger namenloses) Dorf; wer seinen Lebensunterhalt nicht durch Fischen verdiente, war Bauer.

In der 2. Hälfte des 18. Jh.s siedelten sich einige omanstämmige Händler an. Über Nacht wurde Bagamoyo zum Umschlagplatz für Sklaven, Elfenbein, Rhino-Horn, Salz, Kautschuk, Kopra. Ausschlaggebend für die Platzwahl war die Nähe zur Insel Sansibar, die der internationale Umschlagplatz für zuvor genannte "Waren" war.

Der Reichtum wuchs (u.a. auch durch die den Einheimischen - v.a. Zaramo - abgepressten Steuern), Bagamoyo avancierte in Windeseile auch zum Ausgangspunkt diverser Expeditionen ins Landesinnere (Auffindung der Nilquellen und der geheimnisumwitterten Seen). Für Burton, Speke, Grant, Stanley - um nur die bekanntesten zu nennen - war aber nicht nur der relativ hohe Lebensstandard in Bagamoyo anziehend, sondern auch die Tatsache, dass die ansässigen Händler als Expeditions-Ausrüster fungierten - in erster Linie sind hier schnell verfügbare Träger - durchwegs Sklaven - anzuführen. David Livingstone war zweimal hier: 1865 startete er seine 3. Expedition ins

Innere Afrikas, um die "Nilquellenfrage" zu lösen, 1874 kehrte er tot zurück. Er starb am 1.5.1873 in Chitambo (Sambia) und seine beiden Diener/Helfer/Freunde trugen in 9 Monaten den Leichnam von Chitambo hierher, danach segelte er via Sansibar nach London.

Aus der traurigen Zeit des Sklavenhandels stammt (wahrscheinlich) auch der heutige Name der Stadt: "Bwaga moyo" bedeutet in Ki-Swahili "Erlöse/Befreie das Herz"/free the heart - Sklaven, die in Bagamoyo verschifft wurden, sahen ihre Heimat nie mehr wieder und mussten sich von ihrer Vergangenheit lösen.

1868 wurde die Missonsstation der "Hl. Väter vom Hl. Geist" gegründet (älteste kathol. Station Tansanias), 1892 massive Erweiterungen. Gegen Ende des 19. Jh.s war Bagamoyo die wichtigste Küstenstadt mit einer geschätzten Einwohnerzahl von ca. 1.000 Personen und ca. 1.000 jährlich vorbeimarschierenden Handels-Karawanen nach Ujiji am Tanganyika-See.

1888 erklärten die eben ins Land gekommenen Deutschen Bagamoyo zur Hauptstadt - die erste Revolte im Zuge des Bushiri-Aufstandes brach aus. 1891 verlor Bagamoyo seinen Hauptstadt-Status zugunsten von Dar es Salaam, welches über ein tieferes Hafenbecken verfügte. Dennoch blieb Bagamoyo ein Handelszentrum - griechische Händler gründeten das erste europäische Hotel, indische Händler siedelten sich genauso an wie die hamburgische Handelsgesellschaft Oswald, die Fa. Hansing betrieb Plantagen (Vanille). Nach dem Ersten Weltkrieg wurden die Deutschen von den Briten vertrieben und Bagamoyo versank wieder in der Bedeutungslosigkeit.

Zwischen 1962 und 1975 steuerte Samora Machel von hier den mosambikanischen Befreiungskampf.

Der aktuelle Präsident Tansanias - Jakaya M. Kikwete - stammt übrigens auch aus Bagamoyo.

Die Sehenswürdigkeiten Bagamoyos befinden sich großteils in einem äußerst beklagenswerten Zustand (Finanzmangel ist nur einer der Gründe). Die wichtigsten Gebäude finden sich in der parallel zum Strand verlaufenden schmalen Sandstraße zwischen Mission und Badeco Beach Hotel. Da diese Straße keinen Namen hat - manche Autoren nennen sie India Str. andere wieder Ocean Str. - bleibe ich im Folgenden bei "Sandstraße" (gesamte Weglänge ca. 2 km).

Im Garten des Badeco Beach Hotel erinnert ein **nationaler Gedenkstein** an den "Galgenbaum" - hier kamen Aufständische ums Leben, entweder durch Ersticken oder Genickbruch - eine Frage des Knotens und des Sadismus der Henker.

Knapp neben dem Hotel befindet sich der **Deutsche Friedhof** (beschildert). Er wurde von der Dt. Botschaft und einigen ansässigen Deutschen renoviert - hauptsächlich Gräber von Angehörigen der berüchtigten "Wissmann-Truppe".

An der Kreuzung Sandstraße/Abzweigung zum Badeco Beach Hotel befindet sich das Fort - wahrscheinlich das älteste Steingebäude der Stadt. In der ersten Hälfte des 19. Jh.s als Privathaus errichtet, wurde es Mitte des 19. Jh.s von Sultan Majid (Sansibar) zum **Fort** ausgebaut. Die Deutschen benutzten das Gebäude als Garnison, die Briten als Gefängnis, danach war es Polizeistation.

Anschließend wurde es das deutsche koloniale Hauptquartier/**Boma**. Gegenüber erinnert ein Gedenkstein an die Abreise (am 27.06.1857) von Burton und Speke ins Landesinnere.

Kurz danach das **"Arabic Teahouse"** mit halbwegs erhaltenem Eingangstor. An der nächsten Kreuzung zweigt rechts eine Straße zum **Hafen** ab (ca. 100 m).

An die Zeit, als Bagamoyo noch ein Zentrum des Bootsbaues war, erinnert zwar nichts mehr, die Ansammlung von fischbratenden Garküchen, netzflickenden und ihren Fang verkaufenden Fischern, Boote reparierenden Zimmerern usw. ist dennoch einen Besuch wert. Betrieb herrscht hier nur am Vormittag, am Nachmittag wird es zu heiß. Darüber hinaus sind die Reste eines deutschen **Zollhauses** zu sehen.

Im Zuge der touristischen Entwicklung der Küste soll auch in Bagamoyo ein neuer, größerer, modernerer Hafen entstehen, ca. 7 km südlich der Stadt. In erster Linie soll er der direkten Anbindung an Sansibar dienen. Ob die Fischer dann weiterhin hier ihrem Handwerk nachgehen oder das Gelände zu einem "Freilicht-Museum" mutiert, ist nicht klar.

Direkt an der Kreuzung das **Old Post Office** (heute Hotel, ☞ Hotels). Es war das erste Postamt und die erste Telegrafenstation auf dem Festland.

100 m weiter - rechte Straßenseite - das **Nasser Virji Building** - Ende des 19. Jh.s erbaute der wohlhabende Inder Nasser Virji Murai Haji dieses

Gebäude, im EG Geschäftslokal im OG Guesthouse. Heute ist hier das District Council untergebracht (Fotografierverbot).

Schräg gegenüber - etwas zurückversetzt - liegt die erst 2006 unter strikter Einhaltung der nationalen wie örtlichen Denkmalschutz-Bestimmungen renovierte **Mwambao Primary School** ("Alte deutsche Schule"). Die Kosten dafür wurden durch die Partnerschule in Ahlen, den "Freundeskreis Bagamoyo" und das Auswärtige Amt aufgebracht. Die Schule war die erste multirassische/-kulturelle Schule des Festlandes, das Gebäude wurde 1896 vom indischen Kaufmann Sewa Haji an die deutschen Kolonialherren übergeben.

An der nächsten Kreuzung (kurz nach dem Krankenhaus, das übrigens Mitte des 19. Jh.s eine Stiftung des aus Pakistan stammenden Sewa Haji war und von den Deutschen als erstes Kolonialhospital "übernommen" wurde) geht's rechts hinunter zur Alfa Zulu Beach Villa. Das riesige neuzeitliche Gebäude ist kein Hotel! Hier wohnt ein vermögender Tansanier, eine baldige Umwidmung in ein "Islamic-Centre" wird in Aussicht gestellt.

Wenn Sie die Sandstraße noch 500 m weitergehen und dann links abbiegen (beschildert, wie alles in Bagamoyo), gelangen Sie nach weiteren ca. 500 m (hier passieren immer wieder Überfälle, gehen Sie in Gruppen) zur **katholischen Missionsstation** (erste Pfarrkirche Ostafrikas, gegründet am 17.7.1868 vom Missionar Anthony Horner im Auftrag des Bischofs von Reunion, "Mutter aller ostafrikanischen Pfarrkirchen", PO Box 16, ☏ 023/2440063). Livingstones Leichnam wurde hier aufgebahrt. Im angeschlossenen Museum werden Zeugnisse vom Sklavenhandel gezeigt, darunter Fesseln, Ketten, Sklavenfreibriefe und vieles mehr. Einen weiteren Schwerpunkt stellen Exponate über die frühen Forschungsreisenden dar: Livingstone, Speke, Burton, Grant, Stanley, Peters, Emin Pasha, Wissmann - sie alle kamen durch Bagamoyo. Ein Mahnmal erinnert an den Kampf Livingstones gegen die Sklaverei.

❐ Geöffnet täglich 10:00 bis 17:00, Messen nur am So 7:00, 9:00 und 16:00 (auf Ki-Swahili).

⌘ Quer durch die Stadt sind ansatzweise noch wunderbare **Swahili-Türen** zu sehen. Ebenfalls noch sehenswert ist die renovierte **Alte Karawanserei** (☞ Plan) in der Nähe des Marktes. Alle genannten Sehenswürdigkeiten sind gut beschildert und beschrieben.

Bagamoyo College of Arts

Direkt nach der Unabhängigkeit 1961 wurden die "National Theatre Company" und die "National Dance Company" gegründet. Beide Institutionen wurden 1980 im "Bagamoyo College of Arts" zusammengefasst, welches nicht nur den künstlerischen Nachwuchs ausbildet, sondern auch für Forschung auf diesem Gebiet zuständig ist. In den beginnenden 90er Jahren wurde ein großes Theater-Gebäude errichtet, das 2002 abbrannte und 2006 wieder neu errichtet wurde.

Jährlich werden ca. 20 Studenten aufgenommen (von ca. 500 Bewerbern) - der Zugang ist Tansaniern wie Nichttansaniern möglich. Zwischen Juli und September werden Tanz-Workshops abgehalten.

Beim Bagamoyo College of Arts handelt es sich um die einzige staatliche Kunsthochschule für darstellende Kunst in Tansania (auch afrikaweit einzigartig). Die Absolventen (drei Jahre Ausbildung - zwei Jahre Gesamtschulung: Tanz, Musik, Regie, Akrobatik, Schauspiel, Kunstgeschichte usw., das letzte Jahr individueller Schwerpunkt-Unterricht) haben jedoch ein Problem. Trotz bester Ausbildung - hier unterrichten die besten Musiker, Schauspieler usw. des Landes - stehen sie mehr oder weniger vor der Arbeitslosigkeit, da der Staat aus Finanzmangel keine darstellenden Künstler beschäftigen kann. Selbst der Betrieb des Bagamoyo Colleges ist auf die Unterstützung skandinavischer Regierungen angewiesen.

Bedeutendster künstlerischer Erfolg des Colleges ist das tansan. Nationalensemble "Bagamoyo Players", das auch schon international reüssieren konnte. U.a. traten sie auch im Rahmen des Weltmusik-Projektes "One World - One Voice (Peter Gabriel, Sting) auf.

Seit 1982 werden die erzielten Ergebnisse am "Bagamoyo Arts Festival" der Öffentlichkeit präsentiert. Das Festival hat mittlerweile internationalen Charakter angenommen und wird jährlich im Mai abgehalten.

Bezüglich Details und Termine (auch Deutschland-Tourneen) siehe eingangs erwähnten "Freundeskreis Bagamoyo".

Umgebung

Kaole-Ruinen

Ca. 15 km südlich von Bagamoyo befinden sich die Kaole-Ruinen, aus dem 14. Jh. Zu sehen sind zwei Moscheen (die West Mosque soll die erste

Moschee des Festlandes gewesen sein), ein Grab und einige Häuser. Ein Wächter erzählt Ihnen währed der Führung etwas über die Geschichte dieser einst blühenden Stadt.

☺ Man sollte von Bagamoyo eine Fahrgelegenheit zu den Ruinen organisieren, da Laufen auf Grund von Überfällen gefährlich sein kann.

Pangani

Pangani Coast Cultural Tourism, ☎ 0784/489129 bzw. 0784/916494, eine eher theoretische Angelegenheit, kein Büro vorhanden.

Unterkunft

Moskitonetze und Ventilatoren durchweg vorhanden

Kategorie D

- **Safari Lodge**, in der Parallelstraße zur Hafenfront, rechts (Hafen im Rücken) der von der Anlegestelle ins Dorf ziehenden Straße, 13 DZ á $ 6 (self contained, franz. Betten), lediglich 1 Zimmer mit 2 Betten jedoch nicht self contained $ 5, Restaurant/Bar $ 2. In einer Dependance - ca. 300 m entfernt - noch 9 DZ zum selben Preis.
- **New River View Inn**, an der Hafenfront (ca. 150 m von der Anlegestelle entfernt), DZ $ 3, EZ $ 2,50, nicht self contained
- Ein weiteres - namenloses - Guesthouse derselben Preisklasse ebenfalls an der Hafenfront, hinter dem "New Cuttin Saloon" (lediglich ein kleines Schildchen weist darauf hin, kurz vor dem New River View)

Kategorie B: Alle nun genannten Hotels liegen ca. 10 bis 20 km außerhalb des Dorfes, sind jedoch mit Dalladalla/Bus erreichbar, Sie müssen dem Fahrer nur sagen, bei welchem Sie aussteigen wollen. Ab der jeweiligen Kreuzung sind es noch ca. 0,5 km zu Fuß. Jedes Hotel holt sie selbstverständlich auch von Pangani ab. Alle Hotels verfügen über Restaurant, Bar (ca. $ 5 bis 7).

- Nördlich von Pangani - Mkoma-Area (Dalladalla/Bus Richtung Tanga)
- **Peponi Holiday Beach Resort**, PO Box 1823, Tel 0741/540139, peponi@twiga.com, info@peponiresort.com, www.peponiresort.com,

kleine Bungalowanlage in schöner Umgebung am Strand, Restaurant, Bar, swimming-pool, Wassersportmöglichkeiten, $ 40 DZ.

⛺ **Algovia Tented Camp**, nette Luxuszelt-Anlage unter Schweizer Leitung, ☎ 027/2630000, ✉ frey@eoltz.com

🛏 **Tinga Tinga Resort**, schön, günstig, jedoch nicht direkt am Strand, DZ $ 30, ☎ 027/2630022, ✉ tingatingapaga@yahoo.com

♦ Selbes gilt auch für das **Pangani Beach Resort**, ☎ 027/260088, $ 15 bis 20.

⛺ Camping ist im Garten des Peponi und des Algovia möglich ($ 4, kein Zeltverleih)

🛏 Südlich von Pangani - **Ushongo-Area** (Dalladalla Richtung Ushongo Village)

♦ Ca. 16 km südlich von Pangani liegt **The Tides Lodge**, ☎ 027/2640844, ✉ info@thetideslodge.com, 💻 www.thetideslodge.com, Bungalow-Anlage am Strand

Pangani City (gh)

♦ Nahe dieser noch die **Emayani Beach Lodge**, PO Box 111, Pangani, ☏ 027/2640755, 0748/489173, ✉ info@emayanilodge.com, 💻 www.emayanilodge.com, Bungalows am Strand, sämtl. Wassersportarten, PADI-Tauchbasis

✕ Hinter dem kleinen Laden an der Anlegestelle liegt das einzige nennenswerte und auch rel. gemütliche (namenlose) Restaurant des Dorfes

BANK Bank und Post gegenüber der Boma (bzw. nach dem zuvor erwähnten Restaurant)

Sehenswürdigkeiten

Die Bausubstanz Panganis reicht bis in das 18. Jh. zurück, befindet sich allerdings in einem beklagenswerten Zustand (soll aber restauriert werden). Sehenswert sind lediglich die Hafenfront - von der Anlegestelle noch ca. 250 m weiter - und die 2 parallel verlaufenden Straßen sowie die korrespondierenden Gassen.

Entlang der Hafenfront mehrere, teils große (Marktgebäude, ehemals Sklaven-"Depot") **Swahili-Bauten**, im Hafen selbst div. Bootstypen (kleines Auslegerboot bis veritable Segeldau, hin und wieder sogar Krokodile), die Kaimauer stammt noch von den deutschen Kolonialisten.

Links der Straße, die von der Anlegestelle in das Dorf hineinführt, die (angeblich) auf 1810 zurückgehende Boma (Verwaltungsgebäude), die nach wie vor als solche genutzt wird - Besuchsverbot (Besichtigung nur von außen), strengstes Fotografierverbot!

Im Dorf immer wieder sehr schöne (aber verkommene), teils auch sehr große Häuser indischer Händler (tolle Balkone), deutscher Pflanzer und arabisch-stämmiger Großgrundbesitzer (teils noch gute Swahili-Türen erhalten).

Trotz des voranschreitenden Verfalls verströmt Pangani noch immer ein gewissen Flair, welches an die gute, alte - v.a. aber große - Zeit erinnert. Für historisch Interessierte unbedingt einen Besuch wert.

Die 2 Gedenksteine an der Fähren-Anlegestelle erinnern an den ersten Weltkrieg sowie an die 10-Jahres-Feier zur Unabhängigkeit.

Eine **Bootsfahrt** am träg und braun fließenden Pangani-River hat auch ihren Reiz - viele Vögel, hin und wieder Krokodile, auch Mangroven. Fahrten organisieren die unter Kat. B aufgelisteten Hotels, bzw. Sie werden diesbezüglich an der Hafenfront angesprochen werden.

Weiterfahrt

Bis in den frühen Nachmittag unregelmäßiger Dalladalla- und Busverkehr nach Tanga sowie nach Ushongo-Village (noch unregelmäßiger).

♦ Busstation direkt bei der Fähr-Anlegestelle

Taxis von Tanga ca. $ 80 (bei 2 Personen inkl. Gepäck), hin/retour, inkl. Aufenthalt (wenn dieser nicht gar zu lange ist, können Sie auch noch Tongoni-Village/Ruinen besichtigen - siehe Kap. Tanga/Umgebung). Fahrzeit knapp 1 Std. 30 Min. Die Fahrt ist abwechslungsreich - Buschland, gemischte Landwirtschaft, große Kokosnuss-Bestände, viele Doum-Palmen, riesige Sisal-Plantage (Kigombe Estates), Straßenzustand ist gut (Schotterpiste). Kein öffentlicher Verkehr nach Bagamoyo. Die Piste ist in einem mehr als kläglichen Zustand. Meist wird an der Südgrenze des Saadani NP (Eintritt!) Endstation sein: Die Fähre über den brückenlosen Wami-River fährt/funktioniert nicht immer.

Sobald Sie länger als 5 Min. an der Hafenfront sind, werden Sie bezüglich einer Überfahrt nach Sansibar angesprochen werden - rechnen Sie mit ca. $ 100 - 150/Motorboot (bis zu 10 Personen), die Überfahrt mit Segelboot (Dau) ist nicht gestattet (wird aber angeboten)!

Mehrere Fahrrad-Verleihstellen an der Hafenfront.

Über das Gründungsdatum des ca. 50 km südlich von Tanga an der Mündung des Pangani-Rivers (Nordseite) liegenden Dorfes ist nichts bekannt, außer dass es mehrere Jahrhunderte zurückliegt (wahrscheinlich 8, vielleicht auch 9), die ältesten Funde datieren aus dem 14. Jh. Aber bereits im 19. Jh. zählte Pangani zu den wichtigsten Karawanen-Stationen und Exporthäfen (Elfenbein, Rhino-Horn, Kopra, Sklaven) an der Festland-Küste und konkurrierte mit Tanga, Bagamoyo und Kilwa. Als die Deutschen ins Land kamen, brach hier am 4.9.1888 der Bushiri-Aufstand aus (der u.a. auch den zweiten Versuch Meyers zur Besteigung des Kilimanjaro zu verhindern wusste). 1893 beschäftigte sich der dt. Botaniker Dr. Richard Hindorf unweit Panganis - entweder nahe Amani oder in Kikowe-Village am südlichen Flussufer, da gehen die Meinungen auseinander - mit den ersten Sisal-Pflanzungen, erfolgreich wie man weiß. Daraufhin wurde flugs die erste Eisenbahnlinie Ostafrikas in Angriff genommen; über die Vorarbeiten von ca. 20 km kam sie nicht hinaus, dann wurde aufgrund des tieferen Hafenbeckens von Tanga der Linie

Tanga-Moshi der Vorzug gegeben. Panganis Wirtschaft verfiel zusehends (ein weiterer Grund war auch die Abschaffung der Sklaverei).

Heute ist Pangani ein beschauliches Fischerdorf, welches unendliche Ruhe und Gelassenheit verströmt. Ökonomisch ist nur mehr die Landwirtschaft von Bedeutung - ca. 50 % aller Kokosnüsse des Festlandes gedeihen hier, auch Sisal verkauft sich immer besser.

An der anderen - südlichen - Flussseite befindet sich das Dorf Mbweni. Es nahm früher die unverheirateten Männer auf. Die Fähre verkehrt nur tagsüber, ca. (!) 8:00 bis 18:00.

Umgebung

Maziwe Island Marine Reserve

Diese knapp 30 km östlich von Pangani gelegene Insel war an der gesamten Küste berühmt für ihren Fischreichtum. Fischer kamen aus Kilwa, Mombasa, Sansibar, von der halben Küste. Alle nächtigten hier und bereiteten ihre Speisen auf offenem Feuer zu - die Brennholzentnahme war enorm. Zusätzlich war diese Insel ein vielfach genutzter Opfer- und Ritualplatz für die Bewohner der Pangani-Area. Opfertiere - Ziegen, Hühner - wurden ausgesetzt, verwilderten, vermehrten sich rege und setzen dem Busch- und Waldland zu. Da Speiseopfer auch Getränke fordern, wurde die ursprüngliche Vegetation (dichtes Buschland bis hin zu dichtem Wald) daher kontinuierlich durch Kokosnuss-Palmen und Obstbäume (beides zur Weinbereitung) ersetzt. All dies zusammengenommen führte zu enormen Erosions-Schäden.

1975 setzte die Regierung die Insel daher unter Schutz (Marine Reserve). 1978/79 fiel trotzdem der letzte Baum/die letzte Palme und die Insel wurde vom Meer fortgespült. Heute findet man lediglich bei Ebbe eine Sandbank vor. Bemerkenswert sind allerdings noch immer die umliegenden Riffe mit rund 35 Korallen-Gattungen (hart wie weich), Schwämmen und div. Seegräsern. Auch der Fischbestand hat sich erholt, heute tummeln sich hier ca. 200 Arten, hin und wieder kommen auch Delphine vorbei.

Anfahrt: Alle unter Kat. B gelisteten Hotels stellen Motorboote zur Verfügung, rechnen Sie mit ca. $ 50 bis 100/Person/Tag (je nach Pesonenanzahl, inkl. Lunch-Paket, Trinkwasser, Schnorchelausrüstung), die in Ushongo beheimateten Hotels sind näher zur Insel (daher etwas günstiger).

Am Strand des Peponi Hotels, nahe Pangani (gh)

Auch im Hafen von Pangani werden Sie Personen ansprechen, Segel-Daus kommen am günstigsten, benötigen aber auch wesentlich mehr Zeit für die Hin- und Rückfahrt (in diesem Fall sollten Sie Ihre eigene Ausrüstung mitbringen).

Tanga

ℹ **TAYODEA** (Tanga Youth Development Association, Plan Nr. 14) Tourist Information Centre, Ecke Independence Av./Usambara St. (Plan Nr. 14) Eine private Organisation, die sich in erster Linie der Suche nach Einkünften für arbeitslose Jugendliche verschrieben hat. Der Dienstleistungssektor Tourismus wurde als eine der Möglichkeiten erkannt (Zuverfügungstellung von guides, Fahrzeugen, Rädern usw.). geöffent Mo bis Sa 8:00 bis 17:00, So 9:30 bis 16:30, ☏ 027/2644350, 0713/375367 od. 560569, ✉ tayodea@yahoo.com, im Großen und Ganzen arbeitet diese Organisation einwandfrei.

Unterkünfte

Falls nicht anders vermerkt, verfügen alle DZ nur über französische Betten. Das bedeutet, dass nur gemischtgeschlechtliche Paare im Zimmer zugelassen sind. Sobald Sie mit einem Partner gleichen Geschlechts hier nächtigen wollen, müssen Sie zwei Zimmer belegen. Die Preis-Reduzierung bei DZ-Belegung durch nur 1 Person ist durchgehend minimal.

Falls nicht anders vermerkt, sind überall Moskitonetze und Ventilatoren vorhanden. Die genannten Preise sind Zimmerpreise.

Kategorie D:

- **Motel Sultanate** (Plan Nr. 27), ☏ 027/2646008, 0756/087613, DZ $ 15, self contained, jedem der 4 Zimmer ist ein "Arbeitsraum" vorgeschaltet, neue Anlage, nur Bar mit soft-drinks vorhanden, alkohol. Getränke und Speisen werden im catering-Verfahren vom nächsten Restaurant geholt
- **Waridi Executive Hotel** (Plan Nr. 22), ☏ 027/2646541, DZ $ 8 (self contained, Ventilator, TV), Restaurant, Bar
- **Red Sea Motel**, ☏ 027/2647540, direkt neben dem Waridi, DZ $ 8, kein Restaurant
- **Ngorongoro Guesthouse** (Plan Nr. 23), DZ $ 5, nicht die feinste Adresse, aber O.K., Restaurant - Speisen nur gegen Vorbestellung.
- **Inn by the Sea** (Plan Nr. 4), DZ $ 10 (mit Klimaanlage), 50 % der Zimmer mit Meerblick, eig. Strandabschnitt, kein Restaurant (dieses jedoch im direkt nebenan liegenden Swimming Club, man holt auch die Speisen für Sie), Bar vorhanden (kein Alkohol-Ausschank), insgesamt eine gute Wahl, Personal jedoch etwas mürrisch.
- **Ras Kazone Hotel** (Plan Nr. 8), ☏ 0753/246857, DZ $ 8 bis 16 (je nach Ausstattung, Größe usw.), EZ $ 8, Suite $ 24, durchweg self contained, kein Restaurant (das nächste befindet sich im Swimming Club, ca. 15 Min.), Bar vorhanden (keine harten alkohol. Getränke), etwas abgewohnt.
- **Ocean Breeze Hotel**, DZ (mehr als lediglich zwei Betten (!) dürfen Sie nicht erwarten) $ 5 bis 10 (je nach Lage, Größe usw.), wenn schon nicht das größte, so das höchste Hotel der Stadt (schöner Blick aufs Meer), auf alle Fälle das Hotel mit der besten/zentralsten Lage. Ehemals sehr renommiert, heute eine Bruchbude, allerdings rüstet man auf, die aus überdimensionierten, sehr strapazierfähigen Formrohren geschweißten "Käfige" (inkl. großem Vorhängeschloss) für TV in den Zimmern sind schon montiert. Das

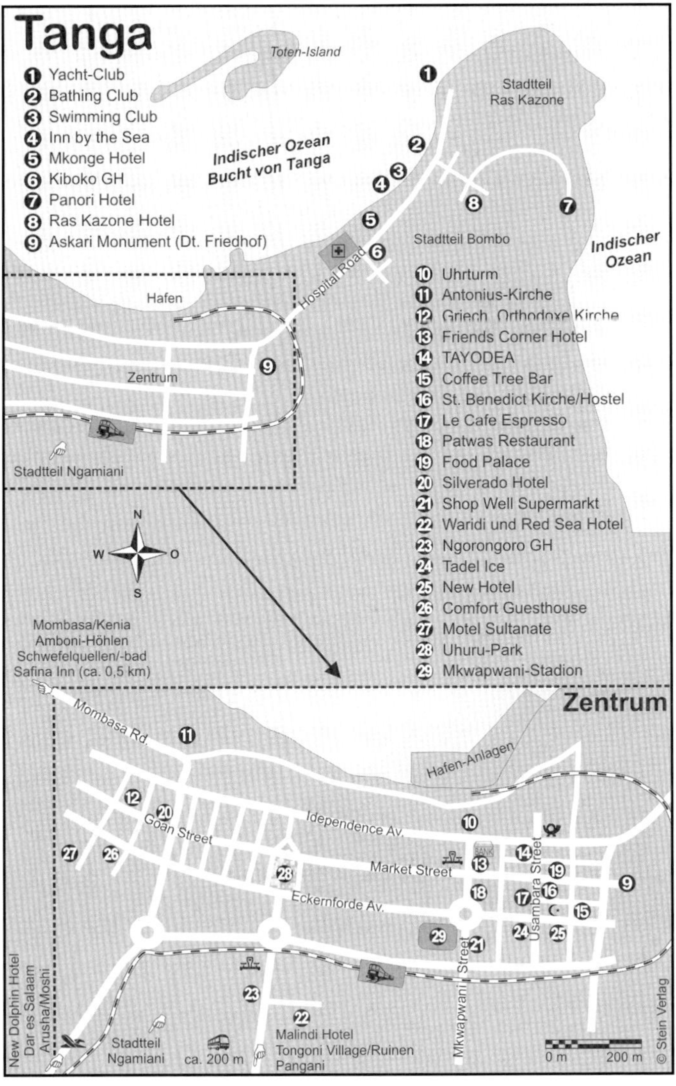
Tanga
1 Yacht-Club
2 Bathing Club
3 Swimming Club
4 Inn by the Sea
5 Mkonge Hotel
6 Kiboko GH
7 Panori Hotel
8 Ras Kazone Hotel
9 Askari Monument (Dt. Friedhof)
Toten-Island
Indischer Ozean
Bucht von Tanga
Stadtteil
Ras Kazone
Stadtteil Bombo
Indischer
Ozean
Hospital Road
Hafen
Zentrum
Stadtteil Ngamiani
10 Uhrturm
11 Antonius-Kirche
12 Griech. Orthodoxe Kirche
13 Friends Corner Hotel
14 TAYODEA
15 Coffee Tree Bar
16 St. Benedict Kirche/Hostel
17 Le Cafe Espresso
18 Patwas Restaurant
19 Food Palace
20 Silverado Hotel
21 Shop Well Supermarkt
22 Waridi und Red Sea Hotel
23 Ngorongoro GH
24 Tadel Ice
25 New Hotel
26 Comfort Guesthouse
27 Motel Sultanate
28 Uhuru-Park
29 Mkwapwani-Stadion
N
W
O
S
Mombasa/Kenia
Amboni-Höhlen
Schwefelquellen/-bad
Safina Inn (ca. 0,5 km)
Zentrum
Mombasa Rd.
Hafen-Anlagen
Idependence Av.
Goan Street
Market Street
Eckernforde Av.
Usambara Street
Mkwapwani Street
New Dolphin Hotel
Dar es Salaam
Arusha/Moshi
Stadtteil
Ngamiani
ca. 200 m
Malindi Hotel
Tongoni Village/Ruinen
Pangani
0 m
200 m
© Stein Verlag

Restaurant ($ 2 bis 5) ist soweit O.K., beliebter Treffpunkt mit brüllendem TV-Gerät. Zum hier ansässigen "tour operator" siehe Umgebung.

- ♦ **New Hotel & Bar**, Eckernforde Av. (Plan Nr. 25), mäßig, DZ $ 7
- ♦ **Comfort Guesthouse** (Plan Nr. 26), traditionelle Anlage mit Innenhof - dennoch eher Notquartier, dafür nur $ 4
- ♦ ⛺ **Kiboko Guesthouse & Campsite** (Plan Nr. 6), schräg gegenüber dem Bombo-Hospital), ☏ 027/2644929, 078/4469292, ✉ jda-kiboko@bluemail.ch, unter schweizer Leitung, derzeit nur Camping-Platz $ 4/Person/Tag, Zeltverleih (3-Personen-Zelt) $ 2/Tag, 14 DZ á (voraussichtlich) $ 40 werden Ende 2007 fertiggestellt sein, sehr schönes und auch ausgezeichnetes (wahrscheinlich bestes Tangas) Restaurant unter Palmen ($ 4 bis 15), organisiert auch Touren in und um Tanga, Fahrrad-Verleih ($ 3/Tag), ungemein hilfsbereit.
- ♦ **Malindi Hotel**, ☏ 027/2647124 (am Stadtrand Richtung Pangani) und der große Komplex des New Dolphin Hotels (ebenfalls am Stadtrand, Straße Richtung Dar es Salaam, allerdings rel. nah zum Busbahnhof), DZ $ 10 bis 15 (self contained), beide mit Restaurant

Hauptstraße/Marketstreet von Tanga (rd)

Kategorie C

- **Panori Hotel** (Plan Nr. 7), ☏ 027/2646044, ✉ panori@africaonline.co.tz, wahrscheinlich die beste Wahl in Tanga, jedoch etwas außerhalb, südwestlich der Stadt (absolute Ruhelage), DZ $ 40, EZ $ 25, AC, gutes Restaurant, Taxi vom Busbahnhof, $ 3 oder mit Dalladalla bis Ras Kazone - $ 0,25 - dann noch ca. 20 Min. zu Fuß
- **Kola Prieto Hotel**, ☏ 027/2644206, DZ $ 20 (AC, TV, franz. Betten, wie 2 Betten), Restaurant mit AC klein aber fein ($ 2 bis 5, kein Alkoholausschank)
- **Silverado Hotel** (Plan Nr.20), ☏ 027/2643259 bzw. 2645259, 0713/408323, nur DZ vorhanden (mit franz. Betten, AC, TV) $ 30, Restaurant, insgesamt sehr sauber, fast schon steril
- Weiterhin noch **Safina Inn** an der Mombasa Rd. (am Ortsrand)

Kategorie B/A

- **Mkonge** (Swahili für sisal) **Hotel**, ☏ 027/2643440, FAX 2643637, einziges Hotel dieser Kat. in Tanga, knapp vor dem Inn by the Sea, 2006 zur Gänze renoviert (ital. Architekt) und erweitert, erstklassige Anlage, DZ ab $ 90

Ein Kuriosum Tangas sind die durchweg enorm umfangreichen Speisekarten - freuen Sie sich nicht zu früh, es gibt nur das, was zufälligerweise in der Küche vorhanden ist (im Großen und Ganzen gilt das auch für die Restaurants der Hotels).

- **Le Cafe Espresso** (Plan Nr. 17), trotz des Namens gutes, very stylish Speiserestaurant
- **Food Palace** (Plan Nr. 19) und **Patwas Restaurant** (Mkwakwani Str., Plan Nr. 22), beide in indischer Hand, bilden - außerhalb der Hotelpforten - die kulinarische Speerspitze Tangas. Obwohl Sie nicht zu viel erwarten sollten, servieren beide gute Qualität, Patwas gibt sich sehr modern und hat die höheren Preise ($ 4 bis 5).
- **Tadel Ice Parlour** (24) - wie der Name sagt, wird hier Eiscreme angeboten
- **Coffee Tree Bar** (Plan Nr. 15), $ 2 bis 4, gemütlich
- Von den Hotel-Restaurants sind die des **Mkonge** und des **Panori** die besten, das des **Ocean Breeze Inn** geht an.

BANK Bank - siehe Plan, kein Bureau de Change (wenn Sie nicht über sehr viel Zeit verfügen, sollten Sie vielleicht bereits mit gefüllter Reisekasse hier eintreffen, die Warteschlangen können enorme Ausmaße annehmen)

- Postamt (siehe Plan)
- DHL - Market St., schräg gegenüber dem Food Palace
- Impala Internet Service - vis à vis dem Markt in der Market Street
- Der tägliche Markt im "Zentrum" bietet Lebensmittel, außerhalb desselben (Independence-Av.-Seite) ein mäßiger Souvenir-Stand.
- Der Wochenmarkt in "Ngamiani" bietet Sa und Mi alles Mögliche und Unmögliche - absolut einen Besuch wert (an den anderen Tagen sind lediglich vielleicht 10 % der Plätze belegt).
- Shop-Well-Supermarkt (Plan Nr. 21), rel. gut sortiert
- Apotheke neben dem Patwas Restaurant (fast Ecke Eckernforde Av.)
- Öffentliche Bücherei (auch architektonisch sehenswert), Independence Av., ca. 200 m links des Clock-Towers (Blickrichtung Meer). Mo bis Fr 9:00 bis 16:00
- Club La Casa Chicka (gegenüber dem Postamt), ein Nachtclub
- Ob ein Bad im Ozean vor Tanga erfrischend ist, ist fraglich. Aufgrund des sandigen Untergrundes kann bei keiner der genannten Institutionen von klarem Wasser gesprochen werden. Und ob es sauber ist, ist aufgrund der Nähe zum Hafen mehr als fraglich. Bei allen Clubs können Boote nach Toten Island (siehe Umgebung) gemietet werden.
- Tanga Yacht Club (Plan Nr. 1), www.tangayachtclub.com, Eintritt $ 1,50, seit Neuübernahme 2004 kann wieder von Yachtclub gesprochen werden, schönes, fast elegantes Restaurant/Bar ($ 4 bis 10 riesiges T-Bone-Steak), Umkleidekabinen, usw., weist auch den längsten Strandabschnitt auf.
- Tanga Bathing Club (Plan Nr. 2), Eintritt $ 0,25, nur tagsüber geöffnet, außer Billard-Tisch keine Infrastruktur
- Ras Kazone Swimming Club (Plan Nr. 3), Eintritt $ 0,50, bis Mitternacht, Restaurant ($ 3,50)
- Anfahrt (für alle 3) mit Dalladalla nach Ras Kazone (Endstation direkt vor dem Bathing Club)

Sehenswürdigkeiten

Der **Uhrturm** (Plan Nr. 10) wurde im beginnenden 20 Jh. (wahrscheinlich 1901) von den deutschen Kolonialherren errichtet.

Das **Sakarani-Mahnmal** (auch **Askari-Monument**) am Ende der Market St. (Plan Nr. 9) erinnert an die 64 Gefallenen (48 einheimische Rekruten und

Träger, 16 Deutsche) der "Schlacht von Tanga" (2. bis 4.11.1914). In dieser Form wurde es 1962 errichtet, zuvor war nur eine hölzerne Gedenktfel vorhanden.

Gedenkstein von Mathilde Margerethe Scheel: Diese Dame (1902-1987) war die philanthropische Gattin eines früheren dt. Honorarkonsuls, welche während der brit. Mandatszeit energisch die Interessen der Askaris der "Schutztruppe" verteidigte und sie auch finanziell unterstützte (Mama Askari = "Mutter" der Askaris). Abgesehen davon ist allein der riesige, das Mahnmal beschützende Baobab einen Besuch wert.

Old Tanga School (heute Eckernförde School, Market St.) wurde gegen Ende des 19. Jh. von den Deutschen errichtet und 2004 mit Mitteln der Stadt Eckernförde und des Auswärtigen Amtes gänzlich renoviert.

St. Antonius-Kirche (Plan Nr. 11): Der große Neubau wurde gegen Ende der 70er-Jahre errichtet. Der dahinterliegende Altbau ist annähernd 100 Jahre alt und wurde von irischen Mönchen errichtet. Heute ist er gänzlich ausgeweidet und wird von der Pfarrgemeinde als Multifunktions-Saal genutzt (Seminare, Besprechnungen, Workshops etc.). Messe: Sa 19:30, So 7:30, 9:30, Kindermesse So 4:30. Falls Sie die Kirche besuchen wollen, fragen Sie nach dem "priest in charge".

Griechisch Orthodoxe Kirche St. Georgis (Plan Nr. 12): Gemeinsam mit dem ökonomischen Niedergang Tangas wurde auch die Anzahl der Griechisch-Orthodoxen weniger, heute gibt es keinen einzigen mehr in Tanga. Die Kirche ist dem Patriarch von Nairobi unterstellt. Die Schlüssel-Verwahrerin (key-holder) wohnt gleich rechts des Einganges und öffnet gerne (Trinkgeld nicht vergessen - tsh 500 bis 1.000).

Weiterfahrt

- Sehr viele Fahrradverleih-Stellen quer durch die Stadt, durchweg jedoch sehr schwere chin. Fabrikate ohne Gangschaltung usw., beste Möglichkeit ist das TAYODEA-office
- Den ganzen Vormittag über Direkt-Busse nach Dar es Salaam, Moshi/Arusha
- ♦ Bis ca. 14:00 Direkt-Busse nach Lushoto sowie Pangani
- ♦ Busbahnhof siehe Plan
- Coastal Aviation, Independence Av., schräg gegenüber dem Postamt (Flugplan siehe Kap. Reisen im Land/Flugzeug)

Keine Schiffsverbindungen nach Sansibar (private Angebote, mit Segeldau dorthin zu segeln, sind a) gefährlich, b) illegal)

Trotz Bahnhof kein Bahn-Transport

Der Kern der viertgrößten Stadt Tananias (ca. 250.000 Ew.) setzt sich aus 3 athmosphärisch ziemlich unterschiedlichen Teilen zusammen. Das **"Zentrum"** (Schwerpunkt Verwaltung, Ökonomie) umfasst die Independence St. (von Kreuzung mit Hospital Rd. bis Antonius-Kathedrale) sowie die parallel verlaufende Market St. und Eckernförde Av. und wird im Osten wie Süden durch die Eisenbahn-Gleise begrenzt. Es gibt sich - im östlichen Teil - weitläufig und bunt, leise und vergleichsweise modern, ist der großen weiten, auch der vornehmen Welt zugeneigt: Banken, Postamt, große Geschäfte mit Importware, einen auf Lebensmittel begrenzten Markt, die besseren Hotels und Restaurants, Tourist-Info, viele noble mit Arkaden versehene Gebäude (teils aus deutscher Zeit), breite, gehsteiggesäumte Asphaltstraßen mit Zypressen-Allee - irgendwie, als machte die Kolonialzeit ein Nickerchen. Der

Innenansicht der Antonius Kirche (gh)

Teil westlich des Stadions wird mehr und mehr zu reiner Wohngegend - die Gehsteige lösen sich genauso auf wie der Straßenbelag, langsam bestimmen wieder Sand und Staub den Alltag. Lediglich die Allee setzt sich weiter fort.

Östlich des "Zentrums" durchstreift der Tourist die vornehmen Villenviertel von **Bombo** und **Ras Kazone** mit den besten Hotels der Stadt, den Clubs, viel Grün, viel Ruhe und noch viel mehr distanzierter Vornehmheit.

In **Ngamiani**, dem Teil südlich des Stadions bzw. der Eisenbahngleise, schrumpft alles und drängt sich eng zusammen. Die unzähligen Läden sind klein bis winzig, verbreitern sich dafür auch gerne bis weit in die Straße hinein, dazwischen bieten unzählige Straßenhändler ihre Waren feil. Aus Restaurants werden hier Garküchen und improvisierte food-stalls, selbst der Busbahnhof ist klein - dafür aber umso geschäftiger. Lediglich der Wochenmarkt ist riesig und bietet alles für den Alltag Notwendige - Lebensmittel, Geschirr, Kleidung, Deko-Material aus Plastik, Werkzeug usw. usf. Hier paart sich Lärm mit Staub, unglaubliche Gelassenheit mit genauso unglaublicher Hektik - man hat wieder Afrika erreicht.

Tochter der Keyholderin am Eingang der Griechisch Orthodoxen Kirche (gh)

Fahrradfahrer auf der Marketstreet (gh)

Ein Phänomen teilen sich alle Stadtteile: unendlich viele Fahrradfahrer.

Religiös betrachtet, ist die Stadt gut durchmischt je ca. 25 % Katholiken, Islamisten, Pentecostal Church (Pfingstkirche) und Lutheraner.

Wirtschaftlich hinkt die Bedeutung Tangas trotz Zement-Fabriken, (kleiner) Nahrungs-, Textil-, Leder- und Düngemittel-Industrie, mehreren Mühlen, Sisal-Verarbeitung usw. der großen Vergangenheit zwar weit hinterher, doch sind die über den Hafen abgewickelten Exporte in den letzten Jahren rasant gestiegen (die Exportsteigerung betrug im 2. Halbjahr 2006 gegenüber dem Vergleichszeitraum 2005 25 %). In erster Linie stiegen die Exporte von Sisal (wurde weltweit als recyclebarer Grundstoff wieder entdeckt), Kaffee, Hackschnitzel, Zement und Bauxit. Da diese Entwicklung eine nachhaltige sein dürfte, wird der Hafen (drittgrößter an der ostafrikanischen Küste) massiv ausgebaut.

Tanga glänzt auch durch wichtige **Bildungs-Einrichtungen** - deren bedeutsamsten die große Eckernförde Secondary School und die School of Air Defence sind. Seit 1963 ist Tanga Partnerstadt von Eckernförde.

Geschichte

Höchstwahrscheinlich im 14. Jh. von persischen Einwanderern (Shirazi) gegründet. Größere Bedeutung als die eines Fischerdorfes erlangte Tanga durch die Jahrhunderte nicht. Erst im 19. Jh. - die Stadt war dem Sultan von Sansibar untertan - erlangte es als Ausgangspunkt für Handels-Karawanen ins Landesinnere (Elfenbein, Sklaven) mehr Bedeutung, denn der Hafen war auch für (damals) größere Schiffe tief genug. Die deutschen Kolonialherren erschienen 1888 und brachten den hervorragend gedeihenden Sisal in die Region und wollten auch die landwirtschaftlichen Produkte aus der Usambara- und Kilimanjaro-Region exportieren, errichteten daher die Eisenbahnlinie Tanga-Moshi (ab 1893) - die Bedeutung Tangas stieg enorm. Tanga blühte auf und war auch als neue Hauptstadt von Deutsch-Ostafrika im Gespräch (als Nachfolgerin von Bagamoyo). Zu Beginn des Ersten Weltkriegs schlug in Tanga die Deutsche Schutztruppe zwar eine 1:8 überlegene (jedoch schlecht ausgerüstete und ausgebildete) britische Lande-Streitmacht vernichtend, Tanganyika wurde 1922 dennoch britisches Mandatsgebiet. Sisal wuchs weiterhin bestens in der Region (und um Morogoro), Tansania wurde Sisal-Weltmarktführer, Tanga platzte aus allen Nähten.

Der Niedergang kam in den 70er-Jahren des 20. Jh., als sich die Welt zugunsten von Kunststoff vom Sisal verabschiedente. Die Bedeutung Tangas sank ins Bodenlose und als in Tansania in den frühen 90er-Jahren der Tourismus als Einkommensquelle "entdeckt" wurde, lag Tanga aufgrund des maroden Straßensystems soweit abseits, dass es trotz der weiter unten angeführten touristischen highlights nie wahrgenommen wurde.

Durch die geplante Küstenstraße Dar es Salaam-Mombasa/Malindi (Kenia) und als Endpunkt einer groß angelegten "Touristik-Meile" (Dar es Salaam-Tanga) wird der Stern Tangas aufgrund des hervorragenden touristischen Potenzials bald wieder zu strahlen beginnen.

Umgebung

Amboni Caves/Mapango ya Amboni

Das (möglicherweise) größte (jedoch nicht zusammenhängende) Höhlensystem Afrikas, gemunkelt wird von einer Länge von 234 km. Genau vermessen wurde es noch nie und ob es wirklich bis Mombasa reicht, ist mehr als umstritten. Geschaffen wurden die in einer Kalkstein-Schicht liegenden Höhlen während des Jura (vor ca. 200 - 140 Mio. Jahen), einerseits durch Bewegungen der Erdkruste, andererseits durch eindringende CO2-haltige Oberflächenwässer (Regen). Inwieweit auch der Mkulumizi-River (lokal auch Mkurumuzi, bzw. einer seiner namenlosen Vorläufer), in dessen engem und wüstem Tal sich auch der Eingang befindet, zur Schaffung beigetragen hat, ist nicht geklärt, möglicherweise ist sein Tal eine eingestürzte Höhle.

Zu besichtigen ist nur ein kleiner Teil - ca. 1 Stunde ist ausreichend. Ein amtlich bestellter und auch wissender guide ist in der Eintrittsgebühr von $ 5 enthalten. In der sog. guten alten Zeit war die Höhle elektrisch beleuchtet, heute führt der guide die Beleuchtung in Form von Taschen-Scheinwerfern mit. Für eine Besichtigung ist das ausreichend, falls Sie jedoch fotografieren wollen, benötigen Sie einen kräftigen Blitz oder ein Stativ (besser). Zu besichtigen gibt es 8 Kavernen (Höhe im Schnitt ca. 10 m, bis zu 50 m tief) und die vermittelnden Gänge, Stalaktiten und -miten, viele Fledermäuse, Frösche. Mehrere Formationen (solitäre Felsen, Deckenflächen) sind vom Wasser dergestalt bearbeitet, dass sie - mit etwas Phantasie - als menschliche Figuren durchgehen können (durchweg mit biblischen Namen behaftet - Maria, Gabriel, Adam, Eva usw.), andere wiederum erinnern an Throne, die

Umrisse des afrik. Kontinents und sonst. Dinge. Wenn der Mkulumizi-River während der Regenzeit Hochwasser führt, gibt es hin und wieder auch Krokodile zu bestaunen.

Die Höhlen hatten/haben in der ansässigen Bevölkerung auch kultischen Status - im ersten "Raum" (Mzimu wa Mabavu/strong place) befindet sich ein Ritualplatz für die Hinterlegung von Opfergaben zur Besänftigung der Ahnen bzw. der Geister/Dämonen im Allgemeinen (inwieweit es sich dabei heutigentags um ein reines Touristenspektakel handelt, konnte nicht eruiert werden). Einer Legende nach versteckten sich hier auch - im dritten "Raum" - über 4 Jahre zwei berühmte Mau-Mau-Kämpfer (Antikoloniale-Wiederstandsbewegung, andere Quellen behaupten, es wären einfache Räuber gewesen) - Osalle O'Tango aus Kenia und Paolo Hamisi aus Tansania. Aufgrund der Magie des Ortes konnten Sie das anstehende Ernährungsproblem dadurch lösen, dass sie unsichtbar waren/wurden und bei den Dorfbewohner mitaßen (ohne dass die das bemerkten). Interessant ist auch der vorletzte mit einer "Kanzel/Rednerpult" versehene Raum (im guide-Munde als "Picnic-Chamber" bezeichnet), hin und wieder wird er als lokaler Veranstaltungsraum genutzt -

Der Eingangsbereich der Amboni Caves (rd)

Gerhard Hirn in den Amboni Caves (rd)

eine mehr als prächtige Idee. Genauso prächtig ist die Benennung des (ersten) Ausganges aus den Höhlen - "Airport", Retourflug in die Wirklichkeit. Im allerletzten Raum sehen Sie Adam und Eva - lassen Sie sich überraschen

Obwohl es in Europa prächtigere Höhlen zu bewundern gibt, in jedem Fall einen Besuch wert. Es ist das Gesamt-Ensemble, was diesen Komplex so anziehend macht, diese Mischung aus Mystik, Legende, Geologie, Wasserkraft und Aberglauben und wo haben Sie das letzte Mal einige tausend Fledermäuse gesehen/gespürt? Wann sind Sie das letzte Mal im Halbdunkel einem 20 m langen/tiefen Wurzelstock unter der Erde begegnet? Der Ort hat was einwandfrei Magisches!

An Ausrüstung benötigen Sie nichts Besonderes, Alltagskleidung genügt. Lediglich nach schweren Regenfällen kann der Erdboden aufgeweicht sein.

Während einer massiven Regenzeit, kann der Mkulumizi-River so weit über die Ufer treten, dass er die Höhlen überflutet, dann ist es nichts mit einer Besichtigung. In der Regel wissen die Veranstalter in Tanga über die jeweilige Situation nicht Bescheid (evtl. gerade noch TAYODEA).

täglich 9:00 (theoretisch, erlauben Sie den guides erst gegen ca. 10:00 zu erscheinen) - 17:00

Anfahrt

Folgen Sie der asphaltierten Mombasa Rd. ca. 7 km, dann links in Staubstraße einbiegen - bis hierher können Sie auch mit Dalladalla fahren (ca. $ 1). Ab dieser Abzweigung sind es noch ca. 2 km bis zum Dorf Kiomoni und von diesem noch knapp 1 km bis zum Höhleneingang. Alle Abzweigungen/Kreuzungen usw. einwandfrei beschildert.

🚲 Wer mit dem Fahrrad fahren will: Bis Kiomoni geht's gerade noch, ab dem Dorf wird's aber beschwerlich. Den Retourweg werden Sie höchstwahrscheinlich - zumindest bis zum Dorf - schiebend gestalten (sehr steile und sehr kaputte Piste).

🚗 Mit einem Taxi benötigen Sie ca. 30 Min. pro Strecke. Kosten siehe weiter unten

Galanos -Schwefelquellen

Es existieren zwei mehr oder weniger zusammenhängende Plätze dieses Namens - Galanos Sulphur-Bath und die Sulphur-Springs höchstelbst.

Ersteres ist ein heute funktionloses Heilbad mit 8 in den Boden eingelassenen, gemauerten und verfliesten Wannenbädern. Grund für die Errichtung war die Heilwirkung des Wassers, aber auch der Wunsch nach Erholung nach dem harten Tagwerk. Der Platz war gut gewählt, man hat eine tolle Aussicht.

Erbaut wurde das Bad irgendwann gegen Ende der 50er-Jahre vom griechischen Sisal-Plantagenbetreiber Christos Galanos, dem auch die Entdeckung (1950) zugeschrieben wird (siehe aber auch weiter unten). 10 oder 15 Jahre nach der Unabhängigkeit wurden die Wasser-Pumpen gestohlen, anderen Berichten zufolge verrotteten sie ganz einfach. Auf alle Fälle ist die Anlage seit Ende der 70er-Jahre dem Verfall preisgegeben. Aktuell wird sie von einer Familie, die auch als care-taker fungiert, als Wohnhaus genutzt. Von einer Wieder-Inbetriebnahme wird seit Jahrzehnten gemunkelt.

Die eigentlichen Quellen liegen etwas weiter nördlich in einem wunderbaren Kokospalmen-Hain. Sie werden von der einheimischen Bevölkerung nach wie vor therapeutisch genutzt - nachgewiesenermaßen hilft das Wasser gegen Ausschläge und Pilzerkrankungen der Haut (baden) sowie Magengeschwüre (trinken). Achten Sie beim Fotografieren darauf, dass sich nicht unbedingt badende, unbekleidete Menschen vor der Linse tummeln. Dass auch traditionelle Heiler (mganga) die Wasser nutzen, beweisen die vorhandenen kleinen "Häuschen" für Geister und Dämonen.

Das herrlich türkisfarbene Wasser (optischer Ausdruck eines hohen Mineral-Gehaltes) der Quellbächlein lädt trotz des Schwefel-Geruches zum Plantschen ein. Seien Sie achtsam - vor einigen Jarhen tauchten hier 2 (kleine) Krokodile auf. Die an den Ufern herumwuselnden Süßwasser-Krabben sind ungefährlich. Grund und Boden (und somit die Kokos-Plantage) ist Eigentum von Mr. Pinto, der auch care-taker ist. Er ist meist anwesend und erzählt über Geschichte (seiner Meinung nach hat sein Vater 1949 die Quellen entdeckt und auch erstmals genutzt) und sonstiges Interessantes der Quellen, abschließend lädt er zu einem Umtrunk mit Palmwein.

Dieser Ausflug ist - egal, wie Sie ihn organisieren (siehe unten), und auch egal, ob Sie krank oder gesund sind, - lohnend. Das Ambiente ist sehr reizvoll, schon die Anfahrt ab Mombasa Rd. durch landwirtschaftlich genutztes Gebiet ist toll und man kann auch Einiges über die Agro-Kultur lernen (fragen, fragen, fragen). Die Verfügungsgewalt über die Heilquellen hat der Staat, an einen Ausbau (Typus Heil-Thermalbad, Wellness-Oase o.Ä.) ist derzeit nicht gedacht.

Anfahrt

Folgen Sie der Mombasa Rd. von der Abzweigung zu den Höhlen noch ca. 1 km bis zum uniformen Amboni-Village (eine Werksiedlung für Sisal-Arbeiter), sofort danach Querung des Ziggi/Sigi-Rivers auf Brücke, dann sofort rechts auf Staubstraße noch ca. 100 m weiter - hier befindet sich der "Parkplatz" von Maji-Moto-Village, rechts zu Fuß ca. 5 Min. bis zum Galanos-Sulphurbath.

Um zu den eigentlichen Quellen zu gelangen, müssen Sie wieder zurück zur Mombasa Rd. und noch ca. 3 - 4 km weiter Richtung Mombasa fahren. Die erste größere rechts, abzweigende Piste (ca. 12 km ab Tanga-Clocktower) führt zu den Quellen. Nach etwa 5 Min. Fahrt (Taxi) passieren Sie den aufgelassenen office-Komplex der Sisal-Plantage, weiter. Sobald Sie einen kleinen Fluss/größeren Bach sehen, müssen Sie links (ca. 200 m vor dem Gewässer). Ein eigentlicher Weg/Straße ist nicht (mehr) vorhanden, es geht praktisch querfeldein durch die Landwirtschaft - zwischen Kokos-Palmen und Cassava-Pflanzen hindurch, über Stock, Wiese und Stein - die meisten Taxifahrer werden hier nicht mehr fahren wollen bzw. können, auch mit Fahrrad wird es mehr als beschwerlich - zu Fuß sind es noch ca. 1 Std. (3 - 4 km). Am besten (und auch intelligentesten) ist es, in Maji-Moto-Village einen guide anzustellen (ca. $ 1 - 2, je nach Alter).

Wenn Sie zum oben erwähnten Flüsschen weitergehen, besteht manchmal die Chance, Krokodile zu sehen. Manche Fahrer machen auch bei diesem

Schwefelquellen (rd)

Herumwuselnde Süßwasser-Krabben (rd)

Flüsschen (ein Zubringer des Ziggi/Sigi-Rivers) Endstop - dieses Gewässer nimmt zwar die schwefelhaltigen Quellwasser auf, ist aber nicht die eigentliche Quelle (dennoch, ein lauschiges Plätzchen).

Die Besichtigung von Badeanstalt und Quellen ist grundsätzlich kostenlos, die care-taker erwarten jedoch ein Trinkgeld (ab $ 1, jeweils).

Kosten

Der Besuch aller drei genannten Stätten ist mit Taxi innerhalb eines Tages - auch wenn Sie die letzten 3 oder 4 km zu den Quellen zu Fuß absolvieren - ohne gröbere Probleme machbar (bei Aufbruch zwischen 8:00 und 9:00). Wenn Sie diese Tour mit dem Fahrrad absolvieren wollen, müssen Sie ordentlich in die Pedale treten (v.a. wenn Sie ein übliches chinesisches Fabrikat wählen, mit den mountain-bikes von TAYODEA ist es soweit O.K.).

Ich gehe daher im Weiteren von einer Tour aus, die alle drei Stätten streift - Abholung im Hotel, retour wieder zum Hotel.

Wenn Sie mit eigenem Kfz unterwegs sind und selbst fahren, fallen außer den erwähnten Trinkgeldern und Eintrittsgebühren keine weiteren Kosten an.

TAYODEA verlangt für die Tour zu allen beschriebenen Plätzen $ 30 pro Person - egal ob mit Taxi oder TAYODEA-eigenem Fahrrad. Enthalten müssen sein: Gebühr für TAYODEA-guide, Eintrittsgebühr bei den Höhlen, Trinkgelder bei Quellen und Bad, guide-Gebühr für den Weg zu den Quellen (die meisten TAYODEA-guides wissen aber den Weg), Taxi - bzw. Fahrrad-Kosten.

Alle Taxi-Fahrer Tangas bieten diese Tour ebenfalls an - die Kosten bewegen sich zwischen $ 25 (absolutes Minimum) bis $ 50 (für jeweils 2 Personen). Alles eine Frage des Verhandelns. Auch bei diesem Preis sollten alle Kosten (Eintritt, Trinkgelder wie oben) enthalten sein.

In den Straßen Tangas werden Sie auch unweigerlich Privatpersonen bezüglich dieser Tour ansprechen, in der Regel handelt es sich um fly-catcher des im Ocean Breeze Hotel ansässigen (angeblich konzessionslosen) tour operator "Great Masai" - die Preise sind relativ hoch (handeln Sie kräftig).

Gehen Sie in jedem Fall sicher, dass der Fahrer den Unterschied zwischen Bath und Springs wirklich kennt.

Toten Island

In der Bucht von Tanga gelegene kleine Insel (ca. 0,5 km^2), einen kräftigen Steinwurf vom Festland entfernt. Der Name geht auf die in Tanga ansässigen Deutschen zurück - die Insel diente als Quarantäne-Station (angeblich auch als Hinrichtungsstätte). Neben einigen Swahili-Ruinen (Moscheen) aus dem 18./19. Jh. berherbergt die Insel einen Friedhof aus deutscher Zeit (ausgehendes 19., beginnendes 20. Jh.), welcher erst 2003 vom Rotary Club Tanga renoviert wurde. Weiter ist noch dichtes Buschland zu bewundern und einige schöne Strandabschnitte zu genießen, sonst ist die Insel infrastrukturlos.

Bootsfahrten organisieren alle Hotels, das TAYODEA-office sowie Swim-/Bathing- und Yacht-Club. Kosten: ca. $ 5 bis 50 (je nach Bootsart, Ruderboot bis Motoryacht, hin/retour inkl. Aufenthalt).

Yambe-Island

Ca. 3 km von Tanga entfernte, ebenfalls sehr kleine Insel, lediglich wenige und auch unbedeutende Swahili-Ruinen sind zu besichtigen. Anfahrt wie zuvor.

Weitere kleinere Swahili-Ruinen in den Dörfern Vumba Kuu (an der kenyan. Grenze) und im ca. 5 km entfernten Mdumi. Ein Ausflug lohnt aber nicht wirklich.

Tongoni-Village

Dieses kleine Fischerdorf liegt ca. 20 km südlich von Tanga an der Straße nach Pangani (Abzweigung beschildert) und ist für seine alten Shirazi-Ruinen (gesichert 14./15. Jh., manche Autoren datieren die Ruinen sogar zurück bis ins 10. Jh.) berühmt. Gefunden bzw. ausgegraben wurden diese von Neville Chittick in den 50er-Jahren des 20. Jh. Zu sehen sind einige Moscheen, wobei eine noch ziemlich gut erhalten ist (Mihrab, Säulenreihen), Reste privater Häuser und eine Art Stadtmauer. Am berühmtesten sind jedoch die 40 Pfeilergräber - die größte bekannte Gräber-Ansammlung an der gesamten ostafrikanischen Küste. Eintritt $ 3 (inkl. ausgebildetem guide).

Anfahrt mit Taxi ca. $ 30 bis 40, hin/retour, inkl. Wartezeit (in der Regel inkl. Eintrittsgebühr), siehe aber auch unter Pangani/Weiterfahrt.

Touren organisieren auch die Hotels sowie das TAYODEA-office

Das Dorf selbst ist ein typisches und auch sehr nettes infrastrukturloses Swahili-Dorf mit Makuti-Dächern, Lehmwänden und Kokospalmen. Erwähnenswert sind auch die (wahrscheinlich) größten Mangrovenbestände im Distrikt Tanga.

Zu Maziwe Marine Park ☞ unter Pangani (vorangegangenes Kapitel)

Kilwa Masoko

- Es gibt einige bescheidene **Guesthouses** der Kategorie D in der Umgebung der Busstation. Zimmer mit zwei Betten, Wasser aus dem Kübel.
- ♦ Empfehlenswert lediglich das **New Majaka** (sogar mit Dusche, falls Wasser vorhanden) in Marktnähe mit benachbartem Restaurant.

🛏 **Kategorie C**

♦ **Upepo Pwani**, traditionelle Bungalow-Anlage (Bandas) in großer Palmenansammlung, direkt am Strand (außerhalb der Stadt), ✕, Schnorchelmöglichkeit, 💻 www.kilwa-safari.com, ✉ info@kilwa-safari.com, die (britischen) Betreiber fungieren auch als tour operator bis in den Norden Mosambiks.

🛏 **Kategorie B**

♦ **Kilwa Seaview Resort** (auch Mbuyuni genannt), etwas oberhalb des Strands auf einer Klippe (eigener Strandabschnitt vorhanden) gelegenes Bungalow-Dorf (traditionelle bandas), bandas für je 4 Pers., bei Vollbelegung $ 80, als "Einzelbungalow" $ 60, Vollpension: $ 15 Aufschlag. Restaurant (internat. und tansan. Küche mit Schwerpunkt Seafood), 🏊, die Betreiber agieren auch als tour operator nach Kilwa Kisiwani/Kivinje und bieten Trips in das Selous WR, Schnorcheln, Tauchen, Fischen, ☏ 023/2402542 oder 0748/613335, Büro in Dar es Salaam:
☏ 022/2650250 oder 0748/624664, 💻 www.kilwa.de, ✉ info@kilwa.net oder baobabvillage@raha.com,

⛺ Beim Upepo Pwani, Zeltverleih $ 3, 💻 www.kilwa-safari.com

♦ Beim Kilwa Seaview Resort, $ 5/Person, kein Zeltverleih

♦ Beide Plätze bieten Duschen, Toiletten sowie Küche für Selbstversorger

✕ Einige einfache Restaurants mit lokaler Küche rund um den Markt

BANK Es gibt eine Bank an der Hauptstraße, leider noch kein Forex-Büro.

⚖ Ein kleiner Markt bietet Obst und Gemüse

🛒 Einige Läden haben ein bescheidenes Angebot.

Weiterfahrt

✈ Coastal Aviation fliegt Kilwa an, wenn es genügend Passagiere gibt. (☞ Reisen im Land/Flugzeug)

🚌 Egal ob Sie nach Dar es Salaam oder Lindi fahren wollen, Sie müssen zuerst nach Nangurukuru an der Straße Dar es Salaam-Lindi/Mtwara fahren (ca. 30 km, Dalladalla $ 0,75). Wenn Sie von Dar es Salaam oder Mtwara kommen, erreichen Sie Nangurukuru erst am Abend, ein Taxi nach Kilwa Masoko kostet ca. $ 7 bis 10. es gibt nur ein nicht beschildertes Guesthouse in der Nähe der Busstation (fragen). Auf Grund der regen touristischen Nachfrage soll ein Direktbus Dar es Salaam-Kilwa Masoko/Markt eingerichtet werden - Auskünfte in Dar es Salaam-Busbahnhof bzw. in Ihrem Hotel oder TTB-Büro.

Kilwa Masoko ist ein typisches Wa-Swahili-Dorf an der Küste mit Häusern aus Korallenkalkstein und Lehm, die mit Palmwedeln gedeckt sind. Es ist ein weitläufiges Dorf mit sandigen Straßen, Palmen und viel Staub. Ein kleiner **Markt** bietet ein bescheidenes Angebot an Obst und Gemüse, **kleine Läden** bieten das Notwendigste, und Kinder verkaufen am Abend scharfen gebratenen Tintenfisch.

Abgesehen von Ruhe und Beschaulichkeit gibt es nur einen Grund hierher zu fahren: Das UNESCO-Weltkulturerbe auf der Insel Kilwa Kisiwani.

Umgebung

Kilwa Kisiwani (UNESCO-Weltkulturerbe)

Kilwa lag am südlichen Ende der ehemaligen Wa-Swahili-Städte der Küste. Bereits im 9. Jahrhundert gab es hier eine Siedlung, die vom Handel profitierte. Ihre Blütezeit hatte sie vom 12. bis zum 14. Jahrhundert. Vor allem der **Handel mit Gold** gab dieser einst blühenden und reichen Stadt ihre Bedeutung.

Die Bewohner Kilwas kontrollierten den Handel des Mosambik-Kanals bis nach Sofala weit in den Süden. Das Gold kam vom Innern Afrikas, des einst blühenden Reiches von Zimbabwe. Kilwa war ein eigenständiger **Stadtstaat**. Es war ein Sultanat, das eigene Münzen prägte. Der Reichtum der Stadt spiegelte sich auch in ihrer Architektur wider. Nur die reichen Bewohner bauten **Steinhäuser**, die noch heute eindrucksvoll sind. bedenken Sie bei allen Ausgrabungsstätten, dass nur noch die Häuser der Reichen zu sehen sind. Die ärmere Stadtbevölkerung baute ihre Häuser in der typischen Wa-Swahili-Tradition, die auch heute noch die Küstenarchitektur bestimmt. Ein Stangengerüst aus Holz wird mit Korallenkalkstein und Lehm gefüllt und das Dach mit Palmwedeln gedeckt. Diese Häuser sind natürlich verschwunden, aber man kann erahnen, wie groß diese einst blühenden Städte waren.

Als die Portugiesen Ende des 15. Jahrhunderts das Kap der Guten Hoffnung umrundeten und endlich den Seeweg nach Indien entdeckten, waren sie über die bestehenden Handelsbeziehungen und den Reichtum der Städte an der ostafrikanischen Küste sehr erstaunt. Als im Jahre 1505 die Portugiesen in Kilwa landeten, weigerte sich der Sultan, ihnen Tribut zu zahlen. Daraufhin eroberten sie die Stadt und übernahmen die Kontrolle über den lukrativen Goldhandel.

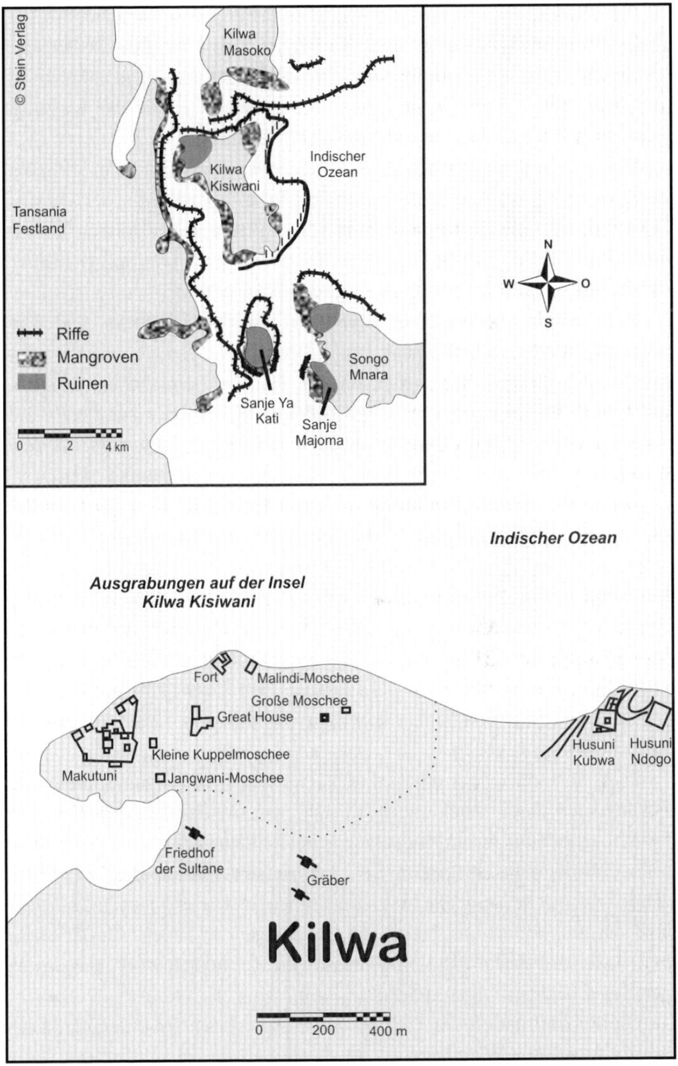
© Stein Verlag
Kilwa Masoko
Kilwa Kisiwani
Indischer Ozean
Tansania Festland
N
W
O
S
Riffe
Mangroven
Ruinen
Songo Mnara
Sanje Ya Kati
Sanje Majoma
0
2
4 km
Indischer Ozean
Ausgrabungen auf der Insel Kilwa Kisiwani
Fort
Malindi-Moschee
Große Moschee
Great House
Kleine Kuppelmoschee
Makutuni
Jangwani-Moschee
Husuni Kubwa
Husuni Ndogo
Friedhof der Sultane
Gräber
Kilwa
0
200
400 m

Für Kilwa bedeutete dies den unaufhaltsamen wirtschaftlichen Abstieg. Bereits im Jahre 1512 war es so bedeutungslos geworden, dass die Portugiesen beschlossen, die Kontrolle über den Goldhandel vom fernen Malindi aus zu übernehmen. Gegen Ende des 16. Jahrhunderts griffen die Zimba die Stadt an, die dieser Attacke nicht standhalten konnte.

Einen kurzen neuerlichen Aufschwung erlebte die Stadt im 17. Jahrhundert, als Oman-Araber die Kontrolle über den Handel an der Ostküste Afrikas übernahmen. Es gelang ihnen, die Portugiesen zu verdrängen. Um 1784 übernahmen sie die endgültige Kontrolle über Kilwa, und der Bruder des Imams von Muskat wurde als Gouverneur eingesetzt.

Kilwa wurde vor allem als **Stützpunkt für den Elfenbein- und Sklavenhandel** wiederum bedeutsam. Die Zolleinnahmen gingen an die Omanis, dem Sultan blieb nur der eigene Handel. Nur die Herrscherfamilie konnte noch im Reichtum leben, die übrige Bevölkerung verarmte zusehends. Das 25 km entfernt liegende **Kilwa Kivinje** auf dem Festland wurde immer bedeutsamer. Der Hafen diente zum Versand von Elfenbein, Kopal und Sklaven.

Bereits 1842 war Kilwa Kivinje bedeutsamer als die Kilwa Kisiwani. Bald darauf wurde der Sultan nach Muskat deportiert und Kilwa Kisiwani verfiel.

Besichtigung: Der **Sultanspalast** (Husuni Kubwa) zählt zu den bedeutendsten Ausgrabungen Ostafrikas. Es war das größte Gebäude des vorkolonialen Afrikas. Er wurde ca. 1,5 km von der Stadt entfernt auf einer Klippe, die den Hafen von Kilwa überblicken ließ, erbaut. Der Palast geht auf das frühe 14. Jahrhundert zurück und wurde wahrscheinlich von Sultan al-Hasan ibn Talut in Auftrag gegeben.

Er ist noch relativ gut erhalten und zeigt die privaten Räumlichkeiten des Sultans, den Audienzhof, einen kleinen, mit Ornamenten geschmückten Swimmingpool und hauswirtschaftlich genutzte Räumlichkeiten. An der Rückseite befindet sich ein großer Hof, der niemals vollständig fertig gestellt wurde. Zahlreiche kleine Räume sind zu sehen, die wahrscheinlich als Warenlager für den Import und Export des Sultans gedient haben. An der Mauer innerhalb des Palastes kann man eingravierte Zeichnungen von den damaligen Segelschiffen (*mtepe*) sehen.

Die Rekonstruktion des Palastes zeigt, dass es am Fuße der nördlichen Stiegen eine kleine **Moschee** gab, die direkt am Ufer lag.

Unweit des großen Palastes findet man das **Husuni Ndogo** (das kleine Husuni). Es sind noch die Grundmauern zu sehen und die Reste einiger Bastionen. Es wurde wie ein Fort errichtet, doch der Zweck ist nicht deutlich erkennbar. Wahrscheinlich war es eine Art Meereskarawanserei.

Das **Fort** (Gereza) befindet sich an der Hafenfront und ist bereits bei der Abfahrt vom Segelschiff aus gut zu sehen. Es wurde um das Jahr 1800 erbaut. Es umschließt das ältere Fort der Portugiesen aus dem Jahre 1505. Es wurde bereits 1513 von den Portugiesen wieder aufgegeben, da es für sie eine zu geringe strategische Bedeutung für den Handel im Indischen Ozean hatte. Der Name *gereza* bedeutet im modernen Ki-Swahili "Gefängnis". Es zählt zu den wenigen Worten, die portugiesischen Ursprung aufweisen.

Die große **Kuppelmoschee** (Great Mosque) zählt zu den bedeutendsten Ausgrabungen Kilwas. Sie ist noch sehr gut erhalten, und ihre zahlreichen Säulenreihen und Kuppeln vermitteln einen wunderschönen Einblick in die Architektur der damaligen Zeit. Der nördliche Teil der Moschee ist der älteste und geht auf das 11. Jahrhundert zurück. Um 1300 wurde die Moschee um das Vierfache vergrößert, im 15. Jh. nochmals renoviert; heute ist fast noch die gesamte Moschee in dieser Größe erhalten. Sie war das Zentrum Kilwas.

Neben ihr gab es noch zahlreiche kleinere **Steinmoscheen**, die den jeweiligen Familien bzw. Stadtteilen zugeordnet waren. Gut erhalten ist noch die kleine **Kuppelmoschee**. Sie besteht aus drei Reihen, die jeweils mit Kuppeln überdacht sind. Chinesische Schüsseln, die sich in einer Wandnische befinden, datieren die Moschee auf das 15. Jh. Das **große Haus** (Great House) geht auf das 14. Jahrhundert zurück und befindet sich auf der südlichen Seite der großen Moschee. Es sind nur noch die Grundmauern vorhanden. Sie lassen allerdings die Größe und Bedeutung deutlich erkennen. Die meisten Häuser (nicht die Moscheen und die Gräber) wurden in den nachfolgenden Jahrhunderten ihrer Steinmauern beraubt, da sie wiederum für Hausbauten verwendet wurden. Aus diesem Grunde sind hier höchstens noch die Reste der Grundmauern zu sehen.

Es gibt noch zahlreiche weitere Ausgrabungen, die aber nicht so gut zu erkennen sind wie die vorhergenannten. Dazu zählen zahlreiche kleinere **Moscheen** (Jangwani-Moschee, Malindi-Moschee, Kipakoni-Moschee, Mvinje-Moschee), das **Portico-Haus** (House of Portico), der **Makutani-Palast**

(Makutani Palace) und der **Stadtteil Makutani** (Ort mit der großen Mauer), **Friedhöfe** und **Zisternen**.

Songo Mnara (UNESCO-Weltkulturerbe)

Die Ruinen der südlich von Kilwa gelegenen Insel Songo Mnara sind ebenso bedeutend wie die von Kilwa, allerdings etwas mühsamer zu erreichen. Die Fahrtdauer mit einer Dau ist abhängig von Windstärke und -richtung und kann schon mal mehrere Stunden betragen. Die Hotels der Kat. B vermieten aber auch (teure) Motorboote. Die Ruinen gehen auf das 14. und 15. Jh. zurück. Einige Gebäude wurden im 18. Jh. renoviert und modifiziert. Die meisten Gebäude sind **Wohnhäuser**. Die größeren von ihnen haben viele Zimmer und Innenhöfe, wovon einige durch Stiegenaufgänge gekennzeichnet sind.

Auch sind noch einige **Moscheen** zu sehen. Die nördliche und die zentrale sind teilweise von einem **Friedhof** umgeben. Weitere **Gräber** liegen im Westen und Osten der Ausgrabungsstätte. **Brunnen** dienten zur Wasserversorgung und auch für die Waschungen vor dem Betreten einer Moschee.

Sanje Majoma

Diese Insel liegt 3 km südlich von Songo Mnara und beherbergt Ruinen (Wohnhäuser und eine Moschee) aus dem 14. und 15. Jh.

Sanje Ya Kati

Ebenfalls eine Insel nahe Songo Mnara. Es bieten sich Ruinen aus dem 12. und 13. Jh. an.

Anreise

Egal welche Stätte/Insel Sie besuchen wollen, nehmen Sie sich für jede zumindest einen halben Tag Zeit (besser einen ganzen).

Für einen Besuch der **Ruinenstätte** auf der Insel **Kilwa Kisiwani** sowie auf der Insel **Songo Mnara** ist eine Erlaubnis (*permit*) der Distriktverwaltung/ Natioal Department of Antiquities einzuholen. Wenn Sie in Richtung des Meereskanals gehen, ist auf der linken Seite der große Gebäudekomplex nicht zu übersehen (gegenüber dem Postamt). Vergessen Sie Ihren Reisepass nicht.

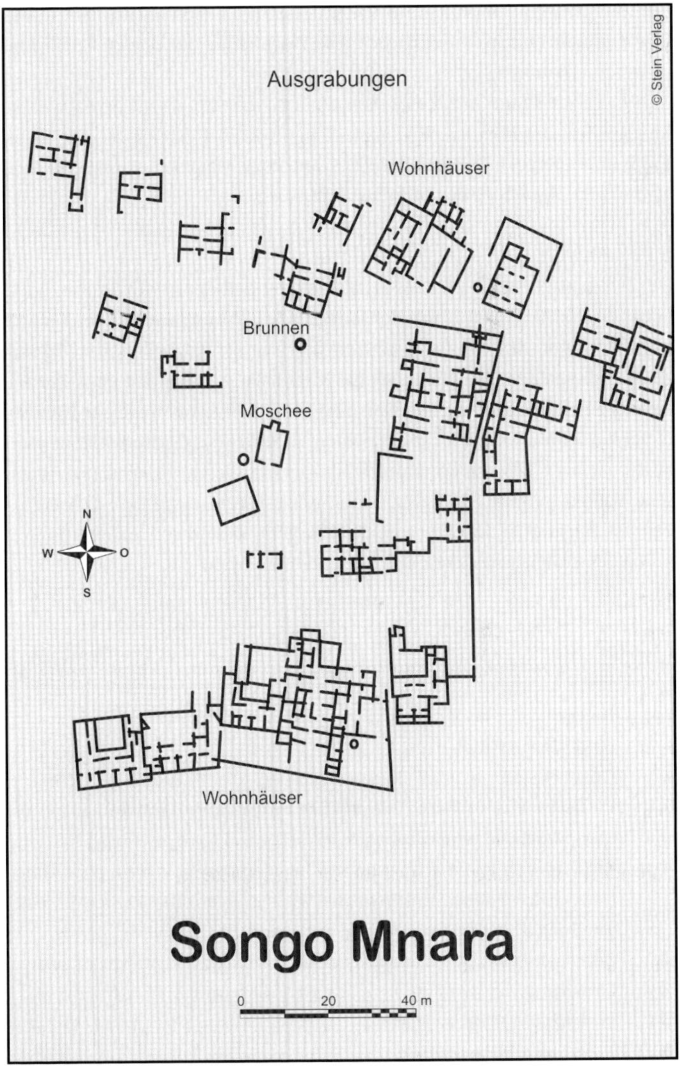
Ausgrabungen
© Stein Verlag
Wohnhäuser
Brunnen
Moschee
N
W
O
S
Wohnhäuser
Songo Mnara
0
20
40 m

Die Ausstellung des permits ($ 1) geht rasch vor sich, besuchen Sie das Office trotzdem so früh wie möglich. Die Wächter auf den beiden Inseln kontrollieren erbarmungslos!

Am Hafen/Strand müssen Sie mit den Fischern die Überfahrt nach Kilwa Kisiwani (ca. 30 Min.,ca. $ 5) bzw. Songo Mnara (rechnen Sie mit mind. $ 25, in der Regel inkl. eines Besuches von Sanje Majoma und Sanje Ya Kati) aushandeln. Auch hier gilt: je früher, umso besser.

Kilwa Kivinje

Der Ort liegt 28 km von Kilwa Masoko entfernt und war im 19. Jh. ein Stützpunkt des Sklaven- und Elfenbeinhandels zwischen Sansibar und der Seenregion. Am Ende des 19. Jh.s siedelten sich hier die deutschen Kolonialisten an. Aus dieser Zeit stammen noch die Markthalle, das Fort mit einer Kanone aus dem Ersten Weltkrieg und eine Gedenksäule für zwei deutsche Händler, die den Maji-Maji-Krieg nicht überlebten. Eine weitere Gedenksäule erinnert an die vielen gefallenen/ermordeten Afrikaner in diesem Krieg. Einige arabische Bauten (schöne, geschnitzte Wa-Swahili-Türen) aus dieser Zeit ergänzen das Angebot. 3 Guesthouses der Kategorie D sind vorhanden.

Laufend Dalladallas zwischen hier und Kilwa Masoko.

Lindi

Kategorie D

- **Lindi Beach Hotel**, direkt am Hafen gelegen.
- **Coast House**, am nördl. Stadtrand gelegen, aber freier Blick aufs Meer.
- Einige weitere einfache Guesthouses im winzigen Zentrum entlang der Main Street und am Busbahnhof.

Befinden sich im Zentrum rund um den Markt sowie in allen angeführten Hotels. Das Angebot ist nicht so groß wie im Norden oder Südwesten, lediglich Fisch ist in größeren Mengen vorhanden.

Bescheidenes Angebot an Makonde-Schnitzereien und Markt für Obst und Gemüse.

Immigration Office am Hafen

, TTCL, BANK an der Hauptstraße

Weiterfahrt

- 🚌 Täglich nach Dar es Salaam
- ♦ Täglich nach Mtwara und Masasi
- ⛴ ☞ "Mtwara"
- ✈ Precision Air, Amani St., ☎:023/2202366,0744/493369, ✉ pwlindi@precisionairtz.com

Die **heiße und trockene Hafenstadt** Lindi liegt 186 km südlich von Kilwa exakt an der Mündung des Lukuledi-Rivers in die Lindi-Bay. Das Zentrum liegt etwas unterhalb des Meeresspiegels und wird von kleinen Hügeln umrahmt (schöner Ausblick auf die Stadt). Gegründet wurde die Stadt ca. um 1700, zählte bis ins 19. Jh. zu den größeren Swahili-Städten am Festland und war Endpunkt der Karawanenroute vom Malawi-See (Sklaven, Elfenbein). Zentrum der Region blieb Lindi bis Mitte des 19. Jhs, danach wurde es von Mtwara wegen des tieferen Hafenbeckens abgelöst. Seitdem schrumpft die Stadt (41.500 Einwohner 2002, Wachstumsrate 1,4 %). Heute ist Lindi ein kleines Dorf, das sich zwischen Marktgelände und Meer/Fluss ausbreitet. Jede touristisch relevante Institution befindet sich innerhalb eines Kreises von etwa 500 m Durchmesser - die Ruinen der deutschen Boma (soll ein Hotel werden), die Ruine des englischen Administrationsgebäudes sowie einige arabische Bauten mit geschnitzten Türen. Und wenn Sie kein Bootsfreak sind, ist auch die Besichtigung des netten Hafens in 10 Min. erledigt.

Der Name Lindi wird allgemein als "Tiefer Kanal" übersetzt, das bezieht sich auf den Lukuledi-River, der als natürliche Grenze das Ende der Stadt markiert. Der Ausdruck "Lindi" kann aber auch mit "Loch/Grube" übersetzt werden, was sich auf die Depressions-Lage des Stadtkernes bezieht.

Falls Ihnen die Stadt zu langweilig wird und Sie an ausgedehnte Strand-Spaziergänge denken: gehen Sie nicht alleine und nehmen Sie keine Wertsachen mit.

Umgebung

Die der Stadt vorgelagerte Insel Kisiwa cha Popo (Fledermaus-Insel) beherbergt tagsüber eine große Anzahl schlafender Fledermäuse (nachts kann man sie in der Stadt beim Jagen beobachten). Boots-Arrangement am Hafen.

Die Saurier Tansanias

1906 fand ein deutscher Ingenieur ca. 120 km nordwestlich von Lindi zufällig einen vom Regen freigespülten Saurierknochen. Da sich auch der dt. Paläontologe Eberhard Fraas zufällig in der Region befand, barg er die ersten Knochen, beschrieb sie und veranlasste den sachgerechten Transport nach Berlin.

Es stellte sich bald heraus, dass diese Knochen etwas Besonderes waren und 1909 schickte das Geologisch-Paläontologische Institut Berlin eine wissenschaftliche Expedition (fast ausschließlich von privaten Sponsoren finanziert) unter der Leitung von Werner Janensch und Edwin Hennig nach Tendunguru - es sollte die weltweit in jeder Hinsicht bis dato erfolgreichste Grabung der Paläontologie werden. Bis zum Ende der Grabungen 1913 wurden insgesamt 250 t versteinerte Saurierknochen geborgen, per pedes zur Küste transportiert (ca. 110 km) und nach Berlin verschifft. Darunter befand sich der bis heute größte bekannte Saurier - *Brachiosaurus brancai* (Armechse: extrem lange Vorderbeine, eines der augenfälligsten Unterscheidungsmerkmale zu anderen Sauriern), 23 m lang, 12 m hoch, geschätztes Lebendgewicht: 70 bis 80 t, Pflanzenfresser. Darüber hinaus wurden über ein Dutzend neuer Saurierarten beschrieben und konnten zusätzlich zum o. e. *B. brancai* noch weitere 4 Skelette gänzlich rekonstruiert werden. Alle Knochen stammen aus der späten Jura-Zeit, sind also ca. 150 Mio. Jahre alt.

Da über die Lebens- wie Todesumstände dieser Saurier-Ansammlung praktisch nichts bekannt ist, erforscht die TU Berlin (Robert Bussert) diese seit dem Jahr 2000.

Mtwara

Kategorie D

- **Mtwara Beach Hotel**, es liegt direkt am Meer und ist sicherlich von der Lage her das schönste Hotel der Stadt.
- **Masasi Lodge**, in der Tanu Plot Area
- Einfache Guesthouses im Zentrum/Markt und beim Busbahnhof.

Im Zentrum rund um den Markt. Das Mtwara Beach Hotel bietet auch ein nettes Restaurant.

Der Markt bietet ein bescheidenes Angebot an Obst, Gemüse und Fischen.
Als Souvenirartikel kann man in Mtwara selbst sowie den umliegenden Dörfern in erster Linie Makonde-Schnitzereien erstehen.

Weiterfahrt

Als einzige Linie fliegt Precision Air Mtwara an. ☞ Reisen im Land/Flugzeug

Mehrmals wöchentlich nach Dar es Salaam

- Täglich nach Lindi bzw. Masasi
- Um weiter als nach Masasi zu gelangen, müssen Sie viel Zeit investieren. Ab Masasi handelt es sich um eine während der Regenzeit nicht passierbare Piste, während der Trockenzeit ist ein allradbetriebenes Fahrzeug vonnöten.
- In der Praxis bedeutet dieses keinen oder zumindest fast keinen und sehr unregelmäßigen öffentlichen Verkehr westlich von Masasi.
- Wenn Sie nach Songea wollen, sollten Sie über Mbeya fahren.

Wöchentlich einmal nach Dar es Salaam, ☞ Reisen im Land/Schiff. Bezüglich einer Weiterfahrt nach Mosambik ☞ Grenzen zu den Nachbarländern

Die **Hafenstadt** liegt 104 km südlich von Lindi und nahe der Grenze zu Mosambik. Wegen der nahen Grenze sollte man nur mit äußerster Vorsicht fotografieren, manche sagen sogar, dass in dieser Stadt Fotografierverbot herrscht. Aus demselben Grund müssen Sie mit verstärkten Kontrollen durch Immigration Officer rechnen. Die Stadt hat keinerlei Sehenswürdigkeiten zu bieten. Das Zentrum Mtwaras (Markt, Busbahnhof, Bank, Post, TTCL, Guesthouses usw.) liegt leider nicht am Meer, sondern ca. 2 km davon entfernt.

Direkt am Meer im Norden der Stadt liegt der Stadtteil Shangani mit einem schönen Strand (Wochenend-Ausflugsziel), es ist die so genannte "bessere" Gegend von Mtwara. Der Hafen mit einem netten Fischmarkt (vormittags) liegt zwischen Shangani und dem Zentrum.

Mtwara wird bald als Herzstück des "**Mtwara Development Corridor**" (eines der letzten Großprojekte von Präsident Mkapa) eine enorme Aufwertung erfahren. Der Hafen wird ausgebaut, eine befestigte Straße zum Malawi-

See gebaut bzw. renoviert, parallel dazu wird eine Öl-Pipeline verlaufen, eine Verbindung über den Malawi-See (Mbamba Bay/Tansania nach Nkhata Bay/Malawi) wird endgültig installiert und die Grundsteinlegung für eine Brücke über den Ruvuma ("Unity Bridge") erfolgte bereits. All dies soll dazu führen, den Außenhandel der an diesem Großprojekt beteiligten Staaten - Tansania, Mosambik, Malawi, Sambia auf Mtwara zu fokussieren und alle Beteiligten mit günstiger Energie aus den neu entdeckten Ölfeldern zwischen Mtwara und Lindi zu versorgen. Auch der rasante Ausbau der Straße Dar es Salaam - Mtwara ist unter diesem Aspekt zu sehen.

Dass dies auch den Tourismus angekurbelt wird, ist klar. Die Region bieten einiges: drei unberührte Game Reserves (als nächstgelegenes das Lukwika-Lumesule GR), den Western Corridor (siehe Selous WR), den neu errichteten Mnazi Bay-Ruvuma Estuary Marine Park, die bisher nur der Wissenschaft bekannten Saurier-Fundstätten in Tenduguru sowie die Orte Lindi, Mikindani und Kilwa, nicht zu vergessen die Bewohner des Makonde-Plateaus und dieses selbst, auch der Norden Mosambiks sowie der gesamte Malawi-See wird profitieren.

Mit den genannten Maßnahmen zeichnet sich eine deutliche Verbesserung der wirtschaftlichen Situation des "vergessenen Südens" und die Schaffung eines neuen Tourismus-Zentrums ab. Als Drehscheibe wird Mtwara fungieren - der Ausbau des Flughafens zu einem internationalen ist bereits in Planung!

Umgebung

Mtwara vorgelagert liegt die Insel Msangankuu - schöne Strände, Schnorchelmöglichkeiten. Ausleger-Kanus und Daus verlassen Mtwara vom Hafen in Shangani.

Die Insel ist Teil des 2000 errichteten "**Mnazi Bay-Ruvuma Estuary Marine Park**" - $ 10 Eintritt! Der Park wurde auf Grund des ungeheuren Artenreichtums eingerichtet - mehr als 400 Fisch- und mehr als 260 Korallenarten. Es ist die größte Ansammlung von Korallen an der Ostafrikanischen Küste.

Die verschlafene Wa-Swahili-Stadt **Mikindani** liegt 10 km westlich von Mtwara an der Mikindana-Bay und ist laufend mit Dalladallas erreichbar. Abgesehen von Ruhe und Beschaulichkeit sowie einem Sklavenmarkt und einem Gefängnis aus dem 19. Jh. ist das Old Boma Hotel der einzigen Grund hierher zu fahren.

Das Hotel liegt auf einem Hügel, überblickt die Bay und stellt eine sehr gelungene Restaurierungsarbeit dar (bis 2003 war es eine verfallende Ruine). Es ist einfach schön, auf der Terrasse einen Kaffee zu schlürfen und auf den Ozean zu blicken - auch eine der vielen Zeitreisen, die man in Tansania unternehmen kann.

Übernachtung inkl. Frühstück $ 90, ☏ 0748/360110, oldboma@mikindani.com.

♦ Eine weitere - etwas günstigere - Unterkunft ist die **Ten Degrees South Lodge**, $ 20 bis 35, inkl. Frühstück, self contained. Zu buchen über: eco2 ltd. (Dr. Martin Guard), ☏ 0746/855833, drew@eco2.com, das Office von eco2 liegt neben der Lodge und definiert sich als Tauchzentrum, welches auch stark in die Erhaltung des Mnazi Bay-Ruvuma Estuary Marine Park involviert ist. Über dieses Unternehmen kann auch die Southern Lodge gebucht werden - zwischen Mtwara und Mikindani am Strand gelegen, $ 50/DZ inkl. Frühstück, self contained.

Inseln des Indischen Ozeans

Frisch geöffnete Muskatnuss (eb)

Die Region im Überblick

Für Ruhe und Erholung nach den anstrengenden Tagen einer Safari oder der Besteigung des höchsten Berges von Afrika, bietet Tansania traumhafte Inseln im warmen Indischen Ozean. Jede für sich ist ein kleines Juwel. Herrliche, unberührte Sandstrände, glasklares Wasser und Palmen garantieren einen wunderschönen Aufenthalt. Aber die Inseln haben mehr als nur Strandurlaub zu bieten.

In der phantastischen Altstadt Sansibars werden längst vergangengeglaubte Zeiten wieder lebendig. Archäologisch Interessierte können zahlreiche Ausgrabungen besichtigen und das luxuriöse Leben an der Küste der letzten Jahrhunderte erahnen. Die Augen haben viel zu tun, aber auch der Geschmack und Geruch bleiben nicht unberührt.

Sie werden den zarten Duft der **Nelken** noch lange spüren, denn Sansibar zählt zu den bedeutendsten Nelkenexporteuren der Erde. Gerüche aus Ihrer Küche werden Ihnen auf Schritt und Tritt begegnen. Alle bedeutenden Gewürze, sei es Pfeffer, Zimt oder Muskatnuss, gedeihen prächtig - und an eine Spicetour (**Gewürztour**) wird Sie jedes zukünftige Pfeffersteak erinnern.

Die Inseln **Sansibar** (auf Ki-Swahili: Unguja) und **Pemba** bezaubern vor allem durch ihre tropischen Strände und ihre Geschichte. **Mafia**, südlich von Dar es Salaam, ist das Paradies der Wassersportler, vor allem der Taucher und Fischer.

Sansibar

Sansibar besteht aus den beiden Inseln **Sansibar** (Unguja) und **Pemba** sowie zahlreichen anderen kleinen Inseln. Auf den 2.332 km² großen Inseln leben 985.000 Einwohnern.

Die Insel Sansibar liegt sechs Grad südlich des Äquators und ist nur 35 km vom Festland entfernt. Die langen weißen Sandstrände und das tiefblaue Meer bilden einen wunderschönen Kontrast zum grünen und fruchtbaren Landesinnern. Hauptstadt der Insel ist die **Stadt Sansibar**. Durch die engen Gassen der Altstadt (**Stonetown,** UNESCO-Weltkulturerbe) zu schlendern, sich immer wieder zu verirren und doch wieder aus dem Gewirr der Gassen zu entkommen, ist ein atemberaubendes Erlebnis. Die Stadt vermittelt einen wundervollen Eindruck vom Leben an der Küste. Zahlreiche Gebäude verfallen leider zusehends, und oft lässt sich der Glanz und der Reichtum dieser ehemals so bedeutenden Handelsstadt nur noch erahnen. Es werden ungeheure Anstrengungen unternommen, dieses bedeutende kulturelle Erbe zu renovieren und zu erhalten.

Im Landesinnern werden alle nur erdenklichen **Gewürze** angebaut, allen voran Gewürznelken. Überall auf der Insel werden Sie Nelkenbäume und Nelken, die am Boden zum Trocknen ausgelegt sind, sehen. Pfeffer, Vanille, Kardamom, Muskatnuss, Zimtrinde, tropisches Obst und Gemüse und vieles mehr werden ebenfalls angebaut. Es ist eine einzigartige, fruchtbare Oase. Die schönsten **Strände** liegen auf der Ost- und Nordseite der Insel. Weiße Sandstrände, Palmen, glasklares Wasser und viel Ruhe garantieren einen geruhsamen Aufenthalt.

Klima

Das ganze Jahr herrscht ein angenehmes Klima mit maximal 33,5°C und einem Minimum von 20,9°C. Die heißesten Monate sind Februar und März, die kühlsten Monate Juli und August. Die große Regenzeit ist von März bis Ende Juni; kurze Regenschauer fallen im November. Badesaison ist das ganze Jahr über.

Sicherheit

Im Zuge der Wahlen 2000 wie 2005 kam es zu innenpolitisch motivierten Ausschreitungen mit mehreren Toten. Direkte Angriffe auf Touristen kamen dabei nicht vor. Aktuell (Februar 2007) hat sich die Situation total beruhigt. Aber verlassen Sie schleunigst die Szene, wenn Sie einen größeren Menschenauflauf sehen. Lesen Sie auch vor einem Sansibar-Besuch am Festland Zeitungen und holen Sie Auskünfte bei Ihrer Botschaft ein. Achten Sie auch auf evtl. Ausgangssperren (*curfew/kengele inayopigwa jioni kuonya watu kuzima taa na moto*).

Bezüglich einer allgemeinen Gefahr bestohlen oder überfallen zu werden, gilt sinngemäß das im Kap. "Sicherheit" Gesagte. Frauen sollten keinesfalls mit zu freizügiger Kleidung die Schönheiten Sansibars genießen - keine

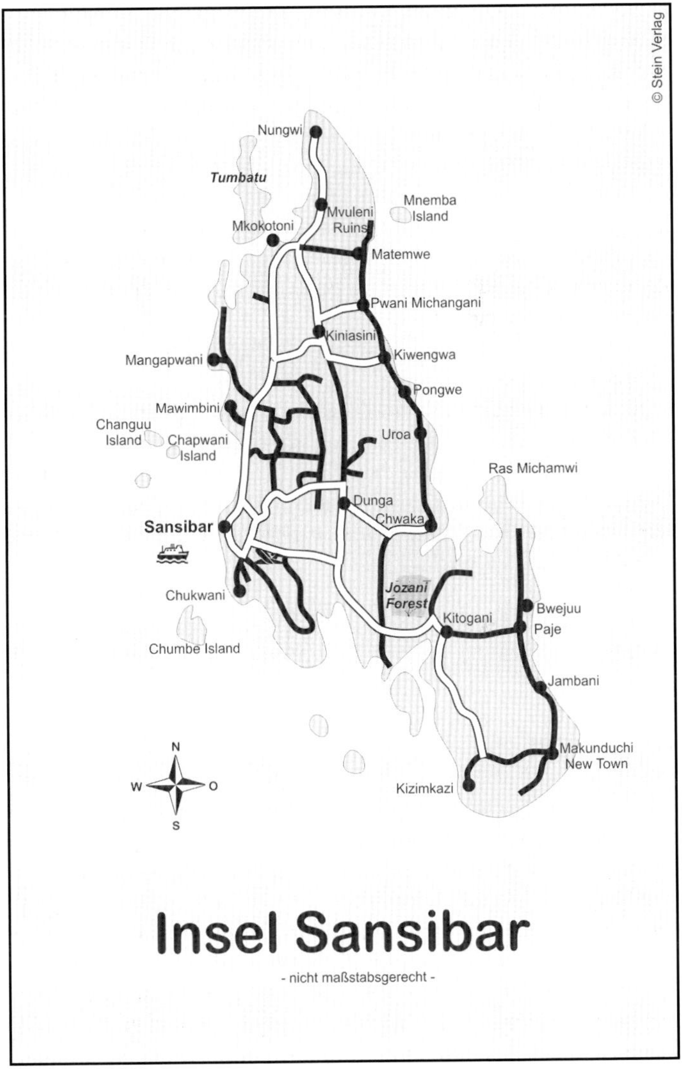
© Stein Verlag
Nungwi
Tumbatu
Mnemba Island
Mvuleni Ruins
Mkokotoni
Matemwe
Pwani Michangani
Kiniasini
Kiwengwa
Mangapwani
Pongwe
Mawimbini
Changuu Island
Chapwani Island
Uroa
Ras Michamwi
Dunga
Chwaka
Sansibar
Jozani Forest
Chukwani
Kitogani
Bwejuu
Paje
Chumbe Island
Jambani
N
W
O
S
Makunduchi New Town
Kizimkazi
Insel Sansibar
- nicht maßstabsgerecht -

Shorts, keine Mini-Röcke, keine Spaghetti-Träger usw. Shorts sind auch bei Männern nicht gerne gesehen. Hetero-Pärchen sollten unter keinen Umständen Händchen haltend das Straßengewirr durchwandern. Verzichten Sie auch auf den Besuch des idyllischen, einsamen Strandabschnittes, das könnte gefährlich werden (2004 wurde eine Gruppe Frauen von See her überfallen und ausgeraubt).

Meiden Sie einsame Gegenden auch tagsüber. Nachts sollten Sie überhaupt nicht unterwegs sein bzw. ein Taxi nehmen. Bis ca. 20:00 Uhr ist es zumindest in Stonetown in den beleuchteten und belebten Straßen sicher. Andernorts gilt die Dämmerung um 18:00 Uhr als letzter Zeitpunkt für den Abbruch des Spazierganges.

Sinngemäß trifft das Gesagte auch auf Pemba zu (dort war die Situation noch dramatischer).

Verschwiegen darf auch nicht werden, dass einige First-Class-Hotels (Nungwi Beach Village, Coral Reef) von schwer bewaffneten Gangs überfallen und ausgeraubt wurden - eine Folgeerscheinung der innenpolitischen Unruhe. Es wurden bereits einige Personen verhaftet, doch ob diese für die Überfalle verantwortlich gemacht werden können, wird erst eine Verhandlung zeigen - das kann dauern.

Homosexuelle Beziehungen werden mit Gefängnisstrafen von bis zu 25 Jahren geahndet! Bei Beteiligung von Minderjährigen droht lebenslang!

Sansibar-Stadt

Zur Zeit ist für die Einreise nach Sansibar eine Gelbfieberimpfung vorgeschrieben, auch wenn man vom Festland Tansanias einreist. Erkundigen Sie sich aber vor Abreise bei der tansanischen Botschaft, ob nicht auch eine Choleraimpfung vorgeschrieben wird.

Bei der Einreise nach Sansibar (auch vom Festland Tansanias) gibt es eine Zoll- und Passkontrolle. Im Immigration Office müssen Sie angeben, wie lange Sie zu bleiben gedenken, diese Dauer wird im Reisepass vermerkt. Verlängerungen sind auch hier anzumelden. Dasselbe Prozedere gilt auch für Pemba.

- Commission for Tourism, Amaam Rd. (beim Stadion, etwas außerhalb der Stadt), beste Anlaufstelle für Anfragen von zu Hause: PO Box 1410, ☏ 024/2233485, info@zanzibartourism.com, www.zanzibartourism.net (die Homepage ist eher theoretischer Natur).
- ♦ Zwei weitere staatliche Tourist Offices befinden sich in der Creek-Rd. (in der Nähe des Marktes) und im Livingstone House (siehe Stadtbeschreibung). Die Serviceleistungen sind bei beiden eher bescheiden.

Pläne (Insel wie Stadt):

- ♦ MaCo-Plan (nur in Sansibar erhältich), sehr flippig, sehr bunt, soweit O.K.
- ♦ Harms-Verlag, 1:100.000 (inkl. Pemba, Stadtplan von Stonetown), hierzulande erhältlich, sehr genaue Karte, markierte Sehenswürdigkeiten, Hotels usw.

Hotels

Bezüglich der Verfügbarkeit von Zimmern

Während der Hauptsaison (Juli, August) kann es v.a. in den billigeren Kategorien zu Engpässen kommen - eine telefonische Reservierung mind. zwei bis drei Tage vorher ist dringlichst empfohlen.

Zwecks besserer/schnellerer Auffindung/Vorabentscheidung nun ein kurzer Überblick über die Organisation der Stadt:

Altstadt/Stonetown: Das ist der Bereich zwischen Creek Rd. im Westen und Meer an den anderen Seiten. Folgende Stadtteile können - von Nord (Hafennähe) nach Süd (am weitesten vom Hafen entfernt, jedoch ohne weiteres zu Fuß erreichbar, ca. 30 Min.) - unterschieden werden:

Malindi: Liegt am nächsten zum Hafen und erstreckt sich rechts und links der Malawi Rd. bis zum Kreisverkehr mit der Creek Rd. Die Landzunge nördlich der Malawi Rd. zählt eigentlich schon zu Ngambo; ich zähle sie hier aber der Einfachheit halber zu Malindi.

Kiponda: Zwischen Kanga Bazaar und Nyumba ya Moto Str.

Kokoni: Zwischen Kiponda und Creek Rd. (rund um die Kokoni Str.)

Forodhani: Rund um Jamituri Gardens und People's Palace

Hurumzi: Mehr oder weniger der Kern der Altstadt/Stonetown, zwischen dem Darajani-Markt in der Creek Rd. und Forodhani. Die

Untereinheiten werden Mchambawima (im Nordwesten), Hamamni (im Osten), Kajificheni und Sokomuhogo (im Süden bzw. Südwesten) genannt.

Mkunazini: Das Viertel um die anglikanische Kirche (bei der Kreuzung Creek Rd./Mkunazini Rd.)

Shangani: Zwischen Kenyatta Rd. und Shangani Str. bzw. Ras Shangani

Baghani: Zwischen Kenyatta. Rd. und Sokomuhogo bzw. Cathedral Str.

Vuga: Rechts/nördlich und links/südlich der Vuga Rd. (auch Kawawa Rd.)

Östlich der Creek Rd. befindet sich **Ngambo**. Ehemals das Viertel der "armen Leute" und Zuzügler. Unter Karume wurde die Gegend enorm aufgewertet - Bau des Bwawani-Hotels, der Michenzani-Flats usw. Heute heißt die Gegend nach wie vor Ngambo, die signifikanten Einkommensunterschiede zwischen diesem und Stonetown zählen allerdings zur Vergangenheit. Es ist auch hier nett, aber nicht so nett wie in Stonetown - es fehlt das historische Ambiente. Stadtteile von Nord (Hafennähe) nach Süd: Mchangani, Mtendeni, Vikokotoni und Mwembetanga (östlich vom vorgenannten), Michenzani, Kisiwandui, Kisimamajongoo, Gongoni und Kikwajuni.

Sobald Sie das Hafengelände verlassen, werden Sie - v.a. wenn Sie das typische Erscheinungsbild eines Touristen bieten (Rucksack usw.) - von Guides mehr oder weniger überfallen. Um eine Anheuerung werden Sie nicht umhin kommen, manche sind mehr als hartnäckig, bleiben Sie dennoch höflich. Die Guides bringen Sie zum Hotel Ihrer Wahl und kassieren dafür von diesem eine Provision (wird Ihnen in der Regel nicht angelastet, achten Sie auf die Preisaushänge in der Rezeption). Handeln Sie für diese Dienstleistung im Vorhinein den Preis aus - $ 2 bis 3 sind OK, manche wollen aber auch $ 10 oder mehr.

Sollte ein Guide der Meinung sein, dass es das Hotel Ihrer Wahl nicht mehr gibt, handelt es sich dabei zu 90 % um ein Hotel, das ihm nur eine geringe Provision bezahlt!

Jeder Guide wird Ihnen auch seine Dienste für die nächsten Tage anbieten - ca. $ 10 bis 15 pro Tag. Es soll ein Ausweis für die Guides eingeführt werden - "Fälschungen" sind bereits jetzt im Umlauf.

🛏 **Kategorie D**

Rechnen Sie mit mind. $ 10/Person/Tag, falls Sie zu zweit unterwegs sind, Einzelreisende müssen etwas tiefer in die Tasche greifen: $ 15 bis 20, Frühstück ist immer enthalten (meist inkl. Eier). Während des Ramadan wird in den meisten Guesthouses dieser Kategorie kein Frühstück serviert! Der Preis sinkt um ca. $ 2.

In der Regel sind die Zimmer self contained (Ausnahmen sind angeführt). Klimaanlagen werden bald zum Standard zählen.

Wenigen Guesthouses/Hotels ist ein Restaurant oder Bar angeschlossen.

Malindi:

🛏 **Mzuri Guesthouse**, neben dem Cinema Afrique, ☏ 024/2230462, nettes Hotel mit sehr freundlichem Personal, Zimmer sehr klein mit TV, man sieht's dem Gebäude nicht mehr an - aber hier wohnte einmal der Sultan.

♦ **Malindi Lodge**, ☏ 024/2230165, noch nah beim Hafen, nur ums Eck der Lodge befindet sich ein Annex derselben, ☏ 024/2232359

♦ **Narrow Street Hotel**, ☏ 024/2232620, das teuerste Hotel dieser Kat. könnte dafür mehr bieten

♦ **Annex of Narrow Street Hotel**, ☏ 024/2233006, wie zuvor

Kiponda:

🛏 **Pearl Guesthouse**, ☏ 0741/400004, oder ☏ 024/2237661, nur teils self contained, auch etwas teuer

Kokoni:

🛏 **Pyramid Guesthouse**, ☏ 024/2233000

♦ **Kokoni Hotel**, self contained, 2 Zimmer nicht self contained aber jeweils mit eigenen Nassräumen außerhalb, ☏ 024/2231584

Hurumzi:

🛏 **Annex of Abdalla Guesthouse** (Kajificheni), ☏ 024/2231812, (ein Mutterhaus existiert nicht)

♦ **Paje Ngame Transit Resthouse**, Hurumzi Str. (Hamamni), bietet nur Dreibettzimmer an, nicht self contained

Mkunazini:

- Jambo Guesthouse, ☏ 024/2233779, Zimmer nicht self contained
- **Flamingo Guesthouse**, ☏ 024/2232850, sehr einfache Zimmer, kleines Gartenrestaurant mit einheimischen Gerichten
- **St. Monica Hostel**, Mkunazini (anglikan. Herberge), ☏ 054/024/2/230773, ✉ cathedral@zanzinet.com, etwas zu teuer. Zimmer nicht self contained, neben der anglikanischen Kirche, Nichtraucher-Restaurant (bescheidenes Angebot, aber billigste Möglichkeit), geöffnet für Frühstück und Lunch

Shangani:

- **New Happy Lodge**, neben dem Africa House Hotel, mit 🍷 ✕ und Disko, ☏ 024/2239326 oder 0747/411256

Vuga:

- **Garden Lodge**, (Kenyatta Rd., schräg gegenüber vom Gericht), DZ self contained, EZ nicht, ☏ 024/2233298
- Im selben Stadtteil befindet sich ein **Annex** des Hotels, ☏ 0747/414998
- **Victoria Guesthouse**, ☏ 024/2232861, nur DZ
- **Florida Guesthouse**, ☏ 024/2233136
- **Haven Guesthouse**, ☏ 2235677/8
- **Manchi Lodge**, ☏ 024/2231918, nicht self contained

1. Dauhafen
2. Stonetown Cultural Center
3. Fahrkartenbüro für Schiffe
4. Cinema Afrique
5. Warere Guesthouse
6. Malindi Guesthouse
7. Hoteli ya Bwawani
8. Livingstone House
9. Tembo Hotel
10. Old Slave Market, Church of Christ, St. Monica Hostel
11. Emerson Green Hotel
12. Jamhuri Gardens
13. Kenya Airways
14. Air Tanzania
15. Mnazi Mmoja Park
16. Peace Memorial Museum
17. Garden Lodge
18. Victoria Guesthouse
19. Africa House Hotel
20. Tippu Tip House
21. Lookmanjis Souvenirshop
22. Persisches Bad (Hamamni)
23. Fort
24. Forodhani Park
25. Palast/Museum Beit el Ajaib (House of Wonder)
26. Spice Inn Hotel
27. People's Palace (Museum)

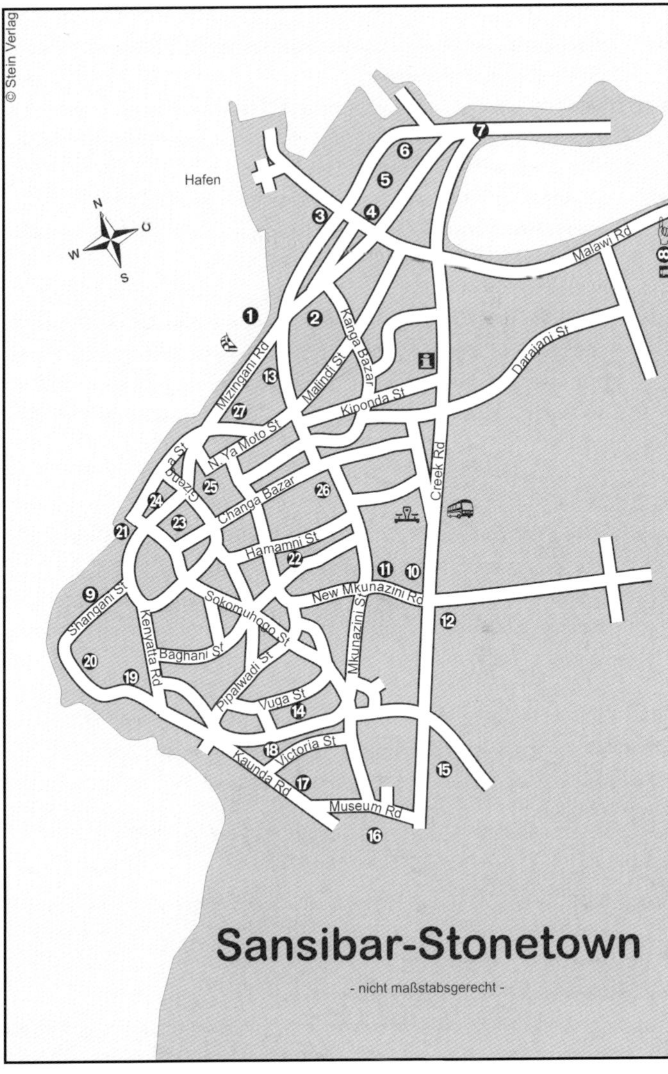
© Stein Verlag
Hafen
N
Ö
W
S
Malawi Rd
Darajani St
Mizingani Rd
Kanga Bazar
Malindi St
Kiponda St
N. Ya Moto St
Creek Rd
Gizenga St
Changa Bazar
Hamamni St
New Mkunazini Rd
Sokomuhogo St
Mkunazini St
Shangani St
Kenyatta Rd
Baghani St
Pipalwadi St
Vuga St
Victoria St
Kaunda Rd
Museum Rd
1
2
3
4
5
6
7
8
9
10
11
12
13
14
15
16
17
18
19
20
21
22
23
24
25
26
27
Sansibar-Stonetown
- nicht maßstabsgerecht -

Östlich der Creek Rd. - Ngambo:

- **Mtendeni Guesthouse**, Mtendeni Street, ☏ 024/2232823, eine der billigsten Möglichkeiten in Sansibar
- **Kids Play Guesthouse**, Mwembetanga, self contained, sehr gutes und umfangreiches Frühstück, $ 15, das Personal ist sehr hilfsbereit und unterstützt Sie in allen Belangen, ☏ 024/2230475
- Ein **Annex** befindet sich in Kokoni (Altstadt), ☏ 024/223315
- **Island Guesthouse,** Malindi Street zwischen Caltex- und Agip-Tankstelle, falls es wirklich nichts mehr gibt, ☏ 024/2236658.

- **Kategorie C:** Eine sehr gemischte Kategorie! Preise: DZ pro Person ca. $ 25 bis 45, EZ $ 30 aufwärts, Zimmer meist mit ✇, aber nicht alle Zimmer sind self contained (sind angeführt), aber immer mit Frühstück, oft ✕ ein Restaurant angeschlossen, seltener eine 🍷 Bar (da Besitzer meist Moslems sind).

Malindi:

- **Warere Guesthouse**, (in der Nähe des Hafens), hat schon wesentlich bessere Tage gesehen, nicht self contained, ☏ 024/2231187
- **Malindi Guesthouse**, ebenfalls sehr nah dem Hafen, nach Übernahme (Baghani Hotel) und erfolgreich durchgeführter Renovierung wieder zu empfehlen, ☏ 024/2230165, ✉ malindi@zanzinet.com

Malindi und Warere sind die ältesten privaten Guesthouses in Sansibar. Sie waren schon in Betrieb, als von europäischen oder amerikanischen Touristen noch keine Spur zu sehen war. Leider hat das Warere die neue Zeit etwas verschlafen.

Kokoni:

- **Safari Lodge**, ☏ 0741/410315, könnte etwas billiger sein, sonst aber OK

Baghani:

- **Coco de Mer Hotel**, in einer Nebenstraße der Gizenga Street, ☏ 024/2230852, ✉ cocodemer-znz@yahoo.com, kleines und nettes günstiges Restaurant und sehr kleine nette, heimelige 🍷

Mkunazini:

🛏 **Riverman Hotel**, ☏ 024/2233188, (hinter dem Empire-Kino), nettes, günstiges Hotel mit ausgezeichnetem Frühstück. Das Management übernimmt Buchungen für die TAZARA (Eisenbahn nach Mbeya, Sambia).

Forodhani:

🛏 **Karibu Inn Guesthouse**, (in der Nähe der Kenyatta Rd.), ☏ 024/2233058, ✉ karibuinn@zanzinet.com, einfache, schöne Zimmer, ✕

Hurumzi:

🛏 **Bottom's Up Guesthouse**, ☏ 024/2231294, einfache Zimmer, Dachterrasse mit Blick über die Altstadt

♦ **Hotel Clove**, ☏ 024/2236724, $ 30, neues Gebäude, Zimmer mit ❄, Dachrestaurant mit herrlicher Aussicht

Kiponda:

🛏 **Spice Inn**, ☏ 024/2237194, inmitten der Altstadt (Kreuzung Kiponda Street/Changa Bazaar/Tharia Street und Jamatini Rd.), sehr traditionsreiches Hotel, Zimmer unterschiedlicher Qualität, nur teils self contained, schönes Café auf dem Balkon und Lounge, ✕.

🛏 **Kategorie B:** Alle Hotels dieser Kategorie verfügen über Klimaanlage in den self contained Zimmern, 🍷 ist angeschlossen, ✕ nicht immer. Meist ist Satelliten-TV vorhanden. Preise ca. $ 50 bis 100, je nach Saison, Seeblick, Etage usw., durchwegs inkl. Frühstück

Malindi:

🛏 **Hotel Marine**, ☏ 054/024/2232088, ✉ hotelmarine@africaonline.co.tz, sehr schönes, in einem alten Swahili-Haus untergebrachtes Hotel, Zimmer mit ❄ Kühlschrank/Minibar, TV, man überblickt von den Zimmern den modernen Teil des Hafens, $ 70 (2. Stock), $ 65 (1. Stock).

♦ **Hoteli ya Bwawani**, Funguni, ☏ 024/2231184, oder ☏ 0747/411358, ✉ ztc@zanzinet.com, am Stadtrand, 118-Zimmer-DDR-Betonklotz. Nach kurzer Zeit in Privateigentum wieder unter staatlicher Leitung. $ 52/Pers. (einige Zimmer mit Meerblick, 🏊 auch für Nichtgäste (Eintritt $ 1,50), die

Komba-Disko, älteste der Stadt ✕ 🍸 ist renoviert und erweitert worden - man kann auch nachts rund um den Pool tanzen, BBQ die ganze Nacht über. Trotz staatlichem Besitz ist topaktueller Diskosound garantiert.

Kiponda:

🛏 **Kiponda Hotel**, ☎ 024/2233052, ✉ hotelkiponda@email.com, schönes renoviertes Gebäude mit ✕ Dachrestaurant

Hurumzi/ Mchambawima:

🛏 **Hotel International**, ☎ 024/2233182, ✉ hotel_international@hotmail.com, in einer Nebenstraße der Kiponda Street, sehr schönes und altes Gebäude, Zimmer mit 🚿 WC, evtl. ❄, teilweise mit Balkon, Terrassencafé.

Baghani:

🛏 **Baghani House Hotel**, ☎ 024/2235654, ✉ malindi@zanzinet.com, kleines, sehr feines Hotel mit zwei 🍸, in der 1. Etage steht der (angebliche) Thron von Idi Amin (ehem. Präsident/Diktator von Uganda).

Shangani:

🛏 **Shangani Hotel**, ☎ 024/236363 oder ☎ 0747/431666, Dachrestaurant, 🍸, ✉ shanganihotel@hotmail.com, gegenüber der Post in der Kenyatta Rd.,

♦ **Stone Town Inn**, ☎ 0741/334872, gegenüber vom Tembo Hotel, neben Fisherman's Restaurant gelegen, sehr kleines Hotel, trotzdem nicht heimelig.

🛏 **Kategorie A:**

Alle Zimmer dieser Hotels sind self contained und bieten Klimaanlagen, Satelliten-TV, Minibar, Telefon (meist Video), Kühlschrank. ✕ 🍸, Garten, Wechselstube usw. vorhanden. Preise für DZ ca. $ 100 bis 150, je nach Blick, Etage, je Saison und Witterung, Restaurant immer vorhanden.

Baghani:

🛏 **Africa House Hotel**, Suizide Alley, ☎ 024/2230708, 💻 www.theafricahouse-zanzibar.com, ✉ the africahouse@zanlink.com, DZ ab $ 85 (low season) bzw. $ 150 (high season, Januar - März, Juli -

Dezember), alles vorhanden, was ein Kat. A Hotel braucht (Restaurant, Café, Bar, Nachtclub, Disco, tour operator, Shops, nicht alle Zimmer mit Meerblick). Ursprünglich war das ehrwürdige, ca. 150 Jahre alte Gemäuer das Wohnhaus eines omanischen Sklavenhändlers, dann im Besitz des Sultans (angeblich pflegte er hier die Zusammenkunft mit seinen Konkubinen), dann "Britischer Club", seit 1964 in Staatsbesitz, langsamer Verfall. Bis vor 3 Jahren war dieses Hotel eine Bruchbude erster Kategorie, sogar das Restaurant war geschlossen. Nur die (ebenfalls mehr als desolate) Bar sah jeden Touristen Sansibars (zwischen ca. 16:00 - 18:30) - der Ausblick von der Terrasse aufs Meer war unbeschreiblich schön. Ist er natürlich immer noch - nur die Preise sind gestiegen.

- **Zanzibar Hotel**, im Prinzip wie das vorgenannte, auch das Schicksal ist das gleiche und auch der neue Besitzer.
- **Dhow Palace Hotel**, ☏ 024/2233012, ✉ dhowpalace@zenjcom.com, Zimmer mit orientalischen und sansibarischen Möbeln, ❁

Sundown - vor Anker liegende Dau (eb)

Forodhani:

Tembo Hotel, Shangani Street, ☏ 024/2233005, tembo@cats-net.com, www.zanzibar.net/tembo, wenige Minuten vom alten arabischen Fort entfernt, nur für Hausgäste.

Hurumzi:

Emerson Green Hotel, Tharia Str., (mit Annex in der Hurumzi Str.), zwei kleine, wunderschöne, sehr teure (ab $ 150) Hotels - eigentlich zwei elegante und sehr geschmackvolle Sehenswürdigkeiten - Zitat "Sunday Times": "... among the best small hotels in the world ... ". Das Gebäude wurde von einem der reichsten Swahili-Händler des 19. Jh.s errichtet; er verdiente sein Vermögen mit Elfenbein- und Sklavenhandel. Ironischerweise diente ab 1883 (Verbot des Sklavenhandels) das Gebäude den Briten als Zentrum im Kampf gegen den Sklavenhandel. Das erstklassige Restaurant könnte sich auch in Paris befinden, schöner Blick auf die Stadt (für Abendessen während der Hauptsaison mind. eine Woche vorher reservieren). ☏ 0747/423266, 024/2230171, emerson@green.zitec.org, anything@emerson-green.com, www.emerson-green.com

- **Mazson Hotel**, Shangani, Nähe Kenyatta/Baghani-Kreuzung, ☏ 024/2233694, oder 0741/340042, mazsons@zenjcom.com, 40 moderne Zimmer, Speisesaal und andere Räume im arabischen Stil.
- **Chavda Hotel**, Baghani, Baghani Street, ☏ 024/2232115, chavda@zanzinet.com, $ 70. Ein phantastisches Hotel (manche werden es kitschig finden) in altem Wa-Swahili-Haus, innen ist arabischer Stil vorherrschend, Garten mit 🍷 ✕, zweite 🍷 mit Seeblick auf dem Dach, ✕ im 2. Stock mit Ausblick auf die Dächer der Stadt.

Shangani:

Serena Inn, größtes Hotel der Stadt mit dem für Pauschaltouristen typischen Ambiente, gut bestückter Bar, Restaurant der Spitzenklasse, (für Hotelgäste), aber kein Strand, ☏ 024/2233587, FAX 2233019, zanzibar@serena.co.tz, Reservation Office: PO Box 2551, Arusha, AICC, Ngorongoro Wing, 6. Etage, ☏ 027/2504155, reservations@serena.co.tz, ☏ und FAX 054/231015, Mobil 0811/333170, www.serenahotels.com

- **Fisherman's Resort**, ca. 3 km nördlich der Stadt, riesiger Pool, Tauchschule, 🍷 ✕ Fitness-Center, Sauna, (Sporteinrichtungen gegen Eintrittsgebühr öffentlich zugänglich), Fr und Sa Live Musik, ☏ 024/2230208
- **Coconut Beach Inn**, Chukwani (in Flughafennähe), ☏ 0742/750110, ✉ next@zanzinet.com

Bezüglich der Hotels aller Kategorien außerhalb der Stadt ☞ Umgebung, Historisches und Archäologisches sowie Fuji-und Bububu-Beach.

⛺ ✋ Campieren ist in Sansibar generell verboten, wer dies missachtet, muss mit einem Aufenthalt im Gefängnis rechnen!

✕ Die Augen der sansibarischen Küchenchefs sind wesentlich stärker auf Fische und sonstiges Meeresgetier gerichtet als die der Festlandköche. Traditionellerweise werden diese (aber auch Huhn und Rind) in Kokossauce gegart. Restaurants, die das auch heute noch anbieten, sind mit dem Zusatz "sansibarische Küche" versehen. Die Restaurants der Hotels der Kategorien A und B bieten vorwiegend internationale und indische Küche. Italienisches (Spaghetti, Lasagne) ist weit verbreitet. Schweinefleisch gibt es nicht! Hin und wieder verirrt sich, vor allem in den Restaurants der gehobenen Preisklasse, Britisches wie Mango Pickles und dergleichen in die Speisekarten. Alkoholika werden nur in sog. besseren Restaurants angeboten (während des Ramadan nicht oder nur ab Einbruch der Dunkelheit, einige Restaurants haben in dieser Zeit nur Abendbetrieb).

☺ Die sansibarischen Spezialitäten werden meist als "Zanzibar Delights" angeboten, stehen nicht immer auf der Speisekarte, werden aber meist zubereitet - einfach fragen. Wenn Sie in den besseren Restaurants (der Kat. A-Hotel und Blues, Pagoda, Fisherman's, Sea View, Camlur's, Maharaja am Abend dinieren wollen, sollten Sie während der Hauptsaison 1 bis 2 Tage vorher reservieren.

Preise: Im Monica Hostel kann man für $ 1 riesige Portionen Reis mit Fisch erhalten, am anderen Ende der Skala liegt ein Hummer inkl. Beilagen auf dem Teller (je nach Restaurant $ 13 bis 18), dazwischen ist alles möglich.

Öffnungszeiten: Die teureren Betriebe öffnen erst am Abend bzw. auch für ein bis zwei Stunden zu Mittag (Lunchtime) und schließen gegen 22:00, die billigeren haben tagsüber geöffnet und schließen gegen 20.00.

Der **Forodhani Park** vor dem Fort verwandelt sich allabendlich in ein kulinarisches Wunder. An kleinen Verkaufsständen werden ab Sonnenuntergang alles Seegetier, das das Meer um Sansibar zu bieten hat, frisch gegrillt. Dazu gibt es typische Snacks bzw. Beilagen, aber auch Hamburger. Es werden eisgekühlte Softdrinks und heißer Kaffee und Tee verkauft - kein Alkohol. Vor 10 Jahren vielleicht 12, sind es nun fast 100 Stände. Wer unter Appetitlosigkeit leidet, wird hier mit Sicherheit geheilt. Die Qualität ist erstklassig und braucht einen Vergleich mit den besseren Restaurants in Sansibar nicht zu scheuen. Die Preise sind ca. 50 % bis 75 % niedriger als in den Restaurants, man isst dafür aber auch im Stehen, sitzt auf roh gezimmerten Bänken oder liegt im Gras des Parks. Ein abendlicher Besuch des Forodhani-Parks kommt einer Reise zwischen Heute und der Zeit von 1001er-Nacht gleich, wandern Sie zwischen Lagerfeuer und batteriebetriebener Leuchtstoffröhre, zwischen Taraab-Musik und Rod Stewart ein bisschen durch die Jahrhunderte und lassen Sie sich von den Düften von Rosenöl, gegrillten Fischen und frisch gebrühtem Kaffee verwöhnen - es ist ein bleibendes Erlebnis!

Wenn Sie früh am Abend mit großen Geldscheinen bezahlen wollen, gibt es noch kein Wechselgeld. Man vertröstet Sie auf später. Später ist der jeweilige Kassier aber nicht mehr da und die anderen wissen von nichts. Das hat nicht unbedingt etwas mit Betrug zu tun, sondern eher mit Chaos, Vergesslichkeit usw.

Auch hier sind die Fotomotive in unendlicher Anzahl vorhanden. Manche Verkäufer, Griller lassen sich (bzw. ihre angebotenen Speisen) ohne weiteres fotografieren, andere wieder nicht. Immer vorher fragen, wenn Sie etwas kaufen, ist es in der Regel kein Problem zu fotografieren (Blitzlicht nicht vergessen).

"Blues", Nachfolger des billigen Floating Restaurants, ist schwierig zu beschreiben: eine Mischung aus Pizzeria und Bierstube - relativ hohe Preise mischen sich mit (teilweise fürchterlichem) Touristen-Gegröhle. Die Qualität der Speisen ist allerdings sehr gut. Das große Lokal wurde über einer heute nicht mehr sichtbaren historischen Plattform erbaut - errichtet zu Ehren eines Besuches der Prinzessin Margareth. Der vorgelagerte Triumphbogen wurde aus demselben Anlass errichtet.

- **Mare Luna Restaurant,** Gizenga Street, tansanisch/italienisch (Pizza!), mittlere Preisklasse.
- **Pagoda**, erstklassiges, klimatisiertes chinesisches Restaurant der gehobenen Preisklasse, kurz vor dem Hoteli ya Bwawani (riesiges Hinweisschild), Ausblick auf den Hafen, freundlicher Service, fast alle Speisen können als große oder kleine Portion bestellt werden, *wine by the glass*, Vegetarier sind willkommen und werden bestens versorgt - sehr zu empfehlen.
- Schräg gegenüber vom Malindi Annex Guesthouse das Passing Show Hotel (keine Zimmer!), sehr günstige und gute sansibarische Küche.
- **Sambusa Two Table Restaurant**, Ecke Vuga/Kaunda Street, hat mittlerweile schon mehr als zwei Tische, dennoch hat die Bemerkung am Hinweisschild seine Berechtigung: "some time try without reservation", Currys, Reis mit Fisch, Huhn und Rindfleisch, mittlere Preisklasse, erstklassige Qualität.
- **Club New Happy Disko & Snack Bar**, neben dem Africa House Hotel, nette Einrichtung mit Terrasse auf der Straße, relativ billig und annehmbar.
- **The Sunrise Restaurant**, Kenyatta Rd., gemütlicher Garten, etwas langsam, relativ billig.
- **Dolphin Restaurant**, Kenyatta Road, internationale und einheimische Gerichte und Imbisse, vorzüglicher Joghurt, es liegen Zeitungen aus, mittlere Preisklasse.
- **Fisherman Restaurant,** Shangani Street, umfangreiche Speisekarte, sehr beliebtes Restaurant und oft ausgebucht, Tischreservierung sehr zu empfehlen, gehobene Preisklasse.
- **Jabco Foods International Restaurant**, großes, sehr nettes Restaurant mit Blick auf's Meer, überdachte Veranda, mittlere Kategorie, angenehm.
- **Sea View Indian Restaurant,** Mizingani Road, Restaurant im 1. Stock, erkenntlich an den grünen Balkonen, schöne Sicht auf den Hafen, indische Küche, langsame Bedienung, nicht unbedingt billig, auch Fahrradverleih ($ 7/Tag).

- **Garden Restaurant,** in der Altstadt in der Nähe des Zanzibar Hotels, der Eingang ist ein Garagentor, ✕ 🍷 in einem Garten, Musik, tansanisch.
- **Chit-Chat-Restaurant**, Cathedral Street, bei der katholischen Kirche, bietet vorzügliche auch vegetarische Gerichte aus Goa, mittlere Preisklasse.
- **Camlur's, Kenyatta Rd**., kleines Restaurant mit kleiner Speisekarte, original und vorzügliche Sansibar-Küche, nur abends geöffnet.
- **Zee-Pizza**, Kiponda Street, 2. Etage über dem Spice-Shop, bietet neben dem üblichen Seegetier wirklich Pizzen an - in guter Qualität, das Restaurant ist eine überdachte Veranda, zum Meer hin offen - nicht billig.
- **The Maharaja**, vorzügliche indische Küche, gut geschultes, sehr flexibles Personal, obwohl etwas teuer, unbedingt einen Besuch wert.
- Weitere Restaurants der gehobenen Preisklasse auch in den Hotels der Kategorien A und B.
- **Pichy's**, gegenüber vom Gulf Air Büro an der Hafenfront, eines der neuesten Restaurants, hat sich auf (gute) Pizza spezialisiert und ist für Touristen eröffnet worden, die ihre gewohnte Kost auch im Urlaub nicht missen wollen. Der Blick aufs Meer sollte zumindest einmal genossen werden.
- **Sunset Terrace French Gourmet Seafood Restaurant & Bar** (ehem. kurz und bündig Le Bistro), im 2. Stock des alten Krankenhauses/Apotheke (Stonetown Cultural Center) untergebracht, schöner Blick vom ca. 25 m breiten Balkon, eiskalte Softdrinks, das Restaurant war bei meinem letzten Besuch noch nicht eröffnet, die Ausstattung der Küche verspricht aber einiges.
- **Radha Foodhouse Restaurant**, neben dem Karibu Inn, serviert ausschließlich vegetarische Gerichte.
- ☕ 1001 Night Café, Mizingani Street, neben Palace Museum, Snacks, Sandwichs und Getränke im Garten.
- Das Neem Tree Cafe und die Bububu Bar im alten Fort bieten nun auch Tee, Kaffee und sehr gute (süße) Snacks sowie mittags auch Menüs. Es ist der gemütlichste und vor allem ruhigste Platz, um seinen Tee zu schlürfen - wegen "Lokalverbots" wird man von keinem Guide, Tourenvermittler usw. belästigt. Es werden auch Kochkurse ($ 20/Person) abgehalten.
- Le Pêcheur, Shangani Street, Snackbar, gegenüber vom Tembo Hotel, beliebter Treffpunkt am Abend.
- Versace Cafeteria, im Torbogen in der Shangani Str., hat zwar nichts mit Mode zu tun, ist aber dennoch sehr modern.

- ♦ Weitere Cafés in den Hotels der Kategorien A und B.
- 🍷 Terrassenbar des Africa House Hotels, beliebtester Treffpunkt und Informationsbörse für Touristen. Die Bar befindet sich im 1. Stock mit Blick auf das Meer und ist täglich bis ca. 23:00 geöffnet.
- ♦ Tarumbeta Club, neben dem Fisherman Restaurant, Disko mit Live-Musik (hin und wieder) und Bar.
- ♦ Starehe Bar, Shangani Street. Das traurigste Kapitel Sansibars. Es ist der ehem. Yachtclub der Briten, an exponierter Stelle direkt am Meer gelegen. Bis vor kurzem war der stolze Club ein heruntergekommenes Etwas mit kaputten Stühlen und Tischen sowie warmen Softdrinks und Bier. Dann hat man das Mobiliar auf etwa ein Viertel der Grundfläche zusammengerückt und den so neu geschaffenen Platz Souvenirshops zur Verfügung gestellt. Die Bar ist noch immer heruntergekommen, serviert aber mittlerweile auch Snacks, der Blick aufs Meer ist phantastisch, blickt man über die Schulter, kann man Touristen beim Handeln beobachten (was recht lustig sein kann) wegen der außergewöhnlichen Atmosphäre einen Besuch wert.
- ♦ Livingstone Bar im Baghani Palace Hotel ist der Treffpunkt schlechthin, beherbergt (angeblich) die größte Whisky-Kollektion Ostafrikas, Satelliten-TV (Sportsendungen, Musik).
- ♦ Die Bar im Serena Inn verfügt über Klimaanlage und schließt erst, wenn der letzte Gast gegangen ist.
- FUN Diskothek am Wochenende im Hoteli ya Bwawani.
- ♦ The Garage Club ("the hottest nightclub of Zanzibar") liegt gegenüber vom Tembo-Hoteleingang und ist mittwochs und donnerstags 22:00 bis Mitternacht (oft auch länger). Bietet nicht nur das billigste Bier in Sansibar, sondern auch Tanzvergnügen (HipHop, Drum-Dance & Disko), laute Musik, Möglichkeiten zur Kontaktaufnahme (zu anderen Touristen). Es ist die Art von Lokalen, die gläubigen Islamisten die Haare zu Berge stehen lassen.
- ☺ Überall in Stonetown sind Ankündigungen (kopierte Zettel), die von aktuellen Events (Live-Musik, Diskos, Performances usw.) in div. Hotels, Restaurants usw. berichten, an Mauern und Wände geklebt - schenken Sie ihnen Ihre Aufmerksamkeit (und achten Sie auf das Datum).

Kino Gespielt werden vorwiegend indische Filme in Originalton (teilweise mit englischen Untertiteln).

- Majestic Cinema, Vuga Road.
- Empire Cinema, Stadtteil Mkunazini.
- Cinema Afrique im Stadtteil Malindi.
- Im Fort werden ebenfalls hin und wieder Filme im Freiluftkino gezeigt, der Eintritt ist frei, man erwartet aber, dass Sie eine Kleinigkeit im Restaurant/ Café zu sich nehmen.
- Seit 1998 wird in der ersten Julihälfte zwei Wochen lang das **Zanzibar International Film Festival** (ZIFF, auch bekannt unter "Festival of the Dhow Countries") abgehalten. Sämtliche 38 an den Indischen Ozean grenzenden Staaten senden Vertreter mit Film-, Musik- und Videobeiträgen.
  ZIFF, PO Box 3032 Sansibar, Tansania, ☏ 0747/411499, ✉ ziff@ziff.or.tz, 💻 www.ziff.or.tz.
  Dieses Festival ist als Konkurrenz zum international renommierten FESPACO (Burkina Faso) gedacht. Es werden weit über 100 Filme gezeigt (von Doku bis Experimental) und unzählige Konzerte gegeben (Jazz bis trad. Musik der Khoisan). Schwerpunkt sind Kinderfilme (für und von Kindern) und Filme, die die Situation der Frauen am Indischen Ozean ansprechen. Austragungsort ist das "Stonetown Cultural Center" (ehem. Krankenhaus/ Apotheke in der Mizingani Road). Im direkten Anschluss an dieses Festival wird das archipelweite **Zanzibar Cultural Festival** abgehalten, welches sich der lokalen Kultur (Swahili-Kultur) widmet - Taarab-Musik, Tänze, Kunsthandwerk, Stierkämpfe (auf Pemba), Straßen-Karneval, Dau-Regatta etc.
- **Sauti za Busara:** Dieses international einzigartige Musik-, Tanz und Theaterfestival wird (leider) nur an einem Wochenende Mitte Februar abgehalten. Als Sponsor treten namhafte Institutionen wie der Staat Ägypten und die Ford Foundation auf. Der Titel wird meist mit "Stimmen der Weisheit" übersetzt, dabei ist aber anzuführen, dass Busara im Ki-Swahili eine Kombination von Weisheit, Intelligenz, Intuition, Phantasie und auch Geschicklichkeit bezeichnet - und genau so muss man sich das Festival auch vorstellen. Es ist eine Ansammlung der besten 20 bis 30 Wa-Swahili-Gruppen aus Tansania, Kenia, den Seychellen, Komoren, La Mayotte aber auch aus Äthiopien, Uganda usw. Mittelpunkt des Festivals sind die Jamituri Gardens (Forodhani). Doch findet man überall in Stonetown Spielplätze. Die meisten davon sind ohne Eintritt zugänglich. Das Festival ist nicht nur als touristische

Attraktion gedacht, sondern auch als Schaufenster für die weite Welt und als Möglichkeit zum direkten Gedankenaustausch der Teilnehmer. Der Andrang an internationaler Prominenz aus dem Musik- und Theaterbereich ist groß, Hotelzimmer sind daher rar. Geboten wird so ziemlich alles, was die Wa-Swahili-Kultur zu bieten hat - angefangen beim traditionellen Taarab-Gesang und Tanz, endend bei Swahili-HipHop und -Jazz sowie Pantomime.

i Detaillierte Info: Busara Promotions, PO Box 3635, Zanzibar, ☏ 024/2232423 oder ☏ 0747/428478, ✉ busara@zanlink.com, 💻 busarapromotions@lycos.com sowie auf der website der "Dhow Countries Musical Academy" 💻 www.zanzibarmusic.org.

BANK Bank Ecke Mizingani Road/Kenyatta Road sowie hinter dem Fort (Westseite) und Creek Road (Nähe Tourist-Information), ebenfalls in der Shangani Street. **Wechselstuben** in den Hotels der Kategorie A (eher schlechte Kurse) sowie an allen größeren Straßen der Altstadt.

♦ In einigen Souvenir-Shops und in den großen Hotels kann mittlerweile mit Kreditkarten bezahlt werden. Als Währung wird der $ verwendet. Prüfen Sie den Kurs, denn die Zuschläge sind mit 5 bis 10 % horrend.

CD Deutsche Honorarkonsulin: Angelika Sepetu, Samaki Kijijini, PO Box 1787, ☏ 024/2233691 (vormittags), ☏ 024/2234062 (nachmittags), ☏ 0747/410045 mobil), ✉ sepetu_family@yahoo.com

♦ Keine Schweizer oder österreichische Vertretung in Sansibar.

🛒 Hauptroute der Souvenirläden sind die Gizenga Street und Kenyatta Street; das Angebot ist mehr als vielfältig. Wie auch in Arusha werden Objekte aus ganz Afrika angeboten.

♦ Berühmt und typisch für Sansibar sind vor allem die geschnitzten Sansibar-Truhen (in allen Größen) und -Türen (beide 15 % Ausfuhrzoll).

♦ Das Angebot an Tingatinga-Malerei ist in Sansibar wesentlich größer als sonstwo, die Preise aber etwas höher (handeln!). Diese Bilder werden allem in der Hurumzi Str. und tagsüber im Forodhani Park verkauft.

♦ Gegenüber vom Markt sind unzählige Läden, die vor allem Kleidung anbieten (Hemden, Hosen, Kangas).

📖 Kathedrale Bookshop, in der Nähe der Creek Road, Bücher und Zeitschriften meist katholischen Inhalts.

♦ Im alten Krankenhaus gibt es einen gut sortierten Buchladen sowie zwei weitere Souvenirshops (es werden noch mehr werden).

- Das beste Bücher-Angebot ist in den Souvenirshops zu finden. Besonders sei die "Zanzibar Gallery" erwähnt, Kenyatta Rd., Mercury House (hier wohnte Mr. Frederick Bulsara, bekannt als Freddie Mercury, Leadsänger von Queen. Er wurde am 5. 9. 1946 in Sansibar geboren). Das Bücherangebot ist enorm, die meisten Titel werden von der Gallery selbst verlegt.
- Am Abend bieten unzählige fliegende Händler in erster Linie Schnitzarbeiten im Forodhani-Park an.
- Wer viel Geld ausgeben will, ist in der Hurumzi Arts & Crafts Gallery & Boutique (Emerson & Green Hotel) richtig. Sehr gute Auswahl an Skulpturen.
- Es gibt viele Studios, in denen man sich mit Henna, wunderschöne Muster auf Hände, Füße usw. malen lassen kann (ca. $ 4 bis 5 für die Bemalung der Hand). Die Malereien halten ca. 2 (rot, braun) bis 3 (schwarz) Wochen.

Es wird nicht nur Henna verwendet (rot bis braun), sondern auch künstlich hergestelltes Haarfärbemittel (dye, dying, für die schwarzen Malereien, importiert aus Oman - Vorsicht bei Allergien!). Nicht üblich ist derartiger Körperschmuck auf Männerarmen oder -beinen.

- Für viele ist der Einkauf von Nelkenöl auf der Nelkeninsel Sansibar ein Muss. Es gibt "stem oil" (Öl aus den Stängeln gepresst, das ist die obligate Variante) und "bud oil" (Öl aus der Knospe, das hochwertigere Öl). Beide eignen sich hervorragend zum kurzzeitigen Betäuben von Zahnschmerzen. In Souvenirshops bezahlt man für die 100-ml-Flasche um $ 5. Die günstigste Verkaufsstelle für beide Ölsorten befindet sich in der staatlichen "Zanzibar Trading Corp.": Wenn man den Hafen verlässt, wendet man sich an der Mizingani Rd. sofort links (hier steht die Nelkenöl-Fabrik), nach ca. 150 m ist das Gebäude an der rechten Straßenseite gut beschildert sichtbar. Der Shop ("Duka la mafuta ya karafuu") befindet sich hinter der ersten Tür links nach dem Eingang. Beide Sorten kosten hier umgerechnet je $ 1.

Darajani Market in der Creek Road, farbenprächtiger Markt mit tropischem Obst, Gemüse, Gewürzen, Lebensmitteln, Gebrauchsgegenständen. Rund um den Markt gibt es Läden für Artikel des täglichen Bedarfs. Supermärkte existieren noch nicht, es ist aber nur eine Frage der Zeit bis einer öffnet.

- Es werden keine Lizenzen mehr für bottle-stores (Alkohol-Verkauf) vergeben. Es ist auch damit zu rechnen, dass existierende geschlossen werden.

Für Ausflüge können Fahrräder bzw. Mopeds/Motorräder (ca. $ 25/24 Std.) und natürlich Autos gemietet werden, gegenüber der Post ("Everest") sowie im Kiponda Hotel. Nach Fahrrädern können Sie sich auch in Ihrem Hotel erkundigen. Die Anbieter werden immer zahlreicher. Für das Fahren eines Motorrades braucht man einen internationalen Führerschein (eine "Lizenz" der Polizei (Malawi Rd.) genügt auch, diese besorgt der Vermieter). Hüten Sie ein geliehenes Fahrrad wie Ihren Augapfel!

Immigration am Hafen und in der Kaunda Road.

Taxi: Fahrpreis für Stadtfahrten: ca. $ 1,25 tagsüber, nachts ab ca. 22:00 sehr zu empfehlen, $ 2,50. Zum Flughafen ca. $ 10.

♦ Mietwagen: Shangani Street, am unteren Ende des Forodhani Parks steht eine kleine Flotte Mittelklasse-Pkw, ca. $ 50/Tag (ohne Chauffeur), Motorräder (250 ccm) $ 25/Tag. Für das Fahren benötigen Sie einen internationalen Führerschein oder eine "Lizenz" der Polizei (Ecke Malawi Str./Creek Rd.), diese besorgen aber auch die Vermieter.

♦ Die meisten tour operator (siehe weiter unten) vermieten ihre Fahrzeuge zu denselben Konditionen. Die Anmietung eines Taxis ist aber nicht wesentlich teurer als ein Mietwagen.

♦ Gegenüber dem Dhow Palace Hotel befindet sich ein "Operations Office" von Takims Holidays, info@takimsholidays.com.

FAX befinden sich in der Kenyatta Road. In der Post befindet sich auch ein Copyshop und eine Möglichkeit zum Versenden von E-Mails.

♦ DHL-Büro an der Straße zum Flughafen

♦ Western Union Agent (Postal Bank), Malawi Road.

Mehrere Internet-Cafés in den Hauptstraßen von Stonetown.

Es gibt unzählige Büros von tour operator in Sansibar und noch viel mehr fly-catcher in den Straßen. Bezahlen Sie nie bei einem fly-catcher, sondern immer nur im Büro des tour operators bzw. beim Chauffeur (oder Kassierer) im bereitgestellten Bus/Boot. Die Preise sind überall ähnlich (in jedem tour operator-Büro hängt eine Preisliste aus), handeln ist nur außerhalb der Hauptsaison sinnvoll, ausgenommen Sie haben triftige Gründe - z.B. eine 50-köpfige Gruppe.

Das Angebot umfasst geführte Stadttouren in Stonetown, Spicetour, Fahrten zu den Stonetown vorgelagerten Inseln, Jozani-Forest-Tour, Tagestouren zu den Stränden im Osten oder Norden. Die Tagestouren an Land kosten in der Regel $ 10 (ohne Eintrittsgebühren, inkl. Lunch), Halbtagstouren sind nur unwesentlich billiger und bieten keinen Lunch.

- Tagestouren am Wasser (Delfin-Watching in Kizimkazi, 3-Island-Snorkeling-Tour) liegen um $ 20 inkl. nicht immer intakter Schnorchelausrüstung.
- Die bisher angeführten Preise verstehen sich für voll besetzte Busse/Boote 10 bis 20 Pers., je nachdem. Individualtouren an Land sind am besten mit Taxi/Mietauto zu absolvieren. Wer lieber alleine oder zu zweit schnorchelt, muss tief in die Tasche greifen (Details dazu siehe unter Umgebung).
- Alle tour operator und Hotels der Kat. A sowie viele der Kat. B bieten Tauchkurse und Tagestouren an - Details siehe Stadtbeschreibung.
- Alle unten genannten tour operator bieten auch NP-Besuche auf dem Festland im Zuge einer Flugsafari an. Der praktisch vis-a-vis der Insel gelegene Saadani NP (Beschreibung ☞ "Nationalparks") wird eher über kurz als über lang ins Blickfeld der tour operator gelangen - mit höchster Wahrscheinlichkeit werden dann Bootstouren angeboten.
- Fisherman Tours & Travels, ☎ 024/2238791/92, ✍ reservation@fishermantours.com, 💻 www.fishermantours.com
- Harringford Ltd. (Adventure Afloat ZNZ), ☎ 024/2239102, ✍ adventure@zanlink.com, 💻 www.safariblue.net
- Madeira Tours & Sfaris, ☎ 024/2230406, ✍ madeira@zanlink.com, 💻 www.madeirazanzibar.com
- Ocean Tours, ☎ 024/2230830, ✍ info@oceantourszanzibar.com, 💻 www.oceantourszanzibar.com
- One way (Bundu Ltd.), ☎ 024/2239574, ✍ info@bundu.cc, 💻 www.bundu.cc
- Turisanda Ltd., ☎ 0747/414903, ✍ monarch@zanlink.com
- Vacanze Zanzibar (Dongwe Club), ☎ 024/2240251/2, ✍ manager@dongweclub.co.tz
- Zan Tours Ltd., ☎ 024/2233116, ✍ reservations@zantours.com
- Zanzibar Travel Services, ☎ 024/2238220, ✍ monarch@zanlink.com
- Zenith Tours & Travel, ☎ 024/2232320, ✍ salim@zenithtours.com, 💻 www.zenithtours.com
- Fernandes Tours & Safaris, ☎ 024/2230666, ✍ fts@zanlink.com
- Cloveland Tours & Travels, ☎ 0748/355759, ✍ info@clovelandtours.com, 💻 www.clovelandtours.com
- Abgesehen davon fungiert jedes Hotel der Kategorie A und B als tour operator.

Weiterfahrt

- Air Tanzania, Shangani, Majestic House (zwischen Serena Inn und Tembo Hotel), ☏ 024/2230213, ✉ airtanzania@zanlink.com
- Precision Air, in Mazson's Hotel angesiedelt, ☏ 024/2234521, ✉ pwznz@precisionairtz.com
- Coastal Aviation am Flughafen sowie neben dem Serena Inn, ☏ 024/2233112, 0741/67081
- Zan Air, Malawi Rd., ☏ 024/2233670, ✉ reservations@zanair.com, 💻 www.zanair.com
- Flugpläne u. dgl. siehe Kap. Reisen im Land/Flugzeug
- Der Bus-/Dalladalla-Bahnhof befindet sich in der Creek Rd., gegenüber vom Darajani-Markt.
- Dalladallas sind mit Buchstaben gekennzeichnet: B fährt nach Bububu, U zum Flughafen.
- Busse tragen Nummern: 16 fährt nach Nungwi, 9 an die Ostküste.
- Mehrmals täglich Schiffe nach Dar es Salaam, 1 x wöchentlich (bzw. unregelmäßig) nach Pemba, Departure-Tax $ 5 (!).
- Fahrpläne und Preise ☞ Reise-Infos von A bis Z, Reisen im Land, Schiff
- Taxis sind in der Nähe des Marktes bzw. an der Hafenfront zu finden.

Enge Gässchen in Stonetown (eb)

Größte Attraktion ist die enge und verwinkelte **Altstadt/Stonetown** von Sansibar - seit 2000 UNESCO-Weltkulturerbe. Dieses nicht nur wegen einer außergewöhnlich umfangreichen und auch gut erhaltenen materiellen (architektonischen) Manifestation einer zumindest 1.000-jährigen Geschichte, sondern auch wegen der Symboltracht hinsichtlich Sklavenhandel und Beseitigung desselben: Immerhin war Sansibar Zentrum des

Sklavenhandels und auch - gemeinsam mit London - Zentrum der Gegenbewegung. Insgesamt stellt Sansibar/Stonetown einen kulturellen Brennpunkt der ostafrikanischen Küste dar - nirgends (Lamu in Kenia vielleicht ausgenommen) kommt der Afrika-Besucher der heutigen wie gestrigen Wa-Swahili-Kultur näher.

Stadtrundgang

Ein Stadtrundgang durch die Stonetown nimmt üblicherweise einen halben Tag in Anspruch. Sie ist allerdings so faszinierend, dass man auch nach einem ganzen Tag noch nicht genug hat und sie immer wieder durchstreifen und Neues entdecken kann. Nur wenige Straßen sind breit genug für ein Auto. Schnelles Fahrrad- und Mopedfahren ist sehr beliebt; gehen Sie daher nicht mitten in den Gassen, sondern am Rand. Wenn sich ein Fahrer nähert (Motorengeräusch oder Klingeln), bleiben Sie auf Ihrer Seite. Im Gegensatz zum Festland haben hier auch Fußgänger Rechte. Als Ausgangspunkt für einen Stadtrundgang nehme ich den **Hafen**, der Ankunftspunkt der meisten Touristen. Die einzige Straße, die vom Hafen herausführt, mündet in einen Kreisverkehr.

Wir gehen rechts in die **Mizingani Road.** Nachdem die nicht gerade sehenswerten Lagerhallen passiert sind, taucht rechts das Institute of Marine Science (University of Dar es Salaam) auf. Sofort nach diesem sieht man (wieder) das Meer. Rechts die Hafenpolizei, danach der Zoll. Nach diesem - etwas zurückversetzt - das **Nasoor-Hospital bzw. Apotheke (auch Itnaasheri Hospital/Apotheke).** Der elegante Holzvorbau und die kunstvollen Holzveranden sind renoviert. Innen "verstecken" sich einige Souvenirläden. In der ersten Etage kann man sich in der "Exhibition Hall" über den Fortgang der Restaurierung mittels Fotos, Zeichnungen und Plänen informieren.

Das Gebäude führt nun den Namen "Stonetown Cultural Center" und ist Hort vom Zanzibar International Film Festival (ZIFF), es beherbergt auch das "Aga Khan Cultural Service" das laufend Ausstellungen zeitgenössischer Malerei aus Sansibar zeigt (die Renovierungsarbeiten wurden vom ihm bezahlt).

Gegründet wurde das Hospital von Sir Taria Topan ("The prince of clove"), einem schwerreichen Nelkenhändler und Zolleintreiber, die Bauarbeiten dauerten von 1887 bis 1894. Nach dessen Tod - das Hospital war noch nicht in Betrieb - wurde das Gebäude an Mr. Nurmohammed verkauft und wurde von diesem als Apotheke eingerichtet.

Bald darauf sieht man zur Rechten den alten **Dauhafen**. Speziell am frühen Morgen ist der Hafen ein äußerst lebhafter Ort. Die Fischer kommen mit ihren Fängen an Land, und nicht selten kann man einen Haifisch, große Tintenfische oder auch Rochen sehen.

Vis a vis vom Dauhafen steht ein riesiger Mangobaum, unter dessen Schatten nicht selten ein Bootsbauer eine Dau herstellt - ob dieser Baum wirklich von Sultan Khalifa (1911) gepflanzt wurde oder erst 1944 zur 200-Jahr-Feier der Regentschaft von Sultan Al Busaidi, wollen wir dahingestellt lassen.

Kurz danach, auf der linken Straßenseite, gelangt man zum **People's Palace**, dem ehem. Sultanspalast. Zwischen 1880 und 1964 wohnte hier der Sultan mit seiner Familie. Heute ist dieses Bauwerk ein eindrucksvolles Museum (Leben und Leiden des letzten Sultans von Britanniens Gnaden), das einen Besuch wert ist.

Den **Palast Beit el Ajaib** (House of Wonder), wiederum auf der linken Straßenseite, erreichen wir etwas später. Er zählt zu den eindrucksvollsten Gebäuden der Stadt - erreicht man Sansibar per Schiff, ist er schon von weitem zu sehen. Sultan Bargash erbaute diesen Palast 1883. Es ist ein vierstöckiges Gebäude, das mit großen Veranden umgeben ist. Das Eingangstor ist ein überaus schönes Exemplar der berühmten geschnitzten Holztüren. Beiderseits stehen alte portugiesische Kanonen. Bis zur Jahrtausendwende diente es der CCM als Hauptquartier (seit 1977). Heute ist darin ein Museum (Eintritt $ 3) zur Swahili-Kultur im Allgemeinen und zur Kultur Sansibars im Speziellen untergebracht. Der Name "House of Wonder" kommt daher, dass dieser Palast das erste Haus Ostafrikas war, das nicht nur über elektrische Beleuchtung, sondern auch über Wasser- und Gasleitungen, Telefon und dergleichen modischen Schnickschnack mehr verfügte - eine Sensation.

Wenige Schritte hinter diesem Palast gelangt man zum **alten Fort** (Old Fort, Ngome Kongwe) Ob es von den Omanis im beginnenden 18. Jh. erbaut wurde und dann vorübergehend von den Portugiesen übernommen wurde oder im ausgehenden 18. Jh. von den Portugiesen erbaut und dann von den Omanis übernommen, ist nicht endgültig geklärt. Jedenfalls ist es ein massives Gebäude mit mächtigen Türmen und einem großen Innenhof. Man kann die Stiegen hinaufsteigen und einen Rundgang auf den Mauern unternehmen. Im Innenhof sind Souvenirläden sowie ein gutes Café, das auch köstliche Snacks bietet, angesiedelt.

Die Bühne ist für "A Night at the Fort" reserviert. Dienstags, donnerstags und samstags wird zwischen 19:00 und 22:00 Folkloristisches geboten (African dance and drums). Begleitet wird die Aufführung von einem Buffet ("eat as much as you can"), vornehmlich auf der Basis Seafood - an Vegetarier wird aber ebenfalls gedacht. Eintritt: $ 5 nur für die Show, $ 10 für Show und Buffet.

Gegenüber dem Fort befindet sich der **Forodhani Park**, auch **Jamituri Gardens** genannt. Während des Tages ist er nicht sonderlich eindrucksvoll, sieht man von den Souvenirverkäufern einmal ab. Hingegen ist er am Abend voller Leben (☞ ausführlichen Infoteil, ✕).

Nach dem Forodhani Park ändert die Straße ihren Namen zu **Shangani Street**. Sie führt weiter zur westlichsten Spitze Sansibars, dem Ras Shangani. Ab diesem Punkt führt die Shangani Street weiter in südliche Richtung. Zur Linken sieht man das **Tippu Tip House** mit einem wunderschönen geschnitzten Eingangstor. Tippu Tip war ein hochgebildeter Sansibari, aber auch ein berühmt-berüchtigter und grausamer Sklavenhändler im 19. Jahrhundert, was jedoch keinen der berühmten europäischen Entdecker und Forscher hin-

derte, bei ihm ein und aus zu gehen. Bald darauf auf der rechten Straßenseite - etwas zurück versetzt - befindet sich das **Africa House Hotel.**

Mathew's House, die ehemalige Residenz des deutschen Konsuls vor dem Ersten Weltkrieg, ist bald nach dem Africa House Hotel zu sehen. Der überhängende Balkon ist das Erkennungszeichen dieses Gebäudes.

Die Shangani Street mündet in die Kenyatta Rd., diese ändert am Kreisverkehr ihren Namen in Kaunda Street. Auf der rechten Seite passiert man die Tumekuja-Schule, das Gericht, State House und das ehemalige Lenin Hospital (heute Mnazi Mmoja Hospital).

⌘ Ganz knapp vor dem Mnazi Mmoja Hospital führt die enge Museum Street nach links zum Beit el Amaan/**Peace Memorial Museum**. Es ist ein kleiner Kuppelbau und beherbergt Dokumente der Sultane, Sklavenhändler und europäischen Entdecker. Auch Kunsthandwerk und Ethnologisches ist zu sehen. Obwohl sehr klein, lohnt sich ist ein Besuch. Angeschlossen ist das **Natural History Museum**: lebende Riesenschildkröten im Garten, tote Vögel und Reptilien im Innern.

Gehen wir die Museum Str. weiter, gelangen wir schnell zum Rand von Stonetown - zur Creek Rd. (soll in Mkapa Rd. umbenannt werden, ich bleibe aber vorerst bei Creek Rd.). An unserer Straßenseite ist noch Stonetown, gegenüber Ngambo - und zwei markante Erscheinungen. Beim großen

Panoramablick vom "House of Wonder" (eb)

weißen, etwas zurückversetzten Haus handelt es sich um das "House of Representatives" (hier waltet die sansibarische Regierung). Beim parkähnlichen Gelände rechts der Kreuzung handelt es sich um die **Mnazi Mmoja Gardens**, die größte Parkanlage Sansibars. Hier wird jedes Jahr in einem viertägigen Fest das Ende des Ramadan gefeiert, *Idd ul fitr* (☞ Reise-Infos von A bis Z, Feste und Feiertage). Drei Monate später wird ebenfalls hier *Idd ul haj/Idd ul mubarak* gefeiert. Traditionellerweise begibt man sich nach den Läuterungen des Ramadan auf die Pilgerfahrt nach Mekka = *haj*. Wenn die Pilger wieder wohlbehalten zurückgekehrt sind, wird dieses Fest veranstaltet.

Links gehend folgen wir nun der schnurgeraden Creek Rd. bis zur Malawi Rd. Schnell nach dem House of Representatives sieht man an der Ngambo-Seite wieder einen Park - **Jamhuri Gardens**.

Sofort nach diesen zweigt rechts die autobahnähnliche Karume Rd. ab und in dieser sieht man in einiger Entfernung die noch mit DDR-Hilfe gebauten **Michenzani Flats**. Es sind überdimensionale Wohnblöcke und es mag für Europäer vielleicht merkwürdig klingen: aber deren Bewohner sind weder unglücklich noch herrschen hier unmenschliche Lebensbedingungen vor - wie in vielen vergleichbaren Bauten bei uns. Geht man ein kurzes Stück in die Karume Rd. hinein, sieht man an der linken Straßenseite ein Monument, welches an Abeid Amaan Karume, den ersten Präsidenten Sansibars, erinnert.

✞ Wir wenden uns aber wieder der Altstadt zu und marschieren die Creek Rd. weiter. Kurz nach der Karume Rd. bzw. ganz kurz vor dem Darajani-Market führt uns links gehend ein schmales Gässchen zur **anglikanischen Kirche** (Church of Christ). Sie wurde 1873 bis 1886 an der Stelle des **ehemaligen Sklavenmarktes** (Old Slave Market) erbaut. Einige der unterirdischen "Depots" können besichtigt werden. Der Eintrittspreis enthält auch einen geführten Rundgang durch die Kirche (Spenden). Vom Turm hat man einen eindrucksvollen Blick über Sansibar, fragen Sie den Führer, ob er Sie hinauflässt. Im Garten der Kirche ist ein Mahnmal zur Erinnerung an die ausweglose Situation der Sklaven errichtet worden. Die ausführende Künstlerin ist die in Bagamoyo lebende Schwedin Clara Sornas.

✋ Das Mahnmal ist in den Erdboden eingelassen (Tiefe ca. 2,50 m) und es ist keine Absperrung vorhanden! Achten Sie auf den Weg.

Von der Church of Christ gehen wir wieder zurück zur Creek Rd., halten uns links und stehen innerhalb weniger Sekunden am Eingang zum **Darajani-Market.** Es ist ein äußerst lebhafter und eindrucksvoller Markt. Angeboten werden alle nur erdenklichen tropischen Früchte und Gewürze. Ein Fischmarkt und ein Fleischmarkt sind deutlich an ihrem Geruch zu erkennen. Fotografieren stößt am Markt nicht mehr auf solch vehemente Ablehnung wie früher, dennoch ist Höflichkeit geboten - vorher fragen - nur manche Händler verlangen noch Geld (ca. $ 1) bzw. wollen überhaupt nicht fotografiert werden. In den kleinen Läden rund um den Markt kann man von Gewürzen bis Parfüms alles erstehen. Starker, schwarzer Kaffee wird von Straßenhändlern in großen Messingkannen angeboten (Seite 388).

Gegenüber vom Markt (südliches Ende) befindet sich die **Busstation**. Hier ist die Abfahrtsstelle für alle Busse, die ins Landesinnere fahren. Nach der Busstation ziehen sich Läden nach Ngombe hinein, die vor allem Kleidungsstücke (Hemden, Hosen, Kangas) anbieten.

Der Creek Rd. weiter folgend, gelangt man am westlichsten Zipfel der Lagune zur großen Kreuzung mit der Malawi-Rd. Links gehend passiert man das Cinema Afrique und kommt schnell zum Kreisverkehr mit der Mizingani Rd. Hier geradeaus gehend gelangt man wieder zum Hafen, rechts sieht man die Nelken verarbeitende Fabrik, links gehend beginnt wieder die soeben beschriebene Runde. Geht man die Malawi Road an oben genannter Kreuzung nach rechts, erreicht man nach einem ca. 10-minütigem Fußmarsch das **Livingstone House**. Es diente dem Missionar und Forschungsreisenden David Livingstone als Ausgangsbasis für die letzte Expedition ins Innere Afrikas. Heute beherbergt es ein Tourist-Office. Die Straße führt an den Stadtrand Sansibars und weiter nach Norden. Schlendert man noch etwas weiter, erreicht man nach weiteren 10 Min. einen **Bootsbauplatz**. Das Hämmern kündigt von weitem an, dass hier Daus gebaut werden.

Wir haben nun die Altstadt von allen Seiten umrundet und wenden uns nun ihrem Innern zu. Es gibt nur wenige herausragende Gebäude, aber die Stadt an sich fasziniert. Schlendern Sie herum, achten Sie nicht auf Straßennamen und Orientierung und lassen Sie die Gassen und Winkel dieser Stadt genüsslich auf sich wirken. Die engen Gassen bieten selbst bei großer Hitze genügend Schatten. Im Erdgeschoss der Häuser befinden sich häufig Läden, die Lebensmittel, Kleidung, Gebrauchsgegenstände, Kunsthandwerk oder Souvenirartikel anbieten. In den darüber liegenden Stockwerken sind die Wohnungen zu finden.

✝ Die zwischen 1893 und 1897 erbaute katholische **St-Joseph's-Kathedrale** befindet sich in der Cathedral Street und ist an ihren beiden Türmen zu erkennen (nur zu den Messen geöffnet).

Der **Tempel Arya Samaji**, hinter dem Fort am Ende der Gizenga Street, und der **Shree-Shiva-Shakti-Tempel**, Hurumzi Street, werden von der seit 1964 stark geschrumpften indischen Glaubensgemeinschaft besucht.

☪ Mehr als 50 **Moscheen** weisen darauf hin, dass die Bevölkerung hauptsächlich muslimisch ist. Man darf keine der Moscheen besichtigen. Selbst wenn sich Ihr Führer für Sie verwendet, wird es schwer, eine Erlaubnis zu

Gemüsestand auf dem Darajani-Markt (eb)

erhalten. Die architektonisch bedeutsamste (wahrscheinlich auch älteste) ist die kleine **Malindi-Moschee** (Malindi Rd., fast Ecke Malawi Rd.): Einzigartig ist die Errichtung auf einem quadratischen Sockel, die konische Form des Minaretts existiert in Ostafrika nur dreimal.

Das **Persische Bad** (Hamamni Persian Bath) in der Hamamni Street war ein öffentliches Bad, es ist von außen kaum als solches zu erkennen, ein kleines Schild weist darauf hin. Am Eingang verkauft ein junger Mann Zeitungen, Bücher und eine Beschreibung der Bäder, er ist Führer und berechtigt, Eintritt zu verlangen.

🛏 Die Gebäude des **Spice Inn Hotels** und des Zanzibar Hotels, (☞ ausführlichen Infoteil) sind sehenswert, und die kunstvolle Holzveranda lädt zu einer Rast ein.

Geschichte

Sansibar, das aus den Inseln Sansibar (Unguja) und Pemba besteht, lockte seit Hunderten von Jahren Reisende und Händler an. Es waren Ägypter, Phönizier, Chinesen, Perser, Portugiesen, Araber und Briten, die zu den verschiedenen Epochen an Land gingen.

In Sansibar und Pemba entstanden schon sehr früh erste **muslimische Siedlungen**. Die meisten lagen auf den kleinen Inseln und nahe der Küste. Im Dorf Kizimkazi, im Süden Sansibars, befindet sich eine Moschee aus dem Jahre 1107. Städte aus Stein wurden gebaut, und intensiver Handel bis nach China betrieben; unter großen Teilen der Bevölkerung herrschte beträchtlicher Wohlstand.

Seit dem 18. Jahrhundert gehörten Sansibar und der ostafrikanische Küstenstreifen zum Einflussgebiet des Sultans von Oman. Sultan Sayyid Said verlegte 1840 seine Hauptstadt von Oman nach Sansibar und beeinflusste weitgehend das Leben nicht nur in Sansibar, sondern auch an der ostafrikanischen Festlandküste. Bereits 1818 führte Sultan Sayyid Said die **Gewürznelken** ein. Große Plantagen entstanden, die hauptsächlich von Sklaven bewirtschaftet wurden. Sansibar war zu dieser Zeit auch bedeutender Umschlagplatz für den Export von Sklaven. Im 19. Jahrhundert wurde der Einfluss europäischer Mächte immer bedeutender, und Sansibar wurde 1890 britisches Protektorat. Die Sultane von Oman regierten noch bis 1963 im Namen der britischen Krone. In diesem Jahr erlangte Sansibar seine **Unabhängigkeit**. Nicht einmal einen Monat später, am 12.01.1964, kam es zur Revolution, die in einem gewaltsamen Sturz des Sultans und der Regierung mündete. Eine neue Regierung wurde von der Afro-Shirazi-Partei und der Umma-Partei gebildet. Im März diesen Jahres wurde die Afro-Shirazi-Partei zur einzigen zugelassenen Partei Sansibars.

Es kam zu Gesprächen mit dem Festland, und noch im selben Jahr fand die **Vereinigung von Sansibar und Tanganyika** zum Staat Tansania statt. Sansibar hat eine eigene Regierung mit einem eigenen Präsidenten und eigenen Ministern. Die Regierung ist für die sozioökonomische Entwicklung seiner Bevölkerung verantwortlich, hat ihr eigenes Budget und kontrolliert ihre Devisen selbständig. Außen- und Verteidigungspolitik sowie Staatsbürgerschaft zählen zu den Bereichen, die das Festland und Sansibar gemeinsam haben.

Am 5. Februar 1977 schlossen sich beide Einheitsparteien - Afro-Shirazi-Partei von Sansibar und TANU vom Festland - zur **Chama Cha Mapinduzi** (CCM, Partei der Revolution) zusammen. Die neue Verfassung besagt, wenn der Präsident vom Festland kommt, muss der Vizepräsident von Sansibar sein (aber nicht umgekehrt). 1992 wurde, wie auf dem Festland, ein demokratisches Mehrparteiensystem eingeführt. Im Oktober 1995 fand die erste demokratische Wahl statt, im Jahr 2000 die zweite. Auf der Insel Sansibar (Unguja) gewann beide Male die CCM, auf Pemba die CUF. Beide Wahlen wurden nicht unbedingt als fair eingestuft. Speziell nach der Wahl 2000, die in einigen Bezirken auf Grund von Unregelmäßigkeiten wiederholt werden musste, gab es gröbere Unruhen (v.a. auf Pemba).

Die Wahl 2005 verlief nach Berichten der Beobachter fair und kontrolliert. Das Wahlergebnis glich dem der Wahlen zuvor: Sieg der CCM auf Sansibar/Unguja, Sieg der CUF auf Pemba. Dennoch erschütterten massive Unruhen die Inseln. Grundsätzlich wünscht die Opposition ein Mehr an Autonomie und obwohl von allen Seiten immer wieder betont wird, dass kein Sansibari an ein Auseinanderbrechen der Union mit Tanganyika denkt, brachte ein Oppositions-Politiker beim High Court von Sansibar eine Klage gegen die Rechtmäßigkeit der Union ein. Ob und vor allem wie die Zukunft gestaltet sein wird, weiß z.Z. niemand zu sagen.

Sport in Sansibar

In erster Linie sind hier natürlich Schnorcheln und Tauchen zu nennen. Beste Saison ist von September bis März, Sichttiefen bewegen sich zwischen 15 bis 40 m (abhängig von Ebbe/Flut usw.), harpunieren ist verboten: Grundsätzlich kann gesagt werden, dass die umliegenden Riffe - obwohl vergleichsweise klein - zu den schönsten ("the rapture of the sea") dieser Welt zählen. Ich kann hier nur einen groben Überblick bieten, eine Gesamtübersicht gibt Anton Koornhof "The Dive Sites of Kenya and Tanzania", Passport Books, Chicago Ill., USA. Ach ja - die nächste Dekompressions-Kammer befindet sich in Mombasa.

- Changuu Island - super geeignet fürs Schnorcheln, Sichtweite bis zu 35 m
- Chapwani Island - an der östlichen Spitze wie zuvor
- Bawi Island (östl. Ende) - bestens geeignet zum Schnorcheln und Tauchen.
- Fungu Chawamba ("Sand Bar") - für Anfänger geeignet
- Panga Island, Pwakuu Island - bestens fürs Schnorcheln wie fürs Tauchen
- Murogo Reef- in beiden Fällen bestens
- Boribu Sandbar (auch Bokibu genannt) - nur für Taucher
- Chumbe Island - das Beste vom Besten - ☞ Kap. "Umgebung"
- Stingray-Alley - nur für Taucher (an der Ostküste, vor dem Shehe Guesthouse)
- Jambiani-Reef - nur für Taucher
- Levan Bank - nur für Taucher
- Mnemba Island - ziemlich ultra für Taucher, fast so gut für Schnorchler
- **Einige Adressen**:
- www.tauchbasen.net/tauchen-tansania-78.html (sehr informativ)
- Rising Sun Diving Center (Breezes Beach Club), ☏ 0747/414950, info@risingsun-zanzibar.com, www.risingsun-zanzibar.com
- Scuba Shack (Stonetown), ☏ 0748/425033, info@scubashackzanzibar.com, www.scubashackzanzibar.com
- Ras Nungwi Diving, ☏ 024/2233767, info@rasnungwi.com, www.rasnungwi.com
- Dive Africa Zanzibar (Paradise Beach Club), www.diveafrica.com/zanzibar, veelen@mweb.co.za
- www.zanzibaroneocean.com
- www.risingsun-zanzibar.com

- www.sensationdivers.com
- ♦ Bezüglich Chumbe-Island ☞ "Umgebung".
- www.eminds.se (im Gegensatz zu vorgenannten, bietet diese Seite "nur" schöne Unterwasser-Bilder).
- ♦ Als Tauchbasen bzw. Info fungieren auch alle Kategorie A-Hotels in Sansibar und Pemba.
- ♦ **Preise:** Tagestour in Stonetown Nähe (zwei Tauchgänge, Tauchlehrer, Ausrüstung, Lunch, Transport): ca. $ 65, Tauch-Grundkurs (vier bis fünf Tage): $ 300, Zwei-Tageskurs für Anfänger $ 180.

Wem das nicht genug Sport ist, dem sei der "Internationale Sansibar Triathlon und Marathon" ans Herz gelegt - er fand erstmals im November 2005 statt.

The Secretary, Zanzibar Internat. Marathon Committee, PO Box 1410, Zanzibar. ☏ 024/2233448/ 2230966.

Umgebung

Spicetour

Eine **Gewürztour** gehört sicherlich zu den schönsten Erlebnissen eines Sansibar-Aufenthaltes. Üblicherweise dauert sie fünf bis sechs Std., kann auf Wunsch aber auch einen Tag in Anspruch nehmen. Auf dieser Tour sieht man unzählige Gewürze, die man in getrocknetem oder gemahlenem Zustand schon lange von zu Hause kennt, nun im Zustand ihres Wachstums. Es werden Anbau, Ernte und die Verarbeitung genau erklärt, und Kostproben stehen immer zur Verfügung.

Ananaspflanze (eb)

Zu den wichtigsten Gewürzen und tropischen Früchten, die man auf einer Spicetour kennen lernt, zählen: **Nelken** (*karafuu*), **Pfeffer** (*pili pili manga*), **Zimt** (*mdalasini*), **Muskatnuss** (*kungu manga*), **Kardamom** (*hiliki*), **Vanille** (*vanilla*), **Ingwer** (*tangawizi*), **Gelbwurz** (*manjano*), **Kakao**, **Kokosnuss**, **Ananas**, **Papaya**, **Mango**, Herstellung von Copra aus Kokosnüssen usw. Das Kennenlernen der verschiedenen Gewächse ist äußerst interessant und die Fahrt durch das fruchtbare Inselinnere garantiert einen einprägsamen Tag.

Pfeffer (eb)

Die Touren können nur mit einem Wagen unternommen werden. Sie können ein Taxi mieten, wobei allerdings nicht garantiert ist, dass der Fahrer die Gewürze auch wirklich alle kennt. Besser ist es, sich einer organisierten Tour anzuschließen, die bei den einzelnen tour operator gebucht werden kann.

Bananenstaude (eb)

Die Gewürznelke wurde 1818 vom osmanischen Sultan Sayyid Said in Sansibar eingeführt. Heute bedecken die Plantagen in Unguja ca. 10 % der Fläche, in Pemba fast die gesamte Insel. Insgesamt schätzt man ca. 6 Millionen Nelkenbäume (Syzygium aromaticum).

Sie erreichen eine Höhe von bis zu 24 m und können weit über 100 Jahre alt werden - viele sind es auch.

Junge Bäume liefern erst fünf Jahre nach Pflanzung erste Erträge, bis zur Maximalkapazität vergehen dann noch einige Jahre. Gewürznelken sind die ungeöffneten Blütenknospen des Nelkenbaums. Sie wachsen in dichten Bündeln.

Die Blütenzweige werden geerntet, wenn die Knospen dicht, aber noch geschlossen sind. Nach der Ernte werden die Knospen auf Matten bis zu fünf Tage lang getrocknet, dabei müssen sie laufend gewendet werden, damit die Trocknung 100 %ig ist. Die Qualität der Gewürznelken - das sind die Knospen - steigt mit der Kürze des Trocknungsprozesses.

Nelkenöl wird üblicherweise aus den Stängeln gepresst, Knospenöl ist wertvoller, aber auch seltener.

Üblicherweise ist auch die Besichtigung des renovierten Badehauses von Kidichi am höchsten Punkt der Insel (123 m) und der Mangapwani-Sklavenhöhlen (☞ Historisches, folgend) mit eingeschlossen.

Halbtägige Spicetouren werden von allen tour operator in Stonetown angeboten, rechnen Sie mit ca. $ 10/Person in Gruppe (10 bis 20 Personen, je nach Fahrzeug), inkl. Lunch und Strandaufenthalt. Zumindest während der Hauptsaison sollte eine Spicetour ein bis zwei Tage im Voraus gebucht werden. Zahlen Sie nie bei den fly-catchern, nur im Büro des jew. tour operators!

Changuu-Insel

Die Insel ist vom Hafen aus zu sehen und liegt nur ca. 1 km von Sansibar entfernt. Sie ist ein sehr beliebtes Ausflugsziel zum Schwimmen und Schnorcheln. Der Strand ist wunderschön, glasklares Wasser garantiert hervorragende Sicht.

✋ Beim Schwimmen sollten Sie darauf achten, dass der Strand nur bei Ebbe im Freien liegt, bei Flut ist er gänzlich unter Wasser. Wenn Sie einen Spaziergang unternehmen, lassen Sie Ihre Sachen nicht einfach liegen, sondern bringen Sie sie rechtzeitig in Sicherheit.

Die kleine Insel kann in einem halbstündigen Fußmarsch umrundet werden. Sie ist dicht bewachsen, und ein gut ausgetretener Pfad führt rund herum. Die größte Attraktion sind die riesigen **Schildkröten**, die immer zu sehen sind. Angeblich sollen sie von den Seychellen hierher gebracht worden sein. Die Schildkröten liefen früher auf der ganzen Insel frei herum. Da einige von ihnen gestohlen wurden, sind sie nun in einem bewachten Gehege untergebracht.

Reste eingestürzter Mauern sind noch zu sehen und weisen darauf hin, dass die Insel früher ein Gefängnis beherbergte. Darauf geht auch ihr früherer Name "Prison Island", der noch heute in Gebrauch ist, zurück. Ursprünglich war sie Privatbesitz eines arabischen Sklavenhändlers, der sie im 19. Jahrhundert an einen Briten verkaufte. Eintritt: $ 5.

Es ist sehr einfach, einen Transport zur Insel zu bekommen. Üblicherweise wird man beim Spaziergang durch Sansibar oder abends in der Bar des Africa House Hotels angesprochen und kann für den nächsten Tag die Überfahrt und Rückfahrt arrangieren. Safariunternehmen bieten ebenfalls Fahrten an. Preis: ca. $ 5 bis $ 10, je nach Personenanzahl im Boot.

Übernachten ist im **Changuu Island Resort** möglich, ☏ 024/2232344, einfache Zimmer, (Kat. D; Buchung bei der Tourist-Info in Sansibar). Auch Schnorcheln-Ausrüstung (mäßiger Qualität) kann hier gemietet werden.

Angeschlossen ist ein Restaurant mit sehr hohen Preisen. Lunch muss am Vormittag reserviert werden.

Chapwani (private) Island

Die Insel ist ca. 2 km von Sansibar-Insel entfernt und beherbergt einen historischen Friedhof (The Church of England Cemetery), aus diesem Grunde wird die Insel auch Grave Island genannt.

Am 20.9.1914 brachte die deutsche "Königsberg" (☞ "Selous WR") den Ersten Weltkrieg nach Sansibar und griff die britische "H.M.S. Pegasus" an. Die britischen Opfer dieser Schlacht wurden auf Grave Island begraben. Sie waren die letzten, die hier ihr endgültiges Ruhelager fanden, aber nicht die ersten. Seit ca. Mitte des 19. Jahrhunderts wurden hier die Opfer des Meeres begraben. 1880 weihte Bischof Steere diesen Platz, zur selben Zeit verfügte Sultan Bargash ein Edikt, das die Insel den Briten für die Nutzung als Friedhof zur Verfügung stellte "... for our friends, the English dying in Zanzibar".

Die ca. 800 m lange und ca. 200 m breite Insel befindet sich im Besitz eines internationalen Konsortiums und gehört mehr oder weniger den Gästen der Chapwani Private Island Lodge.

♦ ☏ 024/2233360, 🖳 www.chapwaniisland.com

Pro Tag dürfen sich lediglich 20 Personen auf fünf Doppelbandas (zu je 2x2 Pers., Dusche und Toilette angeschlossen) aufteilen. Das Restaurant befindet sich am Strand und bietet sansibarische wie internationale Küche erstklassiger Qualität. Die Insel bietet mehrere Buchten mit blendend weißen Sandstränden und ein kleines Wäldchen, in dem sich ca. 60 Dikdiks und einige Colobus-Affen herumtreiben, Fischadler und Reiher besuchen die Insel regelmäßig. Es ist wunderschön hier - tagsüber wie nachts, wenn die Lichter Stonetowns herüber leuchten und hin und wieder ein Fetzen Swahili-Musik oder das Platschen der Flugfische die Stille durchbricht. Das hat natürlich seinen Preis (es zahlt sich aber aus): ab $ 110/Pers. in Zweibett-Banda, Halbpension (VP $ 130), Transfer nach Stonetown: $ 10 (falls Sie die ganze Insel buchen wollen: $ 2.200/Tag, max. 20 Personen), zumindest während der Nebensaison werden Ermäßigungen geboten (fünf Tage bleiben, vier Tage zahlen usw.).

Zu buchen über den ital. tour operator "House of Wonder",
☏ 0039/51/234974, ✉ info@houseofwonders.com,
✉ info@africa-style.com. Vom 31.03. bis 04.06 ist die Lodge geschlossen.

Der Friedhof kann von jedermann - ohne die Dienste der Lodge in Anspruch zu nehmen - besucht werden - rechnen Sie für die Überfahrt ca. $ 10.

Chumbe Island

Die Insel ist Tummelplatz des außergewöhnlichen Palmendiebes (*coconut crab, Birgus latro*), eine ca. 25 bis 30 (in Ausnahmefallen bis 45) cm große Krebs-(Krabben-)Art, die sich von Kokosnüssen ernährt. Außergewöhnlich auch deshalb, weil dies die einzige Krebsart ist, die zum Leben auf dem Land übergegangen ist. Lediglich zur Fortpflanzung suchen die Tiere das Wasser auf. Doch das ist nicht der einzige Anziehungspunkt der Insel, es gibt noch das Chumbe Reef Sanctuary, das Chumbe Forest Reserve sowie einen historischen Leuchtturm zu besuchen.

Die Koralleninsel Chumbe Island - ca. 6 km südlich von Sansibar - ist seit Jahren im "Besitz" einer Organisation, deren Aufgabe es ist, die einzigartige Korallen- und Fischwelt rund um die Insel sowie den Wald der Insel zu schützen und zu managen. Diese Arbeit wurde glänzend bewältigt und Chumbe Island ist der zur Zeit einzige UN-registrierte Marine Park Tansanias. Seit dem 24.12.1994 ist das "Chumbe Reef Sanctuary" auch von der Regierung geschützt.

Hier befinden sich die besten Tauchgründe Sansibars, die man auch mit Schnorchel und Tauchermaske auf sog. "Marine Nature Trails" ergründen kann. Insgesamt sind hier bis heute mehr als 370 Arten (aus 50 Familien!) von höherem Seegetier beobachtet worden. Dazu gesellen sich noch ca. 200 Arten von koloniebildenden Korallen.

Bei Ebbe, auch hier zieht sich das Meer weit zurück, verbleiben unzählige Tümpel und kleinere Teiche in der Zone des Tidenhubes. Hier können sich auch Nichttaucher/-schnorchler am Anblick von Fischen (meist Jungtiere) und Krabben, Seesternen und Muscheln ergötzen.

Im Forest Reserve - ca. 90 % der Insel sind von Wald bedeckt - gibt es nicht nur Highlights für Botaniker und eine große Anzahl von Vogelarten zu bestaunen, auch der erwähnte Palmendieb lebt hier. Das Forest Reserve wartet auch mit einer Sensation auf - *Caphalophus adersi*, die Sansibarische Zwergantilope oder Ader's Duiker ist die seltenste Antilope der Welt, um ihr Überleben zu sichern wurde sie 1997 eingebürgert. Auf Unguja gibt es nur noch wenige und in ihrem angestammten Revier - die Küstenwälder Kenias - sind sie wohl bereits ausgerottet.

Wirklich kundige Führer werden vor Ort beigestellt.

Der 1904 von den Briten errichtete Leuchtturm kann bestiegen werden und bietet einen atemberaubenden Blick nach Sansibar-Stadt und (bei klarem Wetter) bis zum Festland.

♦ Man darf die Insel nur im Zuge einer gebuchten Tour besuchen: Chumbe Island Coral Park Ltd. (CHICOP), PO Box 3203, Zanzibar,
und FAX 024/2231040, bookings@chumbeisland.com oder
enquiries@chumbeisland.com Project Manager 0747/413582,
info@chumbeisland.com, www.chumbeisland.com

Ausgangspunkt für jede Tour ist das **Mbweni Ruins Hotel** (Adresse usw. ☞ "Historisches und Archäologisches südlich von Sansibar/ Mbweni Ruins"). Das Hotel liegt gegenüber der Insel (Fahrtzeit ca. 20 Min). Tagesexkursionen kosten $ 70/Pers. inkl. Transfer vom Mbweni Ruins Hotel, Schnorchelausrüstung, Besuch des Riffs, des Forests und des Leuchtturmes in Begleitung kundiger Führer (die auch aufpassen, dass man nichts zerstört), Picknick-Lunch inkl. nichtalkoholischer Getränke, Rückfahrt zum Mbweni Ruins Hotel (Tauchgänge sind extra zu bezahlen). Mindestteilnahmezahl für Tagesexkursionen 2 Pers., max. 14 Pers. Tagesexkursionen sind nur möglich, wenn die Chumbe Island Eco Lodge nicht voll besetzt ist.

Auskunft darüber entweder beim Mbweni Ruins Hotel oder im Chumbe Office, ☏ 024/2231040, ✉ chumbe@zitec.org.

Übernachtungsmöglichkeit: **Chumbe Island Eco-Bungalows** (Hauptsaison $ 200/Pers., all inclusive, wie zuvor, Nebensaison $ 150/Pers., von Mitte April bis Mitte Juni ist die Lodge geschlossen), sieben wunderschöne Bungalows für je 2 Pers., self contained, erstklassiges Restaurant vorhanden. Das Wort Eco (Öko)-Bungalow kommt nicht von ungefähr. Warmwasser wie Elektrizität werden über Solarenergie gewonnen (mit der z.T. auch gekocht wird), Komposttoiletten, Regenwasserauffanganlagen, Zisternen, Pflanzenkläranlage usw. sind vorhanden. Sogar die Seife wird auf organischem Wege von einer Frauengruppe in Sansibar hergestellt und Plastikbeutel werden Sie hier vergeblich suchen. Zahlreiche internationale Preise beweisen, dass Öko-Tourismus kein leeres Wort ist.

Snake oder Bat Island

Die kleine Insel liegt zwischen Prison- und Grave Island und ist gänzlich unbewohnt. Ein Besuch lohnt nicht.

Tumbatu Island

Die Insel ist im äußersten Nordwesten der Insel Sansibar vorgelagert und kann von Mkokotoni mit Segeldaus erreicht werden (bzw. arrangieren alle Hotels in Nungwi Trips dorthin, rechnen Sie ab $ 40 bis 50, hin/zurück). Im Südosten der Insel liegen die **Jongwe-Ruinen** (auch als **Makutani** bezeichnet). Es ist eine kleine Stätte, im Großen und Ganzen sind es lediglich Reste der Freitagsmoschee, die sich aus einem Trümmerfeld erheben. Sie dürften aber auf das 12. oder 13. Jahrhundert zurückgehen. Im Nordwesten Tumbatus befindet sich ein kleiner, aber auch bei Ebbe guter Sandstrand.

Jozani Forest

Dieser ca. 10 km^2 große Wald kann zu Fuß durchwandert werden. Er ist auf Grund des Vorkommens der seltenen **Roten Colobus-Affen** geschützt. Im Wald soll es auch Leoparden geben, die aber nie zu sehen sind. Affen hingegen sieht man immer. Neben diesen ist aber auch die Vegetation beachtenswert, sie ist eine Kleinausgabe der gesamten Inselvegetation: lichter Hochwald, immergrünes Buschdickicht und feuchte Sumpfwälder. Besondere Erwähnung verdienen die größeren Ansammlungen von Schraubenpalmen.

Die Roten Colobus-Affen sind nicht nur in Sansibar endemisch, sie zeigen auch ein äußerst außergewöhnliches und weltweit einzigartiges "medizinisches" Verhalten. Manche Blätter und Früchte (Mandelbaumblätter, Mangos) sind ihrer Meinung nach sehr schmackhaft, enthalten aber bestimmte Giftstoffe, die zu Durchfall führen. Um diese unangenehmen Erscheinungen zu kurieren, stehlen sie von Menschen produzierte Holzkohle und essen diese als Heilmittel. Woher sie diese Weisheit haben, ist nicht geklärt. Bewiesene Tatsache ist aber, dass sie Holzkohle nur und ausschließlich in Verbindung mit Durchfall verursachenden Blättern oder Früchten zu sich nehmen.
Eintritt: $ 8.

Der Forest liegt auf halbem Weg zu den Stränden der Ostküste; bei der Rückfahrt von den Stränden wird in der Regel ein kurzer Stop beim Eingang des Jozani-Waldes vorgenommen. Der Guide am Eingang weiß, wo die Affen zu finden sind. Meist dauert es nur 15 bis 30 Min., bis die Affen gesichtet und auch schon Fotos gemacht wurden. Man kann den Jozani Forest auch mit dem öffentlichen Bus Nr. 9 erreichen. Sagen Sie aber vorher dem Fahrer Bescheid. Alle tour operator bieten außerdem Tagestouren an.

Historisches und Archäologisches

Alle sehenswerten Ruinen werden auch von tour operator bzw. den beiden Tourist-Offices in ihren Programmen angeboten bzw. können im Rahmen einer anderen Tour angefahren werden.

... nördlich von Sansibar

Die Ruinen des **Maruhubi-Palastes** liegen 3 km nördlich der Stadt. Der Palast wurde von Sultan Bargash 1881 für seinen Harem erbaut. 1899 brannte er fast vollständig nieder. Heute sind noch die Säulen zu sehen, die die Größe des Palastes zeigen. In den Ruinen wachsen große Mangobäume und Sträucher. Der Strand von Maruhubi ist wegen seiner Nähe zu Sansibar verschmutzt und soll nicht sehr sicher sein.

🚌 Anfahrt: Bus 2; die Ruinen befinden sich links der Hauptstraße in der Nähe des Meeres.

Die Ruinen des **Mtoni Palastes** (erbaut im frühen 19. Jh.) liegen knapp 3 km nördlich der vorgenannten. Es war der "Lieblingspalast" von Sultan Sayyid Said, darob war hier auch der Großteil seines Harem untergebracht. Aufgegeben wurde Palast im ausgehenden 19. Jh. Im Ersten Weltkrieg benutzten die Briten das Gemäuer als Lagerhaus, danach verfiel das Gebäude. Heute gibt es eigentlich nur mehr Reste der Frontmauer des Palastes, einige Bäder und Ahnungen von Räumen; der Rest ist ein überwucherter Trümmerhaufen.

🚌 Anfahrt: Bus Nr. 2

🛏 **Kategorie A**

♦ Mtoni Marine Center Hotel (im Besitz der Coastal Aviation), direkt neben den Ruinen, ☏ 024/2250140, 0741/323226, ✉ zanzibar@coastal.cc, Bungalowdorf (im Hauptgebäude auch EZ und DZ), ab $ 50/Person, das Hotel verfügt über eine (neue) noch in traditioneller Bauweise hergestellte Dau, mit der alle Ausflüge unternommen werden.

🛏 **Kategorie D**

♦ Mtoni Beach Resort, ☏ 024/2250133

Noch weiter nördlich liegt **Beit el Ras**. Ein nie fertig gestellter und somit nie benutzter Palast von Sultan Sayyid Said. Die Bauarbeiten wurden 1847 begonnen, Sayyid Said's Nachfolger - Sultan Majid - ließ den nicht fertiggestellten Bau wieder verfallen. Teile des Materials wurden später für den Bau der Bububu-Eisenbahn genutzt. 1947 wurde am Areal ein Teacher's College errichtet. Es gibt praktisch nichts mehr zu sehen.

Der **Kibweni-Palast** befindet sich ca. 5 km nördlich der Stadt und diente als Sommerpalast. Er ist gut erhalten, aber der Öffentlichkeit nicht immer zugänglich. Erkundigen Sie sich bei der Touristeninformation, ob man ihn besuchen darf.

Anfahrt: Bus Nr. 1.

Die **Mangapwani-Sklavenhöhlen** liegen ca. 20 km von Sansibar entfernt in der Nähe des Dorfes Mangapwani. Die Fahrt ist wunderschön und gibt einen Einblick in die Vielfalt dieser fruchtbaren Insel. Sie führt durch Palmenhaine, Nelkenplantagen und unzählige Felder. Der Busfahrer weiß, wo Sie aussteigen müssen. Von dort nehmen Sie den Weg nach links, der zum Meer führt. Nach ca. 15 bis 20 Min. gelangen Sie an eine "Kreuzung", hier links abbiegen, nach weiteren 20 Min. erreichen Sie die Sklavenhöhlen in unmittelbarer Nähe des Meeres.

Nach Abschaffung der Sklaverei wurde der Sklavenhandel noch einige Zeit illegal weitergeführt. In dieser großen, teilweise künstlich hergestellten Höhle mit unterirdischer Wasserzufuhr wurden zahllose Sklaven von ihren "Besitzern" versteckt gehalten. Ein schmaler Pfad führte zum Strand, von wo die Sklaven in der Nacht verschickt werden konnten.

Der Strand von Mangapwani ist sehr schön und geruhsam und lädt zu einem Bad ein, ist aber nicht sicher. Sie sollten sich auch nicht zu lange im Höhleninneren aufhalten, das "Dach" ist sehr brüchig und ein Einsturz wird befürchtet. Die Höhlen werden oft auch im Rahmen einer Spicetour besichtigt. Keine Hotels am Strand, nur der Mangapwani Serena Beach Club/Mangapwani Seafood Grill & Watersports bietet feinstes Essen und Ausrüstungen für alle möglichen Wassersportarten sowie Restroooms (nur tagsüber) - zumindest während der Hauptsaison ist eine Reservierung einige Tage vorher angebracht: ☏ 024/2233587.

Anfahrt: Bus Nr. 2.

Kurz vor der Abzweigung zu den Sklavenhöhlen zweigt von der Hauptverbindung Sansibar-Stadt-Nungwi eine sehr kleine Straße (fast Feldweg) Richtung Meer ab. Auf dieser erreicht man die Ruinen des **Chuini-Palastes.**

Es ist ebenfalls ein niedergebrannter Palast und wie in Maruhubi stehen nur noch einige Säulen in einem Trümmerfeld aufrecht.

Hier hat sich die **Hakuna Matata Beach Lodge** (unter deutscher Leitung) angesiedelt. Eine sehr schöne, funkelnagelneue Bungalow-Anlage (eröffnet 10/2005), bestens geeignet zum Relaxen usw. von $ 90 bis 150/Doppelbungalow (je nach Saison, aber immer mit Frühstück, Vollpension von $ 140 bis 200), ☎ 0777/454892, info@zanzibar-resort.com, www.zanzibar-resort.com

Die von einer Steinmauer umgebenen **Mvuleni-Ruinen** aus dem 16. Jh. findet man in der Ortschaft **Mvuleni**, ca. 10 km vor Nungwi im äußersten Norden. Zu sehen sind alte portugiesische Häuser; wer das archäologische Auge dafür hat, wird erkennen, dass es sehr feine Arbeiten sind. Wenn Sie die Straße etwas weitergehen, erreichen Sie auf der linken Seite die **Fukuchani-Ruinen** aus derselben Zeit und ebenfalls von Portugiesen erbaut. Sie liegen mehr in Strandnähe und bieten eine herrliche Aussicht auf Tumbatu Island.

Anfahrt: Bus Nr. 1.

... im Landesinnern

Das **Persische Bad** befindet sich in der Nähe des Dorfes Kidichi nordöstlich von Sansibar im Landesinnern. Es wurde von Sultan Sayyid Said für seine persische Frau erbaut. Es ist renoviert und im Innern mit phantastischen Stukkaturen verziert. Sehenswert.

Es ist nicht möglich, mit einem öffentlichen Transportmittel zu fahren. Das Bad wird immer im Zuge einer Spicetour besichtigt.

Die **Dunga-Ruinen** liegen im Zentrum der Insel in der Nähe des Dorfes Dunga. Dieser Palast wurde von der Mwinyi-Mkuu-Dynastie im Shirazi-Gebiet von Unguja erbaut. Er wurde größtenteils zerstört, und heute sind nur noch wenige Mauern zu sehen.

Anfahrt: Bus Nr. 6.

... südlich von Sansibar

Mbweni-Ruinen, Kirk's House und Chukwani-Palast: Diese Stätten liegen 5 km südlich der Stadt Sansibar. Die Mbweni-Ruinen erinnern an die Zeit der Sklaverei. Bischof Tozer kaufte 1865 Land in Kiungani, etwas nördlich von Mbweni, und einige Jahre später in Mbweni selbst. Hier wurde gegen Ende des 19. Jh. nicht nur die St. Mary School, sondern auch ein ganzes Dorf für befreite Sklaven errichtet (es war erst der Sklavenhandel verboten worden), das Herz der Anlage war natürlich eine Missionsstation (UMCA) mit Kapelle. 1917 wurde die Mission aufgrund fiskalischer Turbulenzen geschlossen, die gesamte Anlage verfiel. Erst in den letzten Jahren wurden Renovierungsarbeiten durch den aktuellen "Eigentümer" - Mbweni Ruins Hotel - unternommen und werden weiter fortgesetzt. Etwas nördlich dieser Stätte findet man die kleine, ebenfalls von der UMCA-Mission errichtete St. John's Church. Der mit Perlmutt-Intarsien verzierte Altar stammt aus der oben erwähnten Kapelle. Besser erhalten ist Kirk's House. Als Botaniker siedelte Sir John Kirk zahlreiche europäische Pflanzen in Sansibar an und bestimmte viele einheimische, als britischer Generalkonsul von Sansibar kämpfte er energisch gegen die Sklaverei, als Mediziner begleitete er Livingstone zum Sambesi.

Der Chukwani-Palast beim Dorf Chukwani (ca. 2 km weiter südlich) war ein Sommerpalast von Sultan Sayyid Barghash und Sultan Sayyid Khalifa.

In der Nähe der Mbweni-Ruinen befindet sich das **Mbweni Ruins Hotel** (Kategorie A), usw. - wie es für ein Hotel dieser Kategorie selbstverständlich ist, ☏ 024/2235478/9, hotel@mbweni.com, www.mbweni.com (siehe auch Chumbe Island), $ 110 (handeln auch während der Hauptsaison möglich!). Das Hotel bietet einen für Gäste kostenlosen Shuttle Service: 9:30, 12:30, 16:00, 18:00, 20:00, 22:00 Abfahrt vom Fort (Haupteingang) und gegenüber der Markthalle. Abfahrt vom Hotel: 9:00, 12:00, 15.30, 17.45, 21.45.

Anfahrt: Bus 7

Die **Shirazi-Moschee** befindet sich fast am südlichsten Ende der Insel in der Nähe des Dorfes **Kizimkazi**. Sie stammt aus dem Jahr 1107 und wird heute noch benutzt. Der Mihrab enthält eine feierliche Inschrift und das Datum, das im kufischen Stil des Arabischen in Stein gemeißelt wurde. Eine ähnliche Inschrift wurde 1989 an einer verfallenen Moschee auf der Insel Tumbatu entdeckt.

Kategorie C: Dolphin View Hotel, ☏ 024/2236577

- **Kizidi Restaurant & Bungalow**, ☏ 024/2230081, kizidi@hotmail.com
- **Kizimkazi Dolphin View**, ☏ 2231065

Anfahrt: Bus 10

Strände in der Nähe Sansibars

Der Strand in Sansibar-Stadt ist nicht als sicher einzustufen, abgesehen davon ist er nicht unbedingt sauber. Zwei kleine Abschnitte können benutzt werden: der bei Pichy's Restaurant (wird auch von Einheimischen benutzt, achten Sie trotzdem auf Ihre Sachen) und der vor dem Tembo-Hotel (Strand ist öffentlich!), hier stellt das Hotel Wächter zur Bewachung. Diese sind allerdings kostenpflichtig.

Sandbänke

Wie touristisch Sansibar in den letzten Jahren geworden ist, zeigt die Tatsache, dass nichts ausgelassen wird, um Abwechslung zu bieten: etwa 20 Minuten von Stonetown befinden sich zwei Sandbänke.

Eine wird bei Flut von Wasser bedeckt, die andere nicht - und von allen tour operator werden Ausflüge mit BBQ bzw. Cocktailpartys, Vollmondpartys usw. hierher angeboten - ab $ 40/Person all inclusive.

Fuji Beach

Kategorie D

- **Kibweni Guesthouse**, große Zimmer mit Dusche und WC, englisches Frühstück, liegt an der Straße zum Fuji Beach.

Kategorie C

- **Kibweni Beach Villa,** Kat C., ☎ 024/2233496, kibwenibeachvilla@zitec.org, liegt an der Straße zum Fuji Beach, Zimmer mit Dusche WC, Balkon, Restaurant

Ein Restaurant direkt am Strand sorgt für das leibliche Wohl.

Anfahrt: Während des Tages fährt laufend Minibus B.

Es ist der schönste und beliebteste Strand für einen Tagesausflug von Sansibar-Stadt und liegt knapp 10 km nördlich. Weißer Sandstrand, Palmen und Duschen sind vorhanden. Bei Flut ist das Schwimmen möglich, bei Ebbe zieht sich das Meer weit zurück. Schwimmen ist dennoch möglich. Entfernen Sie sich nicht zu weit von der großen Masse der Touristen. Trotz sandigem Untergrund verirren sich manches Mal Seeigel hierher - tragen Sie vorsichtshalber Badeschuhe.

Bububu-Beach

Das nette, geschäftige, kleines Dorf liegt ca. 7 km nördlich der Stadt (kurz nach dem Kibweni-Palast). Der Strand ist mit dem von Fuji vergleichbar (genau genommen, geht der Bububu-Beach in den Fuji-Beach über). Das Ambiente ist allerdings etwas authentischer. Baden ist in erster Linie bei den Hotels möglich, der Rest wird zum Arbeiten benötigt.

- **Bububu Inn**, Kat. D/C, ☏ 0747/410268
- **Kategorie C**
- ♦ **Bububu Beach Guesthouse**, ☏ 024/2250110, bububu@zenzinet.com
- ♦ **Sanet Beach Guesthouse**, ☏ 024/2250063
- ♦ **Kalingis Garden Bungalows**, ☏ 0744/286369
- **Kategorie B**
- ♦ **Imani Lodge**, ☏ 024/2250050, imani@zanzinet.com

Wer aufmerksam durch Bububu-Village schlendert, sieht immer wieder Schienen als Torbogen oder in Dachkonstruktionen. Es sind dies die letzten Überbleibsel der unter Sultan Ali bin Hamoud 1904/05 erbauten Bububu-Bahn, die das "House of Wonder" mit Bububu-Village bzw. dem Kibweni-Palast verband. Hinter der Polizei-Station erinnern noch einige Betonsockel an den Bahnhof.

Die Strände **südlich von Sansibar-Stadt** sind nicht zu empfehlen, da immer wieder von Überfällen berichtet wird.

Strände an der Ostküste

Die Strände an der Ostküste sind nur als phantastisch zu bezeichnen - klarstes Wasser in den Farben türkis bis tiefblau (je nach Tiefe und Untergrund), endlos erscheinende Sandstrände (meist in weiß), grün-braune Palmenhaine bis an den Horizont, Ruhe, Erholung, Seafood in Massen, Herz, was willst Du mehr. Ach ja, da wären noch die der Küste vorgelagerten und leicht mit Ausleger-Kanus ($ 10 bis 20) bzw. den Motorbooten der Hotels ($ 50 aufwärts) erreichbaren Riffe mit ihren Millionen Fischen usw. zu nennen.

Verzichten Sie aber auf einen Schnorchelgang außerhalb der Riffe - es gibt enorme Strömungen Richtung offenes Meer. Alle Hotels bieten Boat-Trips zum Riff, Dolphin-Watching, einen Besuch des Jozani Forests sowie der umliegenden Dörfer an. Die von den Hotels/Guesthouses vermieteten Schnorchelausrüstungen sollten vor Abfahrt auf Dichtheit überprüft werden (besser: Sie haben eine eigene Tauchermaske mit).

Schwimmen ist wegen des geringen Gefälles des Strandes und des geringen Tidenhubes nur bei Flut möglich, bei Ebbe zieht sich das Meer sehr weit zurück - Sie können bis zum Beginn der offenen See Wanderungen bis zu 60 Min. (eine Richtung) unternehmen. Es verbleiben aber viele kleinere oder größere "Teiche", in denen es von Meeresgetier nur so wimmelt - Fische (meist im juvenilen Stadium), Krebse, Krabben, Seesterne, Muscheln usw. Erkundigen Sie sich jedoch vor einer Wanderung durch die trockene See über die aktuellen Tiden-Zeiten und streifen Sie festes Schuhwerk über.

Tourismus gibt's hier zwar noch nicht wirklich lange, doch ist die Zahl der Hotels fast unüberschaubar geworden. Vor zwanzig Jahren standen hier nur einige stromlose Hütten, heute sind daraus komfortable Hotels geworden (die alle über Stromanschluss verfügen), die mehr oder weniger alles bieten, was der verwöhnte Tourist benötigt (Zimmer durchwegs self contained). Je weiter nördlich, umso luxuriöser, teurer werden die Anlagen. Über Restaurants verfügen Sie alle, die günstigeren bieten Schnorchelgänge an, die teureren verfügen über Tauchbasen. Die südlich gelegenen Hotels sind näher bei den Orten, die nördlich gelegenen weiter entfernt, teilweise im Nichts.

Bedenken Sie, dass der Strand für die einheimische Bevölkerung als Arbeitsstätte dient. Vorwiegend Frauen und Kinder sammeln Muscheln, Männer gehen auf Fischfang, flicken Netze oder reparieren ihre Boote. Die Steinhaufen am Strand zeigen jene Stellen an, wo Kokosnüsse vergraben werden, um später aus ihnen Kokosschnüre herzustellen (härteste Frauenarbeit!). Es ist eine muslimische Gesellschaft, die nicht gewohnt ist, Männer und Frauen leicht bekleidet zu sehen. Man sollte daher auf Nacktbaden bzw. oben-ohne-Baden unbedingt verzichten. Wenn man durch das Dorf spaziert, sollte man die normale Straßenkleidung tragen und nicht nur die Badekleidung. Dies bedeutet Verstehen der Kultur, in welcher man Gast ist, und auch Rücksichtnahme.

Preise: Wie bereits bemerkt, bieten die südlich gelegenen Strände - Makunduchi, Jambiani, Paje, Bwejuu - fast ausschließlich Hotels der Kat. C und D. Die nördlich gelegenen Strände bieten fast ausnahmslos Hotels der Kategorien A und B. Als "Übergangsgebiet" können Chwaka-Bay, Dongwe-Beach und Uroa Beach bezeichnet werden.

Die Preise für die Zimmer sind denen von Stonetown vergleichbar, der Service ebenfalls, Frühstück ist immer inbegriffen. Die Restaurants sind etwas teurer als in Stonetown (rechnen Sie ab ca. $ 4 für eine Hauptspeise).

Zur **Anreise** zu den südlich gelegenen Stränden: Öffentliche Busse/Minibusse fahren morgens vom Darajani-Market zu den genannten Dörfern. Man lasst Sie auch beim Hotel Ihrer Wahl aussteigen (d.h. an der richtigen Straßenkreuzung) bzw. nimmt Sie dort auf (wenn Sie morgens an der Straße warten).

- Bus Nr. 6: Chwaka, Uroa, Pongwe (gleiche Nummer, aber zwei verschiedene Busse. Fragen Sie vorher den Fahrer, ob Sie im richtigen Bus sitzen).
- Bus Nr. 9: Bwejuu, Paje, Jambiani (gleiche Nummer, aber zwei verschiedene Busse, bis Paje fahren beide.
- Bus Nr. 10: Makunduchi

Mit $ 1/Fahrt die billigste, aber auch die beschwerlichste Anreise-Möglichkeit - von der Durchgangsstraße bis zum Hotel (bzw. umgekehrt) müssen Sie zu Fuß marschieren (bis zu ca. 0,5 km). Es ist auch nicht möglich, mehrere Hotels nacheinander zu besichtigen, da der Bus nicht wartet.

Jeder tour operator in Stonetown betreibt einen Shuttle-Bus zu den **südlich gelegenen Hotels** der Ostküste, $ 3 bis 5/Fahrt (je nach Saison, Witterung usw.). Man bucht am Vortag der geplanten Abreise und wird gegen ca. 8:00 vom Hotel abgeholt. Die Busse fahren alle Hotels an, man kann kurz die Anlage besichtigen, bleiben oder zum nächsten Hotel fahren. Unzählige fly-catcher in den Straßen und Bars Stonetowns versuchen Tickets an den Mann zu bringen - zahlen Sie nur und ausschließlich im Office. Bezahlen Sie auch nur die Hinfahrt und nicht auch gleich die Rückfahrt im Vorhinein (das Geld ist zu 99 % weg). Fahrzeit ca. 2 bis 3 Stunden, je nachdem, wie lang die Stops ausfallen.

Noch geruhsamer ist natürlich die Anmietung eines Taxis - rechnen Sie mit Tageskosten in Höhe von ca. $ 40. Wenn Sie nur bis Jambiani fahren, benötigen Sie bzw. der Taxi-Fahrer nur einen halben Tag. Weiter zu fahren ist auch auf Grund der Tatsache, dass in Jambiani der Asphaltbelag endet teurer.

Die Hotels der **nördlich gelegenen Strände** sind in erster Linie in Bungalow-Bauweise errichtet (in der Regel mit Palmwedel gedeckte trad. Bandas) und dienen vornehmlich dem (ital.) Pauschaltourismus. Fast jedes dieser Hotels verfügt in Stonetown über ein nicht zu übersehendes Office bzw. einen Agenten.

Diese Hotels sind auch über die tour operator buchbar (meist ist dann die Anreise im Zimmerpreis inbegriffen). Erkundigen Sie sich vor Bezahlung, ob der Preis Vollpension einschließt oder nicht. Zumindest die Hotels der Kategorie A verfügen über Tauchbasen. Praktisch alle Hotels fungieren auch als tour operator.

Sie sind mit öffentlichen Verkehrsmitteln sehr schlecht zu erreichen, da sie meist ziemlich weit von den jeweiligen Dörfern entfernt liegen (Bus Nr. 17: Kiwengwa, Bus Nr. 1: Matemwe). Die zuvor genannten privaten Shuttles fahren diese Hotels nicht an. Taxi wäre die einzige Möglichkeit, um in Ruhe das Angebot zu prüfen. Da die Straßen aber schlecht sind, müssen Sie mit ca. $ 50 rechnen. Die meisten der genannten Hotels holen Sie aber direkt vom Flughafen bzw. Stonetown ab - mit Boot oder Fahrzeug.

Generell kann gesagt werden, dass in den eher etwas verschlafenen Dörfern keine Unterkünfte zu finden sind. Mit einer Ausnahme sind auch keine besuchenswerte Sehenswürdigkeiten zu finden. Lediglich der Arbeitsbetrieb am Strand - Schiffsbau, Kokosfaserherstellung, Fischen usw. - kann interessant werden.

Hotels: Bei der nun folgenden Auflistung von Unterkünften bzw. Beschreibung der Strände, gehe ich nur auf Besonderheiten (negativ wie positiv) ein. Jeder Strand ist phantastisch, jedes Hotel gut. Die Zimmer sind alle self contained; die wenigen, die es nicht sind, sind billiger, Klimaanlage eher die Ausnahme. Restaurant/Bar immer vorhanden. Jedes Hotel befindet sich am Strand (max. 2 bis 3 Min. entfernt) und stellt Boote für den Besuch der Riffs zur Verfügung bzw. vermittelt diese. Die Beschreibung beginnt im äußersten Südosten mit Makunduchi und endet im äußersten Nordwesten bei Mnemba-Island (kurz vor Nungwi-Beach).

Makunduchi-Beach

Das Dorf selbst liegt etwas landeinwärts, wenn Sie mit den Shuttles die Hotels abfahren, erkundigen Sie sich genau, ob sie bis Makunduchi fahren; nicht alle tun es. Der Strand bietet außer einem Leuchtturm nichts Aufregendes. Allerdings wird im Dorf Ende Juli 4 Tage lang das **Mwaka Kogwa** genannte Neujahrsfest der Shirazi (eine Swahili-Gruppe, die ihren Ursprung auf persische Einwanderer zurückführt) gefeiert (das wird auch in manch andern Dörfern so gehandhabt, doch hier ist es am besten) - die Männer entzünden riesige Freudenfeuer und halten Stockkämpfe ab (heute mit Bananenstängeln), die Frauen streifen singend und tanzend durch die Felder. Besucher sind herzlich willkommen - denn jeder, der keinen Gast hat, wird das gesamte neue Jahr unglücklich verbringen. Angeblich geht dieser Brauch auf die persischen Zoroastrier zurück.

Es gab ein Kategorie-D-Guesthouse des sansibarischen Tourist-Offices - ob es noch immer existiert, ist fraglich (Auskünfte im Livingstone-House)

Jambiani-Beach

Bis hierher fahren alle Shuttles, hier endet auch der Asphaltbelag der Straße. Jambiani-Village ist das größte Dorf an der Ostküste, hier existieren sogar zwei dukas (Gemischtwarenläden).

🛏 **Kategorie C**

- **Blue Oyster Hotel**, (fast schon Kategorie B), unter sehr bemühter deutscher Leitung, ☏ 024/2240163, ✉ blueqysterhotel@gmx.de, 💻 www.zanzibar.de
- **Blue Lagoon Guesthouse**, ☏ 024/2232215 oder ☏ 0741/337440
- **Gomani Guesthouse**, ☏ 024/2240154
- **Jambiani Beach Hotel**, ☏ 024/2237844, ✉ eco+culture@zitec.org
- **Shehe Guesthouse**, ☏ 024/2240149, ✉ mmc@cctz.com
- **Visitor's Inn**, ☏ 024/2240150, ✉ visitorsinn@zitec.org
- **Annex of Imani Beach Lodge**, ☏ 024/2233476
- **Kimte Beach Inn**, ☏ 024/2235361
- **Sun and Sea View Resort**, ☏ 0747/420774, ✉ ssvresort@zenj.com
- **Villa de Coco**, ☏ 0747/430750, ✉ villadecoco@hotmail.com
- Darüber hinaus noch: **Horizontal Inn, Shiaba Rest House, Red Monkey Bungalows**

Kategorie B

- **Sau Inn Hotel,** ☎ 024/2240169, ✉ sauinn@zanlink.com, dennoch etwas zu teuer für das Gebotene

Paje Beach

Hier trifft man nach Durchquerung der Insel erstmals wieder auf den Ozean und die Straße teilt sich - rechts nach Jambiani und Makunduchi, links nach Bwejuu, Dongwe, Mchamwi. Reine Fahrzeit bis hierher: ca. 1,5 Std.

Kategorie C

- **Paradise Beach Bungalows**, ☎ 024/2231387, ✉ paradisebb@zanlink.com oder saori@cats-net.com, www.geocities.jp/paradisebeachbungalows, unter jap. Leitung, Bibliothek (ca. 600 Bücher in verschiedensten Sprachen), Ki-Swahili-Sprach- und Kochkurse.
- **Paje by Night** (Hotel Bizarre), ☎ 0741/211981, ✉ pajabynight@yahoo.com
- **Ndame Guesthouse**, ☎ 024/2236677,
- **Kinazi Upepo** (fast noch D, aber gut), ☎ 024/2240221
- **Kidete Beach Bungalows** (nahe bei Kat. B), ☎ 024/2240226, ✉ kidete@hotmail.com
- **Paje Ndame Village**, ☎ 024/2240179

Bwejuu Beach

Kategorie C

- **Bellevue Bungalows & Rest**, ☎ 024/2240235
- **Evergreen Beach Bungalow**, ✉ zanzievergreen@yahoo.com
- **Mustaphas Nest**, ☎ 024/2246009
- **Mvinje Bungalows**, ☎ 0747/414583
- **Robinson's Palace**, ☎ 0747/413479, ✉ robinsonpalace@hotmail.com
- **Shell's Bungalows,** ☎ 0748/310980, ✉ mwinyigogo@hotmail.com
- **Bwejuu Dere Beach Resort,** ☎ 024/2240197
- **Weiters: Twisted Palm Hotel,** Furahia Guesthouse, Seven Seas Bungalows, Kilimani Kwetu

Kategorie B

- **Sun Rise Company**, ☎ 024/2240170, ✉ sunrise@zanlink.com

- **Palm Beach Inn**, ☏ 024/2240221 oder ☏ 0747/411155, ✉ palm-beach@zanzinet.com

Dongwe Beach

Kategorie A

- **Blue Marine**, ☏ 024/2240250, ✉ dongwe@twiga.com
- **Breezes Beach Club**, ☏ 0747/415049, ✉ info@breezes-zanzibar.com, ✉ www.breezes-zanzibar.com

Kategorie B

- **Sultans Palace**, ☏ 024/2240170, ✉ info@sultanzanzibar.com

Michamwi-Beach

Eigentlich Ras Michamwi - nördlichster Punkt der Landzunge. Der Strand ist dem Meer zugewandt. Die "Rückseite" der Landzunge grenzt an die Chwaka-Bay.

Kategorie A

- **Karafuu Hotel,** ☏ 0741/325157, ✉ karafuu-hotel@twiga.com

Chwaka Bay

Die riesige und seichte Bucht ist während der Ebbe ein nahezu unendliches Sandmeer (das hat auch seinen Reiz).

Viele Touristen verirren sich nicht hierher, man hat also seine geheiligte Ruhe.

Kategorie A

- **Chwaka Bay Resort**, ☏ 024/2240289 oder ☏ 0747/486410, ✉ chwaka@zanlink.com, 🖳 www.chwaka.com, das Hotel liegt am nordöstlichen Ende/Beginn der Bucht, fast schon am offenen Meer, die "Sandwüste" während der Ebbe nicht gar so arg.

Kategorie D

- **East End Guesthouse**, in Chwaka-Village

Uroa Beach

Kategorie A

- **Zanzibar Safari Club**, ☏ 024/2238553 oder ☏ 0747/410318, ✉ reservations@zanzibarsafariclub.com, 🖳 www.zanzibarsafariclub.com

Kategorie B

- **Uroa White Villa**, ☏ 0741/326874, ✉ mwadini@zitec.org

Kategorie C

- **Tamarind Hotel,** ☏ 024/2237154 oder ☏ 0747/413709, ✉ tamarind@zanzinet.com
- **Uroa Beach Bungalows**, ☏ 024/2232674

Kategorie D

- Die Tourist-Info besaß/besitzt hier ein Guesthouse für Selbstversorger - wahrscheinlich nicht mehr aktuell - Auskünfte im Livingstone-House

Pongwe-Beach

Kategorie B

- **Pongwe Beach Hotel**, ☏ 0748/336181 oder 0747/413973, ✉ info@pongwe.com, 💻 www.pongwe.com

Kiwengwa-Beach

Kategorie A

- **Blue Bay Beach Resort**, ☏ 024/2240240 - 242, ✉ mail@bluebayzanzibar.com, 💻 www.bluebayzanzibar.com
- **Bravo Club**, ☏ 0741/339961, ✉ bzanzibar.dir@zanzinet.com
- **Venta Karibu Club Village**, ☏ 0741/325092
- **Kiwengwa Beach Club Village**, ☏ 0747/414481, ✉ rec.seaclub@africaonline.co.tz
- **Vera Club**, ☏ 0747/411988, ✉ veraclubznz@zitec.org

Kategorie B

- **La Villa Hotel,** ☏ 0747/416140, ✉ directionlavilla@zanzinet.com

Kategorie C/D

- **Reef View Hotel**, ☏ 0747/413295, ✉ reefviewzanzibar@hotmail.com

Pwani-Michangani-Beach

Kategorie A

- **Coral Reef Village**, ☏ 0747/415549, ✉ coralreef@zanzinet.com, 💻 www.zanzibar-coralreef.com
- **Mapenzi Beach Club** (Plan Hotel), ☏ 0741/325985, ✉ resa@planhotelzanzibar.com, 💻 www.planhotel.ch

🛏 **Kategorie B**

- **Spot Beach Resort**, ☏ 0747/411710

🛏 **Kategorie C**

- **Shooting Star Lodge,** (auch Kat. D und B), ☏ 0747/414166 oder ☏ 0744/842466, ✉ star@zanzibar.org, 💻 www.zanzibar.org/star

🛏 **Kategorie D**

- **Uzioni Beach Bungalows** (auch Zimmer Kat. B), ☏ 0747/417701
- **Riziki Haiwanwa Guesthouse**

Matemwe-Beach

🛏 **Kategorie A**

- **Matemwe Bungalows**, ☏ 0747/425788, 💻 www.matemwe.com
- **Matemwe Beach Village**, ☏ 024/2238374, ✉ matemwebeachvillage@zitec.org
- **Matemwe** Beach Resort, ☏ 0747/417768, ✉ kibwenibeachvilla@zitec.org
- **Protea Hotel ZNZ Beach Resort**, ☏ 0747/417782, ✉ enquiries@zanzibarbeachresort.com

🛏 **Kategorie D**

- **Mombo Guesthouse** sowie **Solobo Guesthouse**, beide nicht am Strand.

Sonnenuntergang mit Segeldau (eb)

Mnemba Island

Lediglich eine Unterkunft der Kategorie A, in deren "Besitz" sich die Insel befindet, luxuriöseste und sicherlich auch teuerste Unterkunft im gesamten Archipel.

Mnemba Island (Fishing) **Lodge**, ☏ 024/2233110 oder 0741/326575, ✉ ccafricazanzibar@zanzinet.com, ✉ mnemba@zitec.org, 💻 www.ccafrica.com - nach "Conde Nast" zählt die Anlage zu den drei romantischsten Zielen dieser Welt.

Die Strände der Westküste

Fuji Beach und Bububu-Beach sind die einzig interessanten Strände im Westen, ☞ Strände in der Nähe Sansibars.

Mangapwani Beach

Mangapwani-Sklavenhöhlen

Ein mäßiger, verlassener Strand befindet sich noch in Mkokotoni. Entlang der Straße Richtung Nungwi (in Mkwajuni links abbiegen). Keine Unterkünfte.

Strände im Norden

Nungwi Beach

Nungwi Beach zieht sich um die nördlichste Spitze (Ras Nungwi, inkl. Leuchtturm) der Insel herum. Es ist der beste und auch schönste Strand in Sansibar und bei Ebbe und Flut zum Schwimmen geeignet. Nungwi-Village ist obendrein noch ein bedeutsames Schiffsbauzentrum und bereits von weitem hört man das Hämmern und Sägen der Handwerker.

Das schön unter Palmen gelegene Dorf Nungwi selbst bietet keine Sehenswürdigkeiten, sieht man davon ab, dass die Wanderung durch den großflächig angelegten Ort Ruhe und Beschaulichkeit bietet. Allerdings auch nur dann, wenn Sie 200 m vom Strand entfernt sind. Denn dieser ist von lärmenden Touristenhorden bevölkert. Der Unterschied zu kretischen oder norditalienischen Stränden ist nicht besonders groß (was das Verhalten der Touristen anbelangt). Wer nicht nur schönen Strand, sondern auch Jubel, Trubel, Heiterkeit erleben möchte, ist hier richtig. Als einzige Sehenswürdigkeit kann das "Schildkröten-Aquarium" angeführt werden. Eine künstlich vom offenen Meer abgetrennte Lagune mit Karett-Schildkröten (sowie einigen Fischen), es wird laufend erweitert. Eintritt $ 1.

Die Hotels sind dem Dorf das sich über die gesamte Landzunge zieht auf einer Länge von ca. 2 km vorgelagert und bilden einen hufeisenförmigen Wall zwischen Meer und Dorf.

🛏 Alle genannten Hotels liegen am Strand, bieten durchwegs self-contained-Zimmer, verfügen über zumindest ein Restaurant/Bar, Moskitonetze sind obligat, TV (in den beiden besseren Kategorien über Satellit) und Video in der Regel vorhanden. Grob gesagt befinden sich die Hotels der Kategorien A/B an der östlichen Seite der Landzunge, die günstigeren Hotels an der westlichen. Alle Hotels vermitteln Boote für Tauch- oder Schnorchelgänge (oder stellen diese zur Verfügung) und organisieren Tagesausflüge ins Landesinnere. Hotels der Kategorie A fungieren auch als tour operator und verfügen durchwegs über Tauchbasen.

🛏 **Kategorie A**

- **Ras Nungwi Beach Hotel,** teilweise in Bungalow-Bauweise errichtet, ☏ 024/2233767, ✉ rasnungwi@zanzibar.net
- **Nungwi Village Beach Resort**, ☏ 024/2240476, ✉ nungwi@nungwivillage.com, 💻 www.nungwivillage.com

🛏 **Kategorie B**

- **Mnarani Beach Cottages**, ☏ 024/2240494, ✉ mnarani@zanlink.com
- **Langi Langi Beach Bungalows**, ☏ 024/40470, ✉ langi_langi@hotmail.com
- **Smiles** Beach Hotel, ☏ 024/2240472, ✉ smilesbeachhotel@zanzinet.com
- **Baobab Beach Bungalows**, ☏ 024/2236315, ✉ baobabnungwi@zanzinet.com

🛏 **Kategorie C**

- **Amaan Beach Bungalows**, relativ große Anlage (50 Zimmer, auch solche der Kat. B), ☏ 024/2240026, ✉ amaanbungalow@yahoo.com

- **Salehe's** (auch Sazani Beach genannt), an der Westseite zwischen Mnarani und Lala Salama gelegen), ☏ 024/2240014, ✉ sazanibeach@aol.com
- **Kigoma Beach Hotel**, ☏ 0747/415421, ✉ kigomabeach@hotmail.com
- **Nungwi Inn**, ☏ 024/2240091
- **Nungwi Sunset Hotel**, ✕, 🍷, ☏ 024/2232359
- **Paradise Beach Club**, ☏ 0741/326574
- **Safina Bungalow**, ☏ 0747/415726
- **Baraka Bungalows**, ☏ 024/2240032

Kategorie D

- Kein Hotel dieser Kategorie am Strand, jedoch einige im Zentrum von Nungwi-Village - keines davon wirklich empfehlenswert.

Bezüglich Ernährung: Alle Hotels verfügen über ein Restaurant - einige wenige Restaurant befinden sich noch zwischen den Hotels; so wird eine durchgehende touristische Kette gebildet. Im Mittelpunkt aller Speisekarten steht natürlich Fisch und sonstiges Meeresgetier (in Kokosnusssauce oder gegrillt), die Preise sind etwas höher als in Sansibar-Stadt.

Fischerboot am Strand von Nungwi (eb)

Leuchtturm in Nungwi (eb)

Günstigste Möglichkeit zu essen sind Privathaushalte (Mittag- wie Abendessen). In Nungwi-Dorf weisen immer wieder Plakate (A-4-Kopien) an Hauswänden darauf hin, bzw. werden Ihnen Ansässige diese Möglichkeit schmackhaft machen. Wenn Sie das für ein Abendessen wahrnehmen wollen (es zahlt sich in der Regel aus), überlegen Sie sich vorher, wie Sie wieder in Ihr Hotel kommen.

Meiden Sie in jedem Fall dunkle abgelegene, unbebaute Gegenden. Am besten Sie lassen sich von einem der Familienmitglieder dorthin bringen (als allein reisende Frau sollten Sie aber darauf bestehen, dass zumindest eine Frau aus der Familie mitkommt, sonst könnte dies als "Einladung" gewertet werden). Kosten: ca. $ 3 bis 5 (je nachdem, ob Tintenfisch in Mangosauce mit Kokosnussreis oder Lobster mit Kokosnussreis). Alkoholika werden nicht angeboten.

BANK Keine Bank

Bus Nr. 16, Bus Nr. 1B fährt ebenfalls Richtung Nungwi. Erkundigen Sie sich aber vorher, ob das stimmt - oft hat er seine Endstation im vorletzten

Dorf vor Nungwi! Da die Straße mittlerweile (fast) durchgehend asphaltiert ist und auch laufend gewartet wird, fahren die Busse den ganzen Tag über (Fahrtzeit 1 bis 1,5 Std., $ 0,75). Die Fahrt Stonetown - Nungwi endet in der Nähe der Baraka Beach Bungalows, die Rückfahrt beginnt aber an der Kreuzung in der nordöstlichen Ecke der Landzunge.

- Private Minibusse fahren von Hotel zu Hotel, bis Sie eines gewählt haben (dasselbe Prozedere wie bei den Stränden der Ostküste): $ 5 (one way).

Kendwa Beach

Genau betrachtet ist dieser Strand Teil des Nungwi-Beaches und befindet sich an der Westseite der Nungwi-Landzunge, ca. 4 km südlich von Ras Nungwi (gegenüber der Insel Tumbatu). Da sich zwischen den beiden Hotel-Clusters jedoch das Nichts ausbreitet, wurde dieser neue Begriff definiert. Für Kendwa-Beach trifft im Großen und Ganzen alles für Nungwi-Beach Gesagte zu, nur geht hier alles etwas geruhsamer zu.

Kategorie D

- **Sunset Bungalows**, ☎ 0747/413818
- Ebenfalls noch **Kendwa Rocks**, das älteste Hotel hier

Kategorie C

- **Annex of Amaan Bungalows**, ☎ 024/2240026, amaanbungalows@yahoo.com
- **La Rosa dei Venti**, ☎ 0747/411314, info@rosazanzibar.com, bietet sowohl Zimmer als auch Bungalows (hart an Kat. B) an.
- White Sand Bungalows, ☎ 024/2235518 oder 0747/411326

Anreise: Wie unter Nungwi beschrieben, sagen Sie dem Fahrer, er soll Sie bei Kendwa aussteigen lassen, dann sind es noch ca. 1,5 km zu Fuß. Von Nungwi-Village fahren zumindest den Vormittag über Boote nach Kendwa.

Von Wanderungen Nungwi-Kendwa entlang der Küste (ca. 1 Std.) rate ich ab - es gibt viele einsame Stellen!

Pemba

www.pemba.net

Die Insel Pemba umfasst ein Gebiet von 868 km², liegt ca. 80 km nordöstlich der Insel Sansibar und hat 360.000 Einwohner. Bis auf das **Ngezi Forest Reserve** ist die gesamte Insel landwirtschaftlich genutzt. Große Nelkenplantagen prägen das Bild dieser äußerst fruchtbaren Insel. Insgesamt wachsen hier ca. 4 Mio. Nelkenbäume, wovon viele älter als 100 Jahre sind. Der Ruhm Sansibars, größter Nelkenproduzent der Welt zu sein, geht auf den Baumreichtum Pembas zurück - ca. 70 % der gesamten Nelkenernte wird hier eingebracht. Die Bevölkerung ist zu nahezu 100 % in der Landwirtschaft (und Fischerei) tätig.

Im Unterschied zu Sansibar ist Pemba wesentlich hügeliger und auf Grund des Wasserreichtums grüner (das ganze Jahr über!). Eine ganzjährig befahrbare, mehr oder weniger asphaltierte Straße durchzieht die Insel von Norden nach Süden.

✋ Die hohe Feuchtigkeit in Luft und Boden hier ist ein idealer Nährboden für *Schistosoma sp.*; fast die Hälfte der erwachsenen Bevölkerung leidet unter Bilharziose (Kinder unter 15 Jahre: 91 %), gehen Sie daher nicht barfuß.

Als Attraktion mit Event-Charakter können unblutige **Stierkämpfe** genannt werden. Sie gehen auf die Portugiesen zurück und wurden im 17. Jh. eingeführt. Sie werden unregelmäßig das ganze Jahr über abgehalten (vornehmlich aber in der zweiten Jahreshälfte). Es gibt sie sonst nirgendwo in Tansania.

Pemba ist auch ostafrikanisches Zentrum von Zauberei und Hexerei, die Ausstrahlung reicht bis Uganda und den östlichen Kongo. Als Tourist merkt man davon allerdings nicht das Geringste.

Wer das internationale, touristische Flair Sansibars mit seinem großen Angebot genießt, sollte das sich mehr nach dem Oman orientierende Pemba nicht unbedingt besuchen. Tourismus steckt hier noch in den Kinderschuhen. Die Toleranz der Bevölkerung gegenüber Fremden ist nicht so ausgeprägt wie in Sansibar. Bezüglich Sicherheit ☞ "Sansibar-Stadt".

Sport

Wie auf Sansibar - Schnorcheln und Tauchen. An erster Stelle rangiert hier die südlich vorgelagerte Insel Panza. Hier können Wracks "untersucht" werden.

Auch die Riffe der westlich vorgelagerten Insel Misali sind von Interesse. Mit etwas Glück werden Sie hier auch reich: der legendäre Piratenchef Captain Kid hat hier seine Schätze versteckt, angeblich.

Bahari Divers (Wete, Bomani Rd.), ☏ 0747/414011, baharidivers@hotmail.com, www.zanzibar-diving.com

♦ Swahili Divers (Chake Chake-Zentrum), ☏ 0748/394980, swahilidivers@intafrica.com, www.swahilidivers.com

Manta Reef Lodge, Ras Kigomasha (= nordwestlichsten Punkt der Insel am Panga ya Watoro-Beach), $ 100/Pers. (Vollpension), ☏ 0741/320025, mantareef@twiga.com, oneearth@@africaonline.co.ke

♦ Fundu Lagoon Lodge, ☏ 0741/326551, enquiries@fundulagoon.com, www.fundulagoon.com, am Wambaa-Beach (etwas nördlich von Mkoani) gelegene Luxusherberge mit ebensolchem Angebot: von Faulenzen am Strand bis Hochseefischen wird alles geboten, natürlich auch Tauchen.

♦ Preise wie unter Sansibar beschrieben.

Chake Chake

Kategorie D (durchwegs mit Restaurant, Zimmer nicht self contained),

♦ **Chake Chake Hotel**, ☏ 024/2454384, Zimmer self contained, ✕

♦ **Pattaya Guesthouse**, ☏ 024/2454063,

♦ **Venus Lodge & Guesthouse**

♦ **GT Hotel**, ☏ 0747/430777

♦ Das **Old Mission** genannte Guesthouse von Swahili-Divers (siehe oben) rangiert in der Kat. C. Wenn Sie hier Tauchgänge buchen, wird es billiger.

Weiterfahrt

Minibusse mehrmals täglich nach Wete bzw. Mkoani

Täglich nach Sansibar und Dar es Salaam sowie Tanga. Wenn Sie von Dar es Salaam kommen (oder dort hin wollen), erkundigen Sie sich vorher, ob es ein Direktflug ist oder ob Sie in Sansibar umsteigen müssen.
Airport-Taxi $ 2,50, Preise, Adressen usw. ☞ Reisen im Land/Flugzeug

Die wichtigste Stadt und inoffizielle Hauptstadt Pembas ist das kleine **Chake Chake** (22.000 Ew.). Es liegt im Zentrum der Insel (ca. 30 km von Mkoani wie Wete, ca. 8 km von Karume Airport entfernt) auf einem Hügel mit schönem Blick über die Chake Chake-Bucht im Westen. Die Stadt besteht aus zwei Straßen, einigen Läden und administrativen Gebäuden. Dazu zählen auch das Postamt und eine Bank. Ein kleiner Markt bietet das Übliche an tropischem Obst, Gemüse und Gebrauchsgegenständen, ihm angeschlossen ist der Busbahnhof.

Sehenswert sind die Reste eines Forts arabischen Ursprungs, die heute in das Hospital integriert sind.

Westlich von Chake Chake auf einer Halbinsel befindet sich das **Ras Mkumbuu**, das die ältesten Ruinen der Insel beherbergt. Es handelt sich um eine Siedlung, die von den Shirazi um 1200 errichtet wurde. Zu sehen sind Steinhäuser, Säulengräber und eine Moschee aus dem 14. Jahrhundert. Anfahrt entweder auf dem Landweg (ca. 18 km) mit Fahrrad, Mietauto (bei der Touristeninformation anfragen) oder per Boot (am Strand zu mieten), indem man die Lagune überquert.

Im östlichen Teil der Insel, nahe **Pujini** (ca. 40 km von Chake Chake), befinden sich Ruinen einer Siedlung und eines Forts aus dem 15./16. Jahrhundert.

In **Wawi** (ca. 3 km nördlich) befindet sich die Nelkenöl-Raffinerie der Insel. Hier wird auch aus anderen Pflanzen Öl gewonnen. Sie kann besucht werden.

Der ursprünglich Hafen von Chake Chake ist mittlerweile völlig verschlammt, aktuell liegt der Hafen in Wesha, ca. 10 km nördlich. Der tägliche Fischmarkt wird aber noch immer am alten Hafen abgehalten.

Wete

Kategorie D (durchwegs mit Restaurant, Zimmer nicht self contained)

- **Wete Hotel**, ☏ 024/2454301
- **Bomani Guesthouse**, ☏ 024/2454384
- **Sharook Guesthouse**, ☏ 024/2454386, etwas außerhalb bereits in Bomani gelegen

Entlang der Hauptstraße befinden sich noch einige kleine Restaurants.

Weiterfahrt

Minibusse mehrmals täglich nach Chake Chake.

Wete ist der größte Ort der Insel (27.000 Einwohner) und liegt im Nordwesten. Ursprünglich war Wete der wichtigste Hafen Pembas, fast die gesamte Nelkenproduktion verließ von hier die Insel. Leider haben Missmanagement (sowie besseres Management des Hafens von Mkoani) und Inkompetenz den Hafen fast in den Ruin getrieben; er hat heute keine Bedeutung mehr. Keine Sehenswürdigkeiten.

Ungefähr 25 km nordwestlich von Wete, am südlichen Ende der Halbinsel **Kigomasha**, liegt das ca. 14 km² große **Ngezi Forest Reserve**. Ähnlich dem Jozani Forest Reserve ist es ein kleiner Spiegel der ursprünglichen Vegetation Pembas. Rund die Hälfte des Reserves ist mit Dschungel bedeckt, der Rest besteht aus Mangroven-Wäldern, immergrünen Küstenwäldern, Sümpfen und Heiden. Eine endemische Palmenart (Pemba-Palme, Mapapindi, Dyopsis pembanus) sowie mehrere sehr seltene höhere Pflanzen sind der Stolz dieses Parks.

Das Tierleben fällt bescheidener aus; 27 Vogelarten, davon eine endemische Eulenart (Russel Scops Owl); auch der Pemba-Flughund (Pemba Flying Fox, eine Fledermausart) ist endemisch, erwähnenswert ist auch der Pemba Blue Duiker (eine dem Dik-Dik ähnliche kleine Antilopenart). Fast schon perfide finde ich das Vorkommen von Wildschweinen - es handelt sich um verwilderte, von den Portugiesen importierte Hausschweine.

Alle Hotels Pembas organisieren Fahrten hierher (rechnen Sie mit $ 10 plus Eintritt $ 5). Wer öffentlich fahren will, muss ein Dalladalla nach Konde nehmen und von dort Richtung Westen/Manta Reef Lodge zu Fuß ca. 1 Std. marschieren.

Mkoani

🛏 **Kategorie D** (durchwegs mit Restaurant, Zimmer nicht self contained)

- **Jondeni Guesthouse**, ☏ 024/2456042, einziges empfehlenswertes Haus am Platz, mit gutem Restaurant
- **Mkoani Hotel**, ☏ 024/2456271
- **Mkoani Guesthouse,** ☏ 024/2456102
- **Le Taven Hotel**, ☏ 024/2452660

Weiterfahrt

🚌 Minibusse mehrmals täglich nach Chake Chake.

Alle Fähren nach Sansibar verlassen den Hafen von Mkoani, hier kommt man auch an (Besuch des Immigration-Offices nicht vergessen!). Details Reise-Infos von A bis Z, Reisen im Land,

Grundsätzlich ist es für Touristen verboten, von Sansibar nach Pemba mit einer privaten Dau zu fahren.

Nach Tanga segeln hin und wieder private Daus, die auch benutzt werden dürfen (ca. $ 15 bis 20).

Der dritte der drei größeren Orte Pembas liegt im Süden der Insel und beherbergt ca. 11.000 Einwohner. Das Zentrum liegt auf einem kleinen Hügel und besteht auch hier wieder nur aus einer einzigen Straße. Entlang dieser sind Läden, Busbahnhof, Markt, Bank, Post und Hotels aufgereiht. Außer den Hafenanlagen - sie sind die modernsten und auch neuesten auf Pemba - keine Sehenswürdigkeiten.

Mafia

Kategorie A: Alle Lodges liegen an der Chole-Bucht im Osten der Insel, bieten alle möglichen Wassersportarten - Tauchen, Fischen, Kanufahren, Kajakpaddeln, Dausegeln, Schnorcheln, Ausflug ins Rufiji-Delta usw. - an und holen Sie vom Flughafen ab. Rechnen Sie jeweils ab $ 150/Pers. (Vollpension).

- **Mafia Island Lodge** (fast noch Kategorie B), ehemals Regierungshotel, frisch renoviert, nett, ca. 0,5 km vom Strand entfernt, www.mafialodge.com.
- **Kinasi Lodge**, etwas oberhalb der Bucht gelegen (mit Blick auf diese), Swimmingpool, ✕, PO Box 18033, Dar es Salaam, ☏ 0741/324463, 421449, FAX 024/2238220, kinasi@zanlink.com, kinasi@mafiaisland.com, www.mafiaisland.com.
- **Polepole Resort,** ☏ 022/2601530 (Dar es Salaam-Office) oder ☏ 0873/761931865 (Satelliten-Telefon vor Ort), www.polepole.com, contact@polepole.com. Kleines, luxuriöses Bungalow-Dorf unter ital. Leitung, in Utete gelegen (Südende der Chole-Bay), nicht direkt am Strand, aber mit Blick auf die Bucht.

Daus im Abendlicht (eb)

♦ **Chole Mjini Hotel**, auf Chole-Island gelegen (zwischen Mafia-Island und Juani-Island am Südende der Chole-Bay), Bungalows, teilweise als Baumhäuser, kein Strom, Warmwasser nicht garantiert, dafür rundherum alte Swahili-Ruinen, absolut ruhig und einsam - hier sind Sie dem Nichts am nächsten. $ 150/Pers. (Vollpension)

Kategorie D/C

♦ Nur 3 Guesthouses in Kilindoni (hier befindet sich auch der Airstrip), empfehlenswert lediglich das **Lizu Hotel**

Im Lizu Hotel sowie in den Hotels der Kategorie A.

Weiterfahrt

Es gibt nur zwei Möglichkeiten, um nach Mafia Island zu gelangen: Precision Air und Coastal Aviation (☞ "Reisen im Land").

Kein öffentlicher Verkehr auf Mafia!

Die mit Palmen und Cashewnussbäumen dicht bestandene Insel liegt südlich von Dar es Salaam und ist dem **Rufiji-Delta** vorgelagert. Sie ist ein Paradies für Taucher und Sportfischer und garantiert einen erholsamen Aufenthalt - denn viele Touristen verirren sich noch immer nicht in dieses kleine Paradies.

Zwei kleine, nordwestlich vorgelagerte Inseln dienen als Brutgebiet von Suppen-Schildkröten (jedoch spült das Meer immer mehr Sand weg. Warum ist ungeklärt, evtl. steigt der Wasserspiegel).

Der westlichen Küstenlinie von Mafia ist ein etwa 1 km entfernter 200 m tiefer Einschnitt vorgelagert. Dieses Gebiet enthält zahlreiche unterschiedliche Marinehabitate und ist vor allem für Taucher interessant. Die Hauptinsel ist von zahlreichen kleineren Insel umgeben, welche durch Korallengärten und Riffe geschützt sind.

Nicht weit von der Bucht von Chole entfernt findet man die schönsten **Korallenriffe**. Zahlreiche Fischfangmethoden werden angeboten; die beste Zeit zum Fischen sind die Monate September bis März, die Zeit des Nordostmonsuns. Mit folgenden Fischarten ist zu rechnen: Marlin, Segelfisch, Hai, Thunfisch (v.a.), Schwertfisch, Barrakuda, alle möglichen Schnapper- und Zackenbarscharten.

Die Korallengärten östlich und südlich der Insel, insbesondere an der Chole Bay, sind seit 1995 als Marine Park (unter den Agenden des WWF) ausgewiesen. Eintritt: $ 10 (Kinder bis 16 $ 5). Dieser Park ist Teil des ca. 9.000 km² großen **"Rufiji-Mafia-Kilwa-Seascape Programme Tanzania"** welches seinerseits wiederum in die "East Africa Marine Ecoregion" (ein ca. 4.600 km langer Küstenstreifen beginnend in Somalia) eingebettet ist. Hauptanliegen des "Programmes" ist der Schutz des größten zusammenhängenden Mangroven-Waldes (Rufiju-Delta) sowie der Korallengärten um Mafia-Island. Dieses Gebiet beheimatet die größte Fischarten-Vielfalt der Küste, äußerst wichtige Schildkröten-Brutplätze sowie die letzten Dugong-Populationen Tansanias.

Da diese Ressourcen von der ansässigen Bevölkerung (ca. 140.000 Ew.) seit Jahrhunderten auch wirtschaftlich genutzt wurden und noch immer werden, wird die Bevölkerung in das "Programm" eingebunden (Aufklärungsarbeit hinsichtlich nachhaltiger Bewirtschaftung und Ökologie, Schaffung weiterer/anderer Verdienstmöglichkeiten usw.). Die Saat geht langsam auf, sehr viele Fischer verzichten mittlerweile auf illegale Fangmethoden (z.B. Dynamit, Gift) und sogar der irrtümlich Fang von Dugongs wird angezeigt.

Infos zu "East African Eco Region" und "Rufiji-Mafia-Kilwa-Seascape Programme Tanzania": ☏ 022/2775346, ✉ angusura@wwftz.org

Einblicke in die faszinierende **Unterwasserwelt** Mafias, eines der besten Tauch- und Schnorchelgebiete überhaupt, bieten die Tauchbasen (PADI) der unter Kategorie A angeführten Lodges/Hotels. Ausrüstung kann geborgt werden, Sie sollten aber Ihren eigenen Lungenautomaten und Tiefenmesser mitbringen.

Die Heiligen Hühner

Mit zwei Ausnahmen weist die Tierwelt des Mafia-Archipels kaum Besonderheiten auf - eine Ausnahme ist Pteropus comorensis, eine Früchte essende Fledermaus auf der Hauptinsel (bis vor kurzem war man der Meinung, sie sei auf den Komoren endemisch), die zweite Ausnahme sind die "Heiligen Hühner".

Bereits O. Baumann berichtete 1890 von ihnen. Er konnte sie auf den Inseln Barakuni, Shungumbili (beide auch heute unbewohnt), Nyororo (bewohnt, alle drei im Nordwesten von Mafia Island) und Bwejuu (bewohnt, im Südwesten der Insel vorgelagert) lokalisieren. Heute existieren die "Heilige Hühner" nur mehr auf Barakuni. Es handelt sich um verwilderte Haushühner (Gattung Centropus, Ceuthmochares) und es ist völlig unbekannt, wie sie auf die Insel gelangten.

Bekannt ist einzig und allein ihr Zweck: sie schützen auf zwei Arten die Fischer auch heute noch vor den bösen Geistern der Meere. Zum einen bleibt das Fischereigewerbe solange aufrecht und ertragreich, so lange die Hühner leben (die Geister der Meere regeln den Fischbestand). Zum anderen wird ein Fischer, der von den Geistern des Meeres gefangen wurde (Kentern des Bootes beispielsweise) wieder "befreit", wenn man das Blut eines geopferten "Heiligen Huhnes" ins Meer träufelt.

Die Insel wird regelmäßig von Fischern besucht, um Feinde der Hühner zu töten (Krähen, die hier manches Mal nisten) oder einfach um nach den Rechten zu sehen. Auf der Insel Bwejuu existiert heute eine gewaltige Überpopulation an Rebhühnern (möglicherweise verwechselte sie Baumann mit verwilderten Haushühnern), die von der Bevölkerung (ca. 300 Menschen) gehegt und gepflegt werden. Falls Sie eine der beiden Inseln mit einem

Fischerboot besuchen wollen, sollten Sie sich vorher bei Ihrem Fährmann erkundigen, ob er fotografieren zulässt! Man ist in diesen Dingen sehr heikel.

Sehenswürdigkeiten

Auf Mafia entstanden schon sehr früh Handelsstätten. **Kisimani** besaß seit etwa 1200 einen bedeutenden Hafen. 1964 wurde die größte einzelne Sammlung ostafrikanischer **Münzen** in einem Topf gefunden, der unter einer in Ruinen liegenden Moschee begraben lag. Über 500 Kupfermünzen, alle von Ali bin al-Hasan, wurden vom Grabungsleiter N. Chittick entdeckt. Al-Hasan ist nach der Kilwa-Chronik Gründer von Kilwa und dürfte um 1070 regiert haben. Beim Ras Kisimani ist eine Moschee aus dem 13. Jh. zu sehen.

Auf der der Chole-Bucht vorgelagerten Insel Juani findet sich eine Ruinenstadt mit fünf bedeutenden Moschen (14. Jh.) und einige Wohnhäuser (18. Jh.). Die Stadt wurde zu Beginn des 19. Jh.s von madagassischen Angreifern zerstört.

Nationalparks

Giraffe und, etwas versteckt, Zebras im Arusha NP (gh)

Die Tierschutzgebiete Tansanias werden in **Nationalparks** (NP), **Conservation Areas** (CA) und **Wildlife Reserves** (WR) unterteilt.

Nationalpark (NP)

Nationalparks werden zum Schutz von Tieren, Pflanzen, der Landschaft und/oder archäologischen Stätten ins Leben gerufen. Sie dürfen von Menschen nur für Lehre und Forschung, Erholung und Inspiration genutzt werden. Sie müssen für künftige Generationen aus ästhetischen und ökonomischen Gründen erhalten werden. Besiedelung oder agrartechnische Nutzung ist nicht gestattet.

Conservation Area (CA)

Conservation Areas sind ein Versuch, die Interessen bestimmter Gruppen von Menschen und die Nationalparkidee zu vereinen. Es gibt nur eine Conservation Area in Tansania, die von 22.500 Massai bewohnte Ngorongoro Crater CA. Hier sind Weidewirtschaft und Besiedelung erlaubt, Ackerbau allerdings nicht.

Außer den Massai ist niemand berechtigt, hier zu siedeln. Neben den im Kapitel ☞ Ngorongoro CA erwähnten Wildtieren leben in dieser Conservation Area auch noch zumindest 130.000 Rinder, 120.000 Ziegen und Schafe.

Da sich Rinder, Schafe und Ziegen vermehren wird es langsam eng. Abgesehen davon fiel in den letzten Jahren auch wenig Regen. Auf der Suche nach Futter für die Tiere weichen die Massai daher verstärkt in die umliegende Steppe aus. Obwohl diese ihren Namen trägt, wird sie mittlerweile über weite Strecken von Ackerbauern genutzt - Probleme sind daher vorprogrammiert (☞ "Sicherheit").

Wildlife Reserve (WR)

Auch Wildlife (ehem. Game Reserve) Reserves dienen in erster Linie dem Schutz von Pflanzen, Tieren und Landschaft, können aber in beschränktem Maße von Menschen für die Jagd (von Juli bis Dezember) und die Einrichtung als Zoo (Saa Nane Island) genutzt weren. Besiedelung ist, wie in Nationalparks, nicht gestattet. Die meisten WR sind den NPs angegliedert und dienen als Pufferzone gegenüber den landwirtschaftlich genutzten Regionen.

Game Controlled Area/Forest Reserve

Neben den drei zuvor erwähnten Schutzgebieten gibt es noch **Game Controlled Areas** und **Forest Reserves**. Wie der Name schon sagt, dienen erstere der lizenzierten und kontrollierten Jagd, während die **Forest Reserves** als Klimastabilisatoren und ökologische Wasserspeicher dienen. Außerdem stellen die hier lebenden Tiere und Pflanzen ein gigantisches genetisches und chemisches Reservoir dar, das erst ansatzweise erforscht ist. Speziell für Mediziner und Pharmakologen, aber genauso für Ökologen und Humangenetiker stellt dies einen unerschöpflichen Reichtum dar - wenn die Gebiete unter Schutz gestellt werden und erhalten bleiben. Game Controlled Areas und Forest Reserves können, nach Ausstellung einer Lizenz des Directors of Forestry bzw. Game Departments, der menschlichen Nutzung dienen (Brennholz sammeln, Weidewirtschaft).

Alles zusammengerechnet stehen knapp 400.000 km² Land unter Naturschutz. Das ist fast der halbe Staat!

Grundsätzliches zu Nationalparks und sonstigen Schutzgebieten

Diese gewaltige, nicht zusammenhängende Fläche zu erhalten und zu kontrollieren verlangt einen immensen bürokratischen, logistischen und exekutiven Aufwand. Die Einnahmen aus dem Tourismus decken die Kosten nicht annähernd. Zuschüsse nationaler und internationaler Organisationen können dieses Fass ebenfalls nicht füllen. Wir dürfen nicht vergessen, dass Tansania ein armes Entwicklungsland ist, aber genau das in großem Ausmaß besitzt, was in Europa seit langem nicht mehr vorhanden ist: Natur! Dass diese Natur erhalten bleibt, ist nicht Aufgabe Tansanias alleine, kann es nicht sein. Es ist ein Anliegen, das die Kompetenz jedes Staates bei weitem übersteigt. Nur die internationale Gemeinschaft kann Nationalparks dieser Größenordnung erhalten. Um zu zeigen, wie ernst der Regierung die Schaffung und Erhaltung von Schutzgebieten ist, genügt sicherlich der Hinweis, dass 4 % des Staatshaushaltes für sie bereitgestellt werden.

In der Praxis des Alltags wird zwischen NP des Nördlichen Circuits und solchen des Südlichen Circuits unterschieden.

Nördlicher Circuit: Serengeti NP, Ngorongoro CA, Kilimanjaro NP, Arusha NP, Tarangire NP, Lake Manyara NP. Als touristische "Buchungs-Zentrale" fungiert in erster Linie Arusha.

Südlicher Circuit: Ruaha NP, Mikumi NP, Katavi NP, Udzungwa NP, Selous WR. Kitulo Plateau NP, Saadani NP. "Buchungs-Zentrale" ist Dar es Salaam.

Rubondo, Gombe und Mahale NP werden weder dem einen noch dem anderen Circuit zugeschlagen, stellen sozusagen selbständige Einheiten dar.

i Director General, Tanzania National Parks (TANAPA), PO Box 3134, Arusha, Tansania, ☏ 00255/27/2503471, 2504082, FAX 2508216, info@tanzaniaparks.com, www.tanapa.com (phys. Adresse ☞ "Arusha")

♦ Weitere Info-Adressen ☞ "Information, Karten, Literatur"

Neben Finanzmangel stellt die Wilderei das größte Problem im NP-Management dar. Der Heißhunger Japans, aber auch der restlichen kapitalistisch orientierten Welt nach Elfenbein kostete Abertausenden Elefanten jährlich das Leben. Der Elefantenbestand der Serengeti ist durch Wilderei wegen des Elfenbeins von 1976 bis 1986 um 80 % gesunken.

Das zerriebene **Horn des Spitzmaulnashorns** ist im Fernen Osten noch immer ein begehrtes Mittel gegen Kopfschmerzen, die chinesische Population in Indien verwendet es als Aphrodisiakum, im Jemen muss der Knauf des Dolches aus dem Horn des Nashorns sein. Der Niedergang der Nashornpopulation schreitet schneller voran als der der Elefanten. 1976 lebten im Selous WR über 2.500 Spitzmaulnashörner. Heute ist ihre Anzahl dramatisch auf ca. 30 Stück gesunken. Die einzelnen Tiere leben in diesem riesigen WR derart isoliert, dass eine Reproduktion praktisch nicht mehr möglich ist.

Über **Raubtiere** liegen leider keine Zahlen vor. Doch scheint die Population in den letzten Jahren ziemlich stabil zu sein.

Die Bestände der **Grasfresser** (Büffel, Zebra, Gnu, Impala usw.) sind weniger durch Trophäenbeschaffungs- als durch Fleischbeschaffungswilderei reduziert worden, allerdings in weit geringerem Ausmaße als dies bei Elefanten und Nashörnern der Fall ist. So sank die Zahl der Büffel in der Serengeti von

74.000 im Jahr 1975 auf 43.000 im Jahr 1986, die der Gnus von 1,4 Mio. auf 1,15 Mio. Der Schwarzmarktpreis für illegales Wildfleisch (ca. $ 0,5/kg) liegt bei einem Drittel des legalen Farmfleisches. Die Zahl der Büffel im Mikumi, Ruaha und Katavi NP sinkt weniger aus Gründen der Wilderei als durch die Rinderpest. Impala-, Zebra- und Gazellenbestände erscheinen stabil, wenn nicht sogar steigend. Auf alle Fälle steigen die Bestände an **Flusspferden**, obwohl deren Fleisch sehr schmackhaft ist. Im Selous WR hat sich der Bestand innerhalb von 12 Jahren (1976 bis 1988) verdoppelt (von 75.000 auf 150.000).

Alle anderen Tierarten (kleinere Säuger, Vögel, die meisten Reptilien, Amphibien) genießen auf Grund der geringen Besiedelungsdichte des Landes und des geringen Grades an Industrialisierung sowie eines vorausblickenden Schutzes in Form von Game Controlled Areas und Forest Reserves quasi automatisch individuellen und Biotopschutz. Über ihre Bestände liegen absolut keine Zahlen, nicht einmal Schätzungen vor. Dass man viele Kleinsäuger (Hasen, Dik-Diks, Erdferkel, Stachelschwein) fast nie zu Gesicht bekommt, liegt nicht immer an der geringen Anzahl, sondern oft in nächtlicher oder unterirdischer Lebensweise.

Grundsätzlich muss aber gesagt werden, dass - mit Ausnahme Elefant und Nashorn - die gesamte Tierwelt Tansanias in erster Linie durch gesteigerten Landbedarf für die Landwirtschaft bedroht ist, bzw. war.

Konflikte

Nationalparks sorgen weltweit für Zündstoff zwischen der ansässigen Bevölkerung und den Regierungen bzw. Umweltschützern. In Afrika, speziell in Ostafrika, treten diese Konflikte auf Grund besonderer Faktoren besonders krass zutage. Zum einen steigt durch eine verbesserte medizinische Betreuung und Ernährung die Bevölkerungsdichte - mehr Menschen benötigen mehr Land, um Landwirtschaft zu betreiben. Zum anderen steigt auf Grund der Schutzmaßnahmen die Populationsdichte der Tiere innerhalb der Parks. Das bedeutet, dass für beide Gruppen zu wenig Platz ist - Tiere drängen aus dem NP in Kulturland, die Bauern drängen aus Kulturland in die NP. Nach jahrelangem Hin und Her scheint nun ein Ausweg im "Community Based Conservation Programme" (CBCP) gefunden zu sein. Auf Grund wissenschaftlicher Erkenntnisse kann eine bestimmte Fläche Landes nur eine

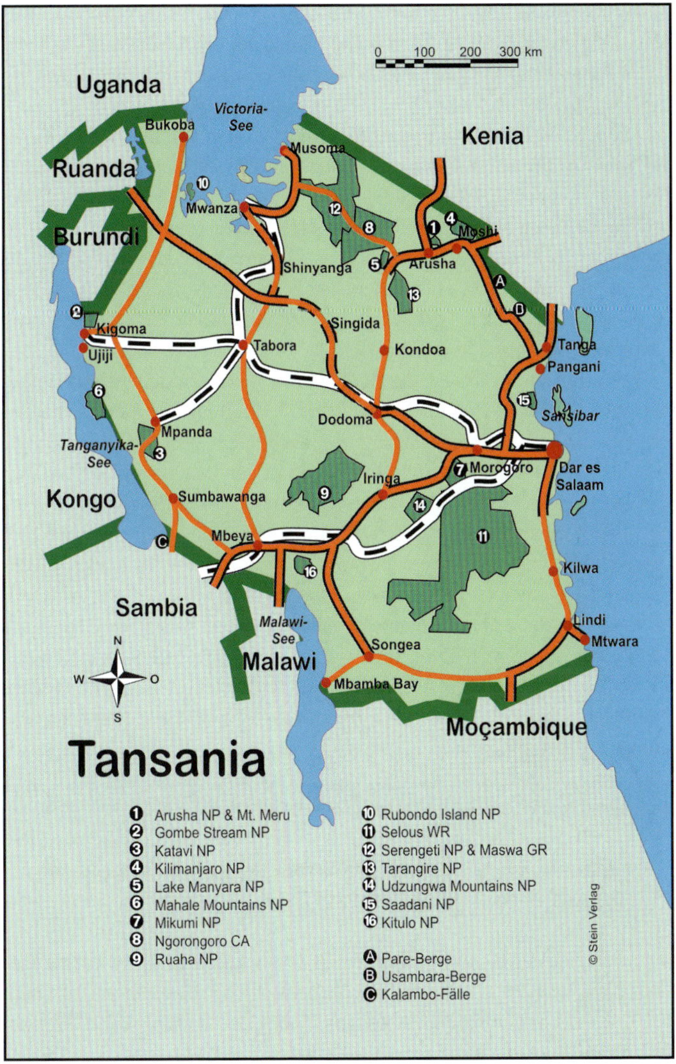
0 100 200 300 km
Uganda
Ruanda
Burundi
Kongo
Sambia
Malawi
Kenia
Moçambique
Victoria-See
Tanganyika-See
Malawi-See
Bukoba
Musoma
Mwanza
Moshi
Arusha
Shinyanga
Singida
Kigoma
Ujiji
Tabora
Kondoa
Tanga
Pangani
Sansibar
Dodoma
Mpanda
Morogoro
Dar es Salaam
Iringa
Sumbawanga
Mbeya
Kilwa
Lindi
Mtwara
Songea
Mbamba Bay
N
W
O
S
Tansania
1 Arusha NP & Mt. Meru
2 Gombe Stream NP
3 Katavi NP
4 Kilimanjaro NP
5 Lake Manyara NP
6 Mahale Mountains NP
7 Mikumi NP
8 Ngorongoro CA
9 Ruaha NP
10 Rubondo Island NP
11 Selous WR
12 Serengeti NP & Maswa GR
13 Tarangire NP
14 Udzungwa Mountains NP
15 Saadani NP
16 Kitulo NP
A Pare-Berge
B Usambara-Berge
C Kalambo-Fälle
© Stein Verlag

bestimmte Menge an Tieren (bzw. Menschen) ernähren, sog. Überpopulationen schädigen sich letztendlich selbst (das kann, wie im Falle des kenianischen Amboseli NP, zur fast gänzlichen Zerstörung des Parks und somit zur Ernährungsgrundlage seiner tierischen Bewohner führen).

Die Jagd scheint hier das geeignete Mittel zu sein, um die Zahl an Tieren auf einem vertretbaren Niveau zu halten. Zuerst wird jährlich der aktuelle Bestand an Großsäugern ermittelt, anschließend wird diese Zahl mit der errechneten Zahl an möglichen Tierbewohnern verglichen. Ist die erste Zahl größer als die zweite, so nennt man die Differenz jagdbares Wild (ist die zweite Zahl größer, gibt es in diesem Jahr keine Büffel zu schießen). Die zum Abschuss freigegbenen Tiere werden gezielt ausgewählt (kränkliche, schwächere oder besonders überaltete Tiere).

Die Lizenzen für diese Tiere werden unter den Veranstaltern von Jagdsafaris versteigert. Der Profit der Auktionen füllt das Budget der Parkverwaltungen auf. Ein Teil dieser Einnahmen, aber auch Eintritts- und Übernachtungsgebühren, kommt den rund um den NP ansässigen Kommunen zugute (auch das Fleisch geschossener Tiere, dem Jäger bleibt nur die Trophäe).

Als erwünschten wie erhofften Effekt des CBCP muss man auch den drastischen Rückgang der Wilderei nennen. Wilderer hatten ihren Rückhalt (Waffen- und Beutedepots) immer in den Dörfern rund um einen NP; die Dorfbewohner profitierten in Form direkter Zahlungen und partizipierten auch am Fleisch der gewilderten Tiere. Jetzt sind Wilderer direkte Konkurrenten und werden "verfolgt". Alles in allem scheint dieses System der Ausgewogenheit zu greifen. Das erkennt man auch daran, dass internationale Umweltschutzgruppen, die das Programm ursprünglich ablehnten, mittlerweile einzulenken beginnen. Ein gänzliches Aus der Wilderei ist damit aber leider noch nicht gegeben. Details dazu siehe unter "Selous WR".

Nun die wichtigsten Vorschriften für den Besuch von NPs (Auszug aus "The National Parks Regulations, 1989").

- Die Parks haben in der Zeit von 6:30 bis 18:00 geöffnet. **Letzter Einlass** ist 17:00. Auch bei einer Übernachtung darf man im Park nach 19:00 weder mit dem Auto fahren noch eine Walking-Safari absolvieren. Auch die Tiere brauchen Ruhe.

- Die **Fortbewegung im Park** ist nur mit Autos gestattet. Maximalgeschwindigkeit: 50 km/h. Der Besucher darf sich auf keinen Fall weiter als 25 m vom Auto entfernen. Hupverbot (falls Sie in einem privatem Kfz unterwegs sind, müssen Sie auch die Alarmanlage bzw. das dideldüüm bei Funkfernbedienung abschalten). Allerdings werden mittlerweile in allen NPs legale Walking-Safaris in Begleitung eines (bewaffneten) Rangers vom HQ wie von den ansässigen Lodges/Camps angeboten.
- Das **Verlassen der Straßen und Pisten sowie Wege** ist streng verboten. Drängen Sie auch Ihren Guide nicht - er könnte seine Lizenz verlieren.
- Übernachtet werden darf nur an ausgewiesenen Plätzen - Hotels, Lodges, campsites, special campsites.
- Die Entnahme von "Souvenirs" (Pflanzen, Tiere oder Teile von diesen, Steine, prähistorische Stücke) aus dem Park ist generell verboten.
- Das Füttern, Belästigen und Erschrecken der Wildtiere ist verboten.
- Jedweder Abfall ist wieder aus dem Nationalpark zu entfernen oder in bereitgestellten Abfallgruben zu entsorgen.

Achten Sie auf Ihre Zigarettenkippen.

Egal was Ihnen zustößt (Unfall, Schlangenbiss, Löwenattacke, Diebstahl, Überfall usw.) - die NP-Verwaltung sowie TANAPA übernehmen keine Haftung.

Camping

Es wird zwischen ordinary/public/standard und special camp site (annähernd doppelter Preis) unterschieden.

Bei beiden handelt es sich um von der TANAPA geführte Plätze, die sich vom Rest der Umgebung lediglich durch das Vorhandensein eines entsprechenden Schildes unterscheiden, meist ist auch eine Abfallgrube sowie ein Plumpsklo vorhanden.

Die offizielle Version spricht bei special camp site von besonders schönen, wildreichen Stellen. Aber bereits die Übernachtung auf einem "normalen" Campingplatz bietet ein unvergessliches Erlebnis.

Die Gefahr, von Raubtieren im Zelt angegriffen zu werden, ist nach Meinung der Ranger nicht gegeben. Nach ihren Aussagen stellt ein geschlossenes (!) Zelt für jedes Raubtier einen großen, unbekannten Feind dar, dem es lieber aus dem Weg geht, als sich auf ein unkalkulierbares Risiko einzulassen.

Allerdings sollte man keine Lebensmittel im Zelt aufbewahren, der Hunger könnte doch vielleicht größer werden, als die Furcht.

In Tansania ist kein einziger Fall bekannt, dass Raubtiere Campingplatzbewohner angegriffen hätten.

Eine Gefahr stellen **Paviane** und **Meerkatzen** dar. Sie schleppen alles weg: Nahrungsmittel, Ausrüstungsgegenstände, Zelte. Gegenstände, die für Meerkatzen zu groß oder zu schwer sind, Zelte beispielsweise, werden von diesen gerne markiert. Der Gestank hält sich wochenlang. Lassen Sie daher nichts unbeaufsichtigt bzw. bauen Sie - falls kein Wächter vorhanden ist - das Zelt am Morgen wieder ab und am Abend wieder auf. Während der Hauptsaison sollte Ihr Zelt um 16:00 stehen. Viele Menschen zelten und die Plätze verfügen nur über limitierte Fläche, schlimmstenfalls müssen Sie zur nächsten Site weiter fahren.

Die **Campingplatzgebühr** ist im Voraus beim Eingang bzw. beim Parkheadquarter zu entrichten. Die Lage der Campingplätze ist beim Eingang bzw. beim Parkheadquarter ausgewiesen .

Lodges und Luxury Tented Camps

Man unterschiedet zwischen gemauerten Lodges mit Zimmern bzw. Bungalows und eben luxuriösen Zeltcamps - hausgroße stationäre Zelte mit angeschlossenem privaten Dusch- und Toilettenzelt. In beiden Fällen handelt es sich um Unterkünfte, die auch in EU zur Luxusklasse zählen würden, Restaurants der Luxusklasse sind immer angeschlossen. Fließend Heiß- und Kaltwasser ist in beiden Fällen obligat. DZ sind die Norm, EZ mehr oder weniger nicht vorhanden. Klimaanlagen sind in Lodges eher die Ausnahme, in Zeltcamps durchwegs nicht vorhanden.

Bei der Lage der Unterkünfte wird/wurde auf Natur pur größter Wert gelegt. Die meisten Lodges sind auch aus architektonischen Gründen einen Besuch wert, v.a. die neueren fühlen sich dem "Ethno-Style" verpflichtet.

Zumindest die Lodges am nördlichen Circuit (ausgenommen die der Ngorongoro CA) verfügen über Swimming-pool. Der Standard im Süden wird aber sukzessiv gehoben. Bis auf eine Hand voll Ausnahmen sind die Preise rel. hoch: rechnen Sie ab ca. $ 150/Person (im DZ) wenn sie vor Ort und sofort ein Zimmer mieten wollen (im Falle dass Sie mit Mietauto unterwegs sind). Buchen Sie ein Pauschalarrangement (Lodge-Safari) bei einem tour operator wird es günstiger. Ist dieser tour operator auch Betreiber der Lodge wird es noch einmal günstiger (ich weise bei den Beschreibung der Unterkünfte auf die Besitzverhältnisse hin, ebenso bei Anführung der tour operator in den Orten - ☞ "Orte und Regionen"). In der Regel beinhaltet der o.a. Preis aber Vollpension, zumindest einen game drive/Tag und auch sonstige Annehmlichkeiten (Verhandlungssache!).

Während der großen Regenzeit (April, Mai) sind Zeltcamps durchwegs geschlossen, Lodges gewähren kräftige Nachlässe (bis zu 50 %, manchmal sogar mehr). Ausgenommen ist die Osterwoche. Absolute Hochsaison sind Februar, Juli, August - zu dieser Zeit müssen Sie als Individual-Tourist jedes Zimmer mind. zwei Wochen im Voraus buchen. Als "normale" Hochsaison gelten Januar, März, Juni, September, Oktober, November und Dezember. Zu dieser Zeit kann Handeln evtl. Erfolg bringen. Allzu genau kann man diese Einteilung jedoch nicht nehmen - zu sehr bestimmen klimat. Faktoren usw. das wirtschaftliche Geschehen. In Lodges stehen die Restaurants und auch das gesamte touristische Programm (Souvenirshops, walking-safaris, birdwatching, boat-trips, game-drives, Ballon-Safaris (nur am nördl. Circuit, ausg. Ngorongoro CA), Autovermietung usw.), (teure) Treibstoff-Versorgung usw.) auch Nichtgästen zur Verfügung. In Zelt-Camps ist das nicht immer so. Hier legt man sehr großen Wert auf private Atmosphäre. Das kann soweit führen, dass man als zufälliger Besucher nicht einmal eine Tasse Kaffee bekommt.

Mit geringen Ausnahmen können die Unterkünfte nur mit privaten bzw. Mietauto - erreicht werden. Auf die wenigen Ausnahmen weise ich bei der Beschreibung der NPs hin.

Das Gesagte trifft auch auf die Hotels und Camps zu, die unter der Rubrik "Unterkünfte Außerhalb der NP-Grenze" angeführt sind. Zusätzlich bieten diese auch noch nächtl. game-drives, walking-safaris sowie mehrtägige walking-safaris mit fly-camps an, auch wird seit neuestem großer Wert auf Kulturaustausch gelegt und Dorfbesuche arrangiert. Zumindest bei denen, die knapp an der Grenze zum NP liegen, erspart man sich auch noch die Eintrittsgebühr, da sich auch hier viel Wildgetier herumtreibt.

Anreise

Näheres über organisierte Safaritouren durch Safariunternehmen ☞ Reise-Infos von A bis Z, Safaris. In speziellen Fällen - z. B. Mahale oder Katavi, Kitulo NP - sind die wenigen tour operator, welche den Besuch dieser NPs im Programm haben, namentlich angeführt.

Es ist ziemlich schwierig, die Nationalparks mit öffentlichen Verkehrsmitteln zu erreichen. Sobald eine öffentliche Straße durch den Nationalpark führt (Mikumi, Katavi, Serengeti NP, Ngorongoro CA), ist das Parkheadquarter an dieser Straße gelegen. Man kann dort ein Fahrzeug und einen Ranger als Fahrer bzw. Guide mieten. Lodges vermieten ebenfalls Autos mit Fahrern. Beides kann teuer werden. Sollte beim HQ eine parkeigene Unterkunft (Resthouse, campsite) vorhanden sein, weise ich darauf hin.

Führt keine öffentliche Straße durch den Park, muss man am Eingang auf eine Mitfahrgelegenheit zum Parkheadquarter oder zu einer Lodge warten. Am besten sind dafür die Wochenenden geeignet. Zu empfehlen ist diese Art des Reisens nur beim Serengeti NP, Ngorongoro Crater CA, Arusha und Tarangire NP (auch hier kann es langwierig werden). Die anderen Parks weisen sehr spärlichen Besuch auf, so dass die Wartezeit unter Umständen mehrere Tage betragen kann. Abgesehen von der soeben beschriebenen Variante ist die Anmietung eines Fahrzeuges mit Chauffeur die billigste und auch sinnvollste Möglichkeit eines NP-Besuches ☞ "Safaris". Mit Ausnahme des Gombe Stream und Kilimanjaro NP verfügen alle NPs über zumindest einen Airstrip. Die NPs des Nördl. Circuits verfügen über mehrere, im Selous WR verfügt jedes Camp über seinen eigenen Airstrip.

Das Unternehmen Foxes Safari Camps (siehe Ruaha NP/Unterkünfte) betreibt Camps/Lodges im Ruaha, Mikumi und Katavi NP sowie einen höchst luxuriösen Private-Train von Dar es Salaam bis Mangula nahe dem Udzungwa NP, Reisedauer ca. 8 bis 9 Std., weiterer Transfer zu den Lodges/Camps per PKW. Der Zug durchfährt auch - kurz aber doch - die nördlichen Regionen des Selous WR.

ℹ Nähere Auskünfte: 💻 www.safariexpress.info,
✉ info@tansaniasafaris.info

Man kann den Zug auch ohne Buchung in einem der Camps von Foxes Safari besteigen. Im Falle des Selous WR ist dies vielleicht gar nicht so schlecht - besprechen Sie die Abholung von der jew. Station (Fuga, Kisaki, Kinyanguru) mit dem Betreiber des von Ihnen gewählten Camps.

Straßen und Pisten

Die Hauptstraßen in den nördlich gelegenen Parks sind in der Trockenzeit auch mit normalen Pkw befahrbar. Nebenpisten sind meist allradbetriebenen Fahrzeugen vorbehalten. Sie sollten sofort umkehren wenn sich der Gedanke "Na, hoffentlich wird es nicht noch schlimmer" einstellt. Es wird noch schlimmer! Während der Regenzeit sind auch die Hauptverkehrswege oft abgrundtiefer Morast und nur mit allradbetriebenen Fahrzeugen oder gar nicht passierbar. Erkundigung bei der Parkaufsicht/HQ am Eingang einholen. Für die NPs des Südlichen Circuits gilt dies nur für Ruaha, Mikumi und (mit Einschränkungen) ☞ "Katavi NP".

Treibstoff bekommt man innerhalb der NP-Grenzen nur zu überhöhten Preisen bei den meisten Lodges oder (manchmal) beim Parkheadquarter. Falls Sie mit einem Mietauto unterwegs sind, planen Sie Ihre Safari gut und bedenken Sie die eventuelle Mitnahme eines gefüllten Reservekanisters.

Tierwelt

Die unter "Tierwelt" angeführten Tiere leben in den jeweiligen Parks, ☞ Parkbeschreibungen. Allerdings ist keine Garantie gegeben, dass man sie auch zu Gesicht bekommt. Die in größeren Mengen vorkommenden nachtaktiven Stachelschweine beispielsweise sind äußerst selten zu sehen.

☺ Beste Zeit für die Tierbeobachtungsfahrt - *Game Drive* - ist der frühe Morgen und der spätere Nachmittag. Mittags ziehen die Tiere wegen der Hitze dichteren Wald vor und sind deshalb kaum zu sehen.

- 🕮 Für Vogelliebhaber ist im Collins-Verlag *A Field Guide to the Birds of East Africa* von J. Williams und N. Arlott erschienen.
- ♦ Ebenfalls im selben Verlag: *Larger Animals of East Africa*, David Hosking & Martin B. Withers.
- ♦ Die TANAPA hat zu jedem NP ein eigenes Büchlein herausgegeben, erhältlich nur in Tansania in besser sortierten Buchläden bzw. Souvenirshops

(Dar es Salaam, Arusha, Sansibar) bzw. bei den HQ der jew. NPs (oft jedoch "out of stock").
Für Basisinfos (und schöne Fotos) liegt die kostenlose Broschüre "Tourism Brochure for Tanzania Nationalparks" aus, auch als download - www.tanapa.com - erhältlich.

- Der wahrscheinlich beste Tierführer für Ostafrika: *African Mammals*, Academic Press, Oxford, von Jonathan Kingdon (zum Mitnehmen allerdings etwas zu umfangreich).
- Auf Deutsch liegt das Buch "Ostafrika - NaturReiseführer" (Kosmos-Verlag) vor. Der umfangreiche Anhang "Tiere und Pflanzen - Bestimmungsteil" gibt einen schönen Einblick in die Tierwelt (v.a. Vogelwelt), der Pflanzenteil beschränkt sich allerdings nur auf die allerwichtigsten Arten.
- Für Vogelliebhaber bietet das Internet: www.tanzaniabirdatlas.com.
- Über die Wildlife Reserves informiert: www.game-reserves.com/tanzania
- Eine sehr informative Site ist auch: www.wildlife-programme.gtz.de

Fotografieren

Das schönste Licht zum Fotografieren ist nachmittags. Die Mitnahme einiger lichtempfindlicher Filme (200, 400 ASA) ist auf jeden Fall in Parks mit dichtem, immergrünem Wald (Arusha, Kilimanjaro, Gombe, Udzungwa) empfehlenswert.

☺ In den Hotels und Lodges kann man nur selten Dia-Filme kaufen, während Negativ-Filme mit 100 ASA meist vorrätig sind.

Preise

Der Besuch der NPs des Nördlichen Circuits ist teurer als der im Süden gelegenen. Dadurch soll der zu große Touristenstrom in die Serengeti oder den Ngorongoro Crater in den weniger besuchten Ruaha NP oder Mikumi NP umgelenkt werden. Dies funktionierte jedoch nicht besonders. Also hat man die Preise generell erhöht - im Süden moderat, im Norden teilweise dramatisch.

Alle Gebühren (Eintritt, Camping usw.) müssen in bar (!)-$ entrichtet werden. Sehen Sie zu, dass Sie den Betrag genau abgezählt zur Hand haben, Wechselgeld steht nicht immer zur Verfügung - v.a. in der Nebensaison.

Zumindest während der Hauptsaison kann der Vorgang des Bezahlens aufgrund der auszufüllenden Formulare (permits) sehr lange dauern.

Bezahlt wird grundsätzlich alles im Voraus. Achten Sie auf Ihre Zahlungsbestätigung, sie muss bei Verlassen des Parks vorgewiesen werden.

Wenn Sie länger als geplant bleiben, kann die Differenz aber auch bei Verlassen des Parks entrichtet werden. Bezahlt wird für 24 Std. ab Zeitpunkt des Eintritts (kontrollieren Sie diesen auf Ihrem Ticket). Bezahlte Gebühren werden nicht zurückerstattet. Die unten angegebenen Preise beziehen sich auf Nicht-Tansanier, darunter fallen auch Ausländer mit Aufenthaltsbewilligung.

Tansanier (Ihr Fahrer z.B.) bezahlen tsh 1.500 (ca. $ 1) Eintritt und $ 1 (campsite) - $ 2 (special campsite) Übernachtungsgebühr.

Eintrittsgeld:

- Serengeti: Erwachsene (über 16 Jahre) $ 50, Kinder von 5 bis 16 Jahre $ 10, unter 5 frei
- Mt. Kilimanjaro: Erwachsene $ 60, Kinder von 10 bis 16 Jahre $ 10, unter 10 Jahre kein Eintritt
- Lake Manyara, Tarangire und Arusha NP und Selous WR: Erwachsene $ 35, Kinder von 5 bis 16 Jahre $ 10, Kinder unter 5 Jahre frei
- Katavi, Mikumi, Ruaha, Rubondo, Udzungwa, Kitulo, Saadani NP: Erwachsene $ 20, Kinder von 5 bis 16 Jahre $ 5, darunter frei
- Mahale NP: Erwachsene $ 80, Kinder von 10 bis 15 Jahre $ 30, darunter frei
- Gombe Stream NP: Ausl. Erwachsene $ 100 (ausländ. Erwachsene mit Aufenthaltsgenehmigung $ 40), Kinder von 5 bis 16 $ 20 (mit Aufenthaltsgenehmigung $ 10), unter 5 Jahren frei
- Ngorongoro Crater CA: Eintritt $ 60 (für das gesamte CA), für die in den Krater hineinführende Straße ist derzeit noch eine Benutzungsgebühr in Höhe von $ 100 zu entrichten. Die Straße soll allerdings asphaltiert werden, die Ausschreibungen liefen bereits zu Beginn 2007, geplante Fertigstellung Ende 2007. Ob die o.e. Benutzungsgebühr nach Fertigstellung immer noch erhoben wird, weiß niemand.

Übernachtungsgebühren:

- Public/Standard/Ordinary Campsite: Erwachsene $ 30/Nacht, Kinder von 5 bis 16 Jahren $ 5, unter 5 frei

- Special Campsite (dazu zählen auch alle Hütten und Camps des Kilimanjaro): Erwachsene $ 50/Nacht, Kinder von 5 bis 16 Jahren $ 10, unter 5 frei
- Resthouses und Hostels des HQ: $ 20 bis 30/Tag/Pers.

Eintritt für das Fahrzeug:
In Tansania registrierte Fahrzeuge:

bis zu 2 t	$ 10	2 bis 3 t	$ 25
3 bis 7 t	$ 50	über 7 t	$ 100

nicht in Tansania registrierte Fahrzeuge:
Gewichtsklassen wie zuvor: $ 40/150/200/300

Tagesgebühren für Guides: (Ranger, vom HQ angeheuert) bewegen sich von $ 10 (fährt im Fahrzeug mit) bis 20 (bei Walking-Safaris) während der obligaten Arbeitszeit (ca. 10:00 bis 16:00), alles darüber Hinausgehende schlägt pauschal mit $ 15 zu Buche. Wenn Sie von Ihrer Lodge einen Guide anheuern, kommt auch ein Ranger vom HQ, nur kann er in diesem Fall etwas teurer sein.

Angeln: Für den Gombe, Mahale, und Rubondo Island NP kann beim HQ eine Angellizenz beantragt werden: $ 50 für Erwachsene, $ 25 für Kinder von 5 bis 16 Jahren, Ausrüstung sollten Sie selbst mitbringen.

Kanu-Fahren (nur Arusha und Lake Manyara NP): $ 20 (halbtags), $ 40 (ganztags)/Person.

Night Game Drive (nur Lake manyara NP): $ 50/Person

Für die Besteigung des Kilimanjaro ist noch eine Rettungs-Gebühr in Höhe von $ 20/Pers./Besteigung zu bezahlen.

☺ Wenn Sie noch detailliertere Informationen bezüglich Nationalparks benötigen, wenden Sie sich an:

- Director General Tanzania National Parks (TANAPA), PO Box 3134, Arusha, Tansania, ☏ 027/2503471, 2504082, FAX 027/2508216,

✉ info@tanzaniaparks.com, 💻 www.tanzaniaparks.com/de.
Zur Lage des Office ☞ "Arusha".

Eintrittsgebühren in die beschriebenen Wildlife Reserves: zur Zeit $ 20/ Person/24 Std., sonst wie oben dargestellt.

Arusha NP & Mt. Meru

Chief Park Warden ☎ 027/2553995, ✉ anapa@habari.co.tz

Der zweitkleinste Nationalpark Tansanias (137 km²) wird im Osten vom **Ngurdoto Forest Reserve** und im Norden, Westen und Süden vom **Mt. Meru Forest Reserve** umschlossen.

Eine große Erweiterung im Westen ist in Planung, gestaltet sich aber relativ schwierig, da es sich um Farmland handelt und die Besitzer dieses verständlicherweise nicht aufgeben wollen. Die beiden Forest Reserves dienen zur Erhaltung des Waldes und als Rückzugsgebiet für die Tiere. Es gibt keine touristische Infrastuktur.

Der Ursprung des Namens des Nationalparks, wie auch der Stadt, geht auf das Volk der **Wa-Arusha** zurück, die einst hier lebten. Die zweite große ansässige Volksgruppe waren die **Massai**, die meisten Ortsnamen innerhalb des Nationalparks stammen aus ihrer Sprache.

Der 1960 eingerichtete Park gliedert sich in drei große Regionen: den **Ngurdotokrater** im Südosten, die **Momela-Seen** im Norden und der schroffe **Mt. Meru** im Westen. Der tiefste Punkt bei den Momela-Seen liegt auf 1.500 m, der höchste, der Gipfel des Mt. Meru, ist 4.566 m hoch. Der Park befindet sich auf dem dritten Breitengrad.

Von Arusha kommend, durchquert man, bereits innerhalb der Parkgrenzen, offenes Grasland, die **Serengeti Ndogo** (Kleine Serengeti 📷 Seite 448). Die einzige Gelegenheit, in diesem Park Zebras zu Gesicht zu bekommen.

Nimmt man, von Arusha kommend, beim Rangerposten (Ngurdoto Gate) die rechte Straße, gelangt man nach ca. 5 km zum Rand des **Ngurdotokraters**. Ein kleines Museum gibt einen Überblick über die Vogelwelt im Park.

Die Straße führt meist durch dichten Wald (wilder Mango, Würgfeige, Baumfarne), dessen hauptsächliche Bewohner schwarzweiße Colobus-Affen und Anubis-Paviane sind.

Von einer Fütterung der neugierigen und teilweise aufdringlichen Paviane sollte unbedingt Abstand genommen werden! Sie gewöhnen sich sehr schnell an diese Form des Nahrungserwerbs und können aggressiv werden, wenn sie nichts bekommen und holen sich ihr Futter dann mit Gewalt - dass Leoparden Paviane nur in äußerster Not angreifen, ist kein Märchen!

Ein weiteres, sehr scheues Tier im Ngurdoto Forest ist der **Harvey-Ducker** (*red duiker*). Mit einer Schulterhöhe von durchschnittlich 43 cm zählt er zu den kleinsten Antilopenarten: mahagonibraunes Fell, breite schwarze Linie am Kopf, schmale schwarze Linien an der Vorderseite der Läufe, sehr kurze Hörner bei beiden Geschlechtern. Der Name "Duiker" bedeutet im Holländischen "Taucher". Er beschreibt das Fluchtverhalten des Tieres. Der Harvey-Ducker "taucht", den Kopf fast am Erdboden, blitzschnell bei jeder Störung im dichten Unterholz unter und ist spurlos verschwunden. Ihn zu sehen erfordert große Geduld.

Eingangsbereich des Arusha NPs, im Hintergrund Mt. Meru (rd)

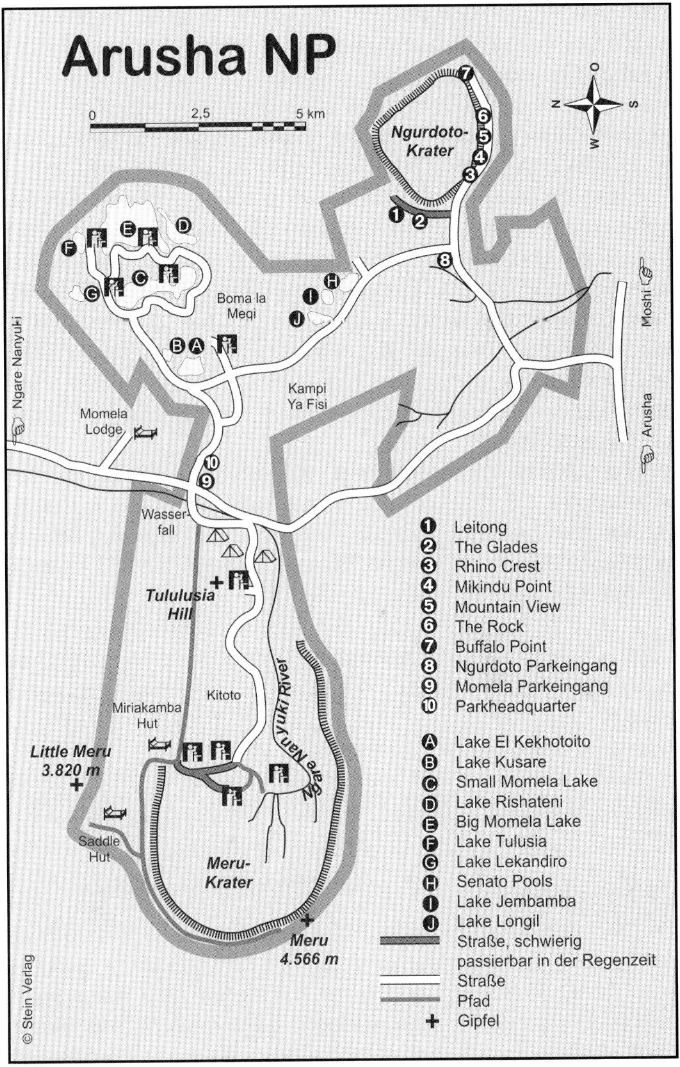
Arusha NP
0
2,5
5 km
N
O
S
W
Ngurdoto-
Krater
Boma la
Meqi
Kampi
Ya Fisi
Momela
Lodge
Ngare Nanyuki
Moshi
Arusha
Wasser-
fall
Tululusia
Hill
Kitoto
Miriakamba
Hut
Ngare Nanyuki River
Little Meru
3.820 m
Saddle
Hut
Meru-
Krater
Meru
4.566 m
1 Leitong
2 The Glades
3 Rhino Crest
4 Mikindu Point
5 Mountain View
6 The Rock
7 Buffalo Point
8 Ngurdoto Parkeingang
9 Momela Parkeingang
10 Parkheadquarter
A Lake El Kekhotoito
B Lake Kusare
C Small Momela Lake
D Lake Rishateni
E Big Momela Lake
F Lake Tulusia
G Lake Lekandiro
H Senato Pools
I Lake Jembamba
J Lake Longil
Straße, schwierig
passierbar in der Regenzeit
Straße
Pfad
Gipfel
© Stein Verlag

Am Fuße des Ngurdotokraters teilt sich die Straße. Entlang der linken Abzweigung liegt der höchste Aussichtspunkt (**Leitong**, 1.853 m vom Rand auf den Kraterboden). Diese Piste ist auch in der Trockenzeit nur mit allradbetriebenen Fahrzeugen zu bewältigen. Vom Leitong-Aussichtspunkt auf der westlichen Seite bietet sich ein wunderschöner Blick zu den Momela-Seen und auf das landwirtschaftlich genutzte Gebiet, das den Park umschließt.

Die rechte Piste führt zum südlichen Kraterrand, der mit fünf Aussichts-/Picknickplätzen (von West nach Ost: **Rhino Crest**, **Mikindu Point**, **Mountain View**, **The Rock**, **Buffalo Point**) bestückt ist. An diesen Plätzen darf das Auto verlassen werden. Vorsicht ist trotzdem geboten. Büffel durchstreifen das Gebiet und Schlangen könnten in der Sonne ruhen. Mountain View bietet an klaren Tagen Aussicht auf den Kilimanjaro. Seit Mitte 2005 sind die beiden road-heads mit einem Wanderweg verbunden, d.h. man kann den gesamten Kraterrand - nur in Begleitung eines Rangers - bewandern (ziemlich eben) - ein bleibendes Erlebnis.

Die Aussicht in die Kraterschüssel (400 m tief, 3 km Durchmesser) ist überwältigend. Der Boden mit Sümpfen und Bächen ist ein Park im Park. Da die Wasserversorgung das ganze Jahr über gesichert ist, fühlen sich viele größere Säugetiere, allen voran **Büffel**, ausgesprochen wohl hier. Ein Abstieg in den Krater ist deswegen nicht gestattet.

In dieser Abgeschiedenheit kann man stundenlang den Wanderungen der Büffel und dem Kreisen der **Kaffernadler** (*Verreaux eagle*) zuschauen, ohne dass Langeweile aufkommt. Die steilen Wände der Kaldera sind mit dichtem Wald bewachsen, der jedes Geräusch schluckt. Der Mikindu Point ist nach den dort wild wachsenden eleganten Dattelpalmen benannt.

Um zu den Momela-Seen bzw. zum Mt. Meru zu gelangen, müssen Sie zum Ngurdoto Gate zurück und dort bei der Kreuzung die rechte Straße nehmen.

Zu den Momela-Seen

Die Straße führt anfangs noch durch Grasland, steigt bald an und erreicht die **Senato Pools**, den **Jembamba- und Longil-See**. An jedem See ist ein begehbarer Aussichts-/Picknickplatz eingerichtet. Mit etwas Glück sieht man hier eine Gruppe **Isabella-Antilopen** (Riedbock, *bohor reedbock*) oder **Wasserböcke**. Beide Arten sind stark an das Vorhandensein von größeren Wassermengen gebunden. Ist der See ausgetrocknet, kann man getrost weiterfahren. Auch die sonst zahlreich anzutreffenden Wasservögel sind weitergezogen. Der Longil-See trocknet als einziger der drei genannten Seen nur in extrem heißen und regenlosen Zeiten aus. Seine Ufer sind mit Papyrus und Schilf gesäumt, das Gewässer ist gefüllt mit Tilapia (eine Barschart), die die Nahrungsgrundlage für viele Fischadler darstellt. Der Picknickplatz ist nicht nur bei Menschen sehr beliebt, sondern auch bei Büffeln. Eine Annäherung sollte also vorsichtig erfolgen.

Die nächste beschilderte Ausfahrt ist **Kampi Ya Fisi** (Hyänencamp). Ich habe noch niemand getroffen, der dort Hyänen gesehen hätte. Der Name kommt von einem verlassenen, jetzt ziemlich erodierten Hyänenbau nahe der Hauptstraße.

Äußerst empfehlenswert hingegen ist der ca. 3 km von der Hauptstraße entfernte Aussichtspunkt **Boma la Megi**. Dichtes, mannshohes Buschland dominiert, Bäume werden seltener. Hier ist das Reich der (Massai-)**Giraffe** (Seite 428). Sie existieren zu Hunderten, und die lang gestreckten Hälse, die aus dem dichten Buschwerk in die Höhe schießen, sind sozusagen ein Markenzeichen dieser Gegend.

Boma la Megi bietet einen grandiosen Blick über die fünf eigentlichen Momela-Seen. Das Wasser jedes Sees ist gesättigt mit verschiedenen Mineralien, die wiederum Lebensgrundlage für verschiedene Algen darstellen. Das Ergebnis: Jeder See prunkt in einer anderen Farbe, die Schattierungen laufen von hellem Türkis bis dunklem Moosgrün, allerdings nur bei genügend starker Beleuchtung durch die Sonne. An wolkenverhangenen Tagen ist davon nichts zu merken, alle Seen präsentieren sich dann in einheitlichem Grau. Trotzdem ist dieser erste Blick auf die Seen und die dahinterliegenden Berge ein Erlebnis. An klaren Tagen sind auch der Kilimanjaro und der Mt. Meru zu sehen.

Das letzte Viertel der Piste zum Boma la Megi ist sehr steil und holprig und auch in der Trockenzeit nur mit allradbetriebenen Fahrzeugen zu bewältigen.

Zurück auf der Hauptstraße führt der Weg nun geradeaus, teilweise durch Wald, teilweise durch Gras- und Buschland, ca. 8 km bergab, am **El-Kekhotoito- und Kusare-See** vorbei zu den **Momela-Seen**.

Wasserbüffel und Zebras in der "Little Serengeti" (gh)

Alle Seen werden unterirdisch gespeist, sind flach und stark salzig (Baden verboten). Der Bestand an Fischen ist auch gering, die Menge an Mikroorganismen jedoch außergewöhnlich hoch.

Im gesamten Parkareal leben mehr als **400 Vogelarten**, der größte Teil davon, vor allem Wasservögel (Storch, Flamingo, Fischadler, Reiher, Ente, Gans, Eisvogel, Kronenkranich (📷 Seite 231), Pelikan, Falke, Hornschnabel), im Gebiet um die Momela-Seen. Am größten ist die Vogelkonzentration in der Zeit von Oktober bis April.

✋ Eine gut ausgebaute, aber sehr schmale Einbahnstraße bietet einen Rundkurs um die Seen. Die Fahrtrichtung verläuft gegen den Uhrzeigersinn!

Außer Vögel besuchen Elefanten, Giraffen und Wasserböcke die Region rund um die Seen.

Seit 2005 darf einer der Seen (Small Momella Lake) mit Kanus befahren werden. Aktuell bietet nur ein tour operator dieses Erlebnis an: Greenfootprints Adv. Ltd., (☞ Arusha/Tour Operator).

Büffelherde am Großen Momela See (rd)

Mt. Meru

Um zum Mt. Meru zu gelangen, fährt man die Hauptstraße zurück bis zum Kusare-See und biegt hier rechts ab. Nach ca. 5 km gelangt man zum Momela Gate, hier befindet sich das Parkheadquarter. Es bieten sich zwei Möglichkeiten:

Eine unbefestigte Erdstraße führt bis zu einer Höhe von 2.439 m. Sie ist bereits in der Trockenzeit nur mit allradbetriebenen Fahrzeugen zu befahren und zur Regenzeit unpassierbar. Man sollte diese Straße nur befahren, wenn man Erfahrung im Umgang mit allradbetriebenen Fahrzeugen hat. Um von hier aus zum höchsten Punkt des Kraterrandes (4.566 m), des Mt. Meru vorzudringen, benötigt man ca. acht bis zehn Stunden. Zwei Selbstversorgercamps (Miriakamba auf ca. 2.600 m und Saddle Camp auf ca. 3.650 m) sind vorhanden.

Die zweite, üblichere Möglichkeit ist der sofortige Beginn der Fußwanderung beim Momela Gate. Für die Wegstrecke bis zum Ende der Straße muss man ca. drei bis vier Stunden einkalkulieren. Das bedeutet im Endeffekt eine mindestens dreitägige, aber überaus schöne Wanderung:

1. Tag: Momela Gate bis Miriakamba Hut, am 2. Tag von hier bis Saddle Hut (evtl. Besteigung des Little Meru, 3.850 m), am 3. Tag: Gipfelsturm und zurück zum Momela Gate.

Meine Empfehlung: Teilen Sie den Abstieg auf zwei Tage auf, Übernachtung in der Miriakamba Hut, die Gegend ist zu schön, um sie in nur einem Tag zu durchrasen.

Man darf diese Wandertour nur in Begleitung eines bewaffneten Rangers/Führers unternehmen.

Alle tour operator, die eine Kilimanjaro-Tour anbieten, führen auch eine Besteigung des Mt. Meru im Programm - Tageskosten ca. $ 130. Im Gegensatz zum Kilimanjaro kann sie aber auch individuell organisiert werden. Am besten, Sie fahren zum Momela Gate (Taxi oder Dalladalla) und überlassen den Rangern die Organisation. Lebensmittel und Ausrüstung sollten Sie mitbringen, vor Ort gibt es so gut wie nichts. Da dieses Unterfangen doch einige Stunden in Anspruch nimmt, sollten Sie dieses am Tag vor dem geplanten Start durchführen. Es ist allerdings anzunehmen, dass in naher Zukunft auch die Besteigung des Mt. Meru nur durch tour operator organisiert gestattet wird.

Der Weg führt anfänglich entlang der Abhänge des **Tululusia Hill** mit sumpfigem Gelände, hin und wieder Akazien und Fieberrindenbäumen. **Warzenschweine** und **Büffel** sind die hauptsächlichsten Vertreter der Tierwelt in dieser Region. Bald beginnt die Straße steil zu steigen, und man befährt/begeht die Region des Bergwaldes. Es ist eine ziemlich klare Grenzlinie auf einer Seehöhe von 2.300 m zwischen niederem und höherem Bergwald erkennbar. Der niedere Bergwald ist wesentlich lichter, von Wiesenmatten und Blumenfeldern durchbrochen, niederes Buschwerk verstellt selten die Sicht. In den höheren Regionen erreichen die Bäume größere Höhen, weniger Sonnenlicht fällt auf den Boden. Moose verdrängen das Gras, Orchideen, Farne und Epiphyten prägen das Bild. In beiden Regionen wandern **Büffel**, **Buschböcke** und (selten) **Elefanten**. Der Vogelreichtum nimmt mit zunehmender Höhe rasch ab.

Der letzte Teil des Weges führt über die Hochebene von Kitoto zu Füßen des **Kitoto Hill**. Niederes Strauchwerk und Erika (viel größer als in Europa) herrschen hier vor. Die Aussicht auf den südlichen Parkteil ist grandios und endlos.

Am Straßenkopf zweigt links ein Pfad zum Aussichtspunkt **Njeku** ab. Man überblickt hier einen großartigen Wasserfall des Ngare-Flusses. Rechts zweigt der Weg zum Miriakamba Camp ab (ca. eine Stunde).

Nach kräftigendem Frühstück geht es weiter durch dichten, tiefen Regenwald; bemooste Bäume, Bartflechten, Dunkelheit. Mit etwas Phantasie kann man einen der sieben Zwerge beim Erfahrungsaustausch (Thema: sachgemäßer Umgang mit Touristen) mit Waldgnomen beobachten.

Kurz vor dem Saddle Camp geht der Märchenwald in eine lichtere Heidelandschaft über. Der Weg zwischen den beiden Camps ist relativ kurz aber hin und wieder sehr beschwerlich. Falls Sie am Nachmittag noch Lust, Laune und Kraft haben, ist die Besteigung des Little Meru angesagt - ca. 200 m höher als das Camp gelegen.

Am nächsten Tag sollte das Frühstück üppiger ausfallen, denn der Anstieg zum Gipfel entlang des Kraterrandes erfordert viel Kraft und Ausdauer; abgesehen davon kann es auf Grund brausender Winde sehr kalt werden. Es gibt hier fast keine Vegetation mehr, die Aussicht in die Ebenen des Südens und die östlich gelegene NP-Region hingegen ist grandios; der Kilimanjaro ist auch an nicht klaren Tagen erkennbar, im Westen leuchtet der **Ol Doinyo Lengai**.

Bedenken Sie die große Höhe von über 4.000 m und wandern Sie langsam (☞ Reise-Infos von A bis Z, Gesundheit, Höhenkrankheit).

Die Wände der Kaldera fallen bis zu 1.500 m tief ab. Sie zählen zu den größten Kalderawänden der Welt. Sie können Adler, Krähen und von Stein zu Stein springende ziegengroße Klippspringer sehen.

Tierwelt

Im Arusha NP sind zehn Arten Fledermäuse, Meerkatzen, Paviane, schwarzweiße Colobus-Affen, Schakale, Zibet-Ginsterkatzen, Mungos, Hyänen, Leoparden, Ameisenbären, Elefanten (selten), Zebras, Wildschweine, Warzenschweine, Massai-Giraffen, Ducker, Dik-Diks, Wasserböcke, Büffel und Stachelschweine vorhanden. Löwen fehlen gänzlich.

Beste Besuchszeit

Der Ngurdotokrater und die Momela-Seen können auf Grund des Wasserreichtums das ganze Jahr über besucht werden. In der Regenzeit sind jedoch beide Straßen dorthin verschlammt. Ein Besuch des Mt. Meru empfiehlt sich in der Trockenzeit (Juni bis Oktober). Während der Regenzeit sind die Wege sumpfig.

Anreise

Von Arusha-Stadt ist der Parkeingang (Ngurdoto Gate) 37 km (45 Min.) auf asphaltierter Straße in nordöstlicher Richtung entfernt. Von Moshi ist das Ngurdoto Gate 57 km entfernt (Asphaltstraße). In beiden Fällen müssen Sie in der Ortschaft Usa-River abzweigen, von hier noch ca. 1 km Asphalt, dann 6 km Piste (soll aber asphaltiert werden).

Die Straßen in der Region Ngurdotokrater und Momela-Seen sind mit wenigen Ausnahmen während der Trockenzeit mit normalem Pkw befahrbar. Die Straße zum Mt. Meru ist, wie bereits gesagt, nur mit allradbetriebenen Fahrzeugen befahrbar.

Um zum Momela Gate zu gelangen, müssen Sie vorerst nach Ngare Nanyuki fahren - entweder von Usa-River via Ngurdoto Gate (und Parkdurchquerung) oder über Oldonyo Samba (an der Asphaltstraße Richtung Namanga), hier rechts nach Ngare Nanyuki. Bus-/Dalladallaverbindungen existieren zwischen Arusha und Ngare Nanyuki bzw. Usa-River und Ngare Nanyuki.

Unterkünfte

- **Momella Wildlife Lodge,** PO Box 999, Arusha, ☏ 027/2506423, FAX 2508264, ✉ info@lions-safari-intl.com, 💻 www.lions-safari-intl.com, die Lodge ist in Bungalowbauweise angelegt und von einem wunderbaren Garten umgeben. Beim Momela Gate Richtung Norden, nach ca. 2 km rechts abzweigen (gut ausgeschildert).
- **Hatari Lodge**, am Nordrand des Parks gelegen, ☏ 027/2553456, 💻 www.hatarilodge.com, ✉ marlies@theafricanembassy.com. Eine Lodge mit Geschichte: ursprünglich von der Fam. Trappe als Ngongongare-Farm gegründet, nach dem Ersten Weltkrieg von den Briten beschlagnahmt, dann Drehort des Kino-Klassikers "Hatari" mit John Wayne, E. Martinelli und Hardy Krüger, 1960 erwirbt Hardy Krüger das Anwesen und betätigt

sich ebenfalls als Farmer, Verkauf nach 17 Jahren. Danach Umwandlung in die Ol Donyo Orok Lodge, Einstellung des Betriebes 2002. Seit kurzem wieder Lodge-Betrieb unter deutscher Leitung.

⛺ Drei ordinary/public und drei special campsites stehen für Selbstversorger zur Verfügung.

♦ **Außerhalb der Parkgrenzen: Ngurdoto Mountain Lodge**, P O Box 7302, Arusha, ☏ 027/2555217/26, FAX 2555227. Schönes in einer großen Kaffeeplantage gelegenes großes Bungalowdorf mit allen Annehmlichkeiten, 5 km vor dem Eingang an der Zubringerstraße von Usa-River gelegen. 💻 www.thengurdotomountainlodge.com,

♦ Weitere Unterkünfte außerhalb der Parkgrenzen ☞ Arusha/Hotels in Usa-River

Gombe Stream NP

Der 1967 gegründete Nationalpark ist mit nur 52 km² der kleinste Tansanias. Seine weltweite Bedeutung erlangte er dadurch, dass am östlichen Ufer des Tanganyika-Sees, die längste Feldstudie an einer frei lebenden Tiergruppe unternommen wurde.

1961 begann Jane Goodall mit der **Erforschung der** hier lebenden **Schimpansenbevölkerung**. Auf ihr Betreiben wurde der Nationalpark gegründet. Die Forschungen dauern noch immer an. Diese Studie gibt einen umfassenden, aber noch lange nicht abgeschlossenen Aufschluss über das Leben der Schimpansen und ihre Nähe zum Menschen: Werkzeuggebrauch, lernen und lehren, Verwendung von Heilkräutern, Sozialgefüge, handwerkliches Geschick. Es kristallisiert sich langsam heraus - die Schimpansen sind uns näher, als viele wahrhaben wollen.

♦ National Geographic Die letzten wilden Schimpansen mit Jane Goodall, DVD € 15,99

Der Park erstreckt sich von 773 bis auf knapp 1.400 m Höhe. Malerisch am Tanganyika-See gelegen, zieht sich das teilweise sehr dicht bewaldete Gebiet des Nationalparks 16 km an einer Bergflanke entlang. Es herrscht kein Wassermangel, viele Bäche und kleinere Flüsse plätschern diese Flanke herab.

Nur auf den Kämmen der Berge gedeiht eine spärliche Grasnarbe. Man kann diesen Park nur zu Fuß durchstreifen. Straßen oder Pisten sind nicht vorhanden.

Ca. 10 Minuten vom Parkheadquarter (bergaufwärts) ist eine **Forschungsstation** eingerichtet, die man in Begleitung eines Rangers besuchen kann. Hier ist auf alle Fälle mit dem Anblick von Schimpansen zu rechnen. Sie werden mit Obst und sonstigen Leckereien angelockt. Der Platz ist zwar nicht gerade romantisch, aber der Anblick der ersten Schimpansen lässt die Umgebung bald vergessen. Es ist nicht genau herauszufinden, wer wen genauer studiert: die in der Runde sitzenden Verhaltensforscher (Ethologen) die Affen oder die Affen die Forscher oder die Touristen die Forscher und Schimpansen - eine aufregende Sache. Sie sind ziemlich alleine hier - 2004 besuchten im Schnitt 1,3 Personen den Park am Tag.

Nehmen Sie unbedingt einen lichtempfindlichen Film mit. Der Wald ist dunkel, und die Schimpansen sind nicht allzu nahe.

Der Weg führt weiter bergauf zu den **Kakombe-Wasserfällen**. In dichtestem Wald fällt das Wasser über einen Überhang und spritzt in einen ca. 30 m tiefer gelegenen kleinen Pool. Zu Füßen der Wasserfälle ist vor langer Zeit eine Bank errichtet worden, die zum Verweilen in dieser märchenhaften Gegend einlädt. Beachten Sie die Baumkronen genau, **Colobus-Affen** und die dunklen **Diadem-Meerkatzen** treiben dort ihr Unwesen.

Meist meinen die Führer, mit einem Stop bei der Forschungsstation auf dem Rückweg vom Wasserfall sei die Sache abgetan. Aber, es gibt noch einige andere Wege. Jeder von ihnen ist es wert, auf ihm zu wandern.

Sollte die Lust auf weitere Wanderungen nicht vorhanden sein oder gar Müdigkeit den Körper überfallen haben, dann nichts wie ins Wasser. Der **Tanganyika-See** ist glasklar, neben den Affen, die zweitgrößte Attraktion des Parks. An seinem mit Kieselsteinen übersäten Ufer fühlt man sich wie am Meer, scheinbar endlos erstreckt sich der See in drei Himmelsrichtungen. Viele kleine bis mittelgroße Buntbarsche flitzen im glasklaren Wasser (Sichtweite bis zu 22 m) umher und knabbern an den Zehen (absolut ungefährlich).

Falls Sie schon einmal in einer Tierhandlung die Aquarien genauer studiert haben, werden Sie hier viele Bekannte finden - vor allem Vertreter der Gattungen *Lamprologus* und *Julidochromis*.

Nehmen Sie eine **Taucherbrille** mit, sie ist vor Ort nicht erhältlich!

Trotz der Oberflächentemperatur um 25°C ist ein Bad im See erfrischend und die Ranger versichern, dass das Gewässer frei von Bilharzioseüberträgern sei.

Lassen Sie bei dieser Gelegenheit Ihre Habseligkeiten (abgelegte Kleidung, Handtuch, Sonnenschutz) nie unbeaufsichtigt liegen - die Paviane klauen alles.

Tierwelt

Neben den Schimpansen leben noch Weiße und Rote Colobus-Affen (die gerne von den Schimpansen gejagt werden), Diadem-Meerkatzen, Defassa-Wasserböcke (unterscheiden sich vom Gemeinen Wasserbock durch ein durchgehend weißes Hinterteil), Anubis-Paviane, Otter, Buschböcke, Büffel, die seltenen Waldschweine und, genau so selten, Leoparden im Park.

Die Tiere sind im dichten Wald nur sehr schwer zu finden. In erster Linie kommen einem Schimpansen, Paviane, Vögel und Schmetterlinge zu Gesicht. Das Vogelvorkommen ist nicht so großartig wie z.B. im Arusha NP, doch ausreichend (über 200 Arten), um immer von Zwitschern und Gesang umgeben zu sein. Bei den mehr eher zahm durch das HQ schreitenden Vögeln handelt es sich um den Roten Tropfenastrild (Fam. Prachtfinken).

Von der ursprünglich von J. Goodall erforschten Schimpansengruppe lebt nur noch Fifi, man sieht ihn regelmäßig.

Beste Besuchszeit

Der Park kann ohne Probleme das ganze Jahr über besucht werden.

Anreise

Die Anreise kann nur mit dem Boot von Kigoma aus erfolgen, ☞ "Kigoma" (Erkundigungen am Hafen einholen). Schon die dreistündige Bootsfahrt (ca. 16 km) ist ein Erlebnis. Von Fischerdorf zu Fischerdorf fährt das überfüllte Boot 100 m vom Ufer entfernt langsam dahin. Die Szenerie wechselt von bewaldeten Hügeln über schroffe, kahle Zacken zu flachen Buchten. Immer wieder begegnet man kleinen Fischerbooten, die vom nächtlichen Fischfang nach Hause fahren.

♦ Sunset Tours/Alpha Lodge und Chimpanzee Safaris/Hilltop Hotel (beide Kigoma) organisieren Touren, ebenso einige tour operator in Dar es Salaam

Unterkünfte

Frühstück im Käfig - Serengeti NP (eb)

Beim Parkheadquarter (Kasekela, dort legt auch das Schiff an) stehen ein Hostel der Parkverwaltung sowie ein Resthouse ($ 30/Pers.) für Selbstversorger zur Verfügung. Küche, Wasser und Feuerholz sind vorhanden. Hin und wieder verkaufen die Bediensteten Soft Drinks und Bier. Ein Moskitonetz sollte unbedingt mitgenommen werden. Zum Schutz vor den Pavianen ist die Terrasse vergittert. Falls die Tür offen stehen bleibt - die Paviane stehlen alles!

Special campsite: Einige Plätze am Ufer des Sees, in Parkheadquarter-Nähe, stehen für Selbstversorger zur Verfügung. Die Ranger zeigen Ihnen die Plätze. Die Einrichtungen des Hostels können benutzt werden.

Lassen Sie keine Lebensmittel im Zelt - Paviane demontieren auch Zelte. Der tour operator Chimpanzee-Safaris in Kgoma betreibt ein Luxury Tented Camp inkl. Restaurant am Strand (siehe unter Kigoma/Hilltop Hotel).

Katavi Plains NP

Diesem ursprünglich 2.200 km², heute 4.470 km² großen Gebiet (drittgrößter NP Tansanias) im Südwesten Tansanias (Mpanda District in Rukwa Region) wurde auf Betreiben der ansässigen Bevölkerung 1974 der Status eines

Nationalparks verliehen. Man wollte den Nachkommen diese wunderbare Natur erhalten. Wahrlich ein Akt der Weitsicht.

Allerdings hat sich die Lage mittlerweile etwas geändert. Das Bevölkerungswachstum des Distriktes beträgt knapp 5 % und durch die Schaffung weiterer Schutzzonen (so wurde z.B. 1997 das anschließende Rukwa WR (4.100 km^2) gegründet) stehen derzeit ca. 60 % des Distriktes unter Schutz. Abgesehen davon, dass der weiter wachsenden Bevölkerung der Boden für die Landwirtschaft knapp werden könnte, sind auch Probleme mit der steigenden Zahl von Wildtieren im Distrikt fast schon an der Tagesordnung. Zum einen sind Ernteschäden zu beklagen, zum anderen auch die Furcht vor der direkten Konfrontation mit den Tieren.

Die TANAPA will in Zusammenarbeit mit der Wildlife Division (und der GTZ als Berater) diese Probleme im Rahmen der "Community Based Conservation" (CBC) durch eine größere Einbindung der Bevölkerung in das Management sowie bessere bzw. zusätzliche Verdienstmöglichkeiten durch das Schutzprojekt lösen. Details ☞ "Selous WR".

Eine weitere Gefahr für die Farmer (und das Schutzgebiet) stellen aus den Regionen Tabora und Shinyanga eindringende Hirten mit ihren Herden dar.

Der Park liegt zwischen dem sechsten und siebten südlichen Breitengrad auf einer Höhe von durchschnittlich 900 m. Weite Gebiete des größtenteils flachen Parks sind mit lockerem, sommertrockenem Miombo-Wald (vor allem Akazien) bestanden. Zwischendurch finden sich immer wieder offene Kurzgrasflächen.

Sehenswert ist der im Norden gelegene, vom **Katuma-Fluss** gespeiste **Katavi-See**. See ist ein etwas irreführender Ausdruck, es handelt sich mehr um einen großen Sumpf/Morast mit feuchteren und trockeneren Abschnitten. Irgendwo in dieser **Sumpflandschaft** befindet sich der See. Am Höhepunkt der Trockenzeit ist er samt Sumpf meist ausgetrocknet. Es ist schwer, im Dickicht des sich mit unnachahmlicher Grandezza im Wind wiegenden Papyrus Tiere auszumachen. Beim ersten Geräusch eines sich nähernden Autos sind sie im schützenden Dickicht verschwunden. Geduld hilft hier weiter, denn Tiere gibt es genug. Die Tiere sind hier nicht an Autos gewöhnt, und das bedeutet Scheu, Angst, Vorsicht und sofortiges Verstecken.

Das östliche von der Schulter des Rift-Valley begrenzte Drittel des Parks bietet ebenfalls schwarzerdigen, fruchtbaren Sumpf. Nicht verzagen, üben

Sie sich in Geduld und verhalten Sie sich ganz ruhig. Es taucht immer ein Wildtier auf. Der stark mit Palmen bestandene Sumpf **"Lake Chada"** ist ebenfalls saisonal.

Am westlichen Rand dieses großflächigen Sumpfes führt eine vom Parkheadquarter ausgehende Piste vorbei. Befahrbar ist sie nur in der Trockenzeit. Ungeduldige Besucher sollten sich an die in der Mitte des Parks gelegenen, sandgründigen Ebenen halten. Der Blick schweift weiter, man sieht die Tiere eher.

Tierwelt

Die Tierwelt gleicht der der Serengeti. Erwähnenswert sind häufige Sichtungen von Elen-, Rappen- und Pferdeantilopen. Die Wasserbockpopulation wird durch die Unterart des Defassa-Wasserbocks (unterscheidet sich vom Gemeinen Wasserbock durch ein gänzlich weißes Hinterteil) ergänzt. Außerdem sind viele Wasservögel zu sehen, insgesamt beherbergt der Park über 400 Vogelarten.

Erwähnenswert ist darüber hinaus, dass hier die größte Flusspferd- und Krokodilkonzentration Tansanias anzutreffen ist. Auch die Büffelpopulation ist enorm, Herden mit bis zu 1.500 Stück sind keine Seltenheit.

Beste Besuchszeit

Beste Besuchszeit ist von Ende Juni bis Anfang Oktober. Während der Regenzeit ist die Straße entlang des östlich gelegenen Sumpfgebietes unpassierbar. Die durchziehende Straße, die Kigoma mit Sumbawanga verbindet, ist das ganze Jahr über befahrbar, zur Regenzeit allerdings sehr schlammig. Egal wann Sie hierher kommen: ein allradbetriebenes Fahrzeug ist Grundvoraussetzung. Denken Sie nicht, dass Sie hier jemand treffen werden. In dieser Wildnis sind Sie immer allein.

Anreise

Zambia Highway bis Mbeya (ca. 900 km Asphaltstraße), von hier über Sumbawanga Richtung Mpanda (bzw. weiter nach Kigoma). Das HQ befindet sich am nördlichen Ende des Parks in der Ortschaft Sitalike, ab Mbeya ca. 550 km auf immer schlechter werdender Straße/Piste, unbedingt allradbetriebenes Fahrzeug. Die Tankstellendichte zwischen Mbeya und Mpanda ist sehr dünn, nehmen Sie in jedem Fall Reservekanister mit. Von Kigoma ist Sitalike ca. 390 km entfernt, die Straße ist noch schlechter als die von Mbeya.

Öffentliche Verkehrsmittel: Mit der Bahn bis Tabora, dann ebenfalls mit Bahn weiter bis Mpanda. Von Mpanda Bus oder Dalladalla Richtung Sumbawanga nehmen, der Fahrer lässt Sie beim HQ aussteigen.

Oder: ab Mbeya mit Bus/Dalladalla bis Sumbawanga (mehrere Hotels der Kat. D/C vorhanden). Dann weiter mit Bus nach Mpanda (sagen Sie dem Chauffeur, dass Sie beim HQ aussteigen möchten). Eine Übernachtung in Sumbawanga müssen Sie in jedem Fall einkalkulieren. Beim HQ können Fahrzeuge gemietet werden (ich würde mich aber nicht 100%-ig darauf verlassen), Wanderungen in Begleitung eines bewaffneten Rangers sind gestattet und immer möglich.

Unterkünfte

- Die tour operator Chimpanzee Safaris (☞ "Kigoma"), Nomad Tanzania und Flycatcher (beide ☞ Arusha/Tour Operator) und Foxes Safari Camps (☞ Ruaha NP/Unterkünfte) betreiben zumindest während der Trockenzeit Luxury Tented Camps.
- In der Nähe des HQs in Sitalike befindet sich ein von der Parkverwaltung betriebenes Resthouse.
- Es steht lediglich ein ordinery campsite für Selbstversorger zur Verfügung.
- **Außerhalb der NP-Grenze: Hotels** der Kategorie C/D in Mpanda, ca. 40 km vom nördlichen Ende des NPs entfernt sowie in Sitalike (nur D).

Kilimanjaro NP

- The Chief Park Warden, PO Box 96, MARANGU, kinapa@habari.co.tz

Der direkt auf der Grenzlinie zu Kenia liegende **Kilimanjaro** ist nicht nur der höchste Berg Afrikas, sondern auch einer der höchsten frei stehenden Berge der Welt, an Masse ist es der größte. Seine in Nordwest-Südost-Richtung verlaufende Längsachse ist 60 km lang, seine größte Breite beträgt

40 km. Dieser riesige Block besteht aus drei miteinander "verwachsenen", erloschenen Vulkanen, Kibo (5.895 m, neuesten Messungen zufolge "nur" 5.893 m), Mawenzi (5.149 m) und Shira (3.962 m). Bereits 1921 wurden die Hänge des Berges zum Forest- und Game Reserve erklärt.

1993 wurde die NP-Grenze von der 1973 festgelegten 2.700-m-Linie, auf die 1.820-m-Höhenlinie nach unten verschoben. Der Nationalpark umfasst heute 1.682 km². 1989 wurde er zum "World Heritage Site" (Welt-Naturerbe) erklärt.

Geologie

Vor ca. einer Million Jahren kam es im Zuge der Entstehung des Rift Valleys in dieser ehemals flachen Gegend zu heftigen Eruptionen und Verformungen. Als Ergebnis entstand u.a. die heute als Kilimanjaro bezeichnete Erhebung.

Vor ca. 750.000 Jahren bildeten sich drei "Kanäle" zum Erdinnern: Kibo, Mawenzi und Shira. Lava strömte an die Erdoberfläche, Kegel begannen sich zu formen und wuchsen jahrtausendelang in die Höhe.

Vor 500.000 Jahren kollabierte der **Shira**, brach in sich zusammen, bildete eine riesige Kaldera und erlosch. Der **Mawenzi** erlosch auch bald, bildete keine Kaldera und erodierte ziemlich rasch.

Mawenzi von Kibo Hut (rd)

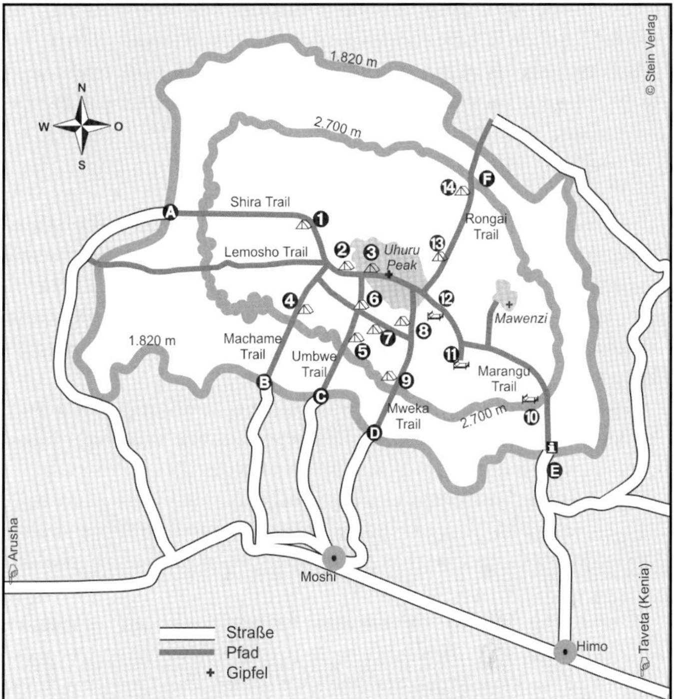

Kilimanjaro NP

- nicht maßstabsgerecht -

1 Shira Camp
2 Lava Tower Camp
3 Arrow Glacier Camp
4 Machame Camp
5 Umbwe Camp
6 Barranco Camp
7 Karanga Camp
8 Barafu Camp
9 Mweka Camp
10 Mandara Hut
11 Horombo Hut
12 Kibo Hut
13 Rongai II Camp
14 Rongai I Camp

A Londorossi Gate
B Machame Gate
C Umbwe Gate
D Mweka Gate
E Marangu Gate & NP-Hauptquartier
F Rongai Gate

Vor ca. 450.000 Jahren stellte auch der **Kibo** sein Wachstum ein - bei mehr als 6.000 m Höhe. Seitdem wird er durch Erosion immer kleiner.

Bei dem wahrscheinlich größten Ausbruch vor ca. 360.000 Jahren überzog er den zerfallenen Krater des Shira mit Lava und breitete sich bis zum Mawenzi aus.

Geschichte

Einige Fundstücke (roh bearbeitete Schüsseln aus Lava) lassen auf eine Besiedelung bereits vor ca. 2.000 Jahren schließen. Fundstücke jüngeren Datums, wie Obsidianspitzen, Werkzeuge, Steinäxte und Topfscherben, sind leider zu wenig analysiert, um ein exaktes Alter anzugeben. Die ersten Siedler am Kilimanjaro dürften aber, lange bevor die Chagga vor ca. 250 Jahren eingewandert sind, den Berg wieder verlassen haben.

Die **Chagga** waren und sind Bauern, die den permanenten Wasserreichtum des Berges nutzen. Sie errichteten Dämme und Kanäle und drückten dem Berg die ersten unübersehbaren Stempel menschlichen Pioniergeistes auf.

Der Rest der Welt erfuhr erst durch den alexandrinischen Astronomen und Geografen Ptolemäus ca. 100 bis 160 n.Chr. von der Existenz des Mt. Kilimanjaro. Er erwähnte in seiner "*Geographia*" einen großen schneebedeckten Berg im "Hinterland von Raphta".

Die Situation änderte sich dramatisch mit dem Erscheinen der Europäer in diesem Teil der Erde. Johann Rebmanns Bericht, 1849 publiziert, über den großen schneebedeckten Berg schenkte man zuerst keinen Glauben. Die Tatsachen setzten sich aber doch durch, und 1889 erklommen der österreichische Bergsteiger Ludwig Purtscheller und der deutsche Geograf und Verleger Hans Meyer als erste Europäer den Kibo-Gipfel, mit ihnen dabei der Führer Lauwo aus Marangu.

Über das Zustandekommen des Namens Kilimanjaro gibt es mehrere Versionen. Gesichert dürfte nur die Tatsache sein, dass die Chagga, die als erste in der neueren Zeit den Berg besiedelten, nur den beiden bestehenden Gipfel - Kipoo und Kimawenzi ihren Namen gegeben haben.

Die florale Zonierung

Der Kilimanjaro weist wie jeder Berg, abhängig von der Höhe verschiedene Vegetationstypen auf, sog. **Vegetationsgürtel**. Bis zu den NP-Eingängen (in

1.820 m) zieht sich heute **kultiviertes Land**. Der fruchtbare vulkanische Boden und eine gute Wasserversorgung ermöglichen sehr gute landwirtschaftliche Erträge.

Nach Überschreiten der NP-Grenze beginnt die Welt des geschützten, immergrünen, feuchten **Regenwaldes**. Fast alles Wasser, das vom Himmel strömt, fällt auf diese Region. Auf den südwestlichen und südöstlichen Hängen beträgt die durchschnittliche Jahresniederschlagsmenge ca. 2.000 mm, auf den nordwestlichen und -östlichen weniger als 1.000 mm.

Es ist die schönste und aufregendste Zone des Berges. Der **Artenreichtum** ist umwerfend - mehr als 1.800 Arten Bedecktsamer und 720 Arten Moose und Flechten, viele davon endemisch, gedeihen hier. Es ist ein düsterer Märchenwald, immer wieder unterbrochen von Lichtstrahlen, die vereinzelt und zufällig das dichte Blätterdach durchdringen. Von den riesigen bemoosten Bäumen hängen meterlange graugrüne Bartflechten herab, in ihren Astgabeln wachsen Farne. Bis zu sechs Meter hohe Baumfarne säumen die Ufer der vielen Bäche und kleinen Flüsse. Trotz des ununterbrochenen Gurgelns und Brausens des Wassers und des Zwitscherns der Vögel strahlt dieser Vegetationstyp große Ruhe und Gelassenheit aus - wie es für einen jahrtausendealten Greis schicklich ist.

Wegen der Dunkelheit kommen wenig Blumen vor. Einige Orchideen, Veilchen und Vertreter der Balsaminaceae (*Impatiens kilimanjari* kommt nur hier vor) formen ab und zu rosa, gelbe und scharlachrote Tupfer.

Die Waldzone des Kilimanjaro weist gegenüber allen anderen hohen afrikanischen Bergen allerdings ein Manko auf. Der typische **Bambuswald** fehlt völlig in größeren Höhen (2.500 bis 2.700 m). Warum das so ist, konnte bis jetzt noch nicht geklärt werden. Alle vorhandenen Bambusbestände gehen auf importierte Schösslinge zurück.

Knapp unter 3.000 m finden sich die ersten Senecien (Schopfbäume). Diese eiszeitlichen Riesen sind eng mit unserem kleinen Huflattich verwandt. Auch Lobelien kann man bereits vereinzelt erblicken.

In ca. 3.000 m Höhe sind die großen Bäume des Regenwaldes verschwunden, und wir sind in die großartige **Heide- und Moorzone** gelangt. Erikagewächse bestimmen die Vegetation der Heidelandschaft. Sie werden im Gegensatz zu den europäischen Arten mannshoch. Die Vielfalt an Blumen ist hier wesentlich größer als im Regenwald. Erspäht man die ersten größeren

Ansammlungen von **Senecien** und **Lobelien**, verlässt man die Heide und betritt das Reich der großen Moore. *Senecio kilimanjari*, mit einer Höhe bis zu fünf Metern, ist hier endemisch. Sie unterscheidet sich von der in höheren Lagen lebenden *Senecio cottonii* durch zitronengelbe Blüten. *Senecio cottonii* blüht senffarben bis braun.

An den Rändern der Moore und Sümpfe gedeihen prächtige Blumen in großer Anzahl. Gräser bilden kompakte **Rasen**, die sehr tragfähig erscheinen, es aber nicht immer sind. Man sollte also die Wege nie verlassen. Die Niederschlagsmengen werden in dieser Zone geringer. An der Grenze zum Regenwald fallen jährlich um die 1.000 mm, in den oberen Regionen nur noch weniger als 500 mm.

Ab ca. 4.000 Höhenmeter breitet sich die **Steinwüste des Hochlandes** aus. Hier ist jeden Tag Sommer (falls der Sturm nicht wütet) und jede Nacht Winter. Tagsüber kann das Thermometer bis auf 40°C klettern, nachts fällt es auf null bzw. darunter. Sonnenschutz für Kopf, Nase und Lippen (auch wenn Sturm wütet) sowie ein guter Schlafsack sind hier die wichtigsten Ausrüstungsgegenstände.

Über 4.000 m existieren lediglich 55 verschiedene Arten Pflanzen, in erster Linie **Flechten**, eine Symbiose aus Pilzen und Algen. Einige Moose und Gräser überleben auch hier noch, Blumen tun sich schon sehr schwer. Erwähnenswert ist das afrikanische Edelweiß (*Arabis alpina*), es ist dem europäischen sehr ähnlich. Erdreich ist in diesen Höhen fast nicht mehr vorhanden. Nur in winzigen Ritzen und Spalten sammeln sich einige Krümel. Die jährliche Niederschlagsmenge liegt unter 250 mm. Mit einem Wort - kein Pflanzenparadies.

Bei ca. 5.000 m beginnt die **Gipfelzone** mit ihren arktischen Bedingungen. Eiseskälte bestimmt den Alltag (bis zu minus 15°C, bei Wind/Sturm noch mehr), der Sauerstoffgehalt hat sich gegenüber dem Meeresniveau halbiert. Niederschläge fallen nur noch in Form von Schnee, weniger als 100 mm/Jahr.

Es ist das alleinige Reich der **Flechten**. Aber auch ihr Dasein ist hart - ihr Wachstum beträgt nicht mehr als 1 mm/Jahr. Heute ist nur noch die Nordseite des Gipfels mit bis zu 30 m dicken, terrassenförmigen Eisplatten überzogen, dem **Great Northern Glacier**. An der Ost- und Südseite, abseits der begehbaren Routen, liegen noch einige kleinere Eisfelder. Als Meyer und

Purtscheller 1889 den Berg erstiegen, stießen sie bereits bei ca. 5.000 m auf Eis, auch der Krater war mit Eis gefüllt. Zwischen 1962 und 2000 schmolzen ca. 50 % des Gletschers ab. Die Ursachen dafür ist nicht eindeutig geklärt, eine allgemeine Erderwärmung dürfte aber als alleinige Ursache ausscheiden.

Das Innere des 20 m hohen Kraters wird beherrscht von einem **Aschekegel**, in dessen Mitte sich eine 120 m tiefe Grube befindet. An einer Stelle ist der Kraterrand eingebrochen, die Stelle wird "The Terrace" genannt; hier brechen einige **Fumarolen**, heiße Quellen, aus dem Erdinnern. Ihre Temperatur liegt um den Siedepunkt, und durch eine kräftige Brise Schwefel stinkt es gewaltig. Das hindert jedoch nicht einige Bakterien daran, in ihnen zu leben.

Da es hier etwas wärmer ist als in der restlichen Gipfelzone, kann auch eine andere Pflanzengattung gedeihen, die kleine, unscheinbare, lederblättrige, weißblühende Strohblume (*Helichrysum newii*).

Tierwelt

In der **Zone der Landwirtschaft**, bis etwa 1.800 m, ist die Tierwelt auf Grund der extensiven Landwirtschaft sehr geschrumpft. Hin und wieder sieht man einige **Klippschliefer** in den Bäumen, **Chamäleons** und scheue **Ginsterkatzen**. Es gibt wenige **Vögel**, und es werden wesentlich mehr, je näher man der dichten Waldregion kommt. In der Nacht erhascht man hin und wieder den Schatten eines **Galagos** (Buschbaby, ein Halbaffe), der in den Baumkronen nach Futter sucht.

Der **Regenwald** birgt die größte Artenanzahl und Dichte von größeren Säugetieren und Vögeln. Leider sind sie alle sehr scheu und bewegen sich äußerst vorsichtig und still. Es erfordert schon einige Mühe und Geduld, einen schwarzweißen **Colobus-Affen** zu Gesicht zu bekommen. Einfacher ist es mit den **Meerkatzen** und **Grünen Babuinen**. **Leoparden** sind vorhanden, werden aber äußerst selten gesehen, da sie noch immer stark gewildert werden (2005 rissen drei Leoparden in den Dörfern um Moshi einige Ziegen und versetzten die Bevölkerung in Angst und Schrecken. Über die Ursachen dieses eher außergewöhnlichen Verhaltens liegen noch keine Berichte vor). **Löwen** dürften hin und wieder den Wald durchqueren, da man sie schon im Heideland gesichtet hat. Das **Waldschwein**, erkenntlich am weißen Fellstrich, der sich vom Kopf über den gesamten Rücken bis zur Schwanzquaste zieht, ist nachtaktiv und auch eher selten zu sehen. Der Regenwald beherbergt vier Arten **Antilopen**: **Ducker** (Abbott-, Harvey- und Kronenducker), den **Buschbock**, **Klippspringer** und das winzige, ca. 30 bis 35 cm hohe **Suniböckchen**. **Nagetiere** sind zahlreich (Ratten, Mäuse, Hörnchen).

In erster Linie bekommt man **Vögel** zu Gesicht - Nashornvögel und Turacos. Sehr zahlreich sind auch **Schmetterlinge**. Meist sind es mittelgroße Vertreter der Gattung *Papilio* (Schwalbenschwänze).

Amphibien wie Kröten, Frösche, Salamander leben hier auch, aber sehr versteckt. Weniger aufregende, dafür umso unangenehmere Zeitgenossen sind **Treiberameisen**. Falls Ihnen ein Zug Ameisen begegnet, springen Sie darüber hinweg und stören Sie sie auf keinen Fall - ihre Bisse sind sehr schmerzhaft.

Auf den trockeneren nördlichen und östlichen Hängen leben vereinzelt **Giraffen**, **Elefanten**, **Büffel** und **Elenantilopen**. Im **Heide- und Moorland** leben nicht mehr viele große Säuger. Manchmal sieht man eine **Elenantilope**, einen Elefanten oder Büffel. Sie befinden sich aber nur auf der Durchreise. **Kronenducker** sind ebenfalls hin und wieder zu beobachten, ebenso Löwen und Klippspringer.

Häufiger, aber auch schwer zu sehen, sind **Mäuse** und **Ratten**, die Beutetiere von Zibetkatzen und Servalen. Auch die Zahl der Vögel nimmt rapide ab, und selten sind Raben, Adler, Geier (mit viel Glück ein Lämmergeier) oder Bussarde zu beobachten. Häufig zu sehen sind nur Krähen.

Das **wüstenartige Hochland** (Steinwüste) ist lediglich von einer Spinnen- und einer Eidechsenart bewohnt. Es wird nach wie vor gerätselt, wovon sie sich wohl ernähren mögen. Bis jetzt hat sich die Wissenschaft von Tier und Pflanze nur zu einer Hypothese durchringen können: wahrscheinlich werden von unteren Lagen doch sehr viele Insekten mit Luftströmungen in Gipfelnähe "geblasen", die als Futter dienen.

An Säugetieren findet sich hier nichts mehr. Aber hin und wieder verirren sich Durchreisende bis in diese Region.

Die dünne Luft und die reißenden Stürme vergällen sogar Vögeln das Leben. Der Gipfel präsentiert sich bar jeden Tieres. Doch auch hier gab (gibt?) es Besucher. 1926 fand Reusch (nach ihm ist der Krater benannt) einen erfrorenen Leoparden. Ein Büffelskelett wurde am Osthang des Mawenzi entdeckt.

Beste Besuchszeit

Eine Besteigung des Kilimanjaro ist grundsätzlich das ganze Jahr über möglich. Die besten Bedingungen herrschen im Januar und Februar, die Luft ist trocken und warm, klare Sicht, 30 bis 40 mm Regenfall, maximal fünf Regentage/Monat.

Die Monate März bis Juni (**lange Regenzeit**) glänzen durch Niederschlagsmengen bis zu 600 mm/Monat und 18 Regentagen/Monat. Während dieser Zeit ist der Gipfel meist in Wolken gehüllt, und Schneefall behindert die Wanderer in den höheren Regionen. Es ist ist aber wärmer als in der Trockenzeit.

Während der **Trockenzeit** (Juli bis September) ist die Temperatur etwas niedriger. Die Nächte können sehr kalt werden.

Im Juli lassen sich fast nie Wolken blicken, der steinerne Gigant beherrscht mit seinem weißen Haupt die gesamte Region. Der Ausblick vom Kibo-Gipfel ist faszinierend. Im August und September ist der Berg oberhalb des dichten Regenwaldes (ca. 3.000 m) von dichten, kleinen Wolken umgürtet. Der Kibo-Gipfel ist meistens frei.

Die geringe Niederschlagsmenge von maximal 50 mm im August (60 mm im September und 80 mm im Juli), maximal fünf Regentage/Monat, ist eine ideale Bedingung für die Besteigung. Von Oktober bis Dezember (kurze bzw. **kleine Regenzeit**) ziehen oft gewaltige Gewitter mit Donner, Blitz und Regen über den Berg. Abends entfernen sich die Wolken, um am späten Vormittag wiederzukehren. Exzellente Blicke auf den einsam liegenden Berg erfreuen beim Dinner und Frühstück das Auge. Die durchschnittliche Niederschlagsmenge beträgt ca. 300 bis 500 mm/Monat, die meisten (10) Regentage hat der Oktober aufzuweisen. Die genannten Niederschlagsmengen bzw. Anzahl von Regentagen sind der Schnitt der letzten Jahrzehnte und berücksichtigen eine evtl. Klimaänderung noch nicht. Wie die kleine Trockenzeit 2006/2007 (Dezember bis Februar/März) zeigte, kann es sehr wohl auch in dieser heftig regnen - nehmen Sie immer Regenschutz im Tagesrucksack mit.

Durchführung und Kosten der Besteigung

Die Begehung des Mt. Kilimanjaro ist nur über einen tansanischen tour operator möglich! Die Kosten belaufen sich im Schnitt bei den billigeren Veranstaltern auf ca. $ 200/Tag/Pers. (jedes Anbot, wesentlich darunter, sollten Sie mit allergrößter Vorsicht betrachten). Für die Besteigung müssen Sie mit ca.

3 bis 4 Trägern/Person rechnen, je nach Trail. Für alle Trails, die in fünf Tagen beschritten werden könnten, will die NP-Verwaltung aus Akklimatisationsgründen sechs Tage vorschreiben.

Eine Tour muss folgende Kosten enthalten: Eintritts- und Übernachtungsgebühr für Sie selbst, Führer, Träger und Koch, Verpflegung für alle (zwei Mahlzeiten - Frühstück, Dinner - sowie zumindest ein Lunchpaket/Tag, bei der Verpflegung sparen die billigeren tour operator sehr gerne, qualitativ wie quantitativ), Zubereitung der Mahlzeiten, Rettungsgebühr, Transport von Ihrem Hotel zum gewählten NP-Eingang und zurück. Ausrüstung kann beim tour operator gemietet werden, die Preise variieren stark (Verhandlungssache). Bei teureren Touren sind zumindest Zelt und Matratze im Preis enthalten.

Während der Hauptsaison (Juli, August, Dezember) werden Sie - zumindest auf Marangu- und Machame-Route - mit einigen Tagen Wartezeit rechnen müssen. Auf Grund des doch immer effizienter werdenden Buchungssystems und der limitierten Anzahl von Schlafplätzen in den Hütten der Marangu-Route bzw. von Zeltplätzen auf den anderen Routen sind auch die Zeiten von "heute gebucht, morgen gegangen" so gut wie vorbei.

Die Crew (ein Träger fehlt) von Reinhard Dippelreither und Gerhard Hirn (rechts; daneben Guide George Elirehema) (rd)

Führer, Koch und Träger

Die Anmietung eines Führers/Guide wird von der NP-Verwaltung für jeden Trail zwingend vorgeschrieben. Dieser verfügt über einen Ausweis, der ihn berechtigt, auf bestimmten Routen Touristen zu führen. Diese Berechtigung erhält er, wenn er längere Zeit als Träger gearbeitet hat, danach als Assistant Guide und anschließend von einem Professional Guide der NP-Verwaltung vorgeschlagen wurde. Er geht dann mit einem Ranger die Route(n) ab und erhält seinen Ausweis.

Der Führer muss immer beim Touristen bleiben. Wenn Sie in Gruppen unterwegs sind, ist daher die Anstellung eines Assistant Guides zu empfehlen (es könnte jemand krank werden und zurück nach Marangu mussen). Für Gruppen ab fünf Personen ist ein Assistant Guide zwingend vorgeschrieben. Kosten: $ 10 bis 15/Tag, Assistent Guides kommen nur unwesentlich billiger.

Vor einiger Zeit wurde die Arbeitsstelle des **Kochs** "erfunden", früher kochten die Führer. Der Sinn dieser neuen "Serviceleistung" liegt nur darin, dass für den tour operator ein paar Dollar mehr abfallen. Sie müssen keinen Koch nehmen und können selber kochen (nicht unbedingt zu empfehlen). Kosten: ca. $ 10/Tag.

Seit 1.1.2001 ist auch die Anstellung von **Trägern** zwingend vorgeschrieben. Das findet seinen Sinn in der Entwicklung der Region. Deren Auswahl erfolgt durch den Führer. Die Träger sind auch für die Aufstellung der gemieteten Zelte, Reinigung des Zeltplatzes, Kellnerdienste, Wecken usw. zuständig. Rechnen Sie bei einer durchschnittlichen Ausrüstung mit ca. $ 3 bis 3,50 Träger/Pers. (je nach Gruppengröße). Kosten ca. $ 5 bis 8/Tag/Träger.

Auch wenn Sie Ihr gesamtes Gepäck und Verpflegung selbst tragen, werden Sie zumindest einen (meist jedoch zwei) Träger anstellen müssen: diese/r trägt die Ausrüstung und Verpflegung des Guides sowie seine eigene. Alle erwarten nach Beendigung der Besteigung ein **Trinkgeld**. Kalkulieren Sie mindestens 100 % ihres Salärs ein. Da sie von den oben genannten Beträgen nur ca. 50 % erhalten, bewegt sich das Minimal-Trinkgeld für Träger um $ 3/Tag, Führer mind. 5 bis 7, Koch ca. 5. Mehr als das Doppelte sollten Sie aber auch nicht geben. Geben Sie das Trinkgeld am Ende der Tour jedem Beteiligten persönlich(!) und nicht alles dem Guide (dieser steckt sich gerne etwas mehr ein). Man kommt um das Trinkgeld nicht herum! Bedenkt man, dass manche Träger barfuß nur mit einer dünnen Hose und einem T-Shirt bekleidet auf Höhen von 4.700 m schwere Lasten schleppen, verwundert einen auch die Bitte nach Überlassen von Ausrüstungsgegenständen (Schuhe, Anorak, Mütze, Handschuhe usw.) nicht. Eine Verrechnung mit dem Trinkgeld kommt aber nicht in Frage! Bevor Sie sich über das Trinkgeld ärgern, bedenken Sie noch folgendes: kein Führer, Träger oder Koch ist versichert, es sterben mind. 20 Träger/Jahr am Berg, zahlreiche tragen bleibende Schäden davon.

✋ Bevor Sie diese spektakuläre Natur zu durchwandern gedenken, sollten Sie das Kapitel ☞ Reise-Infos von A bis Z, Gesundheit, speziell den Absatz über Höhenkrankheit lesen.

Kilimanjaro Porters Assistant Project (KPAP)

Da den meisten tour operator die Träger egal sind, managt dieses Kapitel der Kilimanjaro-Besteigung in der Regel der Guide in Eigenregie, der für eine Anstellung sehr oft ein "Trinkgeld" erpresst (bis zu 50 % des Salärs), die Träger überlädt und sich keinen Deut um deren Ausrüstung, Gesundheitszustand usw. kümmert.

Für die gefährliche Arbeit erhält ein Träger vom Guide im Schnitt ca. $ 3/Tag; im Extremfall muss er davon noch seine Verpflegung selbst bezahlen.

Damit sich dieser untragbare Zustand bessert, hat 2004 eine Tochterorganisation der "Internationale Mountain Explorers Connection" (IMEC, 💻 www.mountainexplorers.org, 📧 kili@mountainexplorers.org) - "Kilimanjaro Porters Assitant Project" (KPAP) 💻 www.kiliporters.org - im EG des Da-Costa-Hotels in Moshi ein Büro eröffnet und beobachtet, protokolliert und analysiert die Lage der Träger. Melden Sie bitte dem Office von KPAP alle Unregelmäßigkeiten entweder persönlich (Fragebogen liegt aus) oder - wenn Sie die Tour nicht von Moshi aus starten, per E-Mail: 📧 info@ippg.net, 📧 info@imec.org oder ☎ 00255/744/817615.

Ihr Bericht sollte zumindest folgende Daten umfassen: Name des tour operators (+ PO Box, Telefonnummer, E-Mail) und Führers (wenn bekannt, Vor- und Zuname), begangene Route, Anzahl der Touristen, Anzahl der bezahlten Träger, Anzahl der tatsächlich vorhandenen Träger, Zustand der Träger, Zustand der Träger-Ausrüstung (Schuhwerk, Kleidung), wo schliefen sie, wurden sie genötigt Feuerholz zu schlagen und alles was Ihnen sonst noch - negativ wie positiv! - aufgefallen ist. Alle Erkenntnisse werden auf der Website der KPAP - 💻 www.kiliporters.org - vorgestellt, hier finden Sie auch eine Liste von Partner-Betrieben (tour operator, welche die Vorgaben der KPAP erfüllen).

Weiter sollten Sie etwaige Unregelmäßigkeiten in Bezug auf die Behandlung von Trägern auch dem KINAPA-HQ beim Marangu-Gate in Form eines massiven Protestes melden. Grundsätzlich arbeitet die KPAP mit der KINAPA zusammen; in der Praxis steht die KINAPA allerdings unter großem Druck der tour operator-Vereinigung (TATO), die den (billigen) Status-Quo erhalten will. Dieses führt natürlich zu Unregelmäßigkeiten in der Zusammenarbeit und zu einer Verzögerung der Verbesserung der Träger-Situation. Dass sich die Entwicklung nicht aufhalten lässt, beweist schon die Tatsache, dass bis vor wenigen Jahren Träger (und Führer) im Freien bzw. in Höhlen nächtigen mussten, mittlerweile aber (fast) durchgehend Zelte zur Verfügung gestellt bekommen (und sei es nur (!) das Küchenzelt (auch das sollten Sie der KPAP mitteilen). Die Bezahlung der Träger hat sich soweit verbessert, dass sie in der Regel ihren Verdienst spätestens nach einer Woche nach Ende der Tour erhalten - früher konnte das Monate dauern.

Es schadet auch keinesfalls, wenn Sie während des Treks - abgesehen von einem kurzen Foto - Kontakt mit den Trägern aufnehmen, viele lernten Englisch und freuen sich über jede Praxis, und wenn Sie Anteil an ihrem Schicksal nehmen.

Ausrüstung

An Ausrüstung benötigt der Wanderer am Kilimanjaro **warme Kleidung** (Wollhemden, Wollhosen, Pullover, am besten Daunenanorak, Mütze, Wollsocken); für etwaige Regenfälle sollte er mit **wasserdichter Jacke und Hose** gerüstet sein.

Während man läuft, ist einem warm, in den Camps wird es kalt, **Winterunterwäsche** (Thermo, Wolle, Seide) hilft. **Handschuhe** nicht vergessen. Weit über die Knöchel reichendes, **festes, gut sitzendes Schuhwerk** ist Grundvoraussetzung für ein gutes Gelingen. Genauso wichtig ist ein guter **Schlafsack** (es kann in der Kibo-Hut oder am Barafu-Camp auch schon mal minus 10°C haben). Taschenlampe, Wasserflasche, Waschzeug, Toilettenpapier,

Sonnenschutz (Sonnenbrille, Creme, Lippenschutz, Kopfbedeckung), Windschutz (Jacke, Kopfbedeckung, Stirnband für empfindliche Ohren!), Taschentücher und Erste-Hilfe-Box ergänzen die Ausrüstung. Wer kälteempfindlich ist, sollte ein eigenes Paar "Schlafsocken" mit sich führen.

Falls Sie alles alleine tragen wollen (Wäsche in doppelter Ausführung, denn sie könnte nass werden), brauchen Sie auf alle Fälle einen regendichten Rucksack. Wenn Sie selbst kochen wollen und Nahrungsmittel, Kocher und Petroleum/Gas mit sich schleppen wollen, sollte der Inhalt des Rucksackes nicht unter 70 l liegen. Vergessen Sie auch nicht, Ihre Fotoausrüstung einzukalkulieren. Nehmen Sie Träger, erübrigt sich das Problem des großen Rucksacks. Sie benötigen nur einen kleinen, regendichten Tagesrucksack für Regenbekleidung, Reservepullover, Fotoapparat, Luchpaket und Trinkwasser. Falls Sie nicht die Marangu-Route wählen (hier gibt es Hütten), müssen Sie noch ein paar Kilogramm (Zelt) hinzurechnen.

Ihr Gepäck wird von den Trägern wasserdicht verpackt; dieser Vorgang wird jeden Tag vom Führer überwacht. Es ist aber trotzdem sinnvoll, das vor Abmarsch selbst zu kontrollieren.

☺ Man kann die gesamte Ausrüstung beim tour operator ausleihen. Die Sachen sind leidlich in Schuss. Sollten Sie auch Bergschuhe leihen, ist größte Vorsicht geboten - nichts ist schrecklicher auf einer Wanderung als unbequemes oder Schmerzen verursachendes Schuhwerk.

Aufstiegsrouten

Es fehlt hier der Platz, die unendlich vielen Details der Besteigung klar und deutlich auszuarbeiten, **dafür wurde das im Kasten vorgestellte Buch geschrieben**, dessen Benutzung ich bei einer geplanten Besteigung dringlichst empfehle. In diesem Buch wird alles Wissenswerte sowie alle Routen beschrieben.

Buchtipp

Tansania: Kilimanjaro von Reinhard Dippelreither, OutdoorHandbuch Der Weg ist das Ziel Band 44, 206 Seiten, 14 farbige und 15 sw Abbildungen sowie 5 Kartenskizzen, 6. Auflage 2006, ISBN 978-3-86686-044-5, € 14,90

Hier nur so viel: Unterschätzen Sie den Kilimanjaro nicht! Auch wenn praktisch alle tour operator (auch die in der EU) immer wieder beteuern, dass seine Besteigung ein Kinderspiel sei, wird er Sie ziemlich fordern. Obwohl Sie keine bergsteigerische Erfahrung und Ausrüstung (Seile, Pickel u. dgl.) benötigen, so einfach ist's wieder auch nicht. Kondition sollten Sie schon mitbringen und vor allem, dass im Kap. "Gesundheit/Höhenkrankheit" Gesagte beachten!

Insgesamt gibt es sechs Routen:

Im äußersten Nordosten befindet sich die noch selten begangene **Rongai-Route** (5 Tage) mit der Kikilewa-Alternativ-Route (6 Tage) - beides rel. einfache Trails mit ziemlich kurzem Regenwald-Abschnitt und ausgeprägter Heidezone. Genächtigt wird in Zelten. Der Gipfelanstieg erfolgt über die Kibo-Hut, der Abstieg über die Marangu-Route. Für diese Route ist auf Grund der doch ziemlich langen Anfahrt Marangu als Basisstation zu empfehlen.

Im Osten liegt die **Marangu-Route** - auch Coca-Cola- bzw. Tourist-Route genannt. Ebenfalls ein einfach zu bewältigender Trail, max. Steigung bis zur Kibo-Hut 17 %. Hier gehen 70 bis 80 % von insgesamt 20.000 Touristen/Jahr. Der Gipfelanstieg erfolgt ebenfalls über die Kibo-Hut via Gilman's-Point. Der Abstieg wird wieder über die Marangu-Route durchgeführt.

Gabriel Moshi am Gilman's Point (gh)

Man rechnet mit fünf Tagen, übernachtet wird in festen Unterkünften. Beste Ausgangsstationen: Marangu, Moshi, aber auch von Arusha wird's nicht viel teurer.

Im Rahmen des day-use-programs besteht auch die Möglichkeit, nur bis zur ersten Hütte (Mandara-Hut) zu marschieren und am selben Tage wieder zurückzugehen - man bewegt sich fast ausschließlich im Regenwald.

Die **Machame-Route** befindet sich im Südwesten des Berges und ist schon anspruchsvoller. Man rechnet sechs bis sieben Tage, geschlafen wird in Zelten. Ca 20 % der Touristen wählen diesen Trail, Tendenz steil steigend (zur Hauptsaison starten bis 200 pro Tag hier). Ich finde diesen Trail schöner als die beiden vorgenannten.

Die sich noch weiter westlich befindende **Umbwe-Route** ist die steilste, hier sollten Sie nicht unbedingt untrainiert den Aufstieg versuchen, vielleicht ist sie deshalb seltener begangen. Man rechnet sechs bis sieben Tage, genächtigt wird in Zelten.

Im äußersten Westen befindet sich die **Shira-Route**. Sie ist zweigeteilt: Shira-Route und Lemosho-Route. Erstere kann/darf bis auf ca. 3.300 m befahren werden. Zweitere darf ab Gate nur begangen werden. Es ist damit zu rechnen, dass Wanderer bald nur noch die Lemosho-Route benutzen dürfen und die befahrbare Shira-Route für Tagestouristen zur Verfügung steht. Es gibt einen Picknick-Platz und man kann zwei kleinere Wanderungen zu Aussichtspunkten unternehmen. Für die Bewältigung der Lemosho-Route rechnet man mit sechs bis sieben Tagen, genächtigt wird in Zelten. Beide Routen sind relativ einfach, die Lemosho-Route ist auf Grund des größeren Regenwald-Abschnittes schöner als die Shira.

Bei Machame-, Umbwe wie Shira-/Lemosho-Route erfolgt der Gipfelanstieg üblicherweise über das Barafu-Camp der oberen Mweka-Route. Der Abstieg erfolgt bei allen drei Routen über die ziemlich steile **Mweka-Route**.

Eine Umrundung des Kibo kann via Northern Circuit erfolgen. Entweder Machame Route bis Shira-Camp 'rauf, dann weiter über Moir-Hut/Camp bis Pofu-Camp (gesamte Kibo-Nordseite), der Gipfelanstieg erfolgt dann via Kibo- oder School-Hut, der Abstieg über die Mweka-Route ODER Rongai-Route 'rauf, über Third-Cave-Camp zum Pofu-Camp, Moir Hut, Barranco-Camp und über Barafu-Camp zum Uhuru-Peak, der Abstieg erfolgt über die Marangu-Route. Minimum: 9 Tage, Sie sollten gute Kondition mitbringen.

Der Aufstieg zum Uhuru-Peak über Western-Breach-Wall via Arrow Glacier Camp ist aktuell aus Sicherheitsgründen geschlossen, mit einer Wiedereröffnung ist vorerst nicht zu rechnen.

Die Besteigung des Mawensi ist ebenfalls aus Sicherheitsgründen untersagt.

Von der angegebenen Routenführung gibt es keine Ausnahmen! Auch wenn Ihnen der tour operator das Blaue vom Himmel verspricht.

Als Mindestgepäck, das Sie immer mit sich führen sollten, sollten Sie Regenbekleidung, ab der ersten Übernachtung warme Zusatzbekleidung, einen Biwaksack sowie Toilettenpapier, ein Lunchpaket und Wasser einplanen.

Als Ausgangspunkt dient für alle Trails Moshi (ca. 50 tour operator), Arusha (weit über 200 tour operator) oder Marangu (ca. 15 tour operator). Die Anfahrt von diesen Ortschaften zum Parkeingang sowie die Abholung von dort und Rückfahrt zum tour operator bzw. Hotel ist im Preis inbegriffen.

Kitulo-Plateau-Nationalpark

Tansanias jüngster (2005 eröffnet) und einziger ausschließlich Pflanzen gewidmeter Nationalpark mit einer Größe von 442 km^2. Er befindet sich im Südwesten des Landes und umschließt ein gut bewässertes Hochplateau auf ca. 2.600 m zwischen den Gipfeln der Livingstone- und Kipengere-Berge. Diese Region ist auch bedeutendstes Einzugsgebiet des Great Ruaha Rivers.

Pflanzenwelt

Bei der ansässigen Bevölkerung trägt der NP den Namen Bustani ya Mungu - Garten Gottes, Botaniker rühmen ihn als "Serengeti der Blumen" - beide Name sind Programm, insgesamt finden sich 350 Gefäßpflanzen. Der NP ist die bedeutendste Gebirgs-Grasland-Gemeinschaft Tansanias. Hervorzuheben sind 45 Arten Landorchideen, Unmengen an Fackellilien, Proteen, Aloen, Riesenlobelien sowie ca. 30 Arten in Süd-Tansania endemische Aster-Margeriten.

Tierwelt

Großwild ist kaum anzutreffen, hin und wieder Berg-Riedböcke, manchmal sogar Elen-Antilopen. Die Vogelwelt ist großartig, hier findet sich auch Tansanias einzige Population der seltenen Schwarzflügeltrappe. Viele Schmetterlinge flattern herum, Reptilien (Chamäleons, Eidechsen, Frösche und Kröten) sind häufig.

Eine Sensation stellt allerdings der erst 2004 von Tim T.B. Davenport (Wildlife Conservation Society) entdeckte "Mt. Rungwe-Galago" dar (da noch nicht wissenschaftlich beschrieben vorerst Galagoides sp.nov.). Das Tier ist der erste neu entdeckte Primat seit 1984 und gilt als extrem gefährdet. Da er sich anscheinend zu einem Großteil vom Nektar der Wilden Banane ernährt, könnte er auch als Bestäuber für die Pflanzenart in Betracht gezogen werden.

Beste Besuchszeit

Es ist dies der einzige NP Tansanias der zur Regenzeit - Dezember bis März/April - besucht werden sollte. Es ist ein Farbenrausch. Allerdings ist zu dieser Zeit auch die Fortbewegung am schwierigsten. Von Juni bis August ist es kalt und nebelig, von September bis November herrschen zwar die für Wanderungen besten Bedingungen, es gibt aber keine blühenden Blumen zu bestaunen.

Anreise

Dieses schwierige Unterfangen benötigt unbedingt ein allradbetriebenes Fahrzeug in bestem Zustand (und gute Nerven)!

Von Dar es Salaam kommend gelangt man am Zambia Highway ca. 78 km vor/östlich Mbeya in die Ortschaft Chimala. Hier zweigt man links/südwärts ab. Diese Straße wird Hamsini na Saba genannt, was einfach "57" bedeutet. Diese Zahl gibt die Anzahl der Haarnadelkurven bis zur Ortschaft Matamba an, insgesamt ca. 30 km. Hier befindet sich (vorübergehend) das HQ. Öffentlicher Verkehr existiert bis hierher. Ab Matamba müssen Sie noch ca. 1 bis 2 Std. Richtung Hochebene fahren (Tagesmarsch zu Fuß). Im Park selbst existieren keine Straßen, man kann nur wandern (in Begleitung eines Rangers). Das Wegenetz wird ausgebaut. Wer den NP mit öffentlichen Verkehrsmitteln besuchen will, dem sei der in Mbeya ansässige tour operator Sisi kwa Sisi ans Herz gelegt (☞ "Mbeya").

Unterkunft

Im Park keine Unterkunft, drei ordinary/public campsites für Selbstversorger sind in Vorbereitung. In Matamba gibt es zwei Guesthouses. In der Nähe des Gates bietet die sehr einfache Kitule-Farm Übernachtungsmöglichkeiten und Verpflegung.

Anmerkung

Die umliegende, nicht mehr zum NP zählende Bergwelt - Livingstone-, Kipengere- und Poroto-Berge - ist grandios, jedoch nur wenig bis gar nicht erschlossen. Hier kann sich jeder persönlich ins Zeitalter der Entdeckungsreisen zurückversetzen. Man kann den NP auch komplett durchwandern und über die Südflanke der Berge zum Malawi-See gelangen (Matema-Beach), mehrere Guesthouses stehen zur Verfügung. Anbindung an Mbeya mit öffentlichen Verkehrsmitteln besteht.

Lake Manyara NP

🕮 Lake Manyara NP, 1:100.00, Harms IC Verlag

Der 1960 eingerichtete **Lake Manyara NP** liegt am Grunde des östlichen Rift-Valley-Armes auf 945 m Seehöhe. Der schmale Landstreifen des Parks erstreckt sich über 100 km^2 entlang des nordwestlichen Ufers des Lake Manyara. Der größere Teil der Parkfläche ist See (über 200 km^2). Baden und Bootfahren verboten.

Vom Ufer des Sees bietet sich ein eindrucksvolles Bild. Die steilen, dicht bewaldeten Wände, deren obere Kante die Parkgrenze bildet, streben hundert Meter in die Höhe und bilden einen scharfen Kontrast zur großen Fläche des Sees. Manyara ist in der Sprache der ansässigen Massai ein Wolfsmilchgewächs (Euphorbia tincalli), das als lebender Zaun für die Rinder benutzt wird. Der Parkeingang liegt in grundwassergespeistem Waldland, ein Novum in diesem Teil Afrikas. Mit seinen riesigen Bäumen (wilde Feigenbäume) und seiner Dunkelheit erinnert er an wesentlich höher gelegene Bergwälder. Teilweise liegt der Grundwasserspiegel für einen erfolgreichen Baumbewuchs zu hoch, und der Wald wird durch Sumpf verdrängt.

Elefantenherden schützen sich gerne in diesem Wald vor der prallen Mittagshitze. Häufige Bewohner des Waldes sind aber **Paviane**, **Diadem-Meerkatzen** und **Vögel**. Von den über 380 Arten ist der **Nashornvogel** (*hornbill*) der auffälligste. In den trockeneren Gebieten stechen die großen **Leberwurstbäume** ins Auge.

5 km vom Parkeingang entfernt, erreicht man den **Marera-Fluss**. Einen Kilometer nach dessen Überquerung zweigt links eine Straße zu den offenen Grasländern, **Mahali Pa Nyati** (= Platz der Büffel), ab. Trotz des Namens sind Büffel hier eher selten. Im schütteren Baumbewuchs sind wilde Mangobäume, wilde Dattelpalmen und die Doum-Palme vorherrschend. Sehr eindrucksvoll sind die vielen großen **Termitenhügel**. Weitere Bewohner des Graslandes sind **Zebras**, **Impalas**, **Massai-Giraffen** und **Warzenschweine**.

Am Ende dieser Nebenstraße gelangt man zu einer Verbreiterung des **Simba-Flusses**, dem **Hippo Pool**. Einige hundert Flusspferde schnaufen, prusten und grunzen, dass einem Hören und Sehen vergeht. Begleitet wird dieses urtümliche Konzert vom Plätschern unzähliger Wasservögel. Hier ist das Verlassen des Fahrzeuges gestattet - das faszinierende Bild lädt zu einem Picknick ein.

Zurückgekehrt auf die Hauptstraße, wird die Fahrt Richtung Süden fortgesetzt. Der Wald wird lichter und macht Buschland Platz. Hier leben truthahngroße, schwarze **Nashornvögel**, die am Boden Insekten und Eidechsen jagen. An den Ufern der zu überquerenden Flüsse sonnen sich **Warane**.

Nachdem der **Msasa-Fluss** auf einer Brücke überquert wird, erreicht man nach ca. 15 km eine Abzweigung, die nach links zum Ufer des **Manyara-Sees** führt. Der See wird von den die Wände des Rift Valley herabfließenden Flüssen gespeist und hat keinen Abfluss. Die Höhe des Wasserstandes variiert daher beträchtlich. Je nachdem, ob es ein regenreiches oder ein regenarmes Jahr ist, überschwemmt der See die Straße oder ist fast ausgetrocknet. In normalen Jahren ist das Ufer auf vorher genannter Straße in jedem Fall erreichbar.

Im ersten Moment ist nicht klar ersichtlich, wo noch Land ist und wo schon Wasser. Millionen Wasservögel verwischen den Übergang. Ein Picknickplatz lädt zur Rast ein. Ein großartiges Spektakel stellen Hunderttausende **Flamingos** dar, die das Blau des Sees in Rosa verwandeln. Allerdings sind sie nicht immer anzutreffen. Sie kommen und gehen in unregelmäßigem Rhythmus (☞ "Tierwelt").

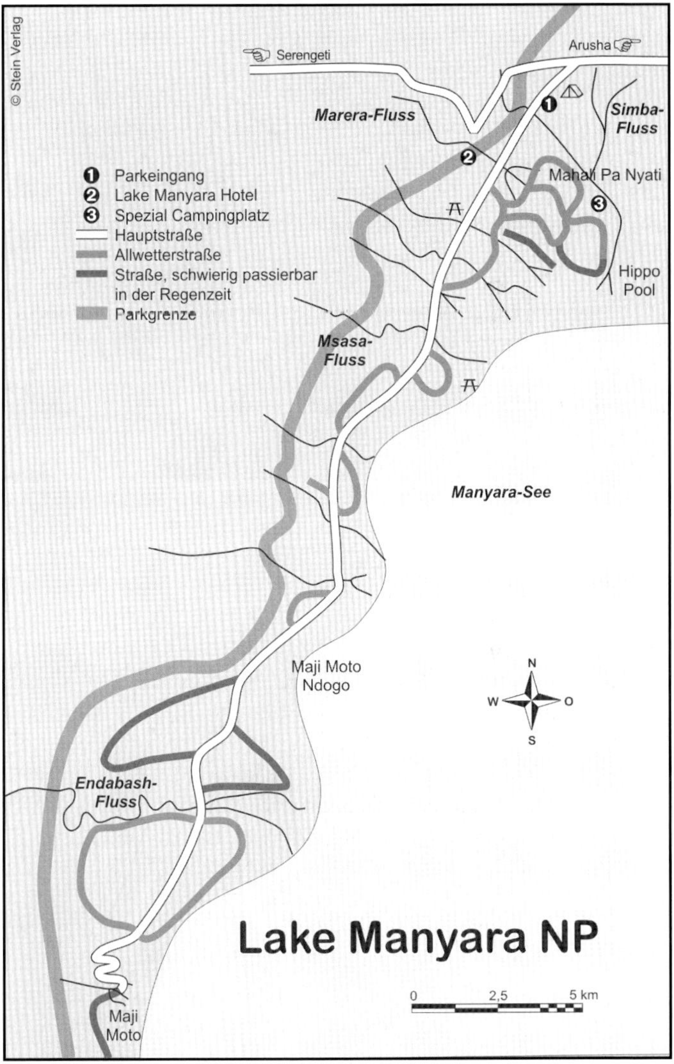
© Stein Verlag
Serengeti
Arusha
Marera-Fluss
Simba-Fluss
1 Parkeingang
2 Lake Manyara Hotel
3 Spezial Campingplatz
Hauptstraße
Allwetterstraße
Straße, schwierig passierbar in der Regenzeit
Parkgrenze
Mahali Pa Nyati
Hippo Pool
Msasa-Fluss
Manyara-See
Maji Moto Ndogo
N
W
O
S
Endabash-Fluss
Lake Manyara NP
0
2,5
5 km
Maji Moto

Im Baum schlafender Löwe ("Wahrzeichen" des Lake Manyara) (gh)

Elefanten im Lake Manyara NP (gh)

Die Hauptstraße führt weiter nach Süden, den See zur Linken, durch akazienbestandenes lichtes Waldland. Hier lebt die Attraktion des Nationalparks - **Löwen.**

Die Literatur stellt das Ruhe-Verhalten der Löwen im Park - sie schlafen gerne in Astgabeln von Akazien - als einzigartiges Verhalten dar. Wer sich etwas intensiver mit Löwen beschäftigt weiß aber, dass dies nicht außergewöhnlich ist. Wer diese Mär ins Leben gerufen hat, weiß ich nicht - vielleicht Hemingway. Sie können im Geäst verschiedenster Baumarten schlafende Löwen auch in anderen NPs beobachten. Möglich ist selbstverständlich, dass dies im Manyara NP mehr Löwen tun als woanders. Es existieren jedoch keine statistischen Untersuchungen.

Nach einigen Kilometern erreicht man den **Ndala-Fluss**. In der Regenzeit ist hier Endstation, da ihn noch keine Brücke überspannt. Zur Trockenzeit ist er ein Rinnsal, das man mit einem normalen Pkw überqueren kann. Diese Gegend wird in der Trockenzeit gerne von **Elefantenherden** aufgesucht. Die Elefantenkonzentration im Lake Manyara NP zählt zu den höchsten von Afrika (7 Stück/km^2).

Der Streifen Land zwischen See und abfallenden Wänden wird nun ziemlich schmal. **Baobabs** mit ihren unförmigen Stämmen beherrschen die Vegetation. Hier liegen die kleineren der 40°C heißen Quellen (**Maji Moto Ndogo**). Die größeren heißen Quellen (**Maji Moto**) liegen im südlichsten Zipfel des Parks und sind 60°C heiß. Beide Quellen weisen hitzeresistenten Algenbewuchs auf.

Bevor man die großen heißen Quellen erreicht, zweigt nach dem **Endabash-Fluss** noch einmal eine Piste links zum Seeufer ab.

So schön der Park ist - Hemingway meinte, er sei "das Schönste, was ich je in Afrika gesehen habe" - einem Vergleich mit Ngorongoro Crater CA, Serengeti NP oder Tarangire NP hält er nicht stand. Ich würde sogar noch weiter gehen und sagen, dass sich ein Besuch am Höhepunkt der Trockenzeit nur bedingt lohnt.

Tierwelt

Hier leben neben den genannten Tieren zwölf Arten Fledermäuse (beobachten Sie die Leberwurstbäume), Ameisenbär, Buschbock, Gemeiner Wasserbock, Ginsterkatze, Hase, Honigdachs, Hyäne, Impala, Klippschliefer, Klippspringer, Kuhantilope, Leopard, Löffelhund, Mungo, Schakal, Stachelschwein, Zebra, Zibetkatze.

Der Flamingo-Bestand ist wohl wegen der Austrocknung mehrerer Soda-Seen in der Region bis Juni 2004 auf ca. 3 Mio. Stück angewachsen ist. Seit Juni 2004 hat allerdings ein Massensterben eingesetzt. V. a. betrifft es den Kleinen Flamingo (*Phoeniconias minor*), aber auch der Große Flamingo sowie einige Enten- und Gänsearten sind betroffen. Über die Ursachen wird trotz internationalem Engagement gerätselt.

Beste Besuchszeit

Beste Besuchszeit wäre während der Regenzeiten, der See ist mit Wasser gefüllt, Flamingos stelzen darin herum; leider sind zu dieser Zeit die Straßen schwer oder gar nicht befahrbar. Kurz danach - Dezember bis Januar/Februar und Mai/Juni - ist wieder jede Straße befahrbar, und es ist noch nicht so unerträglich heiß und ausgetrocknet. Während der Trockensaison kann der See völlig austrocknen und die Flamingos erscheinen nur als Fata Morgana. Erkundigen Sie sich bei mehreren Tansaniern, ob die letzte Regenzeit ausgiebig oder schwach war, bevor Sie eine Tour buchen (tour operator werden immer sagen, dass gerade jetzt die beste Zeit ist.)

Anreise

Der einzige Parkeingang/-ausgang, am nördlichen Ende gelegen, ist von Arusha 130 km entfernt, davon 80 km, von Arusha bis Makuyuni, auf

Asphaltstraße. In Makuyuni rechts abzweigen. Nach 35 km auf knallroter Staubpiste in Mto wa Mbu wieder links, bevor sich die Straße die Bruchstufe hinaufwindet.

Unterkünfte

- **Lake Manyara Tree Lodge**, im Besitz der "Conservation Corporation Africa" (🖳 www.ccafrica.com), zu buchen über diese oder über das Ras Kutani Beach Resort (☞ "Strände südlich von Dar es Salaam"). Einziges Hotel innerhalb der Parkgrenzen (2002 erbaut) und auch luxuriösestes und teuerstes zwischen Arusha und Mwanza.
- Vier special und ein ordinary/public campsites der TANAPA stehen für Selbstversorger zur Verfügung.
- **Außerhalb der NP-Grenze:**
- ♦ **Lake Manyara Hotel,** an der Kante der Grabenschulter gelegenes Hotel mit grandiosem Ausblick auf Park und See, ca. 125 km von Arusha entfernt. Zu buchen über Hotels & Lodges Tanzania Ltd. (☞ Nationalparks/Serengeti/Seronera Wildlife Lodge).
- ♦ **Kirurumu Tented Camp,** schön an einer Abbruchkante des Rift-Valley gelegenes und ganzjährig geöffnetes Zelt-Camp mit Blick auf den Lake Manyara. Die Lodge wurde mit lokalen Baumaterialien erbaut und passt sich hervorragend der Landschaft an. Zu buchen über Kirurumu Tented Camps & Lodges, siehe Arusha.
- ♦ **Lake Manyara Serena Safari Lodge,** an der Schulter des Rift Valley gelegen, herrlicher Blick über den Park, PO Box 2551 Arusha, ☏ 027/2539160, ✉ lakemanayara@serena.co.tz, Reservation Office: AICC, Ngorongoro Wing, 6 Stock, ☏ 027/2504158, ✉ reservations@serena.co.tz
- ♦ **E Unoto Retreat**, trotz des italienischen Namens eine Bungalowanlage aus Texas im Stile der Maasai-Bomas, nahe der Ortschaft Mto wa Mbu gelegen, also auch im Zentrum der umliegenden NPs (Lake Manyara, Serengeti, Tarangire, Ngorongoro, Arusha), PO Box 15234 Arusha, ☏ 027/2548542, 🖳 www.maasaivillage.com, ✉ eunoto@maasaivillage.com

Bandas

sind kleine Hütten. Zehn von ihnen liegen außerhalb des Parks kurz vor dem Eingang. Eine Gemeinschaftsküche, eine riesige Aussichtsplattform und ein

Speisesaal vervollständigen das Angebot. Nahrungsmittel sind selbst mitzubringen, ebenfalls Schlafsack und Moskitonetz. Zu buchen bzw. bezahlen beim HQ, rechnen Sie mit ca. $ 20/Pers.

In der Ortschaft **Mto wa Mbu** (2 km vor dem Gate) zahlreiche Hotels der Kat. D (rund um den Markt), durchweg nicht self contained.

Kategorie C: Twiga Camp Site & Lodge, ☏ 025/2539101, 0744/264828, twigacampsite@hotmail.com, an der Hauptstraße gelegener Prototyp eines Tourismus-Gewinner-Unternehmens: eisernes Management, hochprofesionelles Personal, riesige camp-site (2 Personenzelt mit Matratzen, Polster, Bettwäsche usw. $ 16, wenn Sie Ihr eigenes Zelt mitführen $ 5/Person, jeweils ohne Frühstück) mit Duschen und Toilettanlagen, äußerst beliebt bei overland-trucks, tour operators und sonst. Besuchern der hier liegenden NPs, Haupthaus mit EZ und DZ self contained ($ 12, $ 20), Fahrrad- und Autoverleih, bewachter Parkplatz, tour operator, swimming-pool, Restaurant/Bar (Abendessen nur gegen Vorbestellung, 2 dreigängige Menüs zur Auswahl á $ 6,50, echtes Früshtücks-Buffet $ 5/Person), Souvenir-Shop und und und.

Mahale Mountains NP

Obwohl schon 1980 ins Leben gerufen, ist der 1.613 km² große Park noch nicht auf allen Landkarten verzeichnet. Der Park wird im Westen vom **Tanganyika-See** (ein 1,6 km breiter Streifen des Sees zählt noch zum NP), im Norden und Osten von den wilden **Mahale-Bergen** begrenzt. In diesen weit über 2.000 m hohen Bergen kann man klettern. Die notwendige Ausrüstung muss allerdings von Europa mitgenommen werden. Es gibt nichts zu leihen oder zu kaufen.

Eine wesentlich größere Attraktion stellt die einmalige **Schimpansenpopulation** dar. Es handelt sich um ca. 600 Individuen, das ist fast die Hälfte der Gesamtpopulation Afrikas (geschätzt 1.500 Stück). Allerdings starben in der zweiten Jahreshälfte 2006 eine Unzahl davon an Lungenentzündung, über die Ursachen ist derzeit noch nichts bekannt. Im Gegensatz zum Gombe Stream NP, der von Amerikanern und Europäern erforscht wird, sind hier seit 30 Jahren japanische Wissenschaftler am Werk. Im Park sind keine Straßen oder Pisten angelegt. Er kann nur zu Fuß in Begleitung eines Rangers erforscht werden. Der Anblick von Schimpansen wird garantiert. Mehr als 70 % des Parks sind mit lichtem, sommertrockenem Miombo-Waldland bedeckt. Über 1.800 m beginnt, ähnlich wie am Mt. Meru oder Kilimanjaro, das Reich der Regenwälder, ab ca. 2.300 m Gras- u. Heideland.

Tierwelt

Die Tierwelt des Mahale NP ist bei weitem nicht erforscht oder bekannt. Die Hauptattraktion sind die Schimpansen. Alle Wissenschaftler haben sich auf die Affen gestürzt, die restliche Tierwelt wurde mehr oder weniger übersehen.

Eine Tatsache scheint jedoch gesichert: Der Park dürfte ein Sammelsurium (zumindest von Unterarten) der Tierwelt Ost-, Süd- und Zentral- bzw. Westafrikas (tropischer Regenwald des Kongos) sein: Elefanten, Giraffen, Zebras, Büffel (selten), Leopard (selten), Löwe (selten), Mungo, roter Colobus-Affe, schwarzweißer Colobus-Affe, Stachelschwein, Steinböckchen und auch Wildhunde (sehr selten). Von der Vogel- bzw. Insekten und (Schmetterlings)fauna ist praktisch nichts bekannt, außer, dass der Artenreichtum groß ist.

Beste Besuchszeit

Die durchschnittliche Niederschlagsmenge pro Jahr beträgt fast 2.000 mm. Diese Wassermassen stürzen in den Monaten November bis Mai in unregelmäßigen Abständen zu Boden.

In den Monaten Februar/März wird das Aufsuchen der Schimpansen schwierig, da sich diese an die höheren Berghänge zurückziehen, um bestimmte Nahrungsquellen aufzusuchen. Die Trockenzeit von Juni bis Oktober ist ziemlich konstant und für einen Besuch empfehlenswerter.

Anreise

Es ist nicht möglich, den Park auf dem Landweg zu erreichen.

Ein Airstrip für kleinere Flugzeuge (Flugsafari von Dar es Salaam od. Arusha)

Von Kigoma fährt einmal wöchentlich ein Passagierschiff nach Mpulungu, Sambia (☞ Reise-Infos von A bis Z, Reisen im Land), bei der Station Mugambo/Lagosa aussteigen. Das große Schiff bleibt weit weg vom Ufer liegen. Die Verhandlungen mit einem Führer der Boote, die das Aus- und Einladen besorgen, bleiben einem nicht erspart, um ans Ufer zu kommen.

Normalerweise erreicht man Mugambo/Lagosa gegen 1:00 morgens (von Kigoma aus), nach dem Ausbooten mit kleinen Kanus verbringt man den Rest der Nacht am Strand. Am frühen Morgen kann man dann ein Fischerboot für die Weiterfahrt zum Parkheadquarter in **Kasiha** chartern (am nördlichen Ende des Parks, zwei Std. Fahrt). Es ist kein Problem, im Dorf ein Boot zu chartern. Für die Rückfahrt muss der Termin bereits jetzt vereinbart werden.

In Kasiha erfolgt die Registrierung, man erhält überdies einen Ranger für seinen Aufenthalt zugeteilt. Das nächste Boot Richtung Kigoma kommt zwei Tage später, will man weiter nach Mpulungu (Sambia) fahren, muss man eine Woche warten. Fahrpläne können sich ändern! Bevor Sie sich dazu entschließen, den Park auf diese Art und Weise zu besuchen, holen Sie die neuesten Infos im Hafen von Kigoma bzw. bei der Parkverwaltung in Kigoma (sofort nach der Aqua Lodge) ein.

Die Möglichkeit, in Kigoma ein Segelboot zu mieten, um nach Kasiha zu gelangen, besteht nur theoretisch. Die in Kigoma ansässigen tour operator verfügen durchwegs über (teure) Motorboote und organisieren den Besuch des NPs.

Lebensmittel sind nicht zu kaufen, man muss alles von Kigoma mitnehmen.

Unterkünfte

- Eine Stunde Bootsfahrt südlich des Parkheadquarters in der Nähe des Dorfes Kasiha steht ein **Hostel** (einfache Zimmerchen, sauber) für $ 20 für Selbstversorger zur Verfügung. Geschirr, sanitäre Anlagen, gute Moskitonetze und Brennholz sind vorhanden. Wasser erhält man aus dem Tanganyika-See. Petroleumlampen sorgen für Licht. Verpflegung mitbringen!
- **Camping** ist in der Nähe des Headquarters möglich. Selbstversorgung!
- Die tour operator Fly-catcher, Nomad-Tanzania (beide ☞ Arusha/Tour Operator) und das Hill-Top-Hotel (Kigoma) betreiben jeweils ein Luxus-Zeltcamp. Die ersten zwei sind nur im Rahmen einer Flugsafari zu benutzen, das von Hill Top Hotel wird per Boot angefahren.

Mikumi NP

Die Hauptstraße Dar es Salaam-Iringa halbiert diesen Park in zwei Hälften. Touristische Einrichtungen existieren nur im nordwestlich der Straße gelegenen kleineren Teil des Parks. Die andere Hälfte, die an das Selous Wildlife Reserve grenzt, dient als Rückzugsgebiet.

Der Name des Parks leitet sich von dem am westlichsten Zipfel gelegenen Dorf **Mikumi** ab. In Ki-Swahili bezeichnet dieser Name die **Borassus-Palme** (mit dem aufgebläht erscheinenden oberen Stammteil), die typisch für den Park und die gesamte Gegend ist.

Man hat erkannt, dass ein funktionierendes Ökosystem auch eine Frage der Größe ist. Der Mikumi NP wurde daher mit dem Selous Wildlife Reserve zum **Mikumi-Ökokomplex** (mit über 58.000 km² das größte zusammenhängende Schutzgebiet Afrikas, das über den Selous-Niassa-Corridor noch an das Niassa GR in Mosambik angeschlossen werden soll) zusammengeschlossen. Das Vorkommen der Tsetsefliege, die durch Übertragung der Naganaseuche Rinderhaltung unmöglich macht, ist ein großes Plus für die Erhaltung dieses Parks. Der 1964 eingerichtete Park umfasst ein Areal von 3.230 km² und liegt auf einer durchschnittlichen Höhe von 550 m.

Der **Mkata Drive** entlang des westlichen Ufers des Mkata-Flusses durchzieht den Park in Süd-Nord-Richtung. In erster Linie formt dieser Fluss das Aussehen des Parks: Das Mkata-Überschwemmungsgebiet (**Mkata Flood Plain**) mit seinen pittoresken kahlen Hügeln bedeckt mehr als die Hälfte des erschlossenen Teilgebietes.

Zwischen den Hügeln breitet sich offenes Grasland aus, immer wieder unterbrochen von großflächigen Sümpfen und schmalen Bachläufen. Die Sümpfe sind von den sehr gut getarnten, bis zu zwei Meter langen **Nilwaranen** bewohnt. Gelbe Querbinden auf schwarzgrünem Untergrund machen sie fast unsichtbar. Auch der den Impalas sehr ähnliche **Riedbock** kommt hier vor.

Während der langen Regenzeit kann es vorkommen, dass auch die Straße zu Sumpf wird und selbst für allradbetriebene Fahrzeuge unpassierbar ist.

Der Baumbewuchs der Mkata Flood Plain ist spärlich, in erster Linie Baobabs, Akazien, Tamarindebäume und natürlich Borassus-Palmen. In diesem offenen Gebiet ziehen vornehmlich Büffel und Elefanten umher. Die Elefantenpopulation ernährt sich hier fast ausschließlich von Gras, ein unübliches

Verhalten. Normalerweise sind Laub und junge Triebe die Hauptnahrung dieser großen Tiere.

Besonders hervorzuheben ist eine als **Kikoboga** bekannte Region am südlichen Ende der Mkata Flood Plains bzw. des Mkata Drive.

Auf einem Rundkurs - **Kisingura Circuit** - kann man dieses Gebiet durchfahren. Ca. 5 km nordwestlich vom Eingang erreicht man auf diesem Rundkurs zwei **Hippo Pools**, in welchen sich das ganze Jahr über große Mengen von Flusspferden suhlen. Die **Lichtenstein-Kuhantilope**, die kleinste Kuhantilope, erkennbar an den rückwärts gebogenen Hörnern, ist hier auch recht häufig anzutreffen, ebenfalls **Wasserböcke**. **Gelbe Babuine** (eine Pavianart, kleiner und heller gefärbt als der bekannte Grüne Pavian, auch wesentlich längere Gliedmaßen) sind hier häufig zu sehen. Auch bei ihnen sollte man von einer Fütterung absehen.

Der schwer erreichbare nordöstliche Teil des Parks wird von dichterem Busch/Waldland beherrscht. Mit etwas Glück erhascht man einen kurzen Blick auf einen **Großen Kudu**, ein Geduldsspiel. Die Straße in diesem Teil des Parks zweigt an der Kreuzung 4 (markiert), nordwestlich des Eingangs, rechts ab und ist nur in der Trockenzeit passierbar. Ein allradbetriebenes Fahrzeug ist auch in dieser Jahreszeit von Vorteil. Südlich der Hauptstraße Dar es Salaam - Iringa liegen die **Vuma-Hügel**. Zur Zeit führen nur einige Stichstraßen dorthin. Eine Besonderheit dieser Gegend ist das Vorkommen von **Rappenantilopen**.

Tierwelt

Ameisenbär, Büffel, Buschbock, Ducker, Elefant, Fledermaus (fünf Arten), Flusspferd, Gelber Babuin, Gemeiner Wasserbock, Ginsterkatze, Gnu, Großer Kudu (sehr selten und schwierig zu sehen), Hase, Impala, Klippschliefer, Kuhantilope (Lichtenstein-Kuhantilope), Leopard, Löffelhund, Löwe (auch hier lebt eine baumkletternde Population), Massai-Giraffe, Meerkatze, Mungo, Python (in Sümpfen und auf Bäumen), Rappenantilope (selten), Riedbock, Schakal, Serval, Spitzmaulnashorn (wahrscheinlich durch Wilderer ausgerottet), Springhase, Stachelschwein (schwierig zu finden), Tüpfelhyäne, Warzenschwein, Wildhund (relativ große Population), Zebra. Die **Vogelwelt** des Parks weist von den weiter nördlich gelegenen Parks nur wenige Abweichungen auf.

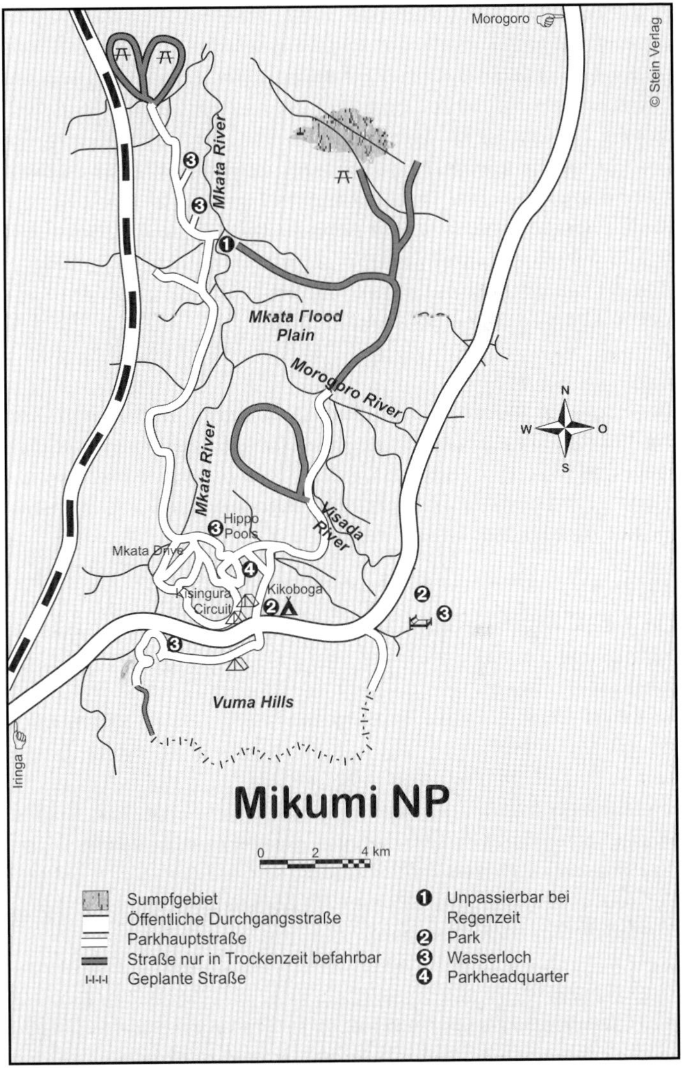
Morogoro
© Stein Verlag
Mkata River
Mkata Flood Plain
Morogoro River
Mkata River
Hippo Pools
Visada River
Mkata Drive
Kisingura Circuit
Kikoboga
Vuma Hills
Iringa
N
W
O
S
Mikumi NP
0
2
4 km
Sumpfgebiet
Öffentliche Durchgangsstraße
Parkhauptstraße
Straße nur in Trockenzeit befahrbar
Geplante Straße
1 Unpassierbar bei Regenzeit
2 Park
3 Wasserloch
4 Parkheadquarter

Außerhalb der NP-Grenze an der Straße Dar es Salaam - Iringa liegt am Ortsrand von Mikumi-Dorf (ca. 3 km nach dem südlichen Ende des NP) der private Mikumi Snake Park. Er ist ein beliebtes Wochenend-Ausflugsziel und Touristen-Treffpunkt mit Restaurant und Übernachtungsmöglichkeit (Genesis Motel $ 15, Camping mit eigenem Zelt möglich). Der Snake Park zeigt eine Auswahl einheimischer Reptilien (Schlangen, Schildkröten, kleinere Echsen) sowie einige Affen. Die Haltungsbedingungen spotten jeder Beschreibung, Tierliebhaber verlassen diesen Ort sicher mit tiefer Depression. Eintrittsgeld $ 3,75 (inkl. Fotografieren). Wer auf der Straße zwischen Dar es Salaam - Iringa/Mbeya unterwegs ist, wird - ohne Eintrittsgebühr zu bezahlen - sehr viele Wildtiere zu Gesicht bekommen.

Beste Besuchszeit

Beste Besuchszeit ist Ende der Trockenzeit, d.h. August/September bis Oktober. Während und kurz nach der Regenzeit sind die nördlich und östlich führenden Straßen und Pisten durch den Mkata-Fluss überschwemmt und morastig, auch für Allradfahrzeuge nicht passierbar.

Nur Kikoboga kann besucht werden.

Anreise

Die Anreise erfolgt von Dar es Salaam. Der Park ist nach knapp 300 km auf durchgehender Asphaltstraße in drei bis vier Stunden auf der Straße Richtung Iringa/Mbeya erreicht.

Safaris führen sämtliche Safariunternehmen in Dar es Salaam durch. Obwohl Iringa sehr nah liegt, ist es nicht sinnvoll bei einem tour operator dort zu buchen. Die Preise sind wesentlich höher als in Dar es Salaam.

Takims Holiday (Dar es Salaam, Adresse usw. siehe dort) bietet fahrplanmäßige Touren in den Park an: Zwei Tage, eine Nacht, Abfahrt jeden Di, Do, So, Sie werden von Ihrem Hotel abgeholt.

Übernachtung im Vuma Hills oder Kikoboga. $ 300/Pers. (all inclusive), Mindesteilnehmerzahl: 2 Personen.

Unterkünfte

- Das **Mikumi Wildlife Camp** liegt nur etwa 200 m vom Park-Haupteingang entfernt und bietet Bandas für jeweils vier Pers., ein Schlafsaal für budget-

traveller ist in Planung, ✕ 🍷 mäßiger Souvenirshop sowie kleiner Swimmingpool sind vorhanden. Fahrzeuge werden nicht vermietet.
Buchungen über PO Box 2261, Dar es Salaam, ☏ 022/2600352,
✉ obhotel@acexnet.com

♦ Ebenfalls noch **Vuma Hills Tented Camp** und **Foxes Tented Camp** (beide sehr klein und intim, zu buchen über Foxes Safaris, ☞ Ruaha NP/Ruaha River Lodge) und **Kikoboga Wildlife Camp** (zu buchen über Oysterbay-Hotel, Dar es Salaam)

⛺ Fünf public und zwei special campsites stehen für Selbstversorger zur Verfügung. Beim HQ befindet sich auch ein Hostel/Resthouse, $ 20/Pers.

🛏 Mehrere Hotels der Kat. D/C befinden sich auch in **Mikumi Village**. Keine Autovermietung im Dorf.

Ngorongoro Crater Conservation Area (NCCA)

ℹ Ngorongoro Conservation Area Authority, Head Office PO Box 1, Ngorongoro Crater, ☏ 027/2537006, FAX 2537007, ✉ ncaa_faru@cybernet.co.tz, 💻 www.nrgorongoro-crater-africa.org, Filiale PO Box 76, Arusha (Boma Rd.), ☏ 027/2544625, FAX 2503339.

♦ Information Center in der Boma Rd., Arusha, ☏ 027/2544625

📖 Ngorongoro Conservation Area Tourist Map, 1:230.000, 1:60.000, Harms IC Verlag

Bernhard Grzimek meinte, dass die Größe und Schönheit des NCCA nicht zu beschreiben sei. Es gäbe nichts Vergleichbares, und er sei ein Wunder dieser Welt. Ein bisschen übertrieben vielleicht, doch der Wahrheit ziemlich nah: der Ngorongoro Crater ist eine Perle und mit 19 km Durchmesser auch der größte nicht überflutete Kraterkessel (Kaldera) der Welt.

Der 1959 geschaffene Park erstreckt sich über eine Fläche von insgesamt 8.292 km². Die Höhe variiert zwischen 1.350 und 3.600 m (Kraterrand). Das NCCA verfügt über den Status eines "International Biosphere Reserve" und den Rang eines UNESCO Welt-Naturerbes.

Das NCCA ist aus zwei Gründen ins Leben gerufen worden. Einerseits um den aus der Serengeti vertriebenen Massai eine neue Heimstatt zu geben, in

Jugendliche Massai - Nur Massai dürfen im Nationalpark leben (eb)

der sie ungestört in traditioneller Weise leben können. Der zweite Grund ist der erhaltenswerte Tierreichtum, der nebenbei auch hilft, die Staatskasse etwas zu füllen. Im Krater alleine leben ca. 25.000 Tiere, im gesamten Schutzgebiet ca. 1,5 bis 2,5 Mio. (je nach Jahreszeit).

Das NCCA ist Teil eines riesigen ökologischen Systems, das die Serengeti, das Maswa Wildlife Reserve, Massai Mara National Reserve (Kenia), NCCA und den Lake Manyara NP umfasst. Jeder Abstrich kann eine Katastrophe auslösen.

Nur diese riesige, mehr oder weniger zusammenhängende Fläche von über 40.000 km² kann diese große Masse an Tieren und den Artenreichtum ausreichend ernähren und ein ökologisches Gleichgewicht erhalten.

Landschaftlicher Höhepunkt ist der Rand des Ngorongorokraters. Auf der einen Seite bietet sich der 600 m tiefer liegende Kraterboden dem staunenden Auge dar, auf der anderen Seite die westlich gelegenen weiten Ebenen, die ökologisch gesehen bereits zur Serengeti zu zählen sind.

Den nordöstlichen Teil des NCCA bilden die **Oldeani-Berge** und eine angrenzende, mit undurchdringlichem Bergdschungel bewachsene Kette erloschener Vulkane (Ngorongoro, Olmoti, Embakai und Lolmalasin), die sich außerhalb der Parkgrenzen mit dem **Ol Doinyo Lengai** fortsetzt. Dies ist der einzige noch aktive Vulkan von Gesamtostafrika. Am Fuße dieser Berge zieht sich die östliche Parkgrenze hin. Im Süden liegt der schwer erreichbare **Eyasi-See**. Den Mittelpunkt des 300 km² großen Kraterbodens bildet der sodahaltige **Magadi-See**. Nordöstlich von diesem befindet sich der vom Munge River gespeiste **Mandusi-Sumpf** und westlich davon der grundwassergespeiste **Gorigon-Sumpf**. Diese beiden Sümpfe gewährleisten auch in der Trockenzeit eine ausreichende Wasserversorgung für die ca. 25.000 größeren Säugetiere, die am Grund des Kraters leben.

Panorama Ngorongorokrater (eb)

Der südlichste Zipfel der Kaldera ist vom **Lerai-Wald** bewachsen, der in erster Linie aus Fieberrindenbäumen (eine Akazienart) besteht, unter deren weitausladenden Ästen gerne Elefanten (fast ausschließlich Bullen) Unterschlupf suchen. Der Rest ist offenes Grasland.

Tierwelt

Die Tierwelt ist der der Serengeti ebenbürtig, wird aber durch **Spitzmaulnashörnern** im Krater ergänzt (20 gut bewachte Exemplare). Eine der seltenen Möglichkeiten, die Tiere mit größter Wahrscheinlichkeit zu Gesicht zu bekommen.

Geparden sind selten, da sie keine Chance gegen die Übermacht der Löwen haben. Seit 1997 leben auch zwei aus Südafrika importierte Breitmaulnashörner im Park.

Beste Besuchszeit

Beste Besuchszeit für den Krater ist die Zeit von Juni bis Oktober, die große Regenzeit ist vorüber, die kleine kommt erst. Man darf aber nicht vergessen, dass Juni und Juli die kältesten Monate des Jahres sind. Bei Übernachtungen am Kraterrand kann es empfindlich kalt werden (bis zu 0°C).

Während sich der Grund der Kaldera im hellsten Sonnenlicht darbietet, brütet oben bis Mittag Nebel. Im Oktober herrscht bilderbuchähnliche afrikanische Hitze.

Während der Regenzeit kann bereits die Piste zum Kraterrand ein Problem werden; allradbetriebene Fahrzeuge sind unbedingt erforderlich.

Die Grasebenen im Westen liegen im Wind- und Regenschatten der Berge und sind das ganze Jahr über ziemlich trocken und problemlos befahrbar.

Anreise

Der östlichste Eingang (**Lodwar Gate**) ist 160 km von Arusha entfernt. In Arusha nimmt man Sokoine Drive/Dodoma Rd. und biegt in Makunyuni - kurz vor dem Eingang zum Lake Manyara NP - rechts ab. Bis hierher ist die Straße durchgehend asphaltiert, ab hier fast durchgehend - nur die letzten paar Kilometer sind noch in Arbeit.

Fahrzeit ca. 2 bis 2,5 Std. Das NCCA verfügt über keinen eigenen Airstrip, Flugzeuge landen im Manyara NP, von dort zu den Lodges ca. 1 Std.

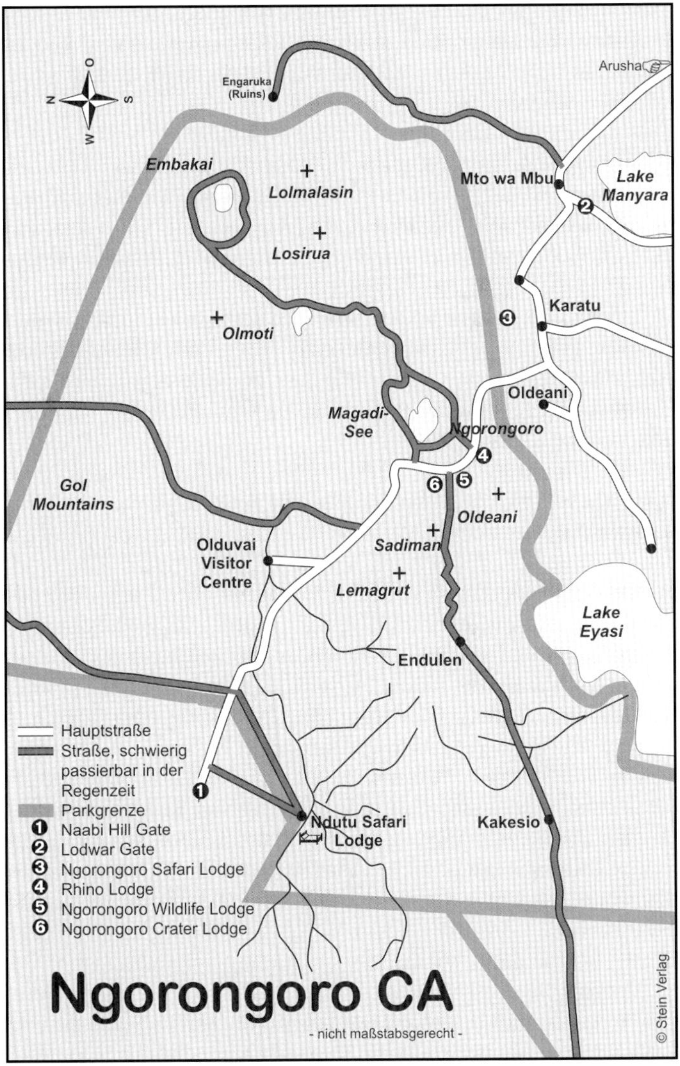
O
N
S
W
Engaruka
(Ruins)
Arusha
Embakai
Lolmalasin
Losirua
Olmoti
Mto wa Mbu
Lake
Manyara
Karatu
Oldeani
Magadi-
See
Ngorongoro
Gol
Mountains
Oldeani
Sadiman
Olduvai
Visitor
Centre
Lemagrut
Lake
Eyasi
Endulen
Kakesio
Ndutu Safari
Lodge
Hauptstraße
Straße, schwierig
passierbar in der
Regenzeit
Parkgrenze
❶ Naabi Hill Gate
❷ Lodwar Gate
❸ Ngorongoro Safari Lodge
❹ Rhino Lodge
❺ Ngorongoro Wildlife Lodge
❻ Ngorongoro Crater Lodge
Ngorongoro CA
- nicht maßstabsgerecht -
© Stein Verlag

Das Park-HQ befindet sich gegenüber der Crater Lodge. Das Straßen- bzw. Pistennetz innerhalb des Parks ist sehr gut ausgebaut und während der Trockenzeit in ausgezeichnetem Zustand. Während der Regenzeit kann es beschwerlich werden.

Die Straße in den Krater weist starkes Gefälle auf und ist in sehr schlechtem Zustand. Sie darf nur mit allradbetriebenen Fahrzeugen befahren werden. Bis Ende 2007 soll diese Rumpelpiste aber bereits aspahltiert sein; auch die Straße vom Lodwar-gate bis zum Kraterrand soll asphaltiert werden.

Zweiter Höhepunkt neben dem Krater und der darin lebenden Tierwelt ist die mehr als 50 km lange und teilweise bis zu 90 m tiefe **Olduvai-Schlucht**. Auf halbem Weg zwischen Krater und Parkgrenze zur Serengeti zweigt rechts eine gut beschilderte Piste ab. Nach ca. 10 km Fahrt steht man direkt am Eingang über der Olduvai-Schlucht.

Die letzten 3 bis 4 km der Piste sind tiefgründiger Sand, und man kann leicht stecken bleiben.

Die freigelegten Wände der Schlucht erlauben einen Blick auf die fünf Haupthorizonte, die die Schlucht vertikal gliedern. Der zweitunterste mit einem Alter von ca. 300.000 Jahren brachte den Stein ins Rollen. In dieser Schicht fand der Berliner Paläontologe Prof. Hans Reck (bzw. seine Arbeiter) 1913 in einem Hockergrab ein äußerst neuzeitlich anmutendes Skelett.

Reck war ein ausgezeichneter und anerkannter Fachmann auf dem Gebiet der Ur- und Frühmenschenforschung, und seine Vorträge im März und Mai 1914 brachten die Wissenschaft zum Kochen. Man war damals der Meinung, dass die Gattung *Homo* höchstens einige 10.000 Jahre alt sein konnte. Die weitere Diskussion und klärende Grabungsexpeditionen Recks gingen in den Wirren des Ersten Weltkrieges unter. Das Rätsel Olduvai-Schlucht geriet in Vergessenheit.

Übrigens, das von Reck gefundene Skelett entpuppte sich Jahre nach seinem Tod als wirklich neuzeitlich. Das gesamte Grab rutschte während eines Erdbebens in diese alte Schicht und blieb völlig unversehrt.

Erst 1931 wurde der Faden von L. S. B. Leakey wieder aufgegriffen. Gemeinsam mit Reck und einem gewaltigen Stab britischer Naturwissenschaftler wurde die Schlucht systematisch erforscht. Man entdeckte die afrikanischen Steinzeitkulturen und erkannte, dass sich die Entwicklung der Gerätschaften (Faustkeile) ähnlich vollzogen hat wie in Europa. Mehr noch, ca. 2 Mio. Jahre altes, äußerst primitives Gerät und einseitig zugeschlagene runde Kiesel (Sphäroide) deuteten auf eine Kulturstufe lange vor dem Neandertaler hin.

Am 17. Juli 1959 wurde in der untersten Schicht (Bed I) ein entfernter Verwandter des Schöpfers der Sphäroide von Mary Leakey gefunden:

Australopithecus boisei (benannt nach Charles Boise, ein britischer Geschäftsmann, der die Leakeys unterstützte), Alter 1,75 Millionen Jahre, Gehirnvolumen 500 cm^3, Vegetarier. Die Fundstelle ist ungefähr fünf Autominuten vom Infozentrum entfernt.

Zwei Jahre später fand Louis Leakey, ebenfalls in Bed I, einen Hominidentyp, den er auf Grund des Gehirnvolumens von beinahe 800 cm^3 als Schöpfer der Sphäroide ansah und ihm deshalb den Namen *Homo habilis* (geschickter Mensch) gab. Die Olduvai-Schlucht war über Nacht zur Wiege der Menschheit mutiert. Die Ausgrabungsarbeiten gehen während der Trockenzeit nach wie vor weiter.

⌘ Das kleine **Museum** am Eingang zur Schlucht, neben dem Infozentrum, gibt einen kleinen Überblick über die Grabungstätigkeiten. Für $ 1,50 erhält man die Erlaubnis, das Museum zu besuchen, in die Schlucht zu fahren (ein beschilderter Rundkurs führt durch die Schlucht, Führer sind über das kleine Museum zu organisieren - $ 10 (!)), und man erhält noch einen Einführungsvortrag in die Frühgeschichte der Menschheit und die Geschichte der Schlucht (in englischer Sprache). Ein kleiner Shop mit Massai-Schmuck befindet sich beim Museum.

Eine Fahrt durch die Schlucht (mit Führer) ist lohnenswert, da die Leakeys großen Wert darauf legten, Fundstellen der nicht wissenschaftlich geschulten Nach- und Mitwelt in natürlicher Lage zu erhalten, darunter auch ein knapp 2 Mio. alter Lagerplatz von Hominiden, die dort anscheinend genüsslich kleine Beutetiere verzehrten.

Tier- und Pflanzenwelt

Die Tierwelt in der Olduvai-Schlucht beschränkt sich auf Grund der Trockenheit auf Vögel, Schildkröten (Panther-Schildkröte), Agamen und sonstige Echsen. Bei der **Pflanzenwelt** sei der wilde Sisal (*Sanseveria ehrenbergiana*) genannt. Er gab der Schlucht ihren Namen - *oldupai* ist das Massai-Wort für diese Pflanze.

Beste Besuchszeit

Da die Schlucht im Wind- und Regenschatten der Vulkankette liegt, beträgt die jährliche Niederschlagsmenge lediglich 600 mm, was diese Gegend als ziemlich trocken ausweist. Ein Besuch ist daher das ganze Jahr über möglich. Durchquert man, vom Infozentrum kommend, die Schlucht und fährt im Norden den Abhang wieder hinauf, beim Wächterhaus vorbei, gelangt man 2 km weiter zu den **Shifting Sands**, eine ca. 100 m lange und 9 m hohe, sichelförmige, westwärts wandernde kohlrabenschwarze Sanddüne. Seit 1969 wird die Bewegung der Düne gemessen. Beachten Sie die Landmarken östlich. Jährlich bewegt sie sich im Schnitt 17 m weiter.

Durchfährt man die Schlucht in ihrer Längsrichtung, gelangt man zum sodahaltigen **Masak-See** und **Ndutu-See**. Der Masak-See liegt noch im NCA und ist wichtiger Weidegrund für die Herden der Massai während der Trockenzeit. Der Ndutu-See, bereits in der Serengeti gelegen, ist für die Massai aus rechtlichen Gründen tabu. In der Trockenzeit ist die Region rund um die beiden Seen ein beliebtes Revier für Gnus, Giraffen, Impalas, Geparden und Löwen. Der Vogelreichtum ist außerhalb der Trockenzeit gigantisch und noch immer nicht völlig wissenschaftlich erforscht.

40 km südlich der Olduvai-Schlucht finden sich in **Laetoli** noch ältere Zeugnisse unserer aufrecht gehenden Vorfahren: die frühesten Fußabdrücke menschlicher Vorfahren, Alter: dreidreiviertel Millionen Jahre. Es handelt sich um drei Individuen, ein großes (männliches?), dem ein etwas kleineres folgte und seine Füße in die Trittspuren des ersten setzte, ein Kind (?) hüpfte neben ihnen her. Zusätzlich sind noch unzählige Spuren von Tieren zu sehen. Entdeckt wurde diese Spurenansammlung von Mary Leakey 1978.

Dass diese Spuren erhalten geblieben sind, ist einer der ungewöhnlichsten Zufälle der Geschichte und zeigt, dass die Paläontologie in großem Maße von diesen abhängig ist: Ein mittelmäßiger Ausbruch des Sadiman-Vulkans streute eine dünne Schicht Asche über die Gegend, sofort nach Ende des Ausbruches gingen die drei Individuen über diese Ascheschicht; ein sofort folgender kurzer, leichter Regenschauer (davon zeugen die unzähligen winzigen Minikrater) pappte die Masse wie Zement zusammen, darauf knallte wieder die Sonne und brannte ein Zeugnis des Alters des aufrechten Ganges. Mit höchster Wahrscheinlichkeit handelt es sich bei den drei Individuen um *Australopithecus afarensis*.

Eine weitere Attraktion des NCA sind **Olmoti- und Embakai-Krater**. Sie sehen zwar nicht so aus, wie man sich Vulkankegel oder Berge vorstellt, aber man darf nicht vergessen, dass man sich ihnen auf einer Höhe von 3.700 m nähert.

Der Boden des **Olmoti-Kraters** ist bevorzugtes Weideland der Massai. Zwischen den großen Rinderherden bewegen sich aber auch Elenantilopen, Büffel und Riedböcke. Einige Bäche, darunter der **Munge River**, durchziehen den Krater und konvergieren am südlichen Ende. Hier stürzen die vereinigten Gewässer mit weißer Gischt in einer steilen Klamm in die Tiefe, um ihren Weg Richtung Ngorongoro Crater fortzusetzen.

Der Name des Wasserfalls - Munge - gab dem Fluss seinen Namen. Munge bezeichnet in der Sprache der Massai ein aus den Schwanzhaaren der weißen Colobus-Affen geflochtenes Knöchelband. Interessant dabei ist nur, dass es im NCA keine Colobus-Affen gibt und auch nie gegeben hat.

Der Abstieg auf den Kratergrund dauert ca. eine halbe Stunde und ist nur in Begleitung eines Rangers erlaubt. Rund um den Kraterrand des **Embakai-Kraters** verläuft eine Straße von 32 km. Sie ist nicht ungefährlich, speziell nach der Regenzeit sind oft meterlange Teilstücke weggeschwemmt. Wahrscheinlich wird sie als Fahrstraße geschlossen werden und steht nur mehr für Wanderungen (in Begleitung eines Rangers) zur Verfügung. Egal auf welchem Punkt der Straße man sich gerade befindet, die Aussicht in den Krater kann immer wieder nur als grandios bezeichnet werden. Der 300 m tiefer liegende Kratergrund ist mit einem außergewöhnlich tiefen (85 m), sodahaltigen See bedeckt. Die Abhänge werden von undurchdringlichem Bergdschungel bewuchert, der Heimat für eine unüberschaubare Vielfalt an Vögeln ist. Wendet man sich vom Krater ab und dreht sich um, erblickt man von der nördlichen und östlichen Seite den beeindruckenden Kegel des nah gelegenen **Ol Doinyo Lengai**.

An besonders klaren Tagen schweift der Blick über das Rift Valley bis zum **Natron-See** und den schneebedeckten Gipfel des Kilimanjaro. Der Abstieg in den Embakai-Krater, nur mit Führer möglich, ist ein Erlebnis. Der Weg führt, wie ein Kanal, unter und zwischen riesigen, uralten Bäumen durch. Überall zwitschern "unsichtbare" Vögel, von den Bäumen hängen meterlange Bartflechten und berühren fast den moosbewachsenen Boden. Ein permanentes Gluckern und Gurgeln beweist die große Anzahl von Bächlein und Rinnsalen. Gespannt erwartet man das Auftauchen von Trollen, Zwergen und Waldfeen. Am See entlang führt ein schmaler Weg, der gute Gelegenheiten bietet, Wasservögel, darunter Flamingos und Pelikane, zu beobachten. Hin und wieder streift ein Riedbock oder Büffel vorbei.

Beste Besuchszeit

Ein Besuch dieser Gegend des NCA ist nur während der Trockenzeit (Juni bis Oktober) anzuraten. Trotzdem sollte man Informationen bei der Parkverwaltung einholen. Ein allradbetriebenes Fahrzeug ist Voraussetzung für gutes Gelingen. Dieser nördliche Teil des NCA ist nicht immer für das zahlende Publikum geöffnet. Die Gründe dafür sind mannigfaltig. Einen Besuch bei der Parkverwaltung wird man sich auf keinen Fall ersparen können.

Gnuherde im Ngorongorokrater (eb)

Anreise

Der übliche Weg in diesen Teil des NCA führt durch den Ngorongoro Crater und an den östlichen Hängen wieder hinauf, durch einen Akazienhain hindurch, bis man die Ortschaft Nainokanoka erreicht. Hier geht es links weiter zum Olmoti-Krater und geradeaus zum Embakai-Krater.

Die zweite Möglichkeit führt über den südlichen Rand des Ngorongorokraters und trifft im Osten auf die nach Nainokanoka führende Straße. Diese Möglichkeit bietet wundervolle Ausblicke vom Kraterrand.

Walking-Safaris

Neben den bereits oben angesprochenen Tageswanderungen zum Embakai und Olmoti Krater existieren noch ungezählte weitere Wandermöglichkeiten - vom kurzen Tagestrek bis zur zweiwöchigen Gewalttour ist alles möglich. Infos beim HQ, beim NCCA-Info-Center in Arusha, bei der TTB in Arusha (Cultural Tours), bei den angeführten Lodges am Kraterrand sowie den tour operator in Arusha (alle fungieren auch als Veranstalter).

Alle Touren werden in Begleitung eines (meist bewaffneten) Guides durchgeführt. Mehrtagestouren erfordern auch die "Anstellung" von Eseln für das Gepäck - Ernährung, Wasser usw., Camping- und Wander-Ausrüstung

Campingplatz am Kraterrand (eb)

sollten Sie selbst mitbringen. Die Kosten sind relativ hoch, rechnen Sie bei einer Mehrtagestour ab mind. $ 100.

Unterkünfte

- Erste Übernachtungsmöglichkeit vom knapp 200 km entfernten Arusha kommend ist die 1969 erbaute **Ngorongoro Wildlife Lodge**. Sie liegt exponiert am äußeren Rand des Kraters, von allen Zimmern kann man die Kaldera überblicken. Die Vorderseite der Lounge besteht aus Glas. Zu buchen über Hotels & Lodges Tanzania Ltd. (☞ Nationalparks/Serengeti/Seronera Wildlife Lodge)
- ♦ **Ngorongoro Crater Lodge,** im Besitz der "Conservation Corporation Africa", www.ccafrica.com, zu buchen über diese oder das Ras Kutani Beach Resort (☞ "Strände südlich von Dar es Salaam"). Älteste Lodge (1937) im Park, Umbau in den späten 90er Jahren, heute 3 Bungalow-Dörfer im Massai-Stil (Boma), alle in phantastischer Lage am Kraterrand.
- ♦ **Ngorongoro Serena Safari Lodge**, ebenfalls phantastische Lage am Kraterrand, ☏ 027/2537050, ngorongoro@serena.co.tz, PO Box 2551 Arusha, Reservation Office: Arusha, AICC, Ngorongoro Wind, 6. Stock, ☏ 027/2504158, reservation@serena.co.tz

Diese drei Lodges - durchweg Kat. A - liegen am südwestlichen Kraterrand. Eine weitere, die Rhino Lodge, ist derzeit geschlossen. Sie liegt noch vor der Wildlife Lodge. Ob sich eine Company ihrer erbarmen wird, ist nicht bekannt. So lange sie geöffnet war, verfügte sie über einen Status der Kat. B, war also die günstigste Lodge im NCCA, allerdings kein Blick in den Krater möglich.

Am östlichen Kraterrand, am Lemala Hill liegt die

- **Ngorongoro Sopa Lodge**, auch mit Ausblick in denselben. Einzige Lodge des CA, von welcher der Sonnenuntergang genossen werden kann. Zu buchen über Sopa Lodges Central Reservation, PO Box 72360 Nairobi, Kenia, ☏ 00254/2/336088, enquiries@sopalodges.com
- ♦ **Ndutu Safari Lodge**, in den 60ern vom Großwildjäger Gorge Dove am Ende der Olduvai-Schlucht an der Grenze zum ☞ "Serengeti NP" in Akazien-Savannen-Gelände erbautes Basic-Bush-Camp (Ndutu Tented Camp), 1986 Besitzerwechsel. Ab diesem Jahr permanente Renovierung

bzw. Erweiterung zum Luxus-Camp. Dennoch: außer einem phantastischen Ambiente, einem First-Class-Restaurant, dem regelmäßigen Auftauchen von Geparden und - während der Regenzeit - von Millionen von Vögeln dürfen Sie sich auf Grund der harten Umweltbedingungen und der rigiden Vorschriften nicht allzu viel erwarten. Ca. 60 km von der Seronera Lodge entfernt. PO Box 6084 Arusha, ☏ 027/ 2506702, 2502829, FAX 2508310, ✉ bookings@ndutu.com, ✉ ndutugibbs@habari.co.tz (auch über die unten genannte Ngorongoro Safari Lodge zu buchen).

- Kirurumu Tented Camp, ein mobiles, nur während der Trockenzeit angelegtes Camp der Kirurumu Tented Camps & Lodges (siehe Arusha/Tour Operator), ebenfalls am Kraterrand gelegen.
- Außerhalb des NCCA liegt die **Ngorongoro Safari Lodge** (ehemals Gibbs Farm), ca. auf halbem Wege zwischen Lake Manyara NP und östlichem NCA Gate (5 km von Keratu entfernt). Das Hotel geht auf eine deutsche Gründung im Jahr 1930 zurück (Kaffeefarm). Im Zuge der Enteignungen während des 2. Weltkrieges kam die Farm in britische Hände (James Gibb), 1972 Hotelbetrieb, 1978 Verkauf der Farm an den Tanzan. Coffee Board. Das Farmhouse ist weiterhin im Besitz der Fam. Gibb und wird nur mehr als Hotel (und Restaurant) betrieben. Der Charakter des Hotels ist nach wie vor kolonial. Trotzdem schön! ☏ 027/2534040, ✉ gibbs@habari.co.tz, Booking Office in Arusha (Haile Selassie Rd., Plot 50), PO Box 6084, ☏ 027/2508930, FAX 2508310, ✉ ndutugibbs@habari.co.tz, 💻 www.gibbsfarm.net
- In Keratu selbst weitere Hotels aller Kategorien.

Campingplätze

⛺ Auf der südwestlichen Seite des Kraterrandes steht das heruntergekommene **Simba Camp** (Plumpsklos). Wegen der großen Beliebtheit dieses Platzes sollte man sein Zelt so früh wie möglich aufschlagen. Die Aussicht auf den Kratergrund ist faszinierend. Die Schlafsackqualität sollte hervorragend sein, da es wegen der Höhe nachts empfindlich kalt wird.

- Campingplätze liegen noch in der Olduvai-Schlucht sowie am südlichen Ufer des Ndutu-Sees.
- Am Kraterrand des Olmoti- sowie des Embakai-Kraters liegt jeweils eine special campsite

Ruaha NP

Die ehem. Kolonialherren schmücken sich gerne mit fremden Federn. Eine davon ist der Glaube, dass sie es waren, die die Nationalparks eingerichtet haben.

Der **Ruaha National Park** ist einer der besten Gegenbeweise. Unter britischer Verwaltung wurde das Rungwa-Wildreservat geschaffen - aber ausschließlich als Jagdrevier. Erst 1964 setzte das hier lebende Volk der Wa-Hehe unter ihrem Chief Adam Sapi Mkwawa die Umwandlung in einen Nationalpark durch.

Die Wa-Hehe sahen die Entwicklungen des Industriezeitalters vielleicht damals schon voraus und wollten die Heimat in voller Schönheit und Wildheit erhalten. Dafür nahmen sie sogar eine Umsiedlung in Kauf. Sie bewiesen damit, dass Weitblick und Verantwortungsbewusstsein in Afrika nicht Mangelware sind. 1996 schloss sich die britische Regierung an und gewährte nahezu £ 1 Mio. zur Förderung des Ruaha Ecosystem Wildlife Management Project (REWMP): 16 an den Ruaha NP angrenzende Dörfer werden in die Entwicklung und in das Management des Parks mit einbezogen. Sie erhalten die Einnahmen direkt aus dem Park und den umliegenden Wildlife Reserves (Versteigerung von Jagdlizenzen, Verkauf von Fleisch). Wilderer, die ihr Handwerk vorher fast ungehindert verrichten konnten, waren plötzlich Konkurrenten. So wurden innerhalb kürzester Zeit 23 Wilderer und 12 konfiszierte Gewehre den lokalen Behörden übergeben. Diese Praxis wird nun auch auf die anderen NPs übertragen werden.

Aktuell weist der NP eine Größe von fast 13.000 km^2 auf und ist somit der zweitgrößte NP nach der Serengeti. Das gesamte Ruaha-Ökosystem umfasst auch die nördlich gelegenen **Rungwa** und **Kizigo Wildlife Reserves** sowie das südlich gelegene Usanga Wildlife Reserve - insgesamt knapp 40.000 km^2. Da der Ruaha-River - Lebensader des NPs - in den letzten Jahren immer wieder 'mal austrocknete, wurde gegen Mitte 2006 der Entschluss gefasst, das Usanga WR in den NP einzugliedern. Die NP-Gesamtgröße stieg somit auf ca. 16.000 km^2 (ca. so groß wie Schleswig-Holstein).

Die Usanga-Flats sind eine riesige versumpfte Tiefebene, die das Quellgebiet des Ruaha-River bildet. Es wurde bis vor Kurzem während der Trockenzeiten von Viehzüchtern als natürliche Tränke genutzt. Schätzungen sprechen

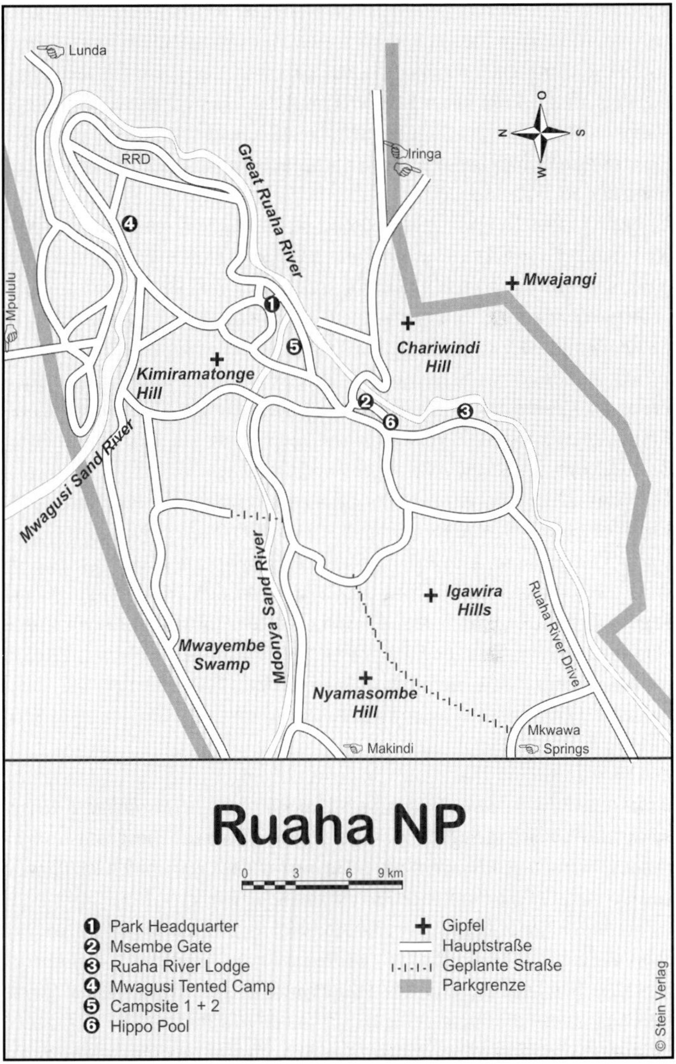
Lunda
RRD
Great Ruaha River
Iringa
O
N
S
W
Mpululu
Mwajangi
Chariwindi Hill
Kimiramatonge Hill
Mwagusi Sand River
Mdonya Sand River
Igawira Hills
Ruaha River Drive
Mwayembe Swamp
Nyamasombe Hill
Mkwawa Springs
Makindi
Ruaha NP
0 3 6 9 km
❶ Park Headquarter
❷ Msembe Gate
❸ Ruaha River Lodge
❹ Mwagusi Tented Camp
❺ Campsite 1 + 2
❻ Hippo Pool
Gipfel
Hauptstraße
Geplante Straße
Parkgrenze

von annähernd einer halben Million anwesenden Rindern über einen Zeitraum von mehreren Monaten. Teile des Gebietes wurden auch massiv abgeholzt. Die Viehzüchter wurden teils mit Polizei- und Rangergewalt vertrieben. Die Regierung erhofft sich mit dieser Maßnahme eine Stabilisierung der Lage - also einen wieder ganzjährig wasserführenden Ruaha-River - bis ca. 2010. Ob die Viehzüchter wirklich die Ursache für das Austrocknen sind, bleibt allerdings noch dahingestellt.

Die rel. schnelle Entscheidung der Regierung hat noch einen tieferen wirtschaftlichen Grund. Der Mtera-Damm staut den Ruaha-River (außerhalb des NPs) und erzeugt mittels Kraftwerk Elektrizität. Zur Trockenzeit trocknet mittlerweile selbst der Stausee aus und das Kraftwerk liegt brach. Selbst im weit entfernten Dar es Salaam gibt es dann nur noch Kerzenlicht.

Da ein Besuch der beiden o.e. Wildlife Reserves nur Mitgliedern organisierter Jagdgesellschaften gestattet ist und in den Usanga-Flats (noch) keinerlei Infrastruktur (Straßen) vorhanden sind, beschränke ich mich daher bei der Beschreibung des Ruaha NPs auf den ursprünglichen NP-Teil.

Während der Trockenzeiten sind alle Pisten innerhalb der Parkgrenzen mit allradbetriebenen Fahrzeugen befahrbar. Der RRD (Ruaha River Drive) ist zu dieser Zeit teilweise auch mit normalem Pkw befahrbar (allerdings lässt Sie nicht jeder Ranger mit solch einem Fahrzeug in den Park!). Während der Regenzeiten ist eigentlich nur der RRD mit allradbetriebenen Fahrzeugen befahrbar, selbst die kurzen Stichstraßen zum Fluss bieten Probleme. Erreicht werden können somit nur Ruaha River Lodge, Park HQ und die Campingplätze - nicht jedoch Ndonya-Schlucht, Mkwawa-Quellen, Mwagusi Sand River und Tented Camp!

Die enorme britische Finanzspritze wird in erster Linie dazu genutzt, das Pistensystem zu ändern. In unserem Plan sind nur die Hauptpisten eingezeichnet. Das riesige System an Nebenpisten ist völlig unübersichtlich - vorhandene werden geschlossen, neue durch den Busch getrieben. Es gibt keine einzige Karte, welche das auch nur annähernd darstellt.

Wenn Sie die Hauptpisten verlassen möchten, sollten Sie die Anstellung eines Guides vom Park HQ oder der Ruaha River Lodge ($ 10/Tag) überlegen. Die Beschilderung auf den Hauptpisten ist gut. Wenn Sie mit einem Mietauto eines tour operators unterwegs sind, wird Ihnen in der Regel auch ein Fahrer zur Verfügung gestellt, der sich im Park auskennt. Mieten Sie jedoch ein Fahrzeug bei Hertz Europcar oder Avis ist dies nicht unbedingt der Fall.

Das Tal des **Ruaha-Flusses** liegt in einem Ausläufer des Rift Valley. Ein Anteil von 160 km liegt innerhalb der Parkgrenzen. Der viele Inseln tragende Fluss fließt durch raue Schluchten, offenes Grasland und Savanne. Entlang seines nördlichen Ufers ist eine Straße angelegt - der **Ruaha River Drive**. Man hat vom RRD keinen Blick auf den Fluss, es führen jedoch immer Stichstraßen hinunter.

Fährt man vom Msembe Gate entlang des RRD in nordöstlicher Richtung bis zum Zusammenfluss mit dem Mwagusi Sand River, durchquert man eine offene Graslandschaft mit spärlichem Baumbewuchs. Hier ist die Lieblingsgegend der Geparden. Da sie "Augentiere" sind und tagsüber auf Jagd gehen, sind sie häufig zu sehen. Der Baumbestand wird beim Zusammenfluss der beiden Flüsse etwas dichter - Euphorbien und wilde Feigenbäume bestimmen das Bild. Hier ist ein Picknickplatz angelegt, und man darf das Auto verlassen. Die Rast kann man nutzen, um sich zu überlegen, ob man zurück zum Eingang fährt, um den Oberlauf des Ruaha-Flusses zu besichtigen, oder den Mwagusi Sand River begleitet.

Die Ufer am Oberlauf des Flusses sind stärker bewaldet als die des Unterlaufs. In den Bäumen tummeln sich **Meerkatzen** und **Gelbe Babuine** (eine Pavianart). Im Fluss prusten und grunzen Unmengen von **Flusspferden**, an den sandigen Ufern sonnen sich eine ebenso große Menge von **Krokodilen**. Hier ist am ehesten die größte Attraktion des Parks anzutreffen - der **Große Kudu**. Mit seinem gestreiften Fell und dem bis zu 1,50 m langen Schraubengehörn zählt er zu den schönsten Antilopen Afrikas. Auch der **Kleine Kudu** ist hier zu finden.

Der Ruaha NP ist der einzige Park Tansanias, in dem man mit Sicherheit Kudus sehen kann. In diesem Teil des Parks gibt es während der Trockenzeit sehr viele Tsetsefliegen, man sollte die Fenster des Fahrzeuges geschlossen halten.

Der **Mwagusi Sand River** ist die meiste Zeit des Jahres völlig ausgetrocknet und, wie der Name sagt, ein staubiges Sandbett. Trotzdem ist diese Gegend des Parks keine Wüste. Der Grundwasserspiegel liegt sehr hoch (erkennbar auch am großen Bestand an Palmen) und Elefanten schaufeln mit ihren Vorderfüßen Löcher in den Sand, um an das Wasser heranzukommen.

Diese "Pools" nutzen viele anderen Tieren als Quelle. Entsprechend viel Wild ist in dieser Gegend.

Die Straße entlang des Mwagusi Sand River endet an den bis zu hundert Meter hohen Steilwänden des Tales. Hier ist die Chance, die seltene **Rappenantilope** zu finden, sehr groß. Eine Piste, Wegweiser W7, führt Richtung Süden zum Mdonya Sand River und weiter zurück zum Eingang. Der nur während und nach der Regenzeit wasserführende Fluss ist gesäumt mit Leberwurst- und Tamarindebäumen. Hier zweigt auch die sehr schlechte Piste zu den **Mkwawa-Quellen** ab. Befahrbar ist sie nur in der Zeit von Juni bis Dezember mit allradbetriebenen Fahrzeugen. Dies ist die einsamste Gegend des Parks. Ein Museum beim Headquarter existiert nicht! Beim Msembe Gate soll bald ein Visitor-Center entstehen.

Tierwelt

Weil das Areal den Übergang von sommertrockenem Miombo-Wald zur Akazien-Savanne darstellt und somit beide Habitate und auch deren Bewohner aufweist, ist hier nicht nur die Anzahl an Antilopen, sondern auch die Artenvielfalt enorm und mit keinem anderen NP der Region Ostafrika vergleichbar.

Meerkatze mit ihrem Jungen (gh)

Im Ruaha NP leben Adler, Ameisenbär, Büffel (teils riesige Herden), Buschbock, Zibetkatze, Dik-Dik, Ducker, Elefant (ca. 10.000), Elenantilope, Ente, Erdwolf, Eule, Falke, Fledermaus (12 Arten), Flusspferd (sehr häufig), Gans, Geier, Gelber Babuin (Pavianart), Gemeiner Wasserbock,

Gepard, Ginsterkatze, Grant's Gazelle, Großer und Kleiner Kudu (einmalige Gelegenheit), Hase, Honigdachs, Ibis, Impala, Kiebitz, Klippschliefer, Klippspringer, Krokodil (sehr häufig), Kuhantilope (Lichtenstein, die kleinste Kuhantilope), Leopard, Löffelhund, Löwe (in Großrudeln bis zu 20 Stück), Massai-Giraffe, Meerkatze, Mungo, Pelikan, Pferdeantilope, Rappenantilope (sehr selten in Ostafrika), Reiher, Schakal, Serval, Spitzmaulnashorn (fast ausgerottet), Stachelschwein (sehr schwer zu finden), Storch, Strauß, Streifen- und Tüpfelhyäne, Warzenschwein (eine sehr helle fast weiße Unterart), Wildhunde, Wildkatze, Zebra.

Beste Besuchszeit

Beste Besuchszeit sind die Monate Juni/Juli bis Anfang Oktober. Im März, April und Mai regnet es sehr viel. 500 mm Regen (in den Niederungen des Ruaha-Flusses) bis 800 mm (im Bergwald der Abhänge) fallen innerhalb dieser Monate.

Eindrucksvoll präsentiert sich der Park auch im Dezember und Januar. Die Sonnenuntergänge sind in diesen Monaten besonders beeindruckend.

Obwohl die Ruaha River Lodge ganzjährig in Betrieb ist und der RRD auch in der Regenzeit mit allradbetriebenen Fahrzeugen befahrbar ist, rate ich von einem Besuch während der Regenzeiten ab. Die Populationsdichte der Tsetsefliege ist ungeheuerlich und die Bisse derselben fürchterlich! Abgesehen davon ist während der Regenzeiten der Graswuchs im Osten hoch und der Buschwald durchgehend belaubt - Tiere sieht man in dieser Kulisse nicht mehr. Um des Großen Kudu ansichtig zu werden, eignet sich der Juni am besten: es herrscht Paarungszeit!

Anreise

Dar es Salaam - Iringa ca. 500 km Asphaltstraße. Von Iringa fährt man nach Kalenge (☞ Iringa, Umgebung).

Ca. 25 km nach diesem weist eine unübersehbare Coca-Cola-Werbung im Nichts darauf hin, dass sich rechts (ca. 11 km) das besuchenswerte (!) Memorial in Erinnerung des Freitodes an dortiger Stelle von Chief Mkwawa (und des Heldentum der Wa-Hehe im Allgemeinen) errichtet wurde (am 4.1.1999 von J. Nyerere persönlich eingeweiht). Während der Regenzeit ist die Befahrung dieser Stichstraße nicht anzuraten. Während der Trockenzeit ist sie OK. An der einzigen Kreuzung müssen Sie die rechte, größere Piste nehmen. Ein Besuch des Memorials kann ich nur empfehlen. Details zu Chief Mkwawa ☞ Iringa, Umgebung, Kalenge. Wenn Sie diese Option nicht wahrnehmen wollen, fahren Sie an dieser Kreuzung geradeaus weiter. Nach ca. 30 km ist wieder eine Kreuzung im Nichts erreicht. Beide Äste führen zum NP-Eingang und sind gleich lang. Der rechte Ast führt durch menschenleeres Gebiet - achten Sie auf querende Wildtiere! Der linke Ast führt durch die Dörfer Idodi, Tunga Malenga (ca. 90 km von Iringa, 40 vom gate) und Msembe (in allen Guesthouses Kat. D sowie einheim. Restaurants). An der Kreuzung in Msembe nehmen Sie den rechten Ast (der linke führt nach Mukiffa). Nach weiteren ca. 10 km überquert man bereits innerhalb des NPs den Great Ruaha River, der Rangerposten (Eintritt usw.) befindet sich sofort nach der Brücke links. Abschließend möchte ich noch darauf hinweisen, dass die Anreise ab Kalenge (bei hohen Geschwindigkeiten) nicht ungefährlich ist. Es gilt mehrere kleine Bäche/Flüsse zu queren, deren Bett man erst sehr spät erkennt, Brücken sind nur teilweise mit einer Breite von vielleicht 2,5 m vorhanden!

Die Anreise mit öffentlichen Verkehrsmitteln gestaltet sich schwierig. Ein Bus verlässt Iringa gegen 7:00 Richtung Mukiffa. Die zuvor genannten Ortschaften werden dabei angefahren. Am besten Sie warten in Tunga Malenge auf eine Mitfahrgelegenheit oder nehmen ein Taxi zum Rangerposten. Dort kann u.U. ein Fahrzeug organisiert werden - üben Sie sich dabei in großer Geduld.

Zwei Airstrips ermöglichen die Anreise per Flugzeug (☞ Reise-Infos von A bis Z, Reisen im Land, ✈). Flugzeit von Dar es Salaam ca. 2,5 Std.

Beim Parkheadquarter ist eine **Tankstelle**, die aber nicht immer Benzin hat. Die nächste Möglichkeit zu tanken ist in Iringa. Auch in der Ruaha River Lodge kann Benzin gekauft werden (meist vorhanden). In beiden Fällen müssen Sie mit sehr hohen Preisen rechnen. Denken Sie also an gut gefüllte Reservekanister .

Der östliche Teil des 400 km langen Straßennetzes und der Ruaha River Drive ist während der Trockenzeit fast komplett mit normalem Pkw befahrbar.

Nur die Straßen im Westen (zur Mdonya-Schlucht und zu den Makindi- und Mkwawa-Quellen) sind auch während der Trockenzeit nur mit allradbetriebenen Fahrzeugen zu bewältigen. Erkundigen Sie sich aber trotzdem bei der Parkverwaltung.

Unterkünfte

- ♦ **Ruaha River Lodge,** ca. 12 km vom Msembe Gate entfernt. Sehr harmonische Anlage, die sich vom Ufer des Great Ruaha Rivers einen kleinen Hügel (Kopje) entlangzieht und (fast) keine Wünsche offen lässt.
  Die großzügig angelegten aus rohen Steinquadern errichteten 28 Zwei-Personen-Bungalows verfügen über Moskitonetze, Elektrizität, Dusche und Toilette. Der Blick von Restaurant- und Bar-Terrasse über den Fluss ist einzigartig.
  Autos können gemietet werden: $ 160 (für 6 Pers.) bis $ 260 (Kleinbus für bis zu 15 Pers.)/Tag, inkl. Fahrer, Treibstoff, Guide. Zu buchen über Foxes Safari Camps, ☏ 0748/237422 oder 0744/237422, 0741/237422,
  ✉ fox@sfaricamps.info, 💻 www.tanzaniasafaris.info
- ♦ Das im äußersten Süden des Parks gelegene **Jongomero Camp** - im Besitz der "Conservation Corporation Africa" (💻 www.ccafrica.com), zu buchen über diese oder über das Ras Kutani Beach Resort (☞ "Strände südlich von Dar es Salaam") - ist sicherlich das schönste und luxuriöseste Camp im Ruaha NP, mit $ 250 für das DZ (VP Nebensaison) bzw. 335 (VP Hauptsaison) auch das teuerste. Kfz- und Boot-Vermietung, Guides vorhanden. Wenn Sie hier sind, sollten Sie hier einen Kaffee trinken.
- ♦ **Mdonya Old River Camp**, im Westen des Parks, ca. 20 km vom Eingang entfernt, zu buchen über Coastal Travel, Dar es Salaam (siehe dort).
- ♦ Beim **Park-Headquarter** wurden 2 Personen-**Bandas** mit Gemeinschaftsduschen und Toiletten errichtet (very basic),- $ 20/Pers./Tag. Kein Restaurant aber Küche und Feuerholz, Lebensmittel müssen mitgebracht werden.
- ⛺ Fünf ordinary u. ein special campsites sind für Selbstversorger vorhanden
- ♦ **Außerhalb der NP-Grenze: Tandala Tented Camp**, PO Box 417, Iringa, ☏ 026/2703425, FAX 2703424, ✉ tandalacamp@yahoo.com oder tandala@iwayafrica.com, (ca. 10 km vor dem gate, ☞ "Anreise"), 🏊 ✕ 🍸, Fahrzeuge für Game Drives vorhanden, nett. $ 60 bis 70 pro Pers. im DZ, full board.

Rubondo Island NP

Der Park besteht aus **Rubondo Island** und neun kleineren Inseln. Sie liegen im Emin Pasha Golf am südwestlichen Ende des Victoria-Sees, nicht allzu weit vom Ufer entfernt. Errichtet wurde der Park 1977, und mit 230 km^2 ist er den kleineren zuzurechnen. Er liegt auf dem zweiten südlichen Breitengrad auf 1.140 m Höhe. Obwohl der Park sehr klein ist, weist er sehr **unterschiedliche Vegetationstypen** auf: **Savanne** wechselt sich mit offenem **Waldland** ab, dichtester **Wald** und **Papyrussümpfe** fehlen ebenfalls nicht. Glücklicherweise ist das Mitbringen von Autos verboten, und man kann nur zu Fuß das Gebiet der Insel durchstreifen bzw. mit einem Boot (vom Headquarter zu mieten) die Küstenlinie entlangfahren.

Der Park ist zwar kein Zoo, die Tiere sind aber trotzdem merkwürdig zahm. Man kann sich ihnen bis auf fünf Meter nähern, ohne dass sie flüchten. Vielleicht ist die Ursache für dieses unübliche Verhalten in der Abwesenheit von Raubtieren zu finden. Einzige gefährliche Tiere sind giftige Vertreter der Schlangen (Kobras, Grüne Mambas, Baumschlangen, Vipern) und Krokodile. Da aber Wanderungen nur in Begleitung eines Rangers gestattet sind, ist auch diese Gefahr zu vernachlässigen. Sie kennen ihr Gebiet und das Verhalten der Tiere.

Grüne Mamba, fotografiert auf der "Snake Farm" nahe Arusha (eb)

Größte Attraktion des Parks ist die **Sitatunga**, eine Antilopenart, die der Unterfamilie der Waldböcke zugerechnet wird. Sie ist hervorragend an ein Leben in Sumpf und Wasser angepasst. Ihre weit spreizbaren Hufe tragen sie sicher über morastigen Grund, auf hartem Boden wirken die Tiere ein bisschen hilflos. Als gute Schwimmer suchen sie bei Gefahr sofort das Wasser auf und tauchen weg. Nur die Nasenöffnungen sind noch zu sehen. Die Sitatunga besticht durch ein außergewöhnlich langes (bis zu 90 cm, nur bei Männchen), geschwungenes Gehörn - bei einer Körperhöhe von nur bis zu einem Meter eine imposante Erscheinung. Der gedrungene Körper des Tieres ist in der Kreuzgegend stark ausgeprägt. Dies stellt eine Anpassung an ein Leben in dichter Sumpfvegetation dar, da durch diese keilförmige Gestaltung das Papyrusdickicht besser geteilt werden kann. Die Sitatunga ist - in Tansania - hier und im Selous Wildlife Reserve anzutreffen. Im Rubondo NP sind Sichtungen garantiert.

Der **Buschbock**, der sich mit der Sitatunga denselben Lebensraum teilt, hat ein kürzeres, leierartiges Horn und ähnelt in der Gestalt, trotz eines hinteren Überbaues, einem Reh. Da einige Tiere in diesem Park Merkmale von beiden Arten aufweisen, dürfte die Möglichkeit einer Kreuzung zwischen beiden Arten bestehen. Wissenschaftlich bewiesen ist das allerdings noch nicht.

Nach einer Wanderung tut ein Bad gut. Eine der zehn Buchten, in der Nähe des Parkheadquarters gelegen, wurde zum Baden freigegeben. Obwohl der Victoria-See stark von den Bilharzioseüberträgern verseucht ist, scheint hier, nach Auskunft der Ranger, absolut keine Gefahr zu bestehen.

Tierwelt

Die Tierwelt besteht aus Buschbock, Flusspferd, Grüne Mamba, Kobra, Krokodil, Meerkatze, Mungo, Python (sehr große Exemplare), Sitatunga, Viper. Diese Tiere leben schon seit sehr langer Zeit auf den Inseln. Wie sie dorthin gekommen sind, weiß niemand genau. Insgesamt leben über das ganze Jahr verteilt gut 400 Arten von Vögeln im Rubondo NP. Die Insel ist ein sehr beliebter Brutplatz für die Populationen aus gesamt Ost-, Zentral- und Südafrika, hier ist auch die höchste Konzentration an Fischadlern zu beobachten.

Um den Besuchern auch Großwild zu bieten, importiert die Parkverwaltung seit Jahren Elefanten, Giraffen, Nashörner, schwarzweiße Colobus-Affen und andere Tierarten, vor allem Antilopen, aber auch Schimpansen. Ob dieses Vorgehen sinnvoll ist, steht auf einem anderen Blatt... die kreischend umherflatternden Afrikanischen Graupapageien sind ebenfalls importiert.

Beste Besuchszeit

Da der Grundwasserspiegel sehr hoch liegt, sind die Wälder immer grün. Ein Besuch ist das ganze Jahr über möglich, empfehlenswert jedoch während der Trockenzeit (kein Regen), von Juni bis November.

Anreise

Autofahrer nehmen am besten die Fähre nach Kamanga (siehe Kap. Mwanza), dann weiter Richtung Geita (ca. 80 km). Von hier weiter nach Bwaga (ca. 60 km), hier rechts noch ca. 60 km bis Nyamirembe-Village. Wenden Sie sich an die Polizei, sie fordert mittels Funk ein Boot von der Parkverwaltung an. Das Auto bleibt hier. Die meisten tour operator in Mwanza organisieren auch Bootstrips zum Nationalpark.

Der Park verfügt über einen Airstrip - mit Flycatcher ist die Organisation am günstigsten - $ 100/Person/einfach, falls der 5-Sitzer voll besetzt ist. Dazu kommen noch die Kosten für die Unterkunft und Ernährung im Flycatcher-Camp.

Einmal pro Woche fährt die Butiama-Fähre von Mwanza zur Maisome-Insel (östlich von Rubondo). Von hier entweder mit local-boats nach Rubondo oder Sie nehmen Kontakt mit dem HQ auf, welches sie abholt.

Mit **öffentlichen Verkehrsmitteln** ist es sehr schwierig, den Park zu erreichen.

Unterkünfte

- Ein **Luxus-Zeltcamp** am Strand der Insel wird von Flycatcher Safaris (☞ Arusha/Tour Operator) betrieben und bietet alles was das Herz begehrt.
- Zwei **Bandas** für Selbstversorger mit je drei Betten stehen beim HQ zur Verfügung. Eine Küche bietet Feuerholz und Kochutensilien. Alles andere ist mitzubringen (Streichhölzer nicht vergessen).
- Ein public-campsite, (für Selbstversorger), bietet ausschließlich Natur.

Saadani NP

Dieses ca. 1.100 km große Areal liegt genau gegenüber von Sansibar/Stonetown (38 km Luftlinie) und ist der zweitjüngste NP Tansanias (2002 gegründet). Es ist auch das einzige Schutzgebiet Tansanias, das direkt an den Indischen Ozean grenzt. Der Park setzt sich aus dem 1966 gegründeten Saadani GR, dem Areal der 1952 gegründeten, heute nicht mehr aktiven Mkwaja Ranch und dem Zaraninge Forest Reserve (im Südwesten des Parks, bekannt für seine große Endemiten-Zahl, v.a. Rankengewächse und sonst. Epiphyten) sowie dem Land dazwischen zusammen und bildet eine geschlossene Einheit.

Zwei Ursachen führten zur Schaffung des NPs: Erstens war das ursprüngliche GR viel zu klein für die saisonalen Wanderungen der größeren Säuger. Zweitens ging eine enorme Gefahr von der Wilderei (gewerbsmäßige Fleischbeschaffungs-Wilderei) und unkontrollierter Landnahme (Brandrodung usw.) aus. Um diese Entwicklung zu stoppen, wurde in konsequenter Fortführung der Erfahrungen vom Community Based Conservation-Programm des Selous WR die ansässige Bevölkerung von vornherein in die Entwicklung eingebunden. Das Ergebnis lässt sich auch hier sehen: seit 1998 ist die illegale Landnahme auf null zurückgegangen. Die Tierwelt erholt sich zusehends.

Herzstück des Parks ist das mit Mangrovenwäldern und - weiter westlich - mit Galerie-Wäldern bestandene Mündungsdelta des ganzjährig Wasser führenden Wami-Rivers; er markiert die südliche Grenze. Im Westen wird der Park von der Eisenbahn Dar es Salaam-Moshi (nur Güterverkehr) begrenzt, im Osten liegt der palmengesäumte Ind. Ozean und im Norden geht der Park langsam in besiedeltes Gebiet über. Der größte Teil ist mit Akazien-Savanne und freien Grasflächen bedeckt. Das Zaraninga Forest Reserve ist mit dichtem, immergrünem Regenwald bestanden. Der Ozean ist nicht in den Schutz des NPs integriert - Sie können also mit den Fischern direkt in Preisverhandlungen treten.

Tierwelt

Die Tierwelt erholt sich erst langsam. Mit größeren Ansammlungen ist nicht unbedingt zu rechnen. Folgende Tierarten kommen vor: Elefanten (wohl nur 50 Stück im Norden des Parks, relativ scheu, baden gerne im Ozean. Sie haben eine kulinarische Vorliebe für Kokospalmen entwickelt, was zu Konflikten mit den Plantagen-Betreibern führt), Löwe, Leopard (im Forest Reserve, selten), Schakal, Tüpfelhyäne, Wasserbock, Buschbock, Waldschwein, Warzenschwein, Büffel (eher selten), Giraffe (häufig), Zebra, Gnu, Liechtenstein's Kuhantilope, Elen-Antilope (ca. 100 Stück), Pavian, Meerkatze, Schwarz-Weiße-Colobus (in den Galerie-Wäldern des Wami), eine Unterart der Rappenantilope *(Hippotragus niger roosevelti)* scheint endemisch zu sein.

Die meisten der Tierarten sind nicht ursprünglich hier beheimatet gewesen. Ihr Bestand geht auf einen gleichzeitig mit dem GR gegründeten Zoo zurück, der hier viele in Tansania beheimateten Säuger versammelte. Er wurde 1977 geschlossen. Die Fleischfresser wurden verkauft, Pflanzenfresser freigelassen.

Im Delta des Wami-Rivers finden sich eine noch ziemlich unerforschte Vogelwelt - kleiner Flamingo ist häufig - sowie Flusspferde, relativ viele Krokodile (eines davon durchquerte vor einigen Jahren den Sansibar-Kanal und erreichte Stonetown/Sansibar), in den Wäldern auch Colobus-Affen. Die Strände um Madete im Norden des Parks sind eine der letzten Festland-Brutstätten der Suppenschildkröte und auf offener See sind hin und wieder Delfine und Buckelwale zu sehen.

Die hier gefangenen Garnelen sind die besten des Landes.

Kulturelles: Innerhalb des Parks liegt das heute unbedeutende Dorf Saadani - hier befindet sich auch das Headquarter. Im 19. Jh. war Saadani eines der Zentren des prosperierenden Swahili-Handels mit der Welt. Mehrere Ruinen zeugen davon. Unter der Herrschaft Bwana Heri bin Juma war Saadani auch Ausgangspunkt für europ. Expeditionen. Burtun und Speke z.B. starteten 1858 hier.

Der Niedergang Saadanis begann mit der Ankunft der deutschen DOAG unter Peters. Bwana Heri beteiligte sich am Bushiri-Aufstand in dessen Folge Saadani von den Deutschen zerstört wurde. Bwana Heri flüchtete und stellte sich im April 1890 auf Grund der Mediation von Sultan Sayyid Khalifa von Sansibar den deutschen Truppen. Deren Führer - Wissmann - ehrte Bwana Heri als ehrenhaften Feind, ließ ihn am Leben und betraute ihn mit dem Wiederaufbau des Dorfes.

Anreise

Der NP verfügt über einen Airstrip, der von Coastal Aviation regelmäßig angeflogen wird (☞ "Reisen im Land"). Auch die Betreiber der Camps organisieren Flüge. Flugzeit von Sansibar ca. 15 Min., von Dar es Salaam ca. 30 Min.

Die Behauptung, dass der NP ca. 100 km von Dar es Salaam entfernt ist, bezieht sich auf die Luftlinie. Auf der Straße sind ca. 220 km (davon 160 auf Asphalt) zurückzulegen: Von Dar es Salaam auf der Morogoro-Road westwärts bis Chalinze, dann den Arusha-Highway Richtung Norden. Ca. 2 km nach der Querung des Wami-Rivers (kurz vor der Ortschaft Mabaku) zweigt an der Mandera-Junction rechts eine schlechte Piste ab. Es sind noch ca. 60 km bis Saadani Village/Headquarter - Vierradantrieb vorausgesetzt, ca. 4 bis 5 Std. Fahrzeit. Während der Regenzeit ist die Verbindung ab Mandera nicht unbedingt gesichert. Eine Anreise entlang der Küste von Bagamoyo ist praktisch wegen der schlechten Pistenverhältnisse nicht möglich; dasselbe gilt für die Anreise von Pangani. Während der Trockenzeit können Sie es in beiden Fällen mit allradbetriebenen Fahrzeug versuchen - ca. 100 km von Pangani, ca. 80 km von Bagamoyo. Die Fähre über den Pangani-River arbeitet, die über den Wami-River ist jedoch zur Zeit außer Betrieb.

"The Original Saadani Experience" (☞ "Saadani Safari Lodge") betreibt mehrmals wöchentlich ein fahrplanmäßiges Minibus-Shuttle, Adresse siehe unten.

Innerhalb des Parks sind die Pisten nur während der Trockenzeit befahrbar.

Unterkünfte

- ♦ **Saadani Safari Lodge**, direkt am Strand gelegene Luxus-Zelt-Lager mit Luxus-Restaurant usw., ca. 1 km nördlich von Saadani Village gelegen, PO Box 105854, Dar es Salaam, ☎ 022/2600867, ✉ info@saadani.net, 💻 www.saadanilodge.com
- ♦ Resthouse für Selbstversorger beim HQ sowie in der Mkwaja-Ranch
- ⛺ 10 special campsites im Park (vornehmlich in der nördlichen Hälfte).

In Saadani-Village gibt es noch keine Unterkünfte. Ein Campingplatz für Selbstversorger wird soeben errichtet. Im Dorf ein kleines Teahouse fürs

Frühstück sowie fliegende Händler fürs Dinner. Es ist jedoch nur eine Frage kurzer Zeit, bis irgendwer zumindest ein Hotel der Kat. D aus den Boden stampft.

Außerhalb der Parkgrenze: A Tent With a View Safari Lodge, 8 Bandas/Bungalows direkt am Strand, sehr nahe der nordöstlichen Grenze, (Seafood), PO Box 40525, Dar es Salaam, 022/211050 oder 0741/323318, tentview@cats-net.com, www.saadani.com oder www.safariscene.com

Die Rolle dieses NPs im langfristigen touristischen Konzept des Staates ist die eines Vermittlers zwischen Northern und Southern Circuits einerseits; andererseits schafft er zur 5-Sterne-Hotel-Achse Dar es Salaam-Bagamoyo ein Gegengewicht. Der NP ist nämlich auch als neues Zentrum in der Entwicklung des Badetourismus gedacht. Die Küste wird langfristig wohl bis Tanga touristisch erschlossen werden. Als mittelfristige Folge der NP-Schaffung wird die Küstenstraße ab Bagamoyo Richtung Norden weiter asphaltiert werden (zumindest bis zum noch brückenlosen Wami-Delta), auch die Rehabilitierung der Straße vom Arusha-Higway (ab Msata) bis Bagamoyo ist unter diesem Licht zu sehen.

Noch ein Grund sprach für die Schaffung dieses NPs: er liegt genau 38 km gegenüber von Stonetown/Sansibar. D.h., Touristen, die Sansibar besuchen, können mit sehr geringem finanziellen wie zeitlichen Aufwand die Tierwelt des Festlandes bestaunen; auch werden die anderen Parks dadurch entlastet.

Selous WR

Chief Warden, Selous Wildlife Reserve, PO Box 25295, Dar es Salaam, Nyerere Rd. ("Ivory Room", an der Kreuzung mit der Chang'Ombe Rd.), 022/866064, scp@africaonline.co.tz

Der Besuch dieses geschützten Gebietes in 100 m bis 1.260 m Höhe stellt das Nonplusultra eines Tansania-Besuches dar. Mit einer Größe von ca.

50.000 km^2 (6 % der Landesfläche) ist es größer als Dänemark. Es entstand bereits 1922 und zählt somit zu den ältesten Gebieten der Welt, die ohne allzu großen menschlichen Eingriff überlebten. Dieses Wildlife Reserve garantiert ein überwältigendes Erlebnis. Deshalb ist es auch bereits 1982 in die Liste des UNESCO-Weltnaturerbe aufgenommen worden.

Drei Viertel der riesigen Fläche ist von Wald bedeckt, der in der Trockenzeit seine Blätter verliert (Miombo-Waldland). Nur am **Rufiji-Fluss**, Entwässerungsorgan von über 180.000 km^2 Land, und seiner größeren Zubringer (Ruaha-, Luwego- und Luhombero-Fluss) gedeiht immergrüner Wald. Die restlichen Flächen des Reserve teilen sich offenes Grasland, Sümpfe, Savanne und dichter Dornbusch. Alle Vegetationszonen darf man in Begleitung eines bewaffneten Rangers zu Fuß durchstreifen. Das ist Natur pur. Natürlich ist auch eine Tour mit dem Auto möglich.

Als Hauptpunkte im Besuchsprogramm gelten die **Hot Springs** (*Maji Moto*). Diese warmen bis heißen schwefelhaltigen Quellen lieferten (angeblich) während des Maji-Maji-Krieges das Wasser, das die Kämpfer unverwundbar machen sollte. Vormittags haben Sie ideales Fotolicht, legen Sie Ihren Besuch auf diese Zeit!

Weiterhin der **Tagalala-See**, das **Grab F. C. Selous** (des Namensgebers und Elefantenjägers, gefallen im Ersten Weltkrieg) und die **Stieglers Gorge**.

Diese Schlucht liegt ca. 40 km vom Matambewe Gate entfernt und ist ca. 100 m tief und breit. Hier sollten drei riesige Kraftwerke errichtet werden, das Vorhaben ist aktueller denn je. Sollte es durchgeführt werden, stehen ungefähr 10 % des Parks unter Wasser. Ein weiteres zerstörendes Projekt stellt eine geplante Garnelen-Farm in der Nähe des Rufiji-Deltas dar. In der ersten Bauphase ist die Abholzung des Mangrovengürtels vorgesehen! Die nächste Gefahr geht von einem nördlich gelegenen Dammprojekt am Ruvu-River aus, der der Trinkwasserversorgung Dar es Salaams dienen soll.

Einen weiteren Höhepunkt stellen **Bootsfahrten** und Angelausflüge auf dem Rufiji-Fluss dar (werden von jedem Camp angeboten). Die Anzahl der Flusspferde und Krokodile ist nicht genau anzugeben, es sind jeweils einige Tausend. Fischadler ziehen durch die Lüfte, und Eisvögel schießen ins Wasser.

Dieser Park ist eigentlich als Freilichtmuseum anzusehen - dieses Erscheinungsbild besaßen bis zur Jahrhundertwende große Teile Ostafrikas.

Tierwelt

Es sind praktisch alle bekannten größeren ostafrikanischen Tierarten vertreten, inklusive knapp 400 Vogelarten. Da dieser einzigartige Tierbestand eine Zusammenfassung aller vorhandenen Nationalparks und Wildlife Reserves ist und daher in den jeweiligen Kapiteln nachgelesen werden kann, nur zwei zahlenmäßige Highlights: ca. 160.000 **Büffel** und ca. 50.000 **Elefanten**.

Sehr schwer zu erblicken sind die **Moschusböckchen**. Sie zählen mit einer Schulterhöhe von ca. 35 cm zu den kleinsten Antilopenarten. Auch die **Sitatunga**, vornehmlich in sumpfigen Gebieten anzutreffen, sieht man hier. Die Sitatunga ist der einzige Hornträger, der lieber schwimmt als läuft. Er ist hervorragend an ein Leben in Sumpf und Wasser angepasst, ☞ "Rubondo Island NP".

Eine Besonderheit stellt eine Unterart des Schwarzen Nashorns (*Diceros bicornis minor*) dar. 1970 existierten im Park noch mehr als 2.000 Exemplare, heute sind es nur knapp 100. Wahrscheinlich ist dies die einzige sich fortpflanzende Population in gesamt Ostafrika. Der dramatische Rückgang ist fast ausschließlich auf Wilderei zurückzuführen.

Die Tiere, die in einem versteckten Winkel des Parks leben, werden seit 1995 vom Sand Rivers Rhino Project (ein Zusammenschluss von Privatpersonen, dem Director of Wildlife und dem Project Manager of the Selous WR) beobachtet und beschützt.

Um dem dramatischen Schrumpfen der Elefanten- und Nashorn-Populationen durch Wilderei entgegenzuwirken, riefen die Regierungen von Tansania (Wildlife Division in the Ministry of Natural Resources and Tourism) und Deutschland (GTZ) 1988 das "Selous Conservation Programme" (SCP, heute **Community Wildlife Management/GTZ**) ins Leben. Es bedeutet die Einbindung der lokalen Bevölkerung in die "Bewirtschaftung" des Selous Wildlife Reserves.

In der Praxis sollen die Bewohner der 50 Dörfer nicht nur die Nachteile eines WR in Kauf nehmen müssen, sondern auch Vorteile und Nutzen aus ihm ziehen - z.B. durch Schaffung von Arbeitsplätzen (in erster Linie gamescouts, die in 160 Stationen quer durch das WR in "village wildlife management areas" verteilt sind), Fleischverkauf usw. Diese Form der Schutzgebiet-Bewirtschaftung wird **Community Based Conservation** genannt. So konnte auch der Wilderei stark entgegengewirkt werden, da diese ihre Basis auch in den Dörfern hatte. Weitere wichtige Partner des SCP sind der WWF, die Frankfurter Zoolog. Gesellschaft und African Wildlife Foundation.

Die Erfolge lassen sich sehen: die Wilderei ist sehr stark zurückgegangen (aber noch nicht völlig verschwunden). In den 70er Jahren wurde der Elefantenbestand auf ca. 100.000 Tiere geschätzt, in den 80er Jahren waren es noch ca. 30.000, heute sind es wieder ca. 50.000. Allerdings hat die Zerstörung von Feldfrucht zugenommen.

Obwohl noch keine endgültige Bilanz dieses Pilotprojektes gestellt werden kann, soll das Projekt auf den 8.000 km² großen **"Selous - Niassa Wildlife Corridor"** übertragen werden. Es handelt sich dabei um ein geschütztes (bzw. noch zu schützendes) Areal, welches Wanderungen zwischen dem Selous WR und dem in Mosambik an der Grenze gelegenen Niassa GR (40.000 km², ebenfalls ein Elefantenrefugium) ermöglichen soll. Insgesamt wird somit ein zusammenhängendes Öko-System (Selous-Niassa-Miombo-Waldland), in einer Größe von ca. 150.000 km² geschaffen, zumindest 110.000 davon werden unter Schutz stehen.

Die Wanderungen der Tiere zwischen den Reserves führten bis vor kurzem noch durch fast menschenleeres Gebiet. Da die Bevölkerung jedoch enorm wächst, ist es nur eine Frage der Zeit, bis diese Wanderungen unterbunden werden. Deswegen wurde 2000 das "Selous-Niassa Wildlife Corridor Research Project" ins Leben gerufen. Im Einvernehmen mit der lokalen Bevölkerung soll der Selous-Niassa-Corridor geschaffen werden. Denn auch wenn beide Reserves ziemlich groß sind: Zwei isolierte Reserves haben nicht einmal annähernd so viel biologischen Wert wie der Gesamt-Verband. Herzstück des Corridors - er soll zwischen Songea und Tunduru verlaufen - wird das Sasawara Forest Reserve bilden.

Partner des Projektes ("The Development and Management of the Selous-Niassa Wildlife Corridor") sind in erster Linie die Wildlife Division of the Ministry of Natural Resources and Tourism of Tanzania, die deutsche GTZ und die UNDP.

Geschichte

Neben den aufsehenerregenden Höhepunkten biologischer Art weist der Park auch eine spektakuläre **Geschichte** auf. Bereits sehr früh führten durch dieses recht dünn besiedelte Land die Routen der Sklavenhändler vom Malawi-See zur Küste. Hin und wieder sieht man Mangobäume, höchstwahrscheinlich entstanden aus weggeworfenen Mangokernen, der Wegzehrung der Sklaven.

Das harte Regime der Deutschen führte zu mehreren Aufständen. Trauriger Höhepunkt war der Maji-Maji-Krieg, dessen Zentrum das heutige Selous WR bildete (☞ "Information, Karten, Literatur").

Außerdem attackierte im Ersten Weltkrieg das deutsche Kriegsschiff "Königsberg" unter Kapitän Looff 18 Monate lang die englischen Bastionen an der Küste. Unauffindbar versteckte es sich nach erfolgtem Angriff im Wirrwarr des Rufiji-Deltas. Erst als die britische Armee Flugzeuge einsetzte, die erste Aktion dieser Art in Afrika, konnte die "Königsberg" Mitte 1916 geortet werden. Nach dem ersten - nicht schwerwiegenden - Treffer durch die Briten ließ Kapitän Loof aufgrund von fehlender Munition den Kreuzer mit dem letzten Torpedo versenken. Lediglich die 10,5 - cm-Geschütze wurden über Land nach Dar es Salaam gezogen, wo sie zur Befestigung der Stadt dienten; eine dieser Kanonen war vorübergehend auf der "Liemba" (siehe Kap. Kigoma) anzutreffen. Erst 1979 ist sie vollständig gesunken.

Hätte Deutschland den Krieg gewonnen, wäre das Reserve nach dem deutschen Truppenkommandanten Lettow Vorbeck benannt worden. So erhielt es den Namen seines Gegners. Captain Frederick Courtney Selous, ein Großwildjäger und Elfenbeinhändler, fiel am 4.1.1917. Sein Grab liegt in den Behobeho-Hügeln, in der Nähe des Selous Safari Camps, und kann besichtigt werden.

Beste Besuchszeit

Der östliche Sektor des WR ist trockener als der westliche, der auch in der Trockenzeit lichte belaubte Wälder und grüne Wiesen zeigt. Der Osten ist dafür wesentlich dichter bewaldet. Dieser Wald verliert während der Trockensaison seine Blätter. Beste Besuchszeit ist daher von Juni bis Anfang Oktober. Die Bäume sind entlaubt, das scheue Wild ist daher schon aus größerer Entfernung zu erspähen. Während der Regenzeiten überschwemmen Flüsse zusätzlich große Teile der Region und die Straßen werden unpassierbar. Januar und Februar ist Blühsaison; falls es nicht gerade stark regnet ist ein Besuch dringend anzuraten.

Anreise und Verkehrswege innerhalb des WR

Grundsätzlich kann man das WR in zwei Gebiete unterteilen: eine nördlich des Rufiji River gelegene relativ kleine (aber groß genug, um Tage hier zu verbringen) Region ist den "gewöhnlichen" und tierliebenden, lediglich fotografierenden und beobachtenden Touristen vorbehalten, der wesentlich größere südliche Teil den stolzen Großwildjägern mit ihren langen Büchsen. Dazwischen erstreckt sich eine Art riesiges Niemandsland, das die Tiere zum Ausruhen benötigen.

Der nördlich gelegene Teil wird von den anderen Regionen durch den Rufiji und Great Ruaha River getrennt. Eine Überquerung dieser Flüsse ist innerhalb der WR-Grenzen zur Zeit nicht möglich. Außerhalb der Grenzen ist der Rufiji-River auf der Straße Dar es Salaam - Kilwa/Lindi mit der Mkapa-Bridge überspannt.

Um den nördlichen Teil des Parks mit dem Auto zu besuchen, wählen Sie als Ausgangspunkt am besten Dar es Salaam und verlassen diese Stadt zu jeder Jahreszeit nur und ausschließlich mit einem allradbetriebenen Fahrzeug.

1. Möglichkeit

Verlassen Sie Dar es Salaam in Richtung Süden (Flughafen, Lindi, Mtwara), erreichen Sie nach ca. 145 km auf Asphalt **Kibiti** (letzte Tankstelle!).

In Kibiti verzweigt sich die Straße; Sie nehmen den rechten Ast - die schlechte Piste Richtung Mkongo (die gute Straße führt weiter nach Lindi/Mtwara).

Nach ca. 30 km, kurz vor der Ortschaft Mkongo, gelangen Sie zu einer Kreuzung, rechts abbiegen Richtung Mloka bzw. Rufiji River Camp (Hinweisschild: 80 km, nach Utete links abbiegen), weiter, bis endlich wieder ein Dorf kommt - **Kirimani** (Kilimani).

Die Straße ist bis hierher eine Katastrophe, eine Abwechslung aus roter Erde, rotem Staub und weißem Sand. Vorsicht! Letzterer kann sehr tiefgründig werden.

Ca. 10 km nach Kibiti beginnt die absolute Wildnis. In Kirimani sind Sie ca. 185 km von Dar es Salaam entfernt.

Am Ortseingang Kirimani rechts halten, bis zum Markt vordringen, wieder rechts (Hinweisschild "Mloka").

Die Straße wird schlechter - weißer Sand wechselt sich mit weißem hartem Grund ab. Das bedeutet Treibsand, enorme Staubentwicklung und Quer- und/oder Längsfurchen sowie ein durchschnittliche Geschwindigkeit von ca. 15 km/h.

Entschädigt wird man aber durch eine phantastische Landschaft: Dornbusch, riesige Baobabs, erste Blicke auf den Rufiji, Paviane, Savanne, hin und wieder Warzenschweine. Diese Straße führt schnurstracks nach Mloka, durch das Dorf durch und nach einigen Kilometern ist das Mtemere Gate erreicht.

2. Möglichkeit

Von Dar es Salaam auf Asphaltstraße nach Morogoro (ca. 193 km, letzte Tankstelle), hier links Richtung Teachers Training College, kurz danach rechts Richtung Bigwa, Matombo, Kisaki, Matambwe (Matambwe Gate, keine Tankstelle). Diese Allwetterpiste (160 km), deren Zustand nicht allzu schlecht ist, führt durch die Uluguru-Berge. Sagenhafte Szenerie, steile Straßen, tiefe Täler, Durchschnittsgeschwindigkeit ca. 25 km/h.

Gesamtstreckenlänge: ca. 350 km, 8 bis 10 Std. Fahrtzeit, besser zwei Tage. Die Strecke Dar es Salaam-Morogoro führt durch landwirtschaftlich genutztes Gebiet, von hier bis Kisaki wechselt sich Landwirtschaft und Wildnis regelmäßig ab.

Der Anblick diverser Landkarten legt Abkürzungen über Mikese, Pangawe usw. (alle kurz vor Morogoro gelegen) nahe. Wählen Sie diese Strecken nur dann, wenn Sie 100 %ig sicher sind, dass Ihr Fahrer (oder Sie selbst) die Situation kennt, sonst verfahren Sie sich mit Sicherheit.

Wenn Sie vom Matambwe Gate Richtung Morogoro fahren, müssen Sie in Kisaki (Straßengabelung) die rechte Straße nehmen; diese biegt im rechten Winkel ab und führt am Markt vorbei! Die andere Straße wird bald zu einem besseren Feldweg, der zum Mikumi NP führt und eigentlich den Rangern vorbehalten ist!

Für ganz Eilige hat jedes Camp einen Airstrip angelegt. Diese Form der Anreise ist preislich gesehen günstiger als mit dem Auto, aber nur sinnvoll, wenn Sie in einem der Luxuscamps nächtigen. Precision und Coastal Air fliegen praktisch täglich nach Flugplan das WR an (☞Reisen im Land/Flugzeug).

Die TAZARA fährt durch den westlichsten Teil des Reserve. Die Station Fuga liegt im Schutzgebiet, Kisaki direkt an der Grenze. Bei vorheriger Buchung in einem der Camps werden Sie hier kostenlos abgeholt.

Als preisbewußter Individualtourist kann man in Kisaki beim Matambwe Gate einen Guide anstellen und die nähere Umgebung per pedes durchstreifen. Rechnen Sie dafür ein bis zwei Tage zusätzlich ein, denn die Guides sind vornehmlich in den Luxuscamps anzutreffen und es dauert, bis sich einer zum Gate "verirrt". Da das Mtemere Gate praktisch als Haupteingang zu bezeichnen ist, ist hier die Chance, einen Guide zu erhaschen, wesentlich größer.

Ein öffentlicher Bus verlässt täglich Dar es Salaam im Stadtteil Temeke, Nähe Hotel Sudan (die Taxifahrer kennen die Station), und hat seine Endstation im Zentrum von Mloka. Von hier sind es noch ca. 8 km zum Gate.

Das Straßensystem innerhalb der WR-Grenzen wird unterteilt in Haupt- und Nebenstraßen. Erstere verbindet Mtemere mit Matambwe Gate, ca. 85 km (inkl. Fotostops und einer Kaffeepause eine Tagestour). Das Befahren der vielen Nebenstraßen (unbeschildert) kann leicht zur Desorientierung führen, richten Sie sich nach dem Stand der Sonne, verwenden Sie einen Kompass, und wenn sich Ihr Fahrer doch nicht so auskennt, wie vorher behauptet, heuern Sie am Gate einen Guide an. Alle Straßen sind auch in der Trockenzeit in einem katastrophalen Zustand und nur mit allradbetriebenen Fahrzeugen zu bewältigen, während der Regenzeit ist der Park geschlossen, da er sowieso nicht zu befahren ist.

Benzin ist im Park nicht zu erhalten, Diesel u.U. in den Camps (zu erhöhten Preisen). Eine Möglichkeit ist, den Fahrer des Busses Dar es Salaam-Mloka zum Verkauf von Diesel zu überreden. Er parkt meist in Nähe der Eukalyptus-Allee und ist dem Ansinnen nicht abgeneigt (ein kleiner Zusatzverdienst). Besser ist aber die Mitnahme voller Reservekanister.

Bewahren Sie Ihr Ticket gut auf, denn Sie brauchen es bei Verlassen des Parks wieder. Auch wenn die Posten nicht besetzt sein sollten, wird Sie der Ranger in Matambwe oder Mloka irgendwo kontrollieren.

Unterkünfte

⛺ Es existieren nur Luxus-Zelt-Camps nördlich des Rufiji. Sie sind alle nach demselben Schema angelegt: geräumige Hauszelte mit zwei Betten, Moskitonetz, davor eine überdachte Terrasse mit Sitzgelegenheiten, dahinter Toiletten- und Duschzelt. Ein großes Restaurant mit Bar ist der Mittelpunkt. Jedes Camp verfügt über einen eigenen Airstrip. Während der Regenzeit sind die Camps geschlossen. Die Camps zählen zu den teuersten des Landes, rechnen Sie mit $ 150/Pers. im DZ.

☹ Als zufällig vorbeikommender Reisender ist die Chance ein Zimmer oder Lunch/Dinner zu erhalten gleich null (Frühstück ist eventuell möglich). Walking-Safaris, Bootstouren und dergleichen können in der Regel arrangiert werden.

⛺ **Rufiji River Camp** liegt ca. 5 km vom Mloka Gate entfernt. Zu buchen über Hippo-Tours, PO Box 13824, Dar es Salaam (im Mwalimu Nyerere Centre/Nyumba ya Sanaa, ☞ "Dar es Salaam" ansässig), ☎ 022/2128662, ✍ booking@hippotours.com, 💻 www.hippotours.com

- **Selous Safari Camp,** im Besitz der "Conservation Corporation Africa" (💻 www.ccafrica.com), zu buchen über diese oder über das Ras Kutani Beach Resort (☞ "Strände südlich von Dar es Salaam")
- **Beho Beho Camp** liegt in der Nähe des Matambwe Gates und als einziges nicht am Wasser, sondern leicht erhöht mit herrlichem Ausblick über dicht bewachsene Hügel und Berge. Als einziges Camp hat es gemauerte Bandas. Bootstouren werden nicht am Rufiji, sondern am Lake Tagalala durchgeführt, Hot Springs und Selous Grave liegen nahe. Zu buchen über das Oysterbay Hotel, Dar es Salaam, ☎ 022/2600352/4, 💻 www.behobeho.com, ✍ reservations@behobeho.com oder ✍ obhotel@acexnet.com
- **Impala Camp**. Ziemlich kleines, intimes Camp, welches nach Besitzerwechsel und Generalüberholung wieder empfohlen werden kann. Zu

buchen über Coastal Travel, Dar es Salaam, ☏ 022/2117955/60, safari@coastal.cc, www.coastal.cc

- **Sable Mountain Lodge**, ziemlich einsam im Nordwesten des WR gelegen (nahe Matembwe-Gate), zu buchen über A Tent With A View Safaris Ltd., PO Box 40525, Dar es Salaam, ☏ 022/2110507 oder 0741/323318, tentview@cats-net.com, www.selouslodge.com, www.safariscene.com
- **Sand River Lodge**, sand-rivers@intafrica.com, jane@nomad.co.tz, www.sandrivers.com, ☏ 022/2128485

Camping

campsites beim Mtemere und Matambwe Gate für Selbstversorger

- **Außerhalb der Parkgrenzen: Selous Mbega Camp**, in der Nähe von Mloka-Village sowie des Mtemere Gates, 13 große Zelte auf Holzplattformen, ✕, mit $ 95/Pers. im Doppelzelt (Vollpension, Einzelbelegung $ 135), die günstigste Möglichkeit das WR zu besuchen, PO Box 23443, Dar es Salaam, ☏ 022/2650250 oder 0748/624664 oder 748888, info@selous-mbega-camp.com oder baobabvillage@raha.com, www.selous-mbega-camp.com

Serengeti NP

www.serengeti.org

Die **Serengeti** ist wahrscheinlich der bekannteste Nationalpark der Welt. Selbst Menschen, die Afrika nicht einmal auf der Landkarte finden, kennen den Namen Serengeti. Das kommt nicht von ungefähr: Die Serengeti ist ein Thriller und auch nach dem x-ten Besuch noch aufregend.

Die Ansammlung von zu beobachtenden Wildtieren ist nirgends in Afrika größer als hier. Mehr als 3 Mio. größere Säugetiere bevölkern diese Ebene. Endlos schweift der Blick, nur am Horizont wird er im Juli und August durch Gelb und im Dezember und Januar durch Grün gestoppt. Der Name leitet sich vom Massai-Wort *serenget* ab - "großer, weiter Raum" (ideales Weidegebiet).

Ursache war die unermüdliche Arbeit, das **Lebenswerk Bernhard Grzimeks** unter dem Motto: "Serengeti darf nicht sterben". Er begann in den 50er Jahren mit der Erforschung der Wanderbewegungen in den Serengeti Plains. Noch nie hat sich ein Biologe so engagiert und gekonnt die Werbetrommel gerührt wie er. Seine Söhne, allen voran der verunglückte Michael Grzimek, nahmen diesen Faden auf. Heute ist die Serengeti ein quasi internationalisierter NP, federführend im Management ist - neben der TANAPA - die Frankfurter Zoologische Gesellschaft.

Dieser Nationalpark wurde 1951 errichtet und bedeckt heute eine Fläche von 14.763 km². Das ist immerhin 5,74mal so groß wie das Saarland und 2,7mal größer als der Kanton Graubünden. Der Park erstreckt sich vom ersten bis zum dritten südlichen Breitengrad. Die Höhe variiert von 918 bis 1.840 m.

Der Süden wird beherrscht von **Kurz- und Langgrasebenen**, hier liegen auch die berühmten **Kopjes**, wahllos "hingestreute" Felshaufen mit gigantischen Ausmaßen, ähnlich den in Europa vorkommenden Findlingen. Der größte, der **Gongo Rock**, ist beispielweise mit Riesenöltankern vergleichbar.

Safaristau - die Tourguides verständigen sich per Funk, wo sich Tiere aufhalten (eb)

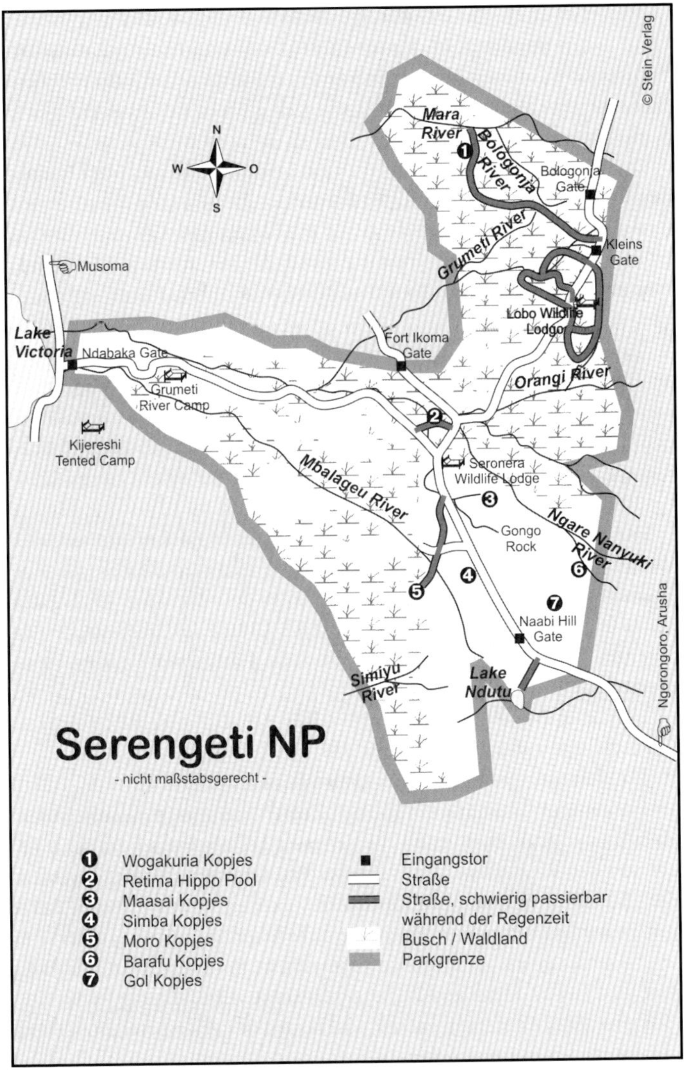
© Stein Verlag
N
W
O
S
Mara River
Bologonja River
Bologonja Gate
Grumeti River
Kleins Gate
Musoma
Lobo Wildlife Lodge
Lake Victoria
Ndabaka Gate
Fort Ikoma Gate
Orangi River
Grumeti River Camp
Kijereshi Tented Camp
Seronera Wildlife Lodge
Mbalageu River
Gongo Rock
Ngare Nanyuki River
Ngorongoro, Arusha
Naabi Hill Gate
Simiyu River
Lake Ndutu
Serengeti NP
- nicht maßstabsgerecht -
❶ Wogakuria Kopjes
❷ Retima Hippo Pool
❸ Maasai Kopjes
❹ Simba Kopjes
❺ Moro Kopjes
❻ Barafu Kopjes
❼ Gol Kopjes
Eingangstor
Straße
Straße, schwierig passierbar während der Regenzeit
Busch / Waldland
Parkgrenze

Im zentralen Teil ist **Savanne** mit Akazien vorherrschend. Der Norden glänzt durch **Hügelland**. Im Westen (*western corridor*) finden wir extensiven **Waldbewuchs**, ab und zu unterbrochen von Sümpfen und Wasserlöchern. Hier kann man auch während der Trockenzeit größere Tieransammlungen zu beobachten.

Im Norden grenzt die Serengeti an das kenianische **Massai Mara National Reserve** (1.813 km^2). Die westliche Grenze des Parks liegt ca. 9 km vom Victoria-See entfernt, und im Osten grenzt das **Ngorongoro CA** an. Neben den großen Mengen an **Löwen** sind die zweimal jährlich stattfindenden **Wanderungen riesiger Tierherden** die Hauptattraktion des Parks, wenn nicht sogar ganz Afrikas.

Es gibt zwei Wanderrouten. Eine führt von den zentral und südlich liegenden Trockengebieten nach Westen. Die Rückwanderung erfolgt zu Beginn der kurzen Regenzeit von November bis Januar. Die zweite führt ebenfalls von den Trockengebieten nach Norden in das kenianische Massai Mara National Reserve. Beide Wanderungen erfolgen im Mai/Juni. Es beteiligen sich bis zu zwei Millionen Tiere.

Auslöser für beide Wanderungen ist der immer gravierender werdende **Wassermangel** während der Trockenzeit. Im *western corridor* versorgt der Grumeti River das Land mit Wasser, im Norden der Mara River. Bis September/Anfang Oktober drängen sich fast zwei Drittel des Tierbestandes der Serengeti im winzigen Massai Mara NR. Seine Fläche macht nur ein Achtel der Serengeti aus!

Zu diesen beiden riesigen Wanderungen gibt es, vornehmlich in West-Ost-Richtung, ständig Miniwanderungen.

Die Wanderungen werden von **Gnus** getragen - ungefähr 1,1 Mio. Tiere sind unterwegs. Zusätzlich 150.000 **Zebras** und einige hunderttausend **Gazellen** und **Antilopen**. Verfolgt werden diese riesigen Massen tierischer Leiber von den Raubtieren: **Löwen**, **Leoparden**, **Geparden**, **Hyänen**, **Wildhunden**, **Schakalen**, **Servalen** und **Zibetkatzen**, nicht zu vergessen **Adler**, **Falken** und **Bussarde**. Die Nachhut bilden, wie nicht anders zu erwarten, **Geier**. Dieses zweimal jährlich stattfindende phantastische Spektakel währt nur einige Tage und ist von Klima und Witterung abhängig. Eine Planung im Voraus - "Ich gehe jetzt Wanderung gucken" - ist derzeit trotz Computer und Spionagesatelliten noch nicht möglich.

Tierwelt

Insgesamt dürften sich um 3 Mio. Tiere in der Serengeti tummeln: Adler, Bleichböckchen (Oribi), Borstenhörnchen, Büffel, Buschbock, Buschschwein, Zibetkatze, Colobus-Affe (schwarzweißer), Dik-Dik (Windspielantilope), Ducker, Elefant, Elenantilope, Erdferkel, Erdwolf, Flusspferd, Gazelle (erwähnenswert ist eine Unterart der Grant's Gazelle (*robertsi*) mit extrem weitausladendem Gehörn), Geier, Gepard, Gerenuk (Giraffengazelle), Ginsterkatze, Giraffe, Gnu, Impala, Klippschliefer, Klippspringer, Krokodil, Kudu, Kuhantilope, Leopard, Löffelhund, Marabu, Meerkatze, Mungo, Nashorn, Oryx, Pavian, Pferdeantilope, Rappenantilope, Riedbock, Schakal, Sekretär, Serval, Steinböckchen, Strauß, Streifenhyäne, Suniböckchen, Topi, Tüpfelhyäne, Warzenschwein, Wasserbock, Zebra, Gorilla. Die Löwenpopulation wurde 1999 durch einen Staupe-Ausbruch dezimiert, hat sich mittlerweile aber wieder erholt. Aktuell schätzt man den Bestand auf 3.500 Tiere. Es wurde ein Rudel mit 41 Tieren gesichtet - höchstwahrscheinlich das größte Rudel Afrikas.

Die **Vogelwelt** der Serengeti wird seit 1959 systematisch erforscht. Bis heute wurden mehr als 350 Arten gezählt, ein Ende ist noch nicht abzusehen.

Eine Besonderheit der Serengeti stellen die in Rudeln jagenden **Wildhunde** dar. Auf Grund ihres hyänenhaften Aussehens werden sie auch als Hyänenhunde bezeichnet.

1991 starb der letzte Wildhund der Serengeti an mit ziemlicher Sicherheit von Haushunden übertragener Tollwut. 1997 begann die Biologin S. Cleaveland (University of Edinburgh) mit Tollwut-Impfungen der Haushunde, v.a. in den dicht bevölkerten Regionen westlich der Serengeti. Einerseits wollte sie damit die Bevölkerung vor Ansteckung schützen, andererseits eine Tollwut-freie Pufferzone für die Tierwelt der Serengeti schaffen. Als nicht geplanter, aber höchst willkommener Nebeneffekt, wanderten wieder Wildhunde ein. Z.Z. existieren 3 unabhängig voneinander existierende Rudel mit insg. ca. 40 is 60 Individuen, die laufend beobachtet werden.

Serengeti Centre in Seronera

ist eine Freiluftausstellung in Zusammenarbeit mit der Frankfurter Zoologischen Gesellschaft mit Schautafeln und Video-Animation im Auditorium.

Sehr schön gelegen inmitten eines Kopjes unweit der Seronera Wildlife Lodge. Geplant sind insgesamt 14 eigenständige Ausstellungsgebiete über Geschichte, Naturgeschichte, Geologie, Ökologie, Management und Erhaltung der Serengeti. Spezialausstellungen über die unterirdische Serengeti, das Nachtleben im Park sowie über die Bevölkerung des Serengeti-Ökosystems ergänzen das Angebot. Ein kleines Café und der obligate Souvenirshop fehlen natürlich nicht.

Beste Besuchszeit

Beste Besuchszeit, um die riesigen Herden zu beobachten, sind die Monate Dezember bis Mai, wobei sich vor allem Januar und Februar eignen. Die Konzentration von Tieren in den gut überschaubaren südlichen Grasländern ist in diesen fünf Monaten am höchsten. Während der kurzen und langen Regenzeit wird ein allradbetriebenes Fahrzeug unter Umständen die einzige Chance sein, weiterzukommen. In den Trockenmonaten genügt für die Hauptwege ein normaler Pkw.

Wasserbüffelherde in der Serengeti (eb)

Anreise

Das östlichste Eingangstor (**Naabi Hill Gate**) ist von Arusha ca. 250 km entfernt. Die Anreise kann in der Trockenzeit innerhalb von fünf bis sechs Stunden bewältigt werden und führt am Lake Manyara NP (herrliche Aussicht von der Straße auf den See) vorbei und durch das Ngorongoro CA.

Die ersten 80 km sind eine sehr gute, asphaltierte Straße. Bei Makuyuni befindet sich die nicht zu übersehende Abzweigung nach rechts. Hier beginnt auch die knallrote, staubige Piste. Sie führt zuerst, hügelauf, hügelab, durch extensiv landwirtschaftlich genutztes Gebiet und geht nach ca. 70 km ziemlich abrupt in die grasbestandenen Ebenen des Ngorongoro CA über.

Das westlichste Eingangstor (**Ndabaka Gate**) ist ca. 110 km von Mwanza entfernt. Im Südosten, knapp 150 km (Allwetterpiste) von Musoma entfernt, liegt das **Ikoma Gate**.

Die einzige Möglichkeit, mit **öffentlichen Verkehrsmitteln** in die Serengeti zu gelangen, sind die Busse Musoma-Arusha, Mwanza-Arusha. Sie halten im Dorf Seronera, und man gestattet den Reisenden, die kurze Strecke zur Seronera Wildlife Lodge zu Fuß zurückzulegen. Egal ob Sie in der Serengeti bleiben wollen oder nicht, die Eintrittsgebühr muss bei Querung mit Bus auf jeden Fall bezahlt werden.

Unterkünfte

Seronera Wildlife Lodge, der Name leitet sich vom Seronera-River ab, der die Lodge in einer U-förmigen Schleife umfließt. Die Loge liegt ca. 330 km von Arusha entfernt. 1972 nach Plänen der israelischen Architektin Campbell erbaut, fügt sich dieses, auf der Spitze eines Kopjes gelegene Bauwerk grandios in die Landschaft ein. Die riesigen Felsbrocken sind Teil der Lodge und ersetzen hier und dort die Wände. So vermittelt die große international bestückte Bar, die auf drei Seiten von diesen Blöcken umgeben ist, den Eindruck einer großen Höhle, und das dunkle Grau des Gesteins harmoniert ideal mit den rosafarbenen Sesseln. Die vierte Seite ist völlig verglast und bietet einen atemberaubenden Blick über die endlose Ebene. Auf den Felsen vor der Bar tummeln sich den ganzen Tag über zig Klippschliefer. Das Restaurant ist architektonisch ein bisschen minderbemittelt, die Speisen sind aber sehr gut. Zu buchen über Hotels & Lodges Tanzania Ltd.,

PO Box 2633, Arusha, ☏ 027/2544695, FAX 2548633,
✉ exec@hotelsandlodges-tanzania.com,
✉ res@hotelsandlodges-tanzania.com, 🖳 www.hotelsandlodges.com

- Die Lodge ist auch Sitz der "Tanzania Serengeti Balloon Safaris Ltd.", PO Box 12116 Arusha, ☏ 027/2508578, FAX 2548997, ✉ info@balloonsafaris.com, 🖳 www.balloonsafaris.com, **Ballon-Safaris** können von jeder Lodge/jedem Camp der Serengeti aus gebucht werden, man holt Sie gegen 5:00 ab und bringt Sie zu den Massai-Kopjes, hier geht es um ca. 6:00 los, Ende der Fahrt gegen 7:00 bis 8:00 (je nach Wetter, Landemöglichkeiten usw.), dann gibts die trad. Ballonfahrertaufe mit Champagner bzw. Sekt, anschließendem (engl.) Frühstück im Busch und Rückkehr zur Lodge, um 9:30 ist das unvergessliche Erlebnis vorüber und Sie können sich Gedanken machen, wie Sie den restlichen Tag nutzen sollen. Es besteht während der gesamten Aktion Funkkontakt zur Seronera-Lodge.
- **Lobo Wildlife Lodge**: Auch die Lobo Wildlife Lodge (von der Seronera Wildlife Lodge 75 km, von Arusha ca. 400 km) im Nordosten der Serengeti passt sich hervorragend der Landschaft an. Sie ist ebenfalls etwas erhöht zwischen Felsen errichtet, die teilweise die Wände ersetzen. Zu buchen über Hotels & Lodges Tanzania Ltd. ☞ "Seronera Wildlife Lodge"
- **Serengeti Sopa Lodge**: Im Südwesten des Parks, in den Nyarboro-Bergen gelegen, sagenhafter Ausblick auf die Steppe, zu buchen über Sopa Lodges Central Reservation, PO Box 72360 Nairobi, Kenia, ☏ 00254/2/336088, ✉ enquiries@sopalodges.com
- **Serengeti Serena Safari Lodge**: Die jüngste Lodge im Park ist dem Stil der Massai-Hütten (*manyatas*) nachempfunden und bietet - wie alle anderen Lodges - Luxus im Überfluss, ☏ 028/2622612, ✉ serengeti@serena.co.tz, Reservation Office: PO Box 2551, Arusha, AICC, Ngorongoro Wind, 6. Stock, ☏ 027/2504158, ✉ reservations@serena.co.tz
- **Grumeti Luxury Permanent Tented Camp**, im Besitz der "Conservation Corporation Africa" (🖳 www.ccafrica.com), zu buchen über diese oder über das Ras Kutani Beach Resort (☞ "Strände südlich von Dar es Salaam"). Das ganzjährig geöffnete Camp liegt am nördlichen Ufer des Grumeti-Flusses im Western Corridor im Schatten großer Akazien. Man überblickt den Fluss mit seinen Flusspferden und Krokodilen.

- Das **Serena Kirawira Luxury Permanent Tented Camp** liegt am südlichen Ufer des Grumeti River (gegenüber vom Grumeti River Camp), ☏ 028/2621518, ✍ kirawira@serena.co.tz, Reservation Office: ☞ Serengeti Serena Safari Lodge.
- **Mbuzi Mawe Camp** - Zeltcamp der Luxusklasse, 45 km nordwestlich von Seronera (nahe der Lobo Lodge). ☏ 028/2622040, ✍ mmawe@serena.co.tz, Reservation Office: PO Box 2551, Arusha, AICC, 6. Stock, Ngorongoro Wing, ☏ 027/2506304, ✍ reservations@serena.co.tz
- **Ndasiata Migration Camp Luxury Permanent Tented Camp**, nahe der Lobo Lodge gelegen, zu buchen über Sopa Lodges, ☞ "Serengeti Sopa Lodge".
- **Kusini Camp** im Südwesten des NPs, zu buchen über Sanctuary Lodges & Camps, Arusha, ☏ 027/2509816 u. 17, FAX 2508273, ✍ tanzania@sanctuarylodges.com
- Im *Western Corridor* entsteht zur Zeit das **Mbalageti Luxury Tented Camp**
- **Außerhalb der NP-Grenzen: Ndutu Safari Lodge**, ☞ "Ngorongoro Crater Conservation Area"
- **Kijereshi Tented Camp**: Befindet sich direkt an der Grenze zum *Western Corridor* in der Nähe vom Ndabaka Gate. Mit $ 70 (BB) bzw. 100 (FB) eines der günstigeren Camps. Zu buchen über Hotel Tilapia, ☞ "Mwanza".
- **Klein's Camp**, im Besitz der "Conservation Corporation Africa" (💻 www.ccafrica.com), zu buchen über diese oder über das Ras Kutani Beach Resort (☞ "Strände südlich von Dar es Salaam"). Das Luxus-Camp liegt bei Klein's Gate, am oberen Ende des Grumeti-Rivers, ist jedoch im privaten Sanctuary (ca. 10.000 ha) am Fuße der Kuka-Hills angesiedelt. Tiere gibt es hier genug (Elefanten sogar in größerer Anzahl als in der Serengeti selbst). Das Sanctuary liegt zwischen Masai Mara NP und Serengeti NP.
- **Ikoma Bush Camp**: Nähe Ft. Ikoma Gate. Zu buchen über Swala-Safaris (☞ Arusha/Tour Operator)
- **Kirurumu Tented Camp**, mobiles, zur Hauptsaison geöffnetes Luxuscamp der Kirurumu Tented Camps & Lodges (☞ Arusha/tour Operator).
- **Loliondo Camp** (ebenfalls Kirurumu Tented Camps & Lodges, Arusha) liegt an der nordöstlichen Parkgrenze in einem ca. 200 km² großen privaten Wildlife Reserve. Geöffnet von Oktober bis März.

♦ **Serengeti Stop Over Lodge**: Ca. 1 km vom Ndabaka Gate, ca. 140 km von Mwanza entfernt, direkt an der Straße Mwanza-Musoma gelegen, bietet diese relativ neue Lodge Unterkünfte im Stile der Sukuma-Bandas, ein gutes Restaurant sowie Dutzende Aktivitäten (Besuch eines Sukuma-Heilers, des Victoria-Sees, der Serengeti, Exkursionen zu den umliegen Dörfern usw. usf. Kein anderes Unternehmen repräsentiert den wirtschaftlichen Aufschwung unter Mkapa besser als diese Lodge/Hotel: Ende 2000 wurde es als take-away für Durchfahrende ins Leben gerufen, ziemlich bald danach wurden Bandas sowie Zeltplätze für Selbstversorger errichtet. Heute präsentiert sich das Unternehmen als Eco-Tourism und Cultural Center, welches sich den Sukuma verpflichtet fühlt (die diese Aktivitäten auch unterstützen). PO Box 2099, Arusha oder PO Box 457 Magu/Mwanza,
☏ 0741/450394, oder 0748/422359, FAX 028/2500388,
info@serengetistopover.com, serengetiso@yahoo.com,
www.serengetistopover.com

Campingplätze

Insgesamt existieren 36 special campsites und 8 public/ordinary campsites, sie sind gleichmäßig über das gesamte Gebiet des NPs verteilt. Die Infrastruktur ist rudimentär, für Ausrüstung und Verpflegung (Wasser!) müssen Sie selbst sorgen. Wer sein Essen nicht zubereiten will: zumindest bei den campsites, die nahe bei einer der Lodges liegen, drücken die Ranger ein Auge zu, wenn man nach 19:00 noch mit Fahrzeug unterwegs ist.

Im Staff Village unterhalb der Seronera Wildlife Lodge gibt es keine Unterkunftsmöglichkeiten. Hier wohnen die Angestellten des Hotels und ihre Familien.

Tarangire NP

Obwohl der 1970 eingerichtete Park (2.600 km²) in durchschnittlicher Höhe von 1.150 m zu den größeren Tansanias zählt, sind die Serengeti und der Ngorongorokrater viel bekannter. Bis 1957 war das Gebiet eines der beliebtesten Jagdreviere der Briten. Wegen des Tierreichtums wurde die Region

1957 in ein Reservat umgewandelt. Der britische Wissenschaftler Dr. H. F. Lamprey stellte in einer vierjährigen Untersuchung die wichtige ökologische Lage als Mittelpunkt des südlichen Massailandes fest und lieferte so die Grundlage zur Nationalparkerklärung.

Lebensader des Parks ist der **Tarangire-Fluss**, der in Süd-Nord-Richtung durch den Park fließt. Er führt das ganze Jahr über Wasser. So fallen die Wanderungen der Tiere nicht so ausgedehnt wie z.B. in der Serengeti aus. Begleitet wird der Fluss im Osten und Westen von einem schmalen, maximal 5 km breiten Streifen Grasland. Während der Regenzeit wird es häufig überschwemmt, was sich erfolgreich auf das Wachstum des hohen Elefantengrases auswirkt. Im Südosten breitet sich eine große, fruchtbare Ebene aus, die während und nach der Regenzeit völlig versumpft. Eine Piste führt an den westlichen Rand dieser als **Larmakau** oder **Silale** bekannten Gegend.

An diese Grasflächen schließt offene **Baumsavanne** an. Ausladende Schirmakazien und strauchige Flötenakazien sind die häufigsten Vertreter. Am auffälligsten und sofort jedem Besucher ins Auge stechend, ist jedoch die große Ansammlung von **Affenbrotbäumen** (Baobab) mit ihren plumpen, überdimensionalen Stämmen und dem wurzelähnlichen Geäst. Die Legende berichtet, dass der Baobab bei der Verteilung des Aussehens durch Gott nie zufrieden war und nach immer mehr Schönheit quengelte. Gott gab lange nach, und bald war der Baobab der schönste Baum der Welt. Nur, er wollte noch schöner werden. Gottes Nerven waren jetzt aber überstrapaziert. Er riss den Baobab aus und steckte ihn kopfüber in den Erdboden. Die schlanken **Borassus-Palmen**, deren oberes Ende fast wie aufgebläht erscheint, und die sich symmetrisch verzweigenden Doum-Palmen vervollständigen den Bestand der Baumsavanne. Der Bewuchs ist sehr schütter, das Grasland setzt sich zwischen den Bäumen weiter fort, allerdings fehlt das hohe Elefantengras. Große zusammenhängende Wälder oder dichtes Buschland gibt es im Park nirgendwo. Hin und wieder tauchen, ziemlich unsystematisch, kleine Inselwäldchen auf, die aber den freien Blick nicht sonderlich behindern.

Einige Hügel bilden in dieser großen Ebene weithin sichtbare Landmarken: der direkt auf der östlichen Grenze stehende **Oldoinyo Ngahari**, der in der Mitte des Parks stehende **Tarangire-Berg** und der im Westen liegende **Kitibong-Berg**. Keiner ist über 1.400 m, und alle sind sie nur mit spärlicher Vegetation bedeckt.

Tierwelt

Adler, Büffel (weniger im Grasland, häufiger in der Baumsavanne), Buschbaby, Zibetkatze, Dik-Dik, Elefant (sehr häufig, aktuell ca. 3.500 Stück), Elenantilope, Erdwolf, Fledermaus (zehn Arten), Geier, Gemeiner Wasserbock, Gemeines Zebra, Gepard (selten), Gnu, Grant's Gazelle, Hase, Honigdachs, Impala, Kleiner Kudu (in dichterem Buschland), Klippschliefer, Kuhantilope, Leopard, Löffelhund, Löwen, Massai-Giraffe, Meerkatze, Mungo (fünf Arten), Pavian, Pelikan, Python (auf den Bäumen), Reiher, Schakal, Serval, Spießbock (Oryx), Spitzmaulnashorn (sehr selten), Stachelschwein (sehr schwer zu sehen), Storch, Strauß, Tüpfelhyäne, Warzenschwein, Wildkatze.

Angeblich hält sich hier die weltweit größte Artenvielfalt der **Vogelwelt** auf.

Beste Besuchszeit

Beste Besuchszeit ist zur Trockenzeit. Die Tieransammlung ist jetzt am größten, da der immer wasserführende Tarangire-Fluss wie ein Magnet auf Tiere wirkt. In dieser Zeit ist die Konzentration an Tieren höher als in der Serengeti. Aber auch während der Regenzeit sind genügend Tiere zu sehen. Da die durchschnittliche Niederschlagsmenge pro Jahr nur 600 mm beträgt, sind die Straßen immer mit normalem Pkw gut befahrbar.

Nur an Regentagen verschlammen sie kurz. Am Ende einer ausgiebigen großen Regenzeit kann allerdings das Gras sehr hoch werden, dann sind nur noch Elefanten und Giraffen zu sehen.

Anreise

Der nördliche Parkeingang ist 115 km (1,5 Std.) von Arusha entfernt. Man verlässt Arusha in westlicher Richtung und biegt beim Dorf Kwa Kuchinia (106 km auf Asphaltstraße) links ab. Nach neun Kilometern erreicht man den Parkeingang.

Unterkünfte

Alle nun genannten Unterkünfte befinden sich in bzw. rund um die nördliche Hälfte des NPs

- **Tarangire Safari Lodge**: Kurz hinter dem Eingang auf einem Hügel liegend, bietet das Camp/Bungalowdorf einen schönen Ausblick auf ein

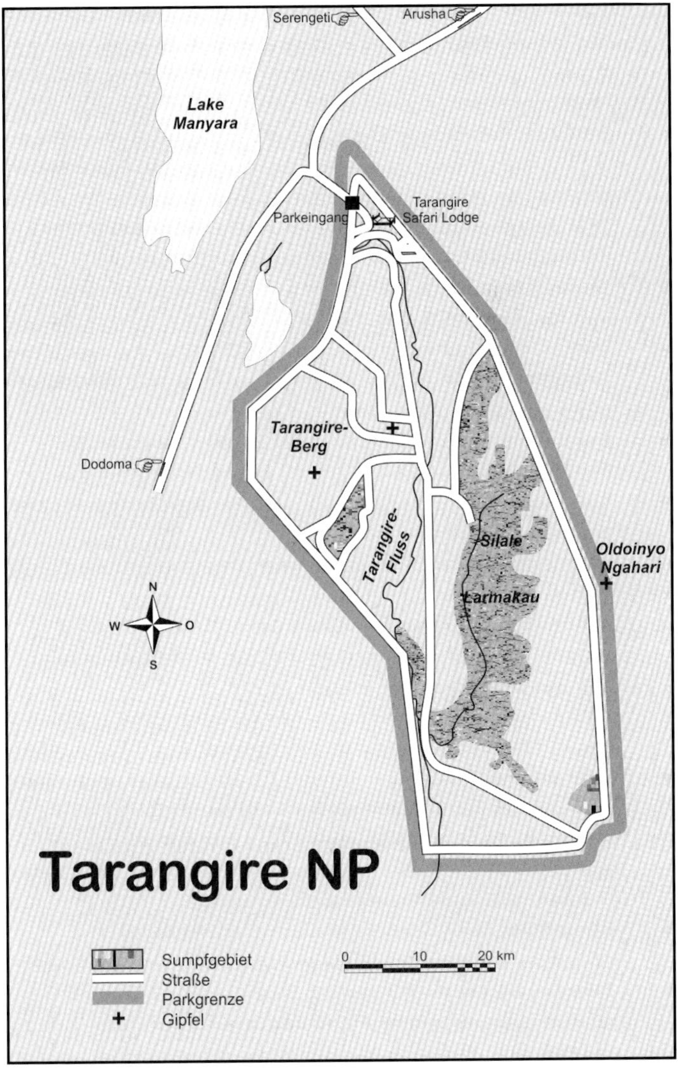
Serengeti
Arusha
Lake Manyara
Tarangire Safari Lodge
Parkeingang
Tarangire-Berg
Dodoma
Tarangire-Fluss
Silale
Larmakau
Oldoinyo Ngahari
N
W
O
S
Tarangire NP
Sumpfgebiet
Straße
Parkgrenze
Gipfel
0
10
20 km

Wasserloch. Vom Terrassencafé hat man einen grandiosen Ausblick über den Tarangire-Fluss. Während Elefanten, Antilopen und Zebras vorbeimarschieren, kann man sich bei einem Drink auf das Dinner vorbereiten. Als Unterkünfte stehen Doppelluxuszelte mit Bad (Warmwasser), WC, Stromversorgung und Terrasse sowie gemauerte Bungalows für drei Personen zur Verfügung. Restaurant und Bar, Swimmingpool (mit Planschbecken) und Airstrip für kleinere Flugzeuge sind vorhanden. Zu buchen über PO Box 2703, Arusha, ☏ 027/2544222 oder 2531447 (direkt), 0748/202777, ✉ sss@habari.co.tz, ✉ bookings@tarangiresafarilodge.com

♦ **Tarangire Sopa Lodge**: 30 km vom Parkeingang entfernt an der östlichen Seite des Tarangire-Flusses, Felsformationen sind in den Komplex integriert, schöne Aussicht auf den Tarangire Hill. Zu buchen über Sopa Lodges Central Reservation, PO Box 72360 Nairobi, Kenia, ☏ 00254/2/336088, ✉ enquiries@sopalodges.com

♦ **Swala Camp**, zu buchen über Sanctuary Lodges & Camps, Arusha, ☏ 027/2509816 u. 17, FAX 2508273, ✉ tanzania@sanctuarylodges.com

♦ **Kikoti Safari Camp**, Luxuszeltcamp, zu buchen über Tanzania Photographic Tours & Safaris (☞ "Arusha").

⛺ Ein ordinary/public und 12 special campsites stehen für Selbstversorger zur Verfügung.

♦ **Außerhalb der Parkgrenzen: Oliver's Camp**, PO Box 425 Arusha, ☏ 027/2505635, ✉ olivers@habari.co.tz oder olivers@bushlink.co.tz, 💻 www.oliverscamp.com

♦ **Tamarind Camp** (Kirurumu Tented Camps & Lodges, Arusha) liegt in einem priv. Wildlife Reserve (ca. 5 km vor dem NP Gate)

♦ **Tarangire Treetops Camp**, im Tarangire Conservation Area gelegen (selbe Tierwelt wie im Park), mit Blick auf den Sand River, die Bungalows sind auf Baumplattformen errichtet (in Anlehnung an das etwas berühmtere Treetops im Aberdare NP/Kenia), zu buchen über Sopa Lodges (siehe Tarangire Sopa Lodge), auch 💻 www.tarangiretreetops.com

♦ **Kikoto Safari Camp**, PO Box 284, Arusha, ☏ 027/2508790, ✉ tzphotosafaris@habari.co.tz, 💻 www.tzphotosafaris.com

♦ **Boundary Hill Lodge -** PO Box 1215, Arusha, ✉ simon@eastafricansafari.info, 💻 www.eastafricansafari.info - Betreiber und Eigentümer des Camps ist die Boundary Hill Lodge Ltd., ein Jointven-

ture der Massai-Kommune von Lolkisale Village (4.000 Ew.) und der Tarangire Conservation Company Ltd. (100-%-ige Tochter von East African Safari and Touring Company Ltd.) zu jeweils 50 %.
Das Dorf stellte Grund und Boden für die Lodge zur Verfügung (0,5 km²) und verleast weitere ca. 100 km² zur Schaffung eines privaten an den NP angrenzenden WR. Das gesamte Projekt ist ökologisch ausgerichtet und wird von der International Finance Corp. (IFC, Sonderorganisation der UN zur Förderung des privatwirtschaftlichen Engagements in Entwicklungsländern) als Categorie-A-Project finanziert.
Die Lodge liegt hoch in den Boundary Hills und bietet einen überwältigenden Blick auf die fruchtbare Silale-Ebene des NP. Aktuell stehen acht nicht einsehbare großzügige Bungalows zur Verfügung. Restaurant, Swimmingpool sind vorhanden. Architektonisch lehnt sich der Stil an die Seronera Wildlife Lodge an.

Udzungwa Mountains NP

i Park Warden In Charge PO Box 99 Mang'ula/Morogoro Tanzania
☏ 00255/23/2620224/93, ✉ udzungwa@intafrica.com,
🖳 www.udzungwa.org

Auch ein sehr junger NP, die offizielle Eröffnung durch Prinz Bernhard der Niederlande erfolgte am 20.10.1992. Die Herkunft des Namens Udzungwa ist unklar, möglicherweise ein Hörfehler der deutschen Besatzer; als "Wadsungwa" bezeichnen sich die an den Hängen der Berge lebenden Menschen.

Der Park ist ca. 1.990 km² groß und liegt 10 km südlich des Mikumi NPs. Gemeinsam mit diesem und dem Selous WR bildet er den **Mikumi-Ökokomplex**. Er wird im Osten durch die TAZARA und die Straße Mikumi-Ifakara, im Norden durch den Great Ruaha River begrenzt und bedeckt die östlich gelegenen Hänge der **Udzungwa Mountains** (HQ: 250 m ü.d.M., Peak Luhomelo 2.576 m), die ihrerseits Teil der Eastern-Ark-Bergkette sind.

Die Gipfellinie der Udzungwa-Berge bildet auch die westliche Grenze, im Süden geht der Park in die **Kibasira-Sümpfe** über. Es ist ein durchgehendes und auch das einzige Regenwald-Schutzgebiet (Wasserspeicher!) Tansanias.

Touristen können in diesem Park auf Wanderungen die Schönheit und die Abwechslung eines tropischen Regenwaldes kennen lernen. Magnet schlechthin ist die dreistufige Kaskade des Sanje-Wasserfalles, die letzte Stufe ist ca. 170 m hoch (Baden verboten). Gute Wanderschuhe und Regenbekleidung nicht vergessen, wer bis auf die Gipfellinie vorstoßen will, sollte vorher zu Hause etwas trainieren.

Tierwelt

Es gibt (noch) keine weitreichenden Untersuchungen über die Tierwelt dieses Nationalparks. Der tropische Regenwald wird von Großsäugern eher gemieden (es gibt zu wenig Futter), sie sind daher selten anzutreffen, wahrscheinlich handelt es sich sowieso "nur" um kurzzeitige Besucher bzw. Transiteure zwischen Mikumi NP und Selous WR. Gesichtet wurden jedenfalls: Büffel, Elefanten, Elenantilopen, Rappenantilope, Löwe, Leopard, Mungos, Wildhund, Klippspringer, Hörnchen, verschiedene kleinere Antilopenarten, Tannenzapfentiere usw.

Hingegen ist der Reichtum an Vögeln enorm, darunter zumindest vier Endemiten. Der Park zählt zu den drei wichtigsten Vogelschutzgebieten des Kontinents.

Absolute Sensation ist jedoch die Affenwelt des Parks. In keinem anderen NP Tansanias leben so viele Affenarten wie hier, nämlich 11. Davon ist der "Rote Inringa/Uhehe-Stummelaffe" (eine Colobus-Art) genauso Endemit wie die erst 1979 entdeckte Sanje-River-Mangabe (Cercocebus sanjei). Die zuletzt genannte Art gilt als stark gefährdet. Der aktuelle Bestand wird auf ca. 1.300 Tiere geschätzt, aufgeteilt in zwei ca. 80 bis 90 km auseinander liegenden Populationen. Die eine im NP, die andere im - nicht angrenzenden! - Udzungwa Scarp Forest Reserve. Der Gefährdungsstatus dieser Tierart könnte sogar dazu führen, dass das Forest Reserve und die dazwischenliegenden Gebiete dem Udzungwa NP zugeschlagen werden. Eine dritte kolportierte Population im Ndundulu Forest stellte sich letztendlich als Irrtum heraus.

Die Chancen den Affen zu Gesicht zu bekommen sind gar nicht so schlecht, denn er verbringt ca. 50 % seiner Zeit am Boden und frisst Insekten, Würmer sowie Früchte, Nüsse und sonstiges von den Bäumen herunter Gefallenes.

Pflanzenwelt

Durch seine ausgeprägte Nord-Süd-Erstreckung und seine relativ großen Höhen bildet der NP einen Windriegel und empfängt praktisch jeden Tropfen Wasser, den die in Tansania vorherrschenden Ostwinde vom Meer hierher treiben. Das bedeutet ein seit Jahrmillionen mehr oder weniger konstantes Klima. Da hier in dieser Zeit auch keine größeren Naturkatastrophen stattfanden liegen die besten Bedingungen für die Evolution vor. So finden sich vom Tiefland-Regenwald ab 250 m bis zum Gebirgs-Regenwald auf den Gipfeln alle Formen Regenwald. Berühmt ist der NP aber für seine überaus große Ansammlung von Medizinal-Pflanzen - Ethno-Mediziner können hier im Paradies schwelgen. Aktuell ist das Vorkommen von 160 Arten gesichert, teilw. endemische Arten (man geht davon aus, dass ca. 30 bis 40 der anwesenden Tier- und Pflanzenarten endemisch sind) - einer der größten Genpools dieser Art. Erwähnenswert ist auch eine erst kürzlich entdeckte winzige Vertreterin des "Afrikanischen Veilchens".

Regenwald ist schön und der des Udzungwa NPs zählt sicher zu den aufregendsten Afrikas. Er hat jedoch einen Nachteil: Wanderungen gestalten sich auf Grund des Klimas (Regen) und der daraus resultierenden unendlichen Fruchtbarkeit und schnellen Regenerationsfähigkeit schwierig! Bevor Sie eine Mehr-Tagestour ins Auge fassen, sollten Sie erst einmal die Sanje-Wasserfälle besuchen (ca. 4 Std.). Es ist der einzige wirklich gut gewartete Weg durch den Park (und "naturbelassen" genug). Alle anderen Pfade (Mwanihana-Trail, Mbatwa-Nalawe-Ibito Trail, Lumemo-Trail) wachsen auf Grund der geringen Besucherfrequenz (2004: knapp 6.000) schnell wieder zu, das wird beschwerlich. In jedem Fall muss ein Führer im HQ angeheuert werden. Für eine längere Tour sollten Sie auch Verpflegung mitnehmen (Träger gibt es in Mangula).

Beste Besuchszeit

Da Wanderungen das einzige sind, was man hier unternehmen kann, bietet sich für einen Besuch die Trockenzeit von Juni/Juli bis Anfang Oktober an.

Anreise

Mit der TAZARA bis zur Station Mangula bzw. Ifakara (ordinary- bzw. express-train). Von Ifakara fahren laufend Dalladallas nach Mangula, hier liegen die NP-Grenze und das HQ.

Mit dem Fahrzeug von Dar es Salaam Richtung Mikumi und weiter Richtung Ifakara. Einige Kilometer vor Ifakara weist auf einer Kreuzung ein Hinweisschild zum Udzungwa Mountains NP, nach 0,5 km hat man diesen erreicht.

Dar es Salaam-Mikumi, von hier Richtung Ifakara mit Dalladalla, der Chauffeur lässt Sie an der oben beschriebenen Kreuzung aussteigen.

Im Park gibt es keine Straßen, er kann nur zu Fuß durchwandert werden.

Unterkünfte

Von 10 ordinary campsites abgesehen, gibt es keine Unterkünfte innerhalb der Parkgrenzen. Beim HQ in Mangula (außerhalb der Parkgrenze, 10 bis 15 Gehminuten vom HQ entfernt) gibt es einige Guesthouses der Kategorie D: Twiga Hotel, $ 4 bis 7/Pers., Mountain View Hotel $ 10/Pers., beide Hotels bieten auch Camping-Möglichkeit $ 2/Pers. Nächste Möglichkeit für ein Hotel der gehobenen Klasse: ☞ "Mikumi NP".

Direkt beim HQ (innerhalb der NP Grenzen) befindet sich eine campsite. Die restlichen campsites verteilen sich auf die einzelnen Trails.

Der WWF kümmert sich enorm um die Belange des Parks sowie der angrenzenden Dörfer, www.panda.org

Klippschliefer im Serengeti NP (eb)

Kleiner Sprachführer

Zur Aussprache des Ki-Swahili: Im Ki-Swahili gibt es keine grundlegenden Schwierigkeiten hinsichtlich der Aussprache. Wichtig ist, dass die Betonung immer auf der vorletzten Silbe liegt.

Selbstlaute

Doppelte Selbstlaute werden getrennt gesprochen.
Beispiel: *ma-a-lum* = berühmt

Zwei Selbstlaute nebeneinander werden ebenfalls getrennt gesprochen.
Beispiel: *be-i-* = Preis

j wird wie **dsch** im Wort *Dschungel* gesprochen
y wird wie **j** im Wort *ja* gesprochen
sh wird wie **sch** im Wort *Schule* gesprochen
v wird wie **w** im Wort *wo* gesprochen

Begrüßung

Jambo ("Wie geht's") kann jederzeit als saloppe Begrüßung verwendet werden. Die Antwort lautet salopp ebenfalls *jambo.*
Richtig und korrekt heißt es: Wie geht es Ihnen (Euch)? *Hujambo* (*Hamjambo*)*?*
Die Antwort lautet immer: Mir (uns) geht es gut. *Sijambo* (*Hatujambo*).

Guten Morgen.	*Habari za asubuhi?*
Guten Tag.	*Habari za mchana?*
Guten Abend.	*Habari za jioni?*

Die Antwort auf eine Frage mit *habari* lautet immer *njema* oder *nzuri* oder *salama (gut).*

Auf Wiedersehen!	*Kwa heri!*

Anrede

Frau	*bibi*
für ältere Männer oder Frauen	*mzee*
für Frauen (Mutter)	*mama*
für junge Frauen (Schwester)	*dada*

für Männer (Vater)	*baba*
Herr	*bwana*

Wichtige Worte

bitte	*tafadhali*
danke / sehr	*asante / sana*
deshalb	*kwa hiyo*
dort	*pale, kule*
hier	*hapa, humu, huku*
ja	*ndiyo*
natürlich	*hakika*
nein	*hapana (la)*
und	*na*
vielleicht	*labda, pengine*

Fragen

wann?	*lini? saa ngapi?*
was?	*nini?*
was ist das?	*hii ni nini?*
wer?	*nani?*
wer ist das?	*huyu ni nani?*
wie viel?	*kiasi gani?*
wo ist?	*iko wapi?*
wo, wohin?	*wapi?*
warum?	*kwa nini? kwa sababu gani?*

Verständigung

Sprechen Sie Ki-Swahili (Deutsch, Englisch)?	*Unasema Kiswahili (Kijerumani, Kiingereza)?*
Wie heißt das auf Ki-Swahili?	*Inaitwaje kwa Kiswahili?*
Was bedeutet das?	*Maana yake ni nini?*
Sagen Sie das bitte noch einmal!	*Tafadhali sema tena!*
Sprechen Sie bitte langsam!	*Tafadhali sema pole pole!*
Ich verstehe.	*Nafahamu.*
Ich verstehe nicht.	*Sifahamu.*

Ich hätte gerne ...

Ich hätte gerne ...	*Ningependa ...*
Ich kann ...	*Naweza ...*
Ich kann nicht ...	*Siwezi ...*
Zeigen Sie mir bitte ...	*Tafadhali nionyeshe ...*
Erklären Sie mir bitte ...	*Tafadhali nieleze ...*
Sagen Sie mir bitte ...	*Tafadhali niambie ...*
Geben Sie mir bitte ...	*Tafadhali nipe ...*
Bringen Sie mir bitte ...	*Tafadhali niletee ...*
Haben Sie ...?	*Je, una ...?*
Ich brauche ...	*Ninahitaji ...*
Wie bitte?	*Umesemaje?*

Zeitangaben

gestern	*jana*
heute	*leo*
jetzt (sofort)	*sasa hivi*
morgen	*kesho*
oft	*mara nyingi*
selten	*mara chache*
Montag	*Jumatatu*
Dienstag	*Jumanne*
Mittwoch	*Jumatano*
Donnerstag	*Alhamisi*
Freitag	*Ijumaa*
Samstag	*Jumamosi*
Sonntag	*Jumapili*
jeden Tag	*kila siku*
Woche	*wiki*
Monat	*mwezi*
Jahr	*mwaka*
in ein paar Tagen	*baada ya siku chache*
vor ein paar Tagen	*siku chache zilizopita*
Ich habe keine Zeit.	*Sina nafasi.*
Ich habe nur wenig Zeit.	*Nina nafasi kidogo tu.*
Ich habe mich verspätet.	*Nimechelewa.*

Reise

Abfahrt	*kuondoka*
Ankunft	*kufika*
Ausgang	*kutoka*
Auto	*motokaa*
Bus	*basi*
Bahnhof	*stesheni*
Boot	*mashua*
Eingang	*kuingia*
Eisenbahn	*gari la moshi*
erste Klasse	*daraja la kwanza*
Fahrkarte	*tikiti*
Fahrpreis	*nauli*
Fahrrad	*baisikeli*
Flugzeug	*ndege*
Gepäck	*mizigo*
Hafen	*bandari*
Motorrad	*pikipiki*
Schiff	*meli*
Schlafwagen	*behewa la kulala*
Toilette	*choo*
Straße	*barabara*
Taxi / Taxistand	*teksi / kituo cha teksi*
Bitte eine Fahrkarte nach ...	*Tafadhali nipe tikiti moja ya kwenda ...*
Was kostet die Fahrkarte?	*Nauli ni kiasi gani?*
Hin- und Rückfahrt ...	*Kwenda na kurudi ...*
Wann fährt der Zug ab?	*Gari litaondonka saa ngapi?*
Hat der Bus Verspätung?	*Basi imechelewa?*
Wo ist die nächste Bushaltestelle?	*Kituo cha basi kilicho karibu kiko wapi?*
Muss ich jetzt aussteigen?	*Lazima niteremke sasa?*

Hotel und Restaurant

Abendessen	*chakula cha jioni*
Bad	*bafu*
Balkon	*roshani*

Bett	*kitanda*
Bier / Bier, einheimisch	*bia / pombe*
Brot	*mkate*
Doppelzimmer	*chumba cha watu wawili*
Ei	*yai*
Einzelzimmer	*chumba cha mtu mmoja*
Fisch	*samaki*
Fleisch	*nyama*
Frühstück	*chakula cha asubuhi*
Gemüse	*mboga*
Gericht	*chakula*
Getränke, alkoholfrei	*vinywaji baridi, soda*
Handtuch	*taulo*
Hotel	*hoteli*
Kaffee	*kahawa*
Kartoffeln	*viazi*
Klimaanlage	*chombo cha kufanya hewa baridi*
Kokosnuss, trinkbar	*dafu*
Milch	*maziwa*
Mittagessen	*chakula cha mchana*
Obst	*matunda*
Orangensaft	*maji ya machungwa*
Salz	*chumvi*
Speisekarte	*gamba la vyakula*
Speisesaal	*chumba cha kulia*
Suppe	*supu*
Tee	*chai*
Telefon	*simu*
Toilette	*choo*
kaltes Wasser / warmes Wasser	*maji baridi / maji moto*
Wein	*divai*
Zucker	*sukari*
Ich heiße ...	*Jina langu ...*
Wie lange werden Sie bleiben?	*Utakaa muda gani?*
Nur eine Nacht (drei Tage).	*Usiku mmoja tu (siku tatu).*

Ist dieser Platz frei?	*Nafasi hii ni tupu?*
Er ist frei.	*Ni tupu.*
Was möchten Sie?	*Ungependa nini?*
Ich möchte ...	*Ningependa ...*
Guten Appetit!	*Karibu!*
Ich bin hungrig.	*Nina njaa.*
Ich bin durstig.	*Nina kiuu.*
Herr Ober, ich möchte zahlen.	*Bwana, nataka kulipa.*

Zahlen

0	*sifuri*	6	*sita*	12	*kumi na mbili*
1	*moja*	7	*saba*	13	*kumi na tatu*
2	*mbili*	8	*nane*	17	*kumi na saba*
3	*tatu*	9	*tisa*		
4	*nne*	10	*kumi*		
5	*tano*	11	*kumi na moja*		

20	*ishirini*	70	*sabini*
21	*ishirini na moja*	80	*themanini*
30	thelathini	90	*tisini*
40	*arobaini*	100	*mia*
50	*hamsini*	101	*mia na moja*
60	*sitini*		

110	*mia na kumi*	200	*mia mbili*	1.000	*elfu*
120	*mia na ishirini*	300	*mia tatu*		

Post und Telefon

Adresse	*anwani*
Brief, Briefmarke	*barua, stempu*
Empfänger	*mpokeaji*
Ferngespräch	*simu ya mbali*
Inland	*nchini*
Luftpostbrief	*barua kwa ndege*
Paket	*furushi*

Postamt	*ofisi ya posta*
Postkarte	*kadi ya posta*
Telefon/Telefonnummer	*simu/namba ya simu*
Telegramm	*simu ya haraka ya kuandika*
Überweisung	*cheti cha kupelekea fedha*
Unterschrift	*sahihi*
Geben Sie mir bitte eine Briefmarke für ...	*Tafadhali nipe stempu kwa ...*
Was kostet dieser Brief nach ...?	*Barua hii itagharimu kiasi gani kwenda ...?*
Ich möchte ein Ferngespräch nach ...	*Ningependa kupiga simu (ya mbali) kwenda ...*
Sprechen Sie bitte lauter.	*Sema kwa sauti kubwa zaidi.*
Meine Nummer ist ...	*Namba yangu ni ...*
Wir sind unterbrochen worden	*Tumekatiwa*

Einkauf

Ansichtskarte	*kadi ya picha*
Bluse	*blauzi*
Briefumschlag	*bahasha*
Buch	*kitabu*
Film	*filimu*
Geschäft	*duka*
Hemd	*shati*
Hose	*suruali*
Hut	*kofia*
Kasse	*mahali pa kulipa*
Kleid	*gauni*
Landkarte	*ramani*
Markt	*soko*
Preis	*bei*
Qualität	*ubora*
Reiseführer	*kiongozi cha safari*
Rock	*sketi*
Roman	*riwaya*
Souvenir	*vitu vya ukumbusho*

Streichhölzer	*kibiriti*
Stadtplan	*ramani ya mji*
Ware	*bidhaa*
Zeitung	*gazeti*
Zigarette	*sigara*
Haben Sie ...?	*Una ...?*
Wo gibt es ...?	*... kuna wapi?*
Ich möchte ... haben.	*Nataka ...*
Ich möchte ... kaufen.	*Nataka kununua ...*
Das nehme ich.	*Nitachukua hii.*
Danke, das ist alles.	*Asante, basi.*
Das ist teuer.	*Hii ni ghali.*
Das ist billig.	*Hii ni rahisi.*
Haben Sie nichts Preiswerteres?	*Huna rahisi zaidi?*
Wie viel kostet das?	*Bei gani? Kiasi gani?*

Tier-Wörterliste

Deutsch	**Ki-Swahili**	**Englisch**
Adler	*tai*	*eagle*
Affe	kein allg. Ausdruck	*monkey*
Ameise, braun	*siafu*	*reddish brown ant*
Ameise, geflügelt	*kumbikumbi*	*white ants in the flying stage*
Ameise, klein	*sismisi*	*black ant*
Ameise, schwarz	*chungu*	*ant*
Antilope	kein allg. Ausdruck	*antelope*
Barrakuda	*mziya*	*barracuda*
Biene	*nyuki*	*bee*
Büffel	*nyati*	*buffalo*
Buschbock	*kulungu*	*bushbuck*
Colobus-Affe	*mbega mweupe*	*colobus monkey*
Delfin	*pomboo*	*dolphin*
Eidechse	*mjuzi*	*lizard*
Elefant	*tembo, ndovu*	*elephant*
Elenantilope	*pofu*	*eland*
Ente	*bata*	*duck*

Deutsch	Ki-Swahili	Englisch
Erdwolf	*fisi mdogo*	*aardwolf*
Esel	*punda*	*donkey*
Fisch	*samaki*	*fish*
Fischadler	*mwewe samaki*	*fisheagle*
Flamingo	*heroe*	*flamingo*
(großer/kleiner)	(*mkubwa/mdogo*)	(*greater/lesser*)
Fledermaus	*popo*	*bat*
Fliege	*inzi*	*fly*
Floh	*kiroboto*	*flea*
Flusspferd	*kiboko*	*hippopotamus*
Frosch	*chura*	*frog*
Fuchs	*mbweha*	*fox*
Gazelle	*swala, paa*	*Grant's gazelle*
Geier	*tai, koho*	*vulture*
Gepard	*duma*	*cheetah*
Giraffe	*twiga*	*giraffe*
Gnu	*nyumbu*	*gnu*
Hai	*papa*	*shark*
Huhn	*kuku*	*fowl, hen*
Hund	*mbwa*	*dog*
Hyäne	*fisi*	*hyena*
Ibis	*kwarara*	*ibis*
Impala	*swalapala, swala*	*impala*
Insekt	*dudu*	*insect*
Kamel	*ngamia*	*camel*
Katze	*paka*	*cat*
Kegelschnecken	*kiwangwa*	*cone*
Klippspringer	*mbuzi mawe*	*klipspringer*
Klippschliefer	*pimbi*	*hyrax*
Kobra	*swila*	*cobra*
Kormoran	*mnandi*	*cormorant*
Krebs	*kaa*	*crab*
Krokodil	*mamba*	*crocodile*
Kronenkranich	*kungwani*	*crowned crane*

Deutsch	Ki-Swahili	Englisch
Kudu (großer/kleiner)	*tandala (mkubwa/mdogo)*	*kudu (greater/lesser)*
Kuhantilope	*kongoni*	*hartebeest*
Leopard	*chui*	*leopard*
Löffelhund	*mbweha masikio*	*bat eared fox*
Löwe	*simba*	*lion*
Manguste	*nguchiro*	*mongoose*
Marabu	*korongo mfuko shingo-*	*marabou*
Meeresschildkröte	*kasa*	*sea turtle*
Meerkatze	*kima, tumbili*	*light coloured monkey*
Moskito	*mbu*	*mosquito*
Muräne	*mkunga*	*moray eel*
Nashorn	*kifaru*	*rhinoceros*
Oktopus	*pweza*	*octopus*
Papagei	*kasuku*	*parrot*
Pavian	*nyani*	*baboon*
Pelikan	*mwari*	*pelican*
Perlhuhn	*kanga*	*guinea fowl*
Python	*chatu*	*python*
Ratte	*panya*	*rat*
Raubtier	*mnyama kali* (*wa*)	*beast of prey, wild animal*
Reiher	*kongoti*	*heron*
Sägefisch	*papa upanga*	*saw fish*
Schakal	*mbweha*	*jackal*
Schildkröte	*kobe*	*tortoise*
Schimpanse	*sokwe*	*chimpanzee*
Schlange	*nyoka*	*snake*
Schmetterling	*kipepeo*	*butterfly*
Schwein	*nguruwe*	*bush pig*
Seeanemone	*mtondoga*	*sea anemone*
Seeigel	*urumba*	*urchin*
Seestern	*kiti cha pweza*	*starfish*
Skorpion	*nge*	*scorpion*
Spinne	*buibui*	*spider*

Deutsch	**Ki-Swahili**	**Englisch**
Springbock	*dondoro*	*springbok*
Stachelschwein	*nungu*	*porcupine*
Stechrochen	*nyenga*	*stingray*
Steinfisch	*mbevu*	*stonefisch*
Storch	*koronogo*	*stork*
Strauß	*mbuni*	*ostrich*
Taube	*njiwa*	*dove*
Tausendfüßler	*tandu*	*centipede*
Termite	*mchwa*	*white ant, termite*
Vogel	*ndege*	*bird*
Vogelnest	*kiota*	*bird's nest*
Wal	*nyangumi*	*whale*
Waran	*kenge*	*monitor lizard*
Warzenschwein	*ngiri*	*warthog*
Wasserbock	*kuro*	*waterbuck*
Wildhund	*mbwamwitu*	*hunting dog*
Wildschwein	*nguruwe mwitu*	*wild pig*
Zibetkatze	*fungo*	*civet cat*
Zwergantilope	*dikidiki*	*dik dik*
Zebra	*punda milia*	*zebra*
Zitterrochen	*taa maji*	*electric ray*

Index

Paviane im Lanke Manyara NP (gh)

M

N

Outdoor ·Trekking ·Abenteuer
www.WOICK.de
UTDOOR-BEKLEIDUNG
TREKKINGSCHUHE
ZELTE
GPS
REISEAUSRÜSTUNG
RUCKSÄCKE
SCHLAFSÄCKE
BERGSPORT
... UND VIELES MEHR
Fordern Sie kostenlos unseren 432-seitigen Katalog an!
Nord auf Einfahrt
seit 1982
Hotline: 0711 - 70 96 70 0
FILDERSTADT
TRAVEL CENTER
Plieninger Straße 21
70794 Filderstadt
STUTTGART
TRAVEL STORE
Schmale Straße 9
70173 Stuttgart
ULM
TRAVEL STORE
Hafenbad 17
89073 Ulm
METZINGEN
OUTLET CENTER
Stuttgarter Str. 45/1
72555 Metzingen

OutdoorHandbücher - Der Weg ist das Ziel

Band		€
17	Schweden: Sarek	14,90
18	Schweden: Kungsleden	12,90
19	Kanada: Yukon - Kanu- und Floßtour	12,90
23	Spanien: Jakobsweg	14,90
26	Schottland: West Highland Way	12,90
27	John Muir Trail (USA)	10,90
28	Island: Trekking Klassiker	14,90
29	Kanada: West Coast Trail	9,90
32	Polen: Radtouren in Masuren	12,90
33	Trans-Alatau (GUS)	10,90
37	Kanada: Bowron Lakes	9,90
38	Polen: Kanutouren in Masuren	12,90
40	Trans-Korsika: GR 20	14,90
41	Norwegen: Hardangervidda	12,90
42	Nepal: Annapurna	9,90
43	Schottland: Speyside Way	14,90
44	Tansania: Kilimanjaro	14,90
49	USA: Grand Canyon Trails	9,90
50	Kanada: Rocky Mount. Tageswand.	12,90
51	Tasmanien: Overland Track	12,90
52	Neuseeland: Fiordland	10,90
53	Irland: Shannon-Erne	12,90
54	Südafrika: Drakensberge	10,90
55	Spanien: Pyrenäenweg GR 11	12,90
56	Polen: Kanutouren in Pommern	12,90
57	Kanada: Great Divide Trails	12,90
59	Kanada: Wood Buffalo NP (Kanu)	9,90
60	Kanada: Chilkoot Trail	9,90
61	Kanada: Rocky Mountains-Radt.	10,90
62	Irland: Kerry Way	12,90
63	Schweden: Dalsland-Kanal	12,90
64	England: Pennine Way	12,90
66	Alaska Highway	12,90
67	Kanada: Rocky Mountains Rundtour	16,90
71	Nordsp.: Jakobsweg-Küstenweg	14,90
74	Nordirland: Coastal Ulster Way	10,90

Band		€
76	Pfälzerwald-Vogesen-Weg	9,90
78	Polen: Pisa-Narew (Kanuroute)	9,90
79	Bolivien: Choro Trail	10,90
80	Peru: Inka Trail u. Region Cusco	12,90
81	Chile: Torres del Paine Circuito	12,90
82	Norwegen: Jotunheimen	12,90
83	Neuseeland: Stewart Island	9,90
84	USA: Route 66	9,90
85	Finnland: Bärenrunde	9,90
87	F/CH/I: Montblanc-Rundweg - TMB	9,90
88	Griechenland: Trans-Kreta E4	12,90
89	Schweden: Skåneleden	9,90
90	Mallorca: Serra de Tramuntana	9,90
91	Italien: Trans-Apennin	9,90
92	England: Themse-Ring	9,90
93	Spanien: Sierra Nevada	12,90
95	Norwegen: Nordkap-Route	12,90
96	Polen: Czarna Hancza/Biebrza-Kanu	9,90
98	Wales: Offa's Dyke Path	12,90
107	F: GR 5 - Genfer See - Nizza	12,90
109	Mecklenb. Seenplatte Kanurundtour	9,90
112	Norwegen: Telemark-Kanal	9,90
113	Thüringen: Rennsteig	9,90
114	Alpen: Dreiländerweg (CH/A/I)	9,90
115	Tschechien: Freundschaftsweg	12,90
116	Spanien: Jakobsweg - Vía de la Plata	14,90
117	Schweiz: Jakobsweg	12,90
118	Rund Australien	14,90
119	Schwäb. Alb: Hauptwanderweg	12,90
121	Italien: Dolomiten-Rundweg	9,90
122	D/CH: Schwarzwald-Jura-Weg	9,90
127	Uganda: Ruwenzori	14,90
128	Frankreich: Jakobsweg GR 65	14,90
132	Dem Kommissar auf der Spur	12,90
133	NRW: Natur und KulTour (per Rad)	12,90
134	Mecklenburg- Vorpommern per Rad	9,90

Band	€
135 Rund Schleswig - Holstein per Rad	9,90
136 Schweiz: Matterhorn - Tour du Cervin	9,90
137 Grönland: Arctic Circle Trail	12,90
139 Belgien: Jakobsweg - Via Mosana	9,90
140 Italien: Alpiner Wanderweg Friaul	12,90
141 Nordspanien: Jakobsweg Alternativr.	12,90
142 D: Jakobsweg Tillyschanz-Konstanz	9,90
144 Kanada: East Coast Trail	9,90
145 Dänemark: Bornholm z. Fuß u.p. Rad	9,90
146 Tschechien: Isergebirge	12,90
147 NRW: Jakobsweg	12,90
149 Nordsp.: Jakobsweg durch den Tunnel v. San Adrián	9,90
150 England: Cleveland Way	9,90
151 Kirgistan: Trekking im Tienschan	12,90
152 Nepal: Langtang, Gosainkund u. Helambu	12,90
154 Deutschland: Rothaarsteig	9,90
155 D: Jakobweg von Darmstadt und Aschaffenburg nach Freiburg	12,90
156 Südafrika: Wild Coast Trail	12,90
157 Österreich: Jakobsweg	14,90
159 Sächsische Schweiz: Trekkingtour	9,90
160 BB: Wochenendtouren rund um Berlin	9,90
161 Italien: Ligurischer Höhenweg	12,90
162 Frankr.: Jakobsweg - Via Tolosana	12,90
163 Harz: Hexenstieg	9,90
164 Teutoburger Wald: Hermannsweg	9,90
166 Frankreich: Jakobsweg Via Lemovicensis	12,90
167 NL: Nordseeküstenradweg	12,90
168 Bulgarien: Rila- u. Piringebirge	12,90
169 Dänemark: Nordseeküstenradweg	12,90
171 Türkei: Lykischer Weg	9,90
172 Skandinavien: Nordkalottleden	12,90
173 Russland: Flusskreuzfahrt	14,90

Band	€
174 England: Hadrian's Wall Path	9,90
175 Schweiz: Bärentrek	9,90
177 Frankreich: Wandern im Vercors	9,90
178 Mit dem Rad von Hamburg durch d. südliche Schleswig-Holstein	9,90
179 Dänemark: Ostseeküstenradweg	9,90
180 Deutschland: Nordseeküstenradweg	12,90
183 Österreich: Bregenzerwald-Lechquellengebirge Rundweg	9,90
185 Portugal/Spanien: Jakobsweg Caminho Português	14,90
186 Italien: Franziskaner Wanderweg	9,90
187 Jakobsweg: München - Bregenz	12,90
188 Jakobsweg: Augsburg - Bregenz	12,90
189 BB: Pilgerweg Berlin - Wilsnack	9,90
190 Schottland: Central Highlands & Cairngorms National Park	12,90
192 Rund um Island	14,90
194 Deutschland Frankreich: Jakobsweg Trier - Vézalay	14,90
195 I: Sentiero Italia Trans Sardinien	14,90
196 Kenia: Mount Kenya	14,90
200 S-H: Wikinger-Friesen-Weg	9,90
201 Schweiz Italien: Via Francigena	14,90
202 Hessen: Kellerwaldsteig	9,90
208 Deutschland: Benediktweg	9,90
211 D F: Jakobsweg Trier - Le Puy	14,90
212 Kanarische Inseln: Wanderungen auf La Gomera	16,90
217 Nepal: Mount Everest Trek	12,90
218 NRW: 5 am Tag-Marathonroute	9,90
219 D: Uplandsteig - Diemelsteig	9,90
221 Griechenland: E4 Peloponnes	12,90
224 Österreich: Wallfahrten n. Mariazell	14,90

OutdoorHandbücher - Fernweh-Schmöker

Band		€
46	Blockhüttentagebuch	12,90
47	Floßfahrt nach Alaska	10,90
75	Auf nach Down Under	7,90
105	Südsee-Trauminsel	9,90
110	Huskygesang-Hundeschlittenfahrt	7,90
111	Liebe - Schnaps - Tod	7,90
123	Pacific Crest Trail	9,90
124	Zwei Greenhorns in Alaska	6,90
125	Auf dem Weg zu Jakob	9,90
126	Kilimanjaro-Lesebuch	8,90
130	1.000 Tage Wohnmobil	14,90
153	Jakobsweg - Lesebuch	7,90
158	Inselfieber	9,90
182	Als Frau allein auf der Via de la Plata	7,90
193	Weites Grünes Land	8,90
205	Als Frau allein durch Afrika	16,90
206	Nach Norden Kinder!	12,90
215	Kleine Familie auf großer Fahrt	9,90
222	Im Rolli zu den schönsten Inseln	9,90

ReiseHandbücher

Antarktis	24,90
Grönland	14,90
Iran	22,90
Kiel	12,90
Kiel von oben - Luftbildband	9,90
Kurs Nord	24,90
Rumänien	14,90
Schweiz	18,90
Sibirien	22,90
Spitzbergen-Handbuch	24,90
Tansania Sansibar	24,90

Fremdsprech

Band		€
1	Oh, dieses Dänisch	4,90
2	Oh, dieses Schwedisch	4,90
3	Oh, dieses Spanisch	4,90
4	Oh, dieses Englisch	4,90
5	Oh, dieses Französisch	4,90
6	Oh, dieses Russisch	4,90
7	Oh, dieses Norwegisch	4,90
8	Oh, dieses Niederländisch	4,90
9	Oh, dieses Chinesisch	4,90
10	Oh, dieses Österreichisch	4,90
11	Oh, dieses Polnisch	4,90
12	Oh, dieses Schweizerdeutsch	4,90

☺ **Weitere Bücher in Vorbereitung.**
Fordern Sie unseren aktuellen Verlagsprospekt an:

Conrad Stein Verlag GmbH
☏ 02384/963912 FAX 963913
www.conrad-stein-verlag.de
info@conrad-stein-verlag.de